中国地方志经济资料集成

（第二卷）

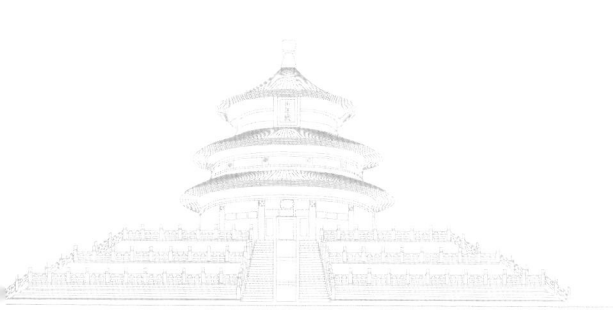

戴鞍钢 等 编

上海市"十四五"重点出版物出版规划项目

上海财经大学出版社
SHANGHAI UNIVERSITY OF FINANCE & ECONOMICS PRESS

上海学术·经济学出版中心

目　　录

（第二卷）

三、手工业 ································ 417
　（一）棉、麻纺织业 ························ 417
　（二）缫丝、丝织业 ························ 527
　（三）刺绣、漂染、建筑业 ·················· 556
　（四）轧花、造纸、印刷业 ·················· 564
　（五）皮革、毛毯、爆竹业 ·················· 591
　（六）巾、带、袜、帽、伞、皂、扇、烛、砚制造业 ···· 607
　（七）烟草、茶叶、瓜果、粮食、食品加工业 ···· 623
　（八）制糖、榨油、酿酒、酱醋业 ············ 630
　（九）竹篾、黄草、蒲苇、柳条、藤皮编织业 ···· 661
　（十）玻璃、火柴、木器、石灰、木炭、石棉等业 ···· 679
　（十一）陶瓷、砖瓦业 ······················ 690
　（十二）矿业 ······························ 708
　（十三）金属冶炼业 ························ 786

四、近代企业 ································ 805
　（一）外资、中外合资企业 ·················· 805
　（二）官办、官督商办、官商合办企业 ········ 823
　（三）民间资本企业 ························ 865
　　　1. 工业 ······························ 865
　　　2. 矿业 ······························ 945
　　　3. 农垦企业 ·························· 965

三、手工业

（一）棉、麻纺织业

〔民国二十三年前后，河北平谷县〕　普通人士多衣土布，近亦稍趋浮华，多有用宝坻县所产之细布。至著丝绸、毛呢者，百不见一。

（李兴焯修，王兆之纂：《平谷县志》，卷三，社会志，民生，民国二十三年铅印本。）

〔元元贞年间至清乾隆五十三年，江苏松江府娄县〕　元元贞间，有黄道婆者，自崖州来，居乌泥泾，始教制捍弹纺织之具。今所在习之，远近贩鬻，郡人赖以为业。其出邑之尤墩者质无细幅稍润者名九寸布，余又有紫花、兼经等，名目甚多。

（清　谢庭薰修，陆锡熊等纂：《娄县志》，卷十一，食货志，服用之属，清乾隆五十三年刻本。）

注：娄县今为松江县。

〔明弘治十七年前后，南京松江府上海县〕　木棉文绫，衣被天下。

（明　郭经修，唐锦纂：《上海志》，王鏊序，民国二十九年据明弘治十七年刻本影印本。）

〔明弘治十七年前后，南京松江府上海县〕　有土，斯有贡。松，一郡耳，岁赋京师至八十万。其在上海者，十六万有奇，重以土产之饶，海错之异，木棉文绫衣被天下，可谓富矣。

（明　颜洪范修，张之象等纂：《上海县志》，王鏊弘治十七年上海县旧志序，明万历十六年刻本，抄本。）

〔明嘉靖三年前后，南京松江府上海县〕　木棉利织，龙华之布幅广而纱粗，崧宅之布纱细而幅狭，药斑布初出青龙、重固，今传四方矣。

（明　郑洛书修，高企纂：《上海县志》，卷一，物产，民国二十一年据明嘉靖三年刻本影印本。）

〔明万历十六年前后,南京松江府上海县〕 纺织不止乡落,虽城中亦然。里媪晨抱纱入市,易木棉以归,明旦复抱纱以出,无顷刻间。织者率日成一匹,有通宵不寐者。田家收获输官偿息外,未卒岁,室庐已空,其衣食全赖此。

(明　颜洪范修,张之象等纂:《上海县志》,卷一,地理志,风俗,明万历十六年刻本,抄本。)

〔明万历三十三年前后,南京苏州府嘉定县〕 邑之民业,首借棉布,纺织之勤,比户相属。家之租庸、服食、器用、交际、养生、送死之费,胥从此出。商贾贩鬻,近自杭、歙、清、济,远至蓟、辽、山、陕,其用至广,而利亦至饶。次则棉花、蓝靛。

(明　韩浚修,张应武纂:《嘉定县志》,卷六,田赋考,物产,货之属,胶卷复制明万历三十三年刻本。)

〔明崇祯四年前后,南京苏州府嘉定县外冈〕 货之属,各镇名色不一,惟外冈布,因徽商僦居钱鸣〈门〉塘收买,遂名钱鸣〈门〉塘布。又有阔大者为官布,不常织,惟官买时为之。巡护周文襄公以邑不产米,家习纺织,奏请民输布一匹,准米一石,邑受其惠。紫花布,价倍于常布。茶花布,用青、白缕间织成文,如棋枰。

(明　殷聘尹编:《外冈志》,卷二,物产,明崇祯四年修,一九六一年铅印本。)

〔清乾隆元年前后,江苏松江府〕 布,松郡邑皆能织,出纱冈车墩者,幅阔三尺余,紧细若绸。东门外双庙桥,有丁氏者,弹棉纯熟,花皆飞起,收以织布,尤为精软,号丁娘子布,一名飞花布。又有斜纹布。

(清　尹继善等修,黄之隽等纂:《江南通志》,卷八十六,食货志,物产,清乾隆元年刻本。)

〔清乾隆十八年前后,江苏松江府金山县〕 以织佐耕,女红有力焉。东北刷经居多,西南拍浆为最。若近城妇女,每绩麻为网,所织棉布俗呼卫稀,其密致相去远矣。

(清　常琬修,焦以敬纂:《金山县志》,卷十七,风俗,清乾隆十八年刻本,民国十八年影印本。)

〔清乾隆三十七年前后,江苏太仓州嘉定县真如〕 标布,紫白二色,比户织作,昼夜不辍,暮成匹布,晨易钱米,以资日用。

(清　陆立编:《真如里志》,第一卷,物产,清乾隆三十七年刻本。)

〔清乾隆五十七年前后,江苏太仓州嘉定县外冈〕 外冈之布,名曰冈尖,以染浅色,鲜妍可爱,他处不及,故苏郡布商多在镇开庄收买。

（清　钱肇然编：《续外冈志》,卷四,物产,清乾隆五十七年修,一九六一年铅印本。）

〔清乾隆五十七年前后,江苏太仓州嘉定县外冈〕　土瘠则秋收必薄,故躬耕之家,无论丰稔,必资纺织以供衣食,即我镇所称大户亦不废焉。每夜静,机杼之声,达于户外。

（清　钱肇然编：《续外冈志》,卷一,风俗,清乾隆五十七年修,一九六一年铅印本。）

〔清嘉庆二十四年前,江苏松江府〕　《阅世编》：棉花布,吾邑所产已有三种,而松城之飞花、尤墩、眉织不与焉。上阔尖细者,曰标布,出三林塘者为最精,周浦次之,邑城为下。

（清　宋如林等修,莫晋、孙星衍纂：《松江府志》,卷六,疆域志,物产,清嘉庆二十四年刻本。）

〔清道光十四年前,江苏松江府上海县塘湾乡九十一图〕　织成布匹夜将半,持易米盐供午餐,抱布前行天未明,空腹挤排背流汗。缕密丝光绝点瑕,才得青蚨逞心算,稍有差池买主无,待哺嗷嗷愁日旰。或时卖得不经意,恶少挪钱远奔窜,小民生理信艰危,卖布犹虞动蒙难。君不见,东家无布成坐愁,有布可卖请勿忧。

（清　何文源等纂：《塘湾乡九十一图里志》,下编,物俗,王蔼如《卖布叹》,清道光十四年纂,一九六二年铅印本。）

注：塘湾乡今为上海县吴泾地区。

〔清雍正至光绪年间,江苏南汇县〕　妇女纺织佐衣食,不第乡落,虽城市亦然。纺纱,他邑止用两指捻一纱者,名手车；邑多一手三纱,以足运轮,名脚车。织布率日成一匹,甚有一日两匹通宵不寐者。故男子耕获所入,输官偿息外,未卒岁,室已罄(俗有六十日财主之称),其衣食全赖女红。

（清　金福曾等修,张文虎等纂：《南汇县志》,卷二十,风俗志,风俗,清光绪五年刻本。）

〔清道光末年至光绪初年,江苏上海县〕　有以巨石压磨者,为踏光布,与刮绒、药斑均染坊所制,布肆贩运,非女红也。近自通商以来,洋布充斥,而女红之利减矣。

（清　博润等修,姚光发等纂：《松江府续志》,卷五,疆域志,风俗,清光绪十年刻本。）

〔清道光末年至光绪年间,江苏金山县〕　木棉布,狭曰小布,阔曰希布,间以色纱,织成各样花纹,曰花布。以紫花织成者曰紫花布,能养血,宜老人服。经染匠以石运光者为踏光布,水漂者为漂白布。自通商以来,洋布杂出,而土布之利大减矣,亟宜整顿之。

(姚裕廉修,范炳垣纂:《重辑张堰志》,卷一,区域志,物产,民国九年铅印本。)

〔清同治至光绪年间,江苏青浦县盘龙镇四乡〕 俗务纺织,里妪抱布入市,易木棉以归,明日复然。织者率日一匹,有通宵不寐者。东乡日用所需,都从此出。

(清 金惟鳌辑:《盘龙镇志》,风俗,清光绪元年修,一九六一年《上海史料丛编》本。)

〔清同治至光绪年间,江苏嘉定县钱门塘乡〕 居民向以花布为生。同光间,男耕女织,寒暑无间。迩来沪上设有纺织等厂,女工被夺,几无抱布入市者。

(童世高编:《钱门塘乡志》,卷一,风俗,一九六三年《上海史料丛编》本。)

〔清同治至光绪年间,上海〕 本邑妇女,向称朴素,纺织而外,亦助农作。自通商而后,土布滞销,乡妇不能得利,往往有因此改业者。近来丝厂广开,各招女工以缫丝。此外,精于铁车者,可制各种衣服及鞋袜;精于针黹者,可制各种顾绣;精于手工者,可制各种绒线之物。苟擅一长,即能借以生活。惟获利虽易,而勤俭之风不古若,是可叹也。

(李维清编纂:《上海乡土志》,第一百三十七课,女工,清光绪三十三年铅印本。)

注:明嘉靖时,顾名世一家住上海九亩地之露香园,其孙媳善刺绣,远近闻名,影响颇大。往后,顾氏后代继续传此法,所出绣品被称为顾绣。

〔清光绪年间,江苏嘉定县真如镇四乡〕 女工殊为发达。盖地既产棉花,纺织机杼之声相闻,而又勤苦殊甚,因非此不足以补家用也。所织之布名杜布,缜密,为全邑之冠。年产百余万匹,运销两广、南洋、牛庄等地。自沪上工厂勃兴,入厂工作所得较丰,故妇女辈均乐就焉。此外,尚有缝纫、刺绣、结绒线、制花边等,亦有少数妇女擅之者。

(王德乾辑:《真如志》,卷三,实业志,工业,民国二十四年稿本,一九五九年抄本。)

〔清光绪初年,江苏宝山县月浦里〕 月浦隶嘉定,去县三十六里、苏州二百余里,其风俗勤俭,地产木棉,女务纺织,而男子果敢能任,与松江颇相类。

(清 张人镜等辑:《月浦志》,卷七,艺文志,传状,清光绪十四年稿本,一九六二年铅印本。)

〔清光绪初年,江苏宝山县月浦里〕 吾里以纱布为大宗,乡民皆赖以为生。

现在牌子已坏,苟有人做出牌子,使布得有销路,功德无量。

（清　张人镜等辑:《月浦志》,卷末,附录,清光绪十四年稿本,一九六二年铅印本。）

〔清光绪初年,江苏嘉定县〕　吾邑土产,以棉为大宗,纳赋税,供徭役,仰事俯育,胥取给于此。近来货日滞,价日贱,故民日困。补救之方盖有二焉：一则修水利,多种稻,其收效甚近；一则广树艺,课蚕桑,其收效较远。远者不及图,何不先图其近者乎？间尝论之,财不从天降,未尝不自地出。通邑田六千四百余顷,除屋基、坟墓外,可六千顷。以上稔计之,亩收棉百斤,以时价计之,可易钱四缗,除半抵工本、赋役外,亩赢钱二缗,以田数总之,可百二十万缗,以近年民数四十万均之,人得钱三缗耳。如是而欲其不穷,庸有冀乎！猝遇灾荒,其不为沟中瘠者几希矣。然而建县七百年,递兴递耗,以延至今日者,徐宫保所谓不借土之毛而借民之力也。往者,匹夫匹妇五口之家,日织一匹,赢钱百文。自洋布盛行,土布日贱,计其所赢,仅得往日之半耳。如是而欲其既富且穀〈穀〉,更有冀乎？不早为之所,更数十年,户口倍增,而地不加辟,不知其何所底止也。议者欲多开水田,谓上稔之岁,亩收米二石,除半抵工本、赋役外,尚余一石。以六十万石养四十万人,尚在周礼人二鬴之上也。水田之外,辅以蚕桑,谓墙隙河漘,皆可树艺,无损于地利。蚕事四十余日,无妨于耕织。两利俱存,是岂阔疏无当之言哉。大学不讳言生财,而野人知之不能言,土人言之不能行。已溺已饥,必有起而任其责者。

（清　程其珏修,杨震福纂:《嘉定县志》,卷八,风土志,土产,清光绪七年刻本。）

〔清光绪年间,江苏青浦县〕　东北乡妇女皆以做布为生,自洋布、洋纱盛行,土布低落。今市上所见者,一种名绞布,经纬如相绞而成,有单银绞、双银绞之别,用刀括〈刮〉之,有绒线；一种名方格布,经纬蓝白相间,式样甚多,亦有织为芦席绞者。光绪三十一年,知县出实荣创办罪犯习艺所,购置新式织具。延工师教罪人,织造各种布匹、毛巾,颇为优美。

（于定增修,金咏榴增纂:《青浦县续志》,卷二,疆域下,土产,民国六年修,民国二十三年增修刻本。）

〔清光绪年间,江苏宝山县罗店〕　布经团,以极细棉纱八百缕排成团,结如饼,每团长约二十丈,分紫、白二色,罗店有之,本乡都往售之,以作刷线布。自洋纱通行,而罗店之布经团,无人顾问矣。今洋纱亦有团者,雇罗店人为之也。

（清　侯丙吉编纂:《彭浦里志》,卷一,疆域志上,物产,清宣统三年手抄本。）

〔清光绪中叶以后，江苏青浦县〕　乡村妇女，助耕馌饷之外，兼事纺织为生。光绪中叶以后，梭布低落，风俗日奢，乡女沾染城镇习气，类好修饰，于是生计日促。一夫之耕不能兼养，散而受雇于他乡者比比矣，尤以上海为独多，利其工值昂也，谓之做阿婆。

（于定增修，金咏榴增纂：《青浦县续志》，卷二，疆域下，风俗，民国六年修，民国二十三年增修刻本。）

〔清光绪中叶以后，江苏嘉定县东北乡〕　布经，向出东北乡，光绪中叶后，出数渐减，近市中已不复觏矣。

（陈传德修，黄世祚、王焘曾等纂：《嘉定县续志》，卷五，风土志，物产，民国十九年铅印本。）

〔清光绪中叶以后，江苏上海县〕　光绪中叶以后，机器纱盛行，手纺纱出数渐减。机器纱俗称洋纱，用机器纺成，较土法所织洁白而细。各厂林立，销售他处，以振华厂之双象牌，裕源厂之云龙牌为著。

（吴馨等修，姚文楠等纂：《上海县续志》，卷八，物产，民国七年刻本。）

〔清光绪三十三年前后，江苏上海县〕　棉花纱布，乃邑产之大宗。布之种类不一：曰扣布，曰希布，曰标布，曰小布，曰紫花布，曰高丽布，曰斜文布，曰正文布；其名各殊，乡民赖之以度日。然近年来洋布盛行，土布滞销，可见利源外溢也。吾邑棉花一项，售于外洋，为数甚巨，乃有奸商掺水，致为所疑，销路渐滞。其何以杜塞漏卮，挽回利权乎？

（李维清编纂：《上海乡土志》，第四十二课，物产，清光绪三十三年铅印本。）

〔清光绪至民国初年，江苏南汇县〕　纱布之利肇自元代，贫家妇女赖以生活。近三十年，沪上纱厂林立，所出之纱洁白纤匀，远胜车纺之纱，于是纺织之利完全失败。洋布盛行，幅阔价廉，亦胜土布，于是织布之利亦渐失败。且邑境所产之布，仅销关外奉天等处，而该处利权尽在日、俄掌握之中，主权不能收回，即土布不能畅销。穷则思变，自当于纺织之外，别谋妇女之生计，因势利导，是在热心之志士。

（严伟等修，秦锡田等纂：《南汇县续志》，卷十八，风俗志，风俗，民国十八年刻本。）

〔清光绪中叶至民国二十六年，江苏川沙县〕　五十年前，人民生事，农而已矣。有副焉者，厥惟纺织。机巧浡兴，徒手失利。年龄壮盛者，大都赴上海从事工商业,妇稚家居,无所事事。爰有先觉,别授女红,取之宫中,贸之海外,载我以往,制彼之来。当全盛时,一邑岁入百万圆而未已。家家压线,夜夜鸣机,僻巷穷村,皆丝其衣、金其腕,一时繁荣,得未会有。凡工,始创则争烈,争烈而制精,制精而广销,广销而滥造,滥造则业衰,故实业行政重检验也。立法未周,良机已逸,欧陆销兵,市场变色,今所存者十之一耳,此亦偏隅感受全球影响之明证也。

(方鸿铠等修,黄炎培等纂:《川沙县志》,卷首,导言,民国二十六年铅印本。)

〔清光绪末年,江苏上海县〕 土布以人力,竭妇女日夜之劳,方始成匹。洋布以机力,凭关捩运动之妙,立待可成。苦乐本相悬殊,况机布阔与长四五倍于土布,每匹占本约洋五六元,税银只八分,且一捐以后,任其所之,并不再征;土布长不过二丈,阔不过尺余,产价每匹约市银五百文,除去棉本外,以为饘粥之资者已属无几,又朘之以水卡一捐,每匹钱二三文至五六文,落地一捐,每匹钱四五文至七八文,再加以不奏明、不咨部之运脚、津贴……际此连年荒歉,商界竞争,洋布以日销而日广,营口等处系土布销场命脉,被日本用机器仿造土布,税轻价贱,异常充塞,去夏迄今,布积如山,无人顾问,纺织之户十停八九,是大可忧也。

(吴馨等修,姚文楠等纂:《上海县续志》,卷七,田赋下,杂税,民国七年刻本。)

〔清光绪年间及以后,江苏青浦县〕 地属水乡,自耕织外,生计鲜少,农民绩田力耕,专赖秋禾,淀泖江浦之间,兼于渔捕水族为业。妇女向多纺织,抱布易钱。自洋纱盛行,而蚕业又素未讲习,女红渐衰。商不出远,工艺仅足供本境之用。

(葛冲编:《青浦乡土志》,二八,生业,抄本。)

〔清光绪末年以后,江苏嘉定县〕 白布,种类不一,大别之为浆纱、刷线二种,西北乡多浆纱,东南乡多刷线。自机器纱行,刷线者亦多改为浆纱。曩日比户纺织,每匹售价三角至一元,视广狭、长短、疏密而定,运销各省,为邑人生计大宗。光绪三十年以后,妇女从事毛巾,兼之洋布盛行,出数逐渐减。

(陈传德修,黄世祚、王焘曾等纂:《嘉定县续志》,卷五,风土志,物产,民国十九年铅印本。)

〔清朝末年,江苏奉贤县庄行镇四乡〕 庄行镇,以庄氏族居得名,今亦为西乡巨镇。商务略逊南桥,而棉花贸易较盛。土产小布,最为有名,自洋布盛行,此业亦稍衰矣。

(裴晃编:《奉贤乡土地理》,第十页,清宣统元年刻本。)

〔民国初年，江苏上海县〕 东稀，阔一尺一寸二分至一尺一寸八分，长一丈七尺半至一丈九尺，四乡均有出品。光绪初年，除邻邑不计外，本邑各乡约出三十余万匹。近年，东北各乡机厂林立，女工大半入厂工作，故每年约出二十余万匹，然多数系西稀机户改织者。其销于东三省者，从前约十余万匹，近数年不过三四万匹，其余分销各省及南洋群岛，均染色为多。西稀又名清水布，阔一尺零七分至一尺一寸四分，长一丈六尺至一丈七尺半，出西南各乡，从前每年约百万匹，近年约四五十万匹，销东三省、直隶、山东等处，均本色，近年亦有染色销广东省者，然为数甚微。

（吴馨等修，姚文枬等纂：《上海县续志》，卷八，物产，民国七年刻本。）

〔民国初年，江苏上海县〕 套布，有东套、北套、加套、廿八套之别，总称套布。除北套、加套、廿八套系邻邑所出不计外，惟东套出本邑东南各乡，每匹阔九寸三分至九寸八分，长一丈六尺至一丈八尺，以前每年约出一百三四十万匹，近年约出六七十万匹，销东三省及北京、山东、浙西等处。白生，又名小标，出洋泾、高行、张家桥、东沟等处，每年二三十万匹，阔九寸半至九寸八分，长一丈三尺至一丈三尺五寸，销东三省、山东等处。龙稀，阔一尺一寸，长二丈二尺，出龙华镇左近，以前每年约一万匹左右，均销本埠布店门庄，其后销路逐年递减，现今市上已无，该处乡人均已改织东、西稀。芦纹布，出塘湾、闵行左近各乡村，经纬均蓝、白纱间格，织成芦扉形，每匹阔一尺三寸五分至一尺五寸，长一丈九尺至二丈一尺五寸，每年约出四五万匹，销苏、杭、徽州等处，五六年前本埠亦通行，近年已逐渐减少矣。

（吴馨等修，姚文枬等纂：《上海县续志》，卷八，物产，民国七年刻本。）

〔民国初年，江苏青浦县章练乡〕 农家最勤，习以为常，妇女馌饷外，耘获车灌，率与男子共事，故视他处劳苦虽倍，而男女皆能自立。其无田者，为人佣耕曰长工，农月暂佣者为忙工，田多人少者请人助己而偿之曰伴工。俗务纺织，乡妇抱布入市，易棉归，旦复抱布出。纺法用两指捻纱，名手车。织者率日成一端，入市场易钱佐薪水，盖其纺织精敏，实能以织助耕之不足焉。

（高如圭原编，万以曾重辑：《章练小志》，卷三，风俗方言，清光绪十六年纂，民国七年续纂铅印本。）

〔民国十年前后，江苏宝山县〕 邑境产棉，故普通女工多习纺织，从前恃以营生者，有纱经、土布二种（以纺成之纱，扎为布经，行销各处，罗店最盛；土布则宽狭、长短、稀密，各处间有不同）。自洋纱盛行，纱经之销路遂绝。土布产额以大场为最多，刘行、高桥次之，罗店、真如又次之；而布质之缜密，则首推真如，次及罗店。各市乡所织土布均用刷线，真如、罗店所产多供本地衣被之用，故扣密而布尤佳。大场、刘行多运销外省，故出品较逊。高桥之套布，由沙船载往牛庄、营口，为土货大宗。自沙船衰落，土布之利益为日人所攘，产额亦因而缩减。至城、淞、杨行一带，多系浆纱布，俗称稀布，仅供鞋业及衣里之用，此皆乡村之女工也。至市镇女工，大抵年轻者习刺绣，年长者习缝纫，其普通小户，则各处不同，就最著者言之，如城厢、高桥多织胶布、毛巾，从前城厢妇女按户皆能机织，自布值衰落，获利渐微，遂多就厂工作。罗店、盛桥兼轧棉花，江湾则结绒线，彭浦、闸北则缫丝，其中以轧棉花为最劳苦。

（张允高等修，钱淦等纂：《宝山县续志》，卷六，实业志，工业，民国十年铅印本。）

〔民国十三年前后，江苏崇明县〕 民气近治较文弱，而儒雅萃焉。比户书声与织机声彻夜相应，而奸胥窟穴……诡诈相市，醇俗为之一变。乡民朴愿力农，寸土无荒弃，菽粟以外无闻知，惟北沙海滨俗悍，有械斗之风。

（王清穆修，曹炳麟等纂：《崇明县志》，卷四，地理志，风俗，民国十三年修，稿本。）

〔民国二十四年前后，江苏上海县〕 纱线，近来惟西南乡尚有手纺者，以土布犹能行销闽、粤及北地也。

（吴馨等修，姚文楠等纂：《上海县志》，卷四，农工，工作品，民国二十五年铅印本。）

〔民国二十五年前后，江苏南汇县〕 吾乡套布，黄道婆起自有元，向销东三省。数百年来，贫家妇女，恃此生涯。自海禁大开，东三省有仿式设织布厂，套布销滞，我之利权，日渐涸辙。向所谓男子耕获所入，输官偿息外，未卒岁，室已罄，其衣食全赖女红，于今所望，幸有新发明之结网、挑花、织袜、织巾等工，贫家妇女，或可小补云。

（储学洙纂：《二区旧五团乡志》，卷十三，风俗，民国二十五年铅印本。）

〔民国二十六年前后，江苏川沙县横沙乡〕 横沙乡间妇女，虽少事纺织，而间有勤者，亦从事于络车织机。其所制之布，有仿崇明厚布、稀布，亦有仿白生布、条子布者，盖随心倾向所为耳，近年绝少。忙时类皆能把锄耕耘。

（方鸿铠等修，黄炎培等纂：《川沙县志》，卷十四，方俗志，川沙风俗漫谈，民国二十六年铅印本。）

〔民国二十六年前后,江苏川沙县〕 旧时妇女织成布匹,经纬之纱,都出女手。自洋纱盛行,而轧花、弹花、纺纱等事,弃焉若忘。幼弱女子,亦无有习之者。此又今昔不同之一端,而生活中少一技能矣。

(方鸿铠等修,黄炎培等纂:《川沙县志》,卷十四,方俗志,川沙风俗漫谈,民国二十六年铅印本。)

〔民国二十六年前后,江苏川沙县〕 女工本事纺织,今则洋纱、洋布盛行,土布因之减销,多有迁至沪地,入洋纱厂、洋布局为女工者。虽多一生机,而风俗不无堕落。

(方鸿铠等修,黄炎培等纂:《川沙县志》,卷十四,方俗志,川沙风俗漫谈,民国二十六年铅印本。)

〔民国三十七年前后,江苏嘉定县〕 旧时农隙之时,均纺纱织布,除供一家衣著外,兼以出售,协助农用,近虽机器纱布盛行,家人衣著仍有自纺自织者。

(吕舜祥、武蝦纯编:《嘉定嫛东志》,四,实业,工,民国三十七年油印本。)

〔清乾隆十年前后,直隶顺天府宝坻县〕 妇女无冶游,亦不尚剪绣,惟勤于纺织,无论老媪弱息〈媳〉,未尝废女红,或为邻家佐之。贫者多织粗布以易粟。

(清 洪肇楙等纂修:《宝坻县志》,卷七,风物,风俗,清乾隆十年刻本,民国六年石印重印本。)

〔清光绪六年前后,直隶顺天府宁河县〕 女,耕种之区,亲馌饷,佐耘耔,率以为常,碱薄下湿地,昼取茅,夜索绹,不减豳风景象。迩更勤于纺绩,司中馈,毕聚家之老幼,姑率其妇,母督其女,篝灯相对,星月横斜,犹轧轧纺车,声达户外也。

(清 丁符九等修,谈松林等纂:《宁河县志》,卷之十五,风物志,风俗,清光绪六年刻本。)

〔民国二十三年前后,河北静海县〕 静邑妇女,昔时多以纺织为业,自洋布盛行,鲜闻轧轧之声矣。

(白凤文等修,高毓浵等纂:《静海县志》,土地部,物产志,货食,民国二十三年铅印本。)

〔宋代至民国十八年前后,河北威县〕 自宋、元之交,草棉遍及于中国,而棉布遂为出产之一大宗。本境产棉最富,所织之布亦坚实耐久。洋布可著一年者,棉布可著至三年。无如近人心理卑视土货,著棉布者不过一二老农而已。以中、上社会自命者,无不以著棉布为可耻,致使最良之品销路日滞,吾不知是何故矣。按:威境出境货向以棉布为大宗,近年销路渐滞,一由于花价昂而布价低,业是者获利渐微,一由于布质劣而信用失,浸被销场之压弃。清季每匹布重二斤,面宽线密,今之业是者徒饰外观,经纬稀而灌以米浆每布一匹约需米一斤,既失信用,又妨民食。自民国以来渐知改良,昔用旧式织机,今多改用新铁轮织机,以洋纱作经,而以本地棉线为纬,出布较佳,销路较广。多输出于西河营、归化城及张家口等处。经营布业者以七级邵固寺庄为最著。织布者如侯魏村、沙柳寨、东西王曲里、固罗、张庄、辛台、林官地村、丁家寨、七级寺庄、雪台、赵村、辛庄、魏疃、章华等村所在皆是。每村织机数十架至数百架不等,就中以官地、丁家寨为最多,官地织机四百余架,日出布八百余匹。丁家寨织机八百余架,日出布千余匹,并均织有花样,尤受社会欢迎云。

(崔正春修,尚希贤纂:《威县志》,卷三,舆地志,物产,民国十八年铅印本。)

〔**明嘉靖十三年前后,京师真定府藁城县**〕 布,有平机、细布、粗布三品。

(明 李正儒纂修:《藁城县志》,卷二,财赋志,土产,明嘉靖十三年刻本,民国二十三年铅字重印本。)

〔**清雍正十三年前后,直隶河间府阜城县**〕 平机布有粗细不同,又有单布,更有搭连布甚厚,为襫可御雨。

(清 陆福宜修,杜念先、多时珍纂:《阜城县志》,卷十,物产,清雍正十三年刻本,清光绪三十四年铅字重印本。)

〔**清乾隆二十七年前后,直隶正定府**〕 西鄙资布帛之用,郡近秦陇,地既宜棉,男女多事织作,晋贾集焉。故布甫脱机,即并市去,值视他处亦昂。

(清 郑大进纂修:《正定府志》,卷十二,风物下,物产,货属,清乾隆二十七年刻本。)

注:正定府今为石家庄地区。

〔**清道光年间至民国初年,河北文安县**〕 织工为吾文旧业。令交冬季,各村时闻机声,然由棉累次加工以至成布,颇费时间,特以日用必需,不惮繁琐。自欧西通商以来,其所输入之布,价廉物美,士民多购用之,渐至各织户亦狃于价值而弃其所业。至光绪甲午后,洋布之价日涨,较之初至约增数倍,用者苦之,于是曩时各织户率多恢复旧业。近数年来,日见增多,吾文人果能纯用国布,是亦挽回利权之一道也。

(陈桢等修,李兰增等纂:《文安县志》,卷十二,治法志,实业,民国十一年铅印本。)

〔清咸丰年间至民国二十年前后，河北枣强县〕 所谓布者，咸、同年间，产量最宏，销路亦广，县境无地不用，无人不用，西北各省皆仰给此布，不能一日离。乡民农隙借以织纺，获利虽微，颇觉充裕。自商舶云集，洋布输入，而土布遂一落千丈。若线若油，亦为洋线洋油所抵制，余不堪问矣。

（宋兆升修，张宗载、齐文焕纂：《枣强县志料》，卷二，物产，货类，民国二十年铅印本。）

〔清同治五年前后，直隶永平府昌黎县〕 布，不细美者，土人呼家机布。

（清　何崧泰等修，马恂纂，何尔泰续纂：《昌黎县志》，卷四，田赋志，物产，杂产，清同治五年刻本。）

〔清同治十三年至光绪十一年前后，直隶河间府故城县〕 故邑民户风俗，女嫁自衣有余，布亦许自给，故女红织最勤，长夜纺车轧轧，比户相闻。木棉遇沃壤家家艺之，盖以布代帛，以棉代桑者也。

（清　丁灿修，王埛德纂，张焕续修，范翰文续纂：《续修故城县志》，卷四，物产，清同治十三年修，光绪十一年续修刻本，民国十年重印本。）

〔清光绪元年前后，直隶正定府正定县〕 土无奇货，俗鲜奢淫。男务耕耘，凿井以水车灌田，故其收常倍。女勤纺织，木棉花布之利，不减蚕桑。城内菜圃蔬畦，远近相望，则学稼学圃，无非敦本务以厚民生也。

（清　赵文濂纂印：《正定县志》，卷十九，方物，清光绪元年刻本。）

〔清光绪元年前后，直隶顺天府永清县〕 永地少桑，间有饲蚕者。女红无纺织，妇女之勤者，治棉为缕，用小石系线，引而旋之，其缕坚细胜于车纺。亦有织柳为斗升量器、取苇劈绩席者。

（清　魏邦翰等纂修：《续永清县志》，卷十三，风土志，女红，清光绪元年刻本。）

〔清光绪初年，直隶永平府乐亭县〕 邑地近边关，经商者多出口贸易。挟赀营运，谓之财主，代人持筹，谓之伙计，固谋生之道也。至列肆称贾，惟设质库、鬻铁器者间有晋人，其余则土著多，而客民少。城堡市集皆有定期，遇期远近毕聚，日灼而散。所易不过布、粟、鱼、盐之属，无他异物，而市布、粟者尤众。粟则来自关外，以资一县之用；布则乐为聚薮，本地所需一二而运出他乡者八九。以农隙之时，女纺于家，男织于穴，遂为本业，故以布易粟，实穷民糊口之一助云。

（游智开等修，史梦兰等纂：《乐亭县志》，卷二，地理，风俗，清光绪三年刻本。）

〔清光绪十二年前后,直隶顺德府巨鹿县〕 妇女专以织绩为业,男子无事亦佐理之,每值冬令,机杼之声彻夜不断,虽土瘠民贫,而抱布贸丝皆足自给。

（清 凌燮等修,夏应麟、赫慎修纂:《巨鹿县志》,卷六,风土志,风俗,清光绪十二年刻本。）

〔清光绪二十年前后,直隶广平府〕 有粗布、细布、紫花布,一物异名,而贩于山西潞安等处及北口外者尤多。

（清 吴中彦修,胡景桂纂:《重修广平府志》,卷十八,舆地略,物产,货属,清光绪二十年刻本。）

〔清光绪二十六年前后,直隶深州、冀州〕 畿辅深、冀诸州布利甚饶,纺织皆女工。近来,外国布来,尽夺吾国布利,间有织者,其纱仍购之外国,故利入益微。

（清 吴汝纶撰:《深州风土记》,第二十一,物产,清光绪二十六年刻本。）

〔清光绪二十六年前后,直隶深州〕 州所属地往时棉布流行塞外,近则英、美、日本各国之布用机器织造者幅宽而价廉,吾国布利尽为兼并,种棉之地日少。

（清 吴汝纶撰:《深州风土记》,第二十一,物产,清光绪二十六年刻本。）

〔清光绪三十一年前后,直隶保定府雄县〕 布,蔡公近设工艺局于圆通阁,购日本木机及洋纱织布,土人则仍用笨机。然自洋布畅销,而本境之布业盖久已无色矣。

（清 刘崇本编:《雄县乡土志》,物产第十四,布,清光绪三十一年铅印本。）

〔清光绪末年,直隶保定府束鹿县〕 织绒,辛集一带,此物制造颇工,往年工厂以百十数。近为洋绒所夺,统合境计之,不过存二三家。有纯用木棉织成者,为棉花绒,有参以羊皮者,为织绒。

（李中桂等纂:《光绪束鹿乡土志》,卷十二,物产,清光绪三十一年修,民国二十七年铅印本。）

〔清光绪末年,直隶保定府束鹿县〕 棉布,方敏恪《棉花图序》云:南织有纳文绉积之巧,畿辅人弗重也,惟以缜密匀细为贵。按:《方志》称,肃宁人家,穿地窖以织布,埒松江中品,今本境所出布多精好,向止中品,亦不皆作自窖中。第近来洋布输入甚伙,尽夺中国织纺之利。间有织者,其线仍购之外国,故利入益微。

（李中桂等纂:《光绪束鹿乡土志》,卷十二,物产,清光绪三十一年修,民国二十七年铅印本。）

〔清光绪末年，直隶保定府束鹿县〕 农者工之本也，束邑农鲜盖藏，故工少制造。惟棉布一种，织于女工，虽未足抵洋布之输入，尚属大宗，第散漫不能纪数。高粱酿酒，只数家，芝麻油无大行。一切饮食之品，无足敷本地用者。往时辛集一区，所织棉绒颇能行远，后以工作不知改良，利竟为洋绒所夺。近时佃士营数村用棉线织成绉纹巾带，旁近郡邑颇喜用之，然工作拙笨，恐难持久，第本境产，本境造，省一分运费，即轻一分底本，工虽拙，犹可获利。若旧城丝烟、新城酱菜及一切零星货物，利用本境外，少有销于外境者。

（李中桂等纂：《光绪束鹿乡土志》，卷十二，物产，清光绪三十一年修，民国二十七年铅印本。）

〔清光绪三十二年至民国二十二年前后，河北高阳县〕 本县织布始兴于光绪三十二年，其时仅用木机，工具既笨，出货亦少。宣统三年，渐改铁轮机，惟仅织平面白布。民国元年，乃有织直径小提花者，群咸以为巧，不可阶。民十以后，楼机风行，回首直径小提花机，则土饭尘羹视之矣。织布所用之棉纱，率以十六支、二十支、四十二支为最普通。此项棉纱大部购自东西洋。二十余年来，漏卮不知几许。近以国内纱厂林立，出品虽不及东西各国之精致，而商民为大义所驱，尽改用本国棉纱，不复用洋货矣。棉布推销地点，几占全国之半，如热、察、绥、内外蒙、库伦、陕、甘、晋、豫、直、鲁等地。麻、丝织品则销于川、云、两湖、上海、东三省等地。近以国际纠纷，高阳商业之在内外蒙者已被赤俄侵略净尽。布之名色，棉纱布则有粗布、市布、爱国袍料标布、提花布、粗细斜纹等名。麻布则有人造丝、提花布及国花绨等名。以上布匹，各色均有。染色轧光，山西染房兴起在民国三、四年，至民国十二三年时，布货日多，山西染房不敷需要，以其所染只限于青、蓝等色，未能推陈出新也。于是杂色染房应时而起，其盛衰存亡一视布业荣枯畅滞为转移。今当各布行衰退之余，染房均无起色。轧光始于民国十三四年，与布业互为臂助，如大车、小车之于辊轳，故其荣枯与染房等。

（李大本修，李晓泠等纂：《高阳县志》，卷二，实业，民国二十二年铅印本。）

〔清代至民国十四年，河北献县〕 邑境妇女，无不娴绩，织者初用国产棉纱，《府志》云，粗布细者次于吴中，即此也。其后外国线纱流入，乃参用外货，雅轧机声遍于四村。其男子业织者多以地窖，亦有用机器者。

（薛凤鸣、李玉珍修，张鼎彝纂：《献县志》，卷十六，故实志，物产，民国十四年刻本。）

〔清代至民国二十二年前后，河北沧县〕 男耕女织，为吾华立国以来民生之基础。但沧地不产麻、丝,并棉亦极少,南皮、宁津为产棉之区,年年输入吾邑,农家妇女自轧自弹自纺自织,所成之布面宽尺许,名曰窄面粗布,加以靛染裁之为衣,服之可十年不敝。民国以来,轧棉西机输入,夺妇女第一工业;弹机继来,夺妇女第二工业;洋纱输入,夺妇女第三工业,惟自织之壁垒尚坚守未破,故粗布之服仍占百分之九五。洋布输入近百年矣,然惟士商服之,农工不与,故不过百分之一二。

(张凤瑞等修,张坪纂:《沧县志》,卷十一,事实志,生计,民国二十二年铅印本。)

〔清代后期至民国二十年前后,河北成安县〕 成境荒僻闭塞,向为自给自足之农业社会。农业之主产品为棉花,一般农家妇女农作之余多事纺织,以为副业。五十年前,此出品尚为多数民众之普通衣料,至于少数之商、学两界,其衣料亦多为国产之丝织品。虽其时帝国主义的魔手已伸入中国,但在吾县市场上则仍无舶来货物品也。至近年来整个的农业社会日趋没落,农民之副业日趋衰退,吾县土布之销路遂一跌,不堪再振,渐为外来品压倒。至外来布匹,则以舶来品居多,虽亦间有高阳出品,但其销路不大。而舶来布匹又以日本出品为多,西欧各国次之。由是舶来布匹销路日广,一般民众在衣料上遂渐与舶来货相依。

(张应麟修,张永和纂:《成安县志》,卷十,风土,民国二十年铅印本。)

〔清代后期至民国二十一年前后,河北徐水县〕 徐水俗尚俭朴,普通民众多衣土布,以土产棉纱为原料,用旧式木机织成之。今日则大加改良,亦有用洋机者。惜洋线多自外来,实为莫大漏卮。近数十年来,洋布亦颇畅行。

(刘延昌修,刘鸿书纂:《徐水县新志》,卷六,风土记,民生,民国二十一年铅印本。)

〔清代后期至民国二十二年前后,河北昌黎县〕 男耕女织,本昌黎习尚。三十年前,几于家家纺绩,比户机声。近以棉纱、洋布来源日多,棉产日少,纺织者亦大减矣。而蛤泊堡所织之洋线布、冷布(用麻线所织,代窗纱者),现仍为大宗。年来邑人多留学天津,回里之后织爱国布,颇足挽利权。

(陶宗奇等修,张鹏翱等纂:《昌黎县志》,卷四,实业志,蚕织,民国二十二年铅印本。)

〔清代后期至民国二十二年前后,河北广宗县〕 县内工业手工为多,织布为全境普通出品,所用木机多系旧式。近年,尹村一带木机改良者渐多。数十年前,县城尚有布栈两家,运销北口等处。自布栈歇业,销路顿绝,仅在本境以有易无而已。城北多织棉带,如李怀集、北苏、牛里庄、周田庄、小东平、台后、魏村、谷常相等村农家妇女视为本业。向皆销售晋省,然为利甚微,前年因征税繁重,各机停工,十八年各区呈请免除捐税,稍有生机,渐多复业,但终无大工厂也。件只附近各村妇女用旧式纺车纺线零售,用力多而收入微。前年商人拟添设线市行征税,旋以有害贫民生计未果,贫家女子缝纫衣履赴市出售,仅足自给。

(姜棁荣等修,韩敏修纂:《广宗县志》,卷三,民生略,民国二十二年铅印本。)

〔清代后期至民国二十五年前后,河北南宫县〕 因产棉故纺织遂为家庭间之普通工艺,无贫无富妇女皆习之。线分白线、红花线数种,二三十年前,其输出西自顺德以达泽潞,东自鲁南以达徐州。销售既多,获利自厚。布曰粗布,其上者缜密细白,以五区之建城村最为有名,西运太原,北至张家口。而郝家屯布店尤多,自古北口输出内外蒙古皆其市场也。自洋布盛行,其业渐衰,外人市我之棉易为纱布以罔我之利,而我之线布遂不出里门,惟集市间尚有零星售卖者,无工业之可言矣。

(黄容惠修,贾恩绂纂:《南宫县志》,卷三,疆域志,物产篇,货物,民国二十五年刻本。)

〔清宣统二年至民国四年,河北任县〕 布之类有三,曰水线布、曰庄布、曰换花布。水线布最上,出产无多。换花布最下,销数亦少。惟庄布为大宗,由任城布行销行山西忻州一带,常年平均约五十万匹,常价每匹制钱五百文。近年棉价日贵,捐项亦增,织者无利,递年衰减,所出不过四分之一。另有洋线布,常年出额十五六万匹,自官庄行销归化城。

(清 谢禹麟修,陈智纂,王亿年增修,刘书旗增纂:《任县志》,卷一,地理,物产,清宣统二年修,民国四年增修铅印本。)

〔清朝末年至民国二十九年前后,河北邯郸县〕 城东门里王绅自清季提倡织布工厂,屡兴屡蹶,迄未发展。嗣于民国十八年复设民生工厂,办法以线易布,令织户于伊家中为之,限定百十六尺成匹,每匹给工资洋七角。匹重七斤为率,次其制式粗疏,专供怡丰公司面袋之用也。厂内付织户洋线若干斤,责令缴布如其数。统计每年产布一万二千余匹,工资八千余元。织户之机系新式人力木机及铁机,计共百二十余张,铁机三分之一,皆王绅创办工厂时所遗机式,土著木工所仿造也。惟此项布匹仅供面袋或丧葬孝布之用,销路甚狭。……至民家妇女旧机所制,系用旧法自制之线织成,俗名土布,亦曰家机布,土人普通穿用,并无销路。

(李肇基修,李世昌纂:《邯郸县志》,卷十三,实业志,工业,民国二十九年刻本。)

〔清朝末年至民国年间，河北清苑县〕 畴昔，乡村妇女纺织系用旧式木机，工甚细微。迨清季，高阳县倡兴布业，县东南各村与高阳毗连，闻风兴起，习为织业者甚伙。但系家置一机，自行工作，零售商贩之手，获利甚微，且散布各村，并无荟萃之处。

（金良骥修，姚寿昌等纂：《清苑县志》，卷三，风土，实业，民国二十三年铅印本。）

〔民国二年，河北景县〕 提花布工厂，在安陵三觉堂内，于民国二年经现任第三高小校长梁晋朴提倡集资开办，嗣以积货太多，经费不敷周转，遂停止。

（耿兆栋等修，张汝游纂：《景县志》，卷二，产业志，工业状况，民国二十一年铅印本。）

〔民国初年至二十二年前后，河北高阳县〕 本县百数十村，居民十[之]九以织布为业。所有衣料率用土产，每于机头布尾即可为衣，无须购用外货。近年，人造丝盛行，织成后色泽、花纹与绸缎无异，价值既廉，又属美观，因之妇女辈多取为衣料。

（李大本修，李晓冷等纂：《高阳县志》，卷二，风土，民国二十二年铅印本。）

〔民国初年至二十二年前后，河北高阳县〕 本县布业之发达，固由于国内各省举办者少，而最大原因，则为以欧战酣时，外货无暇织造，不能运送来华所致。最盛时期为民国五、六、七年，其时安新杨欣甫、本县李叔良、李希古诸君赓绪提倡，盛甲北省。每户一机或四五机者不等，推广及于任邱、清苑、蠡县各邻境，轧轧之声比户相接，集期一至，毂系肩摩，商货云屯，产额一年达一百七十万匹之多，高阳遂以布业著。顾及今日，渐坠落。自民十六起，所有织业渐易棉而为麻。迨至十八年，据商界统计，已占总额十分之七，而棉织品遂一落千丈，高阳市面已现危机。民国以前，初兴织布，布业所用棉纱大半来自日本，纱之细者以三十二支者为最，粗者则有十大把、十二把、十六支、二十支等类之纱。织成洋布后，或染佛青、缸月、青蓝等色，其白色布匹则运赴辛集、南宫、顺德、高邑、德州一带，北平、涿州一带，山西榆次、太谷、太原一带批发销售。彼时织布者大多数在城西各村，营布业之商店甫一二十家，以蚨丰论，终年亦不过营一二十万元之流水，盈利最多在万元上下。至民之后，国内各纱厂风起云涌，仿制日纱，而日本则出一种四十二码合股线以作竞争。是时高阳又创行爱国布，将合股线先行染成各种颜色，再交织户织成十斤左右之爱国布，销路则辟河南之洛阳、陕西之长安、察哈尔之张家口各处。每地最盛时，年可销百万匹，利亦最溥。在内外蒙者，以蚨丰号销货最多，彼在张家口设有专号，自备汽车、骆驼、专经营十三旗商业，售货员达百余名之多,每年营二三百万之流水。本县自民元后,营布业者亦骤增,织布者不但遍全县,即比邻各县亦莫不观感兴起,销路亦与日俱增,如绥远之包头,甘肃之兰州、凉州,东三省之哈尔滨,外蒙之库伦,河南之洛阳、郑州、开封、信阳、漯河、许州各地,河北之彰德、新乡、卫辉各处,山西之全省,山东之邹兖、临沂一带,江苏之徐州、海州一带,无不有本县营布业者之足迹。嗣后白布、色布、爱国布等渐就衰微,而花条布、色条布又应时而兴。盖因山东潍县亦继高阳而营织布业,且成本较轻,货质亦稍高,凡高阳布业界足迹所到之地,无不有潍县人与以竞争。自受此打击,始改创杂色条布,以作维持,而旧有之各种白布等布成为附带品,爱国布则绝迹。至民国十年以后,麻、丝卒兴,提花机亦盛极一时,昔日之织平面布者皆一变而为麻、丝提花品,销路亦大加扩充,如江苏之上海,福建之福州、厦门,汕头,广东之澳门,安徽之蚌埠、芜湖,湖北之汉口、武昌、宜昌、沙市,湖南之长沙、岳州、宝庆,四川之重庆等地,均有高阳之销售麻织品者,然内外蒙则因赤俄关系一蹶不振,高阳之营布业者均绝迹。其或设有分号者亦均被没收,以蚨丰一号所受之损失,竟达三十余万元。近一二年来,营麻织品者亦渐退化,将成过去,若不加以改良,恐高阳织业行将不可收拾矣。

(李大本修,李晓泠等纂:《高阳县志》,卷二,实业,民国二十二年铅印本。)

〔民国初年至二十四年前后,河北晋县〕 县属为产棉之区,一般民众衣着率用土布。惟近十数年来,高阳布盛行,乡曲人民贪其价格低廉,不计及质料之坚韧耐久与否,以致用高阳布者转较土布为多。

(刘东藩、傅国贤修,王召棠纂:《晋县志料》,卷上,风土志,民生,民国二十四年石印本。)

〔民国五年前后,河北盐山县〕 白布,本境旧为大宗,妇无不娴习。自洋布畅行,白布渐微,近复用新机织之,庆云白布最佳。

(贾恩绂纂:《盐山新志》,卷二十三,故实略,物产篇,货物,民国五年刻本。)

〔民国六年前后,河北交河县〕 棉花平机布,幅宽尺一二寸,最高手日三丈。洋布,幅宽二尺三四,木机日三丈五六,铁轮机日五六丈。

(高步青、王恩沛修,苗毓芳、苏彩河纂:《交河县志》,卷一,舆地志,物产,民国六年刻本。)

〔民国十一年前后,河北文安县〕 棉花:邑民重农,闲暇时,男、妇均以纺织为业,所需棉料必仰给于西南郡邑,路远价昂。近岁,民习种之,所获尤厚,相沿成俗,亦阜民之一助也。白布,粗布居多。线,前时妇女纺花,比户皆然,颇为出产之大宗。自洋布、洋线盛行,人竞趋之,纺织均缀业,邻里过从,不复闻轧轧声矣。

(陈桢等修,李兰增等纂:《文安县志》,卷一,方舆志,物产,货属,民国十一年铅印本。)

〔民国十一年前后,河北宣化县〕 农民之衣服,粗布占衣料之大宗,褡裢粗、爱国布、高阳布、东洋布为上等衣料,丝绸种类完全不办。

(陈继曾等修,郭维城等纂:《宣化县新志》,卷五,实业志,农业概况,民国十一年铅印本。)

〔民国十二年前后,河北藁城县〕 吾邑妇女多以纺织为业,而其所织之布名曰土布,亦曰粗布,邑人普通之衣料也。河北各村当隆冬无事,虽男子亦往往织布为业。织布之处多掘地为屋,俗名曰窨子。窨子之大小,可容机之多寡。每抵冬期,则入相聚而织,以地下温暖,寒气难侵,可节炉费,所出土布鬻诸肆中,或远售山西诸处。近年以来,洋布侵入,销售日衰。

(林翰儒编:《藁城乡土地理》,下册,土布,民国十二年石印本。)

〔民国十二年前后,河北藁城县〕 土人所织之粗布,坚而耐久,皆名产也。

(林翰儒编:《藁城乡土地理》,上册,物产,民国十二年石印本。)

〔民国十余年以后,河北南宫县〕 昔日家庭皆以纺织为正业,通商以来,为洋布、洋线所挤,不敷工本,相率休其纺织。

(贾恩绂纂:《南宫县志》,卷二十一,掌故志,谣俗篇,民国二十五年刻本。)

〔民国十七年至二十年前后,河北满城县〕 本县织业始由乡民自动营作,出品甚佳,惟资本不充,发展维艰。民国十七年,城内县立第一工厂,每年经费二千三百元。此外另有家庭织业,率系人力营作,无多资本。全县年产宽布约一千二百余匹,毛巾五百余打,棉袜二千六百余打,土布三十五万五千余丈。线料均用洋纱,土布用本地纺纱。宽布每匹价约银圆十一元,毛巾每打价约银圆一元八角,线袜每打价约银圆二元五角,土布每丈价银圆一元。除本县少数自用外,余均运销完县及保定市。

(陈宝生修,杨式震、陈昌源纂:《满城县志略》,卷七,县政,实业,民国二十年铅印本。)

〔民国十八年，河北完县〕

家庭工业产品统计表（民国十九年建设局调查）

名　称	制造户数	年出数量	总　值	备　考
土　布	二千二百户	四十余万匹	四十余万元	墨守成法，日见衰落
洋　布	三十余户	二千匹	一万八千余元	
毛　巾	二百余户	六万五千余打	七万一千余元	
豆腐泸	三十余户	三千余个	二千余元	
麻　绳	三十余户	四万余斤	一万八千余元	
荆条器	二百余户	三万余件	万余元	
柳条器	一百五十余户	一万余件	八千余元	
苇　席	一百三十余户	一万六千余领	约万元	
总　计	三千余户		五十余万元	

（彭作桢等修，刘玉田等纂：《完县新志》，卷七，食货第五，民国二十三年铅印本。）

〔民国十九年以前，河北雄县〕　布，自蔡公际清设工艺局，购日本木机及洋纱织布以来，土人间用洋机，然多数仍用笨机。自洋布畅销，而本境之布业盖久已无色矣。

（秦廷秀、褚保熙修，刘崇本等纂：《雄县新志》，故实略，物产篇，制造产，民国十九年铅印本。）

〔民国二十年前后，河北满城县〕　衣服向用土布、家机棉线。……村甿妇女每织土布自用，不尚美观。虽购置丝品衣服嫁娶间有之，常服则无红绿花布。斜纹条布喜用国货，以高阳输入者为多。外洋布品价昂，购者甚少。

（陈宝生修，杨式震、陈昌源纂：《满城县志略》，卷八，风土，民生，民国二十年铅印本。）

〔民国二十年前后，河北青县〕　全境男女日用布匹，往昔兼恃自织者，今则十〔之〕九购诸舶来。

（万震霄修，高遵章、姚维锦纂：《青县志》，卷之十一，故实志，风俗篇，民国二十年铅印本。）

〔民国二十年前后，河北枣强县〕　农家妇女多业纺织，所产国布粗劣而坚实。往时粗布尚可输出平津，近则萧条矣。

（宋兆升修，张宗载、齐文焕纂：《枣强县志料》，卷二，实业，工，民国二十年铅印本。）

〔民国二十年前后,河北迁安县〕 粗布,邑境妇女无不娴绩,织者初用国产棉纱,自外国线输入,乃参用外线,机声遍于四村。邑之西北,男子业织者亦有之。

(滕绍周修,王维贤纂:《迁安县志》,卷十八,物产篇,货物,民国二十年铅印本。)

〔民国二十年前后,河北青县〕 布,杜林附近村庄多织袜面布者,然销路不畅,以受洋布及高阳布影响故也。

(万震霄修,高遵章、姚维锦纂:《青县志》,卷之十,故实志,物产篇,货物,民国二十年铅印本。)

〔民国二十一年,河北南皮县〕

工商制造产量暨年值

品 类	原 料	产 量	值 价
制 棉	美国棉、本国棉	八〇〇〇〇〇斤	三二〇〇〇〇元
土 布	棉花线	一〇〇〇〇匹	二〇〇〇〇元
线 袜	洋 纱	二〇〇〇〇〇双	四〇〇〇〇元
油 坊	花生油、苞麻油 黑豆油、棉子油	一二〇〇〇〇斤	二四〇〇〇元
香油坊	芝 麻	七〇〇〇〇斤	一四〇〇〇元
粉 坊	绿 豆	二〇〇〇〇斤	四〇〇〇元
贡 面	麦 粉	四〇〇〇〇斤	四〇〇〇元
青 酱	黄豆、面粉	二〇〇〇〇斤	二〇〇〇元
醋	红 粮	六〇〇〇〇斤	三〇〇〇元
酒	红粮、麦面	一二〇〇〇〇斤	二四〇〇〇元
铸 锅	大冶铁	九〇〇〇斤	一三五〇〇元
首 饰	银 质	五四〇〇	一〇〇〇〇元
糕 点		一五〇〇〇斤	四〇〇〇元
烟 丝	烟 叶	一二〇〇〇斤	一八〇〇元

以上按调查册约计数登列,其余凡产量、值额无法核计者,均未填入。

(王德乾等修,刘树鑫等纂:《南皮县志》,卷五,政治志上,实业,民国二十二年铅印本。)

〔民国二十一年前后,河北徐水县〕 土布业,以棉花为原料,各乡妇女多以织土布为业,成品专供本境需用,质坚耐久。

(刘延昌修,刘鸿书纂:《徐水县新志》,卷三,物产记,附实业,民国二十一年铅印本。)

〔民国二十一年前后,河北柏乡县〕 柏邑民俗敦厚……衣之来源,粗布则由本地所产之棉花纺织而成,细布则用高阳布。

（牛宝善修,魏永弼等纂：《柏乡县志》,卷五,风俗,民生,民国二十一年铅印本。）

〔民国二十一年前后,河北柏乡县〕 土布业：此系家庭工商,全县业此者据建设局现在调查,总计一千二百家,但此等户数仍不出农民户数。

（牛宝善修,魏永弼等纂：《柏乡县志》,卷三,实业,工业,民国二十一年铅印本。）

〔民国二十一年前后,河北景县〕 合股绵,龙华附近产品为织线毯暨布袋、钱袋、衣包等原料,每年运销天津甚多。粗布,用旧式纺织机所制而成,专供农工及一切作工人衣服、鞋、袜之用。全境皆产,惟城西产出最多。冷布,因经纬线距离甚疏,能流通空气,故名冷布,专备夏日糊窗之用,为城西第四区产品,历年运销境外。

（耿兆栋等修,张汝漪纂：《景县志》,卷二,产业志,工业状况,民国二十一年铅印本。）

〔民国二十一年前后,河北平山县〕 农家副业,距城较近村庄以纺棉织布者为多。前数年,售至山西一带者,每年不下百万匹。近年骤减,其减少之原因,一则因时局关系,一则因拘守旧法,不知改良,遂至一落千丈。

（金润壁修,焦遇祥、张林纂：《平山县志料集》,卷六,实业,民国二十一年铅印本。）

〔民国二十二年以前,河北三河县〕 皇庄一带,女半学织,杼柚之声,不绝于耳。一遇集期,抱布贸丝者,踵趾相接。邑南十年九潦,人无冻馁者,胥恃此耳。布商收买,畅销于古北口外,逐渐发达,民生日裕,闻某庄有地二千亩,据村正云：普通每亩农利岁收五元,二十顷当入一万元。然吾庄有机二百张,据织布家云,每机一张,合家妇女及老幼不能力田者均从事焉。每月除食用外,可得布利十元,以每年十个月计,每机可获一百元,百机获利一万元,二百获利二万元,是二百张布机比二千亩地收入加丰。皇庄以南,因水灾,地多被淹没,提倡织布,生活日优,相习成风,不耕而获,亦与时势造英雄情词相同矣。

（唐玉堂等修,吴宝铭等纂：《三河县新志》,卷十五,因革志,实业篇,织布工,民国二十四年铅印本。）

〔民国二十二年前后,河北南皮县〕 粗布,为家庭中,用旧式木机织成之布也。织粗布所需之线,或用棉线,或用洋线。……此为各住户妇女之工作,亦为重要之家庭工艺出品,大半自织自用,亦有入市售卖者。

（王德乾等修,刘树鑫纂：《南皮县志》,卷三,风土志,物产,民国二十二年铅印本。）

〔民国二十二年前后，河北南皮县〕 本县纺纱仍用纺车，织布亦用旧日木机，布宽一尺三四寸，近来间有改用铁轮机者，所织与高阳布等行销本境。

（王德乾等修，刘树鑫纂：《南皮县志》，卷五，政治志，实业，民国二十二年铅印本。）

〔民国二十二年前后，河北南皮县〕 南皮全境分为六区，以地势关系，约划为南北两部，一、五、六区为北部，产棉少；二、三、四区为南部，产棉多。故南部各村家家自为纺织，衣皆棉布，间有以洋纱相间织布者。……北部三区亦有自为纺织者，但十无四五，余皆购用洋布或高阳布为衣。

（王德乾等修，刘树鑫纂：《南皮县志》，卷三，风土志，民生状况，民国二十二年铅印本。）

〔民国二十二年前后，河北高邑县〕 城乡妇女于炊事、缝纫之暇，多从事于纺纱，除自用绳线织布外，销于本县及邻县年约四万余斤。织布，农民于岁晚或利用妇女余暇，用木机织布，除服用外，每年销于山西省及绥远等处约两万余匹。

（王天杰、徐景章修，宋文华纂：《高邑县志》，卷二，实业，农家副业，民国二十二年铅印本。）

〔民国二十二年前后，河北沧县〕 布：邑产窄面粗布，农家妇女一职业，先是用木城棉纺纱，现多用洋线。

（张凤瑞等修，张坪等纂：《沧县志》，卷十一，事实志，生计，民国二十二年铅印本。）

〔民国二十二年前后，河北高阳县〕 布为我县家庭工艺。大工厂并不甚多，合计全县男女以织布为业者，约占十之八九，故所出之布运销全国，诚我县生活之一大宗也。

（李大本修，李晓泠等纂：《高阳县志》，卷二，物产，民国二十二年铅印本。）

〔民国二十二年前后，河北万全县〕 棉布，纺棉为纱，由纱织布，除张家口有设厂织造者外，县城职业学校亦纺织之。惟以织机不良，棉纱均远购于他处，故出品少而价较昂，且洋布之类居多，农人所用之布则制之者甚少。

（路联达等修，任守恭等纂：《万全县志》，卷二，物产志，工业品，民国二十二年铅印本。）

〔民国二十二年前后，河北昌黎县〕 四民之家，衣服用棉布者居多，以县境西北多山，近山地性高燥，种棉花相宜。近来，由美国传来大棉花子，花朵大而绒长，春初布种，仲秋拾花，经妇女纺织成布，谓之家机线布。买自集市外国之洋线织成布匹,谓之洋线布。民众以此二者为大宗,凡单袷、棉衣皆用之,取其壮而耐久,且适体也。

(陶宗奇等修,张鹏翱等纂:《昌黎县志》,卷五,风土志,人民生活之状况,民国二十二年铅印本。)

〔民国二十二年前后,河北东明县〕 纺织蒉针盖工艺之微者,而在吾邑舍此无工业生产之可言。全县人口约二十余万,着土布者几占四分之三,每人每年需布以十五尺以上,皆取之机杼,不假外求,其生产力远非他项工业所可比拟,况由刀尺,而缝纫,而绽补,在在需工,罔非生产,关系于农村经济甚巨。惜乎纺绩各机仍沿已往之旧,劳力多而生产少品质粗劣,不能与外来货物抗衡,是在改良与提倡之而已。

(任传藻等修,穆祥仲等纂:《东明县志》,卷之四十,民生志,生计、生产,民国二十二年铅印本。)

〔民国二十三年前后,河北望都县〕 县西南两部,地质稍沃,种棉者多,妇女皆习纺织。其他各村,妇女亦多以织布为业,居民率衣土布,自织自用,只取其蔽体御寒,不求华美。……从前用洋布者甚少……近年渐趋浮华,洋布呢绒恒见于市,富厚之家、仕宦之人多服之。

(王德乾修,崔莲峰等纂:《望都县志》,卷十,风土志,民生状况,民国二十三年铅印本。)

〔民国二十三年前后,河北望都县〕 本县纺织业并无大规模之工厂及专营者,均系农民于农闲时一种副业。其最著者,如三堤之织布袋,全村二百余家,家家经营。东西白城、阳邱、固店、七里铺、建安等村之织土布,铁木织机至三千余具。城东乡各村之纺麻绳在本县纺织业中,均占悠久之历史,而贫民之不至流为饿莩者,殆全恃纺织业之助耳。

(王德乾修,崔莲峰等纂:《望都县志》,卷五,政治志,实业,民国二十三年铅印本。)

〔民国二十三年前后,河北清河县〕 全县中等家庭妇女,大半以织纺为业,用本地棉、旧式机织成布匹,俗名粗布。兼有织各种花样,曰花布;用花棉织成者,曰紫花布。借织以生活者约占全县之半数,多运销山西、天津、口外等处。近来县西西小屯、大堤村一带,半用洋纱半用本地纱,织成布匹,售于布商运往各处,产额极巨。

(张福谦修,赵鼎铭等纂:《清河县志》,卷二,舆地志,物产,民国二十三年铅印本。)

〔民国二十三年前后,河北完县〕 纺纱织布为县境女子之普通职业,均乘暇工作。全县约有织机三千余架,有旧式木机及顿机、铁轮机三种,多由本地木工制作,以洋纱为经,土纱为纬,每年可产布四十余万匹。插机二细大布、对布等名,布面宽六七寸,长一丈六尺、二丈一尺,均以布尺(合裁尺一尺七寸)计之,每匹平均值洋一圆有奇。行销于涞源、蔚县、张家口、绥远等处为多。洋布:织洋布者惟小城北村民多操此业,共有机三十余架,每日可织布一匹,约百尺至百零四尺,男女均任之,以白洋布及花条布为多,每年可产布二千余匹,值洋一万八千圆,多销于本地。

(彭作桢等修,刘玉田等纂:《完县新志》,卷七,食货,实业,民国二十三年铅印本。)

〔民国二十三年前后,河北井陉县〕 本邑第三区各乡家家营纺织业,或织布,或织手巾,或织腰带、腿带,或纺线,除自用外,大都运至平山城销售,每年产量计粗布约二十万匹,毛巾及带子约七八万条,所需资本约一二万元。

(王用舟修,傅汝凤纂:《井陉县志料》,第六编,实业,农家副业,民国二十三年铅印本。)

〔民国二十三年前后,河北定县〕 白布,为定产大宗,每年约三百万元。近二三年来缩至二百万元,运往张家口一带,城东尤多布机。

(何其章等修,贾恩绂纂:《定县志》,卷二,舆地志,物产篇,民国二十三年刻本。)

〔民国二十四年前后,河北香河县〕 布商:本县线店四十余家,均收买土布,向北平、口北一带行销,为香河出口大宗,乡民赖以生活;其杂色布匹,类由天津转运,销无定数。

(王葆安等修,陈式谌等纂:《香河县志》,卷三,实业,民国二十五年铅印本。)

〔民国二十四年前后,河北晋县〕 县境盛产棉,故织布者众,因而土布驰名遐迩。自洋布与高阳布畅销境内后,土布大受影响。

(刘东藩、傅国贤修,王召棠纂:《晋县志料》,卷上,实业志,工业,民国二十四年石印本。)

〔民国二十四年前后,河北张北县〕 张北布铺所卖者,粗布、棉花、棉线为大宗,其次为粗洋布、斜纹布、布标布、花条布等类。由张家口或平津贩来,售价与张垣相等。惟张垣用裁尺,张北所用之尺为木金尺,即系余利耳。现在县城内有布铺十余家,加全县各乡镇约有四五十家,营业尚属可观。

(陈继淹修,许闻诗等纂:《张北县志》,卷五,户籍志,商业,民国二十四年铅印本。)

〔民国二十五年前后,河北香河县〕 衣服向用土布家机,惟求坚实耐久,不尚美观,寻常农家大率类此,仕族乃有服丝品者,多购自京、津,本境无蚕业也。自洋布输入,物美而价廉,争相购用,家机土布遂不可见。年来布业甚盛,亦系用洋线织成,改良布机,无复从前之笨拙矣。

(王葆安修,马文焕、陈式谌纂:《香河县志》,卷五,风土,民生,民国二十五年铅印本。)

〔民国二十五年前后,河北香河县〕 本县营洋线业者,凡四十余家,为资本最大商号。平均每年由津来线约四万包上下,除少数批发三河、通县外,均销之于织布各家,以二、三两区占大多数。故虽年景稍歉,居民仍得维持生计者,实赖用洋线织布也。惜商人狃于目前,仅逐锥刀之利,为外人转运推销,不能合资设立纱厂,挽回利权耳。

(王葆安修,马文焕、陈式谌纂:《香河县志》,卷三,实业,民国二十五年铅印本。)

〔民国二十五年前后,河北香河县〕 本县出品,关于人工制造者,以土布为大宗。年来改用铁轮织机,土布以外,并能织市布、大线各种,与舶来品无异,行销京、津、口北等处。县东南各村,恃此为生计者,十之七八,营业日臻发达,惜只限于家庭工作,尚未有开办工厂者。

(王葆安修,马文焕、陈式谌纂:《香河县志》,卷三,实业,民国二十五年铅印本。)

〔民国二十五年前后,河北涿县〕 纺织工业,麻绳年产约五万余斤,行销本县及邻县,约值万五千余元。土布年产八千余匹,行销本县及邻县,约值四万余元。毛巾年产二万余条,行销本县,约值千六百余元。

(宋大章等修,周存培、张星楼纂:《涿县志》,第三编,经济,第一卷,实业,民国二十五年铅印本。)

〔民国二十五年前后,河北馆陶县〕 本县家庭工业,纺织为大宗。此项纺织用具,近用新式弹花、轧花及织布各机者约占十分之五(弹花、轧花二机,用新式者尤多)。

(丁世恭等修,刘清如等纂:《续修馆陶县志》,卷二,政治志,实业,民国二十五年铅印本。)

〔民国二十五年前后,河北馆陶县〕 各区家庭工业以织布为大宗,但小康以上之户虽织工亦力,惟以供全家衣服之需,所织布匹鲜有卖者。

(丁世恭等修,刘清如等纂:《续修馆陶县志》,卷二,政治志,实业,民国二十五年铅印本。)

〔民国二十五年前后，河北馆陶县〕 棉为农产物之一大宗，故家庭工作，织布约占十分之八，其他制粉皮、粉条及作豆腐、作凉皮、作挂面者约占十分之二。

（丁世恭等修，刘清如等纂：《续修馆陶县志》，卷二，政治志，经济，民国二十五年铅印本。）

〔民国二十六年前后，河北滑县〕 滦俗尚俭，民多衣布。布有两种，棉线织者曰棉花线布，洋纱织者曰洋线布，皆居民自制。旧《志》谓妇女少艳妆，皆衣布，多出自手织。女自胜衣后，即课以纺绩，稍长则学织，不尚绣工，比户机声轧轧，无饱食嬉戏者。此种美风至今未泯。

（袁莱修，张凤翔等纂：《滦县志》，卷四，人民志，生活状况，民国二十六年铅印本。）

〔民国二十八年前后，河北广平县〕 布……有粗布、细布、紫花布，一物异名。本县所产者曰土布，贩于山西榆次、太谷等地，亦甚著称。

（韩作舟纂修：《广平县志》，卷五，物产，货属，民国二十年铅印本。）

〔民国二十八年前后，河北广平县〕 以前家庭工业产有土布一种，每年行销山西太谷、榆次及邻封各县，为数尚伙。自洋布充斥以来，现在有等于无。

（韩作舟纂修：《广平县志》，卷五，物产，工商状况，民国二十八年铅印本。）

〔民国二十九年前后，河北邯郸县〕 地瘠民贫，俗尚俭朴，多衣布，俗名粗布，又曰老布，亦曰土布，系本地所产棉花织成。近俗稍侈，学、商各界多衣洋布呢绒，农民仍多粗布，衣绸缎者极少，男婚女嫁、佳节拜会，间或有之。

（李肇基修，李世昌纂：《邯郸县志》，卷六，风土志，民生，民国二十九年刻本。）

〔明万历十九年至二十二年，山西太原府寿阳县〕 蓝公讳尚质，陕西肤施县人，由选贡，万历十九年知寿阳县事。公本肤施望族，甫莅任，睹寿邑地土硗薄，人民贫困，冬无棉衣，夏无布葛，怜此邑不谙纺织，乃出私财数十余万，广募陕西四方习于耕织之男妇数百户，每村设一家，给以廪饩。……男教乡民造作纺织之器，女教乡民之妇纺织，公之亲眷皆令以花换布，每布一匹，换花二斤，五日一布，赏钱二百。欲纺织而贫困不能得花者，公另赒之，不三年翕然皆纺织之户矣。

（清　马家鼎等修，张嘉言等纂：《寿阳县志》，卷十二，艺文下，顺治六年正月初十日邑人生员张所赋谨记，清光绪八年刻本。）

〔明万历年间至清雍正十二年前后，山西平定州〕 布：素不谙纺织，明万历间寿阳知县蓝令始教之织,今产差盛。

（清　觉罗石麟修,储大文纂:《山西通志》,卷四十七,物产,平定州,清雍正十二年刻本。）

〔明万历年间至清光绪八年,山西平定州寿阳县〕　布以棉花为之,农人需此为多,余布鬻于北路,有自直隶获鹿栾城等处来者,谓之东布。因呼本邑所出为西布。邑素不谙纺织,明万历间,知县蓝公始教之。

（清　马家鼎等修、张嘉言等纂:《寿阳县志》,卷十,风土,物产第三,清光绪八年刻本。）

〔清雍正十二年前,山西太原府〕　士下帷,农负耒,纺织务本,日夜矻矻(旧《志》,榆次)。

（清　觉罗石麟修,储大文纂:《山西通志》,卷四十六,风俗,太原府,清雍正十二年刻本。）

〔清雍正十二年前,山西蒲州府〕　布:郝经言河东土产菜多于桑,而地宜麻,专纺绩织布,故有大布、卷布、板布等,自衣被外,折捐价值,贸易白银,以供官赋。

（清　觉罗石麟修,储大文纂:《山西通志》,卷四十七,物产,蒲州府,清雍正十二年刻本。）

〔清乾隆三十一年前后,山西绛州闻喜县〕　俗女红甚勤,东乡尤佳,称横水布;又织为巾,黑白相间,名闻巾。

（清　李遵唐修,王肇书等纂:《闻喜县志》,卷二,物产,布,清乾隆三十一年刻本。）

〔清乾隆四十七年前后,山西潞安府襄垣县〕　女工尤勤苦,日食糟糠,而纺绩不辍,每至夜分不寐。

（清　李廷芳修,徐珏、陈于廷纂:《重修襄垣县志》,卷三,风俗,清乾隆四十七年刻本。）

〔清乾隆四十九年前,山西泽州府凤台县〕　人习机杼,俗尚俭朴(《群书备考》)。

（清　林荔修,姚学甲纂:《凤台县志》,卷二,风俗,清乾隆四十九年刻本。）

注：凤台县于民国元年改名晋城县。

〔清乾隆五十四年前后,山西蒲州府虞乡县〕　布皆妇女所为,自衣被外,折价贸易白银,以供官赋。

（清　周大儒纂修:《虞乡县志》,卷一,地舆志,物产,清乾隆五十四年刻本。）

三、手 工 业 | 445

〔清道光五年前,山西平阳府太平县〕 男力献亩,女务织纺(祝氏《志·太平》)。

(清 李炳彦修,梁栖鸾纂《太平县志》,卷三,坊里志,风俗,清道光五年刻本。)

〔清同治二年前后,山西太原府榆次县〕 榆人家事纺织成布,至多以供衣服、租税之用,而专其业者贩之四方,号榆次大布,旁给西北诸州县。其布虽织作未极精好,而宽于边幅,坚密能久,故人咸市之。

(清 俞世铨、陶良骏修,王平格、王序宾纂:《榆次县志》,卷十五,物产,清同治二年刻本。)

〔清光绪六年前,山西蒲州临晋县〕 男业耕耘,士子不废;女勤绩纺,巨室亦然(旧《志》)。

(清 艾绍濂、吴曾荣修,姚东济纂:《续修临晋县志》,卷一,风俗,清光绪六年刻本。)

注:临晋县于一九五四年与猗氏县合并为临猗县。

〔清光绪八年前后,山西平定州寿阳县〕 布,以棉花为之,农人需此为多,余布鬻于北路,有自直隶获鹿、栾城等处来者,谓之东布,因呼本邑所出为西布。

(清 马家鼎等修,张嘉言等纂:《寿阳县志》,卷十,风土志,物产,清光绪八年刻本。)

〔清代至民国二十二年,山西沁源县〕 本县全境在清代时,人民平时衣服率皆土布,三区多自纺织,一区东北乡亦然。遇庆祝时,富家间有衣绸缎者。近年舶来品渐多,而贫者亦多购洋缎等料。

(孔兆熊、郭蓝田修,阴国垣纂:《沁源县志》,卷二,风土略,民国二十二年铅印本。)

〔民国五年,山西临县〕 民国五年,郭绅佐唐等自筹款项,创立公益工艺局,内设经理二名,技士一名,机织科工徒十六名。所织布匹,以赛银绸、小提花、电光、爱国、斜文、柳条等布为大宗,而被褥线单亦居多数,以土人之制造供土人之取求,亦足为抵制外货之一端云。

(胡宗虞修,吴命新纂:《临县志》,卷七,物产谱,工业纪略,民国六年铅印本。)

〔民国十二年前后,山西临晋县〕 临邑夙重纺织,几于家置一机,惜器械窳旧,故妇女竭终日之力,仅纺纱数两,织布丈余,以供本邑之用,罕能输出境外。

(俞家骥、许鉴观修,赵意空等纂:《临晋县志》,卷三,物产略,民国十二年铅印本。)

〔民国十八年前后,山西新绛县〕 乡间妇女多能以土法纺织,其布之坚牢耐久,迥非洋布可比,除供自己服用外,直接出售者约只十之二三,其大多数由贩棉花者以花换布,故妇女之勤女红者,其家虽不种棉,而织布之原料可以劳力得之,此又乡间妇女之一种生业矣。

(徐昭俭修,杨兆泰等纂:《新绛县志》,卷三,生业略,民国十八年铅印本。)

〔民国十八年前后,山西翼城县〕 妇女织布为翼邑普通旧习,大约靠山村庄几于无家不置有一机,惜器械窳旧,故妇女竭终日之力,仅能纺纱数两、织布丈余,以供自家或本地之用,鲜能输出境外。

(马继桢、邢翊桐修,吉廷彦、马毓琛纂:《翼城县志》,卷八,物产,民国十八年铅印本。)

〔民国十九年前后,山西永和县〕 妇女无论贫富,皆事织纺。每至春夏之交,养蚕缫丝,以供己用。

(阎佩礼修,段金成纂:《永和县志》,卷五,生业略,民国十九年铅印本。)

〔民国二十年前后,山西太谷县〕 迩来,织业渐兴,除工厂招徒织造外,城乡民户设机织造者亦日见其多。

(安恭己等修,胡万凝纂:《太谷县志》,卷四,生业略,商会,民国二十年铅印本。)

〔民国二十二年前后,山西陵川县〕 有业染色者,率系染土布。

(库增银修,杨谦纂:《陵川县志》,卷三,生业略,民国二十二年铅印本。)

〔民国二十四年前后,山西浮山县〕 县民多务农,乡村妇女用土产棉花纺织粗布,法笨质劣。现直、鲁客民带来平机,较旧式机事半功倍,县中妇女逐渐仿用。

(任耀先修,乔本情、张桂书等纂:《浮山县志》,卷十二,实业,民国二十四年铅印本。)

〔民国二十二年前后,山西沁源县〕 本县纺织工业多系妇女之副业,惟全县不甚一致,才子坪、岭北十数村,家家皆纺棉织布,仅供自用。白狐窑、红灵一带十数村,与沁县接界,染沁县风气,妇女对于纺织一节,每年贩棉织布售布换棉,除供自用外,间有出售者。其余各村亦间有纺织土布者,但不甚普及。

(孔兆熊、郭蓝田修,阴国垣纂:《沁源县志》,卷二,工商略,民国二十二年铅印本。)

〔民国九年前后,奉天复县〕 衣服向系自己纺织,染以青蓝。现因外货输入,亦间有购者,然其色亦必青蓝,盖以服用耐久故耳。

(程廷恒修,张素等纂:《复县志略》,第四十,礼俗略,民国九年石印本。)

〔民国十三年前后,奉天海城县〕 乡间妇女纺棉为线,用机织之曰家机布,每匹重四斤。又有用洋线洋机织者,曰洋线布,重三斤余,较南来尺布价廉,商家销售极多。

(廷瑞修,张辅相等纂:《海城县志》,卷七,人事,实业,民国十三年铅印本。)

〔民国十五年前后,奉天新民县〕 新民纺织,昔皆女工,间有机匠织者,缜密匀细不如山东之布,与江南之布较之尤逊。近年,日本布充斥于市,尽夺其利,间有仿洋布织法用铁机或改良木机者,惟东三省无纺纱厂,其纱仍购之日人,故利入甚微。

(王宝善修,张博惠纂:《新民县志》,卷十六,物产,货类,民国十五年石印本。)

〔民国二十二年前后,奉天铁岭县〕 大布,齐鲁人专开机房,为每年出品不下数万匹。

(黄世芳、俞荣庆修,陈德懿等纂:《铁岭县志》,卷十三,物产,货物,民国二十二年铅印本。)

〔民国二十二年前后,奉天北镇县〕 家机布,妇女纺棉为线,雇用人工用机织成,每匹重三斤上下,惟农家自己用之。商家普通销售者纯用洋线织成,每匹重二斤左右,亦有重十余两者,俗名对子布,间有运销外县者。

(王文璞修,吕中清等纂:《北镇县志》,卷五,人事,实业,工务,民国二十二年石印本。)

〔清代至民国二十三年,奉天〕 本省居民所用粗布,向由本地农民自行纺织,谓之家机布。或由江、浙、山东输入大尺布,以补不足。清季,美国、日本布匹先后输入,土布颇受影响。近年外洋纱布充牣市场,土布滞销,较前尤甚。

(翟文选等修,王树楠等纂:《奉天通志》,卷一百十四,实业二,工业;民国二十三年铅印本。)

〔清宣统三年前后,吉林西安县〕 布原出于纺,县民不知纺车为何物,率购洋纱织之。织多土法,间用木及铁机,谓之机房。其织布用木机,凡布幅宽营造尺一尺四寸,长五丈八尺为一匹者,用洋纱三斤(按:洋纱每纪重八斤十两,价五元二角者可作纬;重九斤,价五元八角者可作经,经纬合之,须值六角二分三厘九毫一斤),合值一元八角七分二厘,须人力一日,佣资二角,共成本二元零七分二厘,而每匹布价二元一角半。其布幅宽一尺二寸,长五丈六尺为一匹者,用洋纱二斤十两,值一元六角三分八厘,人力一日能成一匹半,一匹须佣资一角三分三厘,共成本一元七角七分一厘,而每匹布价二元,较宽长幅者息稍优,然其利亦微。故织工多雇山东人,以佣资较本地人贱几一倍也。

(清　雷飞鹏修,段盛梓等纂:《西安县志略》,卷十一,实业篇,清宣统三年石印本。)

注:西安县于一九五六年改名东辽县。

〔民国初年至二十三年前后,吉林〕　机房:二十年前,多山东机匠来此地设铺,用中国旧式木机织布,或不设铺,云游至农户承织之,俗称家机布,今则亡矣。纺线:二十年前,农妇皆购棉自用纺线车纺纱,右手摇轮,左手陈纱,积纱成数,则雇机匠织之。今则用洋纱,穿洋布,而此业已亡。有之则各都市中之织布工厂矣。

(刘爽编:《吉林新志》,下编,人文之部,第五章,实业,第四章,工业,民国二十三年铅印本。)

〔民国二十年前后,吉林通化县〕　机织业于事变前颇为发达,仅城厢一隅即已七十余家,共约木机三百余张,工人以鲁人为最多,本地人最少。均织花其布、大尺布、清水布、大小乔布、花格布、坎布、冷布、柳条布、毛巾、清水巾子、斗文巾子,每日平均可出布三百余匹,手巾百余打,月出一万余打,除销供本县需用外,余销临、抚、辑、柳等处。事变后百业不振,该业亦已衰微,差至数倍矣。

(刘天成修,李镇华纂:《通化县志》,卷三,实业志,公司及各企业,民国二十四年铅印本。)

〔清光绪十七年前后,黑龙江〕　布有五色,尺匹与英、法诸国亦同,虽不耐观,颇实厚经久,各司行走末员间有以为礼服者。

(清　徐宗亮纂:《黑龙江述略》,卷六,丛录,清光绪中刻本。)

〔清宣统二年至民国八年,黑龙江呼兰府、望奎县〕　布类有平面布,有斜纹、斗纹、柳条、爱国各布,并有被单、褥单、毛巾、平面巾,皆以染色绵纱制成平面布。城内各机房所制斜纹各类,则呼兰巴彦兰西官立工艺厂出产品(《呼兰府志》)。布类有大布、套布、褡连布、花齐布、坎布等物,皆国货也(《望奎县志》)。

(万福麟修,张伯英纂:《黑龙江志稿》,卷十六,物产志,庶物,民国二十二年铅印本。)

〔清代至民国十年,黑龙江绥化县〕　织工、染工不如东西洋之精致,故通境布匹无论带色不带色,多由外城贩来,且诸工皆各设市肆,无所谓工厂也。民国元年有人提倡创办织布工厂,所织之布有花条布、花绮布、葡灰窄布、十锦被面、蜈蚣锦袍料、十锦褥面、窄条布、爱国布、提花被面、提花褥面等,销路虽畅,然以购料不便,难获利息,遂于民国二年停办。现在有山东人在城内开设机房数处,专织花绮大布、褡连等布,供给商号售卖,颇能获利。

（常荫廷修,胡镜海纂：《绥化县志》,卷八,实业志,工业,民国十年铅印本。）

〔民国十九年前后,黑龙江呼兰县〕 布之类有平面布,即大小布,城内各机坊皆织之。有斜纹布,有斗纹布,有柳条布,有爱国布,皆曩者县立工业实习学堂出品。后学堂虽停办,而机坊工人亦有能织者。

（廖飞鹏修,柯寅纂：《呼兰县志》,卷五,实业志,工业,民国十九年铅印本。）

〔清乾隆三十年前后,陕西西安府耀州〕 居民务稼穑,尚蓄积,近又能种木棉,事织纺,然为布无多,不能出村落也。

（清 汪灏修,钟研斋纂：《续耀州志》,卷四,田赋志,风俗,清乾隆三十年刻本。）

〔清嘉庆十二年前后,陕西鄜州中部县〕 女勤纺绩,敦本务农。

（清 丁瀚、赵映奎修,张永清等纂：《中部县志》,卷二,风俗志,风俗,清嘉庆十二年刻本,民国二十四年铅字重印本。）

注：中部县于民国三十三年改名黄陵县。

〔清光绪二十二年前后,陕西兴安府平利县〕 邑地有桑,而蚕事殊少,惟北乡有之,然纺织之事则篝灯机杼,比户皆然。

（清 杨孝宽修,李联芳纂：《续修平利县志》,卷九,土产志,风俗附,清光绪二十二年刻本。）

〔清光绪三十四年前后,陕西商州镇安县〕 棉布,有纺成土棉纱所织,亦有购洋纱织成者。

（清 李麟图纂修：《镇安县乡土志》,卷下,物产,植物制造,清光绪三十四年铅印本。）

〔清光绪三十四年前后,陕西商州镇安县〕 土布,乡民自织自用,行销本境,间有互换货物。纺织未精,不能行销他处。

（清 李麟图纂修：《镇安县乡土志》,卷下,商务,本境产物,清光绪三十四年铅印本。）

〔清代至民国十年,陕西南郑县〕 民间多能纺织棉布,惟各为尺幅,疏密不一,只给自用。民国元、二年,用掔梭织宽布,盛行一时,且畅销西路。嗣因所织轻重疏密各殊,亦无一定牌号,致失信用,今又多停辍矣。

（郭凤洲、柴守愚修,刘定铎、蓝培厚纂：《续修南郑县志》,卷三,政治志,实业,工业,民国十年刻本。）

〔清代至民国三十三年,陕西洛川县〕 土纱:洛川,百余年来,邑中妇女不惯纺织,服用所需,多仰给外来品。……民国三十年,本区专署曾发起"一户一纺车"运动,谋倡导妇女家庭纺织业,以换积习。今邑中从事纺纱妇女约有四千余人,年产土纱,量尚少耳。……民间纺纱者既渐多,或自织布为衣,产量无统计。

(余正东修,黎锦熙纂:《洛川县志》,卷九,工商志,工业,民国三十三年铅印本。)

〔民国十二年前后,陕西兴平县〕 出境之产,有毡、蜡(见《宋史·地理志》)。近以辣靛、蒺藜、乌药、木棉为大宗。木棉之产不及泾原、临渭,然兴俗勤朴,无女不织。极贫之家衣无蓝缕,惟所出之布不惟远逊外洋质美,色泽又次湘、鄂。近东关外复幽园及县内城隍庙均购小机器织纺。筚路开疆,此后当日益进步矣。

(王廷珪修,张元际等纂:《兴平县志》,卷一,地理,物产,民国十二年铅印本。)

〔民国十二年前后,陕西兴平县〕 男力于耕,女勤于织,为关西最。士人类多能芟柞,女子自十岁或十五岁,举〈即〉能纺棉织布。

(王廷珪修,张之际等纂:《兴平县志》,卷六,风俗,民国十二年铅印本。)

〔民国十五年前后,陕西澄城县〕 妇女于烹饪之外,勤于纺绩,无论贫富。南乡一带妇女往往用棉二斤为本纺之,得线三十两,织之可成布三丈,复易成棉,约赢数斤。又纺之织之,棉布相易,生生不已,故四五口之家终岁不买布,而著衣不尽。贫者纺绩之声半夜不辍。世出售其余布,以助夫之生理。孀妇孤嫠往往借纺织以为生活者屡见不少。北乡妇女纺织虽较逊于沟南,然恒供自用外,其所缝余之衣衫鞋袜等,出售于肆,故凡治城及乡间会期皆有农媪卖衣物者,恒于无问售之时手纻不辍。

(王怀斌修,赵邦楹纂:《澄城县附志》,卷三,经政,风俗,民国十五年铅印本。)

〔民国十五年前后,陕西澄城县〕 境内妇女勤于纺织,故农民衣服皆取足土布,所余之布有运往北山者。

(王怀斌修,赵邦楹纂:《澄城县附志》,卷四,实业,物产,民国十五年铅印本。)

〔民国十五年前后,陕西澄城县〕 妇女以纺织为务,北乡间有从事耕耘者,南乡妇女则以棉数斤为本,纺织成布,复换成棉(担棉换布者俗名花贩子),就其赢余织布制衣,供一家衣服之用,其寡妇及贫婆者往往以纺绩度日。

(王怀斌修,赵邦楹纂:《澄城县附志》,卷四,职业,民国十五年铅印本。)

〔民国十八年前后,陕西邠县〕 县境气候较冷,向不种棉,惟东北二乡,近来,女工多以土法纺织,以供家用。成绩虽好,发达则难,因棉须小贩向泾原一带购买也。

(刘必达修,史秉贞等纂:《邠县新志稿》,卷十,实业,纺织,民国十八年铅印本。)

注：邠县今为彬县。

〔**民国十九年前后,陕西横山县**〕 男女衣服材料纯用本国棉织土布,故舶来外品市场极为罕见。

(刘济南修,曹子正纂:《横山县志》,卷三,风俗志,习惯,民国十九年石印本。)

〔**民国二十一年前后,陕西咸阳县**〕 咸地棉花产额甚巨,然纺织皆以人力,故出布无多,东南商人买花于斯,织为布,复卖于斯,往返数千里。

(刘安国修,吴廷锡、冯光裕纂:《重修咸阳县志》,卷一,地理志,职业,民国二十一年铅印本。)

〔**民国二十二年前后,陕西鄠县**〕 妇女职业以纺织为主,棉之产额逐年加多,除一般人民衣被外,尤为农产物出境之大宗。惟纺织率用土机,纱粗布劣,不能与洋纱、洋布相颉颃,是又吾邑人所宜讲求改进者也。

(强云程、赵葆真修,吴继祖纂:《重修鄠县志》,卷一,物产,民国二十二年铅印本。)

〔**民国二十三年前后,陕西省岐山、兴平县**〕 布,以棉为之,有平机布、高机布之名(《汉中府续志》)。棉织物有水布一种,水布分穿布、换布两项(岐山县访册)。县东关复幽桑园有手工机器纺纱织布,毛巾、床单均能仿造。妇女又织花布、花毛巾等物(兴平县访册)。

(杨虎城、邵力子修,吴廷锡等纂:《续修陕西通志稿》,卷一百九十二,物产三,货属,民国二十三年铅印本。)

〔**民国二十三年前后,陕西大荔县**〕 女勤织纺,阖境皆然,以本地产棉,取携较便也。

(杨虎城、邵力子修,吴廷锡等纂:《续修陕西通志稿》,卷一百九十五,风俗一,大荔县,民国二十三年铅印本。)

〔**民国二十四年前后,陕西醴泉县**〕 醴俗男耕女织,士商或服舶来品,普通男女概服自织棉布。

(张道芷、胡铭荃修,曹骥观纂:《续修醴泉县志稿》,卷十,风俗志,习尚,民国二十四年铅印本。)

〔民国二十四年前后，陕西醴泉县〕 醴泉素不产棉，近年种者渐多，且质地优良，为他处所不及，故远商争来购买，行销日畅。子可榨油，乡人咸用之。又邑中妇女素勤纺织，原料既足，其布产较倍往昔，于经济方面补助不少。

（张道芷、胡铭荃修，曹骥观纂：《续修醴泉县志稿》，卷二，地理志，物产，民国二十四年铅印本。）

〔清道光十一年前后，甘肃安西州敦煌县〕 地多种棉，妇女能纺织，自衣其夫。

（清 苏履吉等修，曾诚纂：《敦煌县志》，卷七，杂类志，风俗，清道光十一年刻本。）

〔清乾隆三十九年前后，甘肃巩昌府西和县〕 地不产丝，人绩胡麻、纺棉织粗布服之。富者或衣褐帛，次者衣细布，然皆来自商贩，非本地所织。

（清 邱大英纂修：《西和县志》，卷二，风俗，衣服，清乾隆三十九年刻本。）

〔民国年间，甘肃民勤县〕 无论宦绅士庶之家，妇女皆勤于纺织，为河西诸郡士女之所罕见者。

（马福祥等主修，王之臣等纂修：《民勤县志》，风俗志，民国年间手抄本，一九七〇年台湾成文出版社影印本。）

〔民国初年至二十四年，甘肃灵台县〕 衣服，旧皆资用输入外境丝棉布匹，不论贫富，多系以粟易之。嗣于民国十年后，乡间或有自行织纺，专用绵而不用丝，制造亦属紧密。

（高维岳、张东野修，王朝俊等纂：《重修灵台县志》，卷一，风俗，民国二十四年铅印本。）

〔民国十年前后，甘肃高台县〕 村民多衣本地织布，冬月多以老羊皮为裘。中产家间衣洋斜梭布，近衣鸦缎或泰西宁绸。

（徐家瑞等纂修：《新纂高台县志》，卷二，舆地，风俗，民国十年铅印本。）

〔民国十年前后，甘肃高台县〕 棉……近经劝导，农家皆种之，纺纱制布，运销于酒泉、张掖等处，颇能获利。惟仍用土机，工多而货劣，不足抵制外货。

（徐家瑞等纂修：《新纂高台县志》，卷二，舆地，物产，民国十年铅印本。）

〔民国二十五年前后，甘肃康县〕 棉布分二种，曰高机布、平机布，盖因机命名也。高机布一名加机布，以其线头加多而布宽也；又名水阴布，因织时纬线以水浸过故耳。平机布一名干线布，因纬线不用水浸耳，比高机布稍窄，其纺织工均恶劣不良者,曰客布换布,言其出卖换物而不加工者也。纺织皆系旧法,女工足多焉。

(王世敏修,吕钟祥纂:《新纂康县县志》,卷十四,物产,民国二十五年石印本。)

〔民国三十一年前后,甘肃临泽县〕 本县人民以农业为主,纺线、织布、织褐或编织毛衣及草帽编为农村之副业。

(章金泷修,高增贵纂:《创修临泽县志》,卷三,民族志,生活状况,民国三十一年铅印本。)

〔民国三十一年前后,甘肃临泽县〕 布:以棉纺线,用土法织之,为之本布,长二丈有余。

(章金泷修,高增贵纂:《创修临泽县志》,卷一,舆地志,物产,货类,民国三十一年铅印本。)

〔清乾隆三十七年前后,新疆〕 新疆各城惟和田回人知养蚕、缫丝、织绢,他处桑树虽多,食椹而已。惟赖种棉花、织布为衣,其织具亦有纺车,机梭形虽小异,其用则同远近。各外夷以羊、马诸货贸易,回人颇为利益,每年额收布匹送官,官乃运送伊犁与哈萨克易换牛、羊、马匹,可以济伊犁、乌鲁木齐、巴里坤等处之用。

(清 苏尔德纂修:《回疆志》,卷三,织纴,清乾隆三十七年修,抄本。)

〔清咸丰七年前,新疆乌什〕 回人男女服色,男多以灰布、土黄布为衣,女喜以花布为衣。花布以棉线、丝线织成,一曰来舒尔,一曰八杳羽。

(佚名纂:《孚化志略,杂录,回俗,清咸丰七年抄本。)

注:今乌什县。

〔清光绪三十四年前后,新疆库车沙雅县〕 植物制造惟土布一项,仅供服用。

(清 张绍伯纂:《沙雅县乡土志》,物产,一九五五年据清光绪三十四年稿本油印本。)

〔清光绪三十四年前后,新疆疏勒府〕 每年约出布五六万匹,亦有商运出境者。

(清 蒋光陞纂:《疏勒府乡土志》,物产,一九五五年据清光绪三十四年稿本油印本。)

〔民国五年,新疆〕 吐鲁番、库车、焉耆盛产棉花,南路各属亦多产之,土人以制棉布,或加染色,稀疏粗劣不能耐久,惟和田所制较为细致,仅供本地土人之需,而输出外地者殊寥寥。

(林竞编:《新疆纪略》,五,实业,工艺,民国七年铅印本。)

〔民国十九年前后,新疆和田等地〕 和田、洛浦、于阗所制洁白棉密(俗名尺子布,和田岁出十七万余匹,洛浦三万余匹,于阗二万五千匹,平均计之,每匹约合银三钱有零),宽广合度,运销关陇外及俄属安集延,岁额巨万(运销内地约二万余匹,安集延约十二万匹)。

(钟广生撰:《新疆志稿》,卷之二,矿产,民国年间铅印本。)

〔民国二十八年以前至三十六年前后,新疆和田〕 和田的各种大布,布质精细,颜色美丽,每年产量在三百三十万匹以上,除本地普遍消用以外,有三十八万五千匹运销全疆各地。其生产三十年比二十八年以前增加百分之二十五,织布工人增加百分之二十。最近由土产公司与汉文会积极筹设工厂,土产公司已设立有二百架新式木机之工厂一处,布幅增宽到二尺与二尺五,生产量较前增加十倍。

(丁骕撰:《新疆概述》,八,手工业,民国三十六年铅印本。)

注:和田今为和田。

〔民国三十三年前后,新疆〕 新疆工业,多以手工业为主,而其产品,又以粗棉为大宗。……天山南路各县产棉,妇女勤于机杼,其纺织方法与内地土法大同小异,惟机械不精,拣棉不洁,纱线粗松,颜色丑劣,多为蓝色,布宽仅尺,俗称"尺子布"。每匹长约二丈,以疏勒、莎车、和田、喀什、阿克苏、库车、吐鲁番等处产额较多,而疏勒尤为最优。总数全年共约七十余万匹。俄产布匹虽甚畅销,但乡间贫民仍多乐用土布,以其韧厚耐用也。

(李寰撰:《新疆研究》,第三编,经济,第五章,工业,民国三十三年铅印本。)

〔民国三十六年前后,新疆阿克苏〕 阿克苏区的手工业,在全疆也占有相当地位,供给全疆所用的褡连布,每年可以生产二十万匹,著名的库车毛筒,每年可产十余万张。

(丁骕撰:《新疆概述》,八,手工业,民国三十六年铅印本。)

〔明万历三十六年前后,山东兖州府汶上县〕 地宜木棉,纺车之声相闻。

(明 栗可仕修,王命新等纂:《汶上县志》,卷四,政纪志,风俗,明万历三十六年刻本,清康熙五十六年重印本。)

〔**明崇祯六年前后,山东济南府历城县**〕 平机,绵线所织,士民皆衣此。

(明 郭永泰等修,刘敕纂:《历乘》,卷十二,方产表,布帛,明崇祯六年刻本,一九五九年北京中国书店影印本。)

〔**清雍正七年前,山东登州府栖霞县**〕 地产木棉,无论绅士及农家男妇皆纺织,以自衣被(邑《志》)。

(清 岳濬、法敏修,杜诏、顾瀛纂:《山东通志》,卷二十三,风俗,登州府,栖霞县,清雍正七年修,清乾隆间《四库全书》本。)

〔**清乾隆二十一年前后,山东曹州府**〕 地产木棉,以之为布。

(周尚质修,李登明纂:《曹州府志》,卷七,食货志,风土,清乾隆二十一年刻本。)

〔**清乾隆二十一年前后,山东曹州府定陶县**〕 所产棉布为佳,他邑转鬻之。

(周尚质修,李登明纂:《曹州府志》,卷七,食货志,风土,定陶县,清乾隆二十一年刻本。)

〔**清乾隆二十五年前后,山东泰安府泰安县**〕 木棉布:泰安县平机布最佳。

(清 颜希深等修,成城等纂:《泰安府志》,卷二,方域志,物产,货属,清乾隆二十五年刻本。)

〔**清乾隆二十八年前后,山东武定府蒲台县**〕 地产木棉,户勤纺织。

(清 严文典修,任相等纂:《蒲台县志》,卷二,风俗,清乾隆二十八年刻本。)

注:蒲台县于一九五六年并入博兴县。

〔**清乾隆二十八年前后,山东武定府蒲台县**〕 土性白沙者宜木棉,种植工本较五谷费重,获利亦丰。户勤纺织,布有数种,曰半头、曰长头、曰庄布,既以自给,商贩转售,南赴沂水,北往关东,闾阎生计多赖焉。

(清 严文典修,任相等纂:《蒲台县志》,卷二,物产,清乾隆二十八年刻本。)

〔**清代中叶至民国二十四年,山东陵县**〕 清之中叶,出产白粗布最多。当时滋〈淄〉博店、神头镇、凤凰店各街有布店七座,资本雄厚,购买白粗布运销辽沈,全县收入颇有可观。惟此纯系家庭手工业,农家妇女于春冬两季间暇之余自纺自织,法既笨拙,效率亦颇滞缓。然农家者流女子均有工可作,家计不无小补。……迄机器纺纱(俗呼洋布)输入内地,白粗布销路顿形滞涩,渐至断绝,全县手工业无形破产,农民经济影响甚巨。

(苗恩波修,刘荫歧纂:《陵县续志》,卷三,第十八编,工商业,民国二十四年铅印本。)

〔清道光二十年至二十六年，山东曹州府巨野县〕　邑境不通舟楫，绝无富商大贾，即远游生理经岁不返者，亦百无一二。富民以籴入粜出为利，贫民以卖线换布为生。庄民娶妇入门，即给木棉斤许，令其纺织，得有赢余，以为添补衣履之用。

（清　黄维翰纂修，袁传裘续修：《巨野县志》，卷二十三，风俗志，人情，清道光二十年修、二十六年续修刻本。）

〔清咸丰十年前后，山东武定府滨州〕　地产木棉，种者十八九，妇女皆勤于织纺，男则抱而贸于市，乡间比户杼轴之声相闻，令人思唐魏之风焉。

（清　李熙龄纂修：《滨州志》，卷六，风俗，清咸丰十年刻本。）

〔清光绪三十三年前后，山东泰安府平阴县〕　土布，惟棉花非本地产，自临清、高唐运入。

（清　黄笃瓒修，朱焯纂：《平阴县乡土志》，植物制造，清光绪三十三年铅印本。）

〔清光绪三十三年前后，山东济南府章邱县〕　阔布，向称贡品，近已奉文停办，尚有绵线布、洋线布二种，以辛家寨所织为最，销京庄及近邑。

（清　杨学渊修，李洪钰等纂：《章邱县乡土志》，卷下，商务，清光绪三十三年石印本。）

〔清光绪三十四年前后，山东东昌府馆陶县〕　妇女纺织为业，但仍用土法，费功多而为利少。近年洋布洋线盛行，本境业此者几不足谋生。……洋布、洋棉，俱由临清贩来。

（清　孙方堃修，宋金镜、熊廷献纂：《馆陶县乡土志》，卷八，物产，清光绪三十四年铅印本。）

〔清代至民国九年后，山东桓台县〕　本邑布业向无工厂，多属家庭手工及农隙作品。旧为妇女纺线织为粗布、小布，粗布销本地，小布销外境。自洋线、洋布兴，此业遂归淘汰，民生益困。民国九年，荣家庄人购洋机创织洋布，邻村效之，洋布机至三十余张，岁出布约二千余匹。嗣逐渐推广，增至四千余张，且改拉梭为足踹。铁机出六丈长一匹者岁约四十万匹，贫民借沾蝇头，生计攸赖，但机户多向布商领线代织，仅得工资，且无富商大贾采办，销路迟滞，渐呈衰歇之势。

（佚名纂修：《桓台县志》，卷二，法制，实业篇，工商业，民国二十三年铅印本。）

〔清代至民国二十五年，山东清平县〕　农村副业，惟纺棉织布最为普遍。当民国以前，四境之内机声轧轧，比户皆然。所织之布运销于兖沂泰安一带，蔚然为出口大宗。近受洋纱之影响，业此者落落如晨星已。

（梁钟亭、路大遵修，张树梅纂：《清平县志》，实业志三，工艺，民国二十五年铅印本。）

〔**清代至民国三十年前后，山东潍县**〕 潍县织造棉布，原有小布及丈五幟子、三丈幟子等名称，塔寺庄所织尤为细致，多用以制袜，呼为塔寺庄棉布。自洋布输入，逐渐淘汰，今尚有织者，然皆用粗洋纱，不复用女工所纺之棉花线矣。民国初年，有东乡人自天津购机数架回乡推广，传习技术，改良出品，获利颇丰。不数年间，潍河沿岸各庄如穆村、邓村、石埠子、驸马营、桑园、眉村等地无不以织布为业。民国四、五年间，约有布机五百台左右。十二三年间，渐及于南北各乡，至今已遍及全县。布机台数增至五万以上，出品年达千万匹，销路之广遍于全国，与县人生计有重大关系。所用棉纱自十六支、二十支、三十二支、四十支至四十二支均有，其中以二十支至四十二支为最多，十六支粗纱为最少。所用机器系铁轮木机，由华丰、洪丰、天丰等铁工厂制造，可织白粗布、斜纹布、蚊帐布、线呢、哔叽及各种条布、白细布等。最宽者幅面二尺六寸，每日十小时织布一百市尺，用法颇简单，一人用足踏动全机，即工作自如。价值每架自银元七十元至八十元。据查各铁工厂近十年来售出之布机数达七八万架，以销售本县境内者为多。此种布之行销由布庄收买后，运销外埠，据民国二十一年调查，由胶济铁路出运者凡三千六百公吨，由邮局出运者每年约在十二三万件。

（常之英修，刘祖干纂：《潍县志稿》，卷二十四，实业志，工业，民国三十年铅印本。）

〔**清代后期至民国二十五年，山东牟平县**〕 衣料所需，以棉布为普通，山茧绸次之。本县原不产棉，向皆取给于南省。山茧固系土产，来自辽东者亦伙。在民元前四十年以上，其纺织工作多属妇女，以粗笨木制之纺车与织机为之，原为家庭一种副业。海禁开后，洋布渐入，喧宾夺主，无法自存，此种旧式之纺织遂至逐渐消灭。

（宋宪章等修，于清泮等纂：《牟平县志》，卷五，政治志，实业，民国二十五年铅印本。）

〔**民国六年前后，山东临沂县**〕 棉，农家用以制布，朴拙耐久，由来旧矣。但全境科学不明，制法沿旧，愚民无知，以为种棉织布工力烦难，反不若机器棉纱之软而匀，制布尤为细而腻，相率弃其本业，而不以价购洋纱洋布为非计，此亦地方一绝大漏卮。

（陈景星、沈兆祎修，王景祜纂：《临沂县志》，卷九，实业，民国六年刻本。）

〔民国十五年前后，山东阳信县〕　粗布，为普通衣料，自受洋布抵制，虽仍往省东京东运售，而销售行市不如昔日远甚。

（朱兰修，劳乃宣纂：《阳信县志》，卷七，物产志，制造物，民国十五年铅印本。）

〔民国十七年前后，山东胶县〕　旧《志》所谓，女世纺绩之业，今则机杼已成罕见之物，而衣食或且仰给于外国。

（赵琪修，袁荣叟纂：《胶澳志》，卷三，民社志，生活，民国十七年铅印本。）

〔民国十八年前后，山东泰安县〕　徂徕北麓多产棉，平机布亦佳。

（葛延瑛修，孟昭章、卢衍庆纂：《重修泰安县志》，卷一，舆地志，疆域，物产，民国十八年铅印本。）

〔民国二十年前后，山东登州府青岛〕　近数年来，洋布、爱国布盛行，城市有设厂购纱自织者，而绵布用者日少。

（叶钟英等修，匡超等纂：《增修胶志》，卷十，疆域志，风俗，民国二十年铅印本。）

〔民国二十年前后，山东蒙阴县〕　粗布，曰本地布，纺棉纱为之，性最壮。单布，缕甚稀，不可为衣，业豆腐者多用以制囊袱。洋线布，近来购洋线织成者，性次于粗布。

（黄星垣、赵家琛等编纂：《蒙阴县志》，卷一，物产，布属，民国二十年前后编纂，稿本，蒙阴县志办公室一九八七年整理铅印本。）

〔民国二十三年前后，山东昌乐县〕　自人造丝织品输入，价廉色美，用者渐多。所幸乡村人民尚乐用土布，虽为物力所限，亦朴素之性使然也。

（王金岳修，赵文琴、王景韩纂：《昌乐县续志》，卷九，风俗志，民国二十三年铅印本。）

〔民国二十三年前后，山东夏津县〕　夏为产棉区，家庭工业习之有素，衣被一切自行纺织。洎洋布盛行，俗渐奢靡，用棉布者日少。

（谢锡文修，许宗海纂：《夏津县志续编》，卷五，典礼志，习尚，民国二十三年铅印本。）

〔民国二十三年前后，山东济阳县〕　本县居民多以农为业，家家妇女皆能纺线，其表面虽比洋线粗糙，而韧性加倍。至织衣、包褥套、褡裢、口袋等物，犹多用之。粗布：粗布系用棉线或洋线织成，以制衣服。本县妇女多能织之，更有以此为业者。每年能出若干虽无确实统计，约可足供全县人民制衣之用。

（路大遵等修，王嗣鋆纂：《济阳县志》，卷一，舆地志，物产，民国二十三年铅印本。）

〔民国二十四年前后，山东广饶县〕　旧尚大布之衣，近则率用洋布，惟农民仍用土布。

（潘莱峰等修，王寅山纂：《续修广饶县志》，卷十四，政教志，礼俗，民国二十四年铅印本。）

〔民国二十四年前后，山东德县〕　自洋布畅销以来，农妇之纺织亦为罕见之事。

（李树德修，董瑶林纂：《德县志》，卷十三，风土志，商民，民国二十四年铅印本。）

〔民国二十四年前后，山东茌平县〕　绵布为茌邑土产之一，盖茌俗女子嫁后，男子之衣服概由女子负担。故女子在家童时即习纺织，半以男子之用，半以自给，故绵布之生产甚多。近来虽多采用洋线以织布，而手工织者因其纤维未疏，容易保温生暖，故仍多用之。……织品除销本县，则东南诸县亦多购之以去。其布宽仅一尺四寸，每尺（以营造尺，八寸长之砖三倍为一尺，约合市尺二尺）价洋七八分不等，每逢市集，遍地皆是。亦有以洋线作经线者。

（牛占诚修，周之桢纂：《茌平县志》，卷九，实业志，工艺，民国二十四年铅印本。）

〔民国二十四年前后，山东济南府齐东县〕　本县为产棉区域，故家庭织业甚发达，所织土布质厚而坚，农人最适用，岁出数万匹，销售本境及邻县。现受洋布影响，已日见堕落矣。

（梁中权修，于清泮纂：《齐东县志》，卷四，政治志，实业，民国二十四年铅印本。）

〔民国二十四年前后，山东齐东县〕　衣料以棉布为主，间有穿绸缎、洋布者，多于嫁娶时用之。

（梁中权修，于清泮纂：《齐东县志》，卷二，地理志，社会，民国二十四年铅印本。）

〔民国二十四年前后，山东登州府莱阳县〕　女子往岁大半纺纱，亦或织布，自机械业兴，久经停歇。嗣有织草帽辫者，近亦不复多见。

（梁秉锟修，王丕煦纂：《莱阳县志》，卷二，政治志，实业，民国二十四年铅印本。）

〔民国二十五年前后，山东德平县〕　棉纱：妇女用木纺车纺线，为家庭重要手工业，近自洋纱入境，渐至衰替。土布：用木机织窄面土布，亦本邑妇女主要工业，商人设庄收买，运销于燕蓟之地。清之末叶，贸易颇盛。民十而还，洋货侵入，邑人因袭旧法，不谋改良，而此业遂一蹶不振。

（吕学之修，严绥之纂：《德平县续志》，卷四，经济志，物产，民国二十五年铅印本。）

〔民国二十五年前后，山东德平县〕　衣料以棉布为主，率由妇女自行纺织，呢绒绸葛之类,用者甚少。自洋纱洋布倾销以来,人民羡其质细而价廉,纺织事业遂至衰微。

(吕学元修,严绥之纂:《德平县续志》,卷十,社会志,县民生活,民国二十五年铅印本。)

〔民国二十五年前后,山东沾化县〕 普通衣服概用土布,棉花系土产,纺织又自为之,虽富户亦不尚鲜华,不待提倡国货,而简朴出于自然。

(梁建章等修,于清泮纂:《沾化县志》,卷一,疆域志,风俗,民国二十五年铅印本。)

〔民国二十五年前后,山东沾化县〕 县境产棉,纺织业甚为发达,家庭工艺以此为最普通,惜未能以机器代手工耳。

(梁建章等修,于清泮纂:《沾化县志》,卷六,建设志,实业,民国二十五年铅印本。)

〔民国二十五年前后,山东临邑县〕 地方产棉,家常用大布。大布者,棉种也。一为国货,一为价廉,当暑无绨绤,御寒少袭裘,用大布作单绵衣。

(崔公甫等修,王树楠、王孟戌纂:《续修临邑县志》,卷四,地俗篇,方言,民国二十五年铅印本。)

〔民国二十五年前后,山东莒县〕 机织业,乡村随处有之,无大规模组织,其出品以洋线布为多数,管帅张仙源河多织窄布,并种土棉。长陵村一带,间有种美棉者。

(卢少泉等修,庄陔兰等纂:《重修莒志》,卷三十八,民社志,工商业,民国二十五年铅印本。)

〔民国三十年前后,山东潍县〕 潍县织布业虽多以工厂命名,其实仍为旧式之机坊。潍县现有织布工厂四处:一为信德亨轧布厂所设之织布工厂,有铁木机二十架;二为县办之平民工厂,有台布机一架、铁木机四架、木机二架;三为考振苦记,有铁木机二架;四为聚祥永,有铁木机二十架。所出之布:德信亨有布哗叽、自由布、方格布三种;平民工厂有电光布、线呢、线哗叽、台布四种;考振苦仅有条子布一种;聚祥永仅有粗细白布二种,内中以布哗叽出产为最多,每年约三千二百余匹。布哗叽、自由布、方格布、线呢、台布均系四十二支纱合股线织成。电光布则系麻丝与洋线交织而成,条子布、粗细白布则纯系纱织。各厂出品销行于本县及周村、河北、河南、山西、徐州等处。

(常之英修,刘祖干纂:《潍县志稿》,卷二十四,实业志,工业,民国三十年铅印本。)

〔民国三十年前后，山东潍县〕 城市居民以长服为多数，乡镇村居民以短服为多数，妇女多服旧式衣裳，惟一般新式者穿长袍、长裙等，多系本地粗布。

（常之英修，刘祖干纂：《潍县志稿》，卷十四，民社志，风俗，民国三十年铅印本。）

〔明洪武十二年前后，南京苏州府吴江县、昆山县〕 苎布，出吴江、昆山二县，其细者如罗縠，色莹白。黄草布，出昆山南沙万村，细者可与纱敌。

（明　卢熊纂：《苏州府志》，卷四十二，土产，胶卷复制明洪武十二年刻本。）

〔明正德元年前后，南京苏州府〕 木棉布，诸县皆有之，而嘉定、常熟为盛。药斑布，亦出嘉定县境及安亭镇。宋嘉泰中，有归姓者创为之，以布抹灰药而染青，候干去灰药则青白相间，有楼台、人物、花鸟、诗词各色，充帐幔衾悦之用。苎布，织苎为之，漂而熟者名洗白，生者为生苎，通行天下，出太仓者为上，昆山次之。别有杜织，缜密坚久，名腰机，盖古有白苎词，其来久矣。縑丝布，出诸县，合苎与丝比而成之。棋花布，用青白缕相间织成。斜纹布，出嘉定。麻布，织麻为之，精粗不等，别有熟麻成者曰熟苎。黄草布，缕黄草为之，布之下品也。

（明　王鏊等纂：《姑苏志》卷十四，土产，造作，明正德元年刻本，清乾隆年间《四库全书》本。）

〔明万历四年前后，南京苏州府昆山县〕 药班布，出安亭镇，色碧而花白。

（明　周世昌纂修：《昆山县志》，卷二，土产，明万历四年刻本。）

〔明天启年间，南京扬州府如皋县〕 皋俗不谙纺织，布匹出自江南。明天启间知县李衷纯治皋，特劝种木棉，制机杼之具，布之四门教之织纴。

（清　王继祖修，夏之蓉等纂：《直隶通州志》，卷十七，风土志，习俗，清乾隆二十年刻本。）

〔清康熙年间至民国二十二年前后，江苏吴县〕 木棉布，吴邑《志》：纺纱为之，细者价视绮帛。康熙《长洲县志》：地产木棉花甚少，而纺之为纱，织之为布者，家户习为恒产，不止乡落，虽城中亦然。按：棉纱以经床经之，乃穿筬上机织成，阔者曰大布，狭者曰小布，大抵以筘密缕匀色白者为佳，诸乡所出以长洲县北境相城、治长泾等处为优，南北桥次之。又按：光绪二十年以前沪上未有纱厂，苏地盘门外苏纶纱厂亦未兴筑，织布纱线均手车所纺，其后纱厂逐渐开设，机器渐推渐广，凡手纺纱织成之布曰杜纱布，机器纱织成者曰洋纱布。近年市上所出洋纱布已居太半矣。

（曹允源等纂：《吴县志》，卷五十一，舆地考，物产，民国二十二年铅印本。）

〔清乾隆十三年前后，江苏苏州府〕　木棉布，诸县皆有，常熟为盛。

（清　雅安哈善、傅椿修，习寯寯等纂：《苏州府志》，卷十二，物产，布之属，清乾隆十三年刻本。）

〔清乾隆十七年前后，江苏常州府无锡、金匮县〕　常郡五邑，惟吾邑不种草棉，而棉布之利，独盛于吾邑，为他邑所莫及。乡民食于田者，惟冬三月及还租已毕，则以所余米舂白而置于囤，归典库以易质衣。春月则阖户纺织，以布易米而食，家无余粒也。及五月田事迫，则又取冬衣易所质米归，俗谓种田饭米。及秋稍有雨泽，则机杼声又遍村落，抱布贸米以食矣。故吾邑虽遇凶年，苟他处棉花成熟，则乡民不致大困。布有三等，一以三丈为匹，曰长头；一以二丈为匹，曰短头，皆以换花；一以二丈四尺为匹，曰放长，则以易米及钱。坐贾收之，捆载而贸于淮、扬、高、宝等处，一岁所交易不下数十百万。尝有徽人言，汉口为船码头，镇江为银码头，无锡为布码头。言虽鄙俗，常不妄也。坐贾之开花布行者，不数年即可致富。盖邑布轻细不如松江，而坚致耐久则过之，故通行最广。惟开化乡民皆织席，不能为布。新安乡半之。延祥乡之荡口则兼绩麻为手巾及织黄草缣。南门近城十余里则多劈竹为米簏、镫架、笔帚、竹箸之属。东南景云乡之近城者多窑户，居民亦多团土为砖瓦胚，然皆未尝废织也。惟东北怀仁、宅仁、胶山、上福等乡，地瘠民淳，不分男女，舍织布、纺花，别无他务，故此数乡出布最伙，亦最佳云。

（清　黄印辑：《锡金识小录》，卷一，备参上，力作之利，清乾隆十七年辑，光绪二十二年木活字本。）

〔清乾隆二十年前后，江苏海门厅兴仁镇〕　海门兴仁镇值播迁转徙之余，尚能自食其力，家有机杼，户多篝火，一手所制若布、若带、若巾蜕，易粟足活三口，三手事事，则八口无虞。

（清　王继祖修，夏之蓉等纂：《直隶通州志》，卷十七，风土志，习俗，清乾隆二十年刻本。）

〔清乾隆二十年前后，江苏通州〕　沿江居民善种棉，所为布颇粗，然紧厚耐着，俗谓沙布。

（清　王继祖修，夏之蓉等纂：《直隶通州志》，卷十七，风土志，物产，清乾隆二十年刻本。）

〔清嘉庆十七年前后，江苏苏州府震泽县同里〕　棉布，在镇在乡，纺纱换花，积少成多,织成棉布,细密者,不减东乡诸处。

（清　阎登云修,周之桢纂:《同里志》,卷八,赋役志,物产,清嘉庆十七年刻本,民国六年铅字重印本。）

〔**清嘉庆二十年前后,江苏徐州府萧县**〕　土产棉布缕粗,今所用半资苏、松。

（清　潘镕修,沈学渊等纂:《萧县志》,卷五,物产,货之属,清嘉庆二十年刻本。）

〔**清道光六年前后,江苏苏州府昆山、新阳县**〕　木棉布,出东南门,有标箔、杜织二种,出千墩者名白生。芦布,出东南门附郭者名惠安;出真义及石碑者有清水、杜织、加长、机白等名;出管家浜者名铜板;出祁家浜者名祁布,祁布最称精白。罗布,以棉为纬,芦为经,形似罗,俗呼芦经棉纱纬。药斑布,出安亭镇,以药涂布染青白成文。棋花布,亦出安亭,以青白缕相间,织如棋枰。

（清　张鸿、来汝缘修,王学浩等纂:《昆新两县志》,卷八,物产,清道光六年刻本。）

〔**清道光二十一年前后,江苏常州府江阴县**〕　布,坚致细密,所谓雷沟大布是也。淮扬各郡商贩麇至,秋庄尤盛。

（清　陈延恩修,李兆洛纂:《江阴县志》,卷十,物产,货属,清道光二十一年刻本。）

〔**清道光二十三年前后,江苏常州府武进县、阳湖县**〕　阔布,阔一尺八九寸,出武进。庄布,阔一尺三寸,长三丈六尺,其佳者名东庄布,出阳湖诸乡。门庄布,阔九寸,长二丈二尺,出武进北乡、阳湖东乡者为最。

（清　黄冕等修,李兆洛、周仪暐纂:《武进阳湖合志》,卷十一,食货志,土产,货属,清道光二十三年刻本,光绪十二年木活字重印本。）

注:阳湖县于民国元年并入武进县。

〔**清道光二十七年前后,江苏苏州府震泽县分湖**〕　妇女多治木棉花,俗谓之摇纱,或以贸布为业,或以纺纱资生。

（清　柳树芳辑:《分湖小识》,卷六,别录下,风俗,清道光二十七年刻本。）

〔**清道光末年,江苏苏州府元和县唯亭**〕　织作在唯亭蔡颐巷,比户习织,工匠各有专头,计日受值。匠或无主,黎明林立,以候相呼,名曰唤找。

（清　沈藻采辑:《元和唯亭志》,卷三,风俗,清道光二十九年刻本。）

〔**清咸丰二年前后,江苏扬州府兴化县**〕　方机布,地本水乡,不工纺织,仅能织此。

（清　梁园棣等修,薛树声等纂:《重修兴化县志》,卷三,食货志,物产,清咸丰二年刻本。）

〔清咸丰初年至光绪十三年前后，江苏徐州府睢宁县〕 布，咸丰初，知县高丙谋始教民为之，今时渐多。

（清 侯绍瀛修，丁显等纂：《光绪睢宁县志稿》，卷三，疆域志，物产，清光绪十三年刻本。）

〔清咸丰七年前后，江苏常州府靖江县〕 农民种业多棉花，所为布精细不及江南，然坚紧耐著，屡浣愈白。绩麻为布，精细异常，江南士大夫珍之。更织小而狭者曰手巾，最利暑月。其苎布亦坚致，但质稍重。

（清 于作新修，潘泉纂：《靖江县志稿》，卷五，食货志，土产，清咸丰七年活字本。）

〔清光绪元年前后，江苏淮安府安东县〕 近稍稍知兴棉利，女工取以织作，精良逊南布，顾坚重可历久。

（清 金元烺修，吴昆田、鲁贲纂：《安东县志》，卷一，疆域，风俗，清光绪元年刻本。）

注：安东县今为涟水县。

〔清光绪元年前后，江苏通州〕 布，紧厚耐著，有大布、土大布、上布、长尖诸名，其佳者曰沙布，曰家机布。巾带，出州东兴仁镇。苎布，出余东场。

（清 梁悦馨、莫祥芝修，季念诒等纂：《通州直隶州志》，卷四，民赋志，物产，清光绪元年刻本。）

〔清光绪四年前后，江苏常州府江阴县〕 斯邑乡民，多借纺织度日，而比年木棉常贵、布值常贱，所以小民生计益艰。谆谕农佃兼种桑养蚕，以防布滞，尚未遵行。

（清 陈延恩等修，李兆洛等纂：《江阴县志》，卷九，风俗，清道光二十年刻本。）

〔清光绪七年前后，江苏常州府无锡、金匮县〕 邑中女红最勤纺织，故不种棉而出布特盛。（《识小录》：俗以无锡为布码头。）其出东亭者，尤细密，胜于他处。

（清 裴大中修，秦湘业纂：《无锡金匮县志》，卷三十一，物产，清光绪七年刻本。）

〔清光绪八年前后，江苏苏州府吴县周庄镇〕 棉纱：妇女以木棉花去其核，弹作絮，卷为棉条而纺之，复束成绞以易于市，遂捆载至浙江硖石镇以售。棉布：以棉纱著浆理作经，卷于机轴，复以棉纱为纬织成布。细密者与陈墓庄同，故县志并载。

（清 陶煦辑：《周庄镇志》，卷一，物产，纱布之属，清光绪八年刻本。）

〔清光绪九年前后,江苏江宁府溧水县〕 棉花布,邑有二种,东乡布坚致厚实,而幅最阔,西乡亦然。南乡布稍疏而狭。总名大布,皆女红所为。

（清　傅观光等修,丁维诚等纂:《溧水县志》,卷二,舆地志,土产,清光绪九年刻十五年重印本。）

〔清光绪九年前后,江苏苏州府〕 木棉布,诸县皆有,常熟为盛。……苎布,绩苎为之,漂而熟者名洗白,生者为生苎。出昆山祁家浜者名祁布,最精白。盖古有白苎词,其来久矣。缣丝布,出郡城,合苎与丝比而成之。浜布,出唯亭。

（清　李铭皖修,冯桂芬纂:《苏州府志》,卷二十,物产,清光绪九年刻本。）

〔清光绪十一年前后,江苏镇江府丹阳县〕 棉有草、木二种……草棉,阳邑广植此种,延陵为上。妇女纺以为布,细密宽阔,名曰土布,又曰大布,西乡出者尤坚致。

（清　凌焯等修,徐锡麟等纂:《丹阳县志》,卷二十九,土产,清光绪十一年刻本。）

〔清光绪二十年前后,江苏徐州府丰县〕 民俗多种棉,工纺织,以产布名于四方。

（清　姚鸿杰纂修:《丰县志》,卷一,封域类,物产,清光绪二十年刻本。）

〔清光绪二十四年,江苏淮安府清河县王家营〕 初,镇民拙于工技,故老追谈,若韩氏治针、李氏治膏药,京师颇有重之者。然其细已甚,不足语于职业也。光绪二十四年,候补知县邓贤辅为南洋厂机利公司于王营,始大募齐、鲁流民,教之纺织。公司设今小南门内,络纱厂在其东。经画未久,所业衰歇,然艺事有成者,多克自树立,于是王营始有机房。其始犹三数家,光复以后,厂乃逾百(十七年八月编查全镇户口,东街机房四十户、南街四十一户、西街二十八户、北街二户)。而齐、鲁之侨居其十九,负贩所至,遍乎江北矣。齐、鲁故多盗,又常苦饥,自机织大兴,望风来止,某始为者;有倍称之人,积久厂多,息乃小减。又纱价翔贵,畜藏不厚者,欲急其售,常损功而贬其值,则市价以紊。冬春货滞,瘠户更有辍织以俟时者。故曰多财善贾,力不足则蹉跌随之矣。要其众坚而志一,镇之他业,未或能及也。其大著仿为之者,以非所服习,往往而败(《淮阴风土记》云:王营五方杂处,布匹则苏州帮最先来,山西帮继之。纺织则齐、鲁人,制丝制香则皖人最多,而人众志一,尤推山东人,既抛家南来,渐得温饱,遂不思归。然初来者多以朴勤起家,其子弟沾染南风,又不识先人作苦,则往往以游荡落其父业,故不三代而即贫者店相望也)。余百产之制,若饴酱香蜡之属,乃至饼师、酒工、屠肆、砻坊,诸所登成,不异他镇。

(张震南纂:《王家营志》,卷三,职业,民国二十二年铅印本。)

〔清光绪三十年前后,江苏苏州府常熟、昭文县〕 布,阔皆尺许,以长短分大小两种,北运淮、徐,南销闽、浙。……夏布,质极粗,乡人自织自用。

(清 郑钟祥、张瀛修,庞鸿文纂:《常昭合志稿》,卷四十六,物产志,清光绪三十年木活字本。)

〔清光绪末年至宣统二年,江苏镇江府丹徒县〕 本邑土布向只南乡农家仿丹阳布式兼带工织,无专业,然皆粗布,无杂色,无花纹。光绪末,地方官奉饬创办习艺所,所中制品始仿东西洋花素各布,创为自制布匹,宣统二年劝业会获奖银牌。

(张玉藻、翁有成修,高觐昌等纂:《续丹徒县志》,卷五,食货志,物产,民国十九年刻本。)

〔清光绪年间至民国二十三年前后,江苏阜宁县〕 清光绪间,本城顾鼎之尝与丹徒田登科,创办开原纺织局,禀县有案。既因买纱于通州,聘工于外县,本少而费多,又布色暗淡,销路不广,数年收歇。徐小尖、徐淦成亦于清光绪间设织布厂,不一年闭歇,其受病同于本城顾局也。本城中市楼北,近有山东人李纪成者聘技师陈记荣购铁机四架,开设德聚盛布厂,专织条布、格子布,每年出布约千数百匹。海河戴鸣于民国十七年创毛巾织造厂,出品甚牢,而色白不及江南,故销路不旺,未几收歇。自淮东实业学校内分染织科后,私人方面除以土机织站纱外,多用织袜机织造纱线、毛冷等袜,而本城张姓有织洋袜机十架,东坎汪姓、獐沟朱姓均有洋袜机数架,惜皆本短而出品无多也。

(焦忠祖等修,庞友兰等纂:《阜宁县新志》,卷十三,工业志,棉织,民国二十三年铅印本。)

〔清宣统年间,江苏太仓州〕 棉布,出沙头者长二丈七尺,经纬匀密,出璜泾者名狭长,尺寸稍亚。飞花布,最为轻细,妇女染裁作衣裙,极为朴雅。紫花布,以紫花纺纱织之,经纬细密,可制袄裤被褥。

(王祖畲等纂:《太仓州志》,卷三,风土,物产,民国八年刻本。)

〔清宣统年间,江苏太仓州〕 棉纱,木棉轧去核者名穰子,妇女弹捍作条纺之,松江织户咸来采贩。今则洋纱盛行,所织之布迥不如前之结实矣。

(王祖畲等纂:《太仓州志》,卷三,风土,物产,民国八年刻本。)

〔民国九年,江苏江阴县〕 厂布长五丈、阔二尺,有丝光、双股线、爱国等,行销各省;华澄厂开其先,城乡继起数十家,有专织斜纹者,行销亦广。

(陈思修,缪荃孙纂:《江阴县续志》,卷十一,物产,民国十年刻本。)

〔民国十年,江苏山阳县〕 国朝以弓矢名,今废,惟攻韦者嗣其业,余皆家人筐箧间常物而已。服御之需,仰给于远方者,十居八九。民居栉比无机杼声,而工艺学校、习艺所等时兴时废,成效未著。其仿造物品,仅毛巾线袜、粗纸,亦无殊技,间有木机纺织行囊、米袋,颇多适用。今改制阔布,质坚纹细,几与通州布相埒,工不尽拙,财力限之也。

(周钧修,殷朝端等纂:《续纂山阳县志》,卷一,疆域志,物产,民国十年刻本。)

〔民国十年前后,江苏江阴县〕 纱,向有木锭、铁锭两种,都由人力用摇车摇出。自利用厂制机器纱,每年售银约二百数十万两,而锭纱仅存十之一二。

(陈思修,缪荃孙纂:《江阴县续志》,卷十一,物产,货之属,民国十年刻本。)

〔民国十年前后,江苏江阴县〕 大布,大花纱所织曰大布,亦名长布,长四丈三尺,阔八寸三分,向以雷沟产最著名。沙布较次,今则参用机器纱,三官乡、王家埭为佳。小布,阔九寸,长二丈,向以南闸产最著名,今亦专用机器纱,城乡所产相等。

(陈思修,缪荃孙纂:《江阴县续志》,卷十一,物产,货之属,民国十年刻本。)

〔民国十年前后,江苏江都县〕 家机布,棉纱制,宽二尺二寸有差,粗厚耐久。以洋纱用高机织者,名高机布,美观而不坚厚。大桥市附近,多以自种棉制纱,或用通州棉织成之,宽约一尺二寸,名为桥布。城市所织布,有柳条布、隔布等目。

(钱祥保等修,桂邦杰等纂:《江都县续志》卷七,物产考下,民国十五年刻本。)

〔民国十年前后,江苏吴县木渎镇〕 渎镇向有麻市极盛,四乡多织夏布,村妇以绩缏为业者,朝市每集虹桥,今则略衰矣。

(张郁文辑:《木渎小志》,卷五,物产,民国十年铅印本,民国十七年铅字重印本。)

〔民国十五年前后,江苏甘泉县〕 葛布,俗名草葛,又名草子,即绤纷草。真武庙一带以之制布,通呼黄草葛布,夏时服之不粘汗。麻布,粗者为巾,用苎麻织者色白,俗呼夏布。

(钱祥保等修,桂邦杰等纂:《甘泉县续志》,卷七,物产考,织物之属,民国十五年刻本。)

〔民国十五年前后，江苏江都县〕　本邑工业尚未大兴，织布厂稍大者二，工徒约三四十人，所织为柳条土布。织袜、织毛巾随在多有，然皆属私家营业。制蛋厂二，招女工分析鸡蛋黄白，装运上海。窑业制造砖瓦，若仙女镇北仙女乡、宜陵镇西五里窑皆著名，亚于甘泉之瓦窑铺，凡窑二十八所，男女工作者日数百人，岁出大小砖约二百余万，大小瓦约一百七十余万。滨江各洲人习竹工，编制器具凡百数十种，岁贩运于里下河各地，亦为出产之一宗，但皆于农隙之时闭门制造，无集合作工之广场也。

（钱祥保修，桂邦杰等纂：《江都县续志》，卷六，实业考，工场，民国十五年刻本。）

〔民国十五年前后，江苏泗阳县〕　泗阳无工厂，故无工业可言。中产之家，什物稍求精美，必购自他埠。木厂、铁工，但以制农具。砖、瓦、陶业，仅足供建筑。清光绪三十二年，邑令李宣龚于县东偏建习艺所，驱轻微罪犯及贫家子弟使习织疏布、毛巾、蒲包诸物，大著成效，乃李去任而事亦旋废，良可惜也。蒲包固民间旧业，今犹能运销。扳浦织纻之事，较前数年稍有进步。县城南新集、仓家集、洋河住户，多习此者，其出品为条布、格布、米桶布，粗劣特甚，即以供贫民衣著亦无补于万一也。

（李佩恩等修、张相文等纂：《泗阳县志》，卷十九，工业，民国十五年铅印本。）

〔民国十九年前后，江苏吴县相城〕　拜字圩相家角织漂白夏布，名相杜，多销上海等处。太平桥织夏布，名太杜阔春，太平桥织，多销客路。

（陶惟坻等纂：《相城小志》，卷三，物产，民国十九年木活字本。）

〔民国二十二年前后，江苏吴县〕　苏布名重四方，习是业者，阊门外上下塘居多谓之字号，自漂布、染布及看布、行布，一字号，常数十家赖以举火，惟富人乃能办此。近来，本重利微，折阅者多，亦外强而中干矣。其中染布一业，远近不逞之徒，往往聚而为之，名曰踏布坊，此辈最易生事。……自洋布充斥，苏布一业凋零。

（曹允源等纂：《吴县志》，卷五十二上，舆地考，风俗一，民国二十二年铅印本。）

〔民国二十五年前后，江苏丹阳县〕　棉花年产在一万担以上，产于延陵镇者最佳，妇女纺织以为布，细密宽阔，名曰土布。

（殷惟和纂：《江苏六十一县志》，上卷，丹阳县，物产，民国二十五年铅印本。）

〔民国二十五年前后，江苏萧县〕　所织棉布，粗而且疏，今所用者，半资江南。

（殷惟和纂：《江苏六十一县志》，下卷，萧县，物产，民国二十五年铅印本。）

三、手工业

〔**春秋时期,越国**〕 葛山者,勾践罢吴种葛,使越女织治葛布,献于吴王夫差,去县七里。

(汉　袁康撰:《越绝书》,卷八,外传记地传,清乾隆间《四库全书》本。)

〔**南宋嘉泰元年前后,两浙东路绍兴府**〕 葛之细者,旧出葛山(属会稽)。当勾践时,使国中红女织布以献于吴。……今越人衣葛,出自闽贾,然则旧邦机杼或者久不传矣。

(宋　沈作宾修,施宿等纂:《会稽志》,卷十七,布帛,宋嘉泰元年修,明正德五年刻本,民国十五年据清嘉庆重刻本影印本。)

〔**南宋嘉泰元年至清康熙五十八年,浙江绍兴府**〕 强口布,强口者,地名,去嵊十里……嘉泰《志》云:以麻为之,机织殊丽,而商人贩妇往往竞取,以与吴人为市。

(清　俞卿修,周徐彩纂:《绍兴府志》,卷十一,物产志,清康熙五十八年刻本。)

〔**南宋宝庆年间至民国十六年,浙江象山县**〕 宝庆《四明志》:俗不甚事蚕桑纺绩,故布帛皆贵于他郡,惟象山苎布最细者,名女儿布,其尤细者也。今久不能有此布,惟纺绩作麻线及粗夏布耳。……惜今头二三麻,并被外商捆载作生货以去,不及织女儿布也。

(李泯等修,陈汉章纂:《象山县志》,卷十三,实业考,麻,民国十六年铅印本。)

〔**南宋年间,两浙西路嘉兴府**〕 草布,乡落间绩此布以为业。

(宋　祝穆撰:《方舆胜览》,卷三,嘉兴府,土产,清乾隆间《四库全书》本。)

〔**元大德七年前后,江浙行省湖州路归安县**〕 黄草布,在归安县琅琊乡琏市出。

(元　孛兰肹等撰:《元一统志》,卷八,江浙等处行中书省,湖州路,一九六六年中华书局铅印赵万里校辑本。)

〔**明嘉靖三十四年前后,浙江温州府瑞安县**〕 女人自少惟以纺绩为事。

(明　刘畿修,朱绰、秦激纂:《瑞安县志》,卷一,舆地志,风俗,胶卷复制明嘉靖三十四年刻本。)

〔**明万历年间,浙江嘉兴府海盐县**〕 地产木棉花甚少,而纺之为纱、织之为布者家户习为恒业。不止乡落,虽城中亦然,往往商贾从旁郡贩棉花列肆吾土,小民以纺织所成或纱或布侵晨入市,易棉花以归,仍治而纺织之,明旦复持以易,无顷刻间,纺者日可得纱四、五两,织者日成布一匹,醮脂夜作,男妇或通宵不寐。田家收获输官偿债外,卒岁室庐已空,其衣食全赖此。澉浦俗善织苎,更以织苎布为业,然地实不产苎,市之他方,布亦大不精,非贵人所御也(增定万历《志》)。

（明　樊维城修,胡震亨、姚士粦纂:《海盐县图经》,卷四,方域篇,风土记,明天启四年刻本。）

〔清乾隆十六年前,浙江绍兴府萧山县〕　《西斋集录》:萧山布较余姚所产阔二寸许,杭人名过江布。

（清　黄钰纂修:《萧山县志》,卷十八,物产,布,清乾隆十六年刻本。）

〔清乾隆二十七年前后,浙江温州府永嘉县〕　女红罕事剪绣,惟勤纺绩,虽女孩、老媪未常废织,或贫不能鬻花、苎,则为人分纺分绩。女工巧拙,视布之粗细,若永之双梭布、乐之斜纹布,较他邑为最。

（清　李琬修,齐召南、汪沆纂:《温州府志》,卷十四,风俗,永嘉县,清乾隆二十七年刻、同治五年补刻本。）

〔清乾隆年间至同治十三年,浙江处州府丽水县〕　苎麻,初鲜种者。乾隆间,江右人来种之,今渐广,织成,呼曰腰机布。

（清　彭润章纂修:《丽水县志》,卷十三,物产,清同治十三年刻本。）

〔清乾隆年间至民国二十四年,浙江萧山县〕　土布,乾隆《志》引《西斋杂录》:萧山布较余姚所产阔二寸许,杭人名"过江布"。按:今土布有白、黄、柳条青三种,行销及于闽、赣。高布,此布最为流行,惜棉纱尚用舶来品。

（彭延庆修,杨钟羲等纂:《萧山县志稿》,卷一,疆域门,物产,民国二十四年铅印本。）

〔清道光八年前,浙江绍兴府嵊县〕　强口布,强口,地名。嘉泰《志》:以麻为之,机织殊粗,而商人贩妇往往竞取,以与吴人为市。

（清　李式圃修,朱渌纂:《嵊县志》,卷三,物产,货之属,清道光八年刻本。）

〔清同治年间至民国二十六年,浙江鄞县〕　当清同、光之际,祥布输入,花色犹少,惟光滑为土布所不及,故其时民俗多好土布,以其质坚耐用也。土布以白色为常,其蓝白交错者曰脂麻点布,织有M纹者曰芦扉布,本色有纹者曰交理布,此三种已为不经见之物,何论洋布,风俗之朴俭可知也。迨至光绪十年后,外人益谙吾国民嗜好,乃有各种膏布输入,然其花色犹简单,甬属民间所用,要以缟条及印花两种为多,而土布已受打击矣。至今日则巡行百里,不闻机声,耕夫馌妇,周体洋货。

(张传保等修,陈训正等纂:《鄞县通志》,博物志,乙编,工艺制造品之部,民国二十六年铅印本。)

〔清光绪初年,浙江嘉兴府石门县〕 石邑东西诸乡皆可种棉。迩来,织纺者众,本地所产,殊不足以应本地之需。商贾从旁郡贩花列肆吾土。小民以纺织所成,或纱或布,侵晨入市易花以归,仍治而纺织之,明旦复持以易,无顷刻间〈闲〉。纺者,日可得纱四五两。织者,日可得布一匹余。田家除农蚕外,一岁衣食之资赖此最久。燃脂夜作,有通宵不寐者。乡人谓桑叶直曰叶,谓棉花直曰花,从所习也。

(清 余丽元等纂:《石门县志》,卷三,物产,清光绪五年刻本。)

〔清光绪三年前后,浙江嘉兴府海盐县〕 澉地农民织夏布,其机欹侧不平,不能正坐,必束皮于腰而织之,名曰腰机,他处罕见。……布粗者八帖五分,精者十五六帖。今之帖,古之升也。旧时每布一匹,长六丈,阔二尺,重四十两,粗而勩著;今渐狭短,轻者不过三十两。织绸绢及棉布亦用腰机,较平机为坚实。农隙时多远出赁织,西至杭州,北至湖州,有至宜兴者。每年正月出,四月归,七月又出,岁暮归。同治以来,出赁者愈多,业田渐少,旧时田价,每亩贵至四五十千,今则不及半矣。

(清 王彬修,徐用仪纂:《海盐县志》,卷八,舆地考,风土,清光绪三年刻本。)

〔清光绪三年前后,浙江嘉兴府海盐县〕 朱国桢《涌幢小品》:地产木棉花甚少,而纺之为纱,织之为布者,家户习为恒业,不止乡落,虽城中亦然。往往商贾从旁郡贩棉花,列肆吾土。小民以纺织所成,或纱或布,侵晨入市,易棉花以归,仍治而纺织之,明旦复持以易,无顷刻间〈闲〉。纺者日可得纱四五两,织者日成布一匹,燃脂夜作,男妇或通宵不寐,田家收获,输官偿债外,卒岁室庐已空,其衣食全赖此。澉浦俗善绩苎,更以织苎布为业,然地实不产苎,市之他方,布亦大不精,非贵人所御也。

(清 王彬修,徐用仪纂:《海盐县志》,卷八,舆地考,风土,清光绪三年刻本。)

〔清光绪五年前后,浙江宁波府镇海县〕 布之名不一。农家自织者谓之女机;匠织者谓之腰机;黑白相间成五色,谓之花布;织棋盘纹者谓之棋盘布。

(清 于万川修,俞樾等纂:《镇海县志》,卷三十八,物产,清光绪五年刻本。)

〔清光绪五年前后,浙江嘉兴府石门县〕 土机能织麻,春种夏刈苎四伐黄草,同稻植于田,细布不逊旧葛,土俗勤纺织,衣有余则售。

(清 余丽之等修,谭逢仕纂:《石门县志》,卷三,物产,清光绪五年刻本。)

〔清光绪五年前后,浙江湖州府孝丰县〕 夏布,妇人绩苎以织成之,仅足自给。

(清 刘濬修,潘宅仁纂:《孝丰县志》,卷四,食货志,土产,清光绪五年刻本。)

〔清光绪六年前后,浙江温州府玉环厅〕 地鲜蚕桑,而麻苎、棉花出产颇盛,妇女勤纺织,虽酷暑严寒,工作不辍。

(清 杜冠英、胥寿荣修,吕鸿焘纂:《玉环厅志》,卷四,风俗志,民事,清光绪六年刻本。)

〔清光绪六年前后,浙江温州府玉环厅〕 服则夏苎冬棉,由家人自制。

(清 杜冠英、胥寿荣修,吕鸿焘纂:《玉环厅志》,卷四,风俗志,日用,清光绪六年刻本。)

〔清光绪十二年前后,浙江嘉兴府平湖县〕 木棉布,阔者大布,狭者小布,以筘密缕匀为佳,又有紫花布、余冬布诸名,邑中妇女以此为业。

(清 彭润章等修,叶廉锷等纂:《平湖县志》,卷八,食货下,物产,清光绪十二年刻本。)

〔清宣统元年,浙江海宁县〕

纺织纱布绸绢各物数目价值统计表

类 别	户 数	匹 数	平均价值
海宁布	一万余户	六十万五百匹	银八角
搭膊布	一千余户	六千二百匹	银三角七分
乔司布	一千余户	六千匹	银八角八分
五色布	一千余户	十万六百匹	银三十二文
绵 绸	七八百户	八千八百匹	每尺银一角
土 绢	五六百户	四千三百匹	每尺银二角

(清 李圭修,许传沛纂,刘蔚仁续修,朱锡恩续纂:《海宁州志稿》,卷十一,食货志,物产,清光绪二十二年修,民国十一年续修铅印本。)

〔清光绪年间至民国二十六年,浙江鄞县〕 高布,亦称甬布。又一种,为县人王承淮仿洋布式样,制机自造者,光绪丙申年事也。此布发行,颇为一般社会欢迎,因其质较洋布坚实,而花色则大过于土布也。时清政府正奖励工业,王氏遂得五品顶戴之颁赏,并专利十五年。自是而后,群众心理归向甬布,极称一时之盛。然洋布销路并不受何等影响,且舶来品物,经吾华奢侈品商打样订购,揣摩益熟,深投民众共同性之嗜好,而甬布终被挤压,不能自成一宗之出产。今虽无甬布名称,而所谓厂布者,实为甬布之苗裔,王氏之功不可没矣。

（张传保等修,陈训正等纂:《鄞县通志》,博物志,乙编,工艺制造品之部,民国二十六年铅印本。）

〔清代至民国十二年,浙江镇海县〕 布之名不一。农家自织者,谓之女机匠;织之者,谓之腰机;黑白相间成五色,谓之花布;织棋盘纹者,谓之棋盘布。自光绪中叶后,机器盛行,纱用机器出者日广,手纺纱出数渐减,布亦多用新式机织之,本机布已减少矣。

（洪锡范、盛鸿焘修,王荣商、杨敏曾纂:《镇海县志》,卷四十二,物产,民国十二年修,民国二十年铅印本。）

〔清代至民国十四年,浙江平阳县〕 旧《志》所载,夜纺纱而旦成布,谓之鸡鸣布是也。地少蚕桑,故不织帛而多织布。今考清季光、宣以来,棉利夺于外来机器之棉纱,而纺棉之业遂替,高门巨室纺织之风亦少衰矣。惟北港妇女能善饲蚕,其产丝较前为盛云。

（平理孚修,符璋、刘绍宽纂:《平阳县志》,卷十九,风土志一,职业,民国十四年刻本。）

〔民国二年,浙江新登县〕 民国二年,设立贫民习艺所。新登工作物品,向以纸张、瓷器为输出品,然皆粗劣。下品利微,而销路不畅。加之僻处山陬、无改良之学,虽纸料不缺,并无造纸之公司,蚕桑遍地,无缫丝之工厂。工作如是,商业可知。自习艺所成立,始有爱国布出现于商场,然亦寻常工作而已。该所在西门外观音街之北,即旧日东岳庙也。

（徐士瀛等修,张子荣等纂:《新登县志》,卷十二,实业,民国十一年铅印本。）

〔民国十二年前后,浙江南浔〕 地产木棉甚少,而纺之为纱、织之为布者,家户习为恒业。商贾贩花列肆,小民以纺织所成,或纺或布,侵晨入市易棉花以归,仍治而纺织之,明旦复持以易花。纺者日可得纱四五两,织者日成布一匹,燃脂夜作,衣食赖此（节《涌幢小品》）。按:近时日本国以机器所纺棉纺进口,城镇都有贩运者,纱细而匀,乡人购以织布,不复有人纺纱矣。又四乡育蚕之家以棉兜或掰花打成棉线,以机织之,名曰绵绸,极优美、极经久,因出数少,而风行不广。

(周庆云纂:《南浔志》,卷三十三,风俗,民国十二年刻本。)

〔民国十二年前后,浙江德清县〕 棉纱:乡妇自纺之,除织布外,合线售于市。近今洋纱盛行,内地虽有纺纱厂,终不敌进口之多。

(吴翯皋、王任化修,程森纂:《德清县新志》,卷二,舆地志二,物产,民国十二年修,民国二十一年铅印本。)

〔民国十二年前后,浙江德清县〕 棉布,俗称土布,销于新市、唐栖为多,城内较少。近年洛舍设机雇工,能织各种色布。城内贫民习艺所招艺徒织之,足以抵制洋布,挽回利权。又大麻杜布,阔者二尺,紧而洁,狭者尺八,粗而松,销于临平、亭趾、博六等处,该乡妇女咸以纺织,余赀助家用。

(吴翯皋、王任化修,程森纂:《德清县新志》,卷二,舆地志二,物产,民国十二年修,民国二十一年铅印本。)

〔民国十三年前后,浙江定海县〕 昔年之岱山布,亦为出境之大宗,盖荡田利棉,足供原料,妇女习勤,多事杼柚也。今则洋布侵入,机杼之声已难闻矣。

(陈训正、马瀛纂修:《定海县志》,方俗志,风俗,民国十三年铅印本。)

〔民国十四年前后,浙江平阳县〕 通俗男女衣皆棉布,旧时皆妇女所自纺织者。土产棉花,向不给用,多购自宁、绍。自机器纺织行,士庶之家多用外来之机布,或购机纱,自手织之为布,而土棉所织之布日稀。然农家尚多用土布,以为非此不暖且不厚实也。绸缎惟殷富子弟服之。

(王理孚修,符璋、刘绍宽纂:《平阳县志》,卷十九,风土志一,民风,民国十四年刻本。)

〔民国十五年前后,浙江杭州市〕 米囊布,绩络麻为之,集贸于仁和觅桥市。其布坚韧而软濡,水不腐沮,不中衣被,用为米袋,非此不良,旁郡所用,悉取给焉(《艮山杂志》)。今桥司出者尤多,俗名叉袋布。

(齐耀珊修,吴庆坻等纂:《杭州府志》,卷八十一,物产四,民国十五年铅印本。)

〔民国十五年前后,浙江宣平县〕 宣民向来俱着土布,止有青、蓝、白三色。苏松细布,罕有至者。家家妇女昼夜纺织,以供老幼之需。近则舆台臧获皆以土布为不堪,因而纺织者亦惰于操作。

(何横、张高修,邹家箴等纂:《宣平县志》,卷四,礼俗志,风俗,民国十五年修,民国二十三年铅印本。)

〔民国二十四年前后,浙江萧山县〕 土棉纱,自有厂纱,手工纺成之纱渐少,则土布亦用厂纱。

(彭延庆修,杨钟羲等纂:《萧山县志稿》,卷一,疆域门,物产,民国二十四年铅印本。)

〔清康熙三十八年前后,安徽徽州府〕 女人犹称能俭,居乡者数月,不占鱼肉,日挫针治缝纫绽。黟祁之俗织木棉,同巷夜从相纺织,女工一月得四十五日。徽俗能蓄积,不至厄漏者,盖亦由内德矣。

(清 丁廷楗、卢询修,赵吉士等纂:《徽州府志》,卷二,风俗,清康熙三十八年刻本。)

〔清乾隆元年前后,安徽安庆府怀宁县石排镇〕 布,出怀宁石排镇家机者,细厚而幅阔。

(清 尹继善等修,黄之隽等纂:《江南通志》,卷八十六,食货志,物产,清乾隆元年刻本。)

〔清同治、光绪年间至民国八年前后,安徽太平府芜湖县〕 布业:同治间,批发店仅数家,全埠营业通年不过数十万。自通商以后,洋货丝绸均由本埠入口,加以人烟繁盛,由是布业日形发展,内河外江一带,俱来本埠贩运,全埠营业恒达五百余万元。近因米市衰落,较为减色,而货价加高,表面观之,尚无大出入。本年在商会注册者,六十四家,其在公所直接由沪、杭进货者,只二十余家。又,布行三家,专售匹头以洋货为大宗,每年营业约五十余万元。惟本地机房所织土布,大有进步,向来布匹俱由外省运入,今则来货无几,而土产之布,尚能发销外埠,足以相抵而有余也。

(余谊密等修,鲍实等纂:《芜湖县志》,卷三十五,实业志,商业,民国八年石印本。)

〔清光绪年间,安徽颖州府亳州〕 农勤于种植,而逸于耘耔。州土西北高,而东南下,雨稍多,则积潦汪洋,稍旱,则坟壚坼裂。五风十雨,始无怨咨,故以尽力沟洫为亟。妇女颇勤纺织,吉贝之产,行于他郡。

(清 钟泰等纂修:《亳州志》,卷二,舆地志,风俗,清光绪二十一年木活字本。)

〔清光绪季年,安徽六安州霍山县〕 棉虽非山地所宜,得沃壤亦自蕃茂,民间以地少而重五谷,故不能多种,是以花布悉仰英、蕲,靛则购自舒、怀等处。旧《志》

谓村农间有莳种染土布者,然止迤东一带,西南则无。咸、同以前,乡民多有机制织布者,名家机布,今已无传。烟叶则纯自桐城运入,其土人艺者,率粗恶不入市。

(清　秦达章等修,何国祐等纂:《霍山县志》,卷二,地理志,物产,清光绪三十一年木活字本。)

〔清光绪末年以后,安徽安庆府怀宁县〕　木棉,其花性柔温暖,织布最良。皖之女红多精纺绩,虽浴种采蘩,比户不废,而所重惟布。木棉之出盛于望,聚于石牌,流于江镇、高河铺,大率四斤木棉可取一斤花,三斤花可纺一匹布。布有美恶不等,视乎絮之纯疵,缕之粗细,箝之疏密,故欲得好布先拣花,次治缕,次择工也。其美者曰石牌、曰杨家牌、曰操家坂、曰黄家燕屋,其恶者曰双河口、曰黄泥墩、曰鲁家巷,其美之间者曰磨山、曰冶塘、梅岭,皆从其所出之地名之。清光绪末,棉花减收,出布渐少,乡人衣着大半仰给于洋纱布也。

(朱之英等纂修:《怀宁县志》,卷六,物产,民国五年铅印本。)

〔民国八年前后,安徽芜湖县〕　通商以来,各种工业进步甚速。迩来,织布机坊多至七百余家,各种土布花样翻新,邻近市镇多购用之,此外,如藤、木各器以及毛巾、机鞋等,尤为本埠工业出产大宗,他县均不能及也。

(余谊密等修,鲍实纂:《芜湖县志》,卷八,地理志,风俗,民国八年石印本。)

〔民国八年前后,安徽芜湖县〕　棉纱自本埠有织布、织巾、织袜等业以来,进口日多。据前年《海关报告》,自日本运来者二万六千余担,印度运来者二万一千余担,贩纱之店计二十余家,除子口分运外,多数在本地销售。近来有人集合资本,在西江沿狮子山下开设裕中纱厂,业已建筑厂屋,安置机器,择日开工,诚挽回利权之策也。

(余谊密等修,鲍实纂:《芜湖县志》,卷三十五,实业志,商业,民国八年石印本。)

〔民国初年,安徽英山县〕　棉布:每年所出之布,多运至潜山、太湖、霍山等处销售,为数甚广,但织布之原料多采取他处,仅博手工之利。

(徐锦修,胡鉴莹等纂:《英山县志》,卷一,地理志,物产,民国九年木活字本。)

〔民国九年前后,安徽英山县〕　农家多以耕种之余力,勤于纺织,故织工居其多数,但皆织土布,未有能以机器纺织者,妇女亦间有能织者,惟纺纱则纯属女工。

(徐锦修,胡鉴莹纂:《英山县志》,卷八,实业志,工艺,民国九年活字本。)

〔**民国九年前后,安徽英山县**〕 布行,城内乡镇皆有。昔由潜、霍各县布贩至行采买,今多由本行自行贩卖。

(徐锦修,胡鉴莹纂:《英山县志》,卷八,实业志,商务,民国九年活字本。)

〔**民国十年前后,安徽宿松县**〕 东南两乡产棉之地。各绅商提倡,亦多购置轧花机器,以代人工,颇称便利。然推行未广,且所购之机亦仅轧花一种,其织布仍土法也。土法所织之布,料极坚实,俗称老布,惟粗厚而不匀细,普通人民之衣服均取给于此。习织之工称为机匠,由各居户先将线纱制成,再请织工到家用一人机以织之。

(俞庆澜、刘昂修,张灿奎等纂:《宿松县志》,卷十七、实业志,工业,民国十年活字本。)

〔**民国十年前后,安徽宿松县**〕 东南产棉区域,无不有家织之布。其织布之纱,则先由女工纺成,再付机司织之,故邑境纺纱之事,为普通妇女必要之职务。

(俞庆澜、刘昂修,张灿奎等纂:《宿松县志》,卷十七、实业志,工业,民国十年活字本。)

〔**民国十三年前后,安徽南陵县**〕 棉布:纺棉为纱,织纱为布。邑境城乡业此者,合男女机工不下数千人。

(余谊密修,徐乃昌等纂:《南陵县志》,卷十六,食货志,物产,民国十三年铅印本。)

〔**民国二十年前后,安徽无为县**〕 南部略产棉,县城内旧式木机织布厂无虑十数家,惟纱多自芜湖裕中纱厂购入,乡民喜服,以厚而耐久故。

(佚名纂:《无为县小志》,第四,物产,一九六〇年据民国二十年稿本石印本。)

〔**民国二十五年前后,安徽宁国县**〕 宁素产棉,初因客民多楚人,其用女工纺制者,名曰湖北布,宽仅一尺二寸。后以外埠纱厂林立,此种土布遂无形消灭。近年县城西街亦创设机坊,仿造各色厂布,花样一新,足供内地之用,惟原料仍须购买舶来品,故工艺不甚能发展也。

(王式典修,李丙麟纂:《宁国县志》,卷八,实业志,制造品,民国二十五年铅印本。)

〔**民国二十五年前后,安徽泗县**〕 织布业,均用手工纺织土布,销售于本县城厢各处,共约二百家,每年可出十万余匹,约售二十余万元。酿酒业,城乡有曲坊十二家,小酒坊七十余家,每年可酿酒约百万斤,售价约十五万余元。双沟大曲,据善饮者言,应推全国之冠。榨油业,城乡五十五家,每年可榨油四十五万斤以上,售价约八万余元。染坊,城乡七十家,每年约染布六万余匹,得价约二万元。木作坊,技艺精良者居少数,大半制农具及棺材,城乡七十余家,每年营业约三万五千元。烟店,城乡三十三家,全县每年营业约二十万元。其他如泥水匠、竹、铁、石、成衣、挑水、理发、屠宰、油漆、民船船员、杠夫、土车夫、黄包车夫、制丝、印刷、彩扎、磨面、茶水炉、鞋店、烧窑等业,共有工友三千六百余人,全部工业出产,每年总售价约四十四万元。

（王汾纂修:《泗县志略》,经济,工业,民国二十五年铅印本。）

〔明嘉靖三年至十五年,江西抚州府东乡县〕 棉布:东乡女红多习纺织,聚万石塘而市之,其棉花则多给于外者。

（明　秦镒修,饶文璧纂:《东乡县志》,卷上,土产,明嘉靖三年刻、十五年补刻本。）

〔明嘉靖六年前后,江西九江府德安、瑞昌、彭泽县〕 苎布绩麻为之,葛布绩葛为之,以上多出德安。绵布粗者曰土布,细者为腰机,以上多出德安、瑞昌、彭泽。

（明　冯曾修,李汛纂:《九江府志》,卷四,食货志,物产,明嘉靖六年刻本。）

〔明嘉靖六年前后,江西九江府彭泽县〕 妇人事织纺。

（明　冯曾修,李汛纂:《九江府志》,卷一,方舆志,风俗,彭泽县,明嘉靖六年刻本。）

〔明万历以前,江西吉安府泰和县〕 刘抵家,力织纴,教育其子。子卒,又长其孙。

（明　唐伯元修,梁庚纂:《泰和志》,卷十,人物传,节烈,国朝刘节妇,明万历七年刻本。）

〔明万历十四年前后,江西建昌府南丰县〕 女红男事,各善治生……妇女以纺织习劳。

（明　王玺等纂修:《南丰县志》,卷一,封域志,风俗,影印明万历十四年刻本。）

〔明万历四十一年前后,江西建昌府新城县〕 苎布,嫩细者即似太仓。黎川布,绵织者扣小幅短。

（明　邬鸣雷等纂修:《建昌府志》,卷二,物产,新城县,影印明万历四十一年刻本。）

〔清朝前期,江西抚州府宜黄县〕 宜黄邑临崇间,山高石怪,盘郁峭崿,水清以驶,田不满十万,有竹木麻葛之饶。其俗丁男耕牧,女绩麻□,商通楮布于四方,民以给足无他望。

（清　张兴言修,谢煌等纂:《宜黄县志》,卷四十五,艺文,记,国朝蓝千秋《朱侯去思碑记》,清同治十年刻本。）

〔清康熙十二年至十五年前后,江西南康府〕 葛布,建昌出。春布,安义出。棉布,四县出。

（清 廖文英等修,熊维典等纂:《南康府志》,卷一,封域志,物产,清康熙十二年刻、十五年补刻本。）

注：清南康府辖星子、都昌、建昌、安义等县。

〔清康熙二十一年前后,江西饶州府浮梁县〕 苎细麻粗,乡村妇女俱绩为布,以作暑衣。棉花,黄白二种,纺以为布。

（清 陈淯修,邓燨等纂:《浮梁县志》,卷一,舆地,物产,清康熙二十一年刻本。）

注：浮梁县今已并入景德镇市。

〔清康熙二十三年前后,江西吉安府永丰县〕 女务织纴,而机杼不空。

（清 陆湄纂修:《吉安府永丰县志》,卷一,疆域志,物产,清康熙二十三年刻本。）

〔清乾隆十五年前后,江西吉安府永宁县〕 葛布,户多织之。

（清 赖能发纂修:《永宁县志》,卷一,地舆志,物产,清乾隆十五年刻本。）

〔清乾隆十六年以前,江西抚州府金溪县〕 农务稼穑,女尚织纴。

（清 杨文灏修,杭世馨、丁健纂:《金溪县志》,卷三,风俗,清乾隆十六年刻本。）

〔清乾隆二十五年前后,江西袁州府〕 苎布,较棉布差胜,然鬻于市者甚粗,土人能纫而不能织,机匠皆男子,来自他郡。……葛布,较西山会昌所出殊减色。

（清 陈廷枚修,熊日华等纂:《袁州府志》,卷七,物产,清乾隆二十五年刻本。）

注：清袁州府辖萍乡、宜春、分宜、万载等县。

〔清乾隆四十一年至道光二十二年前后,江西吉安府〕 棉布、葛布各县出,苎布出永丰藤田者为佳。

（清 卢崧修,朱承煦、林有席纂:《吉安府志》,卷二,地理志,风土,清乾隆四十一年刻本,道光二十二年补刻本。）

〔清乾隆四十六年前后,江西宁都州石城县〕 宁都、石城以苎麻为夏布,宁都制者尤佳,石布虽不及宁细密,近数十年来,城乡辫织岁出口十万匹巨哉,外贸遍吴越亳州间,子母相权,女红之利普矣。

（清 杨柏年修,黄鹤雯纂:《石城县志》,卷一,舆地志,物产,清乾隆四十六年刻本。）

〔清道光三年前后,江西广信府玉山县〕 古之布麻,而今之布棉。种棉之家或以纺代织,皆并日夜为之,故曰一月得四十五日。

（清　武次韶纂修:《玉山县志》,卷十一,风俗,清道光三年刻本。）

〔清道光三年前后,江西赣州府安远县〕　女功,斨纫纺绩之外,渐习机织。

（清　黄文燮修,徐必藻纂:《安远县志》,卷十一,风俗,清道光三年刻本。）

〔清道光四年前后,江西赣州府信丰县〕　妇无蚕桑之职,惟事绩纫。

（清　许夑修,谢肇涟纂:《信丰县志续编》,疆域志,风俗,清道光四年刻本。）

〔清道光四年前后,江西南昌府武宁县〕　葛布,产南乡者佳,然不及西山,乡人织用,交易亦不出境。

（清　陈云章修,张绍玑等纂:《武宁县志》,卷十二,土产,货之属,清道光四年刻本。）

〔清道光四年前后,江西宁都州石城县〕　苎布,石城以苎麻为夏布,织成细密,远近皆称石城,固厚,庄岁出数十万匹,外贸吴、越、燕、亳间,子母相权,女红之利普矣。

（清　朱一慊修,许琼等纂:《石城县志》,卷一,舆地志,物产,清道光四年刻本。）

〔清道光六年前后,江西广信府上饶县〕　贫者绩苎为多,纺织亦间有之。

（清　陶尧臣修,周毓麟纂:《上饶县志》,卷十一,风俗,清道光六年刻本。）

〔清道光二十八年前后,江西赣州府龙南县、定南县〕　龙、定二邑多织木棉布,棉为本地所产,不甚广。

（清　李本仁修,陈观西等纂:《赣州府志》,卷二十一,舆地志,物产,清道光二十八年刻本。）

〔清同治十年前后,江西广信府弋阳县〕　邑无蚕桑,女子惟工纺织,虽富厚之家,被服布素,略无华饰。

（清　俞致中修,汪炳熊纂:《弋阳县志》,卷二,地理志,风俗,清同治十年刻本。）

〔清同治十年前后,江西建昌府南丰县〕　妇女以纺织习勤,城乡皆是,虽殷富巨族,莫不鸣机丙夜,习以为常,此风至今犹未替也。

（清　柏春修,鲁琪光纂:《南丰县志》,卷八,风俗,清同治十年刻本。）

〔清同治十一年前后,江西饶州府安仁县〕　邑无深山大泽之利,唯稼穑是资,故民力耕耨,其女子亦勤纺织。近以土瘠人满,迁业者有之。

（清　朱潼修,徐彦楠、刘兆杰纂:《安仁县志》,卷八,风俗,清同治十一年刻本。）

〔清同治十一年前后,江西南安府南康县〕　妇无蚕桑之职,惟事纺织,勤者日夜能纺丈布之纱,亦间有能自织者,抱布贸棉。

（清　沈恩华修,卢鼎峋纂:《南康县志》,卷一,风俗,清同治十一年刻本。）

〔清同治十一年前后,江西饶州府余干县〕　衣服之备,家以棉花织布,谓家机土布,质厚而坚,于常服最宜。

（清　区作霖、冯兰森修,曾福善等纂:《余干县志》,卷二,舆地志二,风俗,清同治十一年刻本。）

〔清同治十一年前后,江西赣州府兴国县〕　夏布,绩苎丝织之成布曰夏布,土俗呼为春布。一机长至十余丈,短者亦八九丈,衣锦乡、宝城乡各墟市皆卖夏布,夏秋间每值集期,土人及四方商贾云集交易。其精者洁白细密,建宁福生远不及焉。葛布,粗细不等,出前坑者佳,擗绩甚精,价亦最昂。

（清　崔国榜修,金益谦、蓝拔奇纂:《兴国县志》,卷十二,土产,食货类,清同治十一年刻本。）

〔清同治十二年前后,江西广信府〕　布帛之属,苎布上饶居多,棉布贵溪为最,他邑亦皆有之,麻多郡产,而木棉出九江湖广,贵溪距湖较近,故业纺绩者倍他邑。

（清　蒋继洙等修,李树藩等纂:《广信府志》,卷一,地理,物产,清同治十二年刻本。）

〔清同治十三年前后,江西袁州府〕　村妇之劳甚于男子,井臼无余闲。农时鸡鸣起,治中馈,日中馌饷,夜业麻枲,虽士夫之妇多手自纺绩缝纫。

（清　骆敏修等修,萧玉铨纂:《袁州府志》,卷一,地理,风俗,清同治十三年刻本。）

〔清同治十三年前后,江西吉安府永丰县〕　龙、兴、迁三乡,女多纺棉。永、明二乡,女多绩苎。

（清　双贵、王建中修,刘绎等纂:《永丰县志》,卷五,地理志,风俗,清同治十三年刻本。）

〔清光绪二年前后,江西赣州府龙南县〕　木棉布,邑人竞织之,或被袄巾带之类贸于四方。

（清　孙瑞征、胡鸿泽修,钟益驭等纂:《龙南县志》,卷二,地理志,物产,清光绪二年刻本,民国二十五年重印本。）

〔清光绪二年前后,江西赣州府龙南县〕　民鲜知蚕,土亦不美桑,故妇多织绵苎为布,贫户恒取其利,以自给养。

(清 孙瑞征、胡鸿泽修,钟益驭等纂:《龙南县志》,卷二,地理志,风俗,清光绪二年刻本,民国二十五年重印本。)

〔清光绪九年前后,安徽徽州府婺源县〕 婺之女红,西南乡多能纺织,东北妇女惟绩苎、纫针、刺纹等事耳。纺纱之利未遍,郡守济源何公为六邑兴利,且捐廉俸于婺市棉花,造器具,选女师教闺女肄业于公所,二十日一易,稍能其事,即与之纺车,俾家习而户传,始于城,达于乡,将来机杼之声相闻矣,此易俗移风之大者。

(清 吴鹗修,汪正元等纂:《婺源县志》,卷三,疆域志,风俗,清光绪九年刻本。)

注:婺源县原属安徽,现属江西。

〔清代至一九四九年前后,江西〕 江西之第二特产则为夏布,久矣名闻中外。考我国夏布产地,除江西外,尚有四川、湖南、福建、广东等省,惟在此五省产地中,实以江西夏布之品质为最精美,历史亦较悠久。而全省产区中,则以万载、宜春、宜黄三县所产夏布最负盛名,尤推万载夏布为首屈一指。……及至清末民初,本省夏布之畅销已至登峰造极,每年输出数量平均达一万五千担以上,约合九十万匹。直至民国二十年后,日本发明人造丝织品,价廉物美,倾销南洋各埠,取替我国夏布市场,并增加入口关税,抵制我国夏布入口,江西夏布乃大受打击,产销数量一落千丈。迨及抗战军兴,舶来品人造丝织物来源继绝,同时江西夏布亦无出口机会,在此情形下,印花夏布遂应运而生,当时宜春、万载、吉安等地均设有印花夏布厂,其出品妇女多采用以制夏季旗袍,因此夏布之销路稍有起色。抗战前,精细夏布多为阔幅,嗣为适合裁制衣服,节省布料起见,多织狭幅,此系最近十年来江西夏布之一大改革。

(吴宗慈修,辛际周、周性初纂:《江西通志稿》,经济略,四、工业,一九四九年稿本,江西省博物馆一九八五年整理油印本。)

〔民国二十九年前后,江西分宜县〕 我邑家庭工业均沿旧制,就其荦荦大者,曰纺棉,曰织布,曰缝鞋,曰绩纱。无论老幼妇女,日常所练习者,皆以此为标准。姑传其媳,母传其女,分工合作,计日程功。自外人洋布输入,纺织工业遂废弃失传。近因提倡生产,尊尚国货,各家妇女练习旧业,渐渐有纺织发现。

(萧家修修,欧阳绍祁纂:《分宜县志》,卷十三,实业志,家庭工业附,民国二十九年石印本。)

〔民国二十九年前后,江西分宜县〕 我邑地方瘠苦,民智不开,交通不便,向无新式工厂,有之不过小组而已。西北广出苎麻,以夏布为业。其法将买来之绩纱用米磨浆,用浆刷纱,然后缕缕分之,寸寸筛之,卷于机上,织成夏布。资本厚者,数十人为一厂。薄者,十余人为厂,号曰机房。此种职业,主办者可获其利,工作者不过生活问题之解决。

（萧家修修,欧阳绍祁纂：《分宜县志》,卷十三,实业志,工厂,民国二十九年石印本。）

〔明嘉靖二十二年前后,福建邵武府〕 事纺绩,以衣其夫,故有夜浣纱而旦成布者,谓之机布,其余则贸易以为利。

（明　邢址修,陈让纂：《邵武府志》,卷二,地理,风俗,明嘉靖二十二年刻本。）

〔清乾隆三十五年前后,福建邵武府〕 四邑之俗,大抵男任劳在外,女任逸在内……然亦事纺绩以衣其夫,故有夜浣纱而早成布者,谓之机布,其余贸易以为利（乾隆庚寅旧《志》）。

（清　王琛、徐兆丰修,张景祁等纂：《邵武府志》,卷九,风俗,邵武府,清光绪二十四年刻本。）

〔清同治九年前后,福建福州府长乐县〕 吉贝布：木棉,闽谓之吉贝,纺作纱织之,俗呼土布,梅花多有。

（清　彭光藻、王家驹修,杨希闵等纂：《长乐县志》,卷三,地理,物产,清同治九年刻本。）

〔清光绪中叶,福建永泰县〕 布：清光绪中,明经张定远倡设织局于县垣,不数年,机声轧轧遍于邑里,福布遂驰名省郡间。

（董秉清等修,王绍沂等纂：《永泰县志》,卷七,实业志,民国十一年铅印本。）

〔清光绪中叶至民国年间,福建古田县〕 邑旧无织布,人家需用布匹,均由省城或宁德贩运。迄清光绪中叶,北区十七、十八两都商民提倡织布,特聘技师,招徒教授,自是人家妇女逐渐学织,不数年间,几于家置一机。所织之布,分为都支及爱国布各种名目,销售于本辖及邻县等处。民国以来,城厢各处,时闻机声,织布局计有数家,而人家妇女操是业者,比比皆是,计每人每日多者可得值二三百文,少亦百余文。

（黄澄渊等修、余钟英等纂：《古田县志》,卷之十七,实业志,民国三十一年铅印本。）

〔清光绪十六年至民国十年,福建闽清县〕 闽清旧未设织布局。清光绪十六年,邑绅刘语铭、刘训瑶、刘训瑞、刘知暄等,念地方瘠苦,非创办织业无以济贫乏，乃呈请于闽浙总督卞宝第试办织业，蒙批嘉奖，准予立案。铭与族中绅耆等集资数千元，赁六都巷尾刘氏宗祠为局所，名曰广和春织布局，聘省中技师数人，招艺徒百余人，分教各户妇女纺织。不一年，所织之布洁白坚致，运赴福州及尤邑等处销路甚广。同时二都、台鼎等乡亦兴办织业，异常发达。现广和春织布局虽经停办，而各乡之人均熟是业，几于家家机杼，续开织布局者难以指数，大抵妇女每人每日可得织资百余文，全年闽清得款不下数万金，亦莫大之利也。

（杨宗彩修，刘训瑞纂：《闽清县志》，卷五，实业志，民国十年铅印本。）

〔清光绪年间，福建福州府永福县〕 布，清光绪中，明经张定远倡设织局于县垣，不数年，机声轧轧遍邑里，福布遂驰名省郡间。

（董秉清等修，王绍沂纂：《永泰县志》，卷七，实业志，布，民国十一年铅印本。）

注：民国三年改名永泰县。

〔清代至民国二十八年，福建上杭县〕 旧时，人家皆自织夏布、棉布。近数十年，多用外布，而机织几绝。人家嫁女间有雇工机织一二，取其耐久者，然亦仅矣。

（张汉等修，丘复等纂：《上杭县志》，卷十，实业志，工业，民国二十八年铅印本。）

〔清代至民国二十八年，福建上杭县〕 昔时人家多种苎、棉织为夏布、棉布，或苎、棉间之为纬花罗，经久耐用。近皆贪便，鲜自织者。惟庐丰东溪合作社所织巾帕及各布，供销颇丰，然纯用洋纱，获利尚微。

（张汉等修，丘复等纂：《上杭县志》，卷九，物产志，货之属，民国二十八年铅印本。）

〔清代后期至民国二十二年，福建连江县〕 布，从前衣着皆用苏布及洋布，近数十年，城中业此者买洋纱而制造，所织之布初门窄如苏布，后渐充拓，阔同洋布，销售亦渐发达。

（曹刚等修，邱景雍纂：《连江县志》，卷十，物产，货属，民国二十二年铅印本。）

〔民国三年至民国十七年，福建南平县〕 民国三年，北路观察使蔡凤機乃以振兴实业为己任，创设第一、第二工艺传习所于旧箭道及西门外。……五年，移第一工艺所于建瓯，以便生徒就学，而艺学之推广益远，又慨然于洋布西来纺织业废，另设纺织局于天官岭，筹资倡成，益以绅股，以邑绅潘祖彝、陈德章董其事，计织成爱国布、绸及洋毛巾若干种，自成机杼，为购用者所称道。艺徒学成，归授其家，比户机声轧轧，成效尤速。

（吴栻等修，蔡建贤纂：《南平县志》，卷十，实业志，民国十七年铅印本。）

〔民国九年前后,福建龙岩县〕 织业,以棉为主,昔年如外山前等社,几于家有织器,妇人皆衣其夫,今此风亦少替矣。机器织布,现已设局,而棉纱必购自外,此业终未发达。

(马龢鸣、陈丕显修,杜翰生等纂:《龙岩县志》,卷十七,实业志,工业,民国九年铅印本。)

〔民国十年前后,福建闽清县〕 苎布,各户均能自织。麻布,各户均能自织,六都最多。白布,二都、六都所织最多。

(杨宗彩修,刘训瑞纂:《闽清县志》,卷三,物产志,货属,民国十年铅印本。)

〔民国十七年前后,福建南平县〕 苎布,苎一岁三刈,初刈者佳,三刈者次之,唯次刈不耐久。苎布各乡多有,唯细密精致几类纱罗曰铜板出峡阳者佳,远市四方。

(吴栻等修,蔡建贤纂:《南平县志》,卷六,物产志,帛属,民国十七年铅印本。)

〔民国十九年前后,福建永春县〕 纱,近来多自外洋贩至,土产几绝。

(郑翘松等纂:《永春县志》,卷十一,物产志,服物,民国十九年铅印本。)

〔民国二十年前后,福建大田县〕 大田农家多种苎麻,出产夏布,推为上品。人家妇女皆能纺织,每年售运省内外甚多。若能再加改良,将来获利当可倍蓰。

(陈朝宗等修,王光张纂:《大田县志》,卷五,实业志,民国二十年铅印本。)

〔民国二十二年前后,福建闽侯县〕 古贝:闽岭以南,多木棉,上人竞植之,采花为布,号吉贝。福州织者亦美结。苎布,夏布或称苎布,不纺者称稯布,闽诸郡皆产苎,二月下种,五月刈者为头苎,七月刈者为二苎,九月刈者为三苎,捣其皮,沤以灰水,织为夏布,粗细广狭各随其机、各视其工。省会妇女不蚕不织,其余村民及各郡县皆织以自用。

(欧阳英修,陈衍纂:《闽侯县志》,卷二十三,物产一,布帛类,民国二十二年刻本。)

〔民国二十九年至三十一年,福建崇安县〕 本县兴田有织造厂一家,民国二十九年创办,因资本不多,设备简陋,仅能织造毛巾、布匹,欲求营业发达,尚有待于扩充。

(刘超然等修,郑丰稔等纂:《崇安县新志》,卷十四,政治,建设,工业,民国三十一年铅印本。)

〔清康熙五十九年前后,台湾台湾县〕 男有耕而女无织,以刺绣为工,布帛取给内郡,其价高,亦耗财之一端也。近亦有躬纺织,以备寒暑衣服。

（清　王礼修,陈文达纂:《台湾县志》,卷一,舆地志,风俗,清康熙五十九年刻本,一九六一年《台湾文献丛刊》重印本。）

〔清乾隆十二年前,台湾〕　凡丝布锦绣之属,皆至自内地,有出于土番者寥寥,且不堪用（《诸罗县志》）。番妇自织布,以狗毛、苎麻为线,染以茜草,错杂成文,朱殷夺目,名达戈纹（《瀛壖百咏》）。

（清　范咸等纂修:《重修台湾府志》,卷十七,物产一,货币,清乾隆十二年刻本。）

〔清乾隆二十九年前后,台湾凤山县〕　昔称农不加粪,女不纺织,此自开辟之初言之。近今生齿日繁,坟壤近硗,小民薙草粪垆,悉依古法行之。勤耘耨,浚沟洫,力耕不让中土。纺织之业如嘉祥里村庄机杼声闻,篝灯掩映,童而习之,女子之嫁者转相传授,数年来男耕女织,风丕变也。

（清　王瑛曾纂修:《重修凤山县志》,卷三,风土志,风俗,清乾隆二十九年刻本。）

〔清道光十四年前后,台湾彰化县〕　妇女惟事针黹,不出户庭,刺绣之工匹于苏、广,惟蚕事未兴,纺织尚少。近有挈女眷来台者,颇知纺织机布,但皆买棉之弹好者为之,若土产吉贝甚多,皆随风飘散,视为无用。

（清　李廷璧修,周玺等纂:《彰化县志》,卷九,风俗志,女红,清道光十四年刻本。）

〔清光绪二十二年至民国三十四年前后,台湾〕　台湾六百余万人口所服用之布匹,大部仍为家庭手工业所织之粗布,且自日本占领台湾后,自日输入布匹向台湾进口之重要部分,台湾本岛之纺织业乃难发展。目前台湾棉织工业仅有使用小型机器而仍以人力为动力之台湾织布会社等少数数家,所产棉布为数极为有限。在台湾所谓纺织业者,实为麻织而非棉织,其产品为制造米袋、糖袋等之麻布,以为输出包装用者。日华纺织会社台湾工场及台湾制麻会社等,均以制造麻布及麻线为主。

（郑伯彬编:《台湾新志》,第九章,工业,四,其他工业,民国三十六年铅印本。）

〔清康熙十五年前后,直隶大名府清丰县〕　地不通水,故商贾亦不辐辏。民俗淳朴,故技艺亦无世工。独其地饶桑、麻,勤杼机汤绸,密布佳,一时男妇多精制暑袜,语顷立得百什,皆他邑所难。

（清　杨燝纂修:《清丰县志》,卷二,风土,风俗,清康熙十五年刻本。）

注：清丰县原属直隶大名府,现属河南省。

〔清乾隆三十二年前后，河南河南府嵩县〕 境内种棉颇多，无外鬻者，皆供织女机也。

（清 康基渊纂修：《嵩县志》，卷九，风俗，清乾隆三十二年刻本。）

〔清嘉庆元年前后，河南汝宁府正阳县〕 邑中种棉织布大概有之，惟陡沟店独盛，家家设机，男女操作，其业较精，商贾至者每挟数千金，昧爽则市上张灯设烛，骈肩累迹，负戴而来，所谓布市也。东达颍、亳，西达山、陕，衣被颇广焉，居人号曰陡布。

（清 彭良骦修，吕元灏纂，杨德容补修：《正阳县志》，卷九，补遗上，物产，清嘉庆元年刻本。）

〔清同治九年前后，河南开封中牟县〕 衣服尚俭朴，大布居多，少用调帛。

（清 吴若烺修，焦子蕃纂：《中牟县志》，卷一，舆地，风俗，清同治九年刻本。）

〔清代后期至民国三十六年，河南兰考县〕 吾乡旧有一种布，以白花紫花合纺为线，织成布，曰仪封布，专以供庆吊礼服之用。在昔，家有其服。捻军过后渐少，今则全不见矣。

（耿愔续修：《续仪封县志稿》，土产，货类，河南省兰考县县志编纂委员会据一九四七年耿文郁手抄本整理，《兰考旧志汇编》一九八六年铅印本。）

〔民国十二年前后，河南新乡县〕 白布，西南区产棉最多，故小冀镇有布行数家，招客收买，行销山西。

（韩邦孚、蒋濬川修，田芸生纂：《新乡县续志》，卷二，物产，民国十二年铅印本。）

〔民国二十年至二十八年，河南新安县〕 新民织染工厂，此厂为邑人孟月秋创办，于民国二十年二月间成立，股本二千元，工人二十余名。现有铁机九部、缝纫机二部、木机二部，以资本不充，每日可出布十匹，每匹长一百尺，需成本银七元五角，出售八元左右，颇著成绩。

（李庚白修，李希白纂：《新安县志》，卷七，实业，工业，民国二十八年石印本。）

〔民国二十一年前后，河南林县〕 纺织业户无贫富，妇女皆以纺织为主业，所制棉布质坚耐久，名曰家机布，除备服用外，运销潞、泽等处。

（王泽溥、王怀斌修，李见荃纂：《林县志》，卷十，风土，生计，民国二十一年石印本。）

〔民国二十二年前后，河南太康县〕 布业亦有可观，所织布匹纱粗幅窄，坚实耐用，向为输出大宗。惜自洋布输入后，渐被压倒，然农民暇日仍时为当户之织。

（杜鸿宾修，刘盼遂纂：《太康县志》，卷三，政务志，工业，民国二十二年铅印本。）

〔民国二十三年前后，河南获嘉县〕 本县制造品，以妇女所织土布为大宗，其次如木工、铁工、砖瓦、苇席、檀香等类，凡农村所需，尚属应有尽有。其次手工业所出，如洋袜、洋布等，亦渐进步。

（邹古愚修，邹鹄纂：《获嘉县志》，卷九，风俗，生活，民国二十三年铅印本。）

〔民国二十三年前后，河南通许县〕 棉花为本县土产要品，农家妇女纺绵织布亦为最要工作，其所制衣料多用土布，少用洋布。

（张士杰、侯昆禾纂修：《通许县新志》，卷十一，风土志，民生，民国二十三年铅印本。）

〔民国二十四年前后，河南灵宝县〕 近日，洋货输入，女心渐奢，中人之家，皆欲以洋布为衣，向之所谓家生布者，日少一日。

（孙椿荣修，张象明纂：《灵宝县志》，卷二，人民，民国二十四年铅印本。）

〔民国二十四年前后，河南灵宝县〕 灵邑百姓，除绅学界少数之人，间以绸缎、洋布为衣，其余普通多数之农民，均以土布为主，俗言谓之家生布，每人每年约费棉花五斤。至立春后，男人向田野工作，女人均日夜纺绩，每日平均纺线三四两，纺罢即织，至二麦将熟，各家女人皆将其全年所用之布织成夏衣，即用白底，冬衣间染黑蓝。一人全年之鞋袜、衣服、铺盖均取给于此五斤棉花，毕生不知绸缎洋布为何物。

（孙椿荣修，张象明纂：《灵宝县志》，卷二，人民，民国二十四年铅印本。）

〔民国二十五年前后，河南阳武县〕 布，近时多用洋纱织成，然亦仅供本处之用。

（窦经魁修，耿愔纂：《阳武县志》，卷一，物产，货类，民国二十五年铅印本。）

〔民国二十五年前后，河南正阳县陡沟〕 陡沟细布，在清代行销山、陕、豫、皖数省，亦属名产。

（刘月泉等修，陈全三等纂：《重修正阳县志》，卷二，实业，农业，民国二十五年铅印本。）

〔民国二十五年前后，河南正阳县陡沟〕 陡沟附近居民尽设机，人精纺织，纱细布密，畅行颍、亳及山、陕二省。商贩极多，每早晨布市，张灯交易，备极繁盛，寒冻织绫亦佳，故寒绫陡布一致著名。近受洋货侵略，衰替殆尽。

（刘月泉等修，陈全三等纂：《重修正阳县志》，卷二，实业，工业，民国二十五年铅印本。）

〔民国二十五年前后，河南信阳县〕 棉布、棉花，农家以为副产，每岁秋冬之际,里巷妇女相从织绩,比户皆纺车声、机杼声,人可日成布一匹。至冬腊时,市上白布颇成大庄,北运陡沟,行销汝汴。迨洋纱灌入内地,人工织布不足以维持生活,本地棉业遂废。然城市颇有设小工厂以新式机织布者,特其工粗,不足以敌舶来品耳。

（方廷汉、谢随安修,陈善同纂:《重修信阳县志》,卷三,食货三,物产,民国二十五年铅印本。）

〔民国二十八年前后,河南新安县〕 农民之衣,取请自制者,十之八九,且多自织棉布,习惯服靛青色,初本用土靛染色,近洋靛盛行,而土蓝绝迹矣。棉花中有赭色者,织成之布名曰土花布,亦曰子花布,实则皆赭之转音。乡民之买布穿者十不一二,有穿洋布者,则群目为奢侈。

（李庚白修,李希白纂:《新安县志》,卷九,社会,风俗,民国二十八年石印本。）

〔清同治五年前后,湖北荆州府枝江县〕 邑产棉,洲地尤佳,年丰亩地以百斤计,居民于农毕时纺织兼营,无业产家更借此为活计,夜半机声与纺车轧轧相闻,有竟夜不眠者,其功勤,其利亦倍,贾人多于董市江口买花入川,呼为楚棉,布亦如之。

（清 查子庚修,熊文澜等纂:《枝江县志》,卷七,赋役志下,物产,清同治五年刻本。）

〔清同治五年前后,湖北襄阳府宜城县〕 邑少丝麻,惟恃木棉,乡野亦多种者。当岁晚务闲,闾阎争事纺织,颇有西京同巷夜绩遗意成市,虽精细不足,而坚密有余,贸诸列肆,亦足资小民生计。

（清 程启安等修,张炳钟等纂:《宜城县志》,卷三,食货志,物产,清同治五年刻本。）

〔清同治五年前后,湖北施南府来凤县〕 妇女善纺棉不善织布,乡城四时纺声不绝。村市皆有机坊,布皆机工为之。每遇场期,远近妇女携纱易棉者肩相摩踵相接也。

（清 李勖修,何远鉴、张钧纂:《来凤县志》,卷二十八,风俗志,女功,清同治五年刻本。）

〔清同治五年至光绪六年,湖北宜昌府巴东县〕 男妇以布巾缠头,自织大布,极粗恶,不售于市,田野间制以为服,取其耐久。

（清 廖恩树修,萧佩声纂:《巴东县志》,卷十,风土志,服食,清同治五年刻本,清光绪六年补印本。）

〔清同治八年前后,湖北德安府随州〕 布之属,曰棉布,随地户种木棉,人习为布,秋熟后贾贩鳞集,随民多恃此为生计。

(清 文龄等修,史策先纂:《随州志》,卷十三,物产,清同治八年刻本。)

〔清同治十一年前后,湖北德安府安陆县〕 布,安陆土产为大宗。……布有二种,色染者曰梭布……不染者曰棉布。……今各属棉花布聚于郡,通商曰府布,行西北路,万里而遥。梭布聚于应城,行东北诸省。

(清 陈廷钧纂:《安陆县志补》,卷下,物产,清同治十一年刻本。)

〔清光绪九年前后,湖北汉阳府孝感县〕 棉布有长三十三尺,宽一尺五寸者为大布,细薄如绸。三十尺以下皆曰椿布,西贾所收也,至呼为孝感布。长二十尺以内,宽一尺者皆曰边布,乡人所用也。数年谷贱农伤,又值凶旱,民皆恃此为生。葛布出小河溪,本地不产葛,多来自临湘,近以苎兼蚕丝为之,谓之兼丝葛,苎布色白。

(清 朱希白等修,沈用增等纂:《孝感县志》,卷五,风土志,土物,清光绪九年刻本。)

〔清光绪十年至十五年,湖北汉阳府汉阳县〕 乡民家勤纺绩,贸布贩棉,黎明趁墟。……其布则扣布,秦、晋、滇、黔商人争市焉。

(清 濮文昶修,张行简纂:《汉阳县识》,卷一,地理略,清光绪十年刻、十五年改刻本。)

〔清光绪十一年前后,湖北武昌府武昌县〕 妇女勤纺织,近且能饲蚕,尤善制麦草帽,马二里人善绩葛布。

(清 钟桐山等修,柯逢时等纂:《武昌县志》,卷三,风俗,清光绪十一年刻本。)

〔清光绪十一年前后,湖北武昌府武昌县〕 布之属,有绵布,出葛店者佳。紫色者名紫花布,服之可活血络。有苎布,可为帐及汗巾。有罗布有葛布,出马二里者名马二贡葛,极细者名女儿葛。

(清 钟桐山等修,柯逢时等纂:《武昌县志》,卷三,物产,清光绪十一年刻本。)

〔清光绪十五年前后,湖北德安府〕 棉花,名吉贝,黄葩成桃,入秋成花,纺织为布,大布粗而宽,条布细而窄,分山庄水庄等名,其染色曰梭布。……今各属依纺织为生,西商每买布成卷行西北万里而遥。梭布聚于应城,行东南诸省。

(清 赓音布等修,刘国光等纂:《德安府志》,卷三,地理志下,物产,清光绪十五年刻本。)

〔民国二十四年前后，湖北麻城县〕 衣服，从前多用土布，乡间织布分两种，稍短窄者为卖布，宽密者为穿布。作衣式，尚宽大，近则日趋窄小，领则由低而高，惟妇女穿旗袍及短袖露肘者尚少。乡间银钱枯竭，外洋丝货亦不能畅销。

（郑重修，余晋芳等纂：《麻城县志续编》，卷一，疆域志，风俗，民国二十四年铅印本。）

〔清嘉庆二十三年前后，湖南澧州石门县〕 女红克勤纺绩，邑中桑麻甚少，多买木棉弹纺成布，比户机声轧轧，一月真得四十五日也。

（清　苏益馨修，梅峄纂：《石门县志》，卷十八，风俗，清嘉庆二十三年刻本。）

〔清同治十年前后，湖南长沙府攸县〕 女功，纺织一也。攸俗綦勤，秋收甫竣，即比户从事。其纺车一名摇车。……通行潭、澧及江右袁吉，贫者耕不足恃，恒赖此支半载食用。至富室则纺织余闲，兼工刺绣，亦不害女红。他若养蚕采葛，邑西间有之，然为者无几，其利亦薄。

（清　赵勷等修，陈之骥纂，王元凯续修，严鸣琦续纂：《攸县志》，卷十八，风俗，清同治十年刻本。）

〔清同治十二年前后，湖南永顺府桑植县〕 木棉，岁产可给本境用。土布，纺棉织成，阔尺五寸，较粗厚。

（清　周来贺修，陈锦等纂：《桑植县志》，卷二，风土志，土产，清同治十二年刻本。）

〔清同治年间，湖南澧州石门县〕 县东南产木棉，而南乡之产最上，其绒松易纺，质软性温，十人工作布，充幅四丈，谓之匹，阔尺有四寸，狭者减二，重或二三斤云。贩之乡聚曰庄，夏家巷、宝灵桥、白洋湖、中五通、上五通皆有庄，庄客五日一会，市捆而致之常德，岁得缗钱三数万也。

（清　阎镇珩辑：《石门县志》，卷六，物产，清光绪十五年刻本。）

〔清同治年间，湖南永州府祁阳县〕 祁之工匠，不过木石、砖瓦、铁冶之数，只供本地宫室器用之需，从无奇技淫巧以眩世俗者。惟葛布一物，甲于他处，然迩来山谷日辟，难于采葛，而女红擗绩遂不及前，机户亦渐稀矣。

（清　陈玉祥等修，刘希关等纂：《祁阳县志》，卷之二十二，风俗，清同治九年刻本。）

〔清同治年间，湖南长沙府长沙县〕 省会之区，妇女工刺绣者多，事纺绩者少。大家巨族或以钿饰相尚，乡间妇女钗荆裙布，勤纺绩，主中馈，善旨蓄，治醯醢，事蚕桑（长沙间有育蚕者，缲丝织绢，谓之土绢），躬操井臼，田家农忙之际，佐男子操作，内外拮据，儿女啼号，不暇就哺。其妯娌多者，分日治爨，以不当估日治女红。贫者入山扫落叶供炊,撷野菜佐食,寒不向火,热不就凉,且生女命名多以贞为字,曰某贞,顾名而思其义,可以观志矣。

(清 刘采邦等修,张延珂等纂:《长沙县志》,卷之十六,风土,清同治十年刻本。)

〔清同治年间,湖南长沙府湘乡县〕 农无余粟,资女红以继之。方岁三月,蚕在薄桑不给于筐,则女望枝而叹,茧登矣,葛枲之事兴,劳以三月,乃尽得而登于织。葛未竟,木棉之事接踵而起,持筐而拾,伛行烈日中,匝月乃毕,夜以继昼,纺声不绝者,迄于春而后止,乃以资赋税之不逮,而免其夫于击扑,故其妇女焦劳无暇。

(清 齐德五等修,黄楷盛等纂:《湘乡县志》,卷二,地理,妇女,清同治十三年刻本。)

〔清同治年间,湖南长沙府浏阳县〕 苎布,一名夏布,按《通志》,浏阳、湘乡、攸县、茶陵皆出苎布,世称浏产最佳。其实浏土所出货,高而少,今多采自江西,托为浏阳夏布云。

(清 王汝惺等修,邹焌杰等纂:《浏阳县志》,卷之七,食货,清同治十二年刻本。)

〔清同治、光绪年间,湖南岳州府巴陵县〕 湖南北多产棉,而巴陵东乡为良。山茶,别有铁子一种,号子较重,出绒稍逊棉,上者得绒多以斤计之,约三而得一,次则益以六分斤之一而得一,下者四而得一。精布绒不及三斤而成一匹,匹四丈,自外洋贸内地,彼有盛行,都布亦因之滞销,庄客采收,抑其价钱,复多杂以滥恶,巴陵之利源日就于涸矣。

(清 姚诗德等修,杜贵墀等纂:《巴陵县志》,卷之七,舆地志,物产,清光绪十七年刻,二十六年修改印本。)

〔清光绪元年前后,湖南衡州府衡山县〕 衡地不宜蚕桑,然亦有树桑饲蚕者,收其茧而缫之,丝粗且韧,织为帛,名土绢,坚厚有余,柔滑不足。衡地惟近河沙土略种棉花,葛颇饶,苎为多,采葛于山辟而绩之,织为布,愈细密则愈光滑,功虽繁碎,其价倍于土绢。苎布亦有极细者,直低于葛布而昂于棉布。棉花虽产于衡,而纺棉为布,工省费轻,故布之出于衡者,棉最多,苎次之,葛又次之。妇女无分贫富皆勤纺绩。纺绩之外,女功之最精者曰挑花、曰捻锦、曰刺绣,又有打子绣、挽线绣,皆闺阁之能事也。闻昔年妇女好以爪梅雕镂为诸飞、走、花卉及卍字连环状,备极奇巧,无益实用,今俱废。其他织纴组纫、翦裁、缝纫之事,亦往往有能之者。

(清 郭庆飏等修,文岳英等纂:《衡山县志》,卷二十,风俗,女功,清光绪元年刻本。)

〔清光绪初年至民国十五年,湖南醴陵县〕 夏布为吾醴手工业之特产,品质之佳，冠于全国，每年输出约值七八十万元，其销场遍于汉口、南京、上海、苏州、杭州、两广、山东、烟台各地，亦有输出南洋爪哇及外国者。其庄客多在浏阳、萍乡、袁州、万载等县，由县商贩与之。然外间只知有浏阳夏布，而醴陵则无闻焉。其原因有三：一因前此无本地庄客，不能大批收买直接输出；二因前此布贩信用低落，外商不敢径来批趸；三因前此醴陵交通滞塞，不及浏阳直达省河之便。以是数因，醴陵夏布之名遂为浏阳夺其席。近始有醴商运往各埠销售，而外间亦渐知浏阳夏布实出自醴陵，醴陵之布乃得直接自卖。（醴商在外卖布，有假浏阳籍者。）然妇女绩布获利甚微，而织工又故意奇昂。（向例织工工资按布价十成取一，近织工乃擅改为十成取二，匹值十元之布，假定以十个月绩成，女工每月所得不过八角，尚须成本及织工火食，是每日所仅一二分，而织工三四日所得，乃至二元之多矣。）以是绩布之家往往将绩成之绒售于织工，不愿自织。织工乃沿门收买，集粗细不匀、色泽互异之欻，织以出售。又短尺减扣、空纱烂尾，或表里异色，以是布值益落。（光绪初，醴布每匹定为四丈八尺，名曰加二扣，宽一尺四寸。光绪末，减为四丈四尺。近则仅及四丈，而时行衣制宽大，每匹裁长衣二件，至少须四丈四尺，短则常不足裁。）最近醴、浏、萍三县布商呈准各县署布告整顿夏布尺码，例须四丈六尺，否则拒不收买，又改九折钱为十足，诚为布业改良之一道。然终为织工所制，妇女绩布日见减少，欲自学织，又购机不易，将图革新，惟有由布业收欻，招用女工自织而加其欻价，庶乎可望发展也。县境北乡一带，原出葛布，与夏布并称。后因漂行加以漂白粉，致成衣以后，下水即破，遂无人过问，今殆绝迹。而夏布之麻，多由湘乡、湘潭、攸县、沅江等处输入，自出甚少，种植未兴，园艺不讲，甚憾事也。

（傅熊湘编：《醴陵乡土志》，第六章，实业，夏布，民国十五年铅印本。）

〔清光绪三十三年前后，湖南宝庆府邵阳县〕　县旧产木棉，称曰山花，色黄而温，远胜他处所产。后颇喜种湖花，近更多种洋花，以织为布。山花最上，湖花次之，洋花最下。县境老幼农工诸人多服此布，名曰大布。

（清　陈吴萃等修，姚炳奎纂：《邵阳县乡土志》，卷四，地理志，商务，清光绪三十三年刻本。）

〔清代后期至民国二十一年，湖南汝城县〕　五十年前，汝城未有织布业。清光绪以后，渐见增进，近则杼轴之声几遍境内矣。

（陈必闻、宛方舟修，卢纯道等纂：《汝城县志》，卷十八，政典志，实业，民国二十一年刻本。）

〔清代至民国三十七年，湖南醴陵县〕 纺纱为妇女之家庭手工业，平均每户至少有纺车一架，全县以七万户计，当有纺车七万，每车日出二两，则每日可出十四万两。自民国初年以来，洋纱逐渐排斥土纱，至民国十年以后，乡间遂不复有纺纱者。抗战期中，又恢复原状。至于织布，则前清所织者均为土纱布。民国初年，县城一带盛行仿造洋布及花纹布、电光布，一时多至数十厂，每厂之机多至百架。兵灾之后，大半倒闭，惟南乡一带业此者犹多。以南一区而论，抗战前织布者共有七百余户，每户多者十余架，少亦二三架，所用棉纱多系上海、汉口、长沙各纱厂所制。抗战期中，织布业益形发达，所织均为土纱布，行销湘南、粤北一带。旧式皆用木机，最初为射机，后改良为扯机，每日织布由三丈增至五丈。至民国三年以后，又有梃子机、散丝机、纹机等，于是花纹布匹皆可制造。厥后又发明铁机，每日可出布八丈。民国十年冬，县人士议以赈捐余款设醴陵第一平民工厂于县城东门，购得汉口铁机六十架。十二年冬，招商承租，出品尚优。十六年后，停办。三十年四月，县政府设立民生工厂，有学徒二十名，出品有葛丝呢、花条布、花格布、白官布、白洋布、竹布、节花布、毛巾、罗巾、花门帘等十余种。

（陈鲲修，刘谦等纂：《醴陵县志》，卷六，食货志，工商，民国三十七年铅印本。）

〔清代后期至民国三十七年，湖南醴陵县〕 绩麻采葛之风尚，自古已然。洎夫近代，浏阳夏布始噪声中外，而为出口大宗。布之来源，醴陵实居强半。当时，邑人营是业者，无大资本，类皆收诸民间，转手即贩与浏阳，漂白成捆。以故各大埠庄客，咸止于浏阳，而不及醴陵。迨民国初年，乃有醴商自行漂染。运往各埠销售，自是外间始知有醴陵夏布。每年输出约值七八十万元，畅销汉口、上海、烟台一带，朝鲜人尤喜用作衣料，并用以裹尸。（我国海关记载，一九一三年夏布输出朝鲜一万零七百余担，值银一百余万关两。厥后岁有涨落，一九三四年输出九千二百余担，值银九百五十八万余关两。）民国二十二年间，销路最旺，厥后因国外毛葛、荷兰纺、印度绸之竞争，而日本复苛征入口重税、限制销行，营业一蹶不振。抗战军兴，沪、汉沦陷，销场益蹙。然至二十九年，除白兔潭、普口市外，县城夏布庄尚有五家，运销长沙、湘潭、衡阳，推及于浙之金华、粤之曲江、坪石。织用木制手工矮机，苎麻以本县及浏阳产者为佳，绩则乡村妇女皆习为之，析麻为丝，绩之成欸，岁可三匹，细者仅一匹或不足一匹。一手绩成之布，纱匀而有光泽。近年多不自织，而织工沿门收买，其欸恒混粗细不同、色泽互异者于一机，故出品多劣，甚或减短其丈尺。（光绪初，醴布每匹定为四丈八尺；光绪末，减为四丈四尺,合市尺五丈,又有减为四丈者。)以是布价益落。县城夏布庄,收集四乡夏布,加以漂染印花,然后运销县外,花样翻新,又渐惹人注意矣。……夏布价格,除以色彩为标准外(如愈白则需漂工愈多;色愈深,则所需染料愈多,价格亦因之稍贵),向以纱之粗细区分,经纱多则布细,经纱少则布粗。普通粗布,经纱数在四百至五百之间者,最高价每匹约十一二元,最低价每匹约八九元。经纱数在一千至一千二三百之间者,最高价约二三十元。

醴陵夏布运销概况表(民国二十九年十二月调查)

运销地点	转运地点	运销匹数	附 记
长　沙	附近各县	16 000	各色中庄
湘　潭	湘乡、宁乡等县	8 000	帐料各色中庄
衡　阳	各省各县	8 000	特细漂白最多,帐料、蓝色次之
祁　阳	附近各县	4 000	中庄
桂　林	西南各大城市	4 000	各色特细
合　计		40 000	

(陈鲲修,刘谦等纂:《醴陵县志》,卷六,食货志,工商,民国三十七年铅印本。)

〔民国元年至十五年,湖南醴陵县〕　棉织为仿造洋布及花纹布、电光布之业,兼营染坊。民国初元,盛行于县城一带,一时多至数十厂,每厂之机多者百架。兵燹而后,大半倒闭。近则以南乡泗汾一带为最多,亦县境之大宗出品也。旧式概用木机,男女皆可学习。所染尤以缎青布为佳。所用棉纱多出于湖南第一纱厂,惟染料则皆自外来耳。民国十年冬,县人士议以赈捐余款设醴陵第一平民工厂于县城东门,订立章程,组织董事会,先办织染一项,购得汉口铁机六十架及染坊器具之属,招集艺徒试办,呈准政府免厘。十二年冬,乃招商承租,出品颇称优美。而城乡民家亦多有木机一二架,以从事于此者。

(傅熊湘编:《醴陵乡土志》,第六章,实业,染织,民国十五年铅印本。)

〔民国九年前后,湖南永定县〕　本境妇女手纺成纱织为布,谓之家机布,分粗细两种,致实耐用,随染各色俱宜。其次谓之客布,机房所织较消薄,贩运出境。

(王树人、侯昌铭编:《永定县乡土志》,下篇,物产第十二,民国九年铅印本。)

〔民国十二年前后,湖南慈利县〕　机织布业,以附郭、地平、段家洲及下六都、二十四都为特盛,时髦花样近亦能步骤,盖以产棉纱,不需外求也。其购纱于临澧之新安、合口等市，女织男贩，又特盛于杉木桥、赵家铺一带，农工少隙，十十五五结队西赴江垭者几无日不有，二十二都之布贩子属于道路焉。

（清　田兴奎等修，吴恭亨等纂：《慈利县志》，卷六，实业第三，民国十二年铅印本。）

〔民国十五年前后，湖南醴陵县〕　然乡村则多俭朴，勤操作，平居以绩麻、纺纱、作布为业。红茶盛时，采拣多用妇女。近则产磁之区，女子或以画碗为生。或作编爆，而炊爨、浣濯、育儿、饲豕、晒谷、腌菜之属，皆女功也。其事蚕织、缝绣为业者，近始稍稍有之。

（傅熊湘编：《醴陵乡土志》，第四章，风俗，妇女，民国十五年铅印本。）

〔民国十五年前后，湖南祁阳县〕　县旧岁贡葛，近少怠，惟文明市布特多。文明西道粤，走黔、蜀，北走长、衡，一区会也。民类知女工事，织布缝衣妇职也，今多男子为之。文明妇女不能裁衣也，尚能织布，机柚颇与恒机异，每日能织布数丈。其地纱不足供用，恒请人夫运贩纱木棉于衡州，又能艺蓝储茜染采，其所织布通市于粤、滇，岁获殆数万金。其他货有时消长，织布之利如故也。

（李馥纂修：《祁阳县志》，卷十，货物志，民国十五年修，二十年刻本。）

〔民国二十年前后，湖南浏阳县〕　工艺品以夏布、编爆、纸张、棉布等项为出产之大宗。夏布产东、南、西三乡，属于家庭妇女之手工业，每年输出约三千余筒，每筒十匹至二十匹，每匹三四元至二三十元不等，总计收入在十万元以上。……棉布产于北乡，输出省城，年约万匹。

（曾继梧等编：《湖南各县调查笔记》，物产类，浏阳，民国二十年铅印本。）

〔民国二十年前后，湖南嘉禾县〕　县不养蚕，无丝织物。棉布织则多，俗谓之机匠，多男工，今十九女工矣。然纺花而织者少，往往买洋纱上机，实为外货一大销场也。

（王彬修，雷飞鹏纂：《嘉禾县图志》，卷十七，食货篇第九中，民国二十年铅印本。）

〔民国二十年前后，湖南嘉禾县〕　土棉纺花间有不能给，是多洋棉、湖棉，洋纱贩自粤、湘及汉。

（王彬修，雷飞鹏纂：《嘉禾县图志》，卷十七，食货篇第九中，民国二十年铅印本。）

〔民国二十年前后，湖南临澧县〕　棉花则用手工纺织成布，临邑人民赖此生活者甚多。倘能改用机器，其收入当更倍蓰。

（曾继梧等编：《湖南各县调查笔记》，物产类，临澧，木棉，民国二十年铅印本。）

〔民国二十五年,湖南醴陵县〕

种　类	农户数	从事副业者人数			
^	^	男	女	童	共　计
织　　布	5 824	2 912	5 824		8 736
养　　鸡	80 418		160 836		160 836
养　　鸭	56 252	110	56 252		56 362
养　　猪	67 720	94 808	101 580	47 404	243 792
栽植果木	5 500	6 600	6 050		12 650
绩　　麻	22 167		44 334	12 866	57 200
编　　爆	11 256	2 251	22 512	4 502	29 265

种　类	出 产 量	出 产 值	工作月份
土棉布			
织　　布	436 800 匹	524 160	全　年
养　　鸡	402 090 头	106 836	全　年
养　　鸭	281 260 头	84 378	全　年
养　　猪	135 440 头	2 708 800	全　年
栽植果木	27 500 株	55 000	春夏秋季
夏　布			
绩　　麻	22 167 匹	12 000	春夏秋季
编　　爆	12 000 箱	156 000	全　年

(民国二十五年县政府制。)

(刘谦等:《醴陵县志》,卷五,食货志上,农业经济,民国三十七年铅印本。)

〔**民国三十七年前后,湖南醴陵县**〕　至于农村副业,妇女则绩麻、纺纱。自洋纱畅销以来,纺土纱者甚少。迨抗战军兴,纺纱始有利可图,每户至少必有一纺车,南方则多制织机自织。曩者农家妇女几无不绩麻,北乡尤盛,近因夏布业衰,绩者渐少。

(陈鲲修,刘谦等纂:《醴陵县志》,卷五,食货志,农业经济,民国三十七年铅印本。)

〔**清康熙二十六年前后,广东雷州府海康县**〕　土多布多麻,而葛布为上,常服止绵葛……大家妇女不出闺门,日事纺绩,乡落之妇尤勤。

(清　郑俊修,宋绍启纂:《海康县志》,上卷,民俗志,习尚,清康熙二十六年刻本,民国十八年铅字重印本。)

〔**清康熙四十九年至雍正八年,广东广州府从化县**〕　小民之家,率以络布、贸绵布,为卒岁计。

（清　郭遇熙纂修,蔡廷镰续修,张经纶续纂:《从化县新志》,风俗志下,清康熙四十九年修,清雍正八年增修刻本,清宣统元年刻本。）

〔清雍正九年前,广东广州府新会县〕　新会之苎布甲于天下,即江西之荆溪出者,亦所不逮。其色如玉,其缕如丝,胜于纱罗,价值亦贵（《广州志》）。

（清　郝玉麟修,鲁曾煜等纂:《广东通志》,卷五十二,物产,清乾隆间《四库全书》本。）

〔清雍正年间,广东广州府东莞县〕　邑之东北隅,多工纺绩,黄家山布鬻给广、惠两郡,西南则捆莞为席,辫麦为帽,穿绒为伞,他如拈针挫纚类,取办十指,不皆力耕（《周志》）。

（陈伯陶等纂修:《东莞县志》,卷九,舆地略,风俗,民国十六年铅印本。）

〔清乾隆四十四年前后,广东潮州府揭阳县〕　邑所出葛布多佳,麻布有行。

（清　刘业勤修,凌鱼、陈子承纂:《揭阳县志》,卷七,风俗志,习尚,清乾隆四十四年刻本,民国二十六年铅字重印本。）

〔清乾隆四十四年前后,广东潮州府揭阳县〕　苎布,九都皆有,乡无不绩之妇故也。其精细者名机上白,价可倍纱罗。

（清　刘业勤修,凌鱼、陈子承纂:《揭阳县志》,卷七,风俗志,物产,清乾隆四十四年刻本,民国二十六年铅字重印本。）

〔清道光元年前后,广东肇庆府阳春县〕　蚕,有家蚕,有野蚕。阳春妇人多绩麻,少养蚕者。

（清　陆向荣等修,刘彬纂:《阳春县志》,卷一,舆地,物产,清道光元年刻本。）

〔清道光四年前后,广东肇庆府广宁县〕　贫家妇女夏月缉蕉麻为布,有染乌、染蓝等色。冬月用棉类皆贸自市廛,以地不产棉故也。

（清　黄思藻纂修:《广宁县志》,卷十二,风俗,清道光四年刻本。）

〔清道光八年前后,广东广州府香山县〕　绵布,乡人种吉贝棉花,织成白氎,南萌各乡为之,号南萌机。麻布,妇女绩麻双丝细缕织成者号家机,自服,不以售人。女子勤者,嫁时必有数匹压笼。

（清　祝淮修,黄培芳纂:《香山县志》,卷二,舆地下,物产,布帛,清道光八年刻本。）

〔清道光十五年前后,广东肇庆府封川县〕　封川桑少,近城间有为白茧绸者,惟家机棉布极适用,都落布者以地得名也。又有苎布、麻布、葛布、蕉布、络麻布之属,仅充服用,鬻于市者鲜矣。

（清　温恭修,吴兰修纂:《封川县志》,卷一,舆地,物产,清道光十五年刻本,民国二十四年铅字重印本。）

〔清道光十五年前后,广东肇庆府封川县〕　徐俗女工以机织为快,当良宵白月,机声轧轧,响彻比邻,彼此怡情。

（清　温恭修,吴兰修纂:《封川县志》,卷一,舆地,民俗,清道光十五年刻本,民国二十四年铅字重印本。）

〔清道光二十五年以前,广东嘉应州长乐县〕　布之属,有葛,有棉。旧《志》云:邑棉比江西为胜,但花时忌风,收时忌雨,以故仰江西者恒什五。近来,县前出布颇多,谓之县庄,贩往他处,其棉花多买自羊城,又有蕉布、苎布。地不种桑,有山蚕食枫叶、乌柏柞茧,取以为绸,即程乡土绸也,然亦甚少。

（清　侯坤元修,温训等纂:《长乐县志》,卷之四,舆地略,物产,清道光二十五年刻本。）

〔清道光年间,广东广州府新会县〕　波罗麻布,麻出雷州、经河村等处,纺织而成,精细胜于海南。最精者,名曰净水,每匹长十丈,可值白金五六两,各省皆宜。其次者,刮两面白浆,宜于苏州;刮半白浆与微黄浆,宜于汉口;刮老色浆,宜于四川;每匹值三四两,其质轻爽,较黄麻葛尤胜。青纱布,麻出湖南宜章县,与四川所产不同(川麻但可作绳纲),熟之以甑,漂之以灰,色转白。其先漂麻,后织布者,名原白;织成布、然后漂者,名机白;每匹长十丈,精者可值白金十余两,次者亦值五六两,薄如纱縠,洁如雪霜,以田边、潮连、牛矢湾、沙塘、天亭织者尤佳。又一种质略粗、色青者,以米泔浸洗数次,色如虾肉,制汗衫裤极佳,邑产麻仔,能作钱串及孝服。

（清　林星章修,黄培芳等纂:《新会县志》,卷二,物产,清道光二十一年刻本。）

〔清道光、咸丰年间,广东广州府东莞县〕　六十年前,邑中妇女犹以市棉纺织为生计,观石龙有布行会馆之设,其业之盛可知。逮洋纱出而纺事渐疏,洋布兴而织工并歇,虽贫瘠乡间,犹从事机杼为大布之衣,然获利既微,所存亦硕果矣。邑中士大夫悯妇女之失业,特为之设工艺厂,欲借以收回利权,然成本既高,不能贱售,卒以不振,盖人工不敌机器,事势使然,非绵力所能挽也。余尚观南通州大生纱厂,厂中妇女工作日凡数百人,人日得银二三毫或四五毫。州中购纱织布者,家家皆然,厂利既巨,而州人之给足,亦为江南冠。其布销售于东三省为多,日本尝以机器仿造而贱沽之,然质脆不能耐久,终以不敌,今日而欲令妇女复业,意者其兴纱厂乎?惟南通州之地宜棉,故纱厂易于发达。广花不及南通州,取种播殖,自否相宜,此又当试验而研究之者也。

(陈伯陶等纂修:《东莞县志》,卷十五,舆地略十二,民国十六年铅印本。)

〔清道光末年至光绪年间,广东肇庆府高要县〕 有蕉布一种,其蕉不花不实,沿山溪种之,老则斩置溪中,揉其筋纤为布,亦有粗细,产于广利、宝槎等村者佳(郝氏《通志》)。至于棉织品,则光绪三十一年艺徒学堂招生,教授织造工艺,毕业后各生自行筹资设所纺织。统计城中织造毛巾、土布已达二十余间,女工达四百余人。

(马呈图纂修:《宣统高要县志》,卷十一,食货篇二,民国二十七年铅印本。)

〔清咸丰六年前后,广东广州府顺德县〕 女布遍于县市,自西洋以风火水牛运机成布,舶至贱售,女工几停其半。

(清 郭汝诚修,冯奉初等纂:《顺德县志》,卷三,舆地略,物产,清咸丰六年刻本。)

〔清咸丰、同治年间以后,广东罗定州西宁县〕 土人每岁取棉花核种之,开花结实,中有三四房,开时有棉垂下,白如雪,绞去核,纺织为布,又多曰氎布,俗呼家机大布。按:土布暖而耐久,咸、同以前,几于无村不种棉,无家不纺织。自洋纱输入内地,纱细而匀,价廉质美,于是臃肿且贵之土纱相形见绌,种棉之家因渐稀少,甚至有家机织布以度活者,咸相率购买洋纱为趋时,而棉业且绝迹于乡村矣。顾今日之本地棉花,其佳处不减往昔,而洋纱则日贵一日,世人乃不惜重价而争购价高之洋花纱,以自失其业,厥弊安在?总而言之,皆由近日农工商并趋于奢侈、懒惰有以致之耳,所望有振兴国货之责者,加以奖励农工勤求种植改良织机,庶棉业或有复兴之一日乎!

(何天瑞等修,桂坫等纂:《旧西宁县志》,卷十四,食货三,物产志,货类,民国二十六年铅印本。)

〔清咸丰、同治至光绪初年,广东广州府顺德县〕 苎麻布,比葛粗。近数十年,顺德织苎者甚多,女绩于家,而男具麻易之,亦有男经而女织者,多出大良,苎麻通贸江浙,岁取数千金,亦开财源而地无游民一征也。

(清 戴肇辰等修,史潜等纂:《广州府志》,卷十六,舆地略八,清光绪五年刻本。)

〔清同治年间,广东广州府番禺县〕 棉布,有新造机、水坑机、市桥机、傍江机,皆即其地所出以为名。其妇女纺棉织以自用者,坚厚耐久,曰家机。按:邑中女红以纺织为业,近洋纱自外国至,质松价贱,末俗趋利,以充土纱,遂多失业矣。

(清　李福泰等修,史澄等纂:《番禺县志》,卷七,舆地五,物产,清同治十年刻本。)

〔清同治、光绪年间以后,广东肇庆府恩平县〕　布:暑天用白麻、青麻先绩为纱,冬天又用棉先纺为纱,各再织为布,用土靛染为男女常服。络麻布少出,间以供丧服。同、光以前,邑人服用多取之,家中妇女机声轧轧,到处皆闻;自洋纱洋布输入,其价较廉,邑人非购洋布,亦购洋纱,所织之土布,所谓家机布,已少见矣。

(余丕承纂:《恩平县志》,卷五,舆地,民国二十三年铅印本。)

〔清光绪初年以前,广东潮州府大埔县〕　蕉布,旧为潮之土贡,见《唐书·地理志》。清雍正间,知县蓝埔咏大埔风土有云:"长机蕉布轻於葛。"足见当时之盛。闻六七十年前,尚有人业此者,今则仅有粗品为丧家孝服之用,其轻细者则无闻矣。

(温廷敬等纂:《大埔县志》,卷十,民生志上,物产,民国二十四年修,三十二年增补铅印本。)

〔清光绪初年,广东广州府香山县〕　麻布,妇女绩麻双丝细缕织成者。家机自服,不以售人,女子勤者,嫁时必有数匹压笼,其良字(都)地方名得能。四大都所织较粗,售于各处,号放机。小榄所织,较细密,号小榄机。古镇所织青纺,号古镇机。

(清　陈澧纂:《香山县志》,卷五,舆地下,物产,清光绪五年刻本。)

〔清光绪初年以后,广东南雄州始兴县〕　布:妇女用土棉纺织成布,曰家机布,用苎织布,曰夏布。自洋纱入口,家机布一项几至绝迹,间有用新机以织布者,亦不甚多,惟妇女所用夏布,仍由自织。

(陈赓虞等修,陈及时等纂:《始兴县志》,卷四,舆地略,民国十五年石印本。)

〔清光绪十年前后,广东潮州府潮阳县〕　苎布,苎通作纻,可以沤纻,潮无不绩之妇,其细者价倍纱罗。

(清　周恒重修,张其翱纂:《潮阳县志》,卷十二,物产,货属,清光绪十年刻本。)

〔清光绪十六年前后,广东潮州府揭阳县〕　麻布,土产惟波罗麻一种,余皆自海南等处贩至,土人绩以为布,但供家用,出售者甚少。

(清　王崧等修,李星辉纂:《揭阳县续志》,卷四,风俗志,物产,清光绪十六年刻本,民国二十六年铅字重印本。)

〔清光绪二十六年前后,广东潮州府海阳县〕　棉布,潮之女红最勤,所出极多,其染蓝色者光艳耐著,名曰潮蓝,通行直省,世咸重之。苎布,乡村无不绩之妇,其细者价倍。纱罗所出,以揭普为最,邑间亦有之。

(清　卢蔚猷修,吴道镕等纂:《海阳县志》,卷八,舆地略,物产,清光绪二十六年刻本。)

〔清光绪二十六年前后,广东潮州府海阳县〕　麻布,俗称波罗麻,系波罗果叶中之丝,刮而绩之以成布者,山村多有夏月与苎布并行。又有以苎成者,甚粗,谓之粗布。俱《府志》参采访册。毯,他处之毯多用牛、羊毛组成之,潮毯则用棉与线而已。毯有三种,一则棉布织成,如毯片之厚,或白地绘以红绿,或红地绘以青黄;一则五色线织成,条条相间者;一则光以棉布为质,而加以采丝绣之,紫凤、天吴,各状具备,更绚烂可观。

(清　卢蔚猷修,吴道镕等纂:《海阳县志》,卷八,舆地略七,清光绪二十六年刻本。)

〔清光绪三十一年,广东广州府新会县〕　棉布购洋绵纱织成。近有商会及河村两工艺院招艺徒,学习成式颇多(成书后,县城爵芳巷又设有女工艺传习所,教织棉布)。

(清　谭镳纂修:《新会乡土志》,卷十四,物产,清光绪三十四年铅印本。)

〔清光绪三十一年前后,广东广州府新会县〕　麻布有原白机、白波罗麻及粗布各种,采办湖南各处青麻、白麻自行纺织。其先将纺漂白,而后织者,为原白;织成布,而后漂白者,为机白;用雷州麻,生纱织成者,为波罗麻,均极匀细。每匹长十丈,价值十元至廿元之间,称为新会夏布,远胜他处。张《府志》谓:"新会苎布甲于天下,其色如玉,其缕如丝。"新会夏布之可贵,可知也。倘能加以织花斜纹各形,此业当更有进步,但妇女之纺绩麻纱者,得值极廉,每日仅制钱三四文,近年人多不乐为之。

(清　谭镳纂修:《新会乡土志》,卷十四,物产,清光绪三十四年铅印本。)

〔清光绪末年,广东广州府新会县〕　工类尚少发达,攻金、攻木、埏埴、泥作仅给本境之用,他邑类然,不足记也。以工艺名者,如牛渚湾之夏布,天亭墟之竹器,略占制造品之一部分。近年,河村汤姓、邑城商会均购手机教织棉布,近日又添设女工艺传习所,一区办教织棉布。

(清 谭镳纂修:《新会乡土志》,卷九,实业,清光绪三十四年铅印本。)

〔清光绪年间以后,广东罗定州西宁县〕 前四五十年,乡间多种棉,妇女尚有车棉纱织布者,谓之家机布,虽粗而暖,且不易破烂。迨后,市舶洋纱布日盛,人贪其便,不知车纱为何事,或改业养蚕,茧多则沽,亦可获利,少则留为家用,自缫自织,晒莨裁衣,暑天最宜,用靛染乌,寒天亦可用,从前绩麻织布此风又一变。

(何天瑞等修,桂坫等纂:《旧西宁县志》,卷四,舆地四,风俗,民国二十六年铅印本。)

〔清宣统元年,广东广州府佛山镇〕 工艺厂在鹰嘴沙海口,即旧海关馆,光绪三十三年,陈巡检(征文)协同绅商联名领得,专为办理地方公益之用(语在赋税志)。宣统元年,易巡检(润章)任内,本镇绅商黄奕南、黄雯绮、黄鸣皋、阮文村、区静涛、林文缘、温干卿等建议招集股份,设工艺厂,共得股本三万余元,如式改建。招工师、艺徒,染纱、织造布匹、草席、藤器各土货发售,嗣因司理不善,以致缺本。民国五年停办,所余股本约一万余元,归商会存管,现为水上警察第五分驻所,仍酌纳租钱,呈县在案,有基勿坏,如能赓续办理,亦振兴工艺之一大机关也。

(冼宝干等纂:《佛山忠义乡志》,卷六,实业,民国十五年刻本。)

〔清宣统年间,广东广州府番禺县〕 纺纱业,在昔尤发达。新造地所出之棉花,幼细而白,长而韧,松而暖,为各属冠。往来业此者甚多,几于无男不种植,无女不纺织,布墟纱市,随地有之;近年则纺纱之业风流云散,至觅一纺纱器具而不可得。织布之业亦一落千丈,新出高机尚可支持,旧日矮机已成仅有。而种棉之业尤不堪问,往往数里之内不见一棉,南村之棉花会馆,门额仅存,风雨飘摇,无或过问,询之乡人,都不能举其名。而纱市街且改纱为沙,一二遗迹亦将湮没以尽。地非不宜,工非不良,数十年来一至于此当细求其故。盖洋花之暖虽不如广花,然洋纱貌美价廉,适于时尚,输入之后,于是臃肿且贵之土纱,相形见绌,犹复墨守成法,销路遂窒,此纺纱之业所由衰败也。洋纱幼细而匀,所织成之布自比土布为可爱,而其染色更娇艳夺目,非土布所能望其肩背,虽土布暖而耐久,然风俗日趋于奢侈,与其无华,毋宁易敝,竟以洋布相夸耀,而土布遂落人后矣。此织布之业所由衰败也。种植棉花,培养之力大,收采之力勤,且花时遇雨,则虽有若无,比之种瓜豆杂粮殊觉有劳而无功之虑,即有收成,而成本得利之比例,与种杂粮相差不远。农人贪近功,无大志,且纺织业并日就衰落,而种棉者因亦渐稀,此种棉之业所由衰败也。总而言之,皆由近日农工商并趋于奢侈懒惰有以致之耳。顾今日之本地棉花其佳处不减于往昔,而世人皆不惜重价而求价高洋花约三之一,倘本其土宜,加以人事,则棉业之复兴亦非必不可能之事也(据《南村草堂笔记》、采访册)。染布之业亦与纺织业同时衰败,市桥之晒地以晒薯莨著名,今虽能勉强支持,但只余云纱、生绸两种耳。薯莨竹布,在昔销场最大,今则多以高机土布代之(据采访册)。当纺织业兴盛之时,沙亭一带独以凿铜钮著,凿钮之业,倒于光绪晚年。继起者为高机、为绣花;然旋作旋辍,不能成行也(据采访册)。纺织凿钮多属女工,故一蹶而不可复起,然男工亦有不能维持者,以舂米之业为最。往者,各乡米店必安碓数座,请人舂米,每人日以三坎为率,晨舂午磨,习以为常。光、宣间,火绞盛行,除自耕自食之农家外,无或以人力舂米,其用人力者亦仅用地碓,大半妇女任之。

(丁仁长、吴道镕等纂:《番禺县续志》,卷十二,实业志,民国二十年刻本。)

注:叙事至清宣统三年。

〔民国十三年前后,广东花县〕 邑中女红以纺织为业,近洋纱自外国至,质松价贱,末流趋利,以充土纱,遂多失业矣。

(孔昭度等修,利璋纂:《重修花县志》,卷六,实业志,物产,布类,民国十三年铅印本。)

〔民国二十年前后,广东乐昌县〕 棉布,以洋纱织成,邑城多织之者。

(刘运锋修:《乐昌县志》,卷五,地理五,民国二十年铅印本。)

〔民国二十年前后,广东感恩县〕 妇女恒纺织吉贝为土布,以供自用。迄洋纱通行,自纺均废。

(周文海等修,卢宗棠等纂:《感恩县志》,卷一,舆地志,风俗,民国二十年铅印本。)

注:感恩县今为东方县。

〔民国二十二年前后,广东开平县〕 麻布,有原白、机白、波罗麻及粗布各种,采办湖南各处。青麻、白麻,自行纺织。其先将纱漂白,而后织者为原白。织成布,然后漂白者为机白。用雷州麻生纱织成者为波罗麻,均极匀细,每匹长十丈,足与新会夏布相埒,远胜他处。……今波罗幕村、流津美等乡都操是业,共有数百家之多。……但妇女之纺织麻纱者得值极廉,每日仅制钱三四十文,近年人多不乐为之。

（余启谋修，张启煌等纂：《开平县志》，卷六，舆地略，物产，民国二十二年铅印本。）

〔民国二十二年前后，广东开平县〕 棉布，购洋棉纱织成。

（余启谋修，张启煌等纂：《开平县志》，卷六，舆地略，物产，民国二十二年铅印本。）

〔民国二十五年前后，广东儋县〕 妇女则无论城市乡村，常时纯以青布为服，自织自染，颜彩亦颇可观。虽嫁时亦通服绸缎，然多制亦不过三五件，余仍用布。

（彭元藻等修，王国宪纂：《儋县志》，卷之二，地舆志十五，习俗，民国二十五年铅印本。）

〔民国三十二年前后，广东大埔县〕 家庭工业织造，妇女暑季所穿之苎布，多自绩苎成缕，夹以棉纱，织为半苎棉之布，曰假罗，其织造，多就家庭行之。代人织造，以丈尺计值，操作者皆妇人。当清末宣统间，县城及大麻均有人提倡改良织布之业，购办新式机器，传习织造，所出斜布、毛巾亦甚佳，旋以棉纱来源须由汕运上，非有大规模不易经营，相继歇业。近年来，织袜及粗汗衫等亦有人学习织造，就家庭操作者，但不甚普遍。制雨笠，此业以同仁甲崧坑乡为最大，兰沙甲黄兰乡亦有之，其工作大概破竹成细篾编之为筏，两筏间垫以箬叶或油纸，缠锁其边缘，扎其顶尖，遂以成货，在崧坑乡者家庭中十居五六。操此业不拘晨昏，偶有余暇，辄从事于此，以其工作轻易，且任作多寡皆可取值，故一乡之中若是其普遍也，其成货则由商人收集运售。织席，采旱地栽植之莞草剖之，曝干为原料。其制作次序以绳为纲，木架为机，贯绳于机上，一人司其机，一人贯草于竹片，横穿纲绳间，复去其竹片，司机者力压其机以织之，长度已足，乃齐其边缘即成席出售。执此业者惟高陂附近上坪坝、罗车两乡，他乡罕有。其制作可分四项：一、制骨截猫儿竹劈之为薄片，每二十片为一束，外附厚片，一端穿孔，贯以牛角，所用之角钉用热钳钳之，使钉之两端膨大，是为扇骨。二、制纸采山间之谷树皮混往次所切下之另碎纸角，用碓舂之或两手持竹片频频敲之，使成糊状。调以植物制之胶水，使成稀薄液，然后取布制之纸帘四边套以木边者平置之，将其稀薄液用勺舀注帘上，适可可止。注液时，手即频频摇荡，使其平匀，余水滴去，举帘曝之，待干乃揭下，是为纱纸。遇自制不足，则向他处购买。三、制糊用一种浆果之桐实（俗呼烂屎桐）切之捣之，滤其汁是为榫汁（非榫柿之果汁），即为制扇之糊。四、糊扇先将纱纸切成扇面状，平置木板间，刷以榫汁；次将扇骨置纸上，匀其间隔；次再加纸复骨之面，刷以榫汁，即置日下曝干，干时再两面反复刷榫汁，又曝之，再干，然后折之。切其尾端，余纸乃成为扇，业此者无论老幼，早晚皆有工作，略无片暇。

（温廷敬等纂：《大埔县志》，卷十，民生志上，工艺，民国二十四年修，三十二年增补铅印本。）

〔清乾隆二十九年前后，广西柳州府马平县〕 罗布，又古贝木，其花成对，如鹅毳，抽其绪纺之，与苎不异，曰吉贝，俗呼古为吉也。多紫、白二种，亦有诸色相间者，蛮女喜织之，文最烦缛，间出售城市，值最贵，自衣则谓之斑衣。……獞锦实绵为之，而杂以五色蚕绒，非尽草木也。

（清　舒启修，吴光升纂：《柳州府马平县志》，卷二，地舆，猺獞，清乾隆二十九年刻本，清光绪二十一年重刻本。）

〔清乾隆年间至民国二十六年，广西来宾县〕 父老言，乾隆、嘉庆间，南北两乡产棉最盛，织机、纺车往往声相闻。……当光绪初年，犹仿佛昔日景象。自洋纱输入，种棉者渐稀，土产棉花价亦渐昂。同治末年净白棉花每斤值新钱二百，今日昂至六七倍以上。

（瞿富文纂修：《来宾县志》，下篇，食货二，农工商业，民国二十六年铅印本。）

〔清代至民国十三年，广西陆川县〕 陆川妇女向习勤耐苦，农家之妇女当耕耘收获时，日则作田工，夜则纺绩。富家不种田者，亦衣其夫，有子女，则衣其子女，并为女预蓄嫁妆，自少至老，绩纺不稍息。清季，洋布、洋纱盛兴，几无人不著洋布，无家不购洋纱，麻棉稀种，贫家尚有绩麻者，问以纺棉，不知何谓。富家多不织而衣，利权外溢数亦巨矣。

（古济勋修，吕濬堃纂：《陆川县志》，卷四，舆地类，风俗，民国十三年刻本。）

〔清代至民国二十一年，广西同正县〕 县属在清光绪以前，所用衣被惟自种土棉以为之，因土质宜棉，且地居温带，棉业颇旺……县内各处皆种，不但敷内地之用，且又有售出外境者。近年，洋纱、洋布流入，一尺阔上等土布每尺值银九仙一毫，次等七八仙，三等四五仙。棉花每斤六七毫，纱布每斤一元一二毫。在光绪中叶，土布、土纱其价比今低三之一，今虽其亦与洋纱、洋布相同，然土货用人工纺纱，一斤至捷须有四日之工，每日至少工价二毫，加以轧子、弹松、搓条等工，计土纱每斤必须工价一元一二毫，比之机器工价相异天渊，且不如洋纱、洋布之出于机器者较为精致，是以人多用洋货，而种植土棉不如昔日出产之盛矣。

（杨北岑等纂修：《同正县志》，卷六，物产，食货四，民国二十一年铅印本。）

注：今扶绥县。

〔清代至民国二十四年，广西贵县〕　县属夙以布著，如郁林布、纻布、古贝布，具见载籍。顾时代迁流，墨守成法，织以矮机，纺用木车，工技转逊。清光绪年间，洋布输入，土制纱布相形见绌，纺织之业遂一落千丈，利权外溢，近始惕然。于是竞相振兴织造，新式织机年有输入，改良土布亦渐畅销。设店织造以木格、覃塘为盛，袜及毛巾等物，城厢及各墟市，亦间有出品。

（欧仰羲等修，梁崇鼎等纂：《贵县志》，卷十一，实业，工业，民国二十四年铅印本。）

〔清代至民国二十四年，广西贵县〕　清光绪中叶以前，衣料多用土货，县属比户纺织，砧声四彻，一丝一缕多由自给，于时以服自织布为贵，布质密致耐用，平民一袭之衣可御数载。光绪季年，衣料浸尚洋货，即线缕、巾带之微亦多仰给外人。迨洋纱输入，而家庭纺绩之工业遂渐消灭，今欲于乡村间觅一纺车，几不可得矣。一般衣服今仍以布帛为伙，但品类多属外来。居城市者间御纱绸呢绒。龙山、石龙诸处服用自织布习尚未改，第纱非由自纺耳。

（欧仰羲等修，梁崇鼎等纂：《贵县志》，卷二，社会，生活状况，民国二十四年铅印本。）

〔清代至民国二十五年，广西阳朔县〕　织布：前清时有家机布一种，由妇女在家中沿用古法，用木机织成，原料为本地出产之棉花，以竹车纺成纱线，条分缕析，用米糊浆过，安于机上，以梭织之即成，又名土布。民国以来，有由外省输入之织布机与此略异，纱线洋货名为土布，实非土布。

（张岳灵等修，黎启勋等纂：《阳朔县志》，第四编，经济，产业，工业，手工业，民国二十五年修，民国三十二年石印本。）

〔清代中叶至民国三十七年，广西宾阳县〕　清光绪以前，冬棉夏麻，原料皆用土货自纺自织，所织之布坚致耐用。自海禁开后，洋纱、洋布源源输入，充斥市面，织布者多用洋纱，家庭纺纱工业逐渐归淘汰。……自民国二十六年，对日抗战以还，海关被日封锁，外货入口绝少，穿衣发生问题，于是纺织工业应运复兴。纺纱有用旧式手纺机或新式木机，织布有用旧织机或新式织机者，现一般人之衣服，均为内地自纺自织之国货矣，纺织工业之勃兴，庶乎可期，惟缺乏土产棉花，现县府正提倡播种，尚未收效。

（胡学林修，朱昌奎纂：《宾阳县志》，第二编，社会，丙，风俗，民国三十七年稿本，一九六一年铅字重印本。）

〔民国元年以后，广东钦县〕　清光绪三十四年（一九〇八），廉钦道龚心湛倡设钦州平民实习工场于钦城廖、曾两祠，雇匠教我钦贫家子弟，以织藤器、布、毛巾各工业、木工、革履工,欲办未果。初委陈冠任场长,后改委农会会长陈秉交兼充场长,办有两年,其性质为造就技工起见,只顾公益,而非图利。藤器成本过重,不甚好销,工场后改章专织毛巾、间布、斜纹布、白布以及白布染紫花。工徒学成后,或出街市,或回乡间,用高机作织业者,不乏其人。……龚道抱公益热忱,怀民生主义,实为难得。龚去任后,未及数月变更,入民国来,舶来洋纱多而平,兼之织毛巾与布,工价相宜,工业尚易办,自日、德与盟国交战后,洋纱无来源,唯乎其为织造工业。

(陈德周纂:《钦县志》,卷八,民生志,工业,民国三十六年铅印本。)

注:钦县今属广西。

〔民国九年前后,广西桂平县〕 棉布,以棉纱织成,纱壮韧,民家购棉自制,故布亦厚实耐久,裁作单衣,暖过洋布袷衲,但棉从外来,故洋纱至而此布渐少。

(黄占梅等修,程大璋等纂:《桂平县志》,卷二十九,纪政,食货中,工业,民国九年铅印本。)

〔民国九年前后,广西桂平县〕 县内有苎麻,岁收三次,织而为布,漂之白如雪,以为蚊帐,耐用数十年,入蓝重染成青色,作衣亦不恶,洋布日增,而此物尚不断绝,以料由自备也。

(黄占梅等修,程大璋等纂:《桂平县志》,卷二十九,纪政,食货中,工业,民国九年铅印本。)

〔民国二十四年前后,广西思恩县〕 县属各地织布均用旧式织机,织出之布宽度仅一尺左右。又洛阳乡各村妇女专长织丝纱线,各项花纹土锦每年推销于县境及邻县者颇多。

(梁构修,吴瑜纂:《思恩县志》,第四编,经济,产业,工业,民国二十四年铅印本。)

〔民国二十五年前后,广西融县〕 棉花,各区皆有,或絮被袄,或用手工纺织土布巾蜕。清代,东区四顶、沙子、桐木等村及南区牛岭土布甚好。近则洋纱机织亦号土布,市场充斥外来布匹,且应有尽有,穷乡僻壤妇无自衣其夫者矣。

(黄志勋修,龙泰任纂:《融县志》,第四编,经济,物产,民国二十五年铅印本。)

〔民国二十六年前后,广西宜北县〕 邑居边僻,生活艰难,素无专门织工,各家所需之布,皆由妇女自种棉花,自纺自织,自缝自衣已耳。

(李志修,覃玉成纂:《宜北县志》,第四编,经济,产业,工业,民国二十六年铅印本。)

〔民国二十六年前后，广西宜北县〕 宜北山高地窄，土瘠民贫，农民占百分之九十以上，日出而作，日暮而归，终岁勤苦，犹不自给。……衣服类皆土布，各家妇女自纺、自织、自染、自缝，最奇者，用至斜纹布、上海灰为止。

（李志修，覃玉成纂：《宜北县志》，第二编，社会，风俗，民国二十六年铅印本。）

〔民国二十九年前后，广西平乐县〕 风气所趋，无男无女，无贵无贱，无冬无夏，莫不以章身质料来自欧、美相矜尚，喧宾夺主，而国产丝绸且唾涕视之矣。于是，有一种名为爱国布应运而兴，以上海出品为揭橥，男女之尚朴素者皆服之。说者谓，此种布乃日本工商揣测我国人民心理为号召，以攫厚利，所不敢知。而夙昔流行湖北之官布（张之洞倡办织造局出品）、阳逻布（阳逻布，在黄冈县西北，今改镇）、本地之麻布、家机布渐归淘汰。……普通民众夏季乃穿黑云纱或白竹纱。（女界除船户外，甚少穿黑云纱，而穿黑绸或白竹纱衣而裤，多尚黑。乡村妇女仍有穿自绩之麻而雇工绩成之麻布。）

（郭庚蕃、郭春田修，张智林纂：《平乐县志》，卷二，社会，风俗，民国二十九年铅印本。）

〔民国三十五年前后，广西三江县〕 本县妇女多能纺纱织染，惟墨守旧法所制土布，仅供自己家庭服用。

（覃卓吾、龙澄波纂修，魏仁重续修，姜玉笙续纂：《三江县志》，卷四，经济，产业，实业，工业，民国三十五年铅印本。）

〔东晋时期，益州蜀郡江原县〕 江原县，郡西，渡大江，滨文井江，去郡一百二十里。有青城山，称江祠。安汉上下，朱邑出好麻、黄润细布，有羌筒盛。

（晋　常璩撰：《华阳国志》，卷三，蜀志，清乾隆间《四库全书》本。）

〔清道光二十年前后，四川潼川府乐至县〕 县产木棉，先以铁木相轧，出絮吐核，弹起成花，贫妇买诸市，指挂为线，积日卖之，利可温给。

（清　裴显忠修，刘硕辅等纂：《乐至县志》，卷三，地理志，风俗，清道光二十年刻本。）

〔清道光二十四年前后，四川重庆府涪州〕 地多产麻，妇女惟勤纺绩，贫富皆优为之，亦有能组织、工顾绣者，单寒之家，中馈井臼而外，专以纺绩为业，机声轧轧，常彻夜不休。

（清　德恩修，石彦恬等纂：《涪州志》，卷之五，习俗，女红，清道光二十五年刻本。）

〔清同治九年前后，四川顺庆府营山县〕 自九月至十二月，买卖田地，制办婚嫁，女纺男织，勤苦倍甚。

（清　翁道均修，熊毓藩纂：《营山县志》，卷十，舆地志，风俗，清同治九年刻本。）

〔清光绪初年，四川顺庆府岳池县〕　地不产木棉，而昼纺夜绩，出布颇多，运贩他境。近来，劝谕广树桑柘，以兴蚕事。

（清　何其泰等修，吴新德纂：《岳池县志》，卷七，风俗、女功，清光绪元年刻本。）

〔清光绪十一年前后，四川夔州府大宁县〕　木棉，一名吉贝，仅产邑之附郭一带，土人纺织成布，质虽粗而耐久，其装絮衣被及细布，仍运自荆、宜，以邑产不广也。然邑棉暖过楚棉，值转昂于外产。

（清　高维岳修，魏远猷等纂：《大宁县志》，卷一，地理，物产，清光绪十一年刻本。）

〔清光绪十七年前后，四川酉阳州秀山县〕　纺绵织布皆妇工，今远近通称平块布，其实官庄牙阻，妇女最工织布，而贩集平块，遂专大名，岁亦四五千金。

（清　王寿松修，李稽勋纂：《秀山县志》，卷十二，货殖志第九，清光绪十七年刻本。）

〔清光绪年间至民国二十年，四川宣汉县〕　白布，清光绪时，前河各场开县新宁布商云集，合州布、广安布亦常输入。及烟禁肃清，南坝场之布业顿旺，外布几于绝迹，业经纪者多用此起家，近稍衰矣。

（汪承烈修，邓方达等纂：《重修宣汉县志》，卷四，物产志，货之属，民国二十年石印本。）

〔清光绪十九年前后，四川太平厅太平县〕　布：民多织布为业，惟地不产棉，七乡虽有不多，资陕、楚运棉来境。

（清　杨汝偕等纂修：《太平县志》，卷三，食货志，物产，清光绪十九年刻本。）

注：太平县于民国三年改名万源县。

〔清光绪二十年前后，四川重庆府永川县〕　布：邑中种棉者少，贸广花成布，渍各色，如冻绿、墨青之类，行滇、黔各省，又箕山腰有浸水一股，土人就其下开塘漂白布，色甲天下，购者尤多。

（清　马慎修等纂：《永川县志》，卷二，舆地志，物产，清光绪二十年刻本。）

〔清光绪年间，四川成都府崇庆州〕　女功以纺绩为务，东北多绩麻，西南多纺棉，机杼之声达于四境，故州中棉布、麻布及脚带遍全蜀焉。

（清　沈恩培等修，胡麟等纂：《崇庆州志》，卷二，风俗，清光绪三年刻本、光绪十年增补刻本。）

〔清代至民国二十七年，四川泸县〕　旧时，十乡机房所造之土机窄布，运销云、贵两省，久已成为大宗。光绪三十年开办劝工局，始有织造宽布之业。近来织宽布者甚多，惟精致尚不及外货。

（王禄昌等修，高觐光等纂，欧阳延贯续补：《泸县志》，卷三，食货志，工业，民国二十七年铅印本。）

〔清代至民国三十一年前后，四川西昌县〕　织布业出品佳者，曰小洋布（或称德昌布），推销亦广。然普通土布所谓头宽、二宽、窄布，行销越、巂两盐夷巢各地者，仍以附郭所出为多。其他各镇乡均有织布业，但仅县城德昌有布市，余则工人赶集走销而已。此皆民国以来始有此项逐渐推广之织布业。溯清代宁属均服用陕帮采办入宁之广布（购自沙市一带，故称广布），至民国初年衰歇，而县中土布工业乃起而代之。

（杨肇基等纂修：《西昌县志》，卷二，产业志，工业，民国三十一年铅印本。）

〔清代后期至民国年间，四川绵阳县〕　绵地先年妇女均能纺线，自洋纱输入，纺花甚属寥寥。

（梁兆麒、蒲殿钦修，崔映棠等纂：《绵阳县志》，卷三，食货志，物产，实业附，民国二十二年刻本。）

〔清代后期至民国二十八年，四川巴县〕　乡镇间小工业，四十年前，纺花手摇车家皆有之，每过农村，轧轧之声，不绝于耳。棉纱畅行，此事尽废。今所习见者，织布而外，惟编草帽、缉草履而已。

（罗国钧等修，向楚等纂：《巴县志》，卷十二，工业，民国二十八年刻，三十二年重印本。）

〔清代至民国二十三年，四川华阳县〕　旧法织布用木机掷梭成之，农家妇女并习为业，谓之家机布，幅广尺许，质韧耐服，其类分紫花布、白花布，不为城市所尚。近年侈风浸被乡野，销额渐减，织者益少。今法织布购新式木机或铁机，纯用洋纱，幅广两尺，有土洋布、花布等，纹理逊于外布，优于家机。又别织盥巾、线毯，然富者远物是珍弗御也。年来激于外侮，稍稍返朴，销路既辟，成品日增，骎骎振兴矣。

（叶大锵等修，曾鉴等纂：《华阳县志》，卷三十四，物产，货，民国二十三年刻本。）

〔民国六至二十年，四川叙永县〕　叙永工艺以人工手织土布为大宗，从前需用布匹运自璧山来凤驿，军兴以后，盗匪充斥道途，输运不便，于是乃造木机编织土布，逐年增进，现在机房已逾二百家以上，艺徒达数千人之众，所需棉纱由渝、泸运入,匪惟工艺兴起,并使棉纱畅行,于商务亦有裨益,若能进行不已,永郡民生可预卜其殷阜焉。

附机织概况表

货品	机别	每机一架每日成布	逐年添设机头架数							机厂地址
			六年至七年	八年至十年	十一年至十二年	十三年至十四年	十五年至十六年	十七年至十八年	十九年至二十年	
一尺宽二丈五长二十两重土小布	木机	二匹	50	120	250	300	580	760	800	城厢
二尺二宽五丈长花纹宽布	铁机	一匹	0	0	0	0	24	15	15	同前

(宋曙等纂:《叙永县志》,卷六,交通篇,工业,民国二十四年铅印本。)

〔民国十年前后,四川金堂县〕 织布机,各地皆有,私家为多,集资开厂者亦有之,但旋开旋闭,营业不常。

(王暨英修,曾茂林等纂:《金堂县续志》,卷五,实业志,工业,民国十年刻本。)

〔民国十二年前后,四川丹棱县〕 棉织,城乡俱有。本境棉不敷织造,代销湖北纱、洋纱。无资本者随织随卖,有资本者发行雅州、富陵各地。

(刘良模等修,罗春霖等纂:《丹棱县志》,卷四,食货志,机织,民国十二年石印本。)

〔民国十二年前后,四川眉山县〕 人工造制,如《元和志》载,獠麻布,今已无之。而思蒙棉布向最有名,其次为王场。近年县城工厂机织花布传习日广,能销外县。

(王铭新等修,杨卫星等纂:《眉山县志》,卷三,食货志,土产,民国十二年铅印本。)

〔民国十五年前后,四川崇庆县〕 女务纺绩,东北绩麻,西南纺棉。

(谢汝霖等修,罗元黼等纂:《崇庆县志》,卷五,礼俗,风俗,民国十五年铅印本。)

〔民国十五年前后,四川崇庆县〕 织工以棉布独多,有粗、细纱大小三二之分,岁所成约近四万匹,值银约六七万元。

(谢汝霖等修,罗元黼等纂:《崇庆县志》,卷十,食货,民国十五年铅印本。)

〔民国十七年前后,四川大竹县〕 棉布为本县家机所织,全用洋纱者极细,土布渐少,染肆设色惟毛蓝、瓜蓝、竹青、墨青,再进则为缸青。

(郑国翰等修,陈步武等纂:《大竹县志》,卷十二,物产志,制造之属,民国十七年铅印本。)

〔民国十七年前后,四川大竹县〕 细布出南路清水铺及山前下段,仍可折分为二：一曰中布，每匹约五六百缕，长四丈八，宽一尺二三寸，约值洋一元四五角，岁产五万数千匹；一曰宽布，每匹约七八百缕至一千二三百缕不等，长五丈二，亦有四丈八者，宽一尺四五寸，约值洋二元乃至三元以上，产额约得中布十分之一有奇。细布色均尚漂白，销场以汉口为最，西安次之；此外，川东北各县属亦有销者；极细者，几同丝线，用路最广，乡俗女儿添箱，率用数十百斤，以之赠遗远方，多珍贵之。

（郑国翰等修，陈步武等纂：《大竹县志》，卷十二，物产志，民国十七年铅印本。）

〔**民国十七年前后，四川大竹县**〕 棉种购自川北，谓之土棉，子多花少。农务局购有美国长绒棉及湖北洋棉，散布四乡，实大而花白，惜未发达。本境所用土花，来自遂宁，广花仰给两湖。西安城乡旧有花行，近则纺绩业微，棉纱、棉花概由夔、万输入，棉布大宗来自渠广，近则本县机织渐多。

（郑国翰等修，陈步武等纂：《大竹县志》，卷十二，物产志，民国十七年铅印本。）

〔**民国十七年前后，四川大竹县**〕 竹之贫妇多勤纺绩，每人一日能纺棉花四两或半斤。近来，洋纱实夺其利，村巷夜深车声微矣。惟夏布蚊帐输出既多，县城人多缝蚊帐，南路人多勤绩麻。

（郑国翰等修，陈步武等纂：《大竹县志》，卷十二，物产志，制造之属，民国十七年铅印本。）

〔**民国十七年前后，四川大竹县**〕 竹邑输入物品，首推绵织布匹，于是改用铁机、脚踏机，仿制洋布、斜纹胶布等，以免利权外溢；输出以夏布为大宗，于是改良绩织，拟造成细致蚊帐、衣料，以图销场畅旺。经此仿造，改良织绵之工风行一时，机声轧轧，达于四境。夏布仍有抽头恶习，近复规定公约，加宽头面，免令因货物滞销影响工业。其他一切制造，当物质进化时代，株守高曾规矩均属不宜，前美利、协两丝厂仿制出口细丝，以欧战失利停业。何家沟土磁改良，已出试验成品，亦不久停办。今后尚宜继续研究，勿废前功。北乡纸厂照夹江制法，改良尚不大难。劝工局除织造外，所有藤工、竹细工日有进步，鰕须联帐尤为特色，本此心理，不难多所发明。至缝纫织袜之用机器，制革设厂之仿新法，私家亦有为之者，趁此人心响慕，诚得教育、实业两局依照教育会提案，在县属开办职业学校，以广陶育，吾县工业之发达，其庶几拭目可俟矣乎！

（郑国翰等修，陈罗武等纂：《大竹县志》，卷十三，实业志，工业，民国十七年铅印本。）

〔**民国十八年前后，四川南充县**〕 外五显庙米市，在中河街，每日米担塞途，晨昏不减,为全城最大米市,旧日又为土布市,近日洋布盛行,土布市废。

(李良俊修,王荃善等纂:《南充县志》,卷一,舆地志,城市,民国十八年刻本。)

〔民国十八年前后,四川遂宁县〕　布:拦江镇之土纱细布贩运成都,岁达数百万匹。邑中白布由布店染青布者,上运成都,下运重庆,岁约千万匹,运售邻邑者尚不胜计。

(甘焘等修,王懋昭等纂:《遂宁县志》,卷八,物产,货类,民国十八年刻本。)

〔民国十九年前后,四川名山县〕　织工多男少女,机杼遍各区,农隙日夜札札相和。惟土不宜棉,纱线恒仰给于外,是则一大漏卮耳。

(胡存琮修,赵正和纂:《名山县新志》,卷八,食货,工,民国十九年刻本。)

〔民国十九年前后,四川中江县〕　夏布一物,吾邑所出,见谓粗疏远不及隆昌、荣昌、内江之有名,然关于生计界颇巨,凡巨城东北数十里,每趁墟日,手携织物来购麻布归者,几于无人不然。各机户执短秤,挈钱数千,在市、在巷口、在远近大路争先交易者,亦无处不然。就中微利所归,专属贫寒,日用所需,赖有此耳。织成夏布,惟城内可以出售,有赀本者,或挟数万金经营收买,日或至数百匹,随付染房漂染,其不漂不染者,谓之生布,运输他处,回环不绝。大都以西路为销场,迩因军匪迭兴,道弗有戒心,生涯疲滞,贫民乃愈困,即资本家亦有坐食之叹矣。

(李经权等修,陈品全等纂:《中江县志》,卷之二,舆地二、物产,民国十九年铅印本。)

〔民国十九年前后,四川中江县〕　棉布:吾邑棉布,织靡专工,多出于贫民,农隙时,借织以弥补诛求耳。家有机二,每三日可出布四,商人购成趸庄,运贩各处,岁不下数十万匹,此则洋纱织庄也;若土布之最精者,则莫若胖镇、广福镇两处,宽与洋纱布同,而长过六丈,则胜之,近十年,设劝工局扩张织工,创各色花布,又渐行于境内外矣。旧《志》:宽长者,曰大布、曰连机,小曰台正,至丧事用者曰官妙、曰红丝。线布,纺线织成各种式样,最坚牢。刘氏自江西来,携匠至此,独专其利,今绝迹矣。

(李经权等修,陈品全等纂:《中江县志》,卷之二,舆地二,物产,民国十九年铅印本。)

〔民国二十一年前后,四川万源县〕　本地织布,资陕、楚运棉来境。近年洋货输入,此业浸衰。

(刘子敬修,贺维翰等纂:《万源县志》,卷三,食货门,物产,民国二十一年铅印本。)

〔**民国二十一年前后,四川万源县**〕 在昔民间纺织是务,土产布四除供自用外尚有输至邻封者。自洋货输入,湖花断庄,此业浸衰,所用布匹,反由河口及开、万县输入。

(刘子敬修,贺维翰等纂:《万源县志》,卷三,食货门,实业,商业,民国二十一年铅印本。)

〔**民国二十二年,四川叙永县**〕 叙永丝业、布业素未见其发展者,人不知为天然美利也,或知之而不能实行,故未获其利益。欲睹成效,试就居永之粤东人而论,其蕃衍于天池、马岭而镇,不啻数千百家,每家生女自五六岁时,即教以绩麻之法,白昼昏夜,其他操作外,则以绩麻为务,凑集麻纱,或自织布,或以纱易布售钱,即为一己之储蓄。由少而壮,由壮而老,举凡衣线所需,惟此是赖,甚至有积成巨资,购置田亩,若此利益显而可征。况缫丝、织布为用甚宏,为利甚溥,能如粤人之治业有恒,亦何虑生计之日绌乎?(附表如下)

种类	纺织物	成品额	用　　途
麻质	生麻布	2 000 匹	漂染自用或售钱易粟
棉质	土　布	6 000 匹	自用不足,即仰给于机房所织或璧山运来者
丝质	只能缫丝,无织造品	3 000 斤	制线在本地,售者约数百余斤,以丝运往成泸销售者,约二千余斤

(宋曙等纂:《叙永县志》,卷七,实业篇,纺织,民国二十四年铅印本。)

〔**民国二十二年前后,四川灌县**〕 邑不产绵,皆自外输入,近多购机织布者,有土布、花布、手巾等。

(叶大锵修,罗骏声纂:《灌县志》,卷七,物产表,成品,民国二十二年铅印本。)

〔**民国二十三年前后,四川华阳县**〕 成都自丝织不振后,乃群趋于织布一途,合城乡计盖有数千家。其组织公司规模略大者,则采彰、新华、翕华以及太平场之贫民艺养工厂而已。民生工厂近属慈惠堂,有铁机二十部。采彰等各有铁机十余部,余则俱用木机。所惜者本地产棉无多,纱皆外至,故挽利权也无几。

(叶大锵等修,曾鉴等纂:《华阳县志》,卷三,建置,工业,民国二十三年刻本。)

〔**民国二十八年前后,四川巴县**〕 织布,购国外及沪、汉厂纱以人力用旧式木机织之,除乡人服用外,多数运销滇、黔。西里、走马、白市、龙凤各乡,凡农家妇女多操是业,机声轧轧,比户相闻。茅屋篝灯,恒至夜半,手足捷者一日之获可得钱七八千,贫乏之家赖以为食。

(罗国钧等修,向楚等纂:《巴县志》,卷十一,农桑,农家副业,民国二十八年刻,三十二年重印本。)

〔**民国二十八年前后,四川德阳县**〕 女工则多纺而少织,纺车之声随地可听,入夜不休。织者近已甚少,纺者但以换棉为目的。

(熊卿云、汪仲蘷修,洪烈森等纂:《德阳县志》,卷一,风俗志,风俗,民国二十八年铅印兼石印本。)

〔**民国三十七年前后,四川筠连县**〕 绩麻为农家妇女副业之一,常于操作之暇为之。……所用机械纯为木质,制造简单,与普通之手工织布机同,惟架稍矮耳。普通多为农妇绩麻,复雇工以织之。织户多,而专业者反少矣。年产不丰,仅可供本县需用,虽有外销,为数固甚微也。

(祝世德纂修:《续修筠连县志》,卷一,舆地志,物产,附特产,民国三十七年铅印本。)

〔**清乾隆二十一年前后,贵州大定府平远州**〕 女勤纺织,虽漏夜,机杼声犹不辍。

(清 李云龙修,刘再向等纂:《平远州志》,卷十一,风俗,清乾隆二十一年刻本。)

注:平远州于民国二年改名织金县。

〔**清乾隆三十三年前后,贵州都匀府独山州**〕 女工纺织,自六七岁学纺纱,稍长即能织布,染五色,砧杵声辄至夜半,以布易棉花,辗转生息。

(清 刘岱修,艾茂、谢庭薰纂:《独山州志》,卷三,地理志,风俗,清乾隆三十三年纂,一九六五年贵州省图书馆油印本。)

〔**清嘉庆、道光年间,贵州镇远府黄平州**〕 近来,妇女针指而外,勤于纺织。贫家多以织屦为业。

(清 李台修,王孚镛纂,陶廷琡续修:《黄平州志》,卷一,方舆志,风俗,清嘉庆六年修,道光十三年续修,一九六五年贵州省图书馆油印本。)

〔**清道光二十年前后,贵州安顺府**〕 旧俗不知纺织,自道光乙未年,郎岱城中绅士张懋德、张一清、朱子云、宋毓茂目观城中男妇饥寒者多,毫无生理,而垂髫幼女盲于针黹,及出阁时,妆奁亦无出者,计因有耕无织,女红不兴,农有余粟,而女无余布故也。心悯者久之,爰约出资本,以为女红者劝,各捐本银一百八十两,共银六百二十两,以制机床纺棉之费。又设一大机房,特往平远各处访觅善织纺之工匠居焉,命城中男妇往学,即给以棉纺换,乃二三年间,四人之本利皆缺,缘从地方风俗起见,素未习于权息者,故盈亏皆所不计也,然城中纺织之声已达通衢矣。

(清 常恩等纂修:《安顺府志》,卷之十五,风俗,清咸丰元年刻本。)

〔清道光二十一年前后,贵州思南府〕 闺中妇女向织土布,阔二尺许,纱粗缕疏,乡民染深蓝色资以蔽体,殷户父老均用之。今则郡城各乡暨印江一县女红所出,细致敌于江西。道光二十年,郡守夏邑侯陈创设纺织局,凭寄籍之妇能纺之絮并工织者,教郡中妇女为之。二十一年,署府周邑侯郑踵其事,由是其法传之千百人,而衣著不尽矣。木棉,地不甚出,岁由常德运至,价亦不廉。

(清 夏修恕等修,萧琯等纂:《思南府续志》,卷二,地理门,风俗,清道光二十一年刻本。)

〔清道光二十一年前后,贵州思南府〕 花布除各城厢市集外,惟安属大堡、煎茶等墟市销售为多,近则居人率能自织。

(清 夏修恕等修,萧琯等纂:《思南府续志》,卷二,地理门,风俗,清道光二十一年刻本。)

〔清道光二十一年前后,贵州遵义府〕 本县查城内民有室者九百户,附郭有室者七百户,不论绅士军民,家制纺车一架,人多二架,一月之内计所出绵纱若干。

(清 平翰等修,郑珍等纂:《遵义府志》,卷十六,农桑,清道光二十一年刻本。)

〔清咸丰四年前后,贵州兴义府〕 女勤纺织,因郡少桑柘,故不事蚕,贞丰之下江册亨产棉花,粤商又多以粤棉来市,故织纴颇多,虽富贵家妇女亦亲主中馈,贫家妇女多负儿于背而勤女工。

(清 张瑛修,邹汉勋等纂:《兴义府志》,卷四十,风土志,风俗,清宣统元年据咸丰四年刻本铅印本。)

〔清咸丰年间至二十世纪三十年代,贵州安顺〕 安顺妇女素重纺织,习此艺者,颇不乏人。咸、同以还,县属中等之家各置手纺机一架,老弱妇女咸以纺纱为业,中年少妇则人人从事织布,昼夜辛勤,机声相应。若能纺而兼能织者,八口之家暖衣有余;若只能纺而不能织者,数口之家亦不至有无衣之叹。勤俭之风可追唐俗,虽无锦绣文章之美,然亦安居乐业之一证。其所用之棉花,多取之府属归化厅及贞丰、罗斛一带之花山;土工、土产,物美价廉,纺织成布,坚韧耐久。除土白布外更有漂白布、桃红布、枝红布、皂青布与苏青布(一名大青布),织染均佳;冻绿布色泽光润,惟遇含酸液体,则变为暗红色,数者皆销行本省,利颇厚。惟自洋纱输入以后,土纱销路日滞,老弱妇女先后失业。光绪末年,四川织布工人纷纷来黔,各街成立织布业,聘请川人作技师,采用洋纱作原料,而妇女中之能织者亦多乐从。城内机房愈多,生意愈广,运销于平远、水城、大定等地,每年收益甚大,县人借以为生者亦最多。县城北门税关年中所征各项税款,亦以土布税收一项为最大。

(贵州省安顺市志编纂委员会据民国二十年代末稿本整理:《续修安顺府志·安顺志》,第九卷,工矿志,工业,织染工业,安顺市志编委会一九八三年铅印本。)

〔清光绪初年至民国二十五年,贵州遵义〕 遵义居民向以纺织为业。光绪初,邑人趋奢靡,渐习成风,而上布、小布、觜布、扣布遂不见于市矣。近年,有易业织线毯者,人皆喜用之。

(周恭寿等修,赵恺等纂:《续遵义府志》,卷十二,物产,货类,民国二十五年刻本。)

〔清代至民国二十一年,贵州平坝县〕 道、咸以前,县中自纺土纱织布。同、光以来,始则改用洋纱,继则减少机架,近更惟有苗布,然亦居少数。

(蒋希仁等修,陈廷菜等纂:《平坝县志》,业产志,工矿业产品,民国二十一年铅印本。)

〔清代至民国二十九年前后,贵州息烽县〕 织工,此业在百年前均惟妇女操之,今则家庭之妇女俱不闻有能斯者,境内或有小织室,又多雇自蜀移来之男工以司之。丝麻之品既不闻,棉产又近方萌芽,购自外县之棉且不以之织布,织布之纱非来自外省,则舶自外国,织成之布更不精致,旧型之机杼又大抵皆然,则此业之前途实犹有待于启发也。

(王佐等修,顾枞纂:《息烽县志》,卷十一,食货志,工业,一九六五年贵州省图书馆据民国二十九年稿本油印本。)

〔清代至民国二十九年前后,贵州息烽县〕 县境从前乃不产棉,但未经海通时,人家妇女无不纺织,布商之贩,转大小村市,无在无之。自五口通商而后,洋纱、洋布洋溢于中国,从事斯业之妇女失业者日渐增多,而布商之贩运固仍有其业也。在五十年前,县境多服用嘴布,嘴布来自湖北,尚非外国之产,间亦有县人自织之土布并行销于村市。三十年前,阳逻布及葛仙布已代嘴布而起,然二种亦皆产自湖北。湖北之黄州大布则近日又代阳逻、葛仙二种而兴。土布虽未至绝迹,要甚微矣,县城及村市皆常有店铺小摊经营此业。

(王佐等修,顾枞纂:《息烽县志》,卷十三,食货志,商业,一九六五年贵州省图书馆据民国二十九年稿本油印本。)

〔清代后期至二十世纪三十年代,贵州安顺〕 安郡织布业,自洋纱输入侵夺土纱地位以后,纺纱一业全部告停。而织布一业较之辛亥革命以前反倍形发达,销行亦广。其所用之纱有粗纱、细纱、东纱三种。每日每人有能织一二匹者。织出之布,除供本地穿用外,多分销上游各县。织布者家置一机,即可工作。资本大、规模宏者甚至设立工厂,雇工操作。织户、工厂合计,县城内共约千余家,四乡则不可胜数。工人妇女居多,男子较少。惟近数年来,外洋、外省之机器布纷纷涌入,本地之织布业大受淘汰,以此机声日微,失业者日多,有不可收拾之势。瞻念前途,不胜隐忧。据民国十九年铁道部滇黔桂区经济调查队之调查,安顺土布年产七百二十万匹。据最近本局(按:指安顺府志局)调查,城乡合计有棉织业约三千家,女工人共约一万人,年产各种小布不过三百六十万匹,较之民国十九年之统计,已减少二分之一。

(贵州省安顺市志编纂委员会据民国二十年代末稿本整理:《续修安顺府志·安顺志》,第九卷,工矿志,工业,织染工业,安顺市志编委会一九八三年铅印本。)

〔**民国年间,贵州定番县**〕 布匹所需原料,为棉花和棉纱两种。本地原产棉花一种,以气候不适,仅山箐地带稍有出产,故不足供用,现除用土棉外,所用棉花、棉纱、皆仰给于外省,俗名"洋纱",实系上海厂纱,由广西、湖南等地运来,估计全年使用数量约一百五十箱,每箱价值三百五十元,其价值约五万二千五百元。因该项花纱现因交通阻梗,价格陡涨,布匹的价格亦因之提高,销路遂不畅旺。

(吴泽霖编:《定番县乡土教材调查报告》,第五章,工业,二、原料,一九六五年贵州省图书馆据民国年间稿本油印本。)

注:定番县今为惠水县。

〔**民国三年前后,贵州独山县**〕 青大布,他县喜购,出口居多。

(王华裔修,艾应芳纂:《独山县志》,卷十二,物产,货类,一九六五年贵州省图书馆据民国三年稿本油印本。)

〔**民国初年至二十九年,贵州开阳县**〕 本县产棉较少,但民十以前,纺织事业曾盛行一时,所出土布名本机布,虽粗而欠匀,但以质地较厚,服之耐久,与湖北省黄州布并驾齐驱,销行县境。后以帝国主义之经济侵略深入内地,棉麻织品价廉物美,人多乐用,土布成本较高,复欠工整,自不能与之竞争,因一落千丈,向之土布市场遂为外货取而代之(如阴丹布、斜纹布等是)。即黄州布亦受不少打击,故近年来土布绝迹市面,机杼之声不可复闻。抗战军兴,交通滞阻,纱布价值飞涨三倍以上,黄州布一匹价值八九元,地方人民为求自足计,乃逐渐讲求种棉,并取出昔日之工具,以便重理旧业,但以目下棉不接济,一时尚难恢复旧观。

(欧先哲修,钟景贤纂:《开阳县志》,第四章,经济,工业,民国二十九年铅印本。)

〔民国三年至二十世纪三十年代,贵州安顺〕 安顺府直辖地,民国三年改为安顺县后,工业较前更为发达。除原有各种旧式手工业及旧式机械工业外,又增加新式手工业及新式机械工业多种。据最近调查,全县业工者共约六千六百余户,男女工人约二万三千余人,占全县人口总数约百分之十,但其中有兼营他业者。全县年出土布约三百六十万匹,斗笠约十万个,草席约一万二千床,皮货约十余万斤,烧酒约五十万斤,面粉约三十万斤,挂面约五万斤,荸荠粉约二十万斤,葵花油约一万二千斤,菜油约十万斤,核桃油约八千斤,烟油约八万斤,豆油约五万斤,陶器约一百万件,沙锅、沙罐约二百八十万件,砖约一百万块,瓦约一千二百万片,石灰约四十万斤,木炭约一百万斤,铁器约二十万斤(其中剪刀约一万把,菜刀约二万把)。

(贵州省安顺市志编纂委员会据民国二十年代末稿本整理:《续修安顺府志·安顺志》,第九卷,工矿志,工业,安顺市志编委会一九八三年铅印本。)

〔民国八年前后,贵州关岭县〕 斗纹布,其纹为正方形,方形之大约二分半。方斜纹布,其纹为斜方形,斜方面积略等斗纹布,均柔韧而可观,本县人多乐用之,系六马苗民妇女自纺自织,自用者有余始能出售,盖因细密难成,故出售者甚少,本县人欲购不得,每多抱谦,业此者获利无几。花卧单亦多细密适用,皆系苗妇女所织,年约获利数百元。

(陈钟华等采辑:《关岭县志访册》,卷三,食货志,工业,民国八年采辑,一九六六年贵州省图书馆油印本。)

〔民国九年前后,贵州施秉县〕 斜文布,出县属东南区,苗女自织自用,质坚色青,无出卖者。

(朱嗣元修,钱光国纂:《施秉县志》,卷一,物产,民国九年修,贵州省图书馆一九六五年油印本。)

〔民国十一年前后,贵州安南县〕 县城内外,织布之家,可百余户,均购滇、粤运来棉纱织造,最好者,每匹可重三斤,长四丈八尺;次者可重二斤半,长亦四丈八尺;再次者可重二斤,长四丈或三丈八尺。有粗纱、细纱两种,最好者较爱国布亦不稍杀。又有土布,俗呼为夷人布,纱粗而不甚白,系仲苗妇女以平机织造者。仲苗之女年方数岁即垦荒地种棉,用古法轧花纺纱,自织自染,宽一尺二寸,长则论丈不论匹。除自制衣裙外,余则赶集出售,价廉质好,购者颇多。

（李兰生修,李大泽纂:《安南县志稿》,卷六,经业志,工业,民国十一年修,一九六六年贵州省图书馆油印本。）

注:安南县今为晴隆县。

〔民国十八年前后,贵州桐梓县〕 桐民贫朴,早年服丝绸者百之一二,本地麻棉亦足敷用。自洋布盛行,城市服者十九。今则洋纱又掺杂其间,眼见日趋于薄,土花之韧绵,无人过问矣。

（李世祚修,犹海龙等纂:《桐梓县志》,卷九,食货志,物产,民国十八年铅印本。）

〔民国二十一年前后,贵州八寨县〕 在昔,邑中产棉不少,出产亦丰。乡间女子所织之布,除常用外,有名花椒布者,有名斜纹布者,体质俱加,本足敷用。至洋布输入,成本较轻,人多乐用,邑中女红之利尽为所夺,种棉者以无利益不得不改而他图,邑中织妇几如凤毛麟角,利权外溢,可不惜哉。近稍有用土机自织者,然皆外商沾利,邑人无与焉。

（郭辅相修,王世鑫等纂:《八寨县志稿》,卷二十,工业商业,民国二十一年铅印本。）

注:八寨县今为丹寨县。

〔民国二十五年前后,贵州册亨县〕 本县居民除务农外,男子多以编制竹器,如斗笠、扇子、火笼、簸箕、晒席等为职业;女子则以纺织、缝纫为日常工作。只以缺乏工艺常识,不加改良,以致出品粗糙,销路甚狭,仅足供本地之需要。又县属第四、五、六、七区居住夷人善织花纹棉质被单,各色俱备,每匹约值大洋三元左右,尤以第五区出品者更为精致。

（罗骏超纂修:《册亨县乡土志略》,第六章,经济,第十二节,手工业及家庭工艺,民国二十五年修,一九六六年贵州省图书馆油印本。）

〔民国二十五年前后,贵州余庆县〕 土布,向用土棉花纺纱织布,今则洋纱通行,多系洋经土讳,少费人工,特成布不及土纱之耐著,宽长均仿黄州布,庄口三六九场期,每场约出二三百匹,均出自女工。

（陈铭典修,李光斗等纂:《余庆县志》,风土志,方物,民国二十五年石印本。）

〔民国二十九年前后,贵州三合县〕 纺织有斜纹布、花椒布,为三合县女士手织之特产,惜产量过少,其较价舶来品昂,故购者不多。

（许用权修,胡嵩纂:《三合县志略》,卷四十三,动植矿,民国二十九年铅印本。）

〔民国三十五年前,贵州兴义县〕 棉产量甚微,但昔日两城妇女以纺土纱为业,近因洋纱充斥,此风已歇矣。

(卢杰创修,蒋芷泽等纂:《兴义县志》,第七章,经济,第六节,物产,民国三十五年修,一九六六年贵州省图书馆油印本。)

〔民国三十二年前后,贵州榕江县〕 工业方面除农家自纺自织外,专以织布为职业者,在城有十一家,木质布机有三十九架。

(李绍良编:《榕江县乡土教材》,第二章,榕江地理,第四节,物产,民国三十二年编,一九六五年贵州省图书馆油印本。)

〔清代前期至宣统二年,云南楚雄府楚雄县〕 县邑织纺,自来寥寥,相传官绅屡兴,究不闻其发达。虽间有纺棉制线,亦不过贫家糊口。况自洋纱入境,庚申城陷,纺线女工逐绝,男女嬉游,失职业者多矣。光绪十七年,知府夏廷燮来任,忧楚邑妇女游惰,热心易俗,筹款制纺车百余架,织机百余张,按户发给,令小男妇女学习织纺,并禁外布入境。惜将成卸事。后府裘祖诰来任,图收外布府税,遂停本邑织纺,令民间缴纺车机床入署作柴烧毁。及二十七、八、九年,知县黄守正、陈源浚、崔荣达、知府奎华相继提倡,重兴纺织,至今学成者多。宣统元年,知府崇谦来任,不时到局查核,均有起色,楚邑生民实攸赖之。

(清 崇谦等修,沈宗舜等纂:《楚雄县志》,卷二,地理述辑,风俗,清宣统二年修,一九六〇年据抄本传抄。)

〔清嘉庆十三年前后,云南〕 布以永昌之细布为佳,有干扣者,其次有桐花布、竹布、井口布、火麻布、莎罗布、象眼布。而洱海红花膏,染成最艳,谓之洱红。永昌善造青,谓之金齿青,其值独倍也。

(清 师范纂:《滇系》,疆域系四之一,赋产,清嘉庆十三年刻本,清光绪十三年重刻本。)

〔清道光十五年前,云南临安府通海县〕 通海缎,《通海县续志》:本以绵线织为斜文,后省城以丝为之,虽谓之通海缎,其实邑不产丝也。

(清 阮元等修,王崧、李诚纂:《云南通志稿》,卷六十九,食货志,物产三,临安府,清道光十五年刻本。)

〔清光绪二十六年至民国十三年,云南昭通县〕 光绪二十六年,城中织布机床骤添至二千多架,后以办团抽费,遽而停止。

(符廷铨修,杨履乾纂:《昭通志稿》,卷三,政典志,实业,民国十三年铅印本。)

〔清光绪二十七年前,云南景东厅〕 《景东厅志》:景东不蓄桑、麻,民间耕种之外,男女皆以纺织为生,每至街期,买卖布匹者十居四五,本地销售不尽,大都贩卖于江外诸夷及思茅山中。

(清 王文韶等修,唐炯等纂:《续云南通志稿》,卷五十八,食货志,土宜,布帛,清光绪二十七年刻本。)

〔清光绪三十一年前后,云南顺宁府〕 近城居民男妇颇工织布,然长不过三寻,广不逾尺,细密不及永昌、蒙化之作,间有三二家习染草靛绿布,亦不能出色见奇,才足供郡人衣著而已。

(清 党蒙等修,周宗洛等纂:《续修顺宁府志稿》,卷五,地理志三,风俗,清光绪三十一年刻本。)

〔清光绪年间至一九四九年,云南〕 棉花纺织,妇工之一,全省各县妇女咸习此业。其棉花原料,地宜种植者在昔多能自给,惟安南东京棉及缅棉向为输入大宗,省会各县多购用之。土布著名者以河西、新兴为最,农家妇女织布者占十分之五六,各家有织机一二架,手摇纺线机二三架,每当农作之暇,机声轧轧,往往至夜分而止。工作时间以一、二月,七、八月,十月、十一、十二等月为多,每年河西产六十余万匹,新兴三十五万匹,每匹长度三丈,阔二尺二三寸,光滑细致为各县冠。新兴产者除白布外,能染各项颜色。河西产者白色为多,省会各布铺销售者多属之。蒙自土布亦为名产,有布机三万数千架,年产土布四十余万匹,每匹长度三丈、五丈、六丈等,阔度二尺二、四、六寸。开远亦以产布称,年产三十余万匹,每匹长度五丈,阔二尺五寸左右。马关亦年产十余万匹。大理从前所产土布甚劣,光绪间川人来榆设机授徒,各乡改进,北乡尤盛,每年约出十万匹,销行迤西各县。永昌之永布,前亦有名,后渐衰退。楚雄至光绪间始有大小改良布之出产。缅宁织工妇女亦有四五千户,所织有土白布、芝麻布、花布等。花布多僰夷所织,有桂花及斜纹、夹桂等名。芝麻布为川人所织。白布有道姑白布一种,工致细密,超出广布之上。白盐井纺织业亦盛。昭通及所属之老鸦滩以邻近四川,故此业亦发达,织布机有一万数千架。此外则巧家、宣威织工亦多。

(龙云、卢汉修,周钟岳等纂:《新纂云南通志》,卷一百四十二,工业考,纺织业,棉织类,一九四九年铅印本。)

〔清宣统元年前后,云南楚雄府楚雄县〕 楚布,宣统元年以前,学织者少,年出布万余匹;元年以后学织者多,年出布三万余匹。

（清　崇谦等修,沈宗舜等纂:《楚雄县志》,卷四,食货述辑,物产,清宣统二年修,一九六〇年据抄本传抄。）

〔清宣统元年至民国二十七年,云南昭通县〕　昭在清宣统元年,知府张守清、知县范修明以民服川布,利源外溢,乃提倡改千总衙署为习艺所,专以纺织土布。惜成立未久,设施未备,即以无款停办。民之后,川人之旅昭者置机织布,获利倍蓰,城乡居民效之者日渐推广。近年已有机床一万四千余架,男女工人约一万五千余人,织布一业堪云盛矣。且为节省劳力,增加工程速率,曾改丢梭为拉盒,为改良出品,推广销路,多改粗为细密,加以布幅宽长,浆水减轻,方之广布何多让焉。故滇东各县均相服用,川黔边县亦为畅销,初非意料及之者也。若夫纺丝线、织洋袜者,各约四五家,出品欠精,销路不远,与布业相形,何啻霄壤也。

（卢金锡修,杨履乾、包鸣泉纂:《昭通县志稿》,卷五,工业,纺织,民国二十七年铅印本。）

〔清代至民国年间,云南昆明县〕　纺纱,咸、同以前,城乡居民类能习此,以织土布,故名土线,惟工粗器窳,不甚匀净。迨洋纱入口,织者遂不用土线,纺者亦因以失业。

（倪惟钦、董广布修,陈荣昌、顾视高纂:《昆明县志》,卷五,物产志,地质及矿产,工艺附,民国三十二年铅印本。）

〔清代至民国二十三年,云南宣威县〕　类别:宣威在闭关时代,其土布均由四川购棉自纺自织。近则纯用机器纺纱,纱之来源多购香港、上海,其货品以日、英两国占多数,本国纱亦有之,织机则纯用旧式。产地及工人数:风行全境,男女工约数千人。产额及销场:年出四十余万匹,销水城、威宁及本境。附记:每匹宽尺余,长二丈六,平均值银一元九角。

（陈其栋修,缪果章纂:《宣威县志稿》,卷七,政治志,建设,工业建设,民国二十三年铅印本。）

〔清代后期至民国年间,云南石屏县〕　自关税失政,洋纱充斥,凡正当职业之妇女,因棉价昂,遂至辍业。

（袁嘉谷纂修:《石屏县志》,卷六,风土志,妇工,民国二十七年铅印本。）

〔清朝末年至民国三十七年前后,云南姚安县〕　四十年前,并无纺织,县民衣被均赖川、湖布匹……自甘孝廉提倡纺织,迄今纱线虽仰给外来,然比户机声相闻，出品亦有精良者，又邑绅马驷良提倡种蓝，亦著成效，出布均能靛染。但自洋靛输入，蓝即停种。又近来纱价奇昂，织染半多停业。

（霍士廉等修，由云龙等纂：《姚安县志》，卷四十六，物产志，工艺，民国三十七年铅印本。）

〔**民国年间，云南澄江县**〕 虽有土布，数量少，而纱更不能自纺，仍可谓全需外来。

（澄江县政府编：《澄江县乡土资料》，物产，民国抄本，一九七五年台湾成文出版社影印本。）

〔**民国六年前后，云南大理县**〕 吾邑所需布匹，向皆由永昌、川东暨新兴等处输入，今各乡妇女争习纺织，机数千计，销行北路各县，为邑中出品大宗。

（张培爵等修，周宗麟等纂，周宗洛重校：《大理县志稿》，卷五，食货部，物产，民国六年铅印本。）

〔**民国六年前后，云南大理县**〕 棉线，其制有土纱、洋纱二种。前纺制者概用土纱，缝工多不适用，是以省线畅销。今用洋纱纺制，线极匀净，其价亦廉。

（张培爵等修，周宗麟等纂，周宗洛重校：《大理县志稿》，卷五，食货部，物产，民国六年铅印本。）

〔**民国九年前后，云南建水县**〕 临郡妇女不谙蚕桑之事，而勤于纺织，昕夕以之，贫家无膏油之继，夜燃松脂一炷，机声轧轧，有申旦闻于比邻者矣。

（丁国梁修，梁家荣纂：《续修建水县志稿》，卷二，风俗，民国九年铅印本。）

〔**民国九年前后，云南蒙化县**〕 布有宽、窄二种，年约行销拾万余匹，然多仰给于洋纱，利亦甚微矣。

（李春曦修，梁友檍纂：《蒙化志稿》，卷十一，地利部，物产志，民国九年铅印本。）

〔**民国十三年前后，云南昆明市**〕 织布事业，市内原已有之，自洋布输入后，斯业浸废。惟近年玉溪河西之寄籍者日众，妇女多操机织，故织户日渐加多，除设厂专织爱国布、褡裢布者已见于工厂中不计外，织土布者计一百余户，为一种家庭工业，资本少则一二百元，多则四五百元。

（张维翰修，董振藻纂：《昆明市志》，商业，各业店铺，民国十三年铅印本。）

〔**民国十三年前后，云南昆明市**〕 布匹业：此业分土布、洋布二种，合计共一百七十五户，合伙者四十七，单独者一百二十八，资本由五百元以至一万元不等。

（张维翰修，董振藻纂：《昆明市志》，商业，各业店铺，民国十三年铅印本。）

〔民国二十一年前后，云南富州县〕 富州种棉甚少，乡间纺织多用洋纱，购自两粤。曾由省府附来棉种，多不适宜。

（陈肇基纂修：《富州县志》，第十四，物产，棉茶，民国二十一年修，民国二十六年抄本。）

注：富州县今为富宁县。

〔民国二十二年前后，云南新平县〕 新邑城乡妇女，向以纺织为业，自洋纱输入后，织工照旧，纺工除摆夷尚纺土棉外，余停业者多矣。

（吴永立、王志高修，马太元纂：《新平县志》，第十二，工业，纺织，民国二十二年石印本。）

〔民国二十三年前后，云南宣威县〕 宣威劳苦人，多自己种麻，自纺自织，凡耕获负纳均以麻为外衣，此勤俭之良风也。产地及工人数：西北区、北区织之者甚多，多于农隙时自织自用。

（陈其栋修，缪果章纂：《宣威县志稿》，卷七，政治志，建设，工业建设，民国二十三年铅印本。）

〔民国二十七年前后，云南昭通县〕 纺织之机，皆制自本处，喔喔轧轧，比户林立，亦致富之一源也。

（卢金锡修，杨屦乾、包鸣泉纂：《昭通县志稿》，卷六，礼俗，器用，民国二十七年铅印本。）

〔民国三十二年前后，云南昆明县〕 布，分窄布、宽布二种，窄布始于土布，纯为土布所织，现已淘汰净尽。次则滇布，以洋纱而织于滇，故名。板桥、前卫、官渡、普自、阿角、永丰、雄川、严家等堡住民除耕耘外，皆业此，出品可供全县之用。惟业纺者少，纱尽取给予舶来品，实属县属一大漏卮。宽布有花布、斜纹布、洋布等，创于各工厂学堂，销路亦不甚广。

（倪惟钦、董广布修，陈荣昌、顾视高纂：《昆明县志》，卷五，物产志，地质及矿产，工艺附，民国三十二年铅印本。）

〔一九四九年前，云南〕 云南苗人多种麻，纺织为衣，如老鸦滩之罗纹土麻布、花麻布皆苗人所织。白盐井人以火草与麻织成之布名火麻布，细致可观。鹤庆有火草布。其他各县如东川、寻甸、牟定、苴却、永平等地居民多织粗麻布,作包裹货物之用。腾越西北乡以苎麻纺绩成线,输出缅甸,供结网之用,亦为大宗。

（龙云、卢汉修,周钟岳等纂：《新纂云南通志》,卷一百四十二,工业考,纺织业,麻织类,一九四九年铅印本。）

（二）缫丝、丝织业

〔清乾隆十六年前后,直隶顺天府京师〕 织染局,原建嵩祝寺后,乾隆十六年,移万寿山之西,与稻田毗近,立石曰"耕织图"。原机上"织染局"三字,今改为"耕织图"。芜史：内织染局,掌染造御用及宫内应用缎匹绢匹之类,有外厂在朝阳门外,又有蓝靛厂,在都城西本局之外署。

（清　朱一新撰：《京师坊巷志稿》,卷上,织染局胡同,一九八二年北京古籍出版社铅印本。）

〔清乾隆四十六年前后,直隶承德府建昌县〕 山绸,产建昌县,每年内地民携蚕种出塞养之,收丝织绸。其养蚕时,以槲椤叶为饲,故名曰槲椤茧。

（清　和珅、梁国治纂修：《钦定热河志》,卷九十六,物产,器服之属,清乾隆四十六年刻本。）

〔民国二十九年前后,河北邯郸县〕 邯境蚕桑迄未发展,缫丝之业,仅有城里及南关两家,缫制本境所产蚕茧,年不过四五百斤。仍用旧法煮抽,织造发网、绦带等类。据查,两家丝铺,资本均在二百余元,且系自带手艺,并未授有工徒。

（李肇基修,李世昌纂：《邯郸县志》,卷十三,实业志,工业,民国二十九年刻本。）

〔清光绪三十三年前后,内蒙古〕 织造品,多绢布、毛毡等。绢布出内蒙古土默特,即建昌绢也,质重厚,最宜御寒,价廉,轴银二两,蚕皆野蚕,种类出自山东,世呼之为槲椤茧。

（姚明辉编：《蒙古志》,卷三,物产,制造类,清光绪三十三年铅印本。）

〔清乾隆元年至咸丰二年,盛京〕 今复州、海宁近海之处,间有养蚕织绢者。

（清　吕耀曾等修,魏枢等纂,雷以诚补修：《盛京通志》,卷二十七,物产志,货之属,清乾隆元年刻、咸丰二年补刻本。）

〔民国九年前后，奉天盖平县〕 本境工业以缫丝为最，近年富商讲求丝业，举缫丝生理多移于城垣。……其次，如豆油，如炼绸，如苇席皆可为土货大宗。

（章运熺修，崔正峰、郭春藻纂：《盖平县乡土志》，工政，民国九年石印本。）

〔民国十三年前后，奉天海城县〕 茧绸，以茧丝织成，仿织布法，近年花绸销路甚畅。

（廷瑞修，张辅相等纂：《海城县志》，卷七，人事，实业，民国十三年铅印本。）

〔民国十九年前后，奉天朝阳县〕 绵绸，养蚕之家，多织之成匹，以鬻于市，县南一带借此兴利者不少。

（周铁铮修，孙庆璋纂：《朝阳县志》，卷二十七，物产，布帛类，民国十九年铅印本。）

〔民国十九年前后，奉天盖平县〕 计全境工业，铺户约三百家有奇，可记载者无几。惟缫丝一项，近年出货悉贩外邦，往往为对方所剔驳难求善价，故迩来日渐长进，且出产亦为本邑之大宗。春秋两季，山茧登市时，缫丝为邑中优良之实业，复能利及金融，裨益市面，经济所系，百业交兴，计每年交易额约值国币三百万元。……近今所制之山茧练绸五彩十锦被面均有可观，每年产额约可一万数千匹。

（石秀峰修，王郁云纂：《盖平县志》，卷十二，实业志，工业，民国十九年铅印本。）

〔民国二十年前后，奉天安东县〕 灰丝，用柞蚕茧制造者，有大纩、小纩之别，为本境工业出产大宗。

（关定保等修，于云峰纂：《安东县志》，卷二，物产，制造物，民国二十年铅印本。）

〔民国二十三年前后，奉天庄河县〕 本境工业向不发达，间有缫丝，榨油之业。

（王佐才等修，杨维蟠等纂：《庄河县志》，卷九，实业志，工业，民国二十三年铅印本。）

〔民国初年至二十四年，吉林通化县〕 民国十六年前，全境缫丝房共计二十余家，在城内者七家。迄今止余一家，四乡共有若干则无统计，出品若干尤不可稽，所出丝品运输安东者为多。

（刘天成修，李镇华纂：《通化县志》，卷三，实业志，公司及各企业，民国二十四年铅印本。）

〔民国二十年前后，吉林辑安县〕 本县地处偏僻，交通不便，工业一途难于发达，仅有旧式工艺数种，计丝房四家，豆油房四家，车铺三家，铧铣炉四家，熟铁炉四十五家,粉房三十二家,豆腐房三十九家,糕点铺十一家,染房九家,缸窑三家,砖瓦窑五家,锡铺二家,皮铺十五家,簸箕铺五家,洗衣店一家,烧锅五家,其余照像馆、石印局、铅印局、刻字铺、鞭炮铺等各一家,大都规模狭小,简陋不堪,不足以言工业也。

(刘天成等修,张拱垣等纂:《辑安县志》,卷三,人事,工业,民国二十年石印本。)

注:辑安县今为集安县。

〔清光绪十四年前后,陕西宁羌州〕 宁宪多青枫树,生野蚕成茧,前州牧刘荣教民缫丝织绸,民利赖之,名曰刘公茧。

(清 马毓华修,郑书香等纂:《重修宁羌州志》,卷四,人物,物产,清光绪十四年刻本。)

注:宁羌县今为宁强县。

〔清朝末年至民国初年,新疆和田等地〕 和田、洛浦、于阗、皮山,民间多工织绸,机户一千二百余家(所制曰夏夷绸,柔软似江、浙棉绸,而光泽不逮,其棉经丝纬者,杂以五色绒成之,名曰霞衣,缠女以之为肩披,跳歌时服之)。氍毹毾㲪之属,镂文错采,烂然夺目,岁输英、俄属地四五千张(织蕝毯用羊氄为经,棉线为纬,杂以丝绒,五色相间,为古彝、鼎、泉、刀八宝、花卉诸文,针故者盈寸,长宽方丈余,或六七尺不等。其绒植若秧,采厚名曰栽绒,和田岁制栽绒毯三千余张,输入俄属安集延、浩罕,英属印度、阿富汗等处者,约一千余张,每张价值平均计之,约合银七两左右。于阗、洛浦、皮山三县输出口者,亦千余张,其余小方绒毯、椅垫、坐褥……之类不可胜纪)。

(清 袁大化修,王树柟等纂:《新疆图志》,卷二十九,实业二、工,清宣统三年木活字本。)

〔民国五年,新疆〕 南路喀什一道岁产丝百万斤,居民以之织绸,名曰霞夷,佳者拟于纺绸,而匀泽不逮,次者则似茧绸,和田、洛浦、皮山、于阗均产之,而以于阗属之策勒村为最佳,每岁输出俄国为大宗。又,花布以丝和棉制成,色泽鲜明,无异舶来电光布,只供本地缠回之用。

(林竞编:《新疆纪略》,五,实业,工艺,民国七年铅印本。)

〔民国二十九年至三十六年前后,新疆和田〕 和田为新省首屈一指之工业区,其丝织品久已驰名。新疆省政府于民国二十九年发给和田人民蚕子七万五千八百盒,三十一年又添种八万三千盒外,经赵鸿基带入优良蚕种六千盒,每年生产量已达八十万斤。丝织品出产约为七万匹,且缫丝方法亦经赵氏改善,以雪水洗丝,其出品远胜往昔,洁白如脂。新疆其他区如阿克苏、喀什、莎车亦产丝,惟正在提倡中。

(丁骕撰:《新疆概述》,八,手工业,民国三十六年铅印本。)

注:和田今为和田。

〔民国三十三年前后,新疆〕 喀什噶尔一带,每年产丝约百万斤,土人以之制锦,称为"霞夷"。于阗、鄯善、叶城、莎车、和田、皮山诸县,民间多工织绸,机户千二百余家,所织者曰"夏夷绸",柔韧似江、浙绵绸,而光泽不逮,年产约六四九〇〇〇斤。

(李寰撰《新疆研究》,第三编,经济,第五章,工业,民国三十三年铅印本。)

〔清乾隆二十一年前后,山东曹州府〕 妇女务蚕桑,织丝为绢,亦能为绫。

(周尚质修,李登明纂:《曹州府志》,卷七,食货志,风土,清乾隆二十一年刻本。)

注:曹州今为菏泽地区。

〔清乾隆二十四年前后,山东武定府阳信县〕 绸,煮茧撮丝而成,形如布,颇厚密,名为信绸。

(清 王允深修,沈佐清等纂:《阳信县志》,卷一,舆地,物产,清乾隆二十四年刻本。)

〔清乾隆三十九年前后,山东兖州府曲阜县〕 近多尚山茧,老幼男女俱捻线,贵室亦为之。

(清 潘相纂修:《曲阜县志》,卷三十八,风俗,清乾隆三十九年刻本。)

〔清代至民国二十三年,山东临清县〕 丝工类其最著者,为粉绢行,一名哈哒庄。收买运销者,曰丝店,织户曰机房,染工曰浆坊。前清季世最为发达时期,全境机房七百余,浆坊七八处,收庄十余家,织工五千人。其织机有大小之别,出品有净货、浆货之分。净货为佛像佛字丈哈哒八宝通面等,浆货为浇花浆本丈绢等,统售销于内外蒙古及察绥等地。民国十年以前,年销货值常达百数十万元。自外蒙多事,此业顿衰,现有机房不过数十家,收庄三四家,每年输出货价仅六七万元,今昔相差,不啻天渊矣。考此项丝织业发源于苏州,自太平军兴,遂转移于临清。今苏庄多改营绸缎,而临清织工则听其失业,殊可惜也。

(张自清修,张树梅、王贵笙纂:《临清县志》,经济志,工艺,民国二十三年铅印本。)

〔民国初年至二十四年，山东广饶县〕 今就蚕桑之全体计之，桑之种植不过一万四五千株，茧之收量亦不过市秤四万余斤。当民国初年，丝之销路尚称顺利，但以缫制纯用土法，仅可出售于周村、青州，而洋商无过问者。迨七八年间，日人设庄于青州车站，提高其价，收买生茧，而贩售者伙，每茧库秤一斤价至五角或六角。自"九·一八"事变以来，日商亦减价，值更贬，加以舶来之人造丝绸日益充斥，而茧丝价值陡形跌落，计茧市秤一斤仅售洋一角五六分，每丝一斤仅售洋二元六七角。

（潘棨峰等修，王寅山纂：《续修广饶县志》，卷九，政教志，实业，民国二十四年铅印本。）

〔民国十八年前后，山东单县〕 工人：王本旧《志》称，朴拙者多，鲜能精巧，然埏埴窒穸，务取完固。近仍多守旧法，惟烘茧缫丝、轧花弹花、洋机织布、染工颜料、木工嫁妆、食品点心日趋工巧矣。

（项葆桢等修，李经野等纂：《单县志》，卷一，地理志，风俗，民国十八年石印本。）

〔民国十八年至二十四年，山东临朐县〕 本县当民国十八年，各商家经营之缫丝工厂，全县计共有二百余家，大者每厂工人至数百名，年出厂经丝多至三千余箱，悉发上海出售，共可获洋四五百万元。今则全行倒闭矣。

（周钧英修，刘仞千纂：《临朐续志》，卷八，建置略，工厂，民国二十四年铅印本。）

〔民国二十三年前后，山东济阳县〕 本县织绸绫之工厂，全设于六、七、八各区，约计共有二十余处，然皆用木机，未能改良，所出绸绫，仅可作里子用，不能作衣料，未免可惜。捻绸，本县一、二、六各区多用蛾茧捻线织绸，质韧而色老，仅销本地作为夏衣材料。

（路大遵等修，王嗣鋆纂：《济阳县志》，卷一，舆地志，物产，民国二十三年铅印本。）

〔民国二十三年前后，山东临清县〕 哈哒为境内出口最大之丝织品，推销于东三省及蒙古、西藏各地。

（张自清修，张树梅、王贵笙纂：《临清县志》，经济志，物产，民国二十三年铅印本。）

〔唐代至清乾隆十一年前后，江苏苏州府震泽县〕 吴绫见称往昔，在唐充贡，邑为郡属，故至今有之。其名品不一，往往以其所产地为称（如西绫、黄庄之类），其纹之擅名于古而至今相沿者方纹及龙凤纹，至所称天马、辟邪之纹，今未之见。其创于后代者奇巧日增，不可殚纪。凡邑中所产皆聚于吴江之盛泽镇，天下衣被多赖之。

（清　陈和志修,倪师孟、沈彤纂:《震泽县志》,卷四,物产,清乾隆十一年刻本,清光绪十九年重刻本。）

注:震泽县于民国元年并入吴江县。

〔唐代至清乾隆十二年前后,江苏苏州府吴江县〕　吴绫见称往昔,在唐充贡,今郡属惟吴江有之,邑西南境多业此(二十都及二十一、二、三都皆是)。各品不一,往往以其所产地为称(如溪绫、荡北、南浜之类)。其纹之擅名于古而至今相沿者方纹及龙凤纹,至所称天马辟邪之纹,今未之见。其创于后代者,奇巧日增,不可殚纪。凡邑中所产,皆聚于盛泽镇,天下衣被多赖之,富商大贾数千里辇万金来买者摩肩连袂,如一都会焉。

（清　陈荾缵修,倪师孟、沈彤纂:《吴江县志》,卷五,物产,清乾隆十二年刻本,民国间石印重印本。）

〔宋代以前至清乾隆十一年前后,江苏苏州府震泽县〕　绫绸之业,宋、元以前,惟郡人为之。至明熙、宣间,邑民始渐事机丝,犹往往雇郡人织挽。成、宏而后,土人亦有精其业者,相沿成俗。于是,震泽镇及近镇各村居民乃尽逐绫绸之利。有力者雇人织挽,贫者皆自织,而令其童稚挽花,女红不事纺绩,日夕治丝。故儿女自十岁以外皆早暮拮据,以糊其口。而丝之丰歉、绫绸价之低昂,即小民有岁无岁之分也。按史册《黄溪志》:明嘉靖中,绫绸价每两八九分,丝每两二分。我朝康熙中,绸价每两一钱,丝价尚止三四分。今绸价视康熙间只增三之一,而丝价乃倍之,此业织绸者之所以生计日微也。

（清　陈和志修,倪师孟、沈彤纂:《震泽县志》,卷二十五,风俗,生业,清乾隆十一年刻本,清光绪十九年重刻本。）

〔南宋咸淳四年前后,江南东路毗陵郡〕　绢,曩有机户善织,号晋陵绢,今绝。郡之民户岁输租绢者,皆先期于溧阳诸处售以充赋。

（宋　史能之纂:《咸淳毗陵志》,卷十三,风土,土产,宋咸淳四年成书,清嘉庆二十五年刻本。）

注:毗陵今为江苏常州。

〔元代至民国二十四年前后,江苏南京〕　南京工业以丝织手工业为大宗,出品有四种,而缎为之最。(《中国经济志》:一曰缎,二曰云锦,三曰绒,四曰绸。云锦亦名锦缎,实质亦为缎类之一种,特缎不起花,云锦则起花,故云锦又称为花缎。)缎业始于元而盛于清,皆设官理之。……(《中国经济志》:南京锻业久负盛名,明时于南京、苏州、杭州三处各置提督织造官,设厂监造。清承明制,称织造府。当时苏产曰罗缎,杭产曰花缎,京产曰元缎。昔人品评谓罗缎、花缎均不及元缎之质软坚润,因其仅织袍缎及制帛诰敕彩绘之类,以供御用及内庭颁赏之需,故称贡缎,通俗称京缎,要皆指无花之缎而言。道、咸而后,渐加改良,花样翻新。南京除贡缎而外,又有所谓闪花摹本缎、天鹅绒缎、宁绸、宫绸之属次第出现,此即缎业之极盛时期,其时机织达三万余台,依此为生者垂二十万人,每年产值皆在千万以上。洪杨兵燹后,尚存织机万余台,男女工五万余人,每年仍可出缎二十余万匹,产值仍在千万元以上云。)清季裁撤江宁织造。迄至今日,机业益衰,其因甚多,不亟加改良,恐难复兴也。(《江苏十一年政治年鉴》:江宁元缎近受哔叽呢之影响,销场始滞,岁亦尚售银四五百万。《中国经济志》:民元以来,国体改革,用途减少,该业渐落。推其原因,一因舶来品之侵销,一因销场之减缩。考京缎国外销场,以高丽、安南、印度为大宗,自十三年始,日本徒增关税百分之百,安南亦因法科重税,均裹足不前。国内销场以东三省为最,约占全数之半。次为蒙古、新疆、西藏、川、滇等省。东三省又以"九·一八"事变受邮政封锁,关税加至百分之五十,大宗销路尽告断绝。加之该业暗相竞争,粗制滥造,但期低价推销,不求货品精进,致出品本身日劣,远不及呢绒、哔叽、洋缎之经久耐用,亦其失败之一大原因。迄至二十二年实业部调查时统计二十一年概况,仅存缎号六十家,织机一千一百二十九台,织工三千二百八十七人,年产缎不过一万七千五百匹,产值八十一万余元耳。以今比昔,曷胜兴替之感。……《中国经济志》:南京缎业二十三年上年情形,尚存锻号六十一家,约定织本牌缎匹机数增至一千一百四十六架,全年可织素缎二万八千匹,产值一百一十二万零一百九十元,较之二十一年似觉稍有起色。《一九二一年海关报告册》:南京缎业往日曾颇兴盛,风行极广,今则一蹶不振,三十年前,此项丝织品占出品百分之七十,人民直接间接赖此为生者将及三分之一。然近年来南京产品已不若苏杭铁机所制者之精良,不能与之争胜。……试观下表所列过去十年间之出口,即可知之:

1922 年	8 045 匹	1927 年	2 363 匹
1923 年	8 244 匹	1928 年	1 448 匹
1924 年	3 587 匹	1929 年	227 匹
1925 年	3 252 匹	1930 年	101 匹
1926 年	3 715 匹	1931 年	8 匹

《朝报(二十四年五月)》：京市六年前缎机为全市首业，各行各业皆为缎业所左右。民国十六年缎机业工会成立时，有织缎机八千架，男女大小工人达二万余人。十八年该工会二次改组成立，机有四千架，工人万余。二十年该工会三次改选成立，机数减至一千，工人仅二千余人。迄现今全市机数不过五六百架，且或织或停，工人尚不满千人，可见该业已一落千丈。而全市各业均受影响，故市面非常冷静云。)业缎最久者有数家。(《江苏十一年政治年鉴》：德义长号在城内钓鱼台，道光十七年成立，宣统二年五月注册，股分定额六千两。于启泰在钓鱼台，同治八年开设，产量年六千五百匹，工人一千三百五十人。刘益兴，在高冈里，同治十一年开设，产量年二千五百匹，工人五百三十五人。)缎之类有数种。(《凤麓小志》：缎之类有头号、二号、三号、八丝、冒头，而以靴素为至美，其经有万七千头者。玄缎为最上，天青者次之。)其织也，由机户领之于账房。(《凤麓小志》：开机之家谓之帐房，机户领织谓之代料，织成送缎主人，校其良楛，谓之雠货。《中国经济志》：缎为女络男织之纯粹家庭工业，并无厂家，仅有织户。各户备织机数架，代城内缎号制货。缎号为销售机关，机户为制造者，由缎号向机户接洽，代为织缎，每机立一牌号。……有一家专织一号者，亦有一户代织数家缎号之牌名者，故南京缎业非以厂或户为单位，而以机为单位。)

(叶楚伧修，王焕镳纂：《首都志》，卷十二，食货下，工业，民国二十四年铅印本。)

〔明洪武十二年前后，南京苏州府〕 纱有数等，暗花为贵。暗花者，素纱之上花纹隐然，即之若无，望之则有，他处少传其法，惟平江机工能之。

(明 卢熊纂：《苏州府志》，卷四十二，土产，胶卷复制明洪武十二年刻本。)

〔明正德元年前后，南京苏州府〕 纻丝，出郡城，有素，有花纹，有金缕彩妆，其制不一，皆极精巧，《禹贡》所谓织丈是也。上品者名清水，次帽料，又次倒挽，四方公私集办于此。

(明 王鏊等纂：《姑苏志》，卷十四，土产，造作，明正德元年刻本，清乾隆间《四库全书》本。)

〔清康熙三十年前后，江苏苏州府〕 郡城之东，皆习机业。织文曰缎，方空曰纱。工匠各有专能，匠有常主，计日受值。有他故，则唤无主之匠代之，曰唤找。无主者，黎明立桥以待。锻工立花桥，纱工立广化寺桥。以车纺丝者曰车匠，立濂溪坊。十百为群，延颈而望，如流民相聚，粥后散归。若机房工作减，此辈衣食无所矣。

（清　宁云鹏、卢腾龙等修，沈世奕、缪彤纂：《苏州府志》，卷二十一，风俗，清康熙三十年刻本。）

〔清乾隆元年前后，江苏苏州府〕　锦（苏锦各种，五色炫耀）、紵丝（出郡城）、罗、纱、绫、绢、线绸、绵绸、纹绸、春绸、捻绸、飞花布、缣丝布、斜纹布、麻布、草布，以上皆出苏郡。吴中以蚕桑纺绩为工，故布帛之属衣被四方。

（清　尹继善等修，黄之隽等纂：《江南通志》，卷八十六，食货志，物产，清乾隆元年刻本。）

〔明正德年间至清乾隆、嘉庆年间以后，江苏江宁府江宁县〕　织，巨业也，明有神帛堂供应机房，元有东西织染局。《明史》：正德元年，尚衣监请造诸色绢丝纱罗、织金、闪色、蟒龙、斗牛、飞鱼、麒麟、师子、通袖、膝襕并胸背、飞仙、天鹿诸件。南都察院《志》，亦言年例龙衣、各色花素绘丝纱绫、各色段〈缎〉。乾、嘉间，机以三万余计，其后稍稍零落，然犹万七八千。北趋京师；东北并高句丽辽、沈；西北走晋、绛，逾大河，上秦、雍、甘、凉；西抵巴蜀；西南之滇、黔；南越五岭、湖湘、豫章、两浙、七闽；沂淮泗，道汝洛。

（清　刘寿曾：《同治上江两县志》，卷七，食货考，清同治十三年刻本。）

〔清嘉庆十六年前后，江苏江宁府〕　其人工所为，则机工为天下最。江宁本不出丝，皆买丝于吴越，而秦淮之水宜染。织工在江宁殆千余人，所织曰缎、曰绸、曰纱、曰绢、曰罗、曰剪钱。织造之官司其贡篚，商贾之载遍及天下。

（清　吕燕昭修，姚鼐纂：《新修江宁府志》，卷十一，风俗物产，清嘉庆十六年刻本，清光绪六年重刻本。）

〔清道光四年前后，江苏江宁府上元县〕　帛之品：苎丝、文绢、罗、纱、缎、绸、蕲绒、线锻（丝皆产于外，而织工称善）。

（清　武念祖修，陈栻纂：《上元县志》，卷四，舆地志下，物产，清道光四年刻本。）

注：上元县于民国元年并入江宁县。

〔清道光二十三年前后，江苏苏州府吴江县震泽镇〕　亦有兼事纺经及织绸者。纺经，以己丝为之，售于牙行，谓之乡经；取丝于行代纺而受其直，谓之料经。织绸则有力者雇人，贫者多自为之。其花样逐时不同，有专精此者，其受值较多于他工。

（清　纪磊、沈眉寿合辑：《震泽镇志》卷二，风俗，清道光二十四年刻本。）

〔清咸丰以前至光绪七年前后，江苏江宁府〕　金陵织缎之丝有经纬之别。在昔，经用震泽、南浔，纬用湖州新市、塘栖，杂色之纬用苏州香山，而溧阳则绒线料也。咸丰癸丑以前，上等缎皆买丝于吴越，以纯净、洁白、适用而价廉也。自洋人买丝骤盛，价增一倍，于是小机户参用乡丝矣。然摇经则非海宁丝不可，价虽昂不能易也。海宁一隅所出丝供各处摇经用，而西洋亦乐此不疲。近日，震泽、南浔之经改为洋经，京缎不能用矣，则专资于海宁之丝，购归摇成方织矣。

（清　蒋启勋、赵佑宸修，汪士铎等纂：《续纂江宁府志》，卷十五、拾补，清光绪七年刻本。）

〔清咸丰初年至光绪五年，江苏苏州府吴江县〕　兵兴以来，各省设立厘捐，以济军饷，事平仍不能撤。吴江设捐局二，一在同里镇，一在盛泽镇。盛泽局兼统震泽镇，厘务以丝绸为大宗，所入尤巨。

（清　金福曾修，熊其英纂：《吴江县续志》，卷三十八，杂志一，纪兵，清光绪五年刻本。）

〔清咸丰、同治年间，江苏江宁府〕　织缎为江宁巨业。咸丰三年以来，机户以避寇迁徙，北至通、如，南至松、沪，多即流寓之地，募匠兴织，贩运各省。同治三年，克复江宁，机户安土重迁，观望不归，佣趁资食者无以厚生，元气难于骤复。

（清　蒋启勋、赵佑宸修，汪士铎等纂：《续纂江宁府志》卷六，实政，清光绪七年刻本。）

〔清同治初年以后，江苏南京〕　因机业而发生者有丝行。（《凤麓小志》：丝行则在沙湾，所以收南乡之土丝也。织玄缎者以湖丝为经，而纬则用土丝。自曾文正公开蚕桑局，而土丝始多。逮沈文肃公永免丝捐，而土丝大盛。当四五月间，乡人背负而来，评论价值，比户皆然，近乃稍稍减色者。）

（叶楚伧修，王焕镳纂：《首都志》，卷十二，食货下，工业，民国二十四年铅印本。）

〔清光绪初年，江苏苏州府吴江县盛泽镇〕　镇之丰歉，不仅视田亩之荒熟，而视绸业之盛衰。倘商贩稀少、机户利薄，则凋弊立形，生计萧索，市肆亦为减色矣。近镇四五十里间，居民尽逐绸绫之利，有力者雇人织挽，贫者皆自织，而令其童稚挽花，女红不事纺绩，日夕治丝，故女儿自十岁以外，皆早暮拮据以糊其口。

（清　仲廷机辑，仲虎腾补：《盛湖志》，卷三，风俗，清同治十三年辑，光绪二十六年补辑，民国十三年刻本。）

〔清光绪初年至宣统年间，江苏镇江府丹阳县〕　丹阳绸，俗称阳绸。清光绪初，乡民习机织于湖州，归而仿制，逐渐改良，推销日广。清季产数已达三万匹，南洋劝业会给头等奖章。

（胡为和等修，孙国钧等纂：《丹阳县续志》，卷十九，风土，附物产，民国十六年刻本。）

〔清光绪五年前后，江苏常州府靖江县〕　丝之为绸甚广，靖邑只有绵绸、生丝绸二种，出自西乡生祠镇者尤佳。其丝匀净，其色光洁，其质细紧白亮。绵绸与湖绵绸相似。胰熟生丝绸与杭纺绸亦相似。

（清　叶滋森等修，褚翔等纂：《靖江县志》，卷五，食货志，土产，清光绪五年刻本。）

〔清光绪九年前后，江苏苏州府〕　锦，吴中所盛织者有海马、云鹤、宝相花、方胜诸类最为工巧，明宣德间尝织画锦堂记如画轴。纻丝，出郡城，有素、有花纹、有金缕彩装，其制不一。……罗，出盛泽，有花、有素，别有刀罗、河西罗。纱，出郡城，素者名银条，即汉所谓方空也。花纹者名夹织，亦有金缕彩装诸制。一种轻狭而縠文者曰皱纱，出盛泽。又有本色花素生纱，夏月可代绨绤者，亦出郡城。绫，吴绫唐时充贡，今郡属惟吴江有之。工家多以脂发光润，故俗呼油缎子。……绢，《左传》杜预注：吴地贵绢。今郡中多织生绢花纹者名花绢。……绸，出吴江，即缯纹线织者，曰线绸，捻绵成者曰绵绸，比丝攒而成者曰丝绸。

（清　李铭皖修，冯桂芳纂：《苏州府志》，卷二十，物产，清光绪九年刻本。）

〔清光绪九年前后，江苏苏州府〕　织作，东城比户习织。绣作，精细雅洁，称苏州绣。

（清　李铭皖修，冯桂芬纂：《苏州府志》，卷二十，物产，清光绪九年刻本。）

〔清光绪二十四年至民国十一年前后，江苏高邮〕　兴利茧庄公司，在闵家桥镇，光绪二十四年由邑人马维高招集扬镇茧商租赁陈公祠地基开设。两次共立茧灶十座，行名江公益，约集股本五万元，每岁春季收茧炕制，运沪销售。其分庄二处，一在金沟镇，行名马公成，收茧运至总庄炕制；一在三洋河，系马氏借书院仓地设立，有茧灶五座，一载即行停止。

（胡为和等修，高树敏等纂：《三续高邮州志》，卷一，实业志，营业状况，商业，民国十一年刻本。）

〔清光绪末年至宣统二年，江苏镇江府丹徒县〕　花素宁绸，旧名冲宁绸，通称江绸，纬上起花，亦有纯素者，每卷长者约四丈余，宽二尺二寸，朝廷有大庆，恒派员采办，以备赏赐臣僚，故又名宫绸。平日以河南、山陕、蓟北等处销售最伙，邑人亦间以为服。光绪末，织工许祥兴以旧制不宜于时，创设协正公司，制为文明绸。宣统二年，列入南洋劝业会，获奖优等。

（张玉藻、翁有成修，高觐昌等纂：《续丹徒县志》，卷五，食货志，物产，民国十九年刻本。）

〔清宣统年间，江苏江宁府〕 金陵之业，以织为大宗，而织之业，以缎为大宗。缎之类，有头号、二号、三号、八丝、冒头诸名，莫美于䩄，素玄色为上，天青次之。其织各色摹本者，谓之花机，织工多秣陵关人。又有绒机，则孝陵卫人所织，曰卫绒。其浅文深理者，曰天鹅绒。纱机以织西纱、芝地直纱，绸机以织宁绸，则以郡各名之，皆缎机之附庸也。贡缎之箱，北泝、淮、泗，达汝、洛，趋京师；西北走晋、绛，逾大河，上秦、陇；西南道巴蜀，抵滇、黔；南泛湖、湘，越五岭；舟车四达，悉贸迁之所。及耳开机之家，总会计处谓之账房，机房领织谓之代料，织成送缎主人校其良楛，谓之雠货。其织也，必先之以染经，经以湖丝为之；经既染，分散络工。络工贫女也，曰络三四窠绕诸篗，得钱易米，可供一日食，于食力之中，寓恤贫之意焉。经篗交齐，则植二竿于前，两人对牵之，谓之牵经。牵毕，即上丝接头，新旧并系，两端相续，如新置之机，无旧头可接，则必先捞范子，然后从交竹中缕缕分出，谓之通交，而织工乃有所借手矣。

（陈作霖编：《上元江宁乡土合志》，卷六，物产，机业，清宣统二年刻本。）

〔清宣统二年至民国十九年前后，江苏丹徒县〕 本邑产丝，向不若无锡及浙之嘉、湖等处纯净合用，近经厂制，丝质较优，宣统二年经劝业会审查，获超等奖。

（张玉藻、翁有成修，高觐昌等纂：《续丹徒县志》，卷五，食货志，物产，民国十九年刻本。）

〔民国六年至十一年前后，江苏高邮〕 梁利茧庄公司，在金沟镇关帝庙内。民国六年春，由无锡商人唐藩镇招集江南各股东开设，共砌烘灶五张，呈请财政厅立案，行名泰丰。

（胡为和等修，高树敏等纂：《三续高邮州志》，卷八，县附录二，实业，营业状况，民国十一年刻本。）

〔民国十七年至二十五年前后，江苏南京〕 城市工业以机织业为最盛，占全市工业三分之一。其中绸缎业约一百十余家，类皆家庭工业，大多不设工厂。据十七年之绸缎业调查,年产在二万五千匹以上。棉织业一百七十八家,每月产量约有一万三千匹以上。

(殷惟和纂:《江苏六十一县志》,上卷,江宁县,工业,民国二十五年铅印本。)

〔民国二十二年前后,江苏吴县〕 织作,据采访册云:经营此项纱缎业者谓之账房,计五十七所,散设东北半城,其木机总数计一千五百二十四架,年织四万匹,约值银九十万元。其开设年期有远自二百余年者。各账房除自行设机督织外,大都以经纬交与织工,各就织工居处雇匠织造,谓之机户。此等机户约近千数,机匠约有三四千人,亦散处东北半城,娄、齐二门附郭乡镇如唯亭、蠡口亦间有之。女工摇丝俗谓之调经娘,婺妇、贫女比户为之,资以度日者众焉。

(曹允源等纂:《吴县志》,卷五十一,舆地考,物产,民国二十二年铅印本。)

〔民国二十五年前后,江苏南京〕 茧年产约三百万斤,丝次于湖州所产,织为库缎,又名贡缎,有声于时,玄色者尤佳。有花纹者曰摹本,昔年销路甚广,贸易总额年在一千数百万两。今已不为时所重,销路仅限于北方诸省及蒙古、西藏,每年销售不及百万元。

(殷惟和纂:《江苏六十一县志》,上卷,江宁县,物产,民国二十五年铅印本。)

〔唐代至民国二十年,浙江杭州市〕 本省绸业集中于杭州、吴兴,吴兴大绸虽有名,然不如杭州之著名。兹分述之于下:一、杭州绸缎。在唐时杭州绸缎即负盛名,宋设织造院,明、清改设专局织造各种丝织品,上应宫廷之需,风会所趋,民间亦多购备,于是绸业大兴。昔时生产机关多为机户,洪杨之役,幸存者不过数家。事平后,集中于下城一带地方,户数千余。民国初年,工艺学校成立,附设织造科,教授利用手织铁机,而纬成、永成、庆成三新式之绸厂亦在此时设立。纬成所创之铁机提花缎曾风行一时。民国三年,天章、虎林二厂继起。至五至八年,华竞、文新、恒义成、天丰四家先后成立。八年后至十五年,绸厂纷纷设立,全市绸厂将近百家(十三年为例外),为杭州绸业之黄金时代。十四、五年之五、六两月,全市每日销售绸缎约三千五百匹,而绸厂所出占其大部。十六年后,大厂家如纬成、虎林、天章相继停业,余亦勉强支持而已。十九年后,绸业稍见起色,此后杭市绸缎店不下百余家,以九纶、万源、高义泰为最著。……本市绸缎大部由本市各机户供给,小部分来自乡间零售机户,亦有自吴兴、绍兴、长兴来者。产量:杭州绸缎产量据《中国实业志》调查,民国二十年各厂总计共出产十二万二千六百余匹,值四百九十余万元,其中以绉、缎、绸三种为最多,三种之中又以绸为最多,缎次之。销场:素以国内各口为主,在本市销售仅百分之三十,其余大部销售外埠。据民国二十年调查,销路最畅者为上海,约占外销总数百分之三十三;次则为南洋,占全数百分之十四;再次为东三省,占全数百分之十;运销至欧美者仅百分之二三而已。

(浙江省通志馆修,余绍宋等纂:《重修浙江通志稿》,第二十一册,物产,特产上,绸缎,一九四三年至一九四九年间纂修,稿本,浙江图书馆一九八三年誊录本。)

〔南宋乾道五年前后,两浙西路临安府〕 衣:绫、绢、布、绵、罗、绸、纱。

(宋 周淙撰:《临安志》,卷二,物产,今产,宋乾道五年撰,一九八三年浙江人民出版社铅印本。)

〔南宋嘉泰元年前后,两浙东路绍兴府会稽〕 绢,旧总称吴绢。今出于诸暨者,曰花山、曰同山、曰板桥。其轻匀最宜春服,邦人珍之,或贩鬻颇至杭而止,以故声价亦不远也。

(宋 沈作宾修,施宿等纂:《会稽志》,卷十七,布帛,宋嘉泰元年修,明正德五年刻本,民国十五年据清嘉庆重刻本影印本。)

〔南宋嘉泰年间至清宣统二年,浙江绍兴府诸暨县〕 嘉泰《志》:诸暨所产绸有丝绸、绵绸二种。丝绸不及纺绸之匀洁,而缜密过之。今有腰机绸、班机绸二种。腰机绸为土工所织,即前志所谓丝绸也。班机绸织工则始雇于山阴,今土人亦有能织者,与纺绸同一杼柚,故匀洁。

(清 陈遹声、蒋鸿藻纂修:《诸暨县志》,卷二十,物产志,清宣统二年刻本。)

〔南宋嘉定十六年,两浙东路台州〕 绉,纺丝为之,轻者曰绉纱,宜夏;重者曰纺丝,宜冬。绸,以粗丝为之。

(宋 黄𤩽、齐硕修,陈耆卿纂:《赤城志》,卷三十六,风土门,土产,宋嘉定十六年修,清乾隆间《四库全书》本。)

注:《赤城志》即台州府志。

〔南宋咸淳年间,两浙西路临安府〕 绢,机坊多织唐绢,幅狭而机密,画家多用之。绵,土产以临安、于潜白而丽,密者为贵。绸,有绩绵、绩线为之者,谓之绵线绸,土人贵此。

(宋 潜说友纂:《咸淳临安志》,卷五十八,风土,物产,丝之品,宋咸淳四年纂,清乾隆间《四库全书》本。)

〔明嘉靖十三年至清同治十三年，浙江湖州府安吉县〕　伍《志》：细茧为之，有细丝、绸丝、串伍、肥光等名目。细丝最多。新丝将出，南京贸丝者络绎而至。（案：近时细丝，西洋贾客贸去者为多。）

（清　汪荣、刘兰敏修，张行孚等纂：《安吉县志》，卷八，物产，丝，清同治十三年刻本。）

〔明代至民国十五年，浙江衢县〕　赵《志》：物产以丝列首，盖因明代夏税秋租均输惟丝，又有存留本府染织局造缎丝，又每岁起运京库丝、折绢丝，皆为必需之原料。衢地所产宜以此先，然清代不复以此纳赋，陈《志》已云，蚕织久废，西邑无寸丝之产。姚《志》更不及此，实为女工荒弃之阶。兹从光绪以后购种湖桑，振兴蚕业，以迄于今，数十年来，约计增进已逾十万。城内有蚕业传习所及女校，所出皆不亚于湖丝。四乡惟南乡居最，东乡次之，西北又次之。丝以破石区为佳，质地柔韧，色泽光洁，价出诸丝之上。衢地所出之丝，向供本处之用，近多客帮收买，并有收茧作灶者。

（郑永禧纂：《衢县志》，卷六，食货志，制造品，民国十五年修，民国二十六年铅印本。）

〔清嘉庆十六年前后，浙江衢州府西安县〕　衢绢，西邑业此者一二家，其丝皆取给于嘉、湖，以本地少蚕桑之利故也。

（清　姚宝煃修，范崇楷纂：《西安县志》，卷二十一，物产，清嘉庆十六年刻本。）

注：西安县于民国元年改名衢县。

〔清光绪五年前后，浙江嘉兴府石门县〕　即使时和年丰，地所产莫如丝、谷。丝、谷相较，莫如丝。而育蚕作茧，岂徒手博者，饔飧器具皆从质贷办，经月辛勤，眼昏头白。追缲成，谓卒岁，公私取偿丝市。丝市之利，胥仰给贾客腰缠，乃大驵小侩，递润其腹，而后得抵乡民之手。督乱权衡，百计给弄，朱提白镪，殽以连锡，盖未及纳税输官，而质贷之家轻出重入，浚其膏，小民有依然徒手耳。

（清　余丽之等修，谭逢仕纂：《石门县志》，卷三，物产，清光绪五年刻本。）

〔清光绪十三年前后，浙江嘉兴府桐乡县〕　细丝、肥丝两种，肥丝者，粗丝也，并为乡民蚕织所成，而缫手各别。北乡多细丝，南乡多肥丝，细丝可售诸洋商，肥丝则仅供本地机户及金陵贩客。浙西产丝以湖州为盛，而县属青镇，亦岁极丝捐一二十万斤，在嘉属为独多。南乡之肥丝，不过岁极二万余斤而已。

（清　严辰纂：《桐乡县志》，卷七，食货志下，物产，清光绪十三年刻本。）

〔清光绪二十二年至民国十一年,浙江海宁〕

茧丝数目价值统计表

养蚕户数	收茧担数	售茧数	出丝数	平 均 价 值	
				茧	丝
六万一千九百户	四万二千担	一万二千担	一千九百担	每担银四十二元	每百两银三十二元

（清 李圭修,许传沛纂,刘蔚仁续修,朱锡恩续纂:《海宁州志稿》,卷十一,食货志,物产,清光绪二十二年修,民国十一年续修铅印本。）

〔清光绪年间至民国二十二年,浙江吴兴〕 吴兴丝绸业起源甚早,初吴兴为丝产区,以丝为大宗。光绪间,外人在沪设立丝厂后,丝业衰落,而绸业以兴,湖绉之名蜚声国内,年产凡二十余万匹,价值三百万元左右,机户逾千,多用木机织造。民国初年,日本输入野鸡葛,湖绉受其影响,因省府之提倡,各企业家乃改旧机为笼头机,出改良绸及华丝葛等品,中以华丝葛为大宗。民国十四年,为华丝葛盛行之期,当时有铁木机六千余架,每架年可产绸五十匹。电机多设于城内,亦有数十架,每机年可产三百匹。全县产额最盛时达六十万匹,总值二千万元。后因人造丝及交织品充斥市场,更加国内政治、经济之紊乱,湖绉业一落千丈,停闭者甚众。民国二十一年,全县仅存木机二千余架,城内电机百架,铁木机七百五六十架,乡下铁木机一千二百余架,产量亦减至三十万匹。（据民国二十二年出版《中国实业志》,吴兴绸厂二十四家,杭州绸厂十七家,合计资本五十六万余元。）吴兴丝绸以销汉口、四川、东三省为最多,营此业之商人谓之北帮,销北帮货色以阔绉为主。南帮则为广帮,销广帮货色以卡毫葛及华丝葛为主。

（浙江省通志馆修,余绍宋等纂:《重修浙江通志稿》,第二十一册,物产,特产上,绸缎,一九四三年至一九四九年间纂修,稿本,浙江图书馆一九八三年誊录本。）

〔清朝末年至民国初年,浙江海宁县〕 工商业以丝、布、柴炭为巨,而第一平民习艺所制造诸品,尤能畅销于各地。

（朱尚编:《海宁县乡土志》,卷上,第四,城区,民国抄本。）

〔民国初年,浙江吴兴双林镇〕 棉绸,优者用上白丝棉打线,次者用软茧汏头,茧衣艺所谓"下脚"是也。打线后,用手工织成匹头。清同、光间,岁可销三万匹。比年,洋货盛行,销数锐减,岁不足万匹矣。

（蔡蓉升原纂,蔡蒙重编:《双林镇志》,卷十七,商业,民国六年铅印本。）

〔民国初年至三十一年前后,浙江分水县〕 茧灶,民国初期间,曾有省中茧商设立于毕浦镇、砖山埠、城区。嗣只留毕浦一处,今已停办。

(钟诗杰修,臧承宣纂:《续修分水县志》,卷二,建设志,制造场所,民国三十一年铅印本。)

〔民国十一年前后,浙江新登县〕 现在报捐,有运丝、经丝、用丝之别。又,鲜茧为新邑出产大宗。

(徐士瀛等修,张子荣、史锡永纂:《新登县志》,卷十,舆地篇九,风俗,民国十一年铅印本。)

〔民国十二年前后,浙江德清县〕 丝有粗细,细销洋庄,粗惟内用。然洋庄前有老虎牌、斗鸡牌,亦内地之上等粗丝也。细则牌号不一。近年,厂丝盛行,土丝日就低减,内地抄客,南京、苏州、杭州、湖州等处,皆为机织之用。盛泽、南浔抄去者,大都再缫干经转销外洋。自欧战后,工价倍蓰。

(吴翯皋、王任化修,程森纂:《德清县新志》,卷四,食货志,农桑,民国十二年修,民国二十一年铅印本。)

〔民国十六年前后,浙江嘉兴濮院镇〕 机户自镇及乡,北至陡门,东至泰石桥,南至清泰桥,西至永新港,皆务于织。货物益多,市利益旺,所谓日出万绸,盖不止也。按今惟泰石桥机户尚多,陡门、永新、清泰桥久无机织矣。

(夏辛铭辑:《濮院志》,卷十四,农工商、工业,民国十六年刻本。)

〔民国十六年前后,浙江嘉兴濮院镇〕 近年绸销,除闽、广、两湖及附近城镇外,犹以京货为多。光、宣间,有设分庄于苏、沪以便京帮客商之接洽者。今苏、沪无分庄,业绸者,虽不下二十余家,但四出兜售而已。镇上业丝者无不兼业绸,而业绸者虽不业丝,亦必购买新丝以贷于机户,而收其绸,谓之拆丝。惟绸价涨落向由机业团体做行市,而绸庄无权,有时内地行市不与外盘相应,而绸销反滞,是在通变之得其宜矣。

(夏辛铭辑:《濮院志》,卷十四,农工商,商业,民国十六年刻本。)

〔民国十八年前后,浙江嘉兴濮院镇〕 濮院绸:一种称三织绸,行销于陕西、山西、山东、河北等处,价廉,故南方各省农业购用,以制衣出售者亦多。一种曰加阔四织绸,则较三织绸为昂贵,质亦较优。

(阎幼甫修,陆志鸿等纂:《嘉兴新志》,第一章,地理,濮院镇,民国十八年铅印本。)

〔民国十八年前后,浙江嘉兴濮院镇〕 织绸机户八十五家,有机一百有零,织工三十七人,闲散工人三百余人。造纸作五家,以柴草为原料,制造粗细草纸。

(阎幼甫修,陆志鸿等纂:《嘉兴新志》,第一章,地理,濮院镇,民国十八年铅印本。)

〔民国二十六年前后,浙江鄞县〕 机户织物:右项织物,向以花缎宁绸为主产,其数量甚少,今且机户歇绝矣。惟双丝一项尚有存者,然自冠服改制,帽纬绝无所用,而打纬之工废。洋线盛行,纫工亦趋便利,而用线之途狭,此时势使然,无可挽回者也。

(张传保等修,陈训正等纂:《鄞县通志》,博物志,乙编,工艺制造品之部,民国二十六年铅印本。)

〔民国二十六年前后,浙江鄞县〕 土绸,即土绢。右一种,鄞江乡产,产量以樟树为最多。樟村农户,植桑饲蚕为其中心事业,向称勤奋,惟故步自封,殊少进展,桑与蚕种均粗劣,丝之品质自然远逊湖产,况出于土法缫制,更不能成精良之织物可知也。但此项织物多为家庭工业,在山乡僻壤中。

(张传保等修,陈训正等纂:《鄞县通志》,博物志,乙编,工艺制造品之部,民国二十六年铅印本。)

〔抗日战争前后,浙江杭州市〕 抗战前之杭州绸厂,如纬成、美亚、美伦、庆成、纬成、虎林、震旦等,均有织机一百架以上。全市电机厂家三百余户,织机一万四千台,每日产量六万五千匹以上,工人四万余人。战后,厂家被敌毁去三分之二,现存电机厂八十余家,电机一千五百台,手织机二千余户,工人仅万余人,产量月只三万余匹,更因交通阻碍,销路大减。往昔,杭州生丝原料充足,即春、秋二季干茧已达二十余万担。沦陷时,日寇将本省丝厂储存丝茧劫掠一空。八年抗战,丝厂、丝行、机器、桑园均遭破坏,丝绸业损失奇重,因原料缺乏,开工者只二十余家,加以人造丝来源困难,价格昂贵,更使成本加大,推销困难,且因内战不休,人民购买力弱,美货乘机倾销,于是绸业益陷困厄。民国三十五年,销路仅限于江、浙省而已。(以上为民国三十五年调查。)

(浙江省通志馆修,余绍宋等纂:《重修浙江通志稿》,第二十一册,物产,特产上,绸缎,一九四三年至一九四九年间纂修,稿本,浙江图书馆一九八三年誊录本。)

〔抗日战争前后,浙江绍兴〕 绍兴华舍,在战前,有一万张以上织绸机,日出二千匹绫罗绸缎,从事于此之男女职工数万人,战时损失迄今尚未恢复也。

(浙江省通志馆修,余绍宋等纂:《重修浙江通志稿》,第二十一册,物产,特产上,绸缎,一九四三年至一九四九年间纂修,稿本,浙江图书馆一九八三年誊录本。)

〔民国三十六年,浙江〕 民国三十六年调查,绸之年产量约一百五十万匹,产地杭、嘉、湖、绍四属,每匹约十二万元。

(浙江省通志馆修,余绍宋等纂:《重修浙江通志稿》,第二十一册,物产,特产上,绸缎,一九四三年至一九四九年间纂修,稿本,浙江图书馆一九八三年誊录本。)

〔清光绪四年前后,安徽宁国府〕 绸,宁邑土绸最佳。

(清 沈葆桢修,何绍基、杨沂孙纂:《重修安徽通志》,卷八十五,食货志,物产,宁国府,清光绪四年刻本。)

〔清光绪四年前后,安徽滁州〕 丝,州邑皆出,不如苏、杭之多。

(清 沈葆桢修,何绍基、杨沂孙纂:《重修安徽通志》,卷八十五,食货志,物产,滁州,清光绪四年刻本。)

〔明嘉靖六年前后,江西九江府德化、瑞昌、德安、湖口、彭泽县〕 丝,五邑俱产,终不如吴丝之精洁耳,故名曰土丝。

(明 冯曾修,李汛纂:《九江府志》,卷四,食货志,物产,明嘉靖六年刻本。)

〔明嘉靖四十年前后,江西袁州府萍乡县〕 土绫,出萍乡,丝粗。

(明 严嵩原修,节德甫增修:《袁州府志》,卷五,物产,影印明嘉靖四十年刻本。)

〔清康熙十二年至十五年前后,江西南康府都昌、建昌县〕 土绢,都昌出。绵调,建昌出。

(清 廖文英等修,熊维典等纂:《南康府志》,卷一,封域志,物产,清康熙十二年刻、十五年补刻本。)

注:建昌县今为永修县。

〔清乾隆十六年前后,江西赣州府安远县〕 湖绵绸,安邑无桑地养蚕,贸易者于苏湖买丝绵拈织成匹,精洁韧耐。

(清 董正修,刘定京等纂:《安远县志》,卷一,舆地志,土产,清乾隆十六年刻本。)

〔清光绪二十一年前,台湾彰化县〕 番锦,用丝织成,以作衣服,较苏尤佳(《彰化县志》)。

(清 唐景崧修,蒋师辙、薛绍元纂:《台湾通志》,物产志,杂产类,清光绪二十一年修,稿本,一九八三年台湾成文出版社影印本。)

〔明嘉靖三十三年前后,河南南阳〕 绸分山丝绸、家丝绸二种。家丝绸以南阳为最,近已衰落;山丝绸则南召、镇平、内乡、方城、泌阳、桐柏、舞阳、叶县俱有所出,而南召、镇平最盛。南召有栎坡五六十处,山丝产额甲于各县,石佛寺为丝绸聚处,贸易极盛。

(明　杨应奎修,张霈补遗,张嘉谋校注:《明嘉靖南阳府志校注》,卷三,土产,民国三十一年张嘉谋据明嘉靖三十三年刻本校注本。)

〔清嘉庆元年前后,河南汝宁府正阳县〕　织绫之业,以寒冻店为最,值亦较昂,号曰寒绫。

(清　彭良弼修,吕元灏纂,杨德容补修:《正阳县志》,卷九,补遗上,物产,清嘉庆元年刻本。)

〔民国十二年前后,河南新乡县〕　汴绸绫缎丝罗底小绸,城乡向有机房数家,近厚生工厂亦招工制造,用资推广。

(韩邦孚、蒋浚川修,田芸生纂:《新乡县续志》,卷二,物产,民国十二年铅印本。)

〔民国二十八年前后,河南禹县〕　禹之织丝有汴绫、汴绸、汴绡、首帕诸名色,所提花样亦多且巧,城内常有机房,而大宗货则在顺店。凡禹及荥密之丝,皆归织户,寻常五百家操业,略亦数千人。惟其工愈精其货愈偷,不能招客,须自贩汉口,时赢时亏。

(车云修,王琴林纂:《禹县志》,卷七,物产志,民国二十八年刻本。)

〔清同治七年至光绪四年,湖南永顺府龙山县〕　土苗妇女善织绵裙被,或全丝为之,或间纬以绵纹陆离,有古致。其丝并家出,树桑饲蚕皆有术。又织土布、土绢,皆细致可观,机床低小,绢幅阔不逾尺。

(清　符为霖等修,谢宝文续修,刘沛纂:《龙山县志》,卷十一,风俗,清同治七年修、光绪四年续修刻本。)

〔民国二十年前后,湖南永兴县〕　第六区观音阁地方亦有种桑养蚕,出丝织绢,每年可出百余匹。

(曾继梧等编:《湖南各县调查笔记》,物产类,永兴,民国二十年铅印本。)

〔清光绪中叶以后,广东广州府顺德县〕　土丝为吾邑出口之大宗。缫丝之法,咸、同间用手机,俗称手经,亦曰大经。光绪初,又用足机,俗称踩经。及光绪中叶,用汽机缫丝者日盛,俗称鬼经,又曰丝偈。《龙山乡志》云:乡之有汽机缫丝厂自同治甲戌始。又采访册云:光绪初,大良北关创建怡和昌汽机缫丝厂,有女工五六百人,由九江、大同招女工教习,特其时未盛耳)。手机成本轻,起丝亦少,足机起丝稍多,而沽价亦贱。惟汽机则费用虽繁,然丝条柔,而价值高,其法尤良,其利尤巨,计土丝一项,全省每年所出约值四千万,吾邑占四之三,此就光、宣间言之。丝从茧出,必好茧乃得好丝。验茧之法,先秤茧一斤分四堆,每堆重四两,由卖茧之客指出一堆,买主即将此堆茧开壳去蛹,焙至极干,再称准重若干,共得茧若干枚,以此重数匀计之,每茧约二分四五厘者为好身;又将不开壳之茧约四两命女工缫之,丝长而不断口者为好口,若身薄而断口多,是谓烂茧,缫之亦亏损矣。此丝厂所以最重买手也。至每斤丝约用干茧四斤十余两,次则五斤八两,如茧身薄者用至五斤十余两亦有之。从前未有机器,缫丝只用手经,其丝略粗,不过供土人纺织之用。近来,洋庄丝盛行,其价倍昂,洋庄丝居十之六七,土织丝居十之三四而已。

(周之贞等修,周朝槐等纂:《顺德县志》,卷一,舆地,丝部,民国十八年刻本。)

〔**清光绪三十一年前后,广州府新会县江门镇**〕 丝茧出于天河、荷塘各乡。江门缫丝厂有二家,共约女七百人。缫法用足踏器械,构造甚粗劣,且不合法度。工女自幼练习熟极生巧,敏捷异常,惟因学识缺乏,器械不精,干茧法不完全,储茧库未设备,故缫出之丝,粗幼不等,络交不齐,色泽不佳,大损丝之价值。现蚕学研究家拟先改良足踏缫丝机,及购备丝质检查器械,利用本邑女工敏巧之手,以制出良丝云。

(清 谭镳纂修:《新会乡土志》,卷十四、物产,清光绪三十四年铅印本。)

〔**清光绪末年至民国十八年,广东顺德县**〕 至光绪末,全粤丝厂已有百一二十间,时又有孖结丝一类,与车丝并行欧美。其制法用脚踏机(即踩经),虽规模略小,女工多则百十人,少则六七人,然年中输出额亦占粤丝三分之一。惜其工作不能划一,劣点极多,较之机器车丝大相悬绝,故近来脚踏机丝绝迹于欧美矣。美国丝业团尝来粤考察丝业,殷殷以改良相最勉,谓宜效法日本,用复缫机缫丝,以期适应彼国织造家之需求。丝业中人深韪其说,有岑某者,顺德五区人,首先仿效,增设复缫工厂。一时同业靡然风从。自是昔日之四角车丝一变而为复缫式之六角车丝,此广东丝业沿革之大概情形也。经兹改革后,成绩颇优,价格日增,销路日畅,蓬蓬勃勃,有不可遏抑之机。再能锐意研求,其发展宁有限量欤。所虑者,政府税率日增,成本渐高,获利自少。加以日人、意人努力竞争,大有取而代之之势。我国丝商既苦供亿之繁,复遭损失之惨,救死不赡,遑论改良,遂令大好丝业日形凋敝,能不痛哉(广东丝业研究所册记)。

(周之贞、冯保熙修,周朝槐等纂:《顺德县志》,卷一,舆地略,物产,民国十八年刻本。)

〔清宣统年间,广东肇庆府高要县〕 吾邑缫丝纯用旧法,木车手缫,丝粗色暗,且车之四角不免胶黏,有碍纺织。近有用脚车者,其丝之光细仍不及大丝偈。故手缫脚缫之丝,只销本省,不能远及,因是育蚕家多售茧于大丝偈,不自缫矣。育蚕以大、小湘至禄步之两岸为最多,桂林、黄冈亦不少。近年,六、七、八、九区渐有育蚕者。

(马呈图纂修:《宣统高要县志》卷十一,食货篇二,民国二十七年铅印本。)

〔清宣统三年前后,广东广州府南海县〕 广东织业则织绸缎、云纱、花绉、素绉、竹纱、牛郎纱、机纱、花绸、天鹅绒、官纱等,其机房工人约以十余万计,但本地织造多用土丝,车丝则全运出洋。

(清 张凤喈等修,桂坫等纂:《南海县志》,卷四,舆地略,物产,清宣统三年刻本。)

〔民国初年,广东佛山〕 机房土布行:光绪季年,大机房二十余家,小者六七十家,工人二千余,多织丝品,丝由顺德各乡购回,出口颇多,最著名为金银缎,八丝缎、充汉府缎、充贡缎,售于本地者十之二三,外埠四乡量亦相等,运赴外洋则十之三四。《吴志》引《广州志》称,粤缎之质密而匀,其色鲜华,光辉滑泽,然必吴蚕之丝所织,若本土之丝,则黯然无光色,亦不显,止可行粤境,远贾多不取。佛山纱亦以土丝织成,花样皆用印板,生丝易裂,熟丝易毛云。此固《吴志》以前事,时至今日,情形自当有别,然亦足见吾乡丝织品之有名于当时矣。嗣因丝贵,销场锐减,初有机十具者,渐减为三四具。宣统间,有仿造东洋机出,然用之者尚寡,至民国初年,机房闭歇者十之六七。及甲寅,因欧战影响,洋布腾贵,于是用仿造东洋机织土布者,有六七十家,近每年出口达六十万元。妇女织布者万人以外,每布一丈,织工五仙,日可得二三毫,理纱者则日得铜元五六枚,至漂纱上机多用男工,其仍织丝品者,每丈工值三四毫,日可织丈余。据最近统计,机房土布行共一百三十余家,东友同业二百余人,东西友均称兴仁堂,东友会馆在社亭铺接龙大街,额题博望侯古庙,光绪十五年己丑重修。西友会馆在同铺舒步街,亦题博望侯庙。按土丝织品滞销,由于洋庄丝出口日多,复重抽坐厘,原料值昂,成本既重,销售良难。至土布则日趋发达,花样改良,货色鲜美,为原日机房工人研究之力,惜绵纱、颜料仍仰给外人,漏卮不塞,致外溢利权岁逾巨万,亟宜讲求树棉制纱、化成颜料诸法,原料既备,且精工作,则佛山织造足以有声世界也。

（冼宝干等纂:《佛山忠义乡志》,卷六,实业,民国十五年刻本。）

〔清同治年间,四川成都府成都县〕 乡间惟修屋、制器之工居多,城内百工咸备,皆有裨于实用。其精巧者,无过于织造,有宫绸、宁绸、线锻、巴缎、倭缎、闪缎、线绉、湖绉、薄艳平纱、明机蜀锦、天心锦、浣花绢、龟兹阑干,每年采办运京,常以供织造之不足。妇女务蚕事,缫丝、纺绩,比屋皆然,在城者多善针黹,缝纫刺绣,色色皆精,贫苦孀居,竟有恃十指以为事畜之资者。

（清 罗廷权等修,衷兴鉴等纂:《成都县志》,卷二、舆地志,风俗,清同治十二年刻本。）

〔清光绪二十六年前后,四川资州井研县〕 井研物产,以今疆域论之,其转输他境可获重值、利民生者,以盐、丝、蜡为大宗,盐法已具上篇。井研丝在成都市称上品,织户争购,取名曰东路丝,以别异于嘉、眉、潼、绵等郡。其类分二等,价视细粗为高下,细倍粗价什二,资本费亦如之。岁入丝价,殆数十万金,农民资以为生计甚众。凡国赋田租及一切馈遗、叩喧、偿负、赁庸之费,常取给于此,命曰丝黄钱。贫户假贷子钱以丝黄为期,无弗应者。然桑树年久多空灌,后来种植亦稀,而民间育蚕又不得培护之法,值桑叶翔贵及蚕病之年,因之债负累累者,十室恒八九,洵所谓利与害相乘除者矣!

（清 叶桂年等修,吴嘉谟等纂:《光绪井研志》,卷八,食货四,土产,清光绪二十六年刻本。）

〔清光绪二十八年至民国二十八年前后,四川德阳县〕 邑故种桑饲蚕,新茧登市后,多有缫丝者。光绪二十八年,知县赵渊购秧五千株,遍种公地,风气渐开,赵著有《蚕桑摘要》。近年人造丝甚行,蚕桑之业日形凋敝,富源衰落,良可叹也。

（熊卿云、汪仲夔修,洪烈森等纂:《德阳县志》,卷四,建设志,物产,民国二十八年铅印本兼石印本。）

〔清光绪三十四年至民国五年,四川合川县〕 丝帮:合州丝帮,历嘉、道、咸、同,只有花线、衣线、绫子机房。花线为绣花用,衣线为缝纫用。州中线帮,为附近各属之冠。邻封杂货必来购买,故开贸较多,然只用火丝,绫子机房间用水丝,究亦不多,故此帮虽有如无。至光绪年间,壁邑有宁绸之发达,州人喁喁向风,各处渐有宁绸机房,用丝渐多,此帮仍未发达。自光绪二十七年,合州蚕桑公社成立,大河灞始行改良,因是学于东洋者,有人学于江浙者,有人学于成都者,亦有人纷纷然有志奋兴，后尘可步。逮三十四年成立经纬丝厂。宣统三年成立惠工丝厂。民国五年成立蜀华、裕华两丝厂，次年又成立利合、福禄制丝两厂，并益农蚕社。其他如农业学校、蚕务局等皆于实业大有关系，此学术研究也。今就每年各丝产额销路情形分条言之：扬返丝全县产额约五十余箱，每箱重一千六百八十两，纤度至十二至十四得里鲁，价约洋一千二百余元，计共约售洋六十余万元。我县改良扬返细丝，系民国五年创办直缫丝，全县产额约五十余箱，每箱重量如前，纤度十四至十五得里鲁，约洋九百余元，计共约售洋五十余万元。摇经丝即俗谓复缫是也，全县产额约五百余箱，每箱重量同前，不限纤度，只在粗细匀净，约售洋八百余元上下，计共约售洋四十余万元。土丝分普通销售与出口销售，普通销售，此谓土丝即销本县、渝城、成都等处，机织家是也，年约三百余箱，每箱约售洋四百余元，计共售洋十余万元；出口销者称过盆，又名原装，即将土丝另行捻造、括造、荷造而输于上海是也，年余五百箱，每箱约售洋五百余元，计共售洋二十余万元。

（郑贤书等修，张森楷等纂：《合川县志》，卷二十三，商业，民国十一年刻本。）

〔清光绪年间至民国二十二年，四川绵阳县〕 绵地产丝较邻封各县甚属著名，在清光绪年间，如昭、广、剑、梓、江、彰、石、平以及潼属之丝运输外洋，均由绵地归总，统名之曰绵丝。其本地之丝只有四成，邻县外来之丝约有六成，每岁由绵输出岁约五千余担，号曰统丝。逮民国初年，输出渐减。四年以后，缫丝之法改用小车，名曰扬返；又以统丝接头，名曰复缫，旧有统丝日见其少。近十余年，业丝之家外缴过重，途税加增，申岸滞销，获利寥寥，输出各丝不及千担。二十年后，中日战起，丝价陡落，城乡缫丝各厂以及运申水客亏折本资不堪计算，以今视昔，盛衰悬绝，此吾绵之丝业近况也。

（梁兆麒、蒲殿钦修，崔映棠等纂：《绵阳县志》，卷三，食货志，物产，民国二十二年刻本。）

〔清代至民国年间，四川华阳县〕 县治东南城内，业杼织者，数百家，谓之机房。前清盛时，供全省之用，并销陕、甘、云、贵。先后所制有蜀锦、天孙锦、卐字锦、云龙锦、芙蓉锦诸目。国变以来，边省道路梗阻，商贾裹足，而欧西赝丝染织成文炫耀充斥，土物益贱，机业存者十无二三，而工品亦稍稍逊矣。

（叶大锵等修，曾鉴等纂：《华阳县志》，卷三十四，物产，货，民国二十三年刻本。）

注：华阳者一九六五年并入双流县。

三、手 工 业 | 551

〔清代至民国十六年,四川剑阁县〕 昔盛而今衰者,如金仙场织绸,昔时运售甘肃、碧口等地,今以绸质不良,不能与乐山西、南充、绵阳诸产竞利于商场,而金仙织绸者大半辍业矣。

(张政等纂修:《剑阁县续志》,卷六,赋役,附物产,民国十六年铅印本。)

〔清代至民国二十七年,四川泸县〕 本县织丝向来有名,以绫绸为大宗,运销成都及湖南、江西、广东等省。十数年来,丝业不振,大有一落千丈之势。

(王禄昌等修,高觐光等纂,欧阳延叟续补:《泸县志》,卷三,食货志,工业,民国二十七年铅印本。)

〔民国初年至十二年,四川宣汉县〕 民国初年,南坝场设厂二,宣南丝厂其一也,行销上海,获利甚巨,以经理不得其人,终至倒闭。

(汪承烈修,邓方达等纂:《重修宣汉县志》,卷四,物产志,货之属,民国二十年石印本。)

〔民国四年至二十二年,四川绵阳县〕 民国四年,有少数商人凑集股本,开设丝厂,改造扬返摇经,运往申江发售。彼时尚获微利,自民国二十年后中日交战,申岸之衰一落千丈,吾绵业丝之家折阅基金,各厂歇业,解散工人未可计算。

(梁兆麒、蒲殿钦修,崔映棠等纂:《绵阳县志》,卷三,食货志,物产,实业附,民国二十二年刻本。)

〔民国初年至三十年前后,四川〕 川丝向用土法制造,二十年前改用机械,初为直缫式,后改再缫式,数经改良,始销欧美。至于本车丝厂,属于家庭工业者颇不少,约计手摇丝车二万部,惟所出只能供本省用。新式丝厂共有丝车六千二百五十余部,现其中九百九十二部已因丝销不畅而停工,犹以民国二十年倒闭者为多。

(楼云林撰:《四川》,第二章,人文,十五,工业,民国三十年铅印本。)

〔民国六年后,四川大竹县〕 丝出蚕桑,山前上下段多业此者,岁运成都销售,尚无机织。民国六、七年,县人改良制丝,杨家场有美利丝厂,高穴场有协兴丝厂,购茧于柑子铺及达县柏树场等处。旋因欧战折阅,遂停。

(郑国翰等修,陈步武等纂:《大竹县志》,卷十二,物产志,丝之属,民国十七年铅印本。)

〔民国六年至二十六年,四川大足县〕 民国六年,欧战结束,丝业勃兴,县人蒋辑五等于东关召公祠创办裕蜀缫丝厂,制出口丝抵制辍业。十四年,县人何耀奎创办大川陶瓷公司于活水沟,因资本不敷停业。二十五年,停办教养工厂,改设游民习艺所,旋又奉令停办。同年,县人欧善直等集资五万元购常乐寺、禹家寺、杨家寺为垦区,创设新农垦殖公司,内分矿务、纸业、牧畜、垦殖四部。二十六年,抗战发生,钢铁需要至巨,县人王小沧等集资六万元于王龙乡创办同福铁厂;又,县人王念文等集资八万元于兴隆乡之龙洞漕创办棠香铁厂;又,县人易伯颜等集资十二万元于协合乡麻园沟创办民惠铁厂;又,荣昌人余际唐等集资三十万元于双路邮亭间之二郎塘创办福昌铁厂;又有兴华铁厂,在龙水镇,民鑫铁厂,在万古镇之石板沟;惟福昌铁厂用机器采冶,余均用土法,今多停闭。新农公司自三十三年改组,增加资本总额为一千二百万元。其他玻璃厂,玉龙乡旧有棣复、复兴、兴记三家,今存棣复、兴记二家。铁器厂,龙水镇有建章、民办、民生等六家,双路有郭明山等十余家。煤炭厂,玉龙有十七家,龙水六家,兴隆四家,协和五家,万古九家,十万十六家,双路九家,邮亭十家。石灰厂玉龙一家,兴隆二十家,万古三家,双路四家,龙水九家。盐灶房十七家。碗厂玉龙八家,兴隆九家,双路一家,龙水二家。沙锅厂邮亭、双路各若干家。

（陈习删等纂：《大足县志》,卷三,建设,民国三十四年铅印本。）

〔民国十年前后,四川金堂县〕 附郭西南隅织生丝湖绉者约三十余家,每家用机或二三架、四五架不等,每机织工一人,提花一人,搓线抛丝各视其本业之大小为差。

（王暨英修,曾茂林等纂：《金堂县续志》,卷五,实业志,工业,民国十年刻本。）

〔民国十二年前后,四川眉山县〕 计转输异地获重值者,只丝、蜡、烟叶。丝,在成都市,织户争购,以光泽肥韧称最上品。城内苏邻丝厂集股开办,用新法缫装运沪,贫民方倚为生,惜不久旋废。然乡间茧丝为青黄不接之补助,几无家不有,零星贩运,岁入尚不下二十万。

（王铭新等修,杨卫星、郭庆琳纂：《眉山县志》,卷三,食货志,土产,民国十二年铅印本。）

〔民国十三年前后,四川江津县〕 县东门外,曰民生厂;西门外,曰几江厂。缫丝俱用人力车,丝成运销上海。几江厂由邑人陈浦桥、李象舞等集资创建,年来力求美善,颇著成绩。丝厂工人亦较民生厂为多,近且有推广锅炉机器之说。

（聂述文、乔运亨修,刘泽嘉等纂：《江津县志》,卷十二,实业志,工业,玻璃,民国十三年刻本。）

〔民国十七年前后，四川中江县〕 工业甚寻常，皆操艺糊口之流。近以粮价太高，故雇者与受雇者均困。机织一门，颇为繁盛，多有前此大户亦举家之以谋生者。近日丝厂肇兴，男工、女工均有之，于利济贫寒，为益甚大；惜吾邑丝厂旋起旋仆，不及他县远甚。惟绩麻出售，妇女之资以生活者，奚翅数万人，此则职业微和赖溥，为上中两村特色。

（李经权等修，陈品全等纂：《中江县志》，卷之二，舆地二，风俗，民国十九年铅印本。）

〔民国十八年前后，四川南充县〕 邑中各厂，前清末年，经士商提倡，逐渐发达，以出口丝为大宗，销行沪上，次则各样布匹，仅销邻县。其他亦有进步，兹将现行各厂表列于后……

织造厂

厂 名	地 点	机子部数	工 徒	出 品
张星北	小东街	铁机十部	二十余名	纱罗绫绸
尹裕泰	二府街	同	同	湖绉绸
罗燕如	小北街	同	同	同
荣禄	模范街	铁机十一部	二十余名	同
嘉陵织绸股份有限公司	玄妙观	铁机四十部	六十余名	纱罗绸缎
平民厂（公有）	东狱庙	木机百余部	三百余名	藤器竹木器花布角巾
兴合	苋市街	木机三十余部	三十余名	各种宽花布
五福	北津街	铁机十五部	同	同

缫丝厂

厂 名	地 点	车子部数	工 徒	出 品
义隆	迎恩后街	木车二百二十部	三百余名	出口细丝
德合	平城门	木车二百八十部 铁车二百二十部	五百余名	同
荣禄	模范街	木车四十部	六七十名	同
美利	同	木车二百九十二部	二百余名	同
协记	小北街	木车二百二十部	二百名	同
义记	栖凤街	木车六十部	八十余名	出口细丝
富有	同	木车一百二十部	一百余名	同
同升福	奎星街	木车一百部	同	同
文华	大南门	木车三百部	四百余名	同

（续表）

厂　名	地　点	车子部数	工　徒	出　品
永和	土地巷	木车一百二十部	二百余名	出口细丝
六合	兴业巷	木车三百二十部	五百余名	同
同德	大北街	木车三百部	四百余名	同
聚星	同	木车四十部	七十余名	同
元昌（即茂记）	同	木车八十部	百余名	同
庆和	同	木车四十部	六十余名	同
果山社	南门坝	木车六十部	一百余名	同
树德	文峰场	木车一百部	二百名	同
同德分厂	都井坝	铁车二百四十部	四百名	同

（李良俊修，王荃善等纂：《南充县志》，卷十一，物产志，工厂，民国十八年刻本。）

〔民国二十三年前后，四川乐山县〕　邑中养蚕，三眠以前，皆饲柘叶，故丝质柔韧而耐久，较川北燥劣之品，诚过之无不及也。然邑商贩丝簇桥，屡遭负败者，盖由北产日增，价廉而人争购。机织之家，练熟用之则稍弱，必南丝价落始购以作纬，故暗中之侵蠹不少，此内地丝业之失败也。至于运售出口，则川北有沪庄，而吾邑无之，已难以占优胜矣，近虽改良缫车，箱装合度，但实业出产尚未发达。

（唐受潘修，黄镕等纂：《乐山县志》，卷七，经制志，物产，民国二十三年铅印本。）

〔民国三十年前后，四川汉源县〕　县中所产丝，销成、嘉及滇境，惟性稍燥，缫法宜讲求改良。

（刘裕常修，王琢等纂：《汉源县志》，食货志，农业，民国三十年铅印本。）

〔清乾隆十三年至嘉庆二十三年，贵州遵义府正安州〕　初州地少桑，徐吏目仿东茧之式，以柘叶饲之，即今之青杠树也。亦有以桑叶饲者，色美质精，不下中州之产，而价甚昂。茧成缫丝，昔皆以手洴澼，故质粗而织毛，今则遍张机杼，渐成花样矣。色劣工廉，价同布值，用是通各省之商贾，裕税课于关榷，厥功甚伟。

（清　赵宜㷆纂修：《正安州志》，卷三，蚕桑，清嘉庆二十三年刻本。）

〔清光绪中叶至二十世纪三十年代，贵州安顺〕　安顺织绸业之产品，有绉绸与绫绸二种。绉绸盛行于光绪中叶，是时乡间男子套头、束腰均用之，妇女亦用以包头。以购买者众，营此业者自多。所出产品柔软精致，光色耐久，营业极为茂盛，从事此业致富者大有其人。宣统而后，外省雪帽输入，物美价廉，竞相购买。时尚改变，套头、腰带均被淘汰，仅妇女尚用作头帕。以此销量日减，绉绸一业每况愈下，大非昔比。绫绸组织细密，花色入时，虽不及外货之引人，然价廉质纯，有其特点，销路仍颇多。安顺织绸业，城内营绉绸者约十余家，织工约百余人，近年销量较前清末约减少十分之四。绫绸一项，城内业此者仅三四家，织工二十余人；近来染织均能改进，堪与外货并驾齐驱，为安顺改良工业中之突出者。

（贵州省安顺市志编纂委员会据民国二十年代末稿本整理：《续修安顺府志·安顺志》，第九卷，工矿志，工业，织染工业，安顺市志编委会一九八三年铅印本。）

〖**清代后期至民国二十五年，贵州遵义**〗 自陈公玉璧教民养育山蚕，而遵绸之名大著于远徼，百数十年来，起家至畦连阡陌、食列鼎钟者恒百十，皆陈公之惠也。乃小民无识，食诈伪，易精为劣，假巧渔利，至令人之弃而不取，殊可惜耳。《乡土志》：遵义绸有上中下之别。曰府绸，其上也。其粗劲而皱者曰鸡皮茧，次也。毛绸，又其次也。水绸虽先于府绸，品最下，而名目独多，其双经单纬者曰双丝，单经双纬者曰大双丝，单经纬者曰大单丝，小单丝者但疏而狭，亦曰神绸。今更有提花者曰提花府绸，较之素者更贵重。各色能染，亦如府绸、水绸之各色俱备云。《近泉居杂录》：府绸行销最旺，远省无不乐售，以其质厚而经久也。湘、豫、滇省利市为销场，年入金钱三四十万，故人之津津言利不出此。自洋烟之利倍之，又东西洋之织值贱而色丽，而制者无巧思改造以争市，遂多废而不讲矣，有取最劣之品筑以粉或泥，染作棕绛色，以行西蜀边夷，尝取倍蓰利。

（周恭寿等修，赵恺等纂：《续遵义府志》，卷十二，物产，货类，民国二十五年刻本。）

〖**民国初年，贵州独山县**〗 绸，向无制造，民国初年，独山知事王华裔思以实业倡率全邑，先购种放山蚕，旋聘工织造绸成，已有较胜他属者，邑人踵行之后效将不可量。

（王华裔修，艾应芳纂：《独山县志》，卷十二，物产，货类，一九六五年贵州省图书馆据民国三年稿本油印本。）

〖**清代至民国年间，云南**〗 云南工业落后，丝类织品尚不能仿造，所用绸缎皆由四川及南北各省运来昆明。旧织滇缎一种，质地虽粗，而坚牢耐久。南乡官渡，能仿北京、汴梁织妇女裹首之纱帕，销行各县，但较冀、豫各省者仍逊。老鸦滩能织土绸，禄劝织山绸，至清季光、宣间始由劝业道提倡设纺织厂于省会，雇用江浙技师纺织各种花样绸缎，推设分厂于永昌。至民国改革，是项工业复归停顿。

（龙云、卢汉修，周钟岳等纂：《新纂云南通志》，卷一百四十二，工业考，纺织业，丝织类，一九四九年铅印本。）

〔清光绪末年至民国三十二年,云南昆明县〕　滇缎旧出官渡,染织皆未研精,惟丝质粗厚,颇耐穿着,业此者今只周姓一家。光绪末年,农业学堂所织较善,以成本昂贵,销行仍不甚多。绸缎,光绪三十三年创办农业学堂,延聘川浙工匠设染织科,教授生徒,绸缎、罗纺皆备,惟因价本昂贵,不能畅销。

（倪惟钦、董广布修,陈荣昌、顾视高纂:《昆明县志》,卷五,物产志,地质及矿产,工艺附,民国三十二年铅印本。）

〔清宣统元年至二年,云南楚雄府楚雄县〕　宣统元年约出丝五百余斤,二年约出丝二千余斤。

（清　崇谦等修,沈宗舜等纂:《楚雄县志》,卷四,食货述辑,物产,清宣统二年修,一九六〇年据抄本传抄。）

（三）刺绣、漂染、建筑业

〔清乾隆五十三年前后,江苏松江府娄县〕　顾绣,仿上海顾氏露香园制,今郡城内外人多习之。

（清　谢庭薰修,陆锡熊等纂:《娄县志》,卷十一,食货志,服用之属,清乾隆五十三年刻本。）

注：娄县今为松江县。

〔民国二十年前后,河北满城县〕　城镇各乡均有染坊,供居民需用,惟专营是业者,多山西人。本地业此,每不及山西人营业之发展。其靛色用德国舶来品及硫化染料,色虽鲜明,不若本地靛青之纯厚。惟各自染坊喜用外靛,本地种靛青者几绝。

（陈宝生修,杨式震、陈昌源纂:《满城县志略》,卷七,县政,实业,民国二十年铅印本。）

〔民国二十一年前后,河北景县〕　染工,以各色颜料染布缕者,俗呼染房,各市镇俱有,惟营业者多系山西省人。

（耿兆栋等修,张汝漪纂:《景县志》,卷二,产业志,工业状况,民国二十一年铅印本。）

〔民国二十三年前后,河北井陉县〕　染房,全县计二十余家,皆以洋靛、土靛、煮青、乌叶等料,与商民泡染各种粗细白布。此项营业甚属发达,其资本金额统计约三千余元,全年营业总金额约万余元,所需工资约四五千元。

(王用舟修,傅汝凤纂:《井陉县志料》,第六编,实业,工商合业,民国二十三年铅印本。)

〔民国二十三年前后,河北怀安县〕 染业:治城及柴沟堡、左卫均有是业,向分京染、土染两种。京染房多系关里人操持,除染国布外,并能染及绸缎。土染房多属蔚县人,专染国布,以红、蓝、黑三色为普通,所用靛青向由蔚县输入者多,价甚昂,近因洋靛充斥,价又廉,染工多用之,每年漏卮不知凡几。

(景佐纲修,张镜渊纂:《怀安县志》,卷三,政治志,实业,工业,民国二十三年铅印本。)

〔民国二十九年前后,河北邯郸县〕 染工,昔日皆用本地所种之靛,今则改用洋靛,各乡多设肆为之。近年以来,染色进步,或作皂青或作月色,更有试作轧光者,颇觉鲜明。为此业者资本二三百元或四五百元不等。染工每尺铜元八九枚或十四五枚,颇能获利云。

(李肇基修,李世昌纂:《邯郸县志》,卷十三,实业志,工业,民国二十九年刻本。)

〔民国二十年前后,奉天安东县〕 染色,分染绸、染布及码花各类。染布者,共二十一家,近年生意萧疏,每家岁染各布仅万有余匹,需靛油四十余筒。染绸及线者八家,用西法二家。染码花者十余家。

(关定保等修,于云峰纂:《安东县志》,卷六,人事,工业,民国二十年铅印本。)

〔民国二十四年前后,甘肃镇原县〕 工,有土、木、铁、石等,均手为之,无机器可言。他如缝纫,乃各家妇女惯技耳。

(钱史彤、邹介民修,焦国理、慕寿祺纂:《重修镇原县志》,卷三,民族志,职业,民国二十四年冶印本。)

〔清光绪三十四年前后,新疆温宿府〕 工,有汉、回泥、木、裁缝、铜、铁匠数十家。

(佚名纂:《温宿府乡土志》,实业,据清光绪三十四年抄本。)

注:温宿府今为阿克苏县。

〔清光绪初年至民国三十年前后,山东潍县〕 潍县绣工,始于清光绪初年,其时因年岁不登,生活艰难,妇女学习南绣者日多,初仅作当地装饰之用,如套袖、裙子、枕头等类。嗣后,技术日精,凡围屏、喜帐、戏衣等件皆能绣制,其优美或过于南绣。自清末至今，县中以营绣货致富者不下数十家。

（常之英修，刘祖干纂：《潍县志稿》，卷二十四，实业志，工业，民国三十年铅印本。）

〔清光绪末年至民国二十四年，山东莱阳县〕 瓦工则结集为伙，少五六人或七八人，多十余人或数十人。通常建筑屋舍及他营造与木工，皆临时招集。在清光绪末叶，颇多出境或赴海参崴、旅顺、大连，或赴烟台、青岛、济南。民国二、三年后，海参崴、旅顺、大连已渐少矣，今几绝迹。

（梁秉锟修，王丕煦纂：《莱阳县志》，卷二，政治志，实业，民国二十四年铅印本。）

〔民国十五年至三十年前后，山东潍县〕 潍县以织布业发达之故，境内各处染坊颇多，城关共有三十家，多开设于民国十五六年以后，资本白银元一百五十元至数千元不等，惟洪兴号资本八千元为最多。各家规模较大者有染锅及染缸，年可染布六千匹，资本最少者仅有染缸，年止染布二三百匹。其营业为代布商漂染布匹，每匹工价一元五角，全年染布约五万八千余匹，工价总值约八万八千二百余元。

（常之英修，刘祖干纂：《潍县志稿》，卷二十四，实业志，工业，民国三十年铅印本。）

〔民国二十二年前后，山东东明县〕 染房，棉织靛染为农民常服，故染房无肆无之。顾本县不产靛，靛值近复昂贵，染者渐稀，生意不及已往之发达矣。

（任传藻等修，穆祥仲等纂：《东明县新志》，卷十四，民生志，生计，民国二十二年铅印本。）

〔民国二十三年前后，山东桓台县〕 染工设染房，皆土法，专染青蓝，尚鲜杂色。

（佚名纂修：《桓台县志》，卷二，法制，实业篇，工商业，民国二十三年铅印本。）

〔民国二十四年前后，山东陵县〕 本县工人，木匠、泥瓦匠为多，他若铁匠、石匠，则多属章丘人，染色匠则多属山西人，窑匠则多属河北省之大名府人。

（苗恩波修，刘荫歧纂：《陵县续志》，卷三，第十八编，工商业，民国二十四年铅印本。）

〔明代至清朝年间，江苏苏州府吴县〕 绣作，《姑苏志》：精细雅洁称苏州绣，一名顾绣。顾姓妇人最工，故名。说见道光府《志》。又《光福志》云：吴之刺绣勤于光福。

（曹允源等纂：《吴县志》，卷五十一，舆地考，物产，民国二十二年铅印本。）

〔明代至清光绪七年前后，江苏常州府无锡、金匮县〕 堆纱刺绣，前明尤仲骥妻俞氏所造，早寡保孤，业此自给，巧夺天工，曾以充贡。今邑中或仿其法。

（清　裴大中修，秦湘业纂：《无锡金匮县志》，卷三十一，物产，清光绪七年刻本。）

〔清乾隆年间至民国二十二年前后，江苏吴县〕　染作，乾隆《元和县志》：出娄门外，唯亭（按：今则郡城）所在有之，专染丝经。青坊则皆唯亭外跨塘人，余均非土著。如红坊则句容人为多，黑坊则镇江人也。绸布印花染坊则皆绍兴人也。

（曹允源等纂：《吴县志》，卷五十一，舆地考，物产，民国二十二年铅印本。）

〔清道光至光绪年间，江苏苏州府吴县光福镇〕　香山一带，民习水、木工作者，十之六七，尤多精巧。凡大江以南有大兴作，必籍其人。

（清　徐溥编，王镛等补辑：《光福志》，卷一，风俗，清道光二十四年编，光绪二十三年补辑，民国十八年铅印本。）

〔清宣统年间，江苏江宁府〕　机业既兴，百货萃焉。丝经必染，染坊则在柳叶街、船板巷左近，盖秦淮西流之水以之漂丝，其色黝而明，于玄缎为尤宜。至于包裹缎匹，谓之筒货，表里皆用绵纸，按广狭计长短裁制合度，每匹必二十张，所需极伙，故南门桥口及沙湾之纸坊有专供缎贾用者，皆与机业联事者也。

（陈作霖编：《上元江宁乡土合志》，卷六，物产，染坊纸场，清宣统二年刻本。）

〔清光绪初年至民国八年，安徽芜湖县〕　染坊，光绪初仅数家，近以土布出场甚多，除机坊自染外，现共有十余家，所染印花及各种颜色丝绸工艺之进步甚速，营业亦因之发展。惟颜料日渐加昂，尤以靛为大宗，本埠共有靛行十余家，自欧战后，每桶四五元涨至二十八九元，有存货者其利自厚，而染业以货底太贵之故，遂为之减色矣。又大红头绳为旧日驰名物产，称为红坊，以所染红色为最佳也。自洋绳入口，遂渐式微，今存五六家，均代织染纱带，不能专为一业矣。

（余谊密等修，鲍实纂：《芜湖县志》，卷三十五，实业志，商业，民国八年石印本。）

〔民国十年前后，安徽宿松县〕　城乡各镇均设有染店。业染工者，多本境人。其所染以本境土布为多，亦有染洋布者，惟染法均旧式，无新样色彩。

（俞庆澜、刘昂修，张灿奎等纂：《宿松县志》，卷十七，实业志，工业，民国十年活字本。）

〔清代至民国年间，福建上杭县〕　邑人以靛青业致富者甚众，而在外作染工业者，如浙、赣、粤等省亦伙。在昔，粤之羊城、佛山，皆为邑人专利，每一埠俱数百人。民国后,破除此例,业此者已不及如前之盛矣。

(张汉等修,丘复等纂:《上杭县志》,卷十,实业志,工业,民国二十八年铅印本。)

〔清光绪十九年前后,河南陈州府扶沟县〕 居城中者多刺绣,外境商人趋售之,遂成锦市。

(清 熊灿修,张文楷纂:《扶沟县志》,卷十,风俗,清光绪十九年刻本。)

〔民国二十一年前后,河南林县〕 染业:以蓝靛染棉布或洋布、茧绸,每集市必有数家或十数家,各乡村亦有之。

(王泽溥、王怀斌修,李见荃纂:《林县志》,卷十,风土,生计,民国二十一年石印本。)

〔清同治三年前后,湖北宜昌府东湖县〕 工则土著无人,作室、制器,尽属蒲圻、咸宁等处流寓。近来,兴造繁多,索值倍昔,而梓匠巧者俨若上宾。

(清 金大镛修,王柏心纂:《东湖县志》,卷五,疆域志下,风俗,清同治三年刻本。)

〔清道光年间至民国三十七年,湖南醴陵县〕 醴陵东乡李家山、漏水坪一带,出产蓝靛,故染业在清季已颇发达。道光间,南乡有肖大俊者,在县城开设茂康染铺。是时东乡蓝靛每石价钱不过七八串,惟品质掺杂,肖乃加工精制,生意日隆,积资至巨万。民国以来,乡间织布者日多,故染坊亦随之增多,惟所用颜料则改为舶来之黑靛粉,蓝靛绝迹。所染缎青布最佳,销行衡州、常德、江西、湖北等处。战前县城染坊约四五十家,多在南门一带。战时洋布价格日昂,土布业骤盛,染坊增至百余家,所染土布销行江西及郴州一带。至三十一年以后,社会购买力渐弱,销路不旺,营业力衰。例如抗战初起之一二年内,有职工六百余人;至三十三年初,仅余三百人。染坊八十余家,分自染、代染两种。自染店多设县城及渌口,乡间所设者多为代染店。漂业,漂业原属于染业,近年始分为二,漂业另立漂坊,职工亦另组工会。漂业盛衰,随夏布业及土布业为转移。迩来布业渐衰,漂业亦随之不振。如三十二年尚有漂坊六家,职工六十余人;三十三年初,仅余三家,职工二十余人。漂坊多设在南门沿河一带,取其近状元州,便于漂晒也。

(陈鲲修,刘谦等纂:《醴陵县志》,卷六,食货志,工商,民国三十七年铅印本。)

〔清光绪年间,湖南长沙府宁乡县〕 湘绣与顾绣(一名苏绣)争雄,大抵宁乡女工之成绩。先是,光绪间,麻山杨蔚青妻肖氏学画于其族人世焯(字季棠,乃宝庆尹和白之弟子,画翎毛颇有名),所绣山水、人物、花卉、翎毛、走兽,其物则彩幛、桌围、椅披、戏衣、袈裟之类,精妙绝伦,一时针神之誉,虽江苏余沈寿不知之过也(沈为苏州举人,余某之妻绣慈禧太后像有名,后教绣于南通张謇所设工艺学堂)。省商设庄销售,西人重价以购,一时倾动,绣庄日多,肖弟子后甚众,比国美术赛会,湘绣遂列全球第一,不知实宁乡肖娘始之。肖门徒百余咸不及师,而省城习绣之女工不数千,以肖娘所制较之,相霄壤矣。

(宁乡县志局:《宁乡县志》,故事编,财用录,工业,民国三十年木活字本。)

〔民国七年至三十一年,湖南醴陵县〕 泥木业包括泥、木、锯三行,建筑多,则营业旺。民国七年,兵燹以后,县城房屋全部重新建造。又民国二十九年至三十一年,本县细瓷业发达,姜湾及北门下一带,增建窑厂商号不少,均为泥木业最盛之时,在城职工恒有四五百人。

(陈鲲修,刘谦等纂:《醴陵县志》,卷六,食货志,工商,民国三十七年铅印本。)

〔民国二十年前后,湖南长沙〕 湘绣为最负盛名,省垣妇女从事刺绣业者甚伙。近年,各职业女校多设刺绣一科,精益求精,所绣山水人物、翎毛花卉,无不毕肖。

(曾继梧等编:《湖南各县调查笔记》,物产类,长沙,工艺品,民国二十年铅印本。)

〔民国二十四年前后,广西贵县〕 建筑业,业建造者俗曰泥水匠,曰石匠,曰木匠,全县约千余人。近年,建筑事业渐尚包工建造,工匠颇有集团。

(欧仰羲等修,梁崇鼎等纂:《贵县志》,卷十一,实业,工业,民国二十四年铅印本。)

〔清宣统年间,广东广州府番禺县〕 执业人多者,以泥水、造木、打石为最,工人数万,多出自大山、大石一带,而分布于四乡。有会馆,在大石及省城,均谓之三行仔。其次则造船,以河南为聚处,工厂八十间,另桅缆桨橹约四十间,葵蓬茭荤约二十间。市桥、新洲等处亦均有之,但不及河南之盛。又次,则化梨,花梨本木工之一,以专制花梨家具,业专而精,自成一家,设肆于河南者共百余间,颇有名。又其次则织造机房及机器厂,均在河南,亦各有百余间。又有牙刷业、澄面业、焙鸭业,亦在河南。制造牙刷者不过数百人。澄面、焙鸭则工人更少,然俱能自树一帜。焙鸭一业著名甚久。心字香著名亦久,但久已无人制造,即知其名者亦鲜矣。

(丁仁长、吴道镕等纂:《番禺县续志》卷十二,实业志,民国二十年刻本。)

〔清代至民国十五年前后,广东佛山〕 顾绣行:专造各种刺绣品,或雇工人在店制造，或发四乡女工接绣，行销本省及广西地方。民国后，服制改革，谱子、披肩、蟒袍等物已不适用，女服亦不尚宽博之缘饰，只有屏幛铺垫尚能销行，故制造不及从前之盛矣。约四五家，多设于长兴街等处。

（冼宝干等纂：《佛山忠义乡志》，卷六，实业，民国十五年刻本。）

〔民国十二年前后，广东佛山〕 朱砂年红染纸行：油纸行购纸，染朱砂、砑砂、年红、花钱、红钱、粉贝、古铜、雪黎等色纸。朱砂有正朱、冲朱之分，年红有上、下等之别，行销内地及西北江各埠，大店数十家，又称染馆者数十，工人数百，东家堂名同志，西家堂名至宝祖社。花红染纸行：从前染以四川红花膏，销路与朱砂年红纸略同，近改用洋红粉为染料，价虽廉，而色易褪，且着墨后，尤不易干。大店数十家，工人数百，专染一色，行销内地及西北江各埠。杂色染纸行：以白纸染成各式，售于红、白纸店，近多改用洋粉染料，出品稍逊，有数十家，工人数百。按染纸为吾乡有名工艺，业此者多侨居本乡之新会、鹤山等县人，店号多在舍人街、衙前街等处。

（冼宝干等纂：《佛山忠义乡志》，卷六，实业，民国十五年刻本。）

〔民国十二年前后，广东佛山〕 泥水行：从前工值，每日每工五六毫，近已增至九毫，共一百五十余家，工人一千三百余，堂名荣盛会馆，在祖庙铺凿石街，额题北城侯庙，光绪丁末年重修，一在康胜街，名桂泽堂。

（冼宝干等纂：《佛山忠义乡志》，卷六，实业，民国十五年刻本。）

〔民国十年前后，四川金堂县〕 染坊：县属市场，无处不有染坊，近日较前尤多，染色则未尝进步，从乡好耳。此虽工业，专其利者悉系商民，盖靛青颜料俱由贩运而来，惟召工徒转杠、晾晒，故资本家优为之，通计阖邑约三百余家。

（王暨英修，曾茂林等纂：《金堂县续志》，卷五，实业，民国十年刻本。）

〔民国初年至二十九年，贵州开阳县〕 本地染房，在纺织盛行时，原甚发达，民国七年以前，即县城已有十家以上，近年日趋衰落，现所有者不过四家，规模尚逐渐紧缩，而经济之不景气，亦属原因之一，固非仅由土布工业之崩溃而然也。现计全县染房约共十家左右，所需靛料，十九系舶来品，而以德造之狮马牌为最适用，每年漏卮亦不在少。

（欧先哲修，钟景贤纂：《开阳县志》，第四章，经济，工业，民国二十九年铅印本。）

〔二十世纪三十年代，贵州安顺〕 安顺府直辖地居安郡之中心，为郡治之所在,五方荟萃,人烟稠密,日常生活用品需要浩繁,工业自较各属发达。如织染、缝纫、烟酒、食品、烧窑、建筑以及毛革、油漆、五金、家具、文具、雕刻、印刷、修饰装潢等业,无不应有尽有。其中以织染、缝纫、食品、建筑、五金、家具等业为最发达。产品则以荸荠粉、鸡蛋挂面、剪刀、菜刀、斗笠、月琴、皮包肚、绫绸、花线、烧酒、酱油、糖食蜜饯以及皮纸书、牛毛德等最为有名。

（贵州省安顺市志编纂委员会据民国二十年代末稿本整理：《续修安顺府志·安顺志》,第九卷,工矿志,工业,安顺市志编委会一九八三年铅印本。）

〔二十世纪三十年代,贵州安顺〕 染业,可分为染业与印花业二种。染业专染各种单色布匹,如月蓝布、皂青布、缸青布、苏青布、冻绿布等是。印花业仅城内北街张姓一家。所印之花,光滑美丽,虽不及外来之匹头,然耐久不变,又非外来匹头所能及,故发销乡间,最为通行。自各种有色布匹不断运入,染业大受冲击,月蓝布、皂青布、缸青布、苏青布、冻绿布等之销量,大为减少。惟印花一业,反较前增加。如城内北街之印花铺,已扩张至八九家,资以为生之工人亦不少。据最近调查,安顺城乡合计有染业八十家,染工约三百人。

（贵州省安顺市志编纂委员会据民国二十年代末稿本整理：《续修安顺府志·安顺志》,第九卷,工矿志,工业,织染工业,安顺市志编委会一九八三年铅印本。）

〔二十世纪三十年代,贵州安顺〕 蓝靛业,以蓝叶和石灰制成蓝靛。安顺所出之蓝系菘蓝,此业以受西洋颜料输入之影响,已归淘汰。

（贵州省安顺市志编纂委员会据民国二十年代末稿本整理：《续修安顺府志·安顺志》,第九卷,工矿志,工业,化学工业,安顺市志编委会一九八三年铅印本。）

〔明洪武年间至民国年间,云南省〕 建都邑,成聚落,必有赖木、石、泥工。云南至明洪武间,移中原之民实滇,故房屋建筑无异中原,惟规模之宏壮稍逊。

（龙云、卢汉修,周钟岳等纂：《新纂云南通志》,卷一百四十二,工业考,建筑业,一九四九年铅印本。）

〔民国初年至二十七年,云南昭通县〕 昭于染绩尚属可观,惜业之者未甚发展,现仅一十三家而已。染料向用土靛,专染青蓝色,久不变。欧战前后,洋靛输入,群相购用,然一经洗涤,色即脱消,未若土靛之耐久。但染绩之家以贪价廉色鲜,颇有舍土靛用洋靛之趋势,利权外溢,识者慨焉。

（卢金锡修,杨履乾、包鸣泉纂：《昭通县志稿》,卷五,工业,纺织,染绩附,民国二十七年铅印本。）

〔民国二十三年前后,云南宣威县〕 县中有大、小染房二十余家,资本均不甚宽,仅染青蓝等布,色亦平常。染料用东川、巧家所产之土靛,近亦间有用洋料者。

(陈其栋修,缪果章纂:《宣威县志稿》,卷七,政治志,建设,工业建设,民国二十三年铅印本。)

〔一九四九年前,云南〕 刺绣为女红之一,妇女多习之,但如棹围、寿彩、绣帘、枕头、被面、帐檐、寿图、印帕等之绣货,自来系川人在省会开设铺店营此工业。

(龙云、卢汉修,周钟岳等纂:《新纂云南通志》,卷一百四十二,工业考,刺绣业,一九四九年铅印本。)

(四)轧花、造纸、印刷业

〔清同治年间至光绪中叶,江苏南汇县〕 同治以来,上海花商收买花衣,于是轧花场遍地皆是。始用小轧车,妇女手摇足踏,日可出衣十数斤。光绪中,洋轧车出,日可得衣数百斤,小轧车天然淘汰矣。

(严伟等修,秦锡田等纂:《南汇县续志》,卷十八,风俗志一,风俗,民国十八年刻本。)

〔清光绪十年以后,江苏青浦县〕 洋轧车,光绪十年间自上海传入,先行于东北乡一带,日出花衣一担有余。

(于定增修,金咏榴增纂:《青浦县续志》,卷二,疆域下,土产,民国六年修,民国二十三年增修刻本。)

〔清光绪末年,江苏嘉定县〕 花衣:棉花以车绞去其籽,盛以布包,运售他处。昔用土车,自日本车行,今皆改用日车。花衣黄者供絮,白者供纺。

(陈传德修,黄世祚、王焘曾等纂:《嘉定县续志》,卷五,风土志,物产,民国十九年铅印本。)

〔清光绪末年,江苏嘉定县真如镇四乡〕 轧棉工作(将棉花轧去棉籽,用本乡自制之木轧车,工作迟缓),至为普遍。盖纺织之家,均自为之也。然自洋纱充斥,自轧者日见其少矣。清光绪季年,乡人杨荣逵倡设合兴义花厂;初用人力,今已改装机械。附表于后。

附合兴义花厂概况表

名　称	成立年月	地　址	倡办人	资产数	机　件　数	年产量
合兴义花厂	清光绪三十三年	本镇东港坝	杨荣逵	五万元	十二匹马力柴油引擎一座；轧花机十五座	五千担

备考：备有碾米机一座。

（王德乾辑：《真如志》，卷三，实业志，工业，民国二十四年稿本，一九五九年抄本。）

〔清光绪二十年前后，直隶广平府磁州〕　磁州西有纸房村，以造纸得名，然多毛头纸、草纸。

（清　吴中彦修，胡景桂纂：《重修广平府志》，卷十八，舆地略，物产，货属，清光绪二十年刻本。）

〔清光绪年间至民国二十年前后，河北迁安县〕　邑向产毛头纸，用桑皮为料，石灰沤之，然后缲之为纸，名曰毛头，为邑产大宗。自清光绪季年，邑人李显廷欲改良纸业，三至高丽详加考察，购买机器，创造大力纸，畅销于关外，平津次之。民国十九年，毛头纸房又改缲海纸，统全县言之，大力纸厂二十余处，毛头纸房六百余处，海纸房百余处。

（滕绍周修，王维贤纂：《迁安县志》，卷十八，物产篇，货物，民国二十年铅印本。）

〔清宣统二年至民国四年，河北任县〕　造纸，产邑东彰台等村，曰纸环，每年约出百余万捆，每捆约值制钱二白余文；曰麦秸纸，曰苇子纸，每年约出三四千万个，每个约值制钱百余文。半销本境，半销邻邑。

（清　谢禺麟修，陈智纂，王亿年增修，刘书旗增纂：《任县志》，卷一，地理，物产，清宣统二年修，民国四年增修铅印本。）

〔民国二十年前后，河北枣强县〕　往者，制造棉花之器，或轧或弹，器颇笨拙，自制造棉花机器输入县境，轧花、弹花多用机器，由生而熟，快利百倍，有以熟花输出济南等处者。

（宋兆升修，张宗载、齐文焕纂：《枣强县志料》，卷二，实业，工，民国二十年铅印本。）

〔民国二十年前后，河北满城县〕　毛头纸为物品包裹之用，宋家屯、江城、北章等村制者颇多。其原料以烂麻、碎纸废物化合，年产约二千二百余刀，每刀约价银圆一元七角，除本地商号销售外，余运销保定市。

（陈宝生修，杨式震、陈昌源纂：《满城县志略》，卷七，县政，实业，民国二十年铅印本。）

〔民国二十年前后，河北满城县〕 县内，近山之地宜棉，产量既多，轧花遂为最大工业。昔用旧式轧机，力多工少。近年均用新式轧机，每机日出棉瓤七八十斤不等。全县轧机约千余架，制出棉瓤年约四千余万斤，除供本地衣絮自用外，多数运往天津，为出口货大宗。

（陈宝生修，杨式震、陈昌源纂《满城县志略》，卷七，县政，实业，民国二十年铅印本。）

〔民国二十一年前后，河北徐水县〕 造纸厂，分草纸、毛头纸二种。草纸原料系用麦杆、蒲绒、白灰制成，本境南张、丰沿、公巩、固庄等村业此者最多，每年运销天津、保定等处为数甚多。毛头纸原料系用旧纸与麻刀、白灰制成，销路亦广。

（刘延昌修，刘鸿书纂：《徐水县新志》，卷三，物产记，附实业，民国二十一年铅印本。）

〔民国二十一年前后，河北徐水县〕 轧棉工厂，一名花店。厂内规模大致为洋机数架，工友数人，专收买子棉，用轧机制成瓤料，运往天津，销路甚广。近年县境此项工业逐渐发展。

（刘延昌修，刘鸿书纂：《徐水县新志》，卷三，物产记，附实业，民国二十一年铅印本。）

〔民国二十二年前后，河北南皮县〕 本县二、三、四区产棉家庭制棉者甚多，从前均用轧车弹弓，每日每人制棉十余斤。近来，多有铁轮轧机，每机每日可制棉百余斤，行销本境暨济南、天津。

（王德乾等修，刘树鑫纂：《南皮县志》，卷五，政治志，实业，民国二十二年铅印本。）

〔民国二十三年前后，河北新城县〕 邑西北二十里艾各庄，居民百户，农业之外，以造草纸为副业。法以麦秸和石灰置釜中蒸之，六日夜止，火三日后，入碾轧碎，水滤去灰，和蒲花入池搅匀，以竹帘抄起，去帘压之，两次晾于日下，自和灰至晾干十余日而纸成。造纸之所曰作坊，合村十余所，每年成纸万余块，每块千零三十八张，运销平、津及固安、涿、涞、房山、定兴及本县各镇，平均每作坊可获利五百元，全村可数千元。

（张雨苍等修，王树楠等纂：《新城县志》，卷二十三，织余，民国二十四年铅印本。）

〔民国二十五年前后，河北涿县〕 造纸工业：草纸年造约三万刀（每刀计九十六张），约值四千五百余元；毛头纸年造二万五千刀（每刀计百九十二张），约值二万五千余元，黑三张纸年造四万刀（每刀计九十六张），约值三百余元，行销本县、邻县及北平。

毛毡工业：炕毡年造二千件，行销本县，约值万二千元；床毡年造三千件，行销本县,约值四千元;毡椅等年造万五千件,行销本县,约值六万元;大车年造五百辆,行销本县及邻县,约值三千元;手车年造约千辆,行销本县及邻县,约值万元;梢桶年造六千个,行销本县,约值三千六百余元;农具年造三万五千件,行销本县,约值两万八千余元;木梳年造四万余件,行销本县及邻县,约值二千元;大木珠盘(教具)年造百架,行销本县。帽年造五千顶,行销本县,约值二千元;毡篓鞋年造约千双,行销本县,约值八百元。

糕点工业:茶食年制八万斤,行销本县,约值万元;蕉枣年制三十万斤,行销本县、邻县及平、津、保各地,约值二万五千元;果丹皮(红果制品)年制二万张,行销本县,约值千元。

(宋大章等修,周存培等纂:《涿县志》,第一编,经济,第一卷,实业,民国二十五年铅印本。)

〔民国二十五年前后,河北香河县〕 县内产棉最富,向系用旧式轧机,力多工少。近年逐渐改良,始用新式轧机,每机日出棉瓤七八十斤不等,业此者已有数家,多系运往天津销售。

(王葆安修,马文焕、陈式谌纂:《香河县志》,卷三,实业,民国二十五年铅印本。)

〔民国二十九年前后,河北邯郸县〕 近时制棉悉用洋轧花车,城西关安家庄等村业之者最伙,每于秋后终日隆隆,眩噪耳鼓,几至不隔一户。情缘近数年来外商来邯运贩棉花者络绎于途,价买籽花若干,轧制转售但能赚,剩棉籽即系沾得利益。统计每年运出之花约有数十万斤,轧制工资计在数千元。此外洋弹一业仅供土人纺纱絮衣之用,当较轧工远逊也。

(李肇基修,李世昌纂:《邯郸县志》,卷十三,实业志,工业,民国二十九年刻本。)

〔清光绪九年前后,内蒙古绥远清水河厅〕 毛头纸,以麻屑为之,清郡所制与关北州县暨口外各厅所造大约相同,纹理粗糙而无筋骨,殊不及平阳府所产蒲纸之细腻而白也。

(清 文秀修,卢梦兰纂:《新修清水河厅志》,卷十九,物产,清光绪九年修,抄本。)

〔清宣统元年至民国十五年,奉天开原县〕 清宣统元年,本城西街德润芳书局购买石印器具作刷印法改良之首倡。城内各学校所用一切表册证书等类争向该号购买。二年,东街马书铺接踵起而争胜。民国十五年,德润芳又在南街更设分号,南街文胜魁、文纯久、东街文业长亦先后改用石印,各聘良工,力求精致,旧有之木板印刷至此,遂无人复用矣。

(李毅修,王毓琪等纂:《开原县志》,卷九,人事,实业,工商业,民国十九年铅印本。)

〔民国二十三年前后,陕西〕 构皮可作纸,火纸为邑大宗,草纸、皮纸、引纸稍逊(《商南县志》)。兴市镇一名精纸坊,出纸,洁白精良,东止晋豫,西行甘教,皆通贸易(蒲城访册)。粗制纸出峪口,供祭扫用,工省价廉,销路尚广(葭州访册)。

(杨虎城、邵力子修,吴廷锡等纂:《续修陕西通志稿》,卷一百九十二,物产三,货属,民国二十三年铅印本。)

〔民国二十五年前后,甘肃康县〕 治南六十里岸门口,制造二连纸为大宗,查该处业此者五六十家,大都每年三时务农,农隙时方事纸业,是以农而代造工业。每家制造之纸,少则三四千合,多则七八千至万一二千合不等。以五十家计,平均每家造一千合,共计约出纸五万合。其纸价格,每担贱时值洋三十元,平常价四五十元,极贵则在六十元。以平常价四十元计算,共值洋二十万元。……其销售地点,近在西礼各县,远至兰州、狄河次及西宁以上各县,销路甚广。……县北三十里之大堡子南路尹家沟上至巩家集之蔡家沟一带,所出四裁纸全年不下一千余担。造此业者亦非专务,约有二三十家,其价格较岸门口略贵,以其帘子宽大之故。其销售武山、西礼以及武都南路各处,计每年能进六七万元有奇。县东四十里窑坪所出经板纸,造作者数十余家,有东淮坝、西淮坝、汤家大沟各处聚集成庄者,每年总在一千担以上、二千担以下,其价格较岸门口昂贵,一半销售西宁、兰州等处,名为山纸,约计每年售价洋十一二万元。以上三处总计共售洋四十万元之谱,其余零星制造之纸均未计入。

(王世敏修,吕钟祥纂:《新纂康县县志》,卷十,工商,民国二十五年石印本。)

〔民国二十五年前后,甘肃康县〕 县北蔡家沟产四才纸,县南岸门口周牟二坝、火烧河等地产二连纸,县东窑坪一带产改连纸、经板纸。经板、改连尺幅较大,销售西宁、兰州等处。四才较小,二连极小,其产额最多者为二连纸焉。此二种销售陇东、陇南各县,实康县第一出品也。

(王世敏修,吕钟祥纂:《新纂康县县志》,卷十四,物产,民国二十五年石印本。)

〔民国五年,新疆〕 皮山、和田之纸,纯以桑络为之,坚韧异常,惜少光泽。

(林竞编:《新疆纪略》,五,实业,工艺,民国七年铅印本。)

〔民国二十七年以前至三十六年前后,新疆和田〕 和田的桑皮纸,向为名产,造纸量每月平均在一万五千令以上,每令百张。皮山生产最多,约占全数之半。全部的产量现在较二十七年以前增加百分之十二。和田所产桑皮纸,以玉石磨光,可供印刷,质坚韧,保存数百年不坏,维文经典多用此纸书写。

(丁骕撰:《新疆概述》,八,手工业,民国三十六年铅印本。)

〔民国三十三年前后,新疆〕 和田能以桑皮造纸,其法用桑枝嫩条捣烂蒸之,质坚韧而色不白,为本省普通常用之纸。全省官厅缮写公文多用之。此外迪化、吐鲁番亦有造纸业,系杂以棉絮、楮皮、麦杆等揉和为之。

(李寰撰:《新疆研究》,第三编,经济,第五章,工业,民国三十三年铅印本。)

〔民国二十四年前后,山东临朐县〕 纸,旧《志》云,桑皮坚韧胜他邑。今龙泉水侧,如纸房、徐家圈、柳家圈、椿园、马陵庄、殷家河、衣家庄、张芹家庄,业是者计四百余户,细询土人,谓年可出纸一万二千墩,岁入约共十二万元,惜只限一隅,未能扩充也。

(周钧英修,刘仞干纂:《临朐续志》,卷十,食货略,物产,民国二十四年铅印本。)

〔民国二十六年前后,山东博山县〕 城北窝疃庄居民多制草纸、毛头纸,为家庭工业,以用本小,资为生者颇多。近因外纸日繁,土法仍就,销路日减。

(王荫桂修,张新曾纂:《续修博山县志》,卷七,实业志,工业,民国二十六年铅印本。)

〔民国三十年前后,山东潍县〕 潍县色纸业前颇兴盛,比年以外货倾销,生意萧条,现业此者有十余家。全年业务,以岁终丹红纸为大宗出品。此外,尚有各种色纸,除行销本县外,尚能销于本省各县。

(常之英修,刘祖干纂:《潍县志稿》,卷二十四,实业志,工业,民国三十年铅印本。)

〔南宋绍熙三年,两浙西路平江府吴县〕 彩笺,吴中所造,名闻四方。以诸色粉和胶刷纸,隐以罗纹,然后砑花。唐皮、陆有倡和鱼笺诗云:"向日乍惊新茧色,临风时辨白萍文"。注:"鱼子曰白萍。"此岂用鱼子耶?今法不传,或者纸纹细如鱼子耳。今蜀中作粉笺,正用吴法,名吴笺。

(宋 范成大撰:《吴郡志》,卷二十九,土物,宋绍熙三年修,清乾隆间《四库全书》本。)

〔汉魏,至明、清,迄于民国,浙江〕 本省纸业自昔著闻,越郡会稽为古时产纸重镇。……明、清两代,各地槽户竞出名纸,而纸业大兴,余杭、龙游出竹烧纸,仙居、常山出奏本纸,温州出蠲纸,其洁白紧滑胜高丽(《瓯江逸志》)。鄞、奉、安吉出皮纸,常山、桐庐出历日纸(见各县志)。……历来浙纸素负盛名,纸质之佳尤胜寻常,然在今日浙纸有价值者已绝无仅有,所产不过供祭祀冥用或包装杂用,其差可供书写者亦不过市肆账簿之选而已。

（浙江省通志馆修,余绍宋等纂:《重修浙江通志稿》第二十二册,物产,特产下,纸,一九四三年至一九四九年间纂修,稿本,浙江图书馆一九八三年誊录本。）

〔南宋嘉定七年前,浙东路绍兴府嵊县〕 剡纸,陆龟蒙诗:"宣毫利若风,剡纸光如月。"

（宋 史安之修,高似孙纂:《剡录》,卷七,纸,宋嘉定七年修,清乾隆间《四库全书》本。）

注:嵊县古称剡县。

〔元至正二年前后,江浙行省庆元路〕 皮纸出鄞县章溪,竹纸出奉化棠溪,亦有皮纸。

（元 王元恭修,王厚孙、徐亮纂:《四明续志》,卷五,土产,器用,元至正二年修,清咸丰四年刻本。）

注:庆元路今为宁波地区。

〔明朝年间至民国二十四年,浙江萧山县〕 纸,乾隆《志》:出河南山乡,有黄、白各种,质粗不堪书画。按:今南乡所产有竹纸、草纸二种……行销甚广。相传明季南坞村人邵勤春、邵之镗所制黄元最为细洁,驰誉遐迩。

（彭延庆修,杨钟義等纂:《萧山县志稿》,卷一,疆域门,物产,民国二十四年铅印本。）

〔清康熙二十二年前后,浙江绍兴府会稽县〕 竹纸,前辈多尚之,民家或赖以致饶。

（清 王元臣修,董钦德、金炯纂:《会稽县志》,卷六,物产志,货,清康熙二十二年刻本,民国二十五年铅字重印本。）

〔清乾隆十六年前后,浙江绍兴府萧山县〕 纸出河南山乡,有黄、白各种,质粗,不堪书画。

（清 黄钰纂修:《萧山县志》,卷十八,物产,纸,清乾隆十六年刻本。）

〔清道光三年前后,浙江杭州府昌化县〕 秀下、陈村、商解、田圩等村,以造纸为业。

（清 于尚龄修,王兆杏纂《昌化县志》,卷五,户赋志,物产,清道光三年刻本。）

〔清光绪三年前后,浙江处州府庆元县〕 工匠悉资外籍,石工则宁德,木工则江西,近则纸厂为盛。

（清 林步瀛、史恩纬修,史恩绪等纂:《庆元县志》,卷七,风土志,习尚,清光绪三年刻本。）

〔清光绪五年前后,浙江湖州府孝丰县〕 纸,有黄白纸、草纸、桑布纸等种出,东南乡为多。造纸者掘深坑,积竹腐之转水为碓捣之,以糜其质,垒石置镬,和垩灰煮之,以化其性,浮于水,以成其形,曝于日,以烈其气,成纸作梱,以鬻于市。若草纸,则制以稻草。桑皮纸,用紫草皮为之。

（清 刘濬修,潘宅仁纂《孝丰县志》,卷四,食货志,土产,清光绪五年刻本。）

〔清光绪三十二年前后,浙江杭州府富阳县〕 富阳民不习工,百工手艺皆惟他邑人是司,故工价昂贵。自经匪乱,入〈人〉丁尚未繁衍,南业竹纸,北业草纸,终岁操作,亦无闲惰之人,他艺未遑顾也。

（清 汪文炳等纂：《富阳县志》,卷十五,风土,风俗,清光绪三十二年刻本。）

〔清光绪三十二年前后,浙江杭州府富阳县〕 富阳竹纸一项,每年约可博六七十万金。草纸一项,约可博三四十万金。丝、茶两项约有十余万金。柏子、薪炭、石灰各杂项亦不下十余万金。而未能积畜(编者按：即积蓄)者,大患在乏米。综核富阳西北两乡,山田居半,匪后人少,每年所获,除自食外,尚可余米十之二三,南乡则沿江各庄外,皆有山无田,人丁约有二十余万,总岁食米皆仰给于杭之湖墅,物产虽丰,而购米去其十之六,国赋家用去其十之三,外来百工手艺去其十之一,则室悬如磬矣。然则为富阳计不患利源之不丰,而患利源之不通,如西北各乡农工未尽,合法水利亦未能疏浚,此宜改良者也。南乡田土虽辟,而山利犹有未尽,宜将硗确之光山,再行补植茶橐树木并苞萝番薯等物,而大要在纠集资本,鼓励商情,综所出各项货物每项结一公司,向通商各口岸自行贩卖,如此则所获当倍之。语云：食足货通,然后国实民富,虽然知之匪艰,行之维艰,结合团体,开通民智,总须俟其人,而后行,否时通谋也,侵渔也,各顾其私群情,解体也,富人恐未足语此也。

（清 汪文炳等纂修：《富阳县志》,卷十五,风土,物产,清光绪三十二年刻本。）

〔清光绪三十二年前后,浙江杭州府富阳县〕 竹纸出南乡,以毛竹、石竹二者为之,有元书、六千、五千、塘纸、昌山、高白、时元、中元、海放、段放、京效、京边、长边、鹿鸣、粗高、化笺、裱心等名,不胜枚举,为邑中出产第一大宗。总浙江各郡,邑出纸以富阳为最良,而富阳各纸,以大源之元书为上上佳门,其中优劣,半系人工,亦半赖水色,他处不能争。

（清 汪文炳等纂修：《富阳县志》,卷十五,风土,物产,清光绪三十二年刻本。）

〔民国十二年前后,浙江镇海县〕 浙东有麦杆、稻杆纸。今民间皆以稻杆制之,名为草纸,售于店铺,用以包裹物件。用麦茎制者鲜矣。

（洪锡范、盛鸿焘修,王荣商、杨敏曾纂:《镇海县志》,卷四十二,物产,民国十二年修,民国二十年铅印本。）

〔民国十三年前后,浙江昌化县〕 麻布、皮纸,道光《志》:石朋庄妇善织绢;秀下、陈村、商解、田圩等村以造纸为业。

（陈培珽等修,许昌言纂:《昌化县志》,卷五,版籍志,物产,民国十三年铅印本。）

〔民国十四年前后,浙江松阳县〕 西北二乡向以毛竹制纸,惟纸料极粗,是以仅销本郡,不能行远。

（吕耀钤、秦丰元修,高焕然纂:《松阳县志》,卷六,风土志,物产,民国十四年木活字本。）

〔民国十九年前后,浙江寿昌县〕 纸,出县西永平、四灵等区,分花尖、南屏、黄表三种。洪杨后每班（两年一班）出纸仅数千件,近来逐渐推广,已增至三万件有奇。

（陈焕等修,李钰纂:《寿昌县志》,卷三,食货志,特产,民国十九年铅印本。）

〔民国二十六年前后,浙江衢县〕 今衢地所造之纸纯系竹料,每年不下三十万金,为出品第一大宗。而草纸用以包裹者不在此列。

（郑永禧纂:《衢县志》,卷下,食货志,制造品,民国十五年修,民国二十六年铅印本。）

〔抗日战争前后,浙江〕 时至今日,本省造纸尤以手工业为主也。……战前,据《中国实业志》统计:全省纸类总产值为二千零八十五万零四百八十七元,平均每槽所出之纸年值七百五十余元。每工人所出之纸年值一百六十余元。按县而论,富阳占第一位,年值八百六十六万七千九百十二元,占全数百分之四十一强;萧山居第二位,年值一百三十六万零六百二十元,占百分之六强;衢县居第三位,年值一百零三万四千七百八十三元,占百分之五弱。其余诸暨、江山二县年值在七十万元以上,余杭、泰顺二县在六十万元以上,临安、永嘉、瑞安、黄岩四县在五十万元以上,龙游、桐庐二县在四十万元以上,金华一县在三十万元以上。其余在二十万元以上者有孝丰、新登、缙云、常山、临海、武义、遂安、景宁八县。在十万元以上者有奉化、绍兴、寿昌、汤溪、上虞、遂昌、松阳、温岭八县。在八万以上者有永康、嵊县二县。在七万元以上者有庆元一县。六万元以上者有浦江一县。五万元以上者有于潜、昌化二县。四万元以上者有平阳一县。二万元以

三、手工业 | 573

上者有天台一县。一万元以上者有新昌一县。仙居、建德、余姚、安吉四县则均在一万元以下云。……据战前国际贸易局之调查,统计本省槽户有二万四千四百三十七户,纸槽计二万七千七百六十五具。全年产纸战前已达二千万余元,抗战期间因航路中断,出口困难,内地销用不多,一部槽户相率停业。

（浙江省通志馆修,余绍宋等纂：《重修浙江通志稿》,第二十二册,物产,特产下,纸,一九四三年至一九四九年间纂修,稿本,浙江图书馆一九八三年誊录本。）

〔民国三十一年前后,浙江分水县〕 造纸厂二所,一在城区臧家巷应家塘,计四槽,所制草纸有桐斗、顶包、二丁数种名色,每年出品仅供本邑之用；一在招贤乡大老坞俭坞口,计四槽,制海方纸,岁出六百件,值银二万一千元。

（钟诗杰修,臧承宣纂：《续修分水县志》,卷二,建设志,制造场所,民国三十一年铅印本。）

〔民国三十七年前后,浙江杭州市〕 本市近三年手工造纸出口数量与价值：

数　　量　　　　　　　　　　　　　　　单位：担

年份	上等纸	次等纸	下等纸	上等纸	次等纸	下等纸	其　他
十八年	1 545	9 201	37 274	40 943	82 809	167 733	1 843
十九年	1 211	14 217	50 162	30 881	131 507	220 713	49 948
二十年	155	9 108	29 962	3 720	81 972	134 829	1 005

浙省之纸,大抵产自钱江上游者多,集中于本市。然本市纸行,尤以湖墅为最多,城区及江干居少数。……本市交易之纸,为花笺、黄尖、日尖、海放、京放、方高、南屏、毛边、黄元、草纸、连史、毛泰等。产自杭属、金属、衢属、严属、福建、江西一带。行销于天津、山东、浦口、青岛、江苏各路。

（干人俊编：《民国杭州市新志稿》,卷十八,工业二,造纸业,民国三十七年修,杭州市地方志编纂办公室一九八七年铅印本。）

〔南宋淳熙二年前后,江南东路徽州黟县、歙县〕 黟、歙间多良纸,有凝霜、澄心之号,复有长者可五十尺为一幅。盖歙民数日理其楮,然后于长船中浸之,数十夫举抄以抄之,傍一夫以鼓节之,续于大熏笼上周而焙之,不上于墙壁也,于是自首至尾,匀薄如一。

（宋　罗愿纂：《新安志》,卷十,宋淳熙二年纂,清康熙四十六年刻本。）

〔明天启年间,南京徽州府歙县〕 纸,歙县龙须山出,有麦光、白滑、水翼、凝霜之名。

（明　李贤等撰：《大明一统志》，卷十六，徽州府，明天顺年间撰，清乾隆间《四库全书》本。）

〔清康熙六十年前后，安徽安庆府〕　纸，以楮为之，名曰皮纸，六县俱有。

（清　张楷纂修：《安庆府志》，卷四，地理志，物产，清康熙六十年刻本。）

〔清乾隆元年前后，安徽宁国府宣城、宁国等县〕　纸，郡邑皆出，宣、宁二邑尤擅名。

（清　尹继善等修，黄之隽等纂：《江南通志》，卷八十六，食货志，物产，清乾隆元年刻本。）

〔清同治年间至民国八年，安徽芜湖县〕　纸业：同治间仅有十二家，货源大都来自江西及吴城镇。光绪初渐有起色，共有纸号十六家，每年营业约二十余万，始设箔坊一家，嗣于河南增设一家，常川能容箔工二百七十人，为全皖之冠。自宣统至今，纸价频涨，机制各色洋纸日形充斥，销场亦因之发展，除杂货业代卖外，共有纸号二十家，每年营业共五十余万两，尤以批发外镇为大宗云。

（余谊密等修，鲍实纂：《芜湖县志》，卷三十五，实业志，商业，民国八年石印本。）

〔清光绪年间至民国二十五年，安徽宁国县〕　宁地多山，所产竹木，纸料丰富。初无业此者。清光绪间二都四十都周胡二姓仿江西造纸法，创设纸厂。始办时，制纸无多，后则渐推渐广，现全境计大小纸厂四十余家。出品名目曰表芯、曰方高、曰干古等类，行销境内及芜湖、宣城、高淳、东坝各处，每年约计在两万担之谱。迩来价廉销滞，歇业者多。今各纸业又放大改良，或可不致衰落。

（王式典修，李丙麟纂：《宁国县志》，卷八，实业志，制造品，民国二十五年铅印本。）

〔民国九年前后，安徽英山县〕　印刷工：英山各姓多修宗谱，约三十年而一修，每用木字排印，凡刻字印刷装订，一切皆用人工，未有石印。

（徐锦修，胡鉴莹纂：《英山县志》，卷八，实业志，工艺，民国九年活字本。）

〔民国十年前后，安徽宿松县〕　邑西吴家冲、廖家河、长溪山一带，每年所造之纸，除销本地外，其贩运出境者亦商业营运之一种。运销之地，以邻境之蕲春、广济、黄梅等县为最多。

（俞庆澜、刘昂修，张灿奎等纂：《宿松县志》，卷十七，实业志，商业，民国十年活字本。）

〔民国二十年前后，安徽无为县〕　北山一带多竹木，有以造纸者，皆桑皮竹纸之属,量至微末。

(佚名纂:《无为县小志》,第四,物产,一九六〇年据民国二十年稿本石印本。)

〔民国三十七年前后,安徽广德县〕 吾广以嫩毛竹制表芯纸,产额甚巨,生活者不下十余万人,工人以江西、富阳人为多。

(钱文选编:《广德县志稿》,物产,民国三十七年铅印本。)

〔明嘉靖六年前后,江西九江府〕 楮皮纸,出瑞昌。草纸,出德安。

(明 冯曾修,李汛纂:《九江府志》,卷四,食货志,物产,明嘉靖六年刻本。)

〔清康熙十二年至十九年前后,江西建昌府南城县〕 南城之竹户,其来远矣,然惟猫竹可为纸资,转贸远方。笋亦可售境外,然易腐。

(清 曹养恒修,萧韵纂:《南城县志》,卷二,物产,清康熙十二年刻、十九年补刻本。)

〔清康熙二十年前后,江西广信府玉山县〕 玉无异物也,所传玉山纸殊薄劣,不受濡墨。

(清 唐世徽修,郭金台纂:《玉山县志》,卷二,疆域,物产,清康熙二十年刻本。)

〔清康熙二十二年前后,江西广信府弋阳县〕 纸,本县黄家源石坞等处杂竹丝荻藁为之,止可焚之神前,不可书字。

(清 谭瑄纂修:《弋阳县志》,卷三,农政志,食货,物产,清康熙二十二年刻本。)

〔清康熙二十二年前后,江西抚州府崇仁县〕 纸,以稻草为之,出崇仁县。

(清 于成龙等修,杜果等纂:《江西通志》卷八,物产,抚州府,清康熙二十二年刻本。)

〔清乾隆十八年前后,江西吉安府泰和县〕 竹纸,二十六都出。

(清 舟棠修,沈澜纂:《泰和县志》,卷五,食货志,上产,清乾隆十八年刻本。)

〔清乾隆二十五年前后,江西袁州府〕 皮纸,有厚至数重者,土人以之为褥,其精洁者可作衾帐。

(清 陈廷枚修,熊曰华等纂:《袁州府志》,卷七,物产,清乾隆二十五年刻本。)

注:清袁州府辖萍乡、宜春、分宜、万载等具。

〔清乾隆二十五年前后,江西袁州府万载县〕 表心纸,万载所出视他土为良,然只以供市肆之用,不中书。

(清 陈廷枚修,熊曰华等纂:《袁州府志》,卷七,物产,清乾隆二十五年刻本。)

〔清乾隆四十九年以前，江西广信府上饶县〕　纸，以竹笋久浸捣碎为之，西南北乡皆有，其名色不一（前志）。

（清　程肇丰纂修：《上饶县志》，卷二，地理，物产，清乾隆四十九年刻本。）

〔清道光四年前后，江西宁都州石城县〕　纸，去城六十里，礼上里有横江纸，煮竹丝为之，制造甚精洁，省会山左通行，每商贾贸贩岁不下累万金。

（清　朱一慊修，许琼等纂：《石城县志》，卷一，舆地志，物产，清道光四年刻本。）

〔清同治以前，江西广信府上饶县〕　纸，以嫩竹久浸捣烂为之，西、南、北乡皆有，纸之名类亦不一。

（王恩溥等修，李树藩等纂：《上饶县志》，卷十，风俗，土产附，清同治十二年刻本。）

〔清代后期，江西瑞州府新昌县〕　其销行出境者，以纸业为大。纸分三种，一曰花笺，一曰表心，一曰乾古。凡造花笺，以八人为一棚，每棚日出纸一块，全境计四百余棚，可养三千余人，岁出纸约十二万块。表心为万载专利，近岁有仿造者，多被万载所挤，销行不畅，岁出不过万二十余名。乾古纸，俗名火纸，造法简易，但有山泉水碓之处，虽一人之力可以为之，土人设庄收买，名曰纸间，凡二十余所，岁出纸三万皮，天宝、太平二乡多获其利，新安则甚微矣。……纸业一经兵乱，外商裹足，辄壅遏不行。自庚子联军入京，迄辛亥国变，连年亏折，凡操是业者，无不以弩末为忧。

（胡思敬纂：《盐乘》，卷五，食货志，物产，民国六年刻本。）

注：即新昌县志，记事至清宣统三年。

〔民国四年至抗日战争以后，江西〕　浙、闽、赣、湘、川皆为吾国产纸之区，而以赣产为最富，民四至民七年间，平均产价值八百万元以上，占全国纸产总量百分之二十，总值五分之一。嗣因灾害频仍，槽户无法维持，产量大减。全省八十三县产纸者有五十三县，而以石城、永丰、铅山、德兴、广丰、高安、宁冈、万载、宜春、宜丰、贵溪、遂川、泰和、吉安、安福、赣州、宁都、临川、全溪、广信、河口、奉新、靖安等二十三县，产量为最巨。如泰和之毛边、宣纸，铅山之连史，万载之表芯，石城之横江，临川之草纸，宜丰之花尖，东安之花坯，尤为著名。前农商部调查我国纸产分类，有连史、毛边、画心纸、皮纸、白关纸、裱心纸、粗制纸及仿造洋纸等十种，江西无一不有。民二十三年，省政府曾列制纸工厂为江西省生产建设九大计划之一，是年总产值达四百四十九万余元，二十四年达五百十九万余元，二十五年达六百十三万余元，该三年平均产值年达五百四十二万余元，为吾赣农村副产主要收入大宗。抗战后，纸价飞涨，各地产量以地处之安危，互有增减。……江西手工制纸因各地风俗、语言之不同，名称亦多互异，大概可分为粗纸与细纸两种，粗纸以火纸、表芯纸为代表品，奉新、宜春、万载、萍乡所产最著；细纸以连史、毛边、关山为代表品，而以铅山之连史、关山及泰和、石城之毛边为最著。

（吴宗慈修，辛际周、周性初纂：《江西通志稿》，经济略，四，工业，一九四九年稿本，江西省博物馆一九八五年整理油印本。）

〔**民国二十七年至二十九年，江西万载县**〕 改良纸业，始于民国二十七年春，由县长张芗甫督郭回澜、龙济海、辛植柏、张仰道发起集资，仿造白贡纸、重纸、毛边纸多种，颇以应时代需求。初设模范造纸厂于仙源，继而闻风兴起，高村、水棚、下官元山各处共设槽数十，计全县每年可产纸千余担，俱销浏阳。

（张芗甫修，龙赓言纂：《万载县志》，卷四之三，食货，土产，民国二十九年铅印本。）

〔**民国二十九年前后，江西分宜县**〕 南乡山深多竹，棚居者多以造纸为业，分老筻纸、火帘纸两种，于春末夏初砍取笋竹，削去竹青，名曰笋篾。竹黄劈片，浸以石灰，甑蒸碓舂，待其粉碎，用浆调匀，帘荡成纸。槽厂之大，一二十人。小者，三四人。妇女拈纸晒纸，工作亦忙，每年畅销邻近各县。

（萧家修修，欧阳绍祁纂：《分宜县志》，卷十三，实业志，工厂，民国二十九年石印本。）

〔**明代至民国三十一年前后，福建崇安县**〕 纸之类六，曰白纸、乌纸、黄纸、包皮纸、斗方纸、廊下纸。兹就白纸言之，相传始于明时，清初徽州人设乾隆纸厂于坑口，乾隆时惧渎国体，改武记，此本邑纸商之最古者。斯时以毛太、毛边、千山为大宗。道光间，顺太、毛六、毛八、毛九盛行，而京太、赛连、黑干、蚕连亦相继而起。光绪间，始有书川之名。民初，商务印书馆定制改良赛连，以印《四库全书》，赣人金嗣韶在大安黄连坑以漂白粉制纸，色甚白，名瑜版。去岁，闽北报社及上饶中国印刷所亦间采用本纸，而名色一变。

（刘超然等修，郑丰稔等纂：《崇安县新志》，卷十九，物产，关于本地特产者，民国三十一年铅印本。）

〔**清嘉庆八年至道光十二年，福建延平府顺昌县**〕 纸，猫八竹、赤枧竹、苦竹煮料而成者，有扛连、毛边二种，行至京都。近有苍丝、古连，其纸略粗。

（清 许庭梧修，谢钟瑾纂，陆嗣渊、贾懋功修，谢钟珝增纂：《顺昌县志》，卷三，食货志，物产，清嘉庆八年修，清道光十二年增修，清光绪七年刻本。）

〔**清光绪初年至民国十年，福建闽清县**〕 闽清纸厂，亦工业一大宗。清光绪初,十二都耆民郑仍开、郑珍希等因是都产竹甚多,乃设厂雇匠教人制纸。现石漏、丰洋、田溪、樟里等乡大小纸池计百余口,善制者每日可得工资数百文,学制者每日亦可得百余文,全年约计得工资数千金。

(杨宗彩修,刘训瑺纂:《闽清县志》,卷五,实业志,民国十年铅印本。)

〔清光绪中叶至民国十七年,福建沙县〕 沙邑山林多竹,于纸业尤宜,南路如三都、五都,东路如十都、十二都,西路如善峡、团仪、凤团,凡有竹山皆有纸厂,内设纸槽以制大小海纸,惟厂极简陋,散处各乡,约以千百户计,业此者多漳州永春人。北路之十一、十六、十七、十八等都亦多纸厂,制大广纸,业此者多汀州人。光绪中叶,海纸一项年出三十余万担。民国以来只出一万四五千担。至十五年尚未满万担之数。大广一项,年出四十万刀上下,近因捐重,加之匪扰,年只一万余刀,相差甚远。其外有书力、高腔、粗甲等纸,仅供本邑之用而已。

(梁伯荫修,罗克涵等纂:《沙县志》,卷八,实业志,纸业,民国十七年铅印本。)

〔清光绪年间,福建延平府尤溪县〕 出示禁革公帮事:本年五月初四,蒙臬宪张批据县禀覆饬,查廪生蔡辉沙等上控林长成、林长章、陈茂盛、林广成、林协美、丁益泉、丁同益、吴永兴、吴永记、林三成、王丰记、陈德丰、陈德兴等把持情形等由,蒙此,查律载凡贾买诸物,两不和同,而把持行市、专取其利者,杖八十。注云:两不和同,谓买者卖者皆不情愿,即俗所谓强买强卖而又不许他人买卖者。尤溪地瘠民贫,惟赖纸为生计,林长成等纸行并非领帖之户,尽人可开,私立公帮,已干例禁,观其所定帮规者,如纸客别卖,不准帮内私抬价值,违者重罚。如有私买,将纸充公,其店闭歇等语,是谋禁锢槽户、压制别行,即律所谓把持行市、专取其利者也。该商等亦知众情不服,乃以养槽、旧欠两事炫惑有司。查养槽系保给工资,馀与货物以准折槽户之纸价,各处皆然,不独公帮如此;旧欠则何行签有,槽户有欠,尽可呈追,不能禁具纸之别售,亦不能禁别行之不收其纸。是所谓养槽、旧欠又该商抵制上控之托词,至于纸类之价,请由官定,其言似公矣。然百货涨落无常,但使买卖和同,即是公平价值,何必请由官定,况林长成等力足以强立公帮,莫之禁遏,由官定价,不遂其私,是犹把持抵制之诡谋,何足为信!昔年延建邵司徒道为该商出示严禁,不准私开私家买并将源标封,至于入帮而后已,又因泉源添开,经府封禁。查纸系寻常货物,并非引地之盐、例禁之酒,但输厘税,其所谓私,即公帮实便于民,尚不能禁人增设,何况居奇垄断,盘剥小民?前道司徒不遵例章，不恤民隐，坏彼成此，办理昧欠公平，且泉源一经府提，即便闭歇，而公邦则安然自若。据禀，自本宇正月二十四日泉源闭歇之后，米价日增，纸价日减，即此数端，其为恃强自恣，罔利病民，尤属信而有征。来禀所谓以把持抑勒之钱，行把持抑勒之术，殆非虚语，综核该令先后所禀，澄本司查访情形，槽户蓄怨已深，所以未即滋事者，知该事尚有持平，姑噎忍以冀挽回耳。案已提府逾年，迄今未能了结，若必候人证到齐，再行定断，适遂该帮等延累之谋。倘槽户呼吁无门，铤而走险，亦非保全该商之道。总之，此案等病在公帮，禁革公帮，则该商一切把持抵制之术俱无所施，人心自平，物价自定，讼端自息，应即由县出示严禁，勒将尤溪纸商公帮名目永远禁革，林长成等十三家开闭听其自便，嗣后该纸行无论何等商人，俱准其开设。槽户愿售何行，各听其便，不得阻挠，地方官不得稍涉偏袒。如有私立帮规，妥取市利或捏词上控、挟制有司，即严治以应得之罪，并将该店标封，前通司徒所给告示，由县追回撤销，其与杨泉源等互控案，内在府候讯人证，由府即行开设，以恤民生，而断讼蔓，除录批款明督宪暨移藩司巡道，并行延平府遵照外，仰即遵照，认真办理，并余示稿通款备案，毋延，此檄等因。蒙此，当论案达实情，方立于不败之地，而无谎不状，亦为求胜之常。自来讼狱叠兴，虽云涛张为幻，然必视于理，以罪托于是，以饰非，从未有显于众怒，明犯科条，毒害遍于生民，污浊且及于官，长成等之强立公帮者也。查林长成等开张之初，允移利市，当是时，商民相安，生意发财，该商等应尚能记忆及之。讵意开设日久，同行日多，思擅独得之利，遂成垄断之谋，于是巧言公帮，私定规条。犹虑私规之不足压人，乃请官示以遂其奸，计使槽户有纸不准别售他人，有货不能添开，复将纸价日低，米价日贵，其私定合议日期及红帮章程张贴于会馆者，皆不音自声其把持抑勒之罪。而槽户终岁勤勤，得不偿本，亏折消耗，几不聊生。以致各抱不平，怨讟沸腾，该商等复诩诩得意，日事盘剥，亦实不知事干众怒，显犯例禁乎！殆亦利令智昏，虽身为怨府，而不知甘蹈刑章而不顾也。此次因泉源一店不愿入帮，缠讼数年，枝节丛生，绅耆、槽户群起环攻。查十九年间，该帮结连县差，拦夺私卖，各都槽户会集数百人与该商寻仇，几至酿成巨案，在该帮目此情事，比量曲直，虽难云知是不辱，当亦思知难而退，乃查其中若重有所恃者，复敢无中生有，强词夺理，其控槽户边。一曰养槽数十年，又曰槽欠数十万，毁不虑帐簿之无凭，其诬绅耆也，始以为贿串，继反以为枭债，又不顾前后之矛盾，抵制拖累，日复一日，官司未了，公怒成仇，如再抑而不伸，必致酿成巨祸。彼时势不是恃，利尽归人，所再晏然开立，行其把持抑勒之术乎！今幸蒙臬宪念恤民隐，查悉诡谋,摘伏指奸,词严意切,质之该帮,应无丝毫口抑,所有该帮之鬼蜮伎俩,谅亦无可再施。而所以不究把持之罪,意令禁革公帮者,是于严厉之中,仍寓宽恤之意。须知宪恩高厚,各宜激发天良,共相感悟,从此洗心涤虑,息讼安分,切莫再结公帮,尚可保全商业。至本县办理此事,一秉至公,即先后通禀各节,亦系查访实在情形,毫无曲私,虽为地方生民起见,然亦保全该商不浅。乃林长成等,屡以无稽之词妄加诬议,居心犹为刁狡,茅所悔祸以诚,不怙前非,亦当从宽免究,不咎毁往。所有公帮名目,自应遵批永远禁革,以除民害,而安商业。除将前奉司徒通宪告示遵批饬差追回撤销,一面传领帐簿禀请销案外,合行出示严禁。为此示,仰合邑纸行、槽户人等一体知悉,尔等须知私结帮规、把持抑勒,大原有干例禁,嗣后口将公帮名目永远革除,即私立条约亦克日缴消,无论何籍商人,俱准开设纸行,槽户愿向何行买卖,各听其便,不得阻挠,至各行买纸卖米以及百货,价值尤须公平,交易不许仍前高抬抑勒,如有私立帮规,罔取市利,一经查出,当照两罪并治之例,一律穷究,此系奉宪饬禁,期在必行,慎勿尝试。至于槽允一节,亦经本县查悉,为数无多,亦应陆续清还,不得因公帮革除,任意拖欠,致干穷追,各宜懔遵毋违,特示遵。

光绪二十二年丙申五月二十三日。

(清　马传经修,洪清芳纂:《尤溪县志》,卷之八,苏元栓禁革公帮告示,民国十六年铅印本。)

〔清代至民国三十二年,福建明溪县〕　色纸、锡纸,昔时行销江汉赣粤诸省,商业繁盛,金融流通。民国以来,已一落千丈矣。

(王维梁等修,廖立之等纂:《明溪县志》,卷十一,礼俗志,习尚,工艺,民国三十二年铅印本。)

〔民国八年前后,福建政和县〕　纸有草纸,产于南路各乡,仅供本地需用;有大扣、高匡、代白、昌盛、黄牌纸等类,产于东路各乡,可运售建瓯等处,岁入约数千元,但纸质洁白坚韧稍逊于上等纸料,故仅备簿据及色纸之用。

(黄体震等修,李熙等纂:《政和县志》,卷十七,实业志,农业类,民国八年铅印本。)

〔民国九年前后,福建龙岩县〕　今工作品之销售最广者,首推纸业。山野多竹,故纸业颇盛。雁石、福村、万安等社出品,则运售于北溪;湖邦、龙门、大小池、适中等社出品则运售于西溪。西溪多粗料,北溪则兼运白料。白料纸质极良,销路远及于南洋,虽年计售价不及百万,而贫民资以为生,其乡出纸者,虽妇孺皆有生计。

（马龢鸣、陈丕显修，杜翰生等纂：《龙岩县志》，卷十七，实业志，矿业，民国九年铅印本。）

〔民国十六年前后，福建尤溪县〕 连四纸，出十九都，绵料坚白，可造奏册。……海纸，邑产甚多，可衬锡箔之用，通运外省。

（清　卢兴邦修，洪清芳纂：《尤溪县志》，卷八，物产，货之属，民国十六年铅印本。）

〔民国十七年前后，福建龙岩县〕 造纸业，本县出品向以此为大宗，大别为白料、粗纸两种。白料产地为溪口、梧新两乡镇，其余如白沙、雁石、内山、铜江、龙门等处惟产粗料。在民国十七年以前，年可产三十余万担；十八年后，祸变频仍，竹山荒芜，纸槽倒闭，产量遂因而锐减。

（郑丰稔纂：《龙岩县志》，卷十七，实业志，工业，民国三十四年铅印本。）

〔民国十八年前后，福建建瓯县〕 时甫、煤甫纸，实一物而两名，一业而两成之。春篁解箨砍之，渍以石灰成浆，分出皮肉二层，肉造者质精而色白，曰时甫；皮造者质粗而色灰，曰煤甫。时甫输出省会，改装恒公成等字号，运往北地销售颇广，年可出三四万担。煤甫仅供地方粗用，产额亦少于时甫，出南区内外二里。……一大扣，出紫溪里，结白者谓之广扣，市肆间造簿据印刷等多用之，又输出省会亦复不少。漳墩甲，出紫溪之漳墩，因名，所出无多，供内地市肆间包裹之用。草纸，出梅岐里之埂头等村，逢三、八日挑至管下街市场发卖，因谓之草纸墟。

（詹宣猷修，蔡振坚等纂：《建瓯县志》，卷二十五，实业志，纸，民国十八年铅印本。）

〔民国二十年前后，福建大田县〕 大田纸厂在三十一都横坑、蚤卿、柯坑等乡、四十八都朴溪、四十四都西坑乡等处，野多竹林，计有大小纸池数百，亦工业之一大宗也。

（陈朝宗等修，王光张纂：《大田县志》，卷五，实业志，民国二十年铅印本。）

〔民国二十八年前后，福建上杭县〕 本邑出产以纸为大宗，每年运售潮、梅各属及漳州者旧时价值不下百余万，然皆粗纸，制造原料专用竹、麻，配以树叶、谷皮或稻草等物。

（张汉等修，丘复等纂：《上杭县志》，卷十，实业志，工业，民国二十八年铅印本。）

〔清光绪二十年前后，台湾云林县斗六堡〕 斗六纸钱铺甚盛，贫家女刺绣之余,多以刷纸为业,一日可得数十文钱。

（清　倪赞元纂:《云林县采访册》,斗六堡,风俗,女红,清光绪二十年纂,民国抄本,一九八三年台湾成文出版社影印本。）

〔明嘉靖年间至民国二十八年,河南禹县〕　禹之造纸,起明嘉靖时,杨河人杨宗成、杨宗孺二人合为此业。两家子孙,守之不替。后更沿及庄头村,业此者亦数十家。所造以绵纸为大宗,间带竹纸,销路至广,在昔官署之案卷、学舍之课册、零物之封裹、窗壁之裱糊,皆用绵纸,以其柔韧耐久也。近虽洋纸分占,而宜者仍莫之夺也,乡里市肆多有零售,近则禹城,远则汴垣,皆有绵纸专店。

（车云修,王琴林纂:《禹县志》,卷七,物产志,民国二十八年刻本。）

〔民国二十一年前后,河南林县〕　纸业,临淇、东山、曹旺、水捻、上野、猪泉诸村居民用楮皮制成棉纸,运往东三省,销路颇畅。

（王泽溥、王怀斌修,李见荃纂:《林县志》,卷十,风土,生计,民国二十一年石印本。）

〔民国二十二年前后,河南安阳县〕　安阳旧有工业,多属手工业,设备简单,出品窳陋,间有长技,多系父传其子,师授其弟,严守秘密,未肯公开,墨守成法,不求进步,故式样品质迄未改良,其中如垌现彰武等村之制纸,骨炉矿窟等村之冶铁,高平方山一带之制石灰,水冶镇之制绒帽毛毡,锦文州之首帕彰绸腿带,锦泰桐泰之醋酱腐干燎花,均甚驰名,其他如姚家膏药、杨大庆剪刀、复聚堂毛笔、哑叭馒头,亦为人所共知,至于轧花之旧式轧车已不经见,而织布之布机亦间有用新式者,此等家庭手工业,实多有改良之必要。

（方策等修,裴希度等纂:《续安阳县志》,卷七,实业志,工业,民国二十二年铅印本。）

〔民国二十二年前后,河南太康县〕　轧花业,近来逐渐发达,轧房收买籽棉,轧作皮棉,转售于商贩,颇获厚利。

（杜鸿宾修,刘盼遂纂:《太康县志》,卷三,政务志,工业,民国二十二年铅印本。）

〔清道光十六年前后,湖北武昌府蒲圻县〕　邑南山之东有地曰纸棚,左有洞,右有泉,其居人曰郑氏,凡四十余户,除数耕者外,悉以造纸为业……朝夕治棚下者约百余人,每岁值可获五六千金,凡此数十户一切食用皆取给于此。

（清　劳克泰修,但传熺纂:《蒲圻县志》,卷四,乡里,清道光十六年刻本。）

〔清咸丰年间至抗日战争期间,湖南醴陵县〕　前清有文光堂、王聚元堂、三让堂、多文堂、老焕文堂等。咸、同间,所刻匡版"四书"颇有名。民国十年以后,即代办学校书籍,抗战前,岁销约十万,销纸亦近十万。书籍多在长沙、衡阳等处采办,纸则自湘潭、浏阳、萍乡、长沙等处采购。战时,中小学数量大增,书籍、文具等销数亦随之而增,赣西各县亦有来此办货者,故营业颇盛。民国元年,文元堂、文光堂始开办石印。是时县城所出市票甚多,故以承印市票为主要营业。十七年,保管处购买铅印机器印刷书报,是为醴陵有铅印之始。二十七年以后,承印浙赣铁路表册,营业最盛,协华长、湘益、福华长及民报社均有印刷机。自铁路拆毁后,铅印生意稍衰,战时县城有书纸印刷店三十余家,店员约二百人,省帮、本帮各约一半。

(陈鲲修,刘谦等纂:《醴陵县志》,卷六,食货志,工商,民国三十七年铅印本。)

〔清同治十二年前后,湖南长沙府浏阳县〕 草纸,一名折表纸,春以石灰沤笋,秋出为纸,山人恒赖之,然亦极劳费。

(清 王汝惺等修,邹焌杰等纂:《浏阳县志》,卷七,食货三,物产,清同治十二年刻本。)

〔清光绪元年前后,湖南衡州府衡山县〕 衡农居平泉沃壤者十之四,居水涯者十之三,居山间者亦十之三。山农就山坳为水田,砌乱石为田塍,或高数尺,或高丈余,引石泉曲折灌溉,泉极寒冷,苗难生发,四月下种,十月始熟,计所收不及平田之半,而用力倍之;其隆处为旱田,冬火之,春莳之,所种多包谷、薯芋,差堪果腹,不甚适口。惟岳后诸山颇宜南竹,春笋解箨,农民灰浸为纸,售诸远方,稍获其利,然操作之苦,剧费多功,每 槽辄十余人,或数十人。若谷价昂而纸价贱,亦有亏折其本者矣。又山泉乘高注下,其流甚驶,民壅涧激水受之以轮,其轴端贯横直二木,轮转轴动,牵引其木,往来不息,就石槽磨木成屑,掃取作线香饼,此不烦多力而成者,要亦山农无聊之计也。近水诸农,其田常苦水潦,十种而九不收,往往有弃农而渔者,亦有且农且渔者,以渔之所获补农之不足,生计弥苦;平壤之农,所种惟有水稻,一岁一收,步稳收多,而谷贱则用不足,岁凶谷贵而收寡,则食不足,间里耕氓无富室,职是故耳。

(清 郭庆飓等修,文岳英等纂:《衡山县志》,卷二十,风俗,农事,清光绪元年刻本。)

〔清光绪二年前后,湖南永州府零陵县〕 沤竹为纸,转运他省,获利尤胜。

(清 徐保龄、嵇有庆修,刘沛纂:《零陵县志》,卷五,学校,生计,清光绪二年刻本。)

〔清光绪三十三年前后,湖南宝庆府邵阳县〕 纸分黄、白、蓝、红诸色,多系以竹为之。初取嫩竹斩伐成片,入以石灰,浸于池内,使之日软日化,然后以法渐令为纸。县地如东乡龙山、中乡、西乡滩头隆回产竹最繁,造纸因众。在龙山者,多由涟水入湘达者。在中乡黄帝岭大云山者,多由蒸水抵衡州,或再入湘达省。在滩头三门石山者,多由陆路肩至县城,再由资入洞庭、大江,以达于汉口湖北。此纸产为县商务一大宗也。自用竹造纸以外,亦有以稻草为最粗纸者,亦有以皮叶树为皮纸者。皮叶树,即所谓谷木,产并不多。县虽出纸,不及外省江西、福建精好,故上品纸张仍多自外地至。

（清　陈吴萃等修,姚炳奎纂：《邵阳县乡土志》,卷四,地理志,商务,清光绪三十三年刻本。）

〔民国二十年前后,湖南桂阳县〕　竹以大富区之北为多,该区始有造纸厂。

（曾继梧等编：《湖南各县调查笔记》,物产类,桂阳,民国二十年铅印本。）

〔民国二十年前后,湖南东安县〕　纸有粗纸、毛边纸二种,产于北应、恭安、三水等区。粗纸销售于邻近各县,毛边纸则多输出省外,每年总价达百余万元。

（曾继梧等编：《湖南各县调查笔记》,物产类,东安,民国二十年铅印本。）

〔民国二十年前后,湖南平江县〕　纸以嘉义市、献钟市为大宗,出口为最多,因东南乡纸业多在徐幸、张家等洞思村一带设纸槽。

（曾继梧等编：《湖南各县调查笔记》,物产类,平江,民国二十年铅印本。）

〔民国二十年前后,湖南浏阳县〕　纸张产东、南二乡,如熟料纸、折表纸及草纸等是。熟料纸之输出邻省者,年约二万石,折表纸约十万石,草纸输出本省亦有千余石。惜制造不精,取价又贵,不能抵制舶来品耳。

（曾继梧等编：《湖南各县调查笔记》,物产类,浏阳,民国二十年铅印本。）

〔民国二十一年前后,湖南汝城县〕　汝城工人以造纸工为最多,出自东二区与南二区。次则造粉条工,出自南一区与东一区,造成运往粤省之乐昌、仁化,赣省之崇义地方发售。又其次则织布工、爆竹工,数年前稍为发展,借以抵制外货,然仍不足敷本地之用。此外木工、土工、铁工、缝工,本地虽有供不应求,而仰给外人为多。至铜工、金银首饰工、漆工、帘工、弹棉工,纯是外人。惟锡工则本地,常有往湘粤赣边境各县谋生者。他如竹工、陶工、油工、纸扎工、香烛工、席工、棕绳工、网罟工、簑〈蓑〉笠工,各色俱有,仅足供本地使用,而能以制造物品销售外县者甚少。

（陈必闻、宛方舟修,卢纯道等纂：《汝城县志》,卷十八,政典志,实业,民国二十一年刻本。）

〔**民国三十年前后,湖南宁乡县**〕 皮纸业,九都造钟山林街实竹冲一带,居民入山采楮皮,捶绒沤池,造衣皮、亮皮各纸,销宁、益两县。耕种之家兼营此业,成为风气。

(周震麟修,刘宗向纂:《宁乡县志》,故事编,财用录,工业,民国三十年木活字本。)

〔**民国三十年前后,湖南宁乡县**〕 五都之符山(即凫山)及其附近二三十里,纸棚岁凡百余所或七八十所。以南竹初解箨者为原料,山主点料掘伐,曰倒庄;棚主劈料成捆,曰扶庄。棚家购料抄纸,其工来自桃源,每棚七八人不等,以持帘者为上工,余皆粗力。所出曰凫山纸,专凿钱祀神,后仿十都安表纸,式出三裁及厚驾纸。二都文佳冲纸业亦类此,十都沩山、横塘冲、峡塘、麻公田、段溪、易家湾、七亩田等处,纸棚亦百余所,工匠多本地人,所出纸曰三裁、安表、茅烟、火纸诸种,亦供祀神,或包物之用,于百里内外销之,质佳而品陋,艺不求进之故也。

(宁乡县志局:《宁乡县志》,故事编,财用录,工业,民国三十年木活字本。)

〔**清康熙四十九年至雍正八年,广东广州府从化县**〕 流溪一堡,在山林溪谷间,朴樕罕知文墨,男女皆以沤竹造纸为业。

(清 郭遇熙纂修,蔡廷镰续修,张经纶续纂:《从化县新志》,风俗志下,清康熙四十九年修,清雍正八年增修刻本,清宣统元年刻本。)

〔**清咸丰初年,广东广州府龙门县**〕 蓝溪纸,出蓝溪山,造纸之竹,曰纸竹。其法先斩竹投地窖中,渍以灰水,久之乃出而椎练,渍久则纸洁而细,连则粗而渗。近岁出纸多于从化、流溪运赴省城、佛山、石龙者不绝。

(清 毓雯等修,张维屏等纂:《龙门县志》,卷三,物产,清咸丰元年刻本。)

〔**清代至民国十五年前后,广东佛山**〕 南北纸行,制自南雄各属之竹笋,由南安运来,名目颇多,较福建纸质略粗,而价则稍廉,销路与福建纸略同。从前北江纸来粤,先到佛山,今则由粤汉铁路迳运省城矣。店号数家,此外尚有西纸行数家云。

(冼宝干等纂:《佛山忠义乡志》,卷六,实业,民国十五年刻本。)

〔**民国十五年前后,广东始兴县**〕 纸:原料为茅竹笋,每年立夏节,笋长逾丈,断之三尺许,去皮,划开数片置坎中,以石灰拌之,约四十日洗去石灰,灌以清水,再四十日,笋自霉烂,擦之溶化,以器盛之,和以胶,用竹帘漉之,置诸焙场,干即取之,叠六十张为一刀,百刀为一担,重一百斤,名曰重桶,价稍昂,次曰行桶,价稍廉。又有京文纸,制法亦同,但稍薄,所遗粗料可制成厚纸,以为纸爆,及包货之用。桶纸以北山为佳,京文纸以跃溪为多,始邑出产一大宗。

（陈赓虞等修,陈及时等纂：《始兴县志》,卷四,舆地志略,民国十五年石印本。）

〔民国二十年前后,广东乐昌县〕 吾邑之竹,五山为最,九峰次之,西乡又次之,土人用以造篾器之属及粗糙之纸,故获利不厚。夫稻稿敝布,西人犹制精致之物,以夺我国之权利。今以美好之竹,博此些须之资,能不惜？甚愿我邑人勿株守成法,力求制纸之药料,使彼竹质洁白,则所造之纸,其利自必倍蓰,因感而言之,以为职斯业者告。

（刘运锋纂修：《乐昌县志》,卷五,地理五,民国二十年铅印本。）

〔民国二十五年前后,广东龙门县〕 南昆遍山皆竹,人皆以制纸为业。最盛时,纸厂百余家,今则仅存数十家,所出皆普通草纸,名南昆纸。

（招念慈修,邬庆时纂：《龙门县志》,卷六,县民志,实业,民国二十五年铅印本。）

〔清雍正十一年前后,广西〕 纸,各州县出。又竹纸出六峒,近设官厂制,颇光洁。

（清　金鉷修,钱元昌、陆纶纂：《广西通志》,卷三十一,物产,清乾隆间《四库全书》本。）

〔清同治年间至民国二十三年,广西昭平县〕 竹纸,查县属归化、勤江、佛丁、丹竹、仙回、马江等处均有纸厂制造之。初因同治年间有王姓来自闽疆,侨居太区丹竹上泗冲一带,见该地山岭旷弃,且土质最宜种竹造纸,乃携竹六本来昭种植,渐以繁兴,借造竹纸,迄今垂七十年。此物为本邑出产大宗,销流之广远及云、贵、川、黔、钦、廉、越南。

（李树楠修,吴寿崧等纂：《昭平县志》,卷六,物产部,制造物,民国二十三年铅印本。）

〔民国二十五年前后,广西阳朔县〕 造纸,或粗纸一种,名表宣纸,又名火煤纸,多用以包什物,作纸条纸之原料用竹麻（即嫩竹枝叶）。造纸之法,挖塘储水,浸以石灰,将竹麻沤溶,以木板刮浆,晒干即得,产量每年约千担,足供全县之用。纸厂约十余家,每厂造成之纸多则百余担,少亦数十担,开厂多在县西边界,间有销至平乐、荔浦、桂林者,为数无多。

（张岳灵等修,黎启勋等纂：《阳朔县志》,第四编,经济,产业,工业,手工业,民国二十五年修,民国三十二年石印本。）

〔民国二十六年前后,广西宜北县〕 治安乡广容村有大纸厂一座,以竹浸没,加以石灰。迨数月,竹腐成酱,用木捣滥,制作炮纸,运下怀远发售,百斤获价三元至五元不等。

(李志修,覃玉成纂:《宜北县志》,第四编,经济,产业,工业,民国二十六年铅印本。)

〔民国二十九年前后,广西平乐县〕 竹类为同安乡新塘、面村、大冲村等处一带山岭出产最多,足供现有各厂施用土法制造竹纸、粗纸之用。

(蒋庚蕃、郭春田修,张智林纂:《平乐县志》,卷七,产业,林产及林业,民国二十九年铅印本。)

〔清光绪六年前后,四川成都府彭县〕 天彭、慈坪、五龙山中多竹,笋出林时,匠者采以作纸,细者名化连,粗者名土连,充用至广。

(清 张龙甲修,吕调阳纂:《重修彭县志》,卷三,民事门,物产志,清光绪六年刻本。)

〔清光绪三十三年前后,四川顺庆府广安州〕 纸,竹产天池大山中,多蓬户捣竹以制纸为业,光洁精美,色目不一,远近采买皆集戴市。商贾岁贩上通陕、汉,下达湘、鄂。

(清 周克堃等纂:《广安州新志》,卷十二,土产志,清光绪三十三年修,宣统三年刻本,民国十六年重印本。)

〔民国九年前后,四川绵竹县〕 有白大纸、小方连、对方、勾边、卷连、净丹、茶纸、书纸、毛纸、火纸、二标纸、京果纸等名,行销于本省及云、贵、陕、甘、湖广等处。其价贵贱不一,一厂出入钱数大率以万计。其力作男妇,一厂约用百余人。总共西北造纸处大约百余厂,贫民利赖借以生活者无算。

(王佐等修,黄尚毅等纂:《绵竹县志》,卷九,实业志,工业,民国九年刻本。)

〔民国十年前后,四川金堂县〕 县属土桥镇、广兴场、竹嵩寺一带产棉之地,乡人购置湖北轧花机器约有二三百架,近城各场亦有备者。自此机发明,较前旧式迅过二十倍。仿造轧花机,即本地木工仿湖北式样改用木轮,虽每日轧花仅能及湖北机器之半,而价值则减四之三,较旧式亦敏速多矣。

(王暨英修,曾茂林等纂:《金堂县续志》,卷五,实业志,工业,民国十年刻本。)

〔民国十年前后,四川金堂县〕 泡纸厂,在二区古城甲有二厂,以稻壳、竹篾制纸,但碾工不精,甚形粗率,惟零星货店购用之。

(王暨英修,曾茂林等纂:《金堂县续志》,卷五,实业志,工业,民国十年刻本。)

〔民国十三年前后,四川江津县〕 有白大纸、化连纸、大小对方纸、勾边卷连火纸、京果纸等名,行销省内、云、贵及湖南、北,其价贵贱不一。津二守、四序、五福、六合、七星、九如镇、嘉乐乡等处均有厂户,计百七十余家,年售钱可四五万贯。

(聂述文、乔运亨修,刘泽嘉等纂:《江津县志》,卷十二,实业志,工业,纸厂,民国十三年刻本。)

〔民国十四年前后,四川合江县〕 邑西凡五区,纵长二百余里……林木畅茂,尤富于竹。巨者运输自贡汲盐,其次析为薄篾束运湖北,稚者沤为纸料设厂制纸无虑数十百家,种类亦多,统曰生料(乡土名称),分销内江、永川、江津各县,年售价额十余万两,邑中工业以兹为最。(每年制纸四十余万捆,每捆售银四钱,约银十六万两零。)

(王玉璋修,刘天锡、张开文等纂:《合江县志》,卷二,食货,物产,民国十四年修、十八年铅印本。)

〔民国十六年前后,四川酆都县〕 崇德、太和两乡旧有纸厂十余处,忠武乡亦有一二家,倒流水纸厂尤旺,足供一乡之用。

(黄光辉等修,郎承诜、余树堂等纂:《重修酆都县志》,卷九,食货志,物产,民国十六年铅印本。)

〔民国十八年前后,四川南充县〕 县人器用资于竹者十六七,故民家咸于宅畔种之,上东近岳池部山谷间尤多竹林,器物不能尽其用,则以制纸,鄢家、胜观、东板、黄溪、兴隆、长乐、东观等场皆以产纸著名。

(李良俊修,王荃善等纂:《南充县志》,卷十一,物产志,林业,民国十八年刻本。)

〔民国十八年前后,四川南充县〕 邑中纸厂东路最多,出品亦巨,西路次之,南北二路又次之,惟所出之纸粗劣,现在改良。

(李良俊修,王荃善等纂:《南充县志》,卷十一,物产志,工厂,民国十八年刻本。)

〔民国十九年前后,四川名山县〕 东、南区均有纸厂,工料均粗,只足供包裹及燃料之用。

(胡存琮修,赵正和纂:《名山县新志》,卷八,食货,工,民国十九年刻本。)

〔民国二十四年前后,四川夹江县〕 各区造纸之家名曰磓户。……农者自耕耘以至秋收得以休息,工者白昼勤劳,黑夜亦可休息,惟造纸之家不分春夏昼夜,亦不分老幼男女,均各有工作,俗呼为和家闹。在家丰裕者,不但请工不掣肘,即买石灰碱炭均不困难;设资本短少家无储蓄,买煮数捆竹麻所需灰碱或磠达多系高价赊来,出纸后始能付给。倘遇销场不旺,纸价低落,磠户债上添债,势所必至。近年来,停磠歇业者甚多,职是故耳。据考查所及,西北区为尤甚也。

（罗国钧修,刘作铭、薛志清纂:《夹江县志》,卷二,方舆志,风俗,民国二十四年铅印本。）

〔民国二十七年前后,四川泸县〕 忠信乡纸槽林立,有厂二十余家,年出草纸二三百捆,烧黄纸数百万捆。伏龙之螺贯山有纸厂七八家,年出切编纸、勾边纸数千卷。麟现里仁附近大山之地亦有纸厂十余家,年出烧黄纸万余捆,二黄纸数十万合,各种皆以竹为原料。忠信产量较大,运销沱江一带,余惟供本地销售而已。

（王禄昌等修,高觐光等纂,欧阳延贯续补:《泸县志》,卷三,食货志,工业,民国二十七年铅印本。）

〔民国三十三年前后,四川长寿县〕 葛兰乡曾家漕秦始大湾一带纵横十余里,皆产白甲竹,原料可造上色纸,现用土法制方连纸。山主秦姓出原料,雇用工人,制成出售,与之平分或四六分。秦姓百余家赖以生活。至三合场内上下纸厂二家,原料均系白甲竹,上厂专造对方纸,下厂专造毛边纸,其他造小纸之厂尚有十余家。又扇沱、晏家、云台、海棠等乡以及万顺之但家场、骑马街,永顺之包谷沟、大过河、河仙沟等处均有纸厂,以慈竹为原料,出品甚佳,如能加以新法改良,价重利倍。

（陈毅夫等修,刘君锡、张名振纂:《长寿县志》,卷十一,工商及邮电,工业,民国三十三年铅印本。）

〔清道光七年前后,贵州安顺府安平县〕 草纸,出西堡上下纸厂及底冈名寨,居民业此者不下数百户。

（清 刘祖宪修,何思贵等纂:《安平县志》,卷四,食货志,土产,清道光七年刻本。）

注：安平县于民国三年改名平坝县。

〔清朝末年至民国初年,贵州兴义县〕 兴义在数十年前向以产白纸著,厂设纸槽箐,多销售于滇省邻封各县,现城内尚有白纸街之名。

（卢杰创修,蒋芷泽等纂:《兴义县志》,第七章,经济,第六节,物产,民国三十五年修,一九六六年贵州省图书馆油印本。）

〔民国三年前后,贵州独山县〕 纸,白纸出城北漂里,草纸出城南义砦,他所亦间出。

(王华裔修,艾应芳纂:《独山县志》,卷十二,物产,货类,一九六五年贵州省图书馆据民国三年稿本油印本。)

〔民国二十五年前后,贵州遵义〕 纸,近遵义以谷皮竹麻二者造成,色洁白不及贡川,而坚韧胜于绥阳之半料,且帘之尺寸增长两倍,甚便于用。板桥出者佳。芦江水专以枸皮制成,曰皮纸,再舀而成者曰夹皮纸,多行本属及四川川北一带。

(周恭寿等修,赵恺等纂:《续遵义府志》,卷十二,物产,货类,民国二十五年刻本。)

〔清光绪三十一年前后,云南顺宁府〕 山城多构树,土人因解造纸,惟绵料本色作单抄、双抄,大者长六尺、广三尺,小者可备文书糊裱之用,坚细稍逊榆产,然无厚利,亦未闻行远发客。

(清 党蒙等修,周宗洛等纂:《续修顺宁府志稿》,卷五,地理志三,风俗,清光绪三十一年刻本。)

〔清代至民国二十七年,云南昭通县〕 昭城向来印书只有木刻,自石印发明,民国以来,纷纷购机设立。市肆城中,共有石印六家。其中惟新民书局工程较好。近复购买大小铅印机器及大小铅字数号,能印大部书籍。

(卢金锡修,杨履乾、包鸣泉纂:《昭通县志稿》,卷五,工业,石印及裱工,民国二十七年铅印本。)

〔民国二十七年前后,云南昭通县〕 昭属北二区山多丛竹,近山居民取以造纸,供应不穷。约有造纸者十数家,出产颇丰。但以一陈〈成〉不变,未事讲求,料粗色黄,用途狭隘,专供包裹器物及制作冥钱之用而已。近北城外有张姓者制造棉纸,为市面所争用,销行甚广,较彝良所产尚较优良。

(卢金锡修,杨履乾、包鸣泉纂:《昭通县志稿》,卷五,工业,造纸,民国二十七年铅印本。)

〔民国三十二年前后,云南昆明县〕 造纸,厂口堡庄子之人多业此,出品为粗草纸。

(倪惟钦、董广布修,陈荣昌、顾视高纂:《昆明县志》,卷五,物产志,地质及矿产,工艺附,民国三十二年铅印本。)

〔一九四九年前后，云南〕 本省用纸多仰给四川，如鹤庆、腾越以构皮造出之棉白纸，用以印书，坚韧耐久。鹤庆造者销行尤广。顺宁之申文纸，其细致在鹤庆之上。盐丰亦造大小白纸。镇雄及镇康、孟定坝、摆夷亦能用构皮造一种大白纸，较外国牛皮纸尤韧，力撕不破。……至土纸，则各县多有之。

（龙云、卢汉修，周钟岳等纂：《新纂云南通志》，卷一百四十二，工业考，造纸业，一九四九年铅印本。）

（五）皮革、毛毯、爆竹业

〔清乾隆四十六年前后，直隶承德府〕 皮茵褥，以马皮为之，其毛色浅深相间，文茵方褥俱灿烂可观，热河市中多鬻之。

（清 和坤、梁国治纂修：《钦定热河志》，卷九十六，物产，器服之属，清乾隆四十六年刻本。）

〔清朝末年，直隶宣化府保安州〕 动物之皮、毛、骨、角皆能适于制造，如牛、马、驴、骡等物，取其毛以纺毯，熟其皮以为用，切磋其骨、角以制物件，此犹制造之末端。若羊皮制衣服，羊毛制毡帽及毡毯，其最细之毛能制上品之帽，可销售于外境，此制造之独擅其长者也。

（佚名纂修：《保安州乡土志》，动物，动物制造，抄本。）

〔民国二十年前后，河北枣强县〕 论者谓枣强货品，惟大营当手〈首〉屈一指。其采办生皮，多由山西、陕西、伊犁、新疆、河南、山东等处。货至，则生制为熟，缀之为裘，缝之为褥，转运输出，为全国之用。近则采办羊腿，用以制裘，获利又丰。羊腿在昔为无用之物，而外洋独宝重之，故其货可达海外诸国。

（宋兆升修，张宗载、齐文焕纂：《枣强县志料》，卷二，实业，工，民国二十年铅印本。）

〔民国二十二年前后，河北万全县〕 张家口粗细皮房甚多，收买口外粗细各皮（生皮）加工熟之，制为各样皮衣，销路甚广。

（路联达等修，任守恭等纂：《万全县志》卷二，物产志，工业品，民国二十二年铅印本。）

〔民国二十二年前后，河北张家口〕 粗细皮工业，共一百八十八家，资本共十七万零四百二十元，工人共一千六百五十五人。其原料年需狐皮一万四千张，灰鼠皮三十二万七千五百张,羊羔皮及老羊皮十一万张。其出品,年出狐皮衣二千零六十件,灰鼠皮衣一万五千六百件,羊羔皮衣一万八千七百件,老羊皮二万件。皮革工业,共五十七家,共资本九千四百八十元,工人二百六十三人。其原料年需牛皮五千二百张。其出品,年产法蓝皮六百八十张,红白底皮六百六十张,香牛皮二千七百三十张,马鞯一千一百张。皮靴工业,共二十三家,共资本八千八百一十元,工人一百一十八人,其原料年需香牛皮四千四百张。其出品,年产香牛皮骅一万七千六百双。……细皮商,共一百二十三家,专制狐皮衣、灰鼠皮衣、羊羔皮衣、驼羔皮衣及獭尔皮、貂皮等珍贵衣皮领,大多数销行各省或转售外国,销行本市及口北者仅十之一。此种商业现尚兴旺。老羊皮商,共六十五家,专制老羊皮,以供本省各县农民购用,并制山羊皮褥销售各省及洋商。此种商业历来概少赔累,现况亦佳。皮革商,共五十七家,专制卖香牛皮、法蓝皮、红白底皮、起青皮,近来以张库不通,香牛皮靴销路不畅,因之此业不振。蒙古皮靴铺,此业在民国初元至十五年皆甚旺兴。近因张库不通,倒闭时闻,本年只剩二十三家,而营业均不见佳。

(路联达等修,任守恭等纂:《万全县志》,附张家口概况,工商,工业,民国二十二年铅印本。)

〔民国三十年前后,河北通县〕 花炮业,邢各庄距城东十二里,居民三百余户,于务农外兼营花炮业,种类颇多,销路亦广。

(金士坚修,徐白纂:《通县志要》,卷九,风土志,工商,民国三十年铅印本。)

〔民国十八年前后,山西新绛县〕 新绛产皮货甚多,而皮货制作则必有待于工匠,即所谓皮工是也。其在白皮行者,有裁活、铲皮及共作等工。在黑皮行者,有拢皮、揭筋及染皮、薰皮等工。其余股子皮行、皮条铺及弦房、幨房等行亦各有专门工匠。就各行之家数计之,白皮行约四十余家,在皮行中为最占势利。黑皮行及股子皮行约十家上下。皮条铺、弦房、幨房亦各三五家不等。每家用人平均以二十人计之,实不下千有余人,亦可谓一种特别之生业矣。

(徐昭俭修,杨兆泰等纂:《新绛县志》,卷三,生业略,民国十八年铅印本。)

〔民国十八年前后,山西新绛县〕 毛毡为绛郡著名之出产,有坑毡、椁毡各种,以红色者为佳。前在南洋赛会,尚得有一等奖牌(为协兴毡房所得),其明证也。

(徐昭俭修,杨兆泰等纂:《新绛县志》,卷三,物产略,民国十八年铅印本。)

〔**清光绪三十三年前后,内蒙古**〕 织造品多绢布、毛毡等……毛毡以羊毛或骆驼毛织成,出察哈尔,坚厚耐久,胜于内地,故内地人喜用之,惟出数不多,获利甚鲜。

(姚明辉编:《蒙古志》,卷三,物产,制造类,清光绪三十三年铅印本。)

〔**民国十年以前至二十六年前后,绥远包头县**〕 绥远手工业之制造品,以栽绒毡、毛毡为大宗。制造厂家,各县均有。全年可出栽绒毯十一万八千余方尺,值二十余万元;毛毡二十六万八千余方尺,值三十四万余元。行销之地,东至平津,西迄甘宁,北至库伦,南至榆林、太原。自民国十五年,国民军由绥西退,各商户派捐摊饷,搜刮至二千万元之巨。继以连年灾歉,外蒙商路断绝,绥省工业一蹶不振。今各县虽有少数手工业,较之民十以前已一落千丈矣。

(廖兆骏编:《绥远志略》,第十五章,绥远之工业,第四节,手工业,民国二十六年铅印本。)

〔**民国二十六年前后,绥远安北县**〕 扒子补隆有栽绒毯房一家,年产绒毯三百六十方尺,每尺售洋二元。

(廖兆骏编:《绥远志略》,第十五章,绥远之工业,第五节,各县工业,民国二十六年铅印本。)

〔**民国二十六年前后,绥远归绥县**〕 归绥县工业,以制栽绒毯及粗细皮衣工厂为较大。出品以老羊皮及羊羔皮为大宗。老羊皮大都销售本地,羔皮及狐皮除销行本地外。每年运销于东南各省者,为数亦巨,年可值洋十万余元。此外,地毯、毛布两种工厂,亦较发达,原料多取诸本地。平绥路通,交通便利,出品日精,外埠顾主纷至沓来,盖绥省之重要之工艺品也。

(廖兆骏编:《绥远志略》,第十五章,绥远之工业,第五节,各县工业,民国二十六年铅印本。)

〔**民国二十六年前后,绥远陶林县**〕 陶林有毡房十余家,专制毛毡、毡帽、毛鞋、毡袜等,每年销行于蒙古及各县,为数不少。业此者,建有毡毯社庙,在县城东北隅,又有栽绒毯子房四五家。以产毛丰富,毛价亦廉,创办此业极非难事。惟质地虽极坚美,而花样不甚讲求,故不发达也。

(廖兆骏编:《绥远志略》,第十五章,绥远之工业,第五节,各县工业,民国二十六年铅印本。)

〔**民国二十六年前后,绥远五原县**〕 五原县,县境工业以制毯制毡业为中心,有毯房七家,均在隆兴长镇,有男工人三十余人,青工四十人,年产栽绒毯三万方尺上下,输出蒙古、宁夏、平津一带,约二万五千方尺,值洋三万余元。各家营业均颇发达。毡业十五家,工人七十二名,全年产品五万方尺,输出一万余方尺,每方尺价洋三角。近年以来,供过于求,营业日渐萧条。

(廖兆骏编:《绥远志略》,第十五章,绥远之工业,第五节,各县工业,民国二十六年铅印本。)

〔民国二十六年前后,绥远凉城县〕 凉城县境工业,皆系小工业,设备均甚简陋,如成衣、打铁、木作、磨坊等,不外制造少数农具与日常用具而已。最出名者,为红毡、毛鞋各业,虽不能与工业国及内地出品并驾齐驱,在绥可首屈一指。产地在县境之天成村、厂汗营、卓资山三处,资本均千余元,每年约产红毡五百余块,毛鞋三千余双,价格每方尺四角,毛毡三角,毛鞋每双一元二角。红毡业各家,每年营业总额三千五百余元,毛鞋业每年营业总额四千余元。

(廖兆骏编:《绥远志略》,第十五章,绥远之工业,第五节,各县工业,民国二十六年铅印本。)

〔清代后期至民国四年,奉天新民县〕 自洋货流行,各国以织毯以投时好,于是,国中毛毯制者日少。新民教养局织工,精研织毯之法,毯成精白,盛于洋货,销售甚广。民国四年巴拿马赛会,经农商部考验,给予四等奖凭。

(王宝善修,张博惠纂:《新民县志》,卷十六,物产,货类,民国十五年石印本。)

〔民国二十年前后,奉天义县〕 毛行制造之品类,毡鞋、毡毯多销售本处,毡鞋则以运销外县外省为大宗。

(赵兴德修,王鹤龄纂:《义县志》,中卷之九,民事志,实业,工业之属,民国二十年铅印本。)

〔民国二十年前后,奉天安东县〕 制革,以重牛皮为大宗,为制造乌拉之用。骡马驴皮次之,为皮条、皮带之用。羊皮又次之,为篓皮、鼓皮之用。埠内皮铺计四十五家,然皆墨守旧艺,难期发展。惟新华皮革工厂及久大制革工厂皆专制大小芝麻皮,行销本埠及奉天各地。

(关定保等修,于云峰纂:《安东县志》,卷六,人事,工业,民国二十年铅印本。)

〔清光绪十七年前后,黑龙江〕 江省皮张茸角亦贸易大宗,然皮张之属如貂、狐贵品,近产颇稀,亦向不如吉林之佳,惟灰鼠产布特哈、呼伦贝尔两城境者号索伦鼠,毛厚色润,东三省推为殊,尤有大小中毛三色。而市无硝匠,硝料必挈至京都乃可成裘,购者皆成形,全鼠美裘一领亦值廿金上下也。鹿多而贱,茸角之属,岁于七八月时由黑龙江兴安两城境捆运至省。茸之佳者,每支可得银三十余两,劣亦七八两不等,而力薄性燥,不如奉天所产滋益于人。盖奉天产者梅鹿,江省则马鹿也。惟由奉天运至广东,销路甚畅,煎胶成块,利至倍蓰。山西人贩运者多,九月则收市而回。茸价自三十金至七八金,视茸多寡为率。角则以斤计值,视同寻常药品已。

(清　徐宗亮纂:《黑龙江述略》,卷六,丛录,清光绪中刻本。)

〔民国二十二年前后,黑龙江〕　土人消〈硝〉羊皮用盐,携至关内,为煤火所蒸,多自裂。故晋商皆以硝熟。蒙古则以牛乳熟,较用硝、盐者稍柔软,而洁白逊之。

(万福麟修,张伯英纂:《黑龙江志稿》,卷六,地理志,风俗,民国二十二年铅印本。)

〔民国二十二年前后,黑龙江〕　东三省所市皮实较西北诸口贵,几加倍。至于岁出鹿茸约三百具左右,狐、貂皮约万余张。

(万福麟修,张伯英纂:《黑龙江志稿》,卷十六,物产志,渔猎,民国二十二年铅印本。)

〔民国十一年前后,陕西榆林府〕　《榆林志》:骚羊每岁至蒙地购之……用以制毡袋,近多售于洋商。

(张鹏一纂:《河套图志》,卷六,物产,动物,民国十一年铅印本。)

注:榆林今为巴彦淖尔盟。

〔民国十八年前后,陕西邠县〕　工业有制毯及银、铁、木匠等小手工业。

(刘必达修,史秉贞等纂:《邠县新志稿》,卷十,实业,工,民国十八年铅印本。)

注:邠县今为彬县。

〔民国三十一年前后,陕西洛川县〕　皮毛业:本地重畜收,产皮毛,故业此者较多。惟硝法不良,待改进。据民国三十一年调查,计皮毛作坊九家,每年约产熟羊皮六七千张,牛、马、骡、驴等皮八九百张。又狐、狼、狗、猫、豹、兔等皮,数极少,且大部由黄龙垦民贩售者。

(余正东修,黎锦熙纂:《洛川县志》,卷九,工商志,工业,民国三十三年铅印本。)

〔民国三十三年前后,陕西宜川县〕　皮毛业:本地畜牛羊,产皮毛,计有旧式制革者六家,毡房二家。惟制法不良,出品不佳,尚待改进。

(余正东等纂修:《宜川县志》,卷九,工商志,工业,民国三十三年铅印本。)

〔清道光十三年前后，甘肃兰州府靖远县〕 卫地不事蚕桑，无丝棉，妇女不习纺绩，织纴针黹外，多拈羊毛作线，挑作毛鞿货卖。

（清　陈之骥纂修：《靖远县志》，卷五，物产，清道光十三年刻本，民国十四年铅字重印本。）

〔清朝末年，甘肃泾州镇原县〕 栽绒毯：清末邑宰宋连贡提倡实业，捐廉派员诣宁夏迎织师来县设厂，使巧手作机，收贫民子弟以教栽毯。未及三年，制成之货已行销陕西省矣。

（钱史彤、邹介民修，焦国理、慕寿祺纂：《重修镇原县志》，卷二，舆地志，物产，货物，民国二十四年铅印本。）

〔民国十五年前后，甘肃渭源县〕 工业，则以羊毛织褐、碾毡、口袋、编帽、编袜、织毛连做衣裤，严寒时贫甚利赖之，惟所出无多，只可供境内之用。

（陈鸿宝纂修：《创修渭源县志》，卷三，建置志，实业，民国十五年石印本。）

〔民国二十四年前后，甘肃隆德县〕 半耕农除耕种收获外，尚操工商业，如木石陶冶等工、皮毛裁缝各匠，但零星散漫，为数无多。凡建筑制造之稍有价值者，均仰给于外来手艺匠人。至于经营商业者，不过扠把扫竹之贱货，油盐酱醋之小卖而已。

（桑丹桂修，陈国栋纂：《重修隆德县志》，卷一，民族，生计，民国二十四年修，石印本。）

〔民国二十五年前后，甘肃康县〕 羊，有石羊、绵羊之分。石羊，毛粗无绒，只能做线织毯。绵羊，毛细多绒，用以做毡织毯做皮衣，近年来运于四川者日益增多，亦利源也。

（王世敏修，吕钟祥纂：《新纂康县县志》，卷十四，物产，民国二十五年石印本。）

〔清朝年间，青海〕 毛毡，蒙古制者甚多，近年毛价甚昂，出售者少。毛褐，多产自玉树，有粗细各种，近番亦有制者，则甚粗矣。

（清　康敷镕纂修：《青海志》，卷二，出产，抄本，一九六八年台湾成文出版社影印本。）

〔民国九年前后，青海玉树〕 有木工、铁工、皮工、抟埴之工、设色之工、缝衣之工，多川边客民为之。土人能织毛为毯，然甚粗。

（周希武编：《玉树土司调查记》，卷下，实业，工业，民国九年编，抄本。）

〔民国三十二年前后,青海〕 褐子,用羊毛或驼毛纺线织用之粗布,宽约尺余,每匹长约五丈,可为制衣服之用。氆氇,为青海毛织手工业之优良者,宽约八九寸,每匹长七丈至九丈不等,色有红、紫、白三种,为制衣服之美好材料。又有花氆氇,可作褥垫及女性之衣料。

(许公武纂:《青海志略》,第五章,青海之经济概况,第八节,工业,民国三十四年铅印本。)

〔清光绪三十三年前后,新疆喀什噶尔英吉沙尔厅〕 制造:牛皮箱、皮靴……止本境供用,销行不多。

(清 黎丙元纂:《英吉沙尔厅乡土志》,物产,一九五五年据清光绪三十三年稿本油印本。)

〔清光绪三十四年前后,新疆喀喇沙尔轮台县〕 羊毛、棉花为本地大宗出产,多半运销邻境,即有织毯、织布与制造口袋、毛毡各业,亦不足动人欣观。其余攻金、攻皮、攻木及一切诸工,只能备本境需用,故每项不过数家。

(清 顾桂芬纂:《轮台县乡土志》,实业,一九五五年据清光绪三十四年稿本油印本。)

〔清光绪三十四年前后,新疆库车沙雅县〕 动物制造,则牛、羊皮毛也。牛皮为靴,羊皮为衣,羊毛作毡,工艺粗俗,只销本境,不能成装出境。

(清 张绍伯纂:《沙雅县乡土志》,物产,一九五五年据清光绪三十四年稿本油印本。)

〔清光绪三十四年前后,新疆温宿府〕 产稀稀布、栽绒毯,亦在本城销售,岁约数千匹及数十铺之谱。

(佚名纂:《温宿府乡土志》,商务,一九五五年据清光绪三十四年抄本油印本。)

〔清光绪三十四年前后,新疆疏勒府〕 皮帽、皮靴、毛毡,皆系疏附县所出。

(清 蒋光陞纂:《疏勒府乡土志》,物产,一九五五年据清光绪三十四年稿本油印本。)

〔民国五年,新疆洛浦、和田〕 洛浦、和田以羊毛为经,以棉线为纬,织地毯,文采错致,灿然夺目,其丝制者尤为鲜丽。且其纹理或花卉山水能随人意,以之织棹毯衣包均适人用,且甚美丽,较之外来有过无不及,每岁输出俄属不下数千条。

(林竞编:《新疆纪略》,五,实业,工艺,民国七年铅印本。)

〔民国三十三年前后，新疆〕 毛皮盛产于和田、喀什噶尔及阿克苏等地，皮革业则以叶尔羌、喀什噶尔及伊犁为盛，而阿克苏、喀什两地工匠最称善制皮帽，因回民风俗，男女冠履多以皮造，故制革业较为发达也。和田精制皮箱，技艺之巧甲于全省。

（李寰撰：《新疆研究》，第三编，经济，第五章，工业，民国三十三年铅印本。）

〔民国三十三年前后，新疆〕 毡毯，盛产于阿克苏、莎车、英吉沙、塔城、伊犁、疏勒、巴楚、焉耆等地，以喀什乌什边境山中布鲁特地方所产者为佳，每年销售印度者颇多，但犹不逮于阗、和田出品之精良。其制法系以羊毛为经，棉纱为纬织成之，美观而耐用。地毡尤好，年产地毡约计一七〇〇〇张，毛毡七八三〇〇张，岁输英、俄属地者约四五千张。近来有阿尔曼尼亚人设厂制毯，花样仿土耳其式及波斯式，颇能推销，惟染色欠佳。

（李寰撰：《新疆研究》，第三编，经济，第五章，工业，民国三十三年铅印本。）

〔民国三十六年前后，新疆和田〕 和田牛皮箱驰名各地，现已成立一大规模皮箱工厂，出品坚固，其生产量每月可出二百只。自集中生产以来，产量大增，和未集中生产以前是三与四之比例。惟因皮张系土法熟制，忌潮湿，且色泽皮面均欠光丽，是其缺点。

（丁骕撰：《新疆概述》，八，手工业，民国三十六年铅印本。）

〔清朝末年至民国三十年前后，山东潍县〕 皮革业系包括毛皮及革皮而言，自清季以来，此业日盛，现已成为国际商品，各口岸洋行公司派人来县坐庄收买，运销外洋者日见增多。毛皮分生皮、熟皮二种，生皮为狐狸、鼬鼠、羊羔、山羊等，大半产于邻近各地，由零散小贩分头收集，而以潍县为集散市场，天津、上海商人在县大宗收买，大约每年可出狐皮二千余张、鼬皮三万余张、羔皮及山羊皮均五六千张，总计价值约二十余万元。熟皮来源与生皮同，但收集之后尚须制熟。制皮者散处城关及文家、邓家、小庄、庙埠等村，每年约制狗皮万余张、羊皮三万余张，销售邻近各省县，年可得价银元十万元左右，猫皮、兔皮更可染成紫红色，以之制帽，年产六七万张，约值七八万元。革皮有牛、驴、猪、羊等，为本县产，经制练后作鞋底及箱箧之用，间亦出口，运销国外，每年所产约二三万张，总值十万元以上。

（常之英修，刘祖干纂：《潍县志稿》，卷二十四，实业志，工业，民国三十年铅印本。）

〔民国二十三年前后，山东临清县〕 皮工类，一曰制裘，其生皮多运自西口，制成后推销于平津一带，其工厂名曰做坊……附近居民以缝皮为生者千数百户，聚处于临市西北部，所出之品最著者为羔皮。

（张自清修，张树梅、王贵笙纂：《临清县志》，经济志，工艺，民国二十三年铅印本。）

〔民国二十五年前后，山东莒县〕 莒境东南各山略牧羊者多，春梳秋剪，取其绒毛，制为毡毯鞋帽，推销各处。近因毛价低落，人工日昂，无利可图，出品渐减。他如猪之皮鬃、牛之皮筋油胶，皆外销之品，近年业此者每多亏耗，而讲求牧畜者因此日见减少矣。

（卢少泉等修，庄陔兰等纂：《重修莒志》，卷三十八，民社志，工商业，民国二十五年铅印本。）

〔民国三十年前后，山东潍县〕 业鞭爆者，多在于南北胡住庄、田而庄、丁家庄、下圩河田家小庄、石家庄、官庄、阙庄、杨家埠、万家李家庄等处，每年以夏历十一月、十二月为营业期间，多行销于即墨、莱阳、黄县、青岛、烟台等处。

（常之英修，刘祖干纂：《潍县志稿》，卷二十四，实业志，工业，民国三十年铅印本。）

〔清嘉庆十六年前后，江苏江宁府〕 江宁人又买氆毛于陕西而织为毯罽之属，类西洋所制之紧密，其货贸亦远。

（清　吕燕昭修，姚鼐纂：《新修江宁府志》，卷十一，风俗物产，清嘉庆十六年刻本，清光绪六年重刻本。）

〔清宣统年间，江苏扬州府宝应县射阳镇〕 爆竹，射阳镇营此业者最多，有王万顺最著名，宣统二年南洋劝业会给有奖状。

（清　戴邦桢等修，冯煦等纂：《宝应县志》，卷一，疆域志，土产，民国二十一年铅印本。）

〔民国二十五年前后，江苏淮安县〕 所制鼓及皮箱，为海内所重，以其硝皮最精熟也。

（殷惟和纂：《江苏六十一县志》，下卷，淮安县，物产，民国二十五年铅印本。）

〔清光绪元年至民国二十五年，浙江〕 全省各县之制革业以永嘉为最早，杭州昔无专营制革业者，所用熟皮全由各皮件店自制自用。清光绪元年首先创设皮革厂者为沈德顺，其厂位于侯潮门外，专制熟皮。相继成立者有叶正茂皮厂及通益公皮厂。嵊县在光绪十年有吴万盛、开源两皮坊先后创设。民国二十五年调查，在杭州之制革厂计有二十四家，永嘉二十六家，嵊县两家，全省共五十二家。是业之组织多以独资经营,合伙者次之,公司组织者又次之。民国二十五年统计,各厂资本自三百元至一万元不等,全省制革业之资本总数约在十万元以上,全年之营业额八十八万四千余元。

(浙江省通志馆修,余绍宋等纂:《重修浙江通志稿》,第二十二册,物产,特产下,皮革与皮制品,一九四三年至一九四九年间纂修,稿本,浙江图书馆一九八三年誊录本。)

〔民国十五年前后,浙江衢县〕 皮箱系以黄牛皮为之,近来工作日精,销场亦广。

(郑永禧纂:《衢县志》,卷六,食货志,制造品,民国十五年修,民国二十六年铅印本。)

〔民国二十五年,浙江永嘉县〕 永嘉之二十六家制革厂,以晋新为最大,资本一万五千元。晋达系合伙组织,资本一万元。精华亦为合伙资本,资本七千元。统计:各制革厂资本在一万元以上者两家,五千元以上者一家,一千元以上者三家,不满一千元者十四家。晋新、晋达、精华三厂设备较佳,多使用引擎马达代替人力摩皮之工作,其他工厂仍借手工制造熟皮。

(浙江省通志馆修,余绍宋等纂:《重修浙江通志稿》,第二十二册,物产,特产下,皮革与皮制品,一九四三年至一九四九年间纂修,稿本,浙江图书馆一九八三年誊录本。)

〔民国二十五年,浙江杭州市〕 杭州市之二十四家制革厂,以杭州皮革公司资本七千元最雄厚,其次即推裕号资本五千元。统计,各制革厂资本在五千元以上者两家,四千元以上者三家,三千元以上者五家,二千元以上者两家,一千元以上者七家,不满一千元者五家。以设备言,有新式滚桶磨光机、水池、马达等设备者为杭州、裕号、萃隆、武林四厂,其余仍以人力工作为主,设备简陋。

(浙江省通志馆修,余绍宋等纂:《重修浙江通志稿》,第二十二册,物产,特产下,皮革与皮制品,一九四三年至一九四九年间纂修,稿本,浙江图书馆一九八三年誊录本。)

〔民国三十二年前后,浙江嵊县〕 嵊县之制革厂即开源、吴万盛两家,资本各在一千元间。

(浙江省通志馆修,余绍宋等纂:《重修浙江通志稿》第二十二册,物产,特产下,皮革与皮制品,一九四三年至一九四九年间纂修,稿本,浙江图书馆一九八三年誊录本。)

〔民国十年前后,安徽宿松县〕 爆竹,普称为炮,里〈裹〉以纸,内实引火药,燃之爆烈有声。邑人业此者,城乡均有之,然所制终不精。各店铺之售卖长短大小各爆,则以运自江西、湖北各埠为多。

(俞庆澜、刘昂修,张灿奎等纂:《宿松县志》,卷十七,实业志,工业,民国十年活字本。)

三、手 工 业 | 601

〔清代至民国二十五年,江西万载县〕 花爆为万载出产三大宗之一,制造不知确始何时。……迄于清季而销路日广,以地段计,有赣庄、浙庄、省庄、汉庄、广庄之别。以纸之长短厚薄计,有对裁、三裁、四裁、五裁、九裁之分。分销赣州、广东者,多四裁、五裁。销浙江、汉口者,多对裁。销本省者,多九裁。其中又有平边、立边,俗云顿边。省庄多平边,广浙庄多立边。广浙庄出县属之株潭。民国七八年来,销于浙者,年以三万箱计,每箱约值银二十元。销于粤之佛山镇者,年以五万箱计,每箱值银二十五元。销于赣州者,年以万箱计,每箱约值银二十元。销于汉口、饶州者,则为数甚少。销于省垣者,年以万箱计,每箱约值银二十元。而广庄牌名多假浏阳,以初运广者多系浏商,故万爆亦遂假名浏爆。

(张芗甫修,龙赓言纂:《万载县志》,卷四之三,食货,土产,民国二十九年铅印本。)

〔民国九年前后,福建龙岩县〕 爆竹业,昔年城乡爆竹之业颇盛,妇孺皆资以为生。近以本重利微,兼楚南之浏阳炮冲销,亦所在歇业。

(马龢鸣、陈丕显修,杜翰生等纂:《龙岩县志》,卷十七,实业志,工业,民国九年铅印本。)

〔清乾隆七年前后,福建台湾府〕 麋皮,鹿之大者,俗呼为蒋皮,商人贩往外国。

(清 刘良璧纂修:《重修福建台湾府志》,卷六,风俗,物产,清乾隆七年刻本。)

〔明嘉靖二十七年前后,河南开封府尉氏县〕 为工者少,有攻木之工,有攻皮之工,有攻竹之工,有染工,有陶工,有缝衣、絮衣之工,又有麦帽、麻鞋、线履、柳斗、簸箕、织布、结网、熬糖、苇席、织箔子之工。其攻金、攻石者则间有之。

(明 曾嘉诰修,汪心纂:《尉氏县志》,卷一,风土类,民业,明嘉靖二十七年刻本。)

〔民国二十一年前后,河南林县〕 绒毛业,全县绒毛行无虑数十家,以羊毛羊绒制成绒帽、毡毯等,运销汉口京津,获利颇巨,故绒毛业为豫北冠。

(王泽溥、王怀斌修,李见荃纂:《林县志》,卷十,风土,生计,民国二十一年石印本。)

〔清光绪十一年前后,湖北武昌府武昌县〕 本县人善作爆竹,名武昌全红,江南北岸多列肆而居焉。

(清 钟桐山等修,柯逢时等纂:《武昌县志》,卷三,风俗,清光绪十一年刻本。)

〔清咸丰年间至抗日战争期间,湖南醴陵县〕 清咸、同间,编炮业由萍乡上栗市,发展至浏阳金刚头,渐推广至本县富里、白兔潭、潼塘、仙石、麻石一带。县境之货,皆由庄客贩往浏阳转售外埠,故外间仅知有浏阳编炮之名,而不知有醴陵编炮。实则两县之产额正相垺也。光绪三十年,海关记载出产数量为一万余担,值银七万两。宣统三年则为五万担,值银九十余万两。民国纪元后,发展甚速,销场几遍于国内外,因各地好尚不同而异其制,有浙庄、广庄、洋庄、汉庄、上海庄、山东庄、汕头、厦门庄之别,且因装璜大小不同而有各种名目。本省及长江、黄河流域因所销为加花、牛口、寸金三种,惟扣数略异。(浙、鄂多为四扣、五扣,沪、汉多为八扣,杭州一带多为六扣。所谓扣者,百响、千响、万响,皆系虚数,其中子头扣数各有不同也。)福州亦同。烟台于三种外,并销满江、双料。广州则销顿鞭、红绿鞭。汕头、厦门多为加花、牛口、寸金、顿鞭、红绿鞭及提尖。……日本、俄、英、美、法、德等国,多为顿鞭、红绿鞭。制造手续甚繁,惟上等手工归作坊,余皆分发民间包作。邑东乡一带,从事是役者,男女老幼不下数万人。民国十年春,县境奇荒,各乡饥民纷往他县就食,惟东三区以业编炮之故,无一人逃荒者。十一年,县人士议以赈捐余款于县城创设编炮传习所,令各区派人学习,毕业者达七十余人,多有在乡试办者。十四五年与十七八年,产量极富。……民国二十二年以后,粤汉、浙赣铁路及茶、攸、醴公路相继修成,营业复振,客商麇集,几于供不应求。抗战军兴,各大埠及海关销路渐绝,产额不及以前之半。

醴陵鞭炮历年产额表

年　别	民国二十七年	二十八年	二十九年	战前常年
交易箱数	32 000	40 000	37 000	50 000

炮竹庄之设,惟县城、白兔潭、普口市三处有之。其营业盖兼整理、包装、运销、推销诸项,有自设作坊者,有设子庄于各处收买成品者。

(陈鲲修,刘谦等纂:《醴陵县志》,卷六,食货志,工商,民国三十七年铅印本。)

〔清同治年间,湖南沅州府黔阳县〕 工无奇巧,攻木攻金,取足于用而已。筑室治具而外,无他造作也。攻皮独鞍人,为靴、为箱、为帽盒、为扎几,颇有佳制。

石工锥凿,树坊立表,大假可观。砖埴有三处,曰卜冲,曰托口,而桐木称最。甑盆鬲甒器皆中度,亦耻以鬐垦薜暴相欺。但良工心苦,善技率来自他邑,其在本处者,固鲜能迁地为良也。

(清　陈鸿作等修,易燮尧等纂:《黔阳县志》,卷十六,户政三,风俗一,工,清同治十三年刻本。)

〔清光绪三十四年前后,湖南靖州〕 爆竹,每岁所制约值银二万两,本境销数约值银八千两,其运出本境者由陆路运至会同、绥宁通道及贵州之黎平、古州各处,由水陆兼运至广西之长安、古宜各处销行,约值银万余两。

(金蓉镜等辑:《靖州乡土志》,卷四,物产,清光绪三十四年刻本。)

〔民国十五年前后,湖南醴陵县〕 编爆之在醴陵,近始稍盛。其原出自浏阳,以故县人之营此业者,多在东三区一带,因与浏阳接壤地。大抵编爆之为物,资本不多,工作亦易,虽妇女儿童以及老废残疾皆可资以营生,其业系分工而治,货品名色亦至不一,要以销路为准(大小人扣销两广、云贵、川省及南洋、外洋等处,满红及皮红双料均销山东,加花销长沙、湘潭、汉口、厦门、直隶、山东、山西)。除销本省外,以运往粤汉两埠转销者为多,故有广庄、汉庄之称(近有福建庄,尚未大畅)。其在县境之货,则皆由庄客贩往浏阳转售外埠,故浏阳编爆之名与浏阳葛夏并列。

(傅熊湘编:《醴陵乡土志》,第六章,实业,编爆,民国十五年铅印本。)

〔民国十六至二十六年,湖南醴陵县〕 爆竹庄之设,惟县城、白兔潭、普口市三处有之。其营业,盖兼整理、包装、运销、推销诸项,有自设作坊者,有设子庄于各处收买成品者。白兔潭爆业以民国十六七年为极盛,每年出品约三四万箱,十八年后渐落。然在二十二年至二十六年五年间,平均交易额犹不下二万箱。普口市盛时,有一家销至五六千箱者。县城原有店十九家,今减为十七家,战前出品近三万箱,嗣后因销路梗塞,产额亦因之锐减,大局戡平之日,此工艺品固可以全世界为销场,扩而充之也。

(刘谦等纂:《醴陵县志》,卷六,食货下,工商,民国三十七年铅印本。)

〔民国二十年前后,湖南泸溪县〕 爆竹运销常、汉,最有名,浦市镇恃以养活贫民妇孺不少。

(曾继梧等编:《湖南各县调查笔记》,物产类,泸溪,民国二十年铅印本。)

〔民国二十年前后,湖南浏阳县〕 编爆亦为家庭手工业,虽妇人、小孩皆能分工合作,县城及南乡之操此业者十居七八,输出量年约十余万箱。但县城及金刚镇之所产者,名为牛口正编,多运销于汉口、厦门、香港及南洋一带。文市镇所产者名豪坞庄,运销于江西之袁州一带,总计价值约数百万元。

(曾继梧等编:《湖南各县调查笔记》,物产类,浏阳,民国二十年铅印本。)

〔民国三十一年前后，湖南宁远县〕 爆竹造者尤多，分工治之，以纸束硝磺为卷，而妇孺植引卷中，资为生者可千百人。

（李毓九修，徐桢立纂：《宁运县志》，卷十七，食货，民国三十一年石印本。）

〔清光绪十六年前后，广东高州府〕 牛皮最伙，且佳，故高州皮箱驰名天下。

（清　杨斋修，陈兰彬等纂：《高州府志》，卷七，舆地，物产，货之属，清光绪十六年刻本。）

〔清光绪二十年以前，广东肇庆府高要县〕 制造爆竹，以广利、砚洲人为最多，约有三百余家。制法分上、中、下三等，上等爆专备出口之用。同、光间，销流极旺，为出口货大宗，四班各乡胥沾其利。光绪二十年后，因硝磺加价，获利遂微，业爆竹者陆续迁往盐埠、澳门等处营业，以就硝磺价，此后日渐衰颓，至今几不可复振。

（马呈图纂修：《宣统高要县志》，卷十一，食货篇二，民国二十七年铅印本。）

〔民国十二年，广东佛山〕 爆竹行：以硝磺、炭屑、煤纸等制成，多由本乡及附近四乡承造，按期寄回发售，惟爆引购自肇庆，销行四乡及港、澳、南洋等处，大者数家，小者二十余家。

（冼宝干等纂：《佛山忠义乡志》，卷六，实业，民国十五年刻本。）

〔民国十二年前后，广东佛山镇〕 牛皮行，土制熟皮自黄鼎司寨边乡购回，红皮则来自南洋，购自香港，或省城。贵者沙皮，贱者水牛皮。水皮复有青、白之分，青皮贵，而白皮贱，均销售于内地各埠商号或鞋履店。皮行三家，皮店五六家。

（冼宝干等纂：《佛山忠义乡志》，卷六，实业，民国十五年刻本。）

〔民国十二年前后，广东佛山镇〕 革履行：种类极多，贵贱不一，革之贵者，曰漆皮、曰珠皮。珠皮近有土制者，牛皮之外，兼用羊皮。羊皮有来自云南者，鞋之主要原料及其他附属品，即至一带、一线、一钉几无一不来自外国，其完全由外国制成运到者，更无论矣，利权外溢，实非浅鲜也。

（冼宝干等纂：《佛山忠义乡志》，卷六，实业，民国十二年刻本。）

〔民国二十二年前后，广东开平县〕 皮材，邑中业此者，惟古博都郭氏于水口埠，开张烟皮店数家，专收买邑内水、沙二种牛皮，炭焙成货，售诸省、港、江、佛及各墟市，销流颇广。

（余启谋修，张启煌等纂：《开平县志》，卷六，舆地略，物产，民国二十二年铅印本。）

〔**民国九年前后,广西桂平县**〕 皮箱,工出本处,亦麻洞墟附近之人为多,精美可敌阳江所出,皮亦土产(往日业牛皮者甚众,各乡墟皆有之,今则罕见矣),惟铜质纽环必仰息东粤。

(黄占梅等修,程大璋等纂:《桂平县志》,卷二十九,纪政,食货中,工业,民国九年铅印本。)

〔**清朝末年至民国二十三年,四川华阳县**〕 县二十年前,革器苦窳。国变后,制革厂林立,方物西法,制作甚精。常用之外,军用装置为大宗,行销外及云、贵、陕、甘。

(叶大锵等修,曾鉴等纂:《华阳县志》,卷三十四,物产,货,民国二十三年刻本。)

〔**民国元年后,四川巴县**〕 民国初元,吾县始有惠丰制革厂,其工人皆雇自成都。其后继起者多,而求新为著,所制红、白色皮尤有名。

(罗国钧等修,向楚等纂:《巴县志》,卷十二,工业,应用化学工业,民国二十八年刻,三十二年重印本。)

〔**民国二十年前后,四川宣汉县**〕 羊皮、牛皮,或运万县售诸洋商,或运重庆入制革厂。以上东区为多。

(汪承烈修,邓方达等纂:《重修宣汉县志》,卷四,物产志,货之属,民国二十年石印本。)

〔**民国初年至二十世纪三十年代,贵州安顺**〕 民国成立后,安顺成立制革厂,采用西法,以药品泡制牛、马、骡、麂等皮,去其缩性,使其柔软光滑,造成各种靴鞋器物,分销上游各县。据最近调查,安顺制革业有顺时、崇新、惠安、同兴、利华等五家,工人六十三人。

(贵州省安顺市志编纂委员会据民国二十年代末稿本整理:《续修安顺府志·安顺志》,第九卷,工矿志,工业,毛革工业,安顺市志编委会一九八三年铅印本。)

〔**二十世纪三十年代,贵州安顺**〕 自制革厂成立以后,有效法欧、美缝制西式皮靴、皮鞋者,柔软经久,式样亦佳,销行本境,日趋发展。据最近调查,城乡合计有制鞋业七十五家,鞋工二百八十人。

(贵州省安顺市志编纂委员会据民国二十年代末稿本整理:《续修安顺府志·安顺志》,第九卷,工矿志,工业,缝纫工业,安顺市志编委会一九八三年铅印本。)

〔**二十世纪三十年代,贵州安顺**〕 牛毛毯一物,贵在坚韧耐久,制法原取粗厚,虽不精致,然亦雅观。近销售日广,已推广数家,据工人云:每毯需用牛毛六斤,耗费手工二日,始能织成。仅售大洋二元余,而可用至十余年,可谓价廉物美。今此物畅销四乡,且及于各县,已成为社会上嫁娶之必需品。据最近调查,安顺城内有牛毛毯业十二家,工人三十五人,年出牛毛毯约五千条。

(贵州省安顺市志编纂委员会据民国二十年代末稿本整理:《续修安顺府志·安顺志》,第九卷,工矿志,工业,织染工业,安顺市志编委会一九八三年铅印本。)

〔明朝年间,云南〕 氍者,织羊毛为之。其细如绒,坚厚如毡,染成五色,谓之缥氍。永昌、丽江人能为之。其在广西者,曰㲣㲣,本一种也。毡则诸郡皆为之,而邓川最良,然亦粗甚。

(明 谢肇淛纂:《滇略》,卷三,产略,清乾隆间《四库全书》本。)

〔清朝年间,云南云南府昆明县〕 皮革品,有马皮、牛皮、羊皮、麂皮等制,而以牛皮用途为广。曩者,制造不精,只供鞋靴箱盒之用。光绪末年,延聘外人创设制革厂于省城,皮革因之改良,不特寻常器物日见精工,即军事用品亦多利赖,麂皮所制兜肚、坎肩等物,颇畅销于各处。

(倪惟钦、董广布修,陈荣昌、顾视高纂:《昆明县志》,卷五,物产志,地质及矿产,工艺附,民国三十二年铅印本。)

〔民国六年前后,云南大理县〕 邑内业靴鞋工匠甚多,前尝仿京式制造,颇见畅销。今仿西装所制之各式大小靴鞋,日臻良美,行销亦广。

(张培爵等修,周宗麟等纂,周宗洛重校:《大理县志稿》卷五,食货部,物产,民国六年铅印本。)

〔民国二十三年前后,云南宣威县〕 牛、羊皮,年中约出万余张,不尽经屠户之手,疾病死亡者居其半数。除供本境皮匠铺之用外,有商号数家出资采买,上销省垣,下销川省。最近市价,牛皮百斤值银五十元,羊皮百斤值银九十元,羊毛百斤值银四十余元。(此项牛羊皮运至昆明,多由日商购运出境。自与日人经济绝交,斯物乃无人过问。有原料而不免弃地,工界之耻也。)

(陈其栋修,缪果章纂:《宣威县志稿》,卷七,政治志,建设,农事建设,民国二十三年铅印本。)

〔一九四九年前,云南〕 毛织品以毡为多,东川巧家之毡销行全省,大理业此亦多,惟较东川产稍逊。腾越西北各乡畜羊繁息,毛剪供松园村人制毡运销缅地。夷山宣威之羊毛褥,用羊毛纺线织成,颇著名,以刀割出绒头名栽绒。中甸古宗善织毛布,行住不停,口念佛经,手纺毛线,所织皆精致坚牢。汉人亦能纺织,细者名氆氇,粗者名牢卧,作衣帽袜之用。此外为毛毯,俱轻软御寒。路南夷民亦能织羊毛布,堪为衣料及外套、垫褥之用。

（龙云、卢汉修,周钟岳等纂:《新纂云南通志》,卷一百四十二,工业考,纺织业,毛织类,一九四九年铅印本。）

〔一九四九年前,云南〕 皮衣类:云南制之狐裘名云狐,亦颇著名。狐皮就其部位别为数名,曰狐膝,曰狐脊,曰狐腿,曰狐肷,曰狐头,曰耳绒,曰刚尖,曰莲花瓣,皮工熟皮后分制为裘。裘之轻暖者尚有猞猁一种,价贵于狐。此外有野猫及九节狸均可制裘,价次于狐。獭皮可制领、袖。虎、豹、狼、犬之鞹可制几垫床褥,此类皮工多昆明、丽江、大理人。羔裘产丽江府,较北方制者稍逊而耐久。滕越野人山产麂子甚多,其皮制为领袢及兜肚钱包等,光华如呢绒而坚牢,业是者多腾越人。靴鞋类:靴鞋有朝靴、缎靴、布鞋、皮靴、皮鞋之分,多以黄牛皮制成,业此者多昆明人,每年运销各县,为数甚巨。其次为大理人,迤西各县营是业者多属之。其他各县虽有是工,然不如昆明、大理之多而佳也。皮箱类:皮箱以黄牛皮制成者最多,其次为羊皮,营是业者多昆明人。鞍辔类:在昔武人弓马为重,马之鞍辔鞲靷鞦韂及弓箭之鞭靮振,必求美观,业此者多省会工人。若寻常驼运之鞍具,如大理、下关、保山、腾越、昭通、临安、蒙自之冲要市场皆能制造,而罗次皮工亦以制辔头、马胯、皮碗盒、筷插等称。

（龙云、卢汉修,周钟岳等纂:《新纂云南通志》,卷一百四十二,工业考,皮革业,一九四九年铅印本。）

〔一九四九年前,云南〕 爆竹业:省会营此业者多川人,散布于新城铺、得胜桥一带,迤东则昭通,迤南则蒙自,迤西则龙陵业此者颇多。

（龙云、卢汉修,周钟岳等纂:《新纂云南通志》,卷一百四十二,工业考,爆竹业,一九四九年铅印本。）

（六）巾、带、袜、帽、伞、皂、扇、烛、砚制造业

〔清光绪三十四年,江苏青浦县城〕 光绪三十四年,邑人叶其松、徐实璜等

创实业研究社于北门地藏庵,仿造洋烛,有火车牌、仙鹤牌两种,行销苏、沪等处。

(于定增修,金咏榴增纂:《青浦县续志》,卷二,疆域下,土产,民国六年修,民国二十三年增修刻本。)

〔民国初年,江苏宝山县〕 凡制造洋烛、洋皂、药水、牙粉以及化装〈妆〉品等,皆属于化学工艺……。兹就试办已有成绩者述之。罗店汪锡寿,本业茶食商,因肆中需用薄荷油,恒购自日货,遂研求甄制之法,试之而有效。民国二年,集股购备锅炉,扩充出品,在苏、沪、汉口各埠分销(薄荷惟太仓产质味浓厚,汪氏每年于收获之先预约承买,故出品较日制为优)。继又进求结晶之法,以油质灌置机中,配以圆桶,机转则洒于桶上,油质变为薄片晶形,加以拍拉宾油(是油为制造洋烛之原料),即成药用之薄荷锭,历次国内外陈赛均得优奖。又有宝泰烛店者,民国初元兼制洋烛,其后烛肆之设有坊场,多相继仿造,但原料仍仰给于舶来品(用拍拉宾油和以司脱亚林油熔化后灌入模型即成洋烛,两油之成分视天气为增减)。其他若江湾西江小学之天然朱墨,曾经试制发行;监狱工场之粉笔,颇著成效。近有一种人造石,其艺传自日本,琢为浴盆、桌凳,光洁异常,南境北四川路一带业此者颇多。

(张允高等修,钱淦等纂:《宝山县续志》,卷六,实业志,工业,民国十年铅印本。)

〔民国二至十九年,江苏川沙县〕 花边一物,西国妇女服装大概〈都〉喜用。如窗帘、几毯等装饰品,亦多需此,于美国为尤甚。民国二年春,邑人顾少也发起仿制穿网花边,设美艺花边公司于上海,并在高昌乡各路口镇设传习所,教授女工,不收学费,一时本境女工习此业者,不下千数百人。其所出物品,因货美价廉,销路颇畅,除批发于同业各号外,余均行销欧美诸邦。三年十二月,赴斐律滨嘉年华会比赛,得最优等奖凭。四年十月,北京农商部开国货展览会,前往陈列,得一等奖凭。该公司赴赛情形,备详商务书馆印行之伍廷芳《斐律滨赛会记》。至十一月,农商部劝业委员会准工商司函并钞录赴美赛会览督处详称:"花边一项,畅销美国,向欧洲运销;近自战事剧烈,来源锐减,吾国可乘此机会提倡,调查各国时样,觅样仿制,是亦推广妇女生计之一端"等语,函请转函上海县知事,转饬该公司制造人查照办理,以期推广销路,而振商业。嗣该公司扩充资本,改组文明美艺花边厂于曹镇。而同业润昌号亦于龚镇分设公司,收发花边。自此以后,顾镇、高行南、北镇、新港、合庆等处,相继设立公司,传授女工。地方妇女年在四十岁以下,十岁以上者,咸弃纺织业而习之。全邑出品价值,每年骤增至五六十万元以上。妇女所得工资达二十万元以上。贫苦之户,赖此宽裕者数千家。十年十一月,县知事严森,准曹镇公昌兴记厂李霖生之呈请,给示保护女工,风纪为之整饬。但眼光短浅之商人,未免有放价拉工之举。十四年八月,顾汝莲、万永清等为维持利益,矫正弊害起见,组织浦东花边公会,设事务所于川沙商会,虽经推定总副董事,惜未切实进行。未几销数锐减,细网花边,竟致衰落。幸粗网花边继起,不数年后,亦可畅销欧美。本邑女工,仍得照常工作。虽工资不及以前之丰厚,据该业报告,十四年以后,粗网畅销,全年出品约有四十万元,妇女工资,仍可达十二三万元云。

赘录：花边业调查表（民国十九年四月调制）

地 名	厂 名	组织及开始期	经理人姓名	女工人数(人)	出 品	全年出品价值(元)	工资额(元)
高行南镇	华 盛	公司,民国五年	叶倩村	300	黄线花边	8 000	2 700
马 桥	庆 记	同上	孙庆咸	800	稀网兼色线花边	20 000	6 700
徐家路口	陆友记	组织同上,十五年	陆友涛	250	稀网花边	4 000	1 200
顾家路口	信 昌	同上,四年	杨希曾	200	同上	3 000	1 000
同 上	冠东第三分厂	二人合资,十八年	杜伯炎	800	同上	15 000	5 000
同 上	三 鑫	独力经营,十九年	杜宝钧	150	同上	3 000	1 000
同 上	品 和*	公司,十九年	李炳新	100	同上	3 000	1 000
曹家路口	福 星	独力经营,九年	秦文才	150	同上	6 000	2 000
同 上	李恒大	同上,十年	李桂林	150	同上	2 000	650
同 上	冠 东	同上,十四年	杜伯炎	1 000	稀网花边	15 000	5 000
同 上	远 东	公司,十四年	朱式谟	1 000	同上	15 000	5 000
同 上	蔡新记	鞋店带办,十五年	蔡阿庚	50	同上	1 000	30
同 上	三 新	独力经营,十五年	陆益甫	1 000	同上	15 000	5 000
龚家路	海麦新	同上,四年	张锦梅	1 000	稀网兼八号花边	15 000	5 000
同 上	振 潮	同上,七年	蔡尔昌	500	稀网花边	10 000	3 300
同 上	合顺丰	同上,十一年	张义孚	1 000	同上	15 000	5 000
同 上	元兴泰	同上	朱志魁	1 000	同上	15 000	5 000
同 上	义 康	同上,十五年	徐锡九	500	同上	6 000	2 000
同 上	协兴昌	同上,十八年	徐耕梅	500	同上	6 000	2 000
九团大码头	盛荫记	同上,九年	盛荫梅	1 000	同上	15 000	5 000
同 上	盛朗记	同上	盛朗梅	500	同上	6 000	2 000
同 上	张新记	同上	张志成	1 000	同上	15 000	5 000
龙王庙	黄炳元	同上	黄炳元	500	同上	6 000	2 000
同 上	朱永记	同上	朱永卿	500	同上	6 000	2 000
大徐家宅	徐甘元	同上	徐甘元	500	同上	6 000	2 000
新 港	张允之	同上,十五年	张允之	500	同上	6 000	2 000
同 上	张守彝	同上	张守彝	300	同上	6 000	2 000
同 上	包慕洲	同上,十八年	包慕洲	500	同上	3 000	1 000
王家港	倍 利	洋行分设,十年	唐云祥	1 000	稀网兼八号花边	15 000	5 000
小 湾	龙 记	独力经营,十年	张龙山	500	稀网花边	10 000	3 300

(续表)

地 名	厂 名	组织及开始期	经理人姓名	女工人数(人)	出 品	全年出品价值(元)	工资额(元)
合 庆	东 西	同上,四年	顾菊才	500	黄线花边	10 000	3 300
同 上	隆 盛	公司组织,十年	顾隆涛	1 000	同上	20 000	6 600
同 上	生 昌	独力经营,十五年	顾菊生	300	同上	5 000	1 700
同 上	储文记	同上	储文卿	300	同上	5 000	1 700
同 上	宋复兴	同上	宋新祥	200	同上	3 000	1 000
同 上	陆顺兴	同上	宋文生	300	同上	5 000	1 300
同 上	懋 康	同上	储林生	300	稀网花边	5 000	1 700
同 上	顾长庆	同上	顾春山	300	同上	5 000	1 700
同 上	孟聚丰	同上	孟连生	300	同上	5 000	1 700
同 上	薛裕昇	同上	薛志成	200	同上	3 000	1 000
同 上	曹增记	同上	曹杏卿	200	同上	3 000	1 000
同 上	杨文记	同上	杨文祥	200	同上	3 000	1 000
凤家码头	艺 成	公司,十五年	滕静安	300	同上	5 000	1 700
凌家码头	邹文忠	独立经营,同上	邹文忠	100	同上	2 000	700
奚家码头	张园生	同上	张园生	500	同上	10 000	3 300
顾 宅	顾才记	同上	顾才明	300	同上	5 000	1 500
川沙城内	丰 年	同上,六年	蒋少峰	500	同上	10 000	3 300
统 计						400 000	132 980

* 由勤昌改组,原有工人千余人,出品二万余元。

(方鸿铠等修,黄炎培等纂:《川沙县志》,卷五,实业志,工业,民国二十六年铅印本。)

〔民国初年,江苏宝山县江湾里〕 境内工业,向恃织布,运往各口销售,近则男女多入工厂。女工或习结绒线,而花边尤盛行。其法纯恃手工业,以洋线结成各式花边,美国上流社会衣服,恒以此为缘饰,航海销售,获利颇厚,甚至有创设花边公司者。自欧战后,美国禁止销耗品入口,影响所及,多半辍业。

(钱淦等纂:《江湾里志》,卷五,实业志,工业,民国十三年铅印本。)

〔民国十年前后,江苏宝山县〕 近如花边一业,发源于烟台,由上海传至浦东、高桥一带,其法纯恃手工,以洋线结成各式花边,美国上流妇女衣服恒以此为缘饰,航海销售,获利颇厚。又以吾国妇女工价低廉,习之亦极适宜,一时大场、江湾首先推行,城厢、罗店、月浦、杨行等处继之,花边之名乃大著。自欧战以后,美国禁止消耗品入口,影响所及,多半辍业,今仅存高桥数家。

(张允高等修,钱淦等纂:《宝山县续志》,卷六,实业志,工业,民国十年铅印本。)

〔民国二十六年前后,江苏川沙县〕 毛巾而外,厥惟花边,俗称做花。最盛时,全境一年间,工资几及百万元。女工每人每日二三角、四五角不等。今则毛巾与花边皆衰落，而花边尤甚。

（方鸿铠等修，黄炎培等纂：《川沙县志》，卷十四，方俗志，川沙风俗漫谈，民国二十六年铅印本。）

〔**清光绪二十六年至民国初年，江苏川沙县**〕 川邑工业，水木两工，就业上海，在建筑界卓著信誉。洋服裁缝业，散在上海及哈尔滨、海参崴等埠亦不少。华服裁缝，上海尤盛。其在本境，向以女工纺织土布为大宗。自洋纱盛行，纺工被夺，贫良所恃以为生计者，惟织工耳。嗣以手织之布，尺仅既不甚适用，而其产量，更不能与机器厂家大量生产者为敌。清光绪二十六年，邑人张艺新、沈毓庆等，鉴于土布之滞销，先后提倡仿制毛巾。毓庆就城中本宅创设经纪毛巾工厂，招收女工，一时风气大开。其后经纪停闭，而一般女工皆能自力经营，成为家庭主要工业。二十年来，八团等乡机户林立，常年产额不少，于妇女生计前途，裨益非浅。

（方鸿铠等修，黄炎培等纂：《川沙县志》，卷五，实业志，工业，民国二十六年铅印本。）

〔**清光绪末年，江苏嘉定县**〕 邑中女工向以纱布为生计大宗。光绪季年，土布之利被洋布所夺，于是毛巾代兴。毛巾为仿造日本货之一种，以十六支及二十支二种洋纱为原料（今犹用日本纱，以本纱不良，故织梭亦日制；此工商界所当研究者），分轻纱二重，上重薄加浆粉，下重浆粉甚厚，织巾时，隔三梭或四梭用力一碰，经纬交错，上重因而起毛，略似珠形。组织简单，织造甚便，每机一乘，织工一人，摇纱半之，经纱工、漂白工又若干。工苦而利微，唯洋纱贱、毛巾贵时，每人每日可获六七角之利，然不多见也。在清季，邑中无正式之厂，统计其业约分两类：一简陋之厂，置机十余乘至五十乘不等，招集邻近女工，以友谊管理，出货直运上海庄，庄给四十日之庄票，回嘉可购洋纱，此类以城厢内外及东乡为多，约有三十家，共机五百乘左右；一不成厂之散户，置机一二乘，妇女得暇则织，全属家庭工业，出品销本城曹氏、大全、仁庄，多数掉换洋纱，彼则远销上海及杭、嘉、湖，此类散户约共机三百余乘。

（陈传德修，黄世祚、王焘曾等纂：《嘉定县续志》，卷五，风土志，物产，民国十九年铅印本。）

〔**民国年间，江苏嘉定县**〕 民国后，近城妇女争织毛巾，西南偶〈隅〉，除在家置机自织外，间有设厂经营者。徐行、澄桥、东门外且有大规模之工厂，如恒泰、华成、达丰等。

（吕舜祥、武蝦纯编：《嘉定疁东志》，三，物产，人造物，民国三十七年油印本。）

〔清宣统元年至民国十九年，江苏川沙县〕

毛巾厂调查表（民国十九年四月调制）

厂名	地址	经理人姓名	商标	开办年月	注册年月	织机数	织工数	种类	每年产值
永茂	川沙城内石皮街	厂主滕晋福		清宣统元年		10乘	18人	毛巾	7 200打
振川	城内署前街	厂主盛茂祥		同上		16	20	同上	5 000
顾兰记	青墩	顾少琴		民国元年		30	40	同上	14 000
滕益泰	北门外王家桥	厂主滕庆麟		二年		17	17	同上	7 200
德昌	东门外蔡家路	厂主沈国桢	帆船	四年十月	十七年十二月	130	130	毛巾 细帆布	17 500
经纶	城内石皮街	凌秀峰	雄鸡	七年七月	十二年	40	50	毛巾	12 000
纶华	北门内	储立全	双喜	七年八月		40	60	同上	15 000
恒华	城内参署基	厂主周殿彪	鲤鱼	八年三月		16	23	同上	7 000
三友实业社	川沙北门内	沈九成	三角 方圆	八年六月	十三年三月十五日 十三年九月十六日	750	970	浴巾 毛巾	120 000
天华	同上	张菊堂	宝塔	九年六月	十年十月	100	140	毛巾	30 000
申昌	南门外	吕申甫	风扇	十二年五月		100	140	浴巾 面巾	40 000
永余	青墩	潘正卿	跑马	十五年	十七年	30	48	毛巾	15 000

备考：本邑毛巾厂，开办最早，大小不下数十家。兹择其现存较著者列入。

（方鸿铠等修，黄炎培等纂：《川沙县志》，卷五，实业志，工业，民国二十六年铅印本。）

〔民国二十六年前后，江苏川沙县城厢镇〕　毛巾：城厢内外，巾机林立，销场亦广，妇女远近相习，贫苦之家，多一生计。

（方鸿铠等修，黄炎培等纂：《川沙县志》，卷四，物产志，附服用之属，民国二十六年铅印本。）

〔民国二十六年前后，江苏川沙县〕　土布衰而毛巾盛，城市及八、九两团，毛巾厂日多一日，妇女借得工资，以补农产收入之所不逮。惟北乡尚少此项机厂。

（方鸿铠等修，黄炎培等纂：《川沙县志》，卷十四，方俗志，川沙风俗漫谈，民国二十六年铅印本。）

〔民国二十六年以后，江苏嘉定县呼东地区〕　最近，近城一带如东门外、澄桥、徐行等处更有新兴之毛巾工业，农家妇女于农隙时前往工作，得益不少。营此业最大者为陆洪伦所开之合成棉织厂，戴拱北所开之达丰棉织厂。其他如本区人陆行伯兄弟在东门内所开之恒泰棉织厂，规模尤大，为全县之冠。间有农家妇女在家置机自织者。

（吕舜祥、武毅纯编：《嘉定呼东志》，四，实业，工，民国三十七年油印本。）

〔民国二十五年前后，江苏嘉定县〕　毛巾业最盛，城内外计有毛巾厂五六十家,织巾机一千数百座。

(殷惟和纂:《江苏六十一县志》,下卷,嘉定县,工业,民国二十五年铅印本。)

〔民国初年至二十年,河北天津市〕 织带业在本市初皆手工制造,民八九年间,始先后换用木机。原料则不外电光线、丝线、洋线等数种。电光线来自外国,丝线多用国产。惟近日社会习尚,男女皆不束腿,带子销路渐滞,业此者不得不兼营他业,以资维持。但营此业者仍不少。

(宋蕴璞辑:《天津志略》,第九编,工业,第二章,纺织工业,民国二十年铅印本。)

〔民国二十一年,河北南皮县〕

工商资本及工资

工商种类	家数	资本数	工 人 数	工 资 数
制棉业		五〇〇〇〇元	家庭手工	
绵袜业		一五〇〇〇元	家庭手工	
油坊	五十家	八〇〇〇〇元	工师五十人 工人一百二十人	每人月六元 每人月三元
粉坊	三十家	一五〇〇〇元	工师三十人 工人六十人	每月每人五元 每人月三元
酱醋业	十 家	五〇〇〇元	工师十人 工人二十人	每人月八元 每人月四元五角
酒坊	三 家	六〇〇〇元	工师六人 工人十八人	每人月十二元 每人月四元
铸锅厂	二 家	六〇〇〇元	工师六人 工人四十人	每人月十五元 每人月四元五角
烟店	四 家	六〇〇〇元	工师四人 工人八人	每人月六元 每人月四元
糕点铺	十 家	一二〇〇〇元	工师十人 工人二十五人	每人月六元 每人月三元五角
首饰店	九 家	一〇〇〇元	工师九人 工人九人	每人月五元

以上制棉、织袜两项系家庭工业,工人工资难调查。

(王德乾等修,刘树鑫等纂:《南皮县志》,卷五,政治志上,实业,民国二十二年铅印本。)

〔民国二十三年前后,河北完县〕 毛巾为完县工艺出品之大宗,亭乡、下叔诸村,操此业者甚众,共有织机五百余架。出品多由亭乡西庄一村代销,该村实为手巾总汇之地。初该村有刘奉先者,令其表弟王牛儿在河南一织布厂学习各种线织物。学成后,刘奉先用秫秸制一手巾机模型,监视本工仿制之。遂办一小工厂,专织方纹巾,颇有利润,是以学习者渐多。近年来,以毛巾销路较广,又多改织毛巾。该村现有机二百余架,多为县境木工所制,每架约值六七元。原料为洋线,多由本城商号购去,自秋至春,可工作六个月。先将棉纱漂白施浆,再经络线、整经等手续,装机织为巾,复行漂白即成。每日可织线六斤,织线一捆,约可赢利一元。附近下叔各村,业此者多系该村业户托为代织,织线一捆,可得手工洋一元，俗称放手工。总计各村出品，每年产额六万五千余打，每打值洋一元一角，共值七万余元。前曾销往开封、榆次，近年以销保定、归化、大同者为多。

（彭作桢等修，刘玉田等纂：《完县新志》，卷七，食货第五，民国二十三年铅印本。）

〔清代后期至民国十八年，山西新绛县〕 毡帽，亦著名之出产也，多销于外邑，惟自革命而后，帽式变更，故销数顿见减少。

（徐昭俭修，杨兆泰等纂：《新绛县志》，卷三，物产略，民国十八年铅印本。）

〔民国二十年前后，奉天安东县〕 近年洋袜盛行，埠内制造洋袜工厂益多，共有二十五家，然皆用手摇。其用电机织袜者，因无利可图，皆已停止矣。

（关定保等修，于云峰纂：《安东县志》，卷六，人事，工业，民国二十年铅印本。）

〔民国二十一年前后，奉天北镇县〕 蜡，用细苇管蘸牛油、麻油，外以白蜡为皮，有红、绿、白三色。红者于吉礼用之，绿者于凶礼用之，白者普通用之。近年，洋烛输入，而本境所制之蜡逐渐少矣。

（王文璞修，吕中清等纂：《北镇县志》，卷五，人事，实业，工务，民国二十二年石印本。）

〔民国二十四年前后，陕西岐山县〕 石砚，崛山南沟之石，其质细致，土人制砚市之。

（田惟均修，白岫云等纂：《岐山县志》，卷一，地理志，物产，货物，民国二十四年铅印本。）

〔清光绪初年至民国二十五年，山东牟平县〕 花边、发网、绣花之技术，在民元前三十年类多由地方教民得基督教会之传习，逐渐散布于各乡村。民元以来，可谓普及全县，而尤以南部六、七两区为独多。女工之发展，以此为最，较纺织殆有过之。论者谓中外互市，工业上所取得欧美之利益者，舍此几无他物。查此等工厂之设施星罗棋布，类皆因陋就简，成本易筹，厂内率无多人，全恃约定各村妇女为之工作。其办法为先分送原料，按期收取成货，工人既免往来之劳，工厂亦省设备之费。其工艺灵敏者，绣花每年可得百元之收入，结网工资虽廉，而幼女亦优为之，每打尚可博铜元十数枚。在此农村经济恐慌时期，得此以补助之，受赐多矣。他如棉纱、毛线及麦秸等编织物，亦时或发现于市肆，颇堪采用。五区范家庄之口袋布，其织法尤别有传授，坚致耐久，远近驰名。

（宋宪章等修，于清泮等纂：《牟平县志》，卷五，政治志，实业，民国二十五年铅印本。）

〔清宣统年间至民国十二年后，山东潍县〕　潍县发网，始于清宣统年间。当时，有李家庄乐道院美籍牧师极力宣传，在城北常疃等庄开工制造。至民国二、三年，乃分传于邻近各庄。所出发网有深棕、浅棕、中棕、墨棕、丝黄、苏红及灰白等颜色。最初制网原料均采用舶来品，至四、五年间，县人乃能染制各样色发，业此者日增。十年前后，城关营发网业者达四十余家，制发网者散处于城北湖林埠、常疃、华疃、北张氏等庄，凡三百余家。男女工作者凡二千余人，每年约出发网一万五千捆，每捆约值银元四元，总值达六万余元。运往青岛、上海、烟台、济南，转销英、美、德、法、日、奥等国。自十二年后，此业渐形萧条，制网者亦日渐减少。

（常之英修，刘祖干纂：《潍县志稿》，卷二十四，实业志，工业，民国三十年铅印本。）

〔民国五年至二十四年，山东高密县〕　发网业，民国五六年间颇为发达，现在发网出品年约八千捆，专恃女工织造，销售烟台。

（余有林、曹梦九修，王照青纂：《高密县志》，卷七，实业志，工业，民国二十四年铅印本。）

〔民国二十二年前后，河北东明县〕　制袜工厂，该厂在城内，商人所办，有制袜快机二架，工徒二人，每月可制三百打，盖企业之小者。

（任传藻等修，穆祥仲等纂：《东明县新志》，卷之十四，民生志，生计、生产，民国二十二年铅印本。）

〔民国二十三年前后，山东济阳县〕　近来，洋袜销路最广，本县织洋袜者仅有数家，且用笨机，规模均极狭小。

（路大遵等修，王嗣鋆纂：《济阳县志》，卷一，舆地志，物产，民国二十三年铅印本。）

〔民国三十年前后，山东潍县〕　毡帽一项向为潍县大宗出品，近年渐不如前。业此者，多在田尔庄、徐家小庄、焦家、王家楼、黑家等处，全县约数十家，所用原料除本县出产外，多采自博山、济南、莒县、沂水县等处。

（常之英修，刘祖干纂：《潍县志稿》，卷二十四，实业志，工业，民国三十年铅印本。）

〔清道光四年前后，江苏江宁府上元县〕　用物之品，折纸扇，出城中者，四方称最。

（清　武念祖修，陈栻纂：《上元县志》，卷四，舆地志下，物产，清道光四年刻本。）

〔民国元年至二十四年前后，江苏南京〕　布匹、巾、袜、竹、木等工厂，《江苏十一年政治年鉴》：振兴织袜厂，在四象桥，民国三年二月成立，工人十三人，男五女八,制造线袜,年成五千打。利生工厂,在二道高井,民国二年十二月成立,工人一百九十六人,男三十六、女一百六十,制造丝光布,年成一万三千二百匹。源成工厂,在油市大街,宣统元年四月成立,男工八十人,制造丝光布,年成一万二千匹。涌盛布厂,在南门大街,民国元年成立,男工二十二人,制造条布,年成四千匹。恒兴祥织袜厂,在评事街,民国元年八月成立,工人十五人,男十二、女三,制袜,年成二千六百打。华新织布厂,在油市大街,民国二年一月成立,男工二十二人,制造布匹,年成三千五百匹。利民柞绸工厂,在曹都巷,民国三年五月成立,工人七百二十五人,男三百二十五、女四百,制造柞绸,年成七千二十九匹。《中国经济志》:南京匹头多由上海、南通、无锡输入,本地自织者仅有公正、源成、冯晋记三厂,年出各种厂布不过八千余匹,且货色粗劣,市面不甚畅销。……此外各厂布庄大都自设工厂,原料、机器均由厂方供给,工资按月计算。亦有放料办法,厂方仅供原料,织机由工人自备者。本京汉西门一带,织散户颇多。《中国经济志》:毛巾厂仅有合记湖南旅京民生工厂一所,成立于民国二十年。厂设钓鱼台,资本七百元,工人十四名,置木机八架,年产大小毛巾约三千打,计值四千元。

(叶楚伧修,王焕镳纂:《首都志》,卷十二,食货下,工业,民国二十四年铅印本。)

〔民国十六年前后,江苏丹阳县〕 伞栌,出黄连山下,乡民以松木为之,即雨伞栌头也。苏、松、太、杭、嘉、湖均销此品,故出产甚广。

(胡为和等修,孙国钧等纂:《丹阳县续志》,卷十九,风土,附物产,民国十六年刻本。)

〔民国二十年前后,江苏泰县〕 泰茂烛皂厂,资本:银一万元。设备:烛皂模型。组织:分烛、皂二部。出品:洋碱、洋烛、华商商标。工人:十余人。统计:每年销售洋烛三千余箱,皂五百余箱。

(单毓元等纂修:《泰县志稿》,卷二十,工业志,民国二十年修,一九六二年油印本。)

〔民国三十二年前后,江苏兴化县〕 本城原有毛巾手工业十余家,以西城外求是学校许炳文所创办之木机毛巾规模较大,资本亦足,每年出品尚佳,推销甚广。迄今仅存两家,其一为本城县桥东巷森记号,有木机三张,原料本纱,每日出品二打,其一为西水关附近陆义方家,有木机四张,原料洋、本纱两种,每日出货二打半,只销本邑附郭乡村。

(李恭简等修,钮敦仁等纂:《兴化县续志》,卷四,实业志,民国三十三年铅印本。)

〔清朝末年至民国三十七年,浙江〕 伞之种类分纸伞、油布伞、洋伞、绸伞四种。中以纸伞制造由来最久,本省各县均产之。抗战前,全省制伞店约二百余家,其居中心地位者推杭州、宁波、温州。清末温、杭、宁伞铺日增,并销行海外。其在国内行销区域以江、浙为主,次为天津、牛庄、营口等处。民国八年,日人有向温州承销纸伞,贩运至门司、长崎及朝鲜一带。民国十三四年,已在日本市场占相当位置。十五年以后,受日人排挤,更值欧洲及热带各地发现纸伞油粘之弊,又遭拒用,营业一落千丈。翌年温、杭伞商将纸伞竭力改造,所有装潢皆仿洋伞,无论国内、南洋、欧美均受欢迎,营业因即恢复。油布伞之制造始于民国元年,功用同纸伞,质牢于纸伞而笨重过之,故行销仅在本地,产量以杭、温、宁三处为多。洋伞原为外洋输入品,民国十三年,本省杭州鼓楼之新民新厂开始仿造,继起者不一而足,宁波亦有仿制者。……据海关报告,本省纸伞输出,民国十六年计二百零七万五千八百八十七把,十七年一百六十八万二千零九十一把,十八年后计二百四十五万五千三百零四把,十九年计二百五十七万三千二百八十三把,二十年最多,计三百四十六万一千八百十三把。自温州输出者最多,宁波次之,杭州又次之。三十七年四月四日市价,绸伞每把甲种六十万元,乙种五十四万元。

(浙江省通志馆修,余绍宋等纂:《重修浙江通志稿》,第二十二册,物产,特产下,伞,一九四三年至一九四九年间纂修,稿本,浙江图书馆一九八三年誊录本。)

〔清光绪三十年至民国三十七年,浙江杭州市〕 本市各厂所出之肥皂,其主要销售区域均在上江一带,即旧金华、衢州、严州、绍兴及本市所属各县。

本市皂厂状况

厂 名	资本(元)	组织	设立年月	工人数	地 点
丰和皂厂	6 400	独资	光绪三十年	9	湖墅
美 亨	10 000	合资		12	过军桥
大 兴	5 000	同上		7	凤山门外
大 利	8 000	同上		12	车家桥
振 华	3 500	独资		8	金钗袋巷
裕 通	5 000	合资	民国三十一年	8	万安桥

本市各皂厂之产值及商标列表如下

厂 名	产量(箱)	总值(元)	商 标
丰 和	8 000	44 000	
美 亨	15 000	82 500	A
大 兴	9 000	49 500	双狮

(续表)

厂　名	产量(箱)	总值(元)	商　标
大　利	12 000	68 200	大利
振　华	5 600	30 800	
裕　通	未详	未详	

（千人俊编：《民国杭州市新志稿》，卷十八，工业二，制皂业，民国三十七年修，杭州市地方志编纂办公室一九八七年铅印本。）

〔清乾隆元年前后，安徽池州府〕　雨伞，池郡造者轻而适用。扇，出青阳，削竹为骨，为柿汁涂纸糊之以泥金，画山水人物于上，售之四方。

（清　尹继善等修，黄之隽等纂：《江南通志》，卷八十六，食货志，物产，清乾隆元年刻本。）

〔民国十年前后，安徽宿松县〕　邑人之习制伞工艺者，较他业为多，沿江各埠多有吾松人之业伞工者。其在本邑，皆开设店铺，专制纸油、篾骨雨伞，货粗而价较廉，行销亦广。然普通所用之伞，除洋伞必购自外埠，而纸油雨伞亦多运自湖北之武穴，以外货较美于土制故也。

（俞庆澜、刘昂修，张灿奎等纂：《宿松县志》，卷十七，实业志工业，民国十年活字本。）

〔民国十年前后，安徽宿松县〕　邑俗通用之蜡烛，均系城乡南货店自行制造，以皮油制成者最佳，普通多用牛油，亦有用香油炼制者，制成之烛行销甚广，惟近因洋烛日多，土烛不无影响。

（俞庆澜、刘昂修，张灿奎等纂：《宿松县志》，卷十七，实业志，工业，民国十年活字本。）

〔民国二十五年，安徽桐城县〕　桐城工业，因出产甚少，销路亦稀，本无发达之可能，虽间有小工厂，皆以人工为之，用机器者，极为寥寥。总计全县私营小工厂共百二十二家，内染织厂十四、袜厂五、蓄鱼公司一、铅印所一、制烛厂一，资本总数计五万七千六百元，工人总计一百九十八人。他如木瓦业以及编席之竹工业，人数六千余名，每年营业收入约计三十万元。以上各业每年出产及收入共约六十万元。

（徐国治修：《桐城县志略》，十四，经济，民国二十五年铅印本。）

〔南唐至清光绪九年，安徽徽州府婺源县〕　《一统志》称，砚品有五：一曰眉子石,有七种;二曰外山罗纹,有十三种;四曰金星,有三种;五曰驴坑,有一种。总谓之龙尾石。大抵歙石之珍,以青、绿、晕多,金星者为上。郡《志》又称:有刷丝石、枣心石、小斑纹、粗罗纹、细罗纹、瓜子纹。然惟以出深溪者为上。自南唐置歙砚务,搜取殆尽。今佳者不可得。

(清　吴鹗修,汪正元纂:《婺源县志》,卷六十四,通考,佚事,清光绪九年刻本。)

注:婺源县,原属安徽,现属江西。

〔清康熙二十年前后,江西广信府玉山县〕　玉无异物也……柏油烛亦粗鄙且贵,每斤取值六七分,实不称名辱甚矣。

(清　唐世徵修,郭金台纂:《玉山县志》,卷二,疆域,物产,清康熙二十年刻本。)

〔清同治十二年前后,江西广信府玉山县〕　玉烛虽著名,乌桕不多,白蜡来自川产缺,故烛价尤昂。

(清　黄寿祺修,吴华辰纂:《玉山县志》,卷一下,地理志,物产,清同治十二年刻本。)

〔清光绪年间至民国三十年,湖南宁乡县〕　工业物品最切民用,亦最有名者,杨林桥张恒顺雨伞也。光绪中,征赛南洋劝业会获奖。

(周震麟修,刘宗向纂:《宁乡县志》,故事编,财用录,工业,民国三十年木活字本。)

〔清光绪初年至抗日战争期间,湖南醴陵县〕　县城伞店,多用朱洪泰招牌。朱洪泰创业于光绪初年,因出品坚守耐用,生意畅旺,清末停业。于是凡新设之店,皆袭用其名。民国二十年前,盛行改良伞及摩登伞,均出湘潭输入。至民国二十三四年以后,本县商家始起而仿造,与客货竞争。惟所用职工多为湘潭籍,共计七八十人。战时营业渐衰,仅有三四十人,有店十三家,各乡镇约六七家。惟因制造草率,并采分工制度,每人产量较之过去大有增加。以每人每月制伞一百计算,县城月可出产三千余柄,除销本县外,江西间有来采购者。抗战以前,有布伞店十余家,战时因钢丝绝迹,全部歇业。

(陈鲲修,刘谦等纂:《醴陵县志》,卷六,食货志,工商,民国三十七年铅印本。)

〔清代至民国三十七年,湖南醴陵县〕　清季县人皆着布袜。其后洋袜输入,舒适美观,于是着洋袜者日众。民国初年,即有购打袜机制造各种线袜者,惟出品粗劣,行销不广,虽系雇用女工,成本较贱,终不能与外埠来货竞争。抗战军兴后之三四年内,外埠来货价格猛涨,针织业始突飞猛进,南城一带业此之女工,在二三百人以上,除销本县外,并销茶陵、攸县、袁州一带。惟至三十年以后,乡间营此业者渐多,而各县亦多自行制造,销路既狭,营业遂衰。

(陈鲲修,刘谦等纂:《醴陵县志》,卷六,食货志,工商,民国三十七年铅印本。)

〔清代至民国三十七年,湖南醴陵县〕 清季,民间浣洗,皆用茶枯、碱水,后渐用肥皂,惟多系舶来品。民十以后,汉口、长沙有大量国货输入,外货几于绝迹。……三十年以后,因所用原料苛性钠系美国出产,须由广东沙坪贩来,价值极昂,故成本因而提高,社会购买力则同时降低,故营业日渐清淡。县城制造肥皂者,现有三家,职工约十五人。

(陈鲲修,刘谦等纂:《醴陵县志》,卷六,食货志,工商,民国三十七年铅印本。)

〔清光绪、宣统年间,广东肇庆府高要县〕 此扇,附城人创造,道光初年,只一二店,后以价廉应用,推行渐广。交通以来,遂畅销于南洋各埠。附城男女多借此艺以谋生。其法将竹丝排匀扣以线糊以纱纸,成葵扇形。其染黄色、贴红寿字,再髹桐油者,名曰行西;若髹白、元、米或画花卉人物者,名曰鱼尾;不染色、不画花者,名曰大中,又曰二中,比行西特小,髹以红色,画以人物,为孩儿用品者,曰扇仔。

(马呈图纂修:《宣统高要县志》,卷十一,食货篇二,民国二十七年铅印本。)

〔清代至民国十五年前后,广东佛山〕 制帽行:从前本乡业此者颇多,各帽由店雇工或发女工制成。服制改革后,纬帽、缨帽已不适用,纱缎小帽及小童花帽亦为各洋式帽所攘夺,销路顿狭。前有二十余家,现仅存数家而已。会馆旧在福德铺水巷街。

(冼宝干等纂:《佛山忠义乡志》,卷六,实业,民国十五年刻本。)

〔民国十二年前后,广东佛山〕 染织毛巾工场,在麟角里。按:毛巾用机织成,现省城业此者几及百家,闻此中人言,获利颇厚,每购纱十元,织成毛巾出售,平均可得十二三元之赢利。多用女工,每织布一打,得工值三角,日可获四五角,惟初学时,需费数元。碾米机厂,缸瓦栏有数家,又文昌沙大基尾各一家。

(冼宝干等纂:《佛山忠义乡志》,卷六,实业,民国十五年刻本。)

〔民国十二年前后,广东佛山〕 唐鞋行:从前本乡多业此者,皆以绸缎、布呢、羽绫为面,以毡皮、布纸、树胶或木为底,近人喜穿洋式革履,销路遂狭,至木底之水鞲,几于绝迹矣。闻欧战时,各国有以皮贵而改穿木履者,我国则适得其反。然业此者,近日喜为新奇之式,或标以诡异之名,以投时尚,仍可获利。各店多在潘涌大街,约百数十家,堂有二,曰福履,曰儒履会馆,在潘涌大街,乾隆八年建。

（冼宝干等纂：《佛山忠义乡志》,卷六,实业,民国十五年刻本。）

〔民国十二年前后,广东佛山〕　布袜行：用洋布缝成,有白、蓝、黑各色,白为贵,蓝、黑次之,从前行销内地及外埠,近人无论男女老幼均喜穿丝织、毛织、线织、棉织各种洋式袜,穿布袜者绝少,故前有十余家,今只存数家耳。

（冼宝干等纂：《佛山忠义乡志》,卷六,实业,民国十五年刻本。）

〔民国十八年前后,四川遂宁县〕　髻网：妇女所用,以束其髻,以素丝结之,如网状,此新出之首饰。近二十年来,此物不特行之本省,而捆、载运往云、贵、陕、甘等省消售,以邑之妇女善结此网也。

（甘焘等修,王懋昭等纂：《遂宁县志》,卷八,物产,货类;民国十八年刻本。）

〔民国二十八年前后,四川德阳县〕　工业则鲜精良,除李宝成发明之竹丝绢扇外,余无其他特产。凡土木、金石、竹、陶诸器,类皆笨拙,只供民间日用之需,无特种技能,不过自食其力而已。

（熊卿云、汪仲夔修,洪烈森等纂：《德阳县志》,卷一,风俗志,风俗,民国二十八年铅印兼石印本。）

〔民国二十八年前后,四川德阳县〕　制竹丝绫扇者约有十余家,每年产量四千余柄,尚称精致。

（熊卿云、汪仲夔修,洪烈森等纂：《德阳县志》,建设志,工商业,民国二十八年铅印兼石印本。）

〔清代至二十世纪三十年代,贵州安顺〕　安顺制帽业,向分冬帽、凉帽、小帽三种。大帽之销行,独在考试时代。小帽材料多用缎布羽绫等类,四时畅销,年季尤甚。小帽发行上游各县,生意甚大,以此起家者甚众。自民国成立,帽式更变,加以外来帽样日新月异,形式甚多,而业此者囿于成法,不克仿造,因此日臻凋敝。现株守故业者所制小帽之材料,除缎布而外,有以毛直贡呢或京绒作者,式样与以前大致相同。据最近调查,城内有制帽业二十家,工人六十人。

（贵州省安顺市志编纂委员会据民国二十年代末稿本整理：《续修安顺府志·安顺志》,第九卷,工矿志,工业,缝纫工业,安顺市志编委会一九八三年铅印本。）

〔清代后期至二十世纪三十年代,贵州安顺〕　织带业,产品有花带、板带、襁（背扇）带、脚带等数种。花带织有各种花样,美观耐久;板带厚密耐用,可作鞲绳;

肚带;襁带专供妇女背负婴孩之用;脚带亦甚精密,色泽经久不变,专供妇女缠足之用。数者所用之纱线,原系妇女自纺,自洋纱输入后,亦已逐渐改用洋纱。……织带业自辛亥革命后,花带、板带、襁带等之销量,尚仍其旧;惟脚带一项因近年女子放足,销量大减,势必归于淘汰。据最近调查,城乡合计,有织带业四十家,织带工一百五十人。

（贵州省安顺市志编纂委员会据民国二十年代末稿本整理:《续修安顺府志·安顺志》,第九卷,工矿志,工业,织染工业,安顺市志编委会一九八三年铅印本。）

〔清同治年间至二十世纪三十年代,贵州安顺〕 制伞业,分布伞与纸伞二种。布伞业设肆在城内南街,同、光时有六七家,所出布伞畅销四乡及上游各县,生意颇盛。光绪中叶,洋伞运入后,半归失业。纸伞业设肆于药王庙内,产品无特色,销售不远。

（贵州省安顺市志编纂委员会据民国二十年代末稿本整理:《续修安顺府志·安顺志》,第九卷,工矿志,工业,家具工业,安顺市志编委会一九八三年铅印本。）

〔清光绪中叶至二十世纪三十年代,贵州安顺〕 制线业,以蚕茧解制成线,染成各种颜色,有衣线、花线、锁线、苗线之分。营此业者多集于城内顾府、太和两街。光绪中此业颇盛,产品精美,除销行本境而外,并运销兴义各属;就中尤以天青花线销出最多。以此获利兴家者颇不乏人。至苗线一项,专销与本府之花苗及花山一带之夷族。

（贵州省安顺市志编纂委员会据民国二十年代末稿本整理:《续修安顺府志·安顺志》,第九卷,工矿志,工业,织染工业,安顺市志编委会一九八三年铅印本。）

〔民国初年,贵州安顺〕 民国初年,安顺增有毛巾业,以棉纱织成毛巾,厚密耐用,足与外来毛巾比美。又有洋袜业,以棉纱用机器织成洋袜,其优点与毛巾同。

（贵州省安顺市志编纂委员会据民国二十年代末稿本整理:《续修安顺府志·安顺志》,第九卷,工矿志,工业,织染工业,安顺市志编委会一九八三年铅印本。）

〔民国三年前后,贵州独山县〕 纸伞,昔年业此者众,今觉鲜,货品能敌他人者,庶几复旧观乎。

（王华裔修,艾应芳纂:《独山县志》,卷十二,物产,货类,一九六五年贵州省图书馆据民国三年稿本油印本。）

〔二十世纪三十年代,贵州安顺〕 新增线织业,以棉线或毛线编织成帽子、线衫、背心、手套、袜子等,能织成各种形式与花纹字迹,精美无匹。原只女校学生能作,近来社会妇女亦多能仿织,贫家妇女,且有以此为生计者。据最近调查,安顺城内有线织业约六十家,工人约二百人。

(贵州省安顺市志编纂委员会据民国二十年代末稿本整理:《续修安顺府志·安顺志》,第九卷,工矿志,工业,手工编织工业,安顺市志编委会一九八三年铅印本。)

〔**清朝年间,云南云南府昆明县**〕 缎帽,一名小帽,辛亥以前销行甚广,全滇三迤各县属旅省客商均于秋冬两季来省大批订购,运往各县销售,盖外县尚无以此为业者。

(倪惟钦、董广布修,陈荣昌、顾视高纂:《昆明县志》,卷五,物产志,地质及矿产,工艺附,民国三十二年铅印本。)

(七)烟草、茶叶、瓜果、粮食、食品加工业

〔**民国二十三年前后,河北完县**〕 县人制取面粉,多赖牲畜之力推转磨石,将麦粒磨碎,用极细之罗,筛为细末,成为面粉。有小磨、大磨之分,农家自用者多小磨,每日可出面粉六十斤;以磨面粉营业者,多大磨,每日出面粉百斤。筛面多用脚踏罗,故所出之面粉较粗。近有借曲逆河之水,安置水磨者,计西魏村有磨两盘,马各庄有磨一盘,每日可出面粉三百余斤。近有在北关设机器火磨者,每日出面粉多至七八百斤,工力既省,获利较多。

(彭作桢等修,刘玉田等纂:《完县新志》,卷七,食货第五,民国二十三年铅印本。)

〔**民国二十四年前后,河南武安县**〕 麦粉业:本县麦粉向皆依赖土磨,自邯郸怡丰机器面粉公司实现后,所出丛台牌麦粉风行武安。第价值稍昂,不能普及,旧式麦行仍有供求相应之势。前数年伯延某姓集股创办火磨公司,开工之后,出品不佳,终归失败。

(杜济美等修,郄济川等著《武安县志》,卷十,实业志,商业,民国二十九年铅印本。)

〔**民国二十九年前后,河北邯郸县**〕 纸烟盛行而后,旧制之烟如硕果之仅存。城南关营制旧式烟丝者只有两家,资本五百元,工人五六名,由永年及河南等处购运烟叶,仍用旧法剋制成丝。计分两种,曰水烟,曰旱烟。每年流水不过三四千元,伙食花费而外,当无丰饶利益也。

(李肇基修,李世昌纂:《邯郸县志》,卷十三,实业志,工业,民国二十九年刻本。)

〔民国二十九年前后,河北邯郸县〕 粉皮条工,乡村农家多业之,尤以县之东部为多。用绿豆制者曰净粉,用高粱制者曰浑粉,先磨后泡,使之发酵,榨取其糟余,制为粉糟以饲猪,多至十余只,或二十余只,肥壮出售,可获利三四百元。粉之一项,除制礬外,漏为条,细而长,摊为皮,圆而薄,肉食、素食均属相宜。惟净粉多销售于境内,外运寥寥。东北贾村独制浑粉,销售顺德一带,每年不下数万斤,代价约在万元之谱。此外,晒皮之帘系用林秸穿以竹棍,本非巧制。而贾村之帘独能平正耐久,不惟本地粉工所争购,并多销售于外方,亦末技中之特色也。

(杨肇基修,李世昌等纂:《邯郸县志》,卷十三,实业志,工业,民国二十九年刻本。)

〔民国十六年前后,吉林通化县〕 机器粳米所,于民国十六年前止,城厢二家,其后四、五两区各有设立,城厢则增至六家,现余五家。营业以国人所办之春和泰为最佳,日出三十石;余者机器老旧,日只出米十余石,行销范围以沈辽为最多,安东、临江、山城镇次之。本县四、五两区土质肥腴,水性沃厚,米味清香,较辽河流域所产为佳,故为中外人士所欢迎。

(刘天成修,李镇华纂:《通化县志》,卷三,实业志,公司及各企业,民国二十四年铅印本。)

〔清乾隆年间至民国三十三年,陕西宜川县〕 清乾、嘉间,西南两川传已设有水磨,专磨麻子,用以榨油,清末渐废。民国二十七年,第二战区长官司令部渡河驻境,人口骤增,需面过多,畜力磨面(县城、兴集镇、党家湾等处,居民业畜力磨者极多,均获利),供不应求。经工业家研究,设置水磨于县附近及兴集一带之河边(计有公营水磨七盘,私营水磨十九盘。参《农业志》)。水磨分立轮、卧轮两种(立轮简单轻便,随时可以装卸转移;卧轮笨重耐用,不便移转)。产面之量则一,每盘昼夜不息,可磨麦二石许(每石老秤四百斤),出面粉六百余斤。现有水磨二十余盘,均系与各机关、部队交换面麦,每麦子百斤可换面粉七十余斤。此本邑工业上之一进步也。二十九年后,长官部东渡,营业稍逊。

(余正东等纂修:《宜川县志》,卷九,工商志,工业,民国三十三年铅印本。)

〔民国三十六年前后,新疆伊犁〕 现在,伊犁区从事于手工烟草工业者,有宁光烟草工艺社、四大烟草公司、新民卷烟工厂等。

(丁骕撰:《新疆概述》,八,手工业,民国三十六年铅印本。)

〔清光绪年间至民国三十年前后,山东潍县〕 酱菜业,为我国旧日作坊工业之一种。潍县前无是项作坊,仅由酒店或杂货店兼营。清光绪间,全香斋始专营此业,今共有九家,资本总额共三千五百余元。制品以酱油及曲酱为主要品,每年出酱油三十四万五千余斤,曲酱九万五千余斤,全产值一万五千六百余元,原料为黄豆及曲,黄豆年需一百十余石,曲九万四千余斤。酱油每斤价银元一角五分至三角余,曲酱一角内外,均在本地零售。

(常之英修,刘祖干纂:《潍县志稿》,卷二十四,实业志,工业,民国三十年铅印本。)

〔民国二十三年前后,山东临清县〕 酱瓜,用菜瓜去瓤以甜酱制之,色味并佳,运至青岛、烟台各埠转售于日本,近日销路最畅。

(张自清修,张树梅、王贵笙纂:《临清县志》,经济志,物产,民国二十三年铅印本。)

〔清乾隆年间至光绪中叶,江苏扬州府高邮州〕 邮为产米之区,本地商业以碾坊为大宗。查乾隆时,碾饷册名凡三千余户,殷盛概可想见。道光、咸丰以来,下河多受水灾,湖西又遭兵燹,碾业逐渐衰歇。光绪中,通计城乡碾坊不过一百数十户,碾米除土销外,但坐待外客来贩。遇大吏命办粮糙或军需,则喜出望外,终不能自行运米出售各埠,此销路之所以不广也。

(胡为和等修,高树敏等纂:《三续高邮州志》,卷一,实业志,营业状况,商业,民国十一年刻本。)

〔清光绪年间,江苏苏州府吴江县〕 月饼随处都有,出黎里陆氏生禄斋者,制配精,而蒸煎得法,驰名远省,都下名公,有从轮舶寄购者。

(清 蔡丙圻纂:《黎里续志》,卷一,物产,清光绪二十五年刻本。)

〔民国二十年前后,江苏泰县〕 泰邑机米厂约四十余家,引擎马力或二十匹或三十余匹,每机斗一日约出米四五十石。甲等者约有基本银二三万元,乙等者银一万元上下而已。

(单毓元等纂修:《泰县志稿》,卷二十,工业志,民国二十年修,一九六二年油印本。)

〔清嘉庆年间至民国三十七年,浙江杭州市〕 本市土烟店成立,远在百余年前(如宓大昌开设于嘉庆年间)。盛时,杭州城厢一带烟店林立,多至数十家,制烟工人达六七百人,各家营业无不发达,总计全年营业达数百万元以上。……本市土烟业所用之烟叶,多来自金、衢、严及处州、新昌、嵊县、嘉兴。……本市之土烟行销于本城及邻邑者约占十分之六,远销外埠者只占四成。烟之销本城者多用纸包,运往外埠者皆以篾箱装载,每箱计重五十斤。烟业之负担,有烟捐加征五成,附捐二成以及公卖捐等,每百斤约纳税四元二角。

(干人俊编:《民国杭州市新志稿》,卷十七,工业一,卷烟业,民国三十七年修,杭州市地方志编纂办公室一九八七年铅印本。)

〔民国二十一年至二十五年,浙江金华〕 金华火腿驰名国内外,出产实不限金华,凡旧金属之兰溪、东阳、浦江、义乌、武义等县均产之。……金属七县中,腿之产量以东阳为最巨,兰溪次之,义乌、金华、浦江、永康等县又次之,武义更次之。民国二十一年产量总数为六十七万八千三百只,二十二年增加至八十三万七千一百三十只,二十三年减为六十四万九千六百三十只。腿之价格:火腿之价格,普通(民国二十五年)每斤六七角。

(浙江省通志馆修,余绍宋等纂:《重修浙江通志稿》,第二十二册,物产,特产下,火腿,一九四三年至一九四九年间纂修,稿本,浙江图书馆一九八三年誊录本。)

〔民国二十五年前后,浙江吴兴乌青镇〕 碾米设厂,始于北珊大有厂。近时,青镇东栅、乌镇南栅均设厂,而各大米行又自置机器在行自碾乡米。绍籍人更创制碾米船,设机船中,下乡代碾,碾米一石收费一角至一角五分,取费既轻,时间尤速。故遇丰登之岁,此业颇为发达,旧时恃人工以臼舂者,淘汰殆尽。

(董世宁原修,卢学溥续修:《乌青续志》,卷二十一,工商,民国二十五年刻本。)

〔民国二十五年前后,浙江吴兴县乌青镇〕 近年有戽水机器,其器装置船内,农田遇有水灾或旱干均可用。机器戽水,较旧式水车专恃人力者其速倍蓰。各村农无力购置,现仅绍籍人备有二三机代人戽水,价较人工为廉。此机并可碾米,农民多用之,以较旧用石臼舂者,费既廉而米色尤佳也。

(董世宁原修,卢学溥续修:《乌青镇志》,卷七,农桑,民国二十五年刻本。)

〔民国二十五年前后,浙江吴兴乌青镇〕 磨麦为粉,用牛力盘磨,麦粉必筛乃细,放悬挂纱罗用人力碰动,粉自罗而下,名曰打罗腔。昔有姚隆泰诸家,现有唐治源、潘恒丰、李永昌、李德贵、松贵等数家。但近因机器石粉输入内地,磨坊营业亦受影响,又有代磨乡麦者,于新麦上市时开坊,只收磨工之资,为临时之营业。

(董世宁原修,卢学溥续修:《乌青镇志》,卷二十一,工商,民国二十五年刻本。)

〔民国三十一年前后,浙江分水县〕 烟刨三处:城区二,同盛春、宏大;永安区一。每处约容四刨,所出有盖露、金香、元奇、贡丝等名色。

（钟诗杰修,臧承宣纂:《续修分水县志》,卷二,建设志,制造场所,民国三十一年铅印本。）

〔民国三十一年前后,浙江分水县〕 制茶场三所：城区一,塘源村一,歌舞岭一。以上三所,锅灶、工具概用新式。昔时本邑制茶大都墨守出陈法,近年经官绅提倡,始有改制草青或平水茶者,以其利于销售,代价略昂,故乡民亦乐趣之。

（钟诗杰修,臧承宣纂:《续修分水县志》,卷二,建设志,制造场所,民国三十一年铅印本。）

〔清光绪年间至民国八年,安徽芜湖县〕 烟业：分生、熟两种。生货专以贩运烟草销售外埠。熟货则加人工刨制,品类甚多,营业以光绪间为最盛。本埠刨工达三百余人。比年以来,生意渐落,一以税率及货价太高,一以烟卷充斥,全埠共二十八家,每年营业不过十余万元,惟皮丝一项来自福建,销路较前发展云。

（余谊密等修,鲍实纂:《芜湖县志》,卷三十五,实业志,商业,民国八年石印本。）

〔清朝年间至民国十年,安徽宿松县〕 邑境产烟,人民嗜烟者成为普通习惯,城乡各镇均有自制烟丝之店,四乡居户亦多业此工者。光绪前,许家岭有烟工蔡立香,制烟较擅长,故近人之购烟者,皆啧啧称蔡立香,惜其技不传。吾邑土制之烟,多不发达,市面之销售福建烟丝者,其价较土制倍蓰。近更趋嗜纸烟卷烟。

（俞庆澜、刘昂修,张灿奎等纂:《宿松县志》,卷十七,实业志,工业,民国十年活字本。）

〔民国十年前后,安徽宿松县〕 邑境西北各山多产茶,其叶初生时,招集男妇多人入山采摘,则有采茶工。采摘后,分别拣剔,则有拣茶工。拣剔既就,必加炕焙,则有炕工、焙工。惟茶之炕焙,必请素有制茶经验之工人,至采工、拣工,则临时招集普通农民充之。邑东南两乡每年春间并有多数男妇赴建德、浮梁等处专充采茶、拣茶之工,借资糊口,谓之上茶山,亦欧美各国之所谓小工是也。

（俞庆澜、刘昂修,张灿奎等纂:《宿松县志》,卷十七,实业志,工业,民国十年活字本。）

〔明万历四十一年前后,江西建昌府新城县〕 腐乳,即豆腐成者,食亦甘香。

（明 邹鸣雷等纂修:《建昌府志》,卷二,物产,新城县,影印明万历四十一年刻本。）

〔清代至民国十七年,福建沙县〕 烟属奢侈品,其纳税故较他货为重。然在沙之东北区,如十四、十五、十六、十七、十八等都,皆以烟叶而〈为〉出品大宗。该区农民,对于栽培烟叶,极为注意,至夏收时又极辛勤,晒干后束成小把,卷为大捆,合两捆为一担,重约六十斤,运销于顺、将、尤、永、延、建以及省垣。民国初年,出一万六七千担。民十以后,渐见减少,年只一万一二千担,约计烟业进款年有一十四五万元。

(梁伯荫修,罗克涵等纂:《沙县志》,卷八,实业志,烟业,民国十七年铅印本。)

〔清同治年间至民国十八年后,福建龙岩县〕 清同、光间,茶山遍全境,焙制之法有明火、乌龙两种。明火销于本县,乌龙则经潮州行销于南洋群岛。民国初年,此业犹盛。时有奸商某以杂树嫩叶掺入,获厚利,于是群起效之,被潮茶商焚毁,南洋销路遽绝。民十八年后,经兵燹摧残,所有茶山一望皆濯濯矣。

(郑丰稔纂:《龙岩县志》,卷十七,实业志,工业,民国三十四年铅印本。)

〔民国九年前后,福建龙岩县〕 烟业,岩烟夙昔驰名,长江南北所在有岩人烟铺,今其利为永邑人所夺,然岩中烟厂尚有数十家。

(马龢鸣、陈丕显修,杜翰生等纂:《龙岩县志》,卷十七,实业志,工业,民国九年铅印本。)

〔民国三十四年前后,福建龙岩县〕 条丝烟,出品与永定、上杭埒。近年,因纸烟盛行,此业遂无形锐减。

(郑丰稔纂:《龙岩县志》,卷十七,实业志,工业,民国三十四年铅印本。)

〔民国三十六年前后,福建云霄县〕 现计七家,女工约六百余名,每人卷烟机一架,日可卷二千支上下,工资日约四五百元,产量月约一千五百打以上。

(徐炳文修,郑丰稔纂:《云霄县志》,卷七,社会,工,卷烟业概况,民国三十六年铅印本。)

〔民国二十三年至三十四年前后,台湾〕 制茶业多为我国传授者,历年日人亦奖励其生产,大宗输出国外。其中,乌龙茶运至美、英、澳等国,包种茶运至我国东北及南洋等地。红茶亦于一九三四年开始大量生产,首次运销美、英各国。其产值乌龙茶三百五十七万一千元,包种茶三百三十九万四千元,红茶四百五十一万七千元。

(柯台山编:《台湾概览》,第四章,台湾的经济,第六节,生产,民国三十六年铅印本。)

〔清咸丰年间至民国三十七年,湖南醴陵县〕 刨烟业,由福建传来。前清盛时,每店每年可出货百担,此外,尚有自福建输入之制成品。民国以来,纸烟业发达,刨烟业遂不免于淘汰。近年刨烟店有兼售纸烟者。烟叶原出福建,自抗战军兴,三分之二来自江西,三分之一来自湘潭。县城有店十家,以张福隆为最老,于咸、同间开始营业。各乡镇约六七家,县城职工二十余人,多系本帮,店主多属福建帮。纸烟业,曩者,纸烟皆自各大埠输入。抗战时大公司倒闭,于是县城始有自制者,以湖北难民经营者为多,故或谓之难民烟。县城有纸烟摊甚多,正式商店亦有十余家,货物有自长沙运来者,亦有自制者,多兼营槟榔业。

(陈鲲修,刘谦等纂:《醴陵县志》,卷六,食货志,工商,民国三十七年铅印本。)

〔清宣统三年,广东广州府增城县〕 刘逸民造米水机。牛都冷水坑一带,向有水机磨面,设厂安置磨硙,用水冲激,机动轮转,自舂,自磨,自筛。逸民改用造米,更增破谷、柜米、风匡三项,费廉功溥,与新法火纹风车同。廖文盛水机织带,亦以磨面水机改造,一机轮可装置织带小机器十数具,与火机同功,而费较省。在牛都深坑地方铁机切粉,邑属向出粉丝,其舂也,磨也,蒸也,切也,皆以一人操之,故所成少而获利薄。近有采用新法装置铁机一有刘柏芬者。

(王思章修、赖际熙等纂:《增城县志》卷九,实业,民国十年刻本。)

〔民国二十二年前后,广东开平县〕 烟丝,采鹤山及本邑之烟叶制成,境内以是为业者有数家。水口悦和号所制黄烟丝最有名,运销于广西南宁、百色诸地,岁出所值不下百万元。近因纸卷烟盛行,稍减色矣。

(余启谋修,张启煌等纂:《开平县志》,卷六,舆地略,物产,民国二十二年铅印本。)

〔清代至民国二十五年,广西阳朔县〕 制面,清时只有手工制成之切面及用木榨制成之线面两种。民国以来,购用泊来之制面机器开面房者,多则三四架,少则一二架,因用力少而出货多也。

(张岳灵等修,黎启勋等纂:《阳朔县志》,第四编,经济,产业,工业,手工业,民国二十五年修,民国三十二年石印本。)

〔民国二十四年前后,广西贵县〕 城厢制造藕粉最多著名,远销外埠,求过于供,南厢黄澄波改良罐头藕粉尤为精美……藕百斤约可制粉十斤,县属年产藕粉共约八千斤以上。

(欧仰羲等修,梁崇鼎等纂:《贵县志》,卷十一,实业,工业,民国二十四年铅印本。)

〔民国二十七年前后,广西田西县〕 本县特产之山楂糕,向为各地所不及,其应需原料及制法如下：一、原料山楂果、白糖二种；二、制法以山楂果蒸熟,置于麻布架上,去其种子,取其肉,再将果肉五斤、白糖五斤和于大钵中用力旋转约一千次左右即成,然后置之于模,以铜刀刮平阴晒之,便割成方块再曝于太阳中,约半月始能包好出售；三、效用消化力强,病人食之无妨碍,因其有排毒消滞之功；四、产地及销路,本县出产惟旧州一地,销路以黔省安龙及百色为最畅,独以制糕原料之白糖仰给外来,成本既贵,售价自高,倘能注意于白糖之制造,则发展正未可量也。

（叶鸣平、罗建邦修,岑启沃纂：《田西县志》,第五编,经济,产业,其他出产,民国二十七年铅印本。）

〔民国二十九年前后,广西平南县〕　本县手工业,在昔工人犹可维持生活,自舶来品充斥市场后,几尽崩溃。二十七年冬,广州沦陷,西江梗塞,洋货输入不易,对于手工业,间有乘时而起,如纸烟、牙刷等业颇盛,其原料须取自舶来,及物品须销流外处者仍无起色。

（郑湘涛纂修：《平南县鉴》,建设,工商,手工业概况,民国二十九年铅印本。）

〔清朝末年至民国十年,四川金堂县〕　卷烟发明于清季,近来各地盛行,几为救济事业之一种,贫家妇女借此为生活尝数千人,县属城内为最,赵镇及各场次之,设庄者计数十家,未立门户者尤占多数。出资有集股、独立之别,要皆收买叶烟,觅人代卷,每年出口恒以数万担计。

（王暨英修,曾茂林等纂：《金堂县续志》,卷五,实业志,工业,民国十年刻本。）

〔二十世纪三十年代前后,贵州安顺〕　卷烟业,以土产烟叶制成卷烟,业此者多系小本经营,专销本境。安顺卷烟业,获利原甚菲薄,自纸烟侵入以后,复大受打击,更难支持,因此先后改业。现在市面所见卷烟,皆由川省运来,欲求土产卷烟,已不可复得。

（贵州省安顺市志编纂委员会据民国二十年代末稿本整理：《续修安顺府志·安顺志》,第九卷,工矿志,工业,烟酒工业,安顺市志编委会一九八三年铅印本。）

（八）制糖、榨油、酿酒、酱醋业

〔民国二十二年前后,河北顺义县〕　造酒工作：是工者,约百余人(受雇于

三、手 工 业 | 631

治内十一家烧锅),所酿之酒甘洌异常,为北平特产,销售邻县或平市,颇脍炙人口,而尤以牛栏山之酒为最著。黄酒,各市镇杂货店亦有酿造者,但以县城所酿者佳。

(苏士俊修,杨德馨纂:《顺义县志》,卷十,实业志,工业,民国二十二年铅印本。)

〔民国二十三年前后,河北平谷县〕 芝麻油,每年出产量五十万斤,资本五百元,工价六十元,全县七十家。棉花籽油,每年出产量八万斤,资本一千元,工价七十元,全县五家。落花生油,每年出产量七千斤,资本三百元,工价七十元,全县三家。大麻子油,每年出产量二千斤,资本一百元,工价五十元,全县五家。

(李兴焊修,王兆之纂:《平谷县志》,卷三,社会志,民生,民国二十三年铅印本。)

〔清朝末年至民国二十年,天津〕 天津酒业尚称发达,大直沽一带尤为最富之区,有烧酒锅十六处,所制白干酒质良味醇,堪称嘉酿。民初,有粤商来津,改良装潢,出洋贸易,获利不少。津埠酒商艳羡之余,随起竞争,遂加紧制造,运往东南各省、南洋、菲律宾等地销售。虽销售不甚发达,然亦开端矣。前来参加菲律宾嘉年华会之代表归言,南洋群岛一带之侨胞,对于大直沽所产之酒极乐推销。天津较著烧锅凡二十七家,啤酒一家。其出品种类约有五:为五加皮、状元红、露酒、黄酒、啤酒是也。但津埠特产,中外驰名者,以五加皮最著,次为明星啤酒,再次为露酒。

(宋蕴璞辑:《天津志略》,第九编,工业,第四章,饮食品工业,民国二十年铅印本。)

〔民国二十三年前后,河北静海县〕 油,有芝麻油、菜油、豆油、落花生油、苍子油、大麻子油各种。平常食用以芝麻油为最名,曰香油。大麻子油久放能制印泥。豆油出产较多,有机器制油商数处。

(白凤文等修,高毓浤等纂:《静海县志》,土地部,物产志,货食,民国二十三年铅印本。)

〔清光绪十七年前后,直隶遵化州丰润县〕 黄米糖,京师名曰关东糖,始出奉天宁远州,直隶省惟丰润有之,俗呼小锅糖,运京发卖,每冬约二十万斤。

(清 牛昶煦、郝增祜纂修,周晋堃续纂修:《丰润县志》,卷三,物产,货属,清光绪十七年刻本,民国十年铅字重印本。)

〔清代至民国十一年前后,河北宣化县〕 白酒,红高粱为原料,城乡皆酿造,而以西乡为大宗。城内二十余家仅供城内之用,山西浑源酒亦恃县城为尾闾,以其价廉故也。南乡酒亦良,除本地销售外,间亦至城批发或运至口外各旗东。东乡仅供本乡之用。惟西乡、北乡之酒大半运至张垣,再用牛力车运至口外各蒙旗,沿途销售,或直达库恰,每年一二次,获利甚丰。民国以来,京绥路通车,本地酒商资本薄羽,又兼酒税繁重,京东大资本家九、十月间坐庄收粮,粮价愈起,酒商益困,关南烧锅每日可烧数十石,宣邑缸房每日不过一石,而帖税、厘税、特许牌照税、公卖费、印花税无大差异,故酒商多半歇业面,外商转得资为外府也。

（陈继曾等修,郭维城等纂:《宣化县新志》,卷四,物产志,植物类,民国十一年铅印本。）

〔民国初年至二十九年前后,河北邯郸县〕 造酒工,民国以前,邯境向无是业,民初迄今渐次设立,现已七家,工头多系山西或武安人,每年工价百数十元,营业资本无过五千元者。每家日产二百余斤,年计六七万斤,销售东南、东北数百里外。近数年来,邯境工业只此一项尚称顺利。

（李肇基修,李世昌纂:《邯郸县志》,卷十三,实业志,工业,民国二十九年刻本。）

〔民国五年前后,河北盐山县〕 石油未旺之先,燃灯以豆油为大宗,石油出而豆油大减。近本境行销岁约二十余万斤,而豆饼代肥料,其用益广。此外,复有棉油即棉子油及大麻子油、蒿子油亦与豆油同其功用,其滓亦可粪田。芝麻油,本境岁销十余万斤,滓曰麻酱,用以肥田。果子油,即花生油,本境岁销二十余万斤。

（贾恩绂纂:《盐山新志》,卷二十三,故实略,物产篇,货物,民国五年刻本。）

〔民国五年前后,河北盐山县〕 本境烧酒行销岁约五十余万斤。枣亦酿酒,不常有。

（贾恩绂纂:《盐山新志》,卷二十三,故实略,物产篇,货物,民国五年刻本。）

〔民国十一年前后,河北宣化县〕 饴糖,一名麦糖,用辛米、大麦各若干发酵后滤其汁,熬以为糖,冬日造成各样形式,沿街销售。入夏不凝,则用篓盛之,运销糕点铺及蒙古。

（陈继曾等修,郭维城等纂:《宣化县新志》,卷四,物产志,植物类,民国十一年铅印本。）

〔民国十一年前后,河北宣化县〕 麻油,出本城各油房及西南乡水磨沟油房庄,原料用胡麻、菜子二种。胡麻油以水磨沟为良,附近梁地产胡麻,故其油多纯净。其余皆由附近蒙地采入掺杂不纯,故其油不甚清香,此为口北最普通之食料,未有煤油以前,点灯皆用之。

(陈继曾等修,郭维城等纂:《宣化县新志》,卷四,物产志,植物类,民国十一年铅印本。)

〔民国二十年前后,河北满城县〕 制油,县内北宋营、高敬、尹固等村业此者四十余户,所制之油以棉子、花生两种为多,皆用木槽榨,年产约七十三万余斤。芝麻制油无以木槽榨者,均用石磨,名曰香油,供食料,年产约五十余万斤。芝麻油每斤价银元三角二分,棉子油每斤价银元一角二分,花生油每斤价银元二角四分。除本地少数自用外,余均运销保定及高阳、徐水各县。

(陈宝生修,杨式震、陈昌源纂:《满城县志略》,卷七,县政,实业,民国二十年铅印本。)

〔民国二十年前后,河北迁安县〕 邑境所产有麻油(即大麻子油)、香油(即脂麻油)、黑油(即棉花子油)、花生油。但花生油销路甚远,其他诸油均本地实销。

(滕绍周修,王维贤纂:《迁安县志》,卷十八,物产篇,货物,民国二十年铅印本。)

〔民国二十一年前后,河北徐水县〕 造酒厂,俗名烧锅。酒之原料为高粱、大麦、曲,经人工造成,名曰烧酒,味辛而甘,出品最美,运销北平、保定、石庄、顺德一带,获利尚厚。

(刘延昌修,刘鸿书纂:《徐水县新志》,卷三,物产记,附实业,民国二十一年铅印本。)

〔民国二十一年前后,河北柏乡县〕 榨油业,全县从事此种工业之家,据建设局现在调查,共十五家,此外无工业之可言。

(牛宝善修,魏永彌等纂:《柏乡县志》,卷三,实业,工业,民国二十一年铅印本。)

〔民国二十二年前后,河北沧县〕 豆油,黑豆所榨,先用石碾,现多用机器,岁产约十余万斤,行销天津附近各县。

(张凤瑞等修,张坪等纂:《沧县志》,卷十一,事实志,生计,民国二十二年铅印本。)

〔民国二十二年前后,河北万全县〕 高粱……县境较好田地如春雨沾足多种之,秋收丰稔年可获十万石上下,十分之七供本县制酒、饲畜,十分之三运销黄河流域。本县制酒缸房极盛时期达八十余家,近今虽减,仍有三十余家。

(路联达等修,任守恭等纂:《万全县志》,卷二,物产志,植物,民国二十二年铅印本。)

〔民国二十二年前后，河北万全县〕　麻油，惟以胡麻造成者为佳，食用、点灯均可，三区安家堡至阳门堡一带及四区之洗马林多设油房制造之，推销本县、张家口各乡镇及宣化、怀安等地，为我县工业品之大宗。

（路联达等修，任守恭等纂：《万全县志》，卷二，物产志，工业品，民国二十二年铅印本。）

〔民国二十三年前后，河北清河县〕　油，亦属巨额出产，以花生油俗名白油、棉子油俗名黑油为大宗，多运往天津等处。全县业制油者俗名油房数十处。以芝麻制油者俗名香油，味犹美，用作烹饪。

（张福谦修，赵鼎铭等纂：《清河县志》，卷二，舆地志，物产，民国二十三年铅印本。）

〔民国二十三年前后，河北井陉县〕　酒坊，此项营业系以红粮、小米、玉茭、红枣、黑枣、柿子、糖曲等原料加工制成白酒及果品酒，或零售，或大宗批发。凡营斯业者，因采办原料、销售货品均无困难情形，故营业盛而获利亦多。全县计二十八家，分设于东关、北关、头泉、威州、横涧、王舍、胡家滩、北陉、方山、南寨、杨家沟、亭子、金柱、南障城、南王庄、南张村、北障城、北卢庄等处，其资本金额约一万四千余元，出产量额约二十五万二千余斤，全年营业总金额约四万二千余元，所需工资约五千八百余元。

（王用舟修，傅汝凤纂：《井陉县志料》，第六编，实业，工商合业，民国二十三年铅印本。）

〔民国二十三年前后，河北井陉县〕　油坊，此项营业系以大小麻子、芝麻、黄连子、花生、菜子、棉子及各种豆类，加工制成各种油类。或拨发，或零售，营斯业者因原料之采办、出品之推销均不感受困难，故营业颇佳。全县计四十余家，设在东关、北关、河东、横口、横涧、北陉、寺庄、威州、彪村、孟堡、牛山、马山、宜安、新寨、裴村等处，其资本金额约四五千元，出产量额约六十六七万斤，全年营业总金额约十四五万元，工资约六七千元。

（王用舟修，傅汝凤纂：《井陉县志料》，第六编，实业，工商合业，民国二十三年铅印本。）

〔民国二十三年前后，河北怀安县〕　生酒，纯以高粱和曲制成。……全县共有缸房十八家，营是业者，以柴沟堡为最多，治城次之，左卫又次之。黄酒……治城产出最良，曾经得过直隶博览会奖状云。

（景佐纲修，张镜渊纂：《怀安县志》，卷三，政治志，实业，工业，民国二十三年铅印本。）

〔民国二十三年前后,河北怀安县〕 麻油业,原料以胡麻、菜子为普通。……胡麻造者佳,菜子造者次之,可食用亦可点灯。治城及柴沟堡、左卫镇各处俱有。

(景佐纲修,张镜渊纂:《怀安县志》,卷三,政治志,实业,工业,民国二十三年铅印本。)

〔民国二十三年前后,河北望都县〕 本县水味颇甘,适于造酒,故城内有俊兴泉、德泉涌二家,每年营业万余元,而所产之酒味极香冽,行销石庄、保定,人多以府酒名,而本县德兴号所造之煮酒亦颇驰名。

(王德乾修,崔莲峰等纂:《望都县志》,卷五,政治志,实业,民国二十三年铅印本。)

〔民国二十三年前后,河北望都县〕 本县为产芝麻区域,故油作坊甚多,总计不下数十家,油可赚钱,酱可作肥,亦农家良好之副业。

(王德乾修,崔莲峰等纂:《望都县志》,卷五,政治志,实业,民国二十三年铅印本。)

〔民国二十三年前后,河北清河县〕 酿酒者均系包商性质,须由顺德领得牌照后始能酿烧。计全县烧锅凡五处,纳税总额年在三千元以上,产酒总额约三万余斤,多用米,以黍米酿者即白孔六帖所云中樽,味犹佳,用粮者绝少。……出境有税,除运销山东诸县外,均在本县销售。

(张福谦修,赵鼎铭等纂:《清河县志》,卷二,舆地志,物产,民国二十三年铅印本。)

〔民国二十四年,河北南宫县〕

所 业	家 数	新旧法	销 路	产 额
油饼厂	二十九家	新式机日出一千五百斤	本境邻县	年产四百余万斤
醋酱业	四十余家	旧 法	同 上	年产酱五十万斤、醋九十余万斤 酱油四十余万斤
染 业	二十一家	同 上	推销冀南及黄河北岸	蓝布二十余万匹,杂色布十余万匹
糖果业	七 家	新制法	本境邻县	出品值九万元
漆 器	七 家	旧 法		货值约八万元
麻绳业	城乡共十一家			出品约值七万元
皮革业	七 家	新用化学制造	顺德,大名及各邻县	货值约各六七万元
白铁及锡器	五 家	旧 法	本境邻县	出品约值各五万元
弹棉机	四 家	新 式		每具九十元至六十元出货约值万元
皮鞋业	五家小本,营业八家	改 良	本境邻县	各号出货总值六万元
印刷业	刻刷者四家,石印五家铅印二家	旧法新法		出货总值三万元

(续表)

所 业	家 数	新旧法	销 路	产 额
纺织业		新式纺纱车十小时出线二斤		年产土纱十余万斤，土布六十余万匹
农具业	三 家	新式铁轮机、犁、耧、耙、锄改良颇优		年出一千五百余具，值六千元
柳器业	第五区有二百余户	箕、筐、篓、盒	本境邻县	年产三万余件值一万五十元
蒸笼业	四 家			年产值七千元
铜器业	十四家孙村最多	发音锣钵类	山西、张北、东三省	年产七万余件，值十二万元
茶食业	八 家	旧 法		年产九万斤，值三万九千余元
砖瓦业	窑十六座			年出砖三百万块，瓦二十万块，值五六万元
轧线业	轧机三千五百余具，本国、日本各半	新式每机轧花八十斤	天津、济南各纱厂	年产九十万斤，值四十余万元

（贾恩绂纂：《南宫县志》，卷十一，法制志、新政篇，民国二十五年刻本。）

〔民国二十四年前后，河北晋县〕 黑油系用棉子，豆油系用豆类，果子油系用落花生压榨而出，县境多业此者，每年运至天津销售，获利甚巨。

（刘东藩、傅国贤修，王召棠纂：《晋县志料》，卷上，实业志、工业，民国二十四年石印本。）

〔民国二十五年前后，河北南宫县〕 业酿酒者曰烧锅，全县烧锅三数家，率以小米红粮为之，间亦酿以黍米，号为上品。其销场大约以县境为限，不能行远也。

（黄容惠修，贾恩绂纂：《南宫县志》，卷三，疆域志、物产篇、货物，民国二十五年刻本。）

〔民国二十五年前后，河北南宫县〕 油之种类甚多，由棉子榨出者曰黑油，可燃灯火；由花生榨出者曰白油，可作食料。二者产额甚巨，除供土人应用外，由卫河舟楫运销平津，亦大宗之收入也。

（黄容惠修，贾恩绂纂《南宫县志》，卷三，疆域志、物产篇、货物，民国二十五年刻本。）

〔民国二十五年前后，河北香河县〕 本县烧锅现存五家，资本均尚厚实，营业亦甚发达，每年出酒约八十万斤，除行销本境外，均运北平。其刘宋镇聚川涌号年供同仁堂制造药酒，平均在三万斤以上，实为本县出品大宗。

（王葆安修，马文焕、陈式谐纂：《香河县志》，卷三，实业，民国二十五年铅印本。）

〔民国二十六年前后，河北滦县〕 滦县烧锅，以开平、稻地、榛子镇、倴城、

三、手 工 业 | 637

古冶、唐山等地为最著,资本自一万元至数千元不等,铺友自十人至十七八人不等,劳金自二百元至数十元不等,工人八九人,工价每季约二三十元。甑数:每日以六甑为常,数或有增减。销路:销售于烟台、乐亭及本地。原料取自本地或关东。

(袁葆修,张凤翔等纂:《滦县志》,卷十四,实业志,商业,民国二十六年铅印本。)

〔民国二十六年前后,绥远凉城县〕 厂汗营所产之酒,色如胭脂,香浓味醇,名"昭君红",俗名"红毛酒",每斤售价八角。其制法当地人秘而不传,人多和烧酒饮之,盖质醇色艳,纯饮易醉,销路亦广,蒙人尤珍贵之。

(廖兆骏编:《绥远志略》,第十五章,绥远之工业,第五节,各县工业,民国二十六年铅印本。)

〔民国二十六年前后,绥远五原县〕 油家九家,年产葫〈胡〉麻油一百二十万斤,从事工人九十余名。原料购自本地,每石五元,营业颇称发达,每年获利五六千元。

(廖兆骏编:《绥远志略》,第十五章,绥远之工业,第五节,各县工业,民国二十六年铅印本。)

〔民国二十六年前后,绥远固阳县〕 全县油房千余家,年可出胡麻、菜子、麻子等油三四万斤。缸房六七家,可出烧酒两万余斤。

(廖兆骏编:《绥远志略》,第十五章,绥远之工业,第五节,各县工业,民国二十六年铅印本。)

〔清光绪三十三年至民国十八年前后,奉天绥中县〕 绥中向无烧锅,用酒均由外省贩运。自光绪三十三年国家提倡商业,绥中奉文开烧锅之家,近愈畅兴,永盛、泉福、源昌各号又能以机器造酒,不假人力。呜呼,昔之用酒曲而代外运者,今反以酒曲而运外矣,商业发达已见一斑。

(文镒修,范炳勋等纂:《绥中县志》,卷十五,物产,货类,民国十八年铅印本。)

〔清光绪三十四年前后,奉天辽阳州〕 制造各品,以烧酒、豆油、苏油为大宗,计城内外烧锅九处,市镇烧锅八处,每处需人七八十名;油坊二十三处,每处需人十余名至二十人不等,每年所出可得一百余万元之谱。

(清 洪汝冲修,永贞纂:《辽阳乡土志》,物产,制造业,清光绪三十四年铅印本。)

〔民国九年前后,奉天新民县〕 新民以榨油纯用人工,惟忠发和商号用机器,民国九年忠发和停业,无用机器者矣。

(玉宝善修,张博惠纂:《新民县志》,卷十六,物产,货类,民国十五年石印本。)

〔民国十年前后,奉天锦县〕 葡萄酒,创制于县境,四海屯孙氏植葡萄数十亩,酿造成酒,气味浓厚,较舶来品尤为优胜。

(王文藻修,陆善格纂:《锦县志略》,卷十九,物产下,货类,民国十年铅印本。)

〔民国十三年前后,奉天海城县〕 近年开设机器油房数家,碾榨俱用汽机,不借马力,每日打豆七十余石,出大饼五百片,出油二千五百斤,较之旧法出货增加十数倍。

(廷瑞修,张辅相等纂:《海城县志》,卷七,人事,实业,民国十三年铅印本。)

〔民国十七年前后,奉天辽阳县〕 本境高粱产额最富,大麦、小豆、豌豆等亦足供造曲之资料,而泉水甘美,造酒香洌,实为全省之冠,故全境烧锅多于各县,此项营业颇占优胜。

(裴焕星等修,白永贞等纂:《辽阳县志》,卷二十七,实业,工商业,民国十七年铅印本。)

〔民国十七年前后,奉天辽阳县〕 大豆之产额,埒于高粱,而民间食用消耗较少,故油粮一项除本境油坊需要外,仍占出口货一大宗。城镇各油坊或用汽机或仍旧式,无虑数十百家,概无缺料。所造油饼先期在大连定售,运输便利,概无滞销,此项营业所以逐渐增多。

(裴焕星等修,白永贞等纂:《辽阳县志》,卷二十七,实业,工商业,民国十七年铅印本。)

〔民国十八年前后,奉天绥中县〕 苏油、豆油两种,境内出产日繁,工人制造亦精,有造以人力,有造以机器者。其油饼层出不绝,常出售于上海、烟台等处。

(文镒修,范炳勋等纂:《绥中县志》,卷十五,物产,货类,民国十八年铅印本。)

〔民国十九年前后,奉天辽中县〕 豆油业:造此者,曰油坊,以大豆为原料。旧用土法制造,每垛出饼(每饼重五十斤)五片,油二十二斤,需工既多,出货又少。近年渐知利用机器,出货既多,又省时工。而豆油行销当地不过十之三四,与豆饼同为输出品类之大宗。

(徐维淮修,李植嘉等纂:《辽中县志》,卷二十六,实业志,工业,民国十九年铅印本。)

〔民国十九年前后,奉天辽中县〕 烧酒业:造此者,曰烧锅,以高粱及曲(为大麦及小豆、豌豆所造）为原料，计每班需高粱三石二斗、曲一百二十块，约出酒五百斤，为土质大宗，半销当地，半为输出。

（徐维淮修，李植嘉等纂：《辽中县志》，卷二十六，实业志，工业，民国十九年铅印本。）

〔民国十九年前后，奉天开原县〕 大豆之产额，开境为最富，亦油粮之一种。全境出口货品以此为大宗。各油坊用制豆油以供人民需用。近年苏油日少，各家以此为必需品，故境内油坊日渐增益，所制豆饼除供全境饲畜外，尚可售出三千余吨。惟制油之法仍旧式人工者多，能用汽机者尚少。

（李毅修，王毓琪等纂：《开原县志》，卷九，人事，实业，工商业，民国十九年铅印本。）

〔民国十九年前后，奉天开原县〕 全境所产五谷，大豆而外，以红粱之产额为最富，各烧商用以造酒资料，泉水甘美之区，所造酒浆味尤香烈。城东八颗树居，近清河，用其水造酒，称为全省之冠。城内增益涌所造玫瑰酒，巴拿马全世界赛会列为四等，现为全省上等赠品。

（李毅修，王毓琪等纂：《开原县志》，卷九，人事，实业，工商业，民国十九年铅印本。）

〔民国二十年前后，奉天安东县〕 境内烧锅现有十家，以中兴镇之六合成为最大，有八班蒸酒之设备。以原料价值增高，酒数销行未畅，未能如数全开。惟一切改用新法，以机器碾轧红粮，每点钟可供两班蒸酒之用。

（关定保等修，于云峰纂：《安东县志》，卷六，人事，工业，民国二十年铅印本。）

〔民国二十二年前后，奉天北镇县〕 本境工业以豆油为大宗……每日约用豆六石，出饼四十余片，油一百八十余斤，此系旧法制，至于使用机器，本境尚未施行。豆饼即豆油之糟粕，有大小两种，大饼运销营口，小饼专售本境。

（王文璞修，吕中清等纂：《北镇县志》，卷五，人事，实业，工务，民国二十二年石印本。）

〔民国二十二年前后，奉天北镇县〕 本境工业以豆油为大宗，烧酒次之……烧酒即高粱酒……每日两班，约出酒六百提，半销本境，半销外城。曲之原料为大麦、小豆，每年夏秋之间雇工制造，以备应用。

（王文璞修，吕中清等纂：《北镇县志》，卷五，人事，实业，工务，民国二十二年石印本。）

〔民国三年前后，吉林延吉县〕 县境商业以烧商、油商为大宗。烧商十号，每号每日平均一班烧酒需粮六石，每年约烧粮二万一千六百石。每班每日出酒三百一十斤,每年约出酒一百一十一万六千斤。

(吴禄贞修,周维桢纂:《延吉县志》,卷六,实业,商业,民国三年抄本。)

〔民国三年前后,吉林延吉县〕 油商五十八号,每号每日平均一垛榨油,需豆七斗五升,每年约用豆一万五千六百六十石。每榨每日出油二十三斤,每年约出油四十八万零二百四十斤。

(吴禄贞修,周维桢纂:《延吉县志》,卷六,实业,商业,一九六〇年据民国三年抄本油印本。)

〔民国二十四年前后,吉林通化县〕 本县烧锅,城厢与各区均有设立,在城厢者,前为三家,现为二家。各家班数不等,每班约出酒四五百斤。事变前,共为十七家,今余十二家,因客岁歉收,民食不足,有已停班者,其未停者亦减少班数,销路除本县外,亦分销于邻近各县。

(刘天成修,李镇华纂:《通化县志》,卷三,实业志,烧锅,民国二十四年铅印本。)

〔清朝初年至民国十四年,黑龙江〕 黑龙江省古称善制弓矢。……清初犹以弓矢鞍甲为时所称,又有卜奎、火镰、艾浑、麂皮,同为土产佳品,今皆不适于用,为可惜也。今百物制造仍用旧法,惟油房、磨房知用机器。民国三年工产物统计,全省以酒类产额为多,计一千五百二十六万余斤,油类次之,七百九十三万余斤,淀粉类七百九十五万余斤。又工业制造户口比较报告,全省以烟草制造户数为最,计三百三十三户,其次为淀粉业及五金业,皆各在二百五十户以上。工作人数以酒业为最,共有二千五百人。元年全省作工人数仅六千六百五十一人,而三年已增至九千二百三十六人,计增多三分之一,可谓速矣。又经济调查报告劳力于工者约占全境人数十分之一。又工业劳力之工资恒倍于农业,而与商业工资适相等,每人每日约小洋五角以至一元。

(金梁纂:《黑龙江通志纲要》,实业志,工业,民国十四年铅印本。)

〔清光绪十七年前后,黑龙江呼兰〕 呼兰三城粮产最富,而岁以酿酒耗散者,殆难数计,税局专税酒筒至一万余金,概可见矣。闻酒坊日夜并作,随运各城,时有匮乏之虞。盖边地苦寒,非借酒不足御之,俄伦春部尤为酷嗜。……市酒多自呼兰贩运,味薄同内省米酒,不及奉天牛庄之佳。

(清 徐宗亮纂:《黑龙江述略》,卷六,丛录,清光绪中刻本。)

〔清宣统二年前后,黑龙江呼兰府〕 酒类有白酒,高粱所制;黄酒,粟米所制。白酒输销邻省及俄境。制白酒场所名曰烧锅,营其业者谓之烧商,皆资本富厚者为之(《呼兰府志》)。

(方福麟修,张伯英纂:《黑龙江志稿》,卷十六,物产志,庶物,民国二十二年铅印本。)

〔清朝末年,黑龙江〕 北方寒,人嗜酒,制酒之料,用高粱或大麦,煮熟蒸之加曲糵。每家资本银三万两,省东约百五十家。

(林传甲纂:《黑龙江乡土志》,格致,第六十一课,烧锅,民国二年铅印本。)

〔清宣统年间至民国十七年,黑龙江桦川县〕 桦川开辟未久,对于声、光、化、电一切专门学术,向无研究。清宣统年间,先有工业八家,为山东三姓人在悦来镇制造豆油及靴鞾,并金银首饰、铜、锡等,其作坊、衣服、饮食等工业均系后设。

(郑士纯等修,朱衣点等纂:《桦川县志》,卷二,实业,工业,民国十七年铅印本。)

〔民国四年前后,黑龙江呼兰〕 油类有豆油、麻油、苏子油。豆油输销奉天之营口。豆油之滓为豆饼,输出亦巨。

(黄维翰纂修:《呼兰府志》,卷十一,物产略,工业品,民国四年铅印本。)

〔民国四年前后,黑龙江呼兰〕 酒类有白酒、高粱所制黄酒、粟米所制白酒,输销邻省及俄境。制白酒场所名曰烧锅,营其业者谓之烧商,皆资本富厚。

(黄维翰纂修:《呼兰府志》,卷十一,物产略,工业品,民国四年铅印本。)

〔民国九年前后,黑龙江瑷珲县〕 糖类有米糖、酥糖、甘肥特糖、洋糖,皆由黑河作房所出,味甚佳。

(孙蓉图修,徐希廉纂:《瑷珲县志》,卷十一,物产志,工业品,民国九年铅印本。)

注:瑷珲县为今爱辉县。

〔民国九年前后,黑龙江瑷珲县〕 酒类有白酒,高粱所制;黄酒,粟米所制。白酒输销本城及沿江各金厂。制白酒厂名烧锅营,其业者谓之烧商,皆资本富厚。

(孙蓉图修,徐希廉纂:《瑷珲县志》,卷十一,物产志,工业品,民国九年铅印本。)

〔民国九年前后,黑龙江瑷珲县〕 油类有豆油、麻油、苏子油,黑河仅有机器油房一家,所出之油及饼不敷就地销售,尚赖东方,运入颇多。

(孙蓉图修,徐希廉纂:《瑷珲县志》,卷十一,物产志,工业品,民国九年铅印本。)

〔民国十五年前后,黑龙江双城县〕 酒以烧酒为大宗,亦呼白酒,制造之原料或用稷、或用粟、或用大麦、或用玉蜀黍,制造之铺名烧锅,商业中巨擘也。此酒销路极旺,无论贫富嗜者颇众。

(高文垣等修,张鼎铭等纂:《双城县志》,卷六,礼俗志,衣食住,民国十五年铅印本。)

〔民国十八年前后,黑龙江宾县〕 烧商,以烧酒贩卖为营业,其制法纯用高粱,饮少辄醉,其力颇大。计城里烧酒者六家,无须出境即可畅销,为全境之最大销耗品。

(赵汝梅、德寿修,朱衣点等纂:《宾县县志》,卷一,实业略,商业,民国十八年铅印本。)

〔民国二十二年前后,黑龙江〕 南酒运来不多,烧酒则昔自伯都讷来,岁不下数十万斤,有人建议在呼兰开设烧锅,将军观明驳之,然至后各城镇乡屯营此业者日益伙矣。呼兰三城产粮最富,而岁以酿酒消耗者殆难数计,闻酒坊日夜并作,贩运各城,时有供不应求之虞。盖边地苦寒,人多借酒以御之,俄伦春部尤为酷嗜。

(万福麟修,张伯英纂:《黑龙江志稿》,卷六,地理志,风俗,民国二十二年铅印本。)

〔民国二十五年前后,黑龙江宝清县〕 宝清开辟未久,交通梗塞,以致工业不见发达,现在全县设有机械油坊三家,专以制油碾米为业。此外,尚有烧锅两家,所得烧酒除零销外,其余多销运于富锦。至其他如土、木、金、银、铜、铁各工,不过仅以人力制造旧式物品而已。

(齐耀斌修,韩大光纂:《宝清县志》,实业志,工业,民国二十五年铅印本。)

〔民国八年前后,陕西商南县〕 漆庄,城内清油河、富水关、青山等处均有行销。油庄,富水关、梳洗楼、湘河、清油河等处香油、木油、桐油,有坐销,有行销。火纸厂,十里坪、湘河、耀岭河、青山等处行销甚广,均系私家营业。陶业,五里铺、鹦鹉岩二处设有陶厂。靛坊,城附近湘河、清油河、富水关等处极多。粉坊,西关外五里牌、清油河、富水关等处极多。酒坊,四乡俱有烧廒,惟南一、二区为极多。

(罗传铭修,路炳文纂:《商南县志》,卷六,实业,民国八年铅印本。)

〔民国二十四年前后,陕西岐山县〕 烧酒,岐山土无硝质,水味最甜,故造酒较他县尤佳。

(田惟均修,白岫云等纂:《岐山县志》,卷一,地理志,物产,货物,民国二十四年铅印本。)

〔民国三十三年前后,陕西宜川县〕 榨油业:……城市现有油房(仍多榨麻油,间有菜子油)二家。云岩镇亦有一家。

(余正东等纂修:《宜川县志》,卷九,工商志,工业,民国三十三年铅印本。)

〔民国二十四年前后,甘肃镇原县〕 胡麻,一名狗虱,一名油麻……邑人以此榨油,行销于邻县。菜子油,色黄而味香,宜炒菜,冬则结为一块,行销固原等县。

(钱史彤、邹介民修,焦国理、慕寿祺纂:《重修镇原县志》,卷二,舆地志,物产,货物,民国二十四年铅印本。)

〔民国十六年前后,宁夏〕 玫瑰露酒,为宁夏特出。白柑烧酒,多出中卫,近宁夏金积均出。

(陈必淮修,王之臣纂:《朔方道志》,卷三,舆地志,物产,货类,民国十六年铅印本。)

〔明代至民国三十年前后,山东潍县〕 潍县油坊营业,远在明代,近数十年始见发展。民国七、八年间最为发达,由六家增至十六家,最盛时每年营业总额达十六万余元,乡间所产尚不在内。现因烟叶衰落,豆饼需用减少,且受肥田粉之影响,每年不过十四万余元。油坊所用之豆为黄豆、黑豆,多系就地收买,各坊每年所需在八千石以上。大约豆一石可出油三十七八斤,饼约十三四斤。夏秋两季为农作物培种时期,豆饼需要最多,故油坊生产以六月至九月为旺,过此则豆饼销路甚少。各油坊资本自一千九百元至三千元不等,规模大小相似,多二榨一碾,无过大过小者。每坊全年出饼自七千片至九千七百片,出油自二万斤至二万八千斤,共可出饼十万零六千余片,油三十万余斤。豆饼多销当地,油除当地零售外,则运销青岛。

(常之英修,刘祖干纂:《潍县志稿》,卷二十四,实业志,工业,民国三十年铅印本。)

〔民国十三、四年前后,山东潍县〕 潍县酒坊所出之酒,为高粱烧。民国以来以十三、四年营业为最盛,城关酒坊共有二十六家,以福源及裕增北记为较大,各有酒池二个,余则均仅一个,每月每池可烧酒二次,每年烧酒以一、二月及十一、二月为最旺。烧酒所用原料为高粱及曲,皆本地产。每年所用高粱为一千三百余石,曲九万二千余块,大约高粱一石配曲七十块,出烧酒一百斤,全年可出酒十三万一千余斤,共值银元二万三千七百余元,销售多在本县。

(常之英修,刘祖干纂:《潍县志稿》,卷二十四,实业志,工业,民国三十年铅印本。)

〔民国二十三年前后,山东济阳县〕 本县烧酒者,约有三十余家,用高粱、麦曲者居多,近来间有用红枣及小米者。又有黄酒,用黍米蒸之,酒糟可作饲畜肥料。

(路大遵等修,王嗣堃纂:《济阳县志》,卷一,舆地志,物产,民国二十三年铅印本。)

〔元至顺三年,江浙行省镇江路〕 酱,邻境多仰给于此。

(元 俞希鲁纂:《至顺镇江志》,卷四,土产,饮食,元至顺三年纂,清道光二十二年刻本,民国十二年重刻本。)

〔元至顺三年,江浙行省镇江路〕 曲,土人成造,精粗不一,货于他郡,多有达京师者。

(元 俞希鲁纂:《至顺镇江志》,卷四,土产,饮食,元至顺三年纂,清道光二十二年刻本,民国十二年重刻本。)

〔元至顺三年,江浙行省镇江路金坛县〕 酢,出金坛,极酽且美,今以充贡,释名醯苦酒,即今之醋也。

(元 俞希鲁纂:《至顺镇江志》,卷四,土产,饮食,元至顺三年纂,清道光二十二年刻本,民国十二年重刻本。)

〔清乾隆末年,江苏扬州〕 跨虹阁在虹桥爪,是地先为酒铺,迨丁丑后,改官园,契归黄氏,仍令园丁卖酒为业。……土酒如通州雪酒、泰州枯、陈老枯、高邮木瓜、五加皮、宝应乔家白,皆为名品,而游人则以木瓜为重。近年好饮绍兴,间用百花;今则大概饮高粱烧,较本地所酿为俗矣。造酒家以六月三伏时造曲,曲有米、麦二种,受之以范,其方若砖。立冬后煮瓜米和曲,谓之起酵,酒成谓之"醅酒"。瓜米者,糯糠碾五次之称。碾九次为茶米,用以作糕粽;五六次者米,用以作酒,亦称酒米。醅酒即木瓜为瓜酒,以此米可造木瓜酒,故曰瓜米。酒用米曲则甘美,用麦曲则苦烈。烧酒以米为之,曰米烧;以麦为之,曰麦烧。又有自酵酒糟中蒸出,谓之糟烧。其高粱、荞麦、绿豆均可蒸,亦各以其谷名为名,城外村庄中人善为之。城内之烧酒,大抵俱来自城外,驴驼车载,络绎不绝。

(清 李斗撰:《扬州画舫录》,卷十三,桥西录,一九九四年江苏广陵古籍刻印社铅印本。)

〔清道光以前至光绪十年前后,江苏淮安府〕 豆油、豆饼,道光以前转贩江南获利为厚,榷关亦以此为巨款。三十年来,收获益薄,业此者少,北人之佃于南者又教以植豆榨油,所在浸广,油、饼南运者益稀。

(清 孙云锦修,吴昆田等纂:《淮安府志》,卷二,疆域,物产,清光绪十年刻本。)

〔清光绪十六至二十六年,江苏苏州府吴县〕 油坊,元和《唯亭志》:在外跨塘阳城淀泾。按：今本城附郭亦有之。葑采访册云：今名榨油厂，一三丰，在葑门外大街，光绪十六年开设；一义隆和在娄门外官渎里，光绪二十六年开设，均以土法榨制菜油、菜饼。

（曹允源等纂：《吴县志》，卷五十一，舆地考，物产二，工作之属，民国二十二年铅印本。）

〔清宣统年间，江苏镇江府丹阳县〕 百花酒，俗传京口百花即此。……宣统初，南洋劝业会给头等奖章。

（胡为和等修，孙国钧等纂：《丹阳县续志》，卷十九，风土，附物产，民国十六年刻本。）

〔清宣统年间，江苏镇江府丹阳县〕 醋，俗云镇江醋即指此也。邑人士恒携之远方，用以馈赠。持蟹呼酒时得之，尤为珍品。宣统初，南洋劝业会给头等奖章。

（胡为和等修，孙国钧等纂：《丹阳县续志》，卷十九，风土，附物产，民国十六年刻本。）

〔清代至民国十九年前后，江苏丹徒县〕 百花酒，见前《志》。近以朱恒顺造者为最良，宣统二年列入南洋劝业会，获奖银牌。

（张玉藻、翁有成修，高觐昌等纂：《续丹徒县志》，卷五，食货志，物产，民国十九年刻本。）

〔清朝末年至民国十九年前后，江苏丹徒县〕 京江滴醋，亦以朱恒顺制者为良，经劝业会审查，获奖金牌。

（张玉藻、翁有成修，高觐昌等纂：《续丹徒县志》，卷五，食货志，物产，民国十九年刻本。）

〔民国九年前后，江苏沛县〕 高粱酒，沛酒名最著，贾人常贩之他郡。

（于书云修，赵锡蕃纂：《沛县志》，卷三，疆域志，物产，民国九年铅印本。）

〔民国十五年前后，江苏金坛县〕 陈酒，即米酒，俗名百花。年久愈佳，出社头镇者名尤著。

（冯煦等纂：《重修金坛县志》，卷一，舆地志，物产，民国十五年铅印本。）

〔民国十一年前后，江苏高邮〕 食品，以造木瓜酒为大宗，酱、醋皆佳。董糖、腌蛋亦见称于远近。

（胡为和等修，高树敏等纂：《三续高邮州志》，卷一，实业志，物产，民国十一年刻本。）

〔民国二十年前后，江苏泰县〕 泰邑榨油业不下百余家，兹择其资本较大者。设备有引擎、榨龙、打箱等，其产量则依销数之滞旺而定，大概每龙一只，一日可出油三四石。甲等者，资本约有银四五万元，榨龙七八只，打箱五六只，工人三四十名。乙等，资本银三万元，榨龙五六只，打箱三四只，工人二三十名。资本小者或仅有打箱而无榨龙。

（单毓元等纂修：《泰县志稿》，卷二十，工业志，民国二十年修，一九六二年油印本。）

〔民国二十三年前后，江苏阜宁县〕 邑之曲酒（亦名大酒）最著者为五提浆，出八滩市，销路颇旺，业中人浸以药品，亦称百益酒，人每购之，以馈友朋。若夫以秫酿酒，曰小锅泡（亦名小酒），以县城、喻口、永兴集所酿为佳。

（焦忠祖等修，庞友兰等纂：《阜宁县新志》，卷十三，工业志，酿造，民国二十三年铅印本。）

〔民国二十三年前后，江苏阜宁县〕 豆油、豆饼之制，以东坎为盛，八滩次之，益林、羊寨、东沟、永兴集又次之。油销本邑南及盐城，饼则转运海安、姜堰等处，售作肥料。又有以菜子、花生制之者，但土出土销，视豆油、豆饼则微矣。

（焦忠祖等修，庞友兰等纂：《阜宁县新志》，卷十三，工业志，酿造，民国二十三年铅印本。）

〔清康熙二十二年前后，浙江绍兴府会稽县〕 酒，其品类颇多，而名老酒者特行，名豆酒者特佳。豆酒者，以绿豆为曲蘖也。

（清　王元臣修，董钦德、金炯纂：《会稽县志》，卷六，物产志，货，清康熙二十二年刻本，民国二十五年铅字重印本。）

〔清光绪二十二年至民国十一年，浙江海宁〕

糖、油、烟、酒各物数目价值统计表

类　别	制造户数	制造石数	销售总数	平均价值
豆　油	十一户	十万斤	银一万元	每担银十元
菜　油	十户	十二万五千斤	银一万二千元	每担银九元
土　酒	四十一户	三万一千三百坛	银三万六千四百元	每坛银一元一角
酱　油	十五户	二千二百五十余担	银二万一千二百元	每担银九元四角
酱	十五户	一千余坛	银二万七千四百元	每坛银二元七角四分

备考：糖非州产，烟则路仲里等处土人间有种者，数亦甚微。

（清　李圭修，许传沛纂，刘蔚仁续修，朱锡恩续纂：《海宁州志稿》，卷十一，食货志，物产，清光绪二十二年修，民国十一年续修铅印本。）

〔民国二十一年至三十五年，浙江〕 浙江为全国产酒最多之县。……现在，全省除昌化一县外，其余各县无不产酒。……据民二十一年出版《中国实业志》

统计,全省每年黄酒产量有五千九百八十二万二千余斤,绍兴、萧山两县所出之绍酒产量四千四百零五万斤以上。总计全省各类酒产量在一万零八百八十七万四千斤以上。三十五年中央信托局调查,产量为上数之半数。

（浙江省通志馆修,余绍宋等纂：《重修浙江通志稿》,第二十二册,物产,特产下,绍兴酒,一九四三年至一九四九年间纂修,稿本,浙江图书馆一九八三年誊录本。）

〔民国二十四年至抗日战争后,浙江建德〕 本省名酒,绍酒外,有五加皮酒,为建德之著名特产,东关及城内之酒店及南货店家家有之。民国二十四年统计,全年产量在一百五十万斤以上,每年输出额有一百万斤。抗战后,因原料缺乏,交通不便,故产销已非昔比。……五加皮酒价格,民国二十四年零售每元五瓶（一斤瓶）,九德堂所产品质更优,每元四瓶。

（浙江省通志馆修,余绍宋等纂：《重修浙江通志稿》,第二十二册,物产,特产下,五加皮,一九四三年至一九四九年间纂修,稿本,浙江图书馆一九八三年誊录本。）

〔民国二十五年至三十五年,浙江绍兴〕 绍兴产酒地点,三十五年所查,以阮社、东湖、东浦、湖塘为最多之集中地,而柯桥、皋埠、孙端、东关、城区等地亦散布不少。民国二十五年,为酿酒最蓬勃时期,每年酿酒在十万缸以上,战后仅及十之二。战前绍酒畅销国内,更远及南洋、新加坡、纽约、伦敦、东京等地,在国际贸易赛会中曾负盛誉,战后则外销有限矣。民国二十五年统计,绍兴产酒地为城区、东浦、阮社、柯桥、钱清、安昌、皋埠、东关等八区,城区系包括城内附郭乡村,计酒坊三百余家;东浦在绍兴北乡,区内酒坊计五百余家;阮社在绍兴西乡,区内酒坊共三百八十家;柯桥在阮社南三里,区内酒坊共二百六十八家;钱清为萧、绍两县接界处,区内酒坊计七十四家;安昌在城西北六十五里,区内有酒坊四十一家;皋埠在绍兴东乡,区内酒坊计二百九十四家;东关区地域较广,然酒坊仅九十二家。抗战期间,酒坊减至十分之四。……民国三十五年,绍兴全县绍酒产量据货物税局调查,为一千一百八十四万零二百二十市斤。但从各酿坊调查,绍酒全县出产约计二万缸左右,以每缸五百八十斤计,则为一千一百六十万市斤。运销地以沪、杭为最广,占全产额半数以上,次为香港、天津、青岛。

（浙江省通志馆修,余绍宋等纂：《重修浙江通志稿》,第二十二册,物产,特产下,绍兴酒,一九四三年至一九四九年间纂修,稿本,浙江图书馆一九八三年誊录本。）

〔抗日战争前至民国三十六年,浙江〕 浙省南部之平阳、瑞安、永嘉、义乌及西部之常山、遂安,蔗糖与糖梗较多,为制糖区域。旧式制糖之器为榨蔗车及蒸糖之锅。蔗有三种,竹蔗、赤皮蔗、骨皮蔗是也。战前年产一百零九万三千六百市担,所产红糖大部销于本县,包装多用袋,每袋约百五十斤。近年种蔗之县增多,糖量亦随之增加。兹将产量列表如下:

民国三十六年度浙江省各县市糖类产量统计表　　　单位:市担

县市名	产量	县市名	产量
杭州市	4 736	萧　山	78
杭　县	50	嵊　县	471
富　阳	2	诸　暨	190
余　杭	11	上　虞	51
于　潜	27	金　华	2 494
临　安	15	兰　溪	944
新　登	36	义　乌	21 385
嘉　兴	287	天　台	19
嘉　善	19	浦　江	290
平　湖	34	东　阳	9 546
崇　德	4	永　康	968
桐　乡	12	武　义	166
海　宁	33	丽　水	42
海　盐	40	松　阳	55
吴　兴	169	龙　泉	3
长　兴	38	云　和	2
安　吉	42	宣　平	29
孝　丰	25	缙　云	29
德　清	319	衢　县	1 990
南　浔	53	龙　游	251
武　康	5	江　山	28
菱　湖	3	常　山	143
鄞　县	323	遂　安	38
定　海	14	建　德	141
新　昌	1	桐　乡	162
奉　化	8	淳　安	237
象　山	6	永　嘉	16 404
慈　溪	3	瑞　安	37 302
平　阳	20 324	临　海	187
乐　清	105	黄　岩	14
玉　环	3	温　岭	5
绍　兴	72		

资料来源:财政部浙江区货物税局,其产量以已证货物税为根据(实际当少于真正产量)。

(浙江省通志馆修,余绍宋等纂:《重修浙江通志稿》,第二十二册,物产,特产下,糖,一九四三年至一九四九年间纂修,稿本,浙江图书馆一九八三年誊录本。)

三、手 工 业

〔民国三十一年前后浙江分水县〕　酿酒坊七处：城区钟立记、钟仲记,北乡汾隆,此三号兼酿黄酒、白酒。城区徐永茂、顺昌源、毕浦源隆、百江、源昌则仅酿白酒。黄酒有陈竹叶青,白酒有平烧、堆花、提油等名色,所出无多,只供全邑销售。

（钟诗杰修,臧承宣纂：《续修分水县志》,卷二,建设志,制造场所,民国三十一年铅印本。）

〔民国三十六年前后,浙江〕　浙省之榨油均属土法,杭州开设机榨油厂始于大华,因经营不善,二年即停歇。民国三十六年,张理文创办浙东油厂,前途正待发展。中国植物油料厂三十七年计划在杭州设厂,已在筹备进行中。

（浙江省通志馆修,余绍宋等纂：《重修浙江通志稿》,第二十一册,物产,特产上,菜油,一九四三年至一九四九年间纂修,稿本,浙江图书馆一九八三年誊录本。）

〔清康熙五十九年前后,江西广信府铅山县〕　砂糖,以蔗汁煎成,铅山县出。

（清　白潢修,查慎行等纂：《西江志》,卷二十七,土产,广信府,清康熙五十九年刻本。）

注：《西江志》即《江西通志》。

〔清乾隆十八年前后,江西南安府南康县〕　南康近产糖蔗,岁煎糖可若干万石。

（清　邓兰修,陈之兰纂：《南康县志》,卷二,物产,清乾隆十八年刻本。）

〔清乾隆二十四年前后,江西建昌府〕　麻姑酒,麻姑山神功泉所酿,今少真者。

（清　孟炤修,黄祐等纂：《建昌府志》,卷九,物产考,酒之属,清乾隆二十四年刻本。）

注：清建昌府辖泸溪、南城、新城、南丰、广昌等县。

〔清道光年间至民国二十九年,江西万载县〕　道、咸之间,茶油产盛,运销于高安、松湖,进而南昌有同人堂,九江有会馆,皆油商往来居积之所也。山木禁弛,树多砍伐,油业衰矣,衰之极而,百不存一。

（张芗甫修,龙赓言纂：《万载县志》,卷四之三,食货,力役,民国二十九年铅印本。）

〔清同治十一年前后,江西赣州府赣县〕　赣田少山多,土性于茶桐二树最宜。茶木坚而叶厚,青翠茂密,凌冬不凋,取子榨油,味甘香清洁,名曰清油,土人多人食馔。桐树枝叶俱似梧桐,二月开花,满山如雪。至冬收子以榨油。楚蜀亦出桐油,而不及赣之桐油胶粘清亮可入漆也。二油为赣佳产,每岁贾人贩之他省不可胜计,故两关之舟载运者络绎不绝。

(清 黄德溥、崔国榜修,褚景昕纂:《赣县志》,卷九,地理志,物产,清同治十一年刻本。)

〔民国八年至一九四九年前后,江西〕 江西糖业居全国之第三位,仅次于广东、四川。据民国八年日本糖业专家河野信沼调查,四川产三万万斤,广东七千五百万斤,江西三千万斤,而本省产糖区以赣南为最著,除供应本省外,尚可运销湖南、广东、湖北、安徽诸省。……江西产糖县份有十余县,而以赣县、南康、东乡、信丰等县为最著,出产种类除赣南各县有红、白之分外,余均为红砂糖。……江西制糖原料全为甘蔗,赣南区及赣东区每年各产蔗约七万五千吨,制成糖约七千五百吨。……本省制糖方法多因袭旧法,尚未谋改良。

(吴宗慈修,辛际周、周性初纂:《江西通志稿》,经济略,四,工业,一九四九年稿本,江西省博物馆一九八五年整理油印本。)

〔民国七年前,福建长乐县〕 酒,以冬秋酿者名老酒,又名坛老;以薯制者名薯烧,前多家酿,今则无矣。

(孟昭涵修,李驹等纂:《长乐县志》,卷十,物产志,货属,民国七年铅印本。)

〔民国八年前后,福建政和县〕 蔗有甘蔗、糖蔗二种,多产西乡各处园坂。甘蔗备生食,产量无几。糖蔗年约二十万斤,产糖约数万斤(售价不一),但业此者不明化学之作用,仅能制造红糖,故售价不多,而品质洁白甘美之糖多自外至。

(黄体震等修,李熙等纂:《政和县志》,卷十七,实业志,农业类,民国八年铅印本。)

〔民国十年前后,福建闽清县〕 糖,甘蔗榨成,出产于一都、二都、十六都,而二都为最多。

(杨宗彩修,刘训瑞纂:《闽清县志》,卷三,物产志,货属,民国十年铅印本。)

〔民国十年前后,福建闽清县〕 闽清一都、二都、十六都等处均设有糖厂,乡民每年栽种甘蔗,至冬节之前,蔗已成熟,即运至糖厂榨成红糖,全年约计得价万余金。

(杨宗彩修,刘训瑞纂:《闽清县志》,卷五,实业志,民国十年铅印本。)

〔民国十七年前后,福建沙县〕 沙邑制糖两种,皆用荻蔗磨汁而成,出于历西者为沙糖,制圆如珠,味甜而色微黑,酒家多购之,以润色。其出高砂一带者制薄片如板,故名板糖,色黄而甜,味尤清,较来自下游者无甚轩轾,核板糖出数,年约万斤。

(梁伯荫修,罗克涵等纂:《沙县志》,卷八,实业志,糖业,民国十七年铅印本。)

〔**民国十七年前后,福建沙县**〕 糖,煮荻蔗为之,即红糖,俗呼沙糖。近年,南区高砂等乡出产颇多,可抵福产运到者,曰板糖。

(梁伯荫修,罗克涵等纂:《沙县志》,卷五,物产志,货属,民国十七年铅印本。)

〔**民国十七年前后,福建沙县**〕 沙邑油有三种,一名茶油,一名菜油,一名桐油。以桐实晒干而榨出者为桐油,人不可食,乡家多用以点灯,不及茶油之光亮,故出数最少。由农民冬种田间,至来春末收榨者为菜油,可供家用,与茶油埒,其出数亦不及茶油之多。查茶油出产,以下南五、六、七、八等都为最旺,西路善都各乡次之,年约二十六七万斤,每百斤约值洋二十元,统核进款,亦属不少。

(梁伯荫修,罗克涵等纂:《沙县志》,卷八,实业志,油业,民国十七年铅印本。)

〔**民国十八年前后,福建同安县**〕 糖厂,法用两大圆石相附,俗名车粒,于轮心立一曲木作车弯,缚轭驾牛三头使周围旋转以引动车粒,令一人取山蔗投车粒中间,榨出汁浆,煮以成糖。有白糖、赤糖、黑糖三种,其冰糖须用白糖再行煮造。一归得里湖田保一厂,二林塘保林窑社一厂、走马埌社一厂,三下庄保后溪社一厂、虎井社一厂,四营边社上甲一厂、下甲一厂,五岭亭保下魏社一厂、大岭溪一厂,六水阁内一厂、褒美一厂、三乡一厂。

(林学增等修,吴锡璜等纂:《同安县志》,卷十八,实业,糖厂,民国十八年铅印本。)

〔**民国十八年前后,福建建瓯县**〕 红糖,以上窑等处为佳……产额年有二三十万元,输出阳、崇、浦者约三分之一。

(詹宣猷修,蔡振坚等纂:《建瓯县志》,卷二十五,实业志,食品,民国十八年铅印本。)

〔**民国二十二年前后,福建闽侯县**〕 产糖区域概略,一福州西门外各乡业糖者,垂百余年,以新洲为最盛,年约产糖二三万担,近年尚有七八千担。马洲、官洲、甘蔗洲次之,各有四五千担。近年自华兴机器制糖公司开办后,以高价采买甘蔗,各乡闻风而起,遂多种蔗,即以新洲而论,所种视往年增三分之一,各乡略同。无如糖价低落,蔗价亦因之,乡民不免失望。华兴公司新订章程分买收、代制两种。买收之价值以糖价之高下为标准,代制之价值每担仅收制造费台伏二元,视牛车便宜三分之一。

（欧阳英修,陈衍纂:《闽侯县志》,卷二十八,实业,商,民国二十二年刻本。）

〔民国二十二年前后,福建闽侯县〕 福清产落花生及各豆,故诸郡皆设油厂,榨茶子为茶油,麻子为麻油,菜子为菜油,落花生则以制生油,各豆为豆油。……凡榨油者以巨木擂之,名曰油榨,其声远闻。

（欧阳英修,陈衍纂:《闽侯县志》,卷二十三,物产一,食物类,民国二十二年刻本。）

〔民国三十一年前后,福建崇安县〕 板糖,以甘蔗制成,产于黄土、兴田、城村等处,全年产量约五百市担。

（刘超然等修,郑丰稔等纂:《崇安县新志》,卷十九,物产,关于国民生计者,民国三十一年铅印本。）

〔民国三十六年前后,福建云霄县〕 甘蔗多在西南两区,其种类多系竹蔗,爪哇蔗次之。制法以牛力运转石轮,压榨取汁。糖寮计四十余家,年产量在二万五千担以上,外销汕、沪等处。

（徐炳文修,郑丰稔纂:《云霄县志》,卷七,社会,工,榨糖业概况,民国三十六年铅印本。）

〔民国三十六年前后,福建云霄县〕 油业以落花生为多,南北区油寮大小计五十余家,年产量约计八千担以上,外销汕、厦等处。桐油、茶油、菜油等,产量甚微,只够内销。

（徐炳文修,郑丰稔纂:《云霄县志》,卷七,社会;工,榨油业概况,民国三十六年铅印本。）

〔清康熙三十五年至光绪年间,台湾安平县〕 台南糖业,自康熙三十五年起,漳、泉二州移台居住之民,经营事业,扩充农家利路。雍正九年核查廍饷案内,台湾县属(即今台南县)计算有四十七张。光绪十三年改为安平县,清赋丈量后计有二百余张。前后比较,现增有四倍之多……大约年收青糖、白糖二十余万担,即有二千余万斤(百斤四元五角约算),计九十余万元(青糖三成,应得金二十七万;白糖七成,应得金六十三余万)。

（清　佚名纂:《安平县杂记》,糖业由来,清光绪年间纂,民国六年抄本,一九六八年《台湾方志汇编》铅字重印本。）

〔清康熙五十六年前后,福建台湾府诸罗县〕 糖,煮蔗而成,有黄、白二种。

又冰糖,用白糖再煮,如坚冰,比内地较白,而甜逊之。

（清 周钟瑄修,陈梦林纂：《诸罗县志》,卷十,物产志,货之属,清康熙五十六年修,雍正二年刻本。）

〔**清光绪三十三年前后,湖南宝庆府邵阳县**〕 花生油,以落花生为之,今其行于外省,甚为畅销。

（清 陈吴萃等修,姚炳奎纂：《邵阳县乡土志》,卷四,地理志,商务,清光绪三十三年刻本。）

〔**民国二十年前后,湖南石门县**〕 石门县北之子良、大平、磨市、所市,出产以油为大宗,除桐油、茶油、菜油三项产量甚多,无庸重述外,所有油子树榨出之油计分三种,第一次以皮榨出者为皮油,形成固体,用篓装妥后,雇船运往湖北沙市出售,每担约值洋十余元；第二次以木壳榨出者为木油,可制烛,但到暮春后,其烛多由固体而变为液体,售出之价较皮油为廉；第三次以子榨出者为子油,价更廉,乡间用以燃灯。

（曾继梧等编：《湖南各县调查笔记》,物产类,石门,民国二十年铅印本。）

〔**民国二十年前后,湖南东安县**〕 糖有厚糖及片糖二种,产于三河、城厢等区,每年输出约八九万元。

（曾继梧等编：《湖南各县调查笔记》,物产类,东安,民国二十年铅印本。）

〔**民国三十七年前后,湖南醴陵县**〕 县境产茶油颇多,供烹调及灯烛之用。其次为菜油、桐油、木子油,用途甚广,其粕可以肥田。四乡榨油厂约共二百余家,每厂年约出油一百担。榨油厂多数用职工一人,碾子则利用水力。榨时,由有力者二三人,共持大挺悬撞之,油自泌出。每榨油三十斤,须以一斤作代价,谓之油租。桐油之油租,则以一斤半为率。

（陈鲲修,刘谦等纂：《醴陵县志》,卷六,食货志,工商,民国三十七年铅印本。）

〔**清光绪十六年前后,广东潮州府揭阳县**〕 糖,榨蔗汁而成,有乌糖、沙糖、白糖数种,白糖即糖霜。糖霜有谱,惟揭中制造为佳。棉湖所出者,白而香,江苏人重之,今栽种益繁,每年运出之糖包多至数十万,遂为出口货物一大宗。潮虽各处有之,揭实独专其利云。

（清 王崧等修,李星辉纂：《揭阳县续志》,卷四,风俗志,物产,清光绪十六年刻本,民国二十六年铅字重印本。）

〔清光绪十六年前后，广东潮州府揭阳县〕 油有麻、茶、菜子、地豆四种。麻、菜二油仅供饮馔，茶油则妇女以为膏沐，其用较多，然皆不如豆油流通至广。山中人以榨油为业者十室而九。地豆即落花生也。

（清　王崧等修，李星辉纂：《揭阳县续志》，卷四，风俗志，物产，清光绪十六年刻本，民国二十六年铅字重印本。）

〔清宣统年间，广东广州府番禺县〕 昔日米店多兼蒸酒，大糠当柴，米糠搅糟，事甚便也。舂米业衰，蒸酒之业不无窒碍，然洋酒价昂，且饮者多好土酒，故蒸酒之业尚能维持现状。

（丁仁长、吴道镕等纂：《番禺县续志》卷十二，实业志，民国二十年刻本。）

〔清宣统年间，广东广州府番禺县〕 油业颇发达，沙湾司之钟村、平山、谢村、新墩，茭塘司之花埭、员冈、南村、新造、新洲、黄埔、深井，鹿步司之东圃，慕德里司之竹料、高塘，均为生油之出产地。菜油、豆油、茶油、桐油亦出于此。但所出甚少，竹料生油得名最早，油榨之多，则以钟村为最（据采访册）。

（丁仁长、吴道镕等纂：《番禺县续志》卷十二，实业志，民国二十年刻本）。

〔清宣统年间，广东广州府番禺县〕 蔗之常用者，曰白蔗，别有紫皮蔗，竹蔗较小，皮坚节促，不可食，惟以榨糖。糖之利甚溥，粤人开糖房多以致富，故业此者种蔗成田，几与禾田相等。凡蔗以岁二月斜其根，以种之根斜而后蔗多，蔗出根旧者，以土培壅，新者以水久浸之，俟出萌芽，乃种。种至一月，粪以麻油之麸，已成干，则时揩拭其蝨，剥其蔓荚，而蔗乃畅茂。榨蔗之法，以荔支木为两辘，辘辘相比若磨，然长大各三四尺，辘中余一空隙，投蔗其中，驾以三牛之牯辘旋转，则蔗汁洋溢，辘在盘上，汁流槽中，然后煮炼成饴。其浊而黑者，曰黑片糖；清而黄者，曰黄片糖；一清者曰赤沙糖；双清者，曰洋糖；最白者，以日曝之，细若粉雪，售于东西二洋，曰洋糖；次白者，售于各省，其凝结成大块者，坚而莹，黄白相间，曰冰糖，亦曰糖霜。金鼎、南冈、古料诸村，多以贩糖为业。

（丁仁长、吴道镕等纂：《番禺县续志》卷十二，实业志，民国二十年刻本。）

〔清宣统年间，广东广州府番禺县〕 广州出口货，以丝、茶、药材、瓷器、糖、席、麻、布为大宗。茶叶、药材、瓷器均非本邑所产。席业虽聚于河南，而产地在东莞、香山及肇庆、罗定各属。丝则东滘、韦涌、石壁、沙湾、市桥等处，约有桑基一百顷，但无茧市并手车，踩互缫丝亦无之，所出蚕茧只运往顺德出卖，直可谓有茧而无丝。麻布间有之，然甚少，无足观。惟糖业颇发达，沙湾司之大涌口、大湾、二湾、三湾、大小乌黑沙、辛洲、鱼涡头、虾涡头、高沙、细沥沙、鼻石、暮晒、缯坊、酬劳、平稳、市桥附近，共有榨蔗寮八十余家，每年出糖约八万担。茭塘司之小洲、土华、赤沙、西冈、北亭、沥滘、上涌、瑞宝、大塘、上滘、仑头、长洲、龙潭、黄埔、下渡、下滘、康乐，共有榨蔗寮七十余家，每年出糖约七万担。鹿步司之南冈、乌涌、鹿步、上元、南湾，共有榨蔗寮十余家，每年出糖约一万担。慕德里司之高增、冯塘、南兴庄、马房、三畛、沙庄、兔冈、七图、三分庄、钟落潭，共有榨蔗寮二十余家，每年出糖约二万担。慕德里司多制白糖，其他则制片糖或漏糖，而南冈之片糖最著。

（丁仁长、吴道镕等纂：《番禺县续志》卷十二，实业志，民国二十年刻本。）

〔清宣统三年，广东广州府东莞县〕 邑中诸果，蔗为最，蕉次之，荔枝、龙眼、橄榄等又次之。缘邑人榨蔗为糖，其制法旧胜于他县，故获利厚，而种植多。近因外洋以萝蓏制糖，搀入内地，邑之糖业渐衰落矣。蕉产于水乡特佳，售之广州，市利几倍，然只充食品，不能行远也。荔枝、龙眼、橄榄等果，焙制之，可以行远，惟树必十年方始结实，一遇两乡愤斗，斫伐至多。夫安邑千树枣，燕秦千树栗，蜀汉江陵千树桔，以及千亩卮茜，千畦姜韭，史迁并以为富给之资，然则止械斗之风，而兴种植之利，邑搢绅所当从事也。若夫讲求制法，抵制外货，以收利权，是又所望于格致家矣。

（陈伯陶等纂修：《东莞县志》，卷十三，舆地略十一，物产上，民国十六年铅印本。）

〔清朝末年至民国二十二年，广东开平县〕 油，用花生或芝麻制成，向时借此业起家者颇多，近三十年出产日少，不敷本境之用。

（余启谋修，张启煌等纂：《开平县志》，卷六，舆地略，物产，民国二十二年铅印本。）

〔民国十三年前后，广东佛山〕 白糖行：糖有黄糖、白糖、冰糖之分，来自清远及惠、潮各属，亦有来自西江者，销售于内地，以制饼饵、糖果等店为最多。近有洋糖输入，色较土沙糖白，而味则略淡，或谓其实非纯品云。糖房在本乡有三四家。

（冼宝干等纂：《佛山忠义乡志》，卷六，实业，民国十五年刻本。）

〔民国十三年前后，广东花县〕 竹蔗，此业从前颇盛，故广州市糖行亦有花县片之称。但至今则较衰，比前者实减十之五乃至三之二云。今查第二、三区之平山至横潭墟一带，第四、五区之宝鸭湖、丫髻岭、国太墟一带约有蔗糖寮共六七十所，每所每年植蔗约八十亩至百二十亩耳。推其衰落故，一因匪患多，一因地瘠,收量日减也。

（孔昭度等修,利璋纂:《重修花县志》,卷六,实业志,农业,民国十三年铅印本。）

〔民国十六年前后,广东东莞县〕 邑产花生油最盛,富者多以糖房、油榨起家。此外,如茶油、桐油亦有之,若菜油则出莲、竹二溪为多。

（陈伯陶等纂修:《东莞县志》,卷十五,舆地略,物产下,民国十六年铅印本。）

〔民国二十四年前后,广东罗定县〕 甘蔗,围数寸,长丈余,颇似竹,断而食之,甚甘,可消酒,又名干蔗(《南方草木状》)。其首甜而坚,难食,尾淡不可食,故贵其干也(《广东新语》)。三区罗境榨而为糖,岁出数万斤。

（周学仕等修,马呈图等纂:《罗定志》,卷三,物产,民国二十四年铅印本。）

〔清光绪年间至民国二十六年,广西来宾县〕 客家种之烟、豆及所制糖、油,每年输出,水路由正龙大湾,陆路由寺脚、石牙,行销同在武宣县城或大湟江埠。制油之品,初以落花生为最盛。光绪中叶,外来煤油渐多,种落花生者遂渐少,虽种而收获每不如前,独蔗、烟与脂麻尚无歉减云。

（翟富文纂修:《来宾县志》,下篇,食货二,农工商业,民国二十六年铅印本。）

〔民国九年前后,广西桂平县〕 薏苡酒,摇山颇多,以薏苡和米酿之,常售出大黄江市中(《府志》)。附近民间亦有造者。

（黄占梅等修,程大璋等纂:《桂平县志》,卷二十九,纪政,食货中,工业,民国九年铅印本。）

〔民国二十三年前后,广西昭平县〕 花生油、茶油、桐油、肉麸、茶麸、桐麸,以上邑境各区皆有榨具,最为大宗出产,商人以此发达不少。

（李树楠修,吴寿崧等纂:《昭平志》,卷六,物产部,制造物,民国二十三年铅印本。）

〔民国二十四年前后,广西贵县〕 落花生,县属盛产,业油榨起家者,不乏其人,覃塘、木格、大墟、三里、香江等处最盛。县属油榨业凡一百八十户,每户每年平均约榨油二万斤,工人共约二千人以上。

（欧仰羲等修,梁崇鼎等纂:《贵县志》,卷十一,实业,工业,民国二十四年铅印本。）

〔民国二十四年前后,广西贵县〕 县属蔗糖运销颇盛,苏湾所产者,为最著名,以县城为集散地。糖榨业凡二百四十户,每户每年平均约制糖二万余斤,工人共约四千人以上。

（欧仰羲等修,梁崇鼎等纂:《贵县志》,卷十一,实业,工业,民国二十四年铅印本。）

〔民国二十五年前后,广西阳朔县〕 县属沿桂江带,皆有糖榨,约三四十家,以白蔗榨水制成黄糖,每年出产约三千担,销途多在荔浦,平乐次之,桂林又次之。

(张岳灵等修,黎启勋等纂:《阳朔县志》,第四编,经济,产业,工业,手工业,民国二十五年修,民国三十二年石印本。)

〔民国二十五年前后,广西阳朔县〕 县属油榨颇多,凡墟市乡村均有之,约七八十家,所用原料为花生、油麻、茶子、桐子、菜子等类。油之价值,每担约二十元至二十八元之谱,除供给食料外,每年运至平梧销售者约七八千担,为出口大宗。

(张岳灵等修,黎启勋等纂:《阳朔县志》,第四编,经济,产业,工业,手工业,民国二十五年修,民国三十二年石印本。)

〔民国二十五年前后,广西阳朔县〕 县城内及各墟市皆有酒房,杂货店中,有以为主业,有以为副业者。酿法以糙米煮熟,和以酒药,放于锅内熬之即成,用膏粱熬者亦有之,但极少数。酒分三种,平酒、双料、三花。平酒味淡,双料次之,三花性烈。价以三花为最高,每斤约一角,双料减十分之三,平酒减十分之五,销于本地,无出境者。

(张岳灵等修,黎启勋等纂:《阳朔县志》,第四编,经济,产业,工业,手工业,民国二十五年修,民国三十二年石印本。)

〔民国二十九年前后,广西平南县〕 落花生为本县大宗农产品之一,栽种面积尚为普遍,每年约出产五千担,多为本地榨油房所收买,榨成生油,除供本县食用外,尚输出梧州发售,约三千担。

(郑湘涛纂修:《平南县鉴》,物产,植物产,民国二十九年铅印本。)

〔民国三十至三十四年,广东钦县〕 我钦自清至今,糖向为出产大宗,其业有盛无衰。种蔗区域,以那丽、那思、那彭为多,陆屋、广平、青塘、平吉、牛冈、久陆次之,尤以那丽糖为著名。但从前糖价甚平,光绪以前,不得而知。惟自光绪十年后至光绪二十余年,每到冬腊月,那丽最佳之清洁沙片糖,每斤铜钱平则十一文,或十三四文,或十六七文,至贵不过二十文,计每万斤至多得银百余元,即年出糖百万斤,不过售银万余元,以区域颇广、家数最多同分得之,不甚为农村业之大补助。民三十年(一九四一)来,糖成专卖,三[十]二年在夏秋间,每斤售过国币二十四元,冬间新糖出而价落,最低由农家每斤售国币十元之谱,各农家如年出糖一二千斤或三五千斤,得国币二万元以上,裨补良多。至民卅四年(一九四五),每斤售二百元左右,其数比前加十倍、八倍。钦属种蔗制糖,统计至歉收有七八十万斤,收益尤不可以数计,农产稻谷而外,以蔗糖为大宗。

(陈德周纂:《钦县志》,卷八,民生志,农业,民国三十六年铅印本。)

〔民国三十五年前后,广西三江县〕 茶油,将茶子碾碎,入油榨轧之,即得油,约每四五百斤之子,可榨获油百斤之谱。其渣滓名茶麸,可供燃料,亦有视土宜利用作肥料者。茶油为本县出产大宗,除供本县人应用外,有运销于湘、黔、粤东者。桐油,以桐子榨油,其法与榨茶油同,约四五百斤桐子可获油百斤,亦为县产之大宗,外销甚多,尤以运往长安之数为巨。

(覃卓吾、龙澄波纂修,魏仁重续修,姜玉笙续纂:《三江县志》,卷四,经济,产业,工业品,民国三十五年铅印本。)

〔清光绪十一年前后,四川夔州府大宁县〕 桐油,四面山乡皆产。场灶每年需用数十万斤。其他麻油、菜油、烟子油均出,邑产供用漆油、木油,则行销下河一带。

(清 高维岳修,魏远猷等纂:《大宁县志》,卷一,地理,物产;清光绪十一年刻本。)

〔清光绪初年至民国六年,四川眉山县〕 糖业,自清光绪初,始由简州移入蔗种。姜家渡以下沿江渐有糖房。民国六年,经大水冲毁,又多歇业。

(王铭新等修,杨卫星、郭庆琳纂:《眉山县志》,卷三,食货志,土产,民国十二年铅印本。)

〔清光绪三十三年前后,四川顺庆府广安州〕 甘蔗,产渠江一带,种皆白。萧家溪、梭罗溪均以糖为业,利常十倍。

(清 周克堃等纂:《广安州新志》,卷十二,土产志,清光绪三十三年修,宣统三年刻本,民国十六年重印本。)

〔清光绪年间至民国十四年,四川崇宁县〕 酿酒厂名曰烧房,光绪间,烧房颇多,旺月开烧,淡月封闭。清末,征榷始兴,业此者恒少,今仅数房,岁约造酒八九万斤不等。

(陈邦倬修,易象乾等纂:《崇宁县志》,卷三,食货门,物产,民国十四年刻本。)

注:一九五八年大部分地区并入郫县。

〔清代至民国二十六年，四川犍为县〕 每糖一桶净重二百四十斤，每桶售银十余元或二十余元，故种蔗制糖为农家之大收入。其销路，除本境用户外，凡属冬季，即有上游乐山、雅安糖帮到县收买，岁计销额境内外约十万元以上。清末创始征税，责成糖房代缴，至今仍旧。

（陈谦、陈世虞修，罗绥香、印焕门等纂：《犍为县志》，卷十一，经济志，糖业，民国二十六年铅印本。）

〔清朝末年至民国二十七年，四川泸县〕 酒，以高粱酿制者曰白烧，以高粱、小麦合酿者曰大曲。清末，白烧糟户六百余家，出品运销永宁及黔边各地。民国以来，减至三百余家矣。大曲糟户十余家，窖老者尤清冽，以温永盛、天成生为有名，运销川东北一带及省外。又有用白烧熏制香花、玫瑰、佛山、玉兰、薄荷而成者，通称花酒。

（王禄昌等修，高觐光等纂，欧阳延畟续补：《泸县志》，卷三，食货志，工业，民国二十七年铅印本。）

〔民国初年至十年，四川金堂县〕 糖房，县属菜子坝已有二三座，蓝家店近亦办有，淮口镇而下，至五凤溪沿江两岸附近十余里，统计一百二十余座。糖房之设，约需工匠二十余人，牛十余只，专制红糖，每年秋冬开槁，自熬曰正轮，代人熬曰客轮，主家所获每斤糖收二文地租钱而已。近年牛只、工食、制造器具异常翔贵，业此者颇有困象。前岁曾有人运来东洋榨蔗机器在淮镇试验无效，则改良犹有待矣。漏棚，凡设漏棚，须预计买各农民甘蔗若干熬成糖清漏成白糖，故资本较大，向惟资内最多，民国初年由淮镇至五凤溪约十余家，近因百物腾贵，强半歇业，存者不过一二。

（王暨英修，曾茂林等纂：《金堂县续志》，卷五，实业志，工业，民国十年刻本。）

〔民国十年前后，四川金堂县〕 白甘蔗，上起三江汇合处，下至五凤溪沿河两岸附近二十余里山地、坝地种者最多。每年春初播种，至秋末成熟，制造红糖。故此等农民年中只有一季收入。据最近调查，每年县属可出糖二百余万斤。糖分山、坝二种，山糖多零销川北，坝糖多装成桶子运至赵家渡分销各地。

（王暨英修，曾茂林等纂：《金堂县续志》，卷一，疆域志，物产，民国十年刻本。）

〔民国十一年前后，四川邛崃县〕 甘蔗，古名诸蔗，汁可制为糖霜，川中种蔗制糖者，内江、资中、资阳最为有名，谓之漏棚。嘉、眉业此者，谓之槁房（案："槁"俗字，本"桥"字，《周官·考工》：桥，干是也）。近邛崃县糘县糖业发达，亦谓之槁房。高硬子一场,已有数十家,南河坎、徐河塥亦各有数家,皆红糖也,无所谓糖霜,不能如洪迈之作谱。约而言之,甘蔗色白,高丈余,大围三寸,制法用屏山青石两个作槁,槁高四五尺,大称之。其形筒园,顶上脚下皆有轴,如车轴然,车是横转,槁是立转,两槁相并,有阴有阳,将蔗塞于中间,用牛拌牵拉之,牛牵阳动,阳转阴动,两槁争挤,蔗汁流尽,而蔗槁矣,故谓之槁房,其熬制之法,一灶七锅,一门入爨,由第一锅盉至第七锅而糖熬成。

(罗金元等纂修:《邛崃县志》,卷二,方物志,民国十一年铅印本。)

〔民国十三年前后,四川江津县〕 县属糖房约计二十家,燕坝场、三河场、金刚场、双龙场、中山坝、白沙场、五举沱均有之。向无漏棚,仅出小篓红糖,每篓三十余斤,甘蔗多芦茅、小叶两种。每月冬腊月起熬,或两月、一月、半月不等,每日昼夜两班约熬四百余斤之谱,仅销本地。

(聂述文、乔运亨修,刘泽嘉等纂:《江津县志》,卷十二,实业志,本业,附农产制造,民国十三年刻本。)

〔民国十三年前后,四川江津县〕 县城外白沙、游溪及各场多有造酒人家,俗称漕房。将高粱入水泡洗蒸熟和曲药,置木箱内……此酒上销成都,下销宜昌、沙市各地。近苦征税之繁,渐有歇业者矣。

(聂述文、乔运亨修,刘泽嘉等纂:《江津县志》,卷十二,实业志,农业,附农产制造,民国十三年刻本。)

〔民国十八年前后,四川荣县〕 今县惟产黄糖,名沙糖,设厘征税,而所产甚少。

(廖世英等修,赵熙等纂:《荣县志》,卷六,物产,食货类,民国十八年刻本。)

〔民国二十年前后,四川富顺县〕 菜油饼,制法取菜子煎熟,旋磨破之,研为细末,用火蒸熟,置稻草中,包裹成扁圆形,安置榨槽中,用坚木塞紧,以锤杆撞之,将油汁榨尽,取出遂成干饼,为肥料中之最上者。岁产总额约六七百万斤,行销成都府属金堂、淮州赵家渡等地。

(彭文治、李永成修,卢庆家、高光照纂:《富顺县志》,卷五,食货,物产,民国二十年刻本。)

〔民国二十年前后,四川富顺县〕 县境制糖处所,皆在种蔗之区。佛镇、仙滩、沿滩等处均制白糖、桔糖,其他各地则制水糖(即沙糖)。桔糖行销湖北之宜昌、沙市,白糖销至夔、万,水糖则行销泸州、江津、长寿、木洞、涪州、忠州等地转运黔边,每年产出总额约二千万斤有奇。

（彭文治、李永成修,卢庆家、高光照纂:《富顺县志》,卷五,食货,物产,民国二十年刻本。）

〔民国二十七年前后,四川泸县〕 全县榨房约四十家,以菜油为大宗,桐油、花生油次,搽〈茶〉油、花子油又次之,芝麻油、蓖麻油为最少,菜油运销黔边各地。

（王禄昌等修,高觐光等纂,欧阳延熨续补:《泸县志》,卷三,食货志,工业,民国二十七年铅印本。）

〔清道光三十年前后,贵州贵阳府〕 茶油（近人多种茶树,取子压油,茶子丰收,则茶油减价）。

（清 周作楫等修,肖琯等纂:《贵阳府志》,卷四十七,食货略,清咸丰二年刻本。）

〔一九四九年前,云南〕 省会一带,销行婆兮竹园所制之红糖、白糖。迤西,永昌之十五喧,每年所造红糖,销行腾龙各地。此外,则邓川产量亦多。迤南,则建水至各边地之宜栽蔗造糖者甚多,惜未提倡也。

（龙云、卢汉修,周钟岳等纂:《新纂云南通志》,卷一百四十二,工业考,食品业,糖业,一九四九年铅印本。）

（九）竹篾、黄草、蒲苇、柳条、藤皮编织业

〔民国十年前后,江苏上海县陈行乡〕 蒲包,编蒲为之,以盛棉花,产陈行乡间者,工坚料实,异于他地。岁七八月间,远近争购。一套板葫芦:当葫芦初结时,套之以板,霜降实坚,摘下去皮,色如象牙。式则四方、长方、六角、八角,纹则篆隶、花鸟,细若刻镂。贵游子弟,购置书斋,珍逾拱璧。陈行秦贯卿独擅其长。

（孔祥百、沈颂平编纂:《陈行乡土志》,第二十六课,特产二,民国十年铅印本。）

〔民国十一至三十六年,江苏嘉定县徐家行〕 徐家行,属徐行乡服三十五图,在县治东北五里,南距新泾镇三里。里人徐冕所创,故名。沿新泾东岸,为南北街市,长约一里。街道旧时铺砖,民国二十三年十二月由姚善芬等发起募款,改铺石子路,所费五百余元。商店二十余家,系清晨贸易之市集,每日天未明,即灯火为市,今略迟。初为布市,本区之织品均集中于此。自新泾镇凉鞋市移镇

后,布与凉鞋为大宗贸易。入民国,布市衰落,附近之黄草工业,日见改进。其首先提倡改进者,为㙙①城开设森茂绸缎号之朱石麟氏,设公司曰兴业草织公司,多方设计,除凉鞋发明各种式样外,并织造各种新式日用品。继起者有振兴、新华、达利、合成、大华等草织公司,式样种类,与日俱增。嗣由北门汪季和氏提倡兼制麦缏用品,行销亦广。二者均除销售本国各地外,并推销至南洋、美国等处,每年输出额甚巨。该镇其他之贸易为杂粮南货。二十六年"八・一三"变作,惨于八月二十一日上午八时全镇为敌机炸毁。今虽渐谋复兴,由于元气过伤,市容大不如前。沦陷时期,海外路线告断,国内交通阻梗,草织业生命几绝。抗战胜利后,提倡无人,货品不加改进,贩销者多无知识,互以劣货低价向外商争销,大失对外信用,致此独特工业奄奄不振,全镇商业,厥受影响。惟毛巾工业,由向贩草织品之陆洪伦氏创兴,将东门外之合成棉织厂设分厂于北市周家桥。附近妇女,除草织业外,又多工作机会。厂内并附设华成木号分号,从此该镇有木业矣。

(吕舜祥、武蝦纯编:《嘉定㙙东志》,一,区域,市集,民国三十七年油印本。)

注:① 㙙,又称㙙塘,嘉定县别称,因隋、唐时为昆山㙙城乡而得名。

〔民国十一年以后,江苏嘉定县徐家行〕 朱石麟氏《黄草织物之历史》文:黄草织物,为吾乡之特产,起源于周代。读《左传》或有一"编菅焉"及"菅履食鬻"之句,足证彼时已有草鞋之制。吾乡建邑于宋宁宗十年,迄"八・一三"抗战胜利开始,达七百五十余年。查元、明两代县志早佚,按前清《后程志》所载风俗项,"蒲鞋以黎明为市","向聚新泾镇,同治以来移于徐家行";土产项,"黄草产于东北乡,城东三里有蒲鞋村,村民以营编织凉鞋,更有制为凉鞋者,草经丝纬,细密如线缎,今未见"等,是蒲鞋早已闻名全国,性轻而凉,质坚而细,夏令人喜履之,相沿成习。清,县商会徐文谷仲诒设习艺所于集仙宫,延徐荣卿为技师,教授贫民编制草鞋、拖鞋及密面提包等。民国十一年,县绸布业公会主席朱石麟在五四运动后,股开兴业草织工厂于徐行镇,先设传习所,延徐荣卿为教授。由[于]厂主之授意及技师之讲究,发明工简用繁之织物,如提包、文夹、书包、钱袋、信插、笔筒、信篓、坐垫、杯套、杯垫,以及新式凉鞋、拖鞋等十余种,大小、方圆、洞密均有,颜色、花字、西文齐备,曾得劝业会奖凭及金牌奖章。织品行销全国外,美、加、英、德、法、意、日、澳、南洋等国,整数采办,供不应求,则订期分介〈解〉之。老幼编工,日得银圆七角至一圆以外。继起者如振兴、新华、达利等集资收购,需要既多,不免滥进次劣,工手利于多制,出品愈出愈劣,用欠经久,购者厌之。兴业痛惜之余,开办四年,首先停闭,后起者亦相继歇业。回思兴业创办时,申市盛销者为日本所制之柳条提篮、绿布衣包及纸皮拖鞋等,只卜当时美观,而兴业所制之黄草编物,韧而且坚,竟将日货压倒,使之绝迹沪市,可证工业如能精进,非惟民生得裕,实亦国计攸关也。

（吕舜祥、武嘏纯编:《嘉定疁东志》,一,区域,市集,民国三十七年油印本。）

〔民国十一至二十六年,江苏嘉定县徐家行〕 黄草工日见发达,除徐行附近地区以外之农村,男女老幼农隙之时亦争为之,尤以妇女为多,走遍全区,贫寒人家之家用,半赖于此。黄草工至民国初年飞速发展,原因在于有远见者多方提倡。其提倡最力者,为朱石麟氏,于民国十一年下巨资大事经营,聘请有技术者,增多种类,改进花色,切合实用,竭力向外推销。嗣有振兴、新华、达利等草织公司继起。民国十二年,蔡永和、张溯乔等更提倡改进技术,添多种类,迎合世界市场需要,设计花色,编制样本,向海外发展,今日出品远销南洋、美国等地,不为无因。二十二年十月二十九日,因黄草织品业蔡永和、陆洪伦等为改进草织品,拟组织改进会,陈如洪、吕舜祥等多方协助促成之,假徐行民众教育馆开成立大会。二十四年,疁东区各机关联合办事处鉴于草织业有衰落现象,组织复兴草织业设计委员会,设计复兴事宜。二十六年,江苏经济建设运动委员会嘉定县支会为改进草织业计,鼓励商贩组织中华草织厂有限公司独家经营,聘请吕舜祥、武嘏纯、潘指行、陆道南、胡叔常、杨希时、徐铁如、黄虞孙、金伯琴、钱寿增、陆麟勋为统制委员,组织统制委员会,后又拟归之公办,以资统制而使货品统一,俾免私商倾轧、抑价,使货品低劣,销路受阻,但决而未实行。

（吕舜祥、武嘏纯编:《嘉定疁东志》,四,实业,工,民国三十七年油印本。）

〔民国以后,江苏嘉定县徐行〕 民国后,洋布盛行,黄草事业日见发达,徐行附近,多改织黄草品,近城处多改织毛巾,所织之布,仅供家衣着,纱多不自纺而改买洋纱。

（吕舜祥、武嘏纯编:《嘉定疁东志》,三,物产,人造物,民国三十七年油印本。）

〔民国十九年前后,江苏嘉定县澄桥、徐行、樊桥等乡〕 澄桥、徐行、樊桥等乡所制黄草织物,向为著称。近年又经人研究提倡,出品益事改良,于凉鞋、拖鞋外,增编提包、书包、文夹、文件篓、信插、钱袋等物。每年运往上海,转输至宁波、福建、广东及南洋群岛等处,为数甚伙。统计从事此项工艺者,有三千余人,每年出品之价值达三四万元之谱。若能精益求精,逐年推广,则其业当更有可观焉。

（陈传德修，黄世祚、王焘曾等纂：《嘉定县续志》，卷五，风土志，物产，民国十九年铅印本。）

〔**民国二十二年前后，江苏嘉定县徐行镇**〕 徐行，在县城的东北约五六里，附近的村民，多种黄草，编织凉鞋、提囊，到镇上卖买，销路很广。他的南面，有一个澄桥镇，居民也种黄草，织成各种物件，但是市面的状况不及徐行的繁盛。不过现今县道造成，汽车往来，交通便利，商业一定可以振兴哩。

（匡尔济编：《嘉定乡土志》，下册，一一，徐行，民国二十二年铅印本。）

〔**民国二十五年前后，江苏嘉定县**〕 织草工业，集于东乡，业此者约达二万余人。

（殷惟和纂：《江苏六十一县志》，下卷，嘉定县，工业，民国二十五年铅印本。）

〔**民国三十七年前后，江苏嘉定县**〕 黄草织品，始自清初，初只澄桥附近有凉鞋，后逐渐推广至徐行，今则发展至范家、曹王、郎中庙等处，以徐行为集散地，澄桥反无市场。近年，改良式样、种类，增编提包、书包、文夹、文件篓、信插、钱袋、茶杯套、茶杯托等，由上海转销至宁波、福建、广东、南洋群岛、美国等处，为本邑之特产。

（吕舜祥、武蝦纯编：《嘉定疁东志》，三，物产，人造物，民国三十七年油印本。）

〔**清乾隆年间，直隶顺天府永清县**〕 东乡滨河，河东韩村、陈各庄一带，地土硗瘠，多沙碱，不宜五谷，居民率种柳树。柳之大者，伐薪为炭；细者，折其柔枝，编缉柳器，无业贫民往往赖之。凡采柳，在夏秋之交，早则液润而夭，迟则疏燥而强，皆不中于束缚。大者为筐，可容石许；小者或类盘盂，方圆径二三寸。量其工力繁约而计其值，径圆五尺余者值钱二百有奇（柳枝本钱约须一百二十钱，尽日之长，约三日成二筐也）。业编柳者，窨地为室，篝火其中，不知时日早暮。盖治柳枝，必先柔之以水，剥其青肤，莹白如箣，乃可屈曲，见风则脆而折，故就窨室成之。老幼男妇，穷日所为，八口乃可给也。横上居民专以织柳为升斗量器，器良易售，云是有巧术。乡党相约，不得授法于女子，恐女子嫁别村，转授夫婿，争其业也。

（清　周震荣修，章学诚纂：《永清县志》，户书第二，一九八五年文物出版社《章学诚遗集》影印本。）

〔清乾隆年间，直隶顺天府永清县〕 南乡信安镇，逼近文安、霸州二乡，故多水荡，其产芦花兼葭，霜落取材，信安人就往贸之，劈织为席。席之大者长一丈，宽四尺余（户部官尺也），女工二日乃成。成则易钱一百六七十有差。其市苇有大小束，大束须钱二百五十，一束之材，仅得盈尺之席六，而苇席需用者多，官司征索，每苦日力之不给焉。秋冬日短，贫者不用膏火，或就夜月为之，讴歌自劳，和声相闻。

（清　周震荣修，章学诚纂：《永清县志》，户书第二，一九八五年文物出版社《章学诚遗书》影印本。）

〔清光绪十年前后，直隶遵化州玉田县〕 妇女不谙农务，惟采棉、摘豆，或履田间，以至禾麦登场，有需箕帚，此无贫富皆为之。他若荷樵、担粪则贫婆有，然人亦敬之，不以为辱。而织席者尤多，皆不工。南仓附近各村，近因草辫价昂，城乡间亦无贫富趋之若鹜。盖以麦秸条编盘旋为笠，以避炎而御雨，邑闺阁之旧业也。今愈忙忙营此，闲涉诡异，有染黑及五色者，皆非土人所用，然亦为小民利益之一端云。

（清　夏子鎣修，李昌时纂，丁维续纂：《玉田县志》，卷七，舆地七，风俗，清光绪十年刻本。）

〔清宣统二年至民国四年，河北任县〕 编席，产邑东路村一带，丈席至六尺席，每年约出七八万领，每领值制钱二百余文，半销本境，半销邻邑。

（清　谢禹麟修，陈智纂，王亿年增修，刘书旗增纂，《任县志》，卷一，地理，物产，清宣统二年修，民国四年增修铅印本。）

〔民国初年，河北文安县〕 编席为吾文特产，东北方面尤视为永图。以其地势低下，多积水，不利农产，苇最繁，故编席者伙。曩年，销路已广，然东省购客居多。近来，交通利便，岁输于外洋者不可胜计，惟所编之货接构不密，易于散析，未免太无价值，果能精益求精，注重信用，东西两淀苇草取之不尽，此又吾文专利之一端也。

（陈桢等修，李兰增等纂：《文安县志》，卷十二，治法志，实业，民国十一年铅印本。）

〔民国二十二年前后，河北沧县〕 草帽缏：麦芾所编，本境妇女多能之，为家庭工业之大宗。草帽：本邑马落坡草帽，行销缅甸，驰名中外，现本邑有制新式小草帽者，行销天津一带。

（张凤瑞等修，张坪等纂：《沧县志》，卷十一，事实志，生计，民国二十二年铅印本。）

〔民国十八年前后，奉天绥中县〕　凉帽，用秫秸末节经女工精细制造，编成凉帽，贩运外城，销售甚广。

（文镒修，范炳勋等纂：《绥中县志》，卷十五，物产，货类，民国十八年铅印本。）

〔清乾隆二十九年前后，山东济宁州鱼台县〕　杞柳，以其条为箕斗、筐罗、栲栳之类，通行四方。

（清　冯振鸿纂修：《鱼台县志》，卷一，舆地，物产，清乾隆二十九年刻本。）

〔清朝末年至民国二十四年，山东掖县〕　草帽辫，以麦秸为原料，费本极轻。三十年前，运输海外，销路甚广。近十年来，价值日落，若非国内用制夏帽，几停此工。

（刘国斌等修，刘锦堂等纂：《四续掖县志》，卷二，物产，民国二十四年铅印本。）

〔民国二十年前后，山东范县〕　吾邑向无大工业，至手工业有草帽辫、棉布、柳条编制器等，均为家庭工业。民国二十年五月，设立平民工厂一处，出品有各种洋布、毛巾。

（张振声修，余文凤纂：《范县县志》，卷二，经济志，工商，民国二十四年铅印本。）

〔民国二十三年前后，山东曲阜县〕　城西姚村一带乡民以编织凉席、席帽为大宗，手工编织，多以妇女为之，原料以高粱秸，用刀破开，编织粗细席类，近年出产较前加倍，利亦加增。

（孙永汉修，李经野、孔昭曾纂：《续修曲阜县志》，卷五，政教志，实业，民国二十三年铅印本。）

〔民国二十三年前后，山东桓台县〕　县城东地势低下，时水及孝妇河众流奔注，汇为巨浸，古名锦秋湖，周围七八十里。湖滨水浅之处，蒲苇青青，烟波浩渺，一望无际。所产之苇，可用其茎编制席箔、折子、苇筐等物。所产之蒲，亦可用其叶编制蒲扇、蒲席、蒲鞋等物。蒲、苇两项出产既丰，用途亦广，为湖田中之大宗收入。

（佚名纂修：《桓台县志》，卷二，法制，实业篇，物产，民国二十三年铅印本。）

〔民国二十五年前后，山东莒县〕　蒲席业：大湖、小湖、前后城子后、东西上庄、大崖头、沈家村等处，每年可出三万余领。秫秸席：黄花沟、刘家官庄、侯家庄、高坟、高家庄、四季墩等村皆有之。秫有红、白二种，编作花纹，极为匀整。其枕头席及苇笠托圈，泉子区迤南各村每年出品数亦甚巨。条货：沭河之滨多柳檞行,柳条编为箕斗,檞条编为筐筥,城南纸坊村一带多业此。织蓑业:泉子区共一百八十余村,皆织户也,每年出品约有三十万件之多,为农村副业大宗。

(卢少泉等修,庄陔兰等纂:《重修莒志》,卷三十八,民社志,工商业,民国二十五年铅印本。)

〔清嘉庆十七年前后,江苏苏州府震泽县同里〕 姚家湾、宋家浜居民男女多制竹器为业,四处变卖,近在市镇,远则入城,并有贩卖取利者。

(清 阎登云修,周之桢纂:《同里志》,卷八,赋役志,物产,清嘉庆十七年刻本,民国六年铅字重印本。)

〔清道光末年,江苏苏州府元和县唯亭镇〕 蒲包出唯亭南乡村。包棉花者,名花包;装粮食者,名调〈涸〉口米包。

(清 沈藻采辑:《元和唯亭志》,卷三,风俗,清道光二十九年刻本。)

〔清光绪初年,江苏常州府江阴县〕 蒲包为用不一,邑西焦垫有市,远近往购,棉花稔,则其价昂,以包棉用尤广也。

(清 卢思诚等修,季念诒等纂:《江阴县志》,卷一,物产,清光绪四年刻本。)

〔清光绪七年前后,江苏常州府无锡、金匮县〕 新安、开化之间居民,田事稍闲,辄以织席为业,成则鬻于浒关、虎邱之肆中。

(清 裴大中修,秦湘业纂:《无锡金匮县志》,卷三十一,物产,清光绪七年刻本。)

〔清光绪八年前后,江苏苏州府吴县周庄镇〕 关衫以灯草皮织成,似蓑衣少两袖,坚密耐久,较胜他处,下塘普庆桥以东比户为之。按:业此者多系乐工,故镇中乐部向称关衫党,亦著名一时。

(清 陶煦重辑:《周庄镇志》,卷一,物产,清光绪八年刻本。)

〔清光绪八年前后,江苏苏州府吴县周庄镇〕 农器如泥简、臂笼、秧蒂、土箕之类,渔器如退笼、鱼罩、鳗笭、蚕箪之类,余如筛篚、栈条、鸡笼等,俱细密光滑,各适于用。北栅港东,全功桥至永安桥,比户以此为业,故名篾竹埭。

(清 陶煦重辑:《周庄镇志》,卷一,物产,清光绪八年刻本。)

〔清光绪三十年前后,江苏苏州府常熟、昭文县〕 雨笠,东南乡一带,农隙多业此,编竹为胎,夹油纸为之。

(清 郑钟祥、张瀛修,庞鸿文纂:《常昭合志稿》,卷四十六,物产志,清光绪三十年木活字本。)

〔民国十一年前后，江苏吴县黄埭〕　黄埭南乡妇女，织席者居多，或杂色相间，织成花草人物。其名有五尺、加阔、满床、独眠之异。凡坐具、枕几、修短、阔狭、花样，无不如其或〈式〉而为之。

（程锦熙等辑：《黄埭志》，卷二，风俗，民国十一年石印本。）

〔民国十一年前后，江苏吴县黄埭乡〕　黄埭乡民大率以种稻为业；妇女勤工作，或织席、织屦，或绩麻、绩苎，各安其业。

（程锦熙等辑：《黄埭志》，卷二，风俗，民国十一年石印本。）

〔民国十一年前后，江苏高邮〕　六漫闸人善编藤枕，湖西多制竹篮。妇女绩麻只能用以结网，能织苎布者甚少。纺纱、络丝均未之见。近年风气稍开，能织毛巾线袜之属，至女有余布，尚未能也。

（胡为和等修，高树敏等纂：《三续高邮州志》，卷一，实业志，物产，民国十一年刻本。）

〔民国十五年前后，江苏甘泉县〕　黄珏桥一带乡民多制草履，转贩镇江、上海、江宁、芜湖等地，业虽微，而销行颇广。

（钱祥保等修，桂邦杰等纂：《甘泉县续志》，卷六，实业考，商业，民国十五年刻本。）

〔民国二十三年前后，江苏阜宁县〕　阜邑沿射阳河两岸多柴。尖柴滩产芦既广，故芦织品亦繁。篆河、喻口、姜家湾等处农户收藏以后，每织席折、芦花鞋、芦花毯之类，售数甚伙，而篆河多以女工织盐席，销售陈家港盐务公司。每年计数百万箝（六张为一箝），并南销兴化、樊川一带。滨海一苇，性绵而质厚，制为物颇耐用，贫家妇女碾之为篾作箩、匾、箕、篮诸用具，货之于市，均农家副业也。

（焦忠祖等修，庞友兰等纂：《阜宁县新志》，卷十三，工业志，芦织，民国二十三年铅印本。）

〔元至正二年前后，江浙行省庆元路〕　席草，甬东里多种席草，民以织席为业，计所赢优于农亩。

（元　王元恭修，王厚孙、徐亮纂：《四明续志》，卷五，土产，草木，元至正二年修，清咸丰四年刻本。）

注：庆元路今为宁波地区。

〔清光绪十三年前后，浙江嘉兴府桐乡县〕　竹器，产陈庄，湖州上柏山中货竹于此，故居民就制竹器出售。一切家具，皆以竹为之，而蚕具所用筅、籭、筐、箆等物,销路尤广。近多移于青镇南栅。

（清　严辰纂：《桐乡县志》卷七,食货志下,物产,清光绪十三年刻本。）

〔**清代后期至民国十八年后,浙江**〕　本省草席素负盛名,以宁波、永嘉、余姚为最盛,黄岩次之。永嘉以软席著,宁波以宁席著,各以原料出产特殊而致。民之前,宁、温织席均为家庭副业,故工人遍于四乡,尤以宁波之黄古林为最著,宁、温两地出口年约四五百万条。民国初,为抵制日本花席之倾销,于是温、宁两处有新式席厂之设立,永嘉之中一花席工厂于民国七年首先成立,制造花席、软席、粗席,所制颇精美,畅销海外。八年,余姚华明花席厂继之创立,采取席草、龙须草制造粗、细花席,出品之多,行销之广,与中一相伯仲。十年,宁波之华丰席厂、永嘉之江聚盛等继起开办,而日席倾销因之绝迹于国内。即南洋日席市场亦大为我所夺。十五、六年,宁波之明心厂、翔熊厂、金星厂、大生厂、仁安厂,永嘉之泉安、德大、同华、瓯美、元昌德等相继设立,当时所出各类草席多达七八百万条,为民国以来席业之黄金时代。十八年后,内受时局影响,外受经济不景气之关系,销路锐减,翔熊、华丰、华盛、仁安等厂相继停业,永嘉各厂亦缩小范围,华阳、中一产额亦减矣。

（浙江省通志馆修,余绍宋等纂：《重修浙江通志稿》,第二十二册,物产,特产下,草席,一九四三年至一九四九年间纂修,稿本,浙江图书馆一九八三年誊录本。）

〔**清代后期至民国三十六年,浙江**〕　浙东沿海各县昔常以土产之草编结草帽者,质陋工简,仅供本地农人之用。自海外新式麦杆草帽输入后,土产草帽日趋淘汰。民国十年,外人利用我国低廉之工资,以外国之金丝草、玻璃草、麻草发给工人,指示式样,编制欧美式草帽。本省草帽工业予以复兴,始于宁波西乡、南乡,继推及于余姚之长河市及周巷等处。民国十五年普及于临海、海门、杜镇,又辗转推至黄岩、温岭、系清、永嘉、宁海、平阳、瑞安诸县。民国十六年为出产最旺盛时期,出草帽五百万顶,价值二千六百万元,工人赖此副业以助家庭生活者计三十三万余人。民国十九年,国内经济衰落,国外金价飞涨,帽商亏损不赀,受此打击,遂难振起。十九年、二十年,平均每年出口只一百五十万顶,二十一年出口二百三十二万顶,二十二年出口三百五十万顶,二十三年二百万顶,其价值金丝草帽自五六元一顶减至一二元,影响尤深巨。原料有四种,即玻璃草、金丝草、麻草及蒲草是也。玻璃草来自瑞士与德意志,金丝草则产自马尼拉,麻草则遍产于菲律宾,蒲草则为本国所产。据二十四年之调查,浙江已甚少玻璃草帽之织制，蒲草者出品最多而价最廉。金丝草价以箱计，每箱约重一百公斤。民国二十四年九月市价如下：超等每箱自二百六十元至三百元，一等每箱自二百六十元至三百元，二等每箱自三十元至一百三十元；麻草价较金丝草每公斤约廉三分之一至二分之一；蒲草价更廉，不过数文一斤而已。制造皆用手工编织，工具甚简单，只半圆球形木模一枚而已。其编制皆为农家之妇女，草帽之价值视编制之技术大小而异。经营由内地草帽行放草与草帽行贩，草帽行贩再放草与编帽之妇女。迨草帽编成时，由行贩收帽，同时付给工资。亦有内地草帽行直接放草与编帽之妇女者。内地草帽行须将草帽用硫磺漂白一次，用石研光，使其洁白有光泽，然后运至上海帽行转洋行出口。本省金丝草帽以余姚为最多，宁波次之，台属与温属较少。兹将民国二十二年至二十四年浙江海关出口之量值估计列下：

二十二年	3 491 405 顶	1 170 101 元
二十三年	2 573 116 顶	770 052 元
二十四年	2 830 537 顶	847 057 元

三十五年，温岭草帽平均每顶一万元左右。三十五年，乐清草帽每顶二千至三千元；三十六年，每顶一万至二万元。三十五年，黄岩县草帽产量六万顶，每顶二千元。

（浙江省通志馆修，余绍宋等纂：《重修浙江通志稿》，第二十二册，物产，特产下，草帽，一九四三年至一九四九年间纂修，稿本，浙江图书馆一九八三年誊录本。）

〔民国十一年前后，浙江萧山县〕 蒲扇，用蒲草成之，萧山凤仪乡民以之为业。

（王铭恩辑：《萧山乡土志》，第三十五课，物产，附工商业，民国十一年铅印本。）

〔民国十三年前后，浙江定海县〕 北埠民有以蒲结裹物之具，曰蒲包，一邑取用焉。

（陈训正、马瀛纂修：《定海县志》，物产志，植物之部，民国十三年铅印本。）

〔民国十九年前后，浙江遂安县〕 邑人所业手工，若成衣、竹木、泥水、雕刻、铜铁诸业，皆甚发达。惟冶工多永康人，锡工多义乌人，大墅人能制箬帽，桃源凌家人能编草席，几为专业。

（罗柏麓等修，姚恒等纂：《遂安县志》，卷一，方舆，职业，民国十九年铅印本。）

〔民国二十五年前后,浙江吴兴〕 陈庄,竹工之外,尚有藤工。藤产自南洋等处,业藤者向沪运来,俱系统货。妇女洗藤,男子劈藤,经洗净劈削后,乃分藤。名曰湖杆、曰匀杆,销杭州、上江等处;曰扁藤,销硖石、袁花等处;曰筛藤、曰橹藤、曰洋白、曰残藤,当地销售。男女工每日均可博得工资洋半元,亦系生计之一。惜近年销数减少,经营藤业者,仅寥寥几家。又镇上藤店除发售原藤外,近有穿扎藤椅、藤榻等物出售,此项工作皆系杭属等地工人,本地人学习尚少。

(黄世宁原修,卢学溥等纂:《乌青续志》,卷十一,工商,民国二十五年刻本。)

〔民国二十六年前后,浙江鄞县〕 境内用土产制造者,除草席、草帽、土布、土绢及陶墼类外,可谓绝无仅有矣。其数量又不多,要以草席输出额最巨。

(张传保等修,陈训正等纂:《鄞县通志》,博物志,乙编,工艺制造品之部,民国二十六年铅印本。)

〔民国二十六年前后浙江鄞县〕 自洋纱输入,家庭纺织破产以后,吾甬最普遍之妇女家庭工业,厥维编帽与织席。而东乡妇女则多结渔网为生。旧盐梅区之妇女,更深居简出,以磨锡箔为事,贫者且赖以谋生,及夏则改结草鞋,因暑天多汗,锡箔粘手故也。此外,有提花一业,于家庭工业中亦占相当地位,最近数年更见进展。提花亦曰刺绣,其先由药行街仁慈堂之天主教徒传授,女工渐增至千余人,以手帕、台面、椅套等出品为多,运至国外高价销售,法人经营此业颇守秘密,嗣邑人知之,起而效之,迄今业此者有三十余家,工人二丁余名,散处镇、慈及各乡者亦凡千余人。工资以件计,如裙衫裤等,每件自三角至四元不等,普通每人每月约得十余元。提花之先,又须写花,则由男工充之,每件工资五分。此种提花业,全年营业额亦在数十万之间。

(张传保等修,陈训正等纂:《鄞县通志》,食货志,丙编,工业,民国二十六年铅印本。)

〔清朝末年至民国初年,安徽潜山县〕 竹之类,曰毛竹,皮麓而性硬,用途极广。大者编筏运行货物,霍山等处皆仰给于此,每株值洋三四元不等。其枝丫扎为苕帚,运行皖北、江苏等处,销数甚巨。次则制为各种竹器。下至篾瓤竹屑亦无弃材。曰斑竹,质坚而脆,肉厚大者,可析篾八层,小者亦五六层,织簟及竹工间架皆用之。曰水竹,质软而韧,肉薄大者,可析篾四层,小者仅青黄二层,其纤、纬较斑竹为精,煮之极软,折之不断,织为簟莹洁柔滑,错综成文,洵枕席中佳品也。附郭并南乡男妇多业此,近年推销香港、缅甸、南洋群岛等地,咸获厚利焉。

宣统二年,南洋赛会,潜之竹簟,获头等奖状。

（吴兰生等修,刘廷凤等纂:《潜山县志》,卷四,物产,民国九年铅印本。）

〔明嘉靖四十年前后,江西袁州府〕 筀竹,笋美根多,竹工丝以制器。

（明 严嵩原修,季德甫增纂:《袁州府志》,卷五,物产,影印明嘉靖四十年刻本。）

注：明袁州府辖宜春、分宜、万载、萍乡等县。

〔清同治十二年前后,江西建昌府南城县〕 粘竹器,取紫白斑竹成篾,错综相间,以漆胶之,极精致。

（清 李人镜修,梅体萱等纂:《南城县志》,卷一,物产,清同治十二年刻本。）

〔民国十八年前后,福建建瓯县〕 竹、木种类极多,用途亦广,农人制造竹器、日用所需物品销售内地,装运省会,岁出无定额。

（詹宣猷修,蔡振坚等纂:《建瓯县志》,卷二十五,实业志,木,民国十八年铅印本。）

〔民国二十二年前后,福建闽侯县〕 草席,闽县江南沙洲草熟,织作尤盛,陆贩上四郡,舟运至淮、浙,其至粗者,旧淮、浙盐袋用之。

（欧阳英修,陈衍纂:《闽侯县志》,卷二十三,物产一,杂货类,民国二十二年刻本。）

〔民国二十八年前后,福建上杭县〕 南路长岭下出产草席颇多,在南路中都、南蛇渡各墟市发售。

（张汉等修,丘复等纂:《上杭县志》,卷十,实业志,工业,民国二十八年铅印本。）

〔清光绪二十一年前,台湾〕 草席,编织坚致,价倍内地(《凤山县志》)。大甲番女取草织之,甚精致,一张价数十元或十二元不等。近汉人亦多效之者(《淡水厅志》)。

（清 唐景崧修,蒋师辙、薛绍元纂:《台湾通志》,物产志,杂产类,清光绪二十一年修,稿本,一九八三年台湾成文出版社影印本。）

〔清光绪二十三年前后,台湾苑里〕 苑里每岁入金,除米谷外,惟草席一款,年可得金二万元左右。盖席之制造,其创始则自苑里社番,后传入苑里街庄,几于无户不习,然以大甲为市,故称曰大甲席,又曰蕃仔席也。二十年前,出产愈盛。至五十年来,制手愈巧。

（清 蔡振丰编:《苑里志》,下卷,物产考,清光绪二十三年编,民国抄本,一九八四年台湾成文出版社影印本。）

〔民国七年前后,河南郾城县〕 近见郾城一带无论乡村集市,老妇少女皆以编草帽辫为业。以麦秸极贱之物，编成辫即可售卖。每斤粗者数十钱，细者百余钱。勤而速者，终岁所得值自给衣服且有赢焉。幼女数岁，即能为之。

（徐家璘、宋景平修，杨凌阁纂：《商水县志》，卷五，地理志，物产，民国七年刻本。）

〔**民国十三年前后，河南荥阳县**〕　原草辫向归外商取买，价值由其操纵，自汪同寅灵思独运，创造盘辫压辫捆辫等机器，并创漂辫染辫新法，又自运上海、天津，与外洋交易，价值日昂，外商不得抑勒居奇。

（张向农修，张炘、卢以治纂：《续荥阳县志》，卷二，舆地志，物产，民国十三年石印本。）

〔**民国十五年前后，湖南祁阳县**〕　归阳水通粤、楚，舟帆辐辏，一区会也。附近田多水泽，农所有事也，乃特莳席草，寒露时分种植之，明年夏小满后获之，仍可艺稻也。获而干之以织席，妇女日可一席，以市湘、湖间，岁几万金。

（李馥纂修：《祁阳县志》，卷十，货物志，民国十五年修，二十年刻本。）

〔**民国三十年前后，湖南宁乡县**〕　十都之竹山附近，篾匠店居之，造箩筐、篮、箕、床、椅诸物，运外销售，五都凫山亦然。篾匠多来自宝庆，携眷以居，妇孺则削烛心箸子。三都万寿山之灯笼、斗笠，业者十数家，男女老幼分工而作，尖顶笠尤各处所无。二都小官坊，清乾隆时，篾匠朱光祖创织草笠、汗圈花如人字，同里效之，遂有外客贩买。

（宁乡县志局：《宁乡县志》，故事编，财用录，工业，民国三十年木活字本。）

〔**民国三十七年前后，湖南醴陵县**〕　乡间篾业出品，多数为居家日常用品。县城篾业，则以篾篓为主要出品，往昔醴陵输出夏布、红茶、药材、瓷器甚多，均须用篾篓装载。近年仅有瓷器大宗输出，故篾店均集中姜湾一带，而营业盛衰亦随瓷业为转移。故二十八、二十九两年，生意颇旺，县城有店二十余家。三十年后，即渐趋衰颓。至于乡间职工所织篾器，多在墟场出售，如东富、泗汾各场中，篾器皆不在少数。竹料来自萍乡。本县之竹，原不甚多，战时经军队砍伐，为数亦无几矣。

（陈鲲修，刘谦等纂：《醴陵县志》，卷六，食货志，工商，民国三十七年铅印本。）

〔**清道光六年前后，广东肇庆府高要县**〕　通草席……生萝芷、温贯、埌鹤诸村坑田者良，他所洼田种者质粗薄，入用甚劣。两岁一刈，利倍粳稻。妇女捣织为席，以金渡村为上，水边、涌口、镇州诸村次之。其纹有花阑卍字，细滑胜于他处，名赛龙须。

（清　韩际飞修，何元等纂：《高要县志》，卷四，舆地略，物产，清道光六年刻本。）

〔清光绪至宣统年间，广东肇庆府高要县〕 编织竹器，以新桥为最多（府《志》），金利、禄步次之。其种类：曰篮、曰筲、曰筛、曰箩、曰篸，而以雨帽为大宗，亦有钱顶内地通用，料帽顶头特大，销流香港及外洋。然此皆粗笨品物，惟银筲一项独精密坚致，其形式有圆、有方、有三角、六角、八角、樱桃、鹅蛋、银扈、扇面等形。宣统时，南京赛会，曾获奖牌，其名誉可知，故销流之旺，几遍各省。又光绪初，新桥始有洋篮出现，其法以竹削丝，织而成篮，大篮容小篮，递容至五篮为一套，每套时价约银一元有奇，土人以此可获厚利，日益推广至宣统时销流极旺，新桥竹织遂以此为大宗。

（马呈图纂修：《宣统高要县志》，卷十一，食货篇二，民国二十七年铅印本。）

〔清宣统年间，广东肇庆府高要县〕 织席，以三班、四班、五班为多，附城亦有之，近益以毛巾、纸扇。四班砚洲、龙头则多业爆竹，二班则多业竹器，头班禄步，则多业蚕丝。而大、小湘下至羚羊峡沿江一带，率多蚕，而不缫。附城有缫丝厂，而未发达。

（马呈图纂修：《宣统高要县志》，卷十一，食货篇二，民国二十七年铅印本。）

〔清宣统三年前后，广东广州府南海县〕 白沙乡制造品物以煮牛胶、织藤心为大宗。……藤货一宗，由外洋购运藤条，以藤皮制席，藤心制椅棹，藤丝制褥垫，每年出产约万余包，包百斤，运往外洋行销，今内销亦居多数。

（清　张凤喈等修，桂坫等纂：《南海县志》，卷四，舆地略，物产，清宣统三年刻本。）

〔民国十二年前后，广东佛山〕 藤器行：藤之为用颇广，可制枱、椅、衣箱、摇篮及其他用品，工人必学习数年始能从事。藤则多购自韶州、广西及南洋等处。

（冼宝干等纂：《佛山忠义乡志》，卷六，实业，民国十五年刻本。）

〔民国十六年前后，广东东莞县〕 花席，产东莞，用咸、淡两种水草为原料，以麻为经，分各色花样编织，制造用手工，用途铺床荐地均宜。每张约长五尺，年售出口约五百万张，以美国为最。此外，通商各埠，均有行销。

（陈伯陶等纂修：《东莞县志》，卷十五，舆地略，物产下，民国十六年铅印本。）

〔民国十八年，广东乐昌县〕 平民工艺厂，前在南湾街张文献祠，民国十八年三月成立，十九年迁城内，就育才堂、文昌宫、关岳庙、崇文堂四室开办，出品有藤、竹、木三种。

（刘运锋纂修：《乐昌县志》，卷七，建置，民国二十年铅印本。）

〔民国二十年以前，广东西宁县〕 席业聚于连滩，而原料则来自东莞，来草本咸运至连滩染晒则良，以麻为经，分各色花样，用手工编造，用途以铺床、荐地、挂壁均宜，每张约长五尺或丈余，以至十数丈不等，行销于外洋，故名洋庄席。每年出口销价约银数十万元，往时莞商来此开设席庄有十余家。商店发草织造者曰东家行，工人领草织造者曰西家行，双方皆设有会馆以经营之，附近连滩二十里内外，乡民借此工业度活者不下数千人。近年来所办洋庄席行屡有歇业，大商店仅有数间，出品渐觉减少，然尚可维持土人生活，产品虽来自外县，要之关于地方上工业出品，此亦为特种出口货之大宗也。

（何天瑞等修，桂坫等纂：《旧西宁县志》，卷十四，食货三，物产下，货类，民国二十六年铅印本。）

〔民国二十年前后，广东乐昌县〕 工之制物，皆赖土地、生产力以为原料，利弃于地而求事善，于人殊不易得。我邑蹈常习，故素惮振兴。如第一、二、三、四各区木造船艇，土榨花生、茶、桐、菜等油及由蔗而制之片糖，由笋而成之竹器、草纸，第六区浆源所制碗碟皆仍旧贯，进步未闻。此外，棉织土布、毛巾、线袜，非织染弗精，则色泽欠亮。近在县城设平民工艺厂，分聘技师聚徒学习制造竹、木、藤各种器具，所望从兹推广，更图生殖，以供制造，则工业前途未可量也。

（刘运锋纂修：《乐昌县志》，卷九，实业，民国二十年铅印本。）

〔清雍正十一年前后，广西平乐府富川县〕 卧席，富川出，工致精密，其阜则产自湖广。

（清　金铁修，钱元昌、陆纶纂：《广西通志》，卷三十一，物产，清乾隆间《四库全书》本。）

〔清光绪年间，四川成都府双流县〕 麦颖去穗，编以成笠，古台笠式似之。妇孺业此，坐行不释手，川东负贩云集，精致者值取十千。

（清　彭琬修，吴特仁增修：《双流县志》，上卷，土产，草帽，清光绪三年刻、二十年增刻本。）

〔民国十四年前后，四川崇宁县〕 县中女工，多以麦草编帽为业，田家御暑御雨皆不可少，商贩购之，累百盈千，运于川东颇获厚利。

（陈邦倬修，易象乾等纂：《崇宁县志》，卷三，食货门，物产，民国十四年刻本。）

注：崇宁县于一九五八年大部分地区并入郫县。

〔民国三十七年前后,四川郫县〕 草帽,草笠也。田家御暑御雨之具。郫邑女工,多以麦草编成笠帽卖之,赤贫之家妇女多以此为生活计。其帽视草之粗细以为贵贱,至贱不过值一二十文铜钱,至贵遂有值三四千文钱者。每冬有商贩以舟载至川东一带贸易,盈千累万,颇获厚利。

(李之青修,戴朝纪等纂:《郫县志》,卷一,物产,货属,民国三十七年铅印本。)

〔清道光二十一年前后,贵州思南府〕 安属塘头一带,妇女破竹为丝,粗细两层,中衬以纸,编作斗篷,居人资以御雨障日,其利与纺棉等,惟不甚行远耳。

(清 夏修恕等修,萧琯等纂:《思南府续志》,卷二,地理门,风俗,清道光二十一年刻本。)

〔民国三年前后,贵州独山县〕 斗笠,笠有二种,一为细篾,价低,出城厢;一为乱织麻,较费日力,价亦高,出城南鸡场为多,亦几县货之一宗。

(王华裔修,艾应芳纂:《独山县志》,卷十二,物产,货类,一九六五年贵州省图书馆据民国三年稿本油印本。)

〔民国八年前后,贵州关岭县〕 本属所制篾席,分粗、细两种。粗者居民可以遮蔽风雨,细者夏季用为垫席。业此者每年获利可至千元。

(陈钟华等采辑:《关岭县志访册》,卷三,食货志,工业,民国八年采辑,一九六六年贵州省图书馆油印本。)

〔民国八年前后,贵州关岭县〕 关索岭一带,暨落哨等处,居民每于农隙之时,兼打草席为业,年约获利四五百元。

(陈钟华等采辑:《关岭县志访册》,卷三,食货志,工业,民国八年采辑,一九六六年贵州省图书馆油印本。)

〔民国二十一年前后,贵州平坝县〕 细篾斗笠,南区之林下、上坝、石头庄、大小王下等寨,业此者男女长少约千人,每场出品约千枚(每月五场)。东区之高寨、羊场河、董场、曾周、马场等处,业此者亦众,每场出品约五百枚,全年约计两区共出九万枚,销行四邻。各县或远达云南,以最近价值平均计之,每枚三角,约共值银二万七千元,如能再加改良,前途尤乐观也。

(蒋希仁等修,陈廷莱等纂:《平坝县志》,业产志,工业,民国二十一年铅印本。)

〔民国二十五年前后,贵州遵义〕 遵义茶山左近多长竹,每节相距约尺四五寸,居民截竹撕成细丝,编织为笠,贩售云南,为大宗货品,每年可获万余金。

(周恭寿等修,赵恺等纂:《续遵义府志》,卷十二,物产,货类,民国二十五年刻本。)

〔民国二十九年前后，贵州息烽县〕 竹工：编制家具、农具及专制竹席者类皆有之。西望山既饶竹产，此类工人之依山而居，以资其生，且长子孙，更不止一二姓，编制各器及竹席，有远卖于邻县者。

（王佐等修，顾枞纂：《息烽县志》，卷十一，食货志，工业；一九六五年贵州省图书馆据民国二十九年稿本油印本。）

〔二十世纪三十年代前后，贵州安顺〕 王家庄一带农民，大多以织席为副业，每年每家所获利益，多者至百数十元，少者百元，最少亦有五六十元。据最近调查，安顺以织草席为专业者，城乡合计共十家，工人三十五人，年出草席约一万二千床。

（贵州省安顺市志编纂委员会据民国二十年代末稿本整理：《续修安顺府志·安顺志》，第九卷，工矿志，工业，手工编织工业，安顺市志编委会一九八三年铅印本。）

〔二十世纪三十年代前后，贵州安顺〕 竹织业，除编织篾篮、篾箩、篾筐、篾篓、竹筛、簸箕、撮箕等家常日用器具，与各处略同外，其较为精致而突出者，当推细篾斗笠一项。匀巧轻便，光泽经久，盛销本省及云南。于云南省会设有斗笠专行，年中销出甚多，为安顺工业品出口之大宗。

据最近调查，安顺城乡合计有竹织业十五家，工人三十八人，年出斗笠约十万枚，总值约四万元。

（贵州省安顺市志编纂委员会据民国二十年代末稿本整理：《续修安顺府志·安顺志》，第九卷，工矿志，工业，手工编织工业，安顺市志编委会一九八三年铅印本。）

〔二十世纪三十年代前后，贵州安顺〕 手工业：一、竹器。撮箕、筲箕、提篮、箩筐、斗笠、筷箩等，每年消耗甚大，为某些农村之主要副业。惟其原料系用竹子，故从事此项副业之农村，多为具有竹林之村寨，如头铺、旧州附近各处等。二、石器。石缸、石碓窝、石磨、擂钵、墓碑等皆用石头制成，除墓碑向由专业石工制作外，其余家庭用具，皆为农村副业所产。三、木器。盆、桶、饭甑、小桌凳等，其中圆桶需用量最大，为挑水、担粪必不可少之器具，农民每家必备，亦为某些农村之主要副业。四、草制品。席子、蓑衣、草鞋，皆为农村适用之物，耗量亦大。草席、蓑衣须自栽三棱草作原料，草鞋则用稻草作成，老人、妇女均可制作，故各村农户多有以此为副业者。五、麻制品。麻绳、麻袋、麻线等，特别是麻袋一项，农村及商业上需用较多，农村以此为副业者，先在市场上购进麻丝，加工成线，再织成麻袋，收益甚大，如西门外之花山上，全寨几十户皆以此为副业。

六、纱制品。先购进棉花,纺成棉线,再加工织成土布或纱带。此项工作,甚适合农村妇女操作。西、北门外各村所编织之土布,东门外三铺、带子街所织之纱带,销路极广,收益不少。七、乐器。芦笙、唢呐为少数民族必不可少之乐器,城中乐器店很少制作。业此者,皆为农村之少数民族,某些少数民族村寨,多有以此为副业者。八、制糖。枣子糖、葵花杆、窝丝糖、豆面糖、酥豆糖、饴糖等。枣子糖、葵花杆、窝丝糖、饴糖皆以糯米为原料,仅九溪上下两寨能作,质量颇好。亦有以包谷为原料制作者,则质量较差。豆面糖及酥豆糖,则以豆为主要原料。此数种则一般村寨均能制作。九、渔猎。打捞鱼虾,猎取野兽,亦为农村副业之一。十、杂品类。锅扫、扫把等,均以高粱杆制成,因取材方便,以此作副业之村寨甚多。

(贵州省安顺市志编纂委员会据民国二十年代末稿本整理:《续修安顺府志·安顺志》,第八卷,农林志,农业,副业,安顺市志编委,一九八三年刊印本。)

〔**清代后期至民国年间,云南**〕 竹笠:腾越妇女,用荆竹、大竹编成两面细或一面细者,运销迤西各县及缅甸、夷山。后洋伞输入,此业渐衰。昆明、罗次、易门、广南、马关等县亦多编之,以广南、文山、马关者销行为广。藤竹器:如藤竹编成之棹几、提篮、靠椅、簟席等类,以元江、景东、缅宁及西南沿边各土司境制者为多。近省者以澄江、易门、宜良等县所编之提篮式样尚佳,销行亦广。又老鸦滩之篦子及篾席颇著名。

(龙云、卢汉修,周钟岳等纂:《新纂云南通志》,卷一百四十二,工业考,编织业,一九四九年铅印本。)

〔**民国六年前后,云南大理县**〕 草帽,南乡各村,以细麦秸仿河南帽形式编制,岁出甚广,销行西南各土司地。近年,日本以玉草纸条凉帽输入。诚能仍仿其式改良,精工制造,用者自多,亦挽回利权之一事也。

(张培爵等修,周宗麟等纂,周宗洛重校:《大理县志稿》,卷五,食货部,物产,民国六年铅印本。)

〔**一九四九年前,云南**〕 草帽:大理南乡人,以细麦秸仿河南草帽式编成,衬以绸里或布里,外加油布或漆布套,年出五六万顶,销行各县。草席、草鞋:全省各县皆有,而以石屏、宁州、宜良等县之蒲席为紧密滑润云。

(龙云、卢汉修,周钟岳等纂:《新纂云南通志》,卷一百四十二,编织业,一九四九年铅印本。)

（十）玻璃、火柴、木器、石灰、木炭、石棉等业

〔清乾隆年间至道光十一年，江苏松江府青浦县金泽〕　纺具曰车，曰锭子。锭子铁为之，车以绳竹为轮，夹两柱，中枢底横三木，偏左而昂其首，以著锭子，轮旋而纱成焉。到处同式，而金泽为工，东松郡、西吴江、南嘉善、北昆山、常熟，咸来购买。故"金泽锭子谢家车"，方百里间习成谚语，谢世其业。

（清　周凤池纂，蔡自申续纂：《金泽小志》，卷一，土产，清乾隆间纂道光十一年续纂，一九六二年铅印本。）

〔民国十九年以后，江苏奉贤县〕　奉贤北部之火柴糊盒手工业。火柴为瑞典国等所产之白杨树之木梗，融于石腊〈蜡〉，再粘氯酸钾、二氧化锰、硫磺等物，俗呼头药。红磷、三硫化二磷、玻璃粉等物，涂以胶，凝于盒面，是为面药。乡间因限于器材及原料、资本之不足，故惟有糊盒手工业，而少火柴厂。中国于清光绪年间，湖北武昌始有张之洞发起成立火柴公司。未几，上海方面亦接踵而起。民国初年，浦东之周浦亦有火柴工厂，而我奉糊盒工作，则始于民国十九年之金汇桥上海大华火柴公司代理发盒部，经理陈木生。自筹备成立后，即租用河西街前振源电灯厂房屋，除雇用糊工三十名外，并每月发盒二百万，以便就近居民糊制。材料之采取，大概从青岛、连云港、温州一带运来之松杉，在厂制造盒片后，即由厂方统筹运输。现因吾奉北部居民生性勤朴，故发盒部逐年增设，以南大桥一带为最盛，计有戚培生、潘云卿、龚福生三氏各设发盒部一所，每月共约六百万盒，成立时期同金汇桥相仿。其次即推刘家行，有潘云卿、陈木生、金十林三氏之发盒部，每月糊盒四百万。其他范围较小之发盒部，有萧塘及油车桥金士林发盒部，丁家桥毛子林之发盒部，北新桥戚志堂之发盒部。因近年生活程度激涨，糊盒工业在奉贤北部殊有发展之希望。厂方除委派发盒部主任，每月轮派职员至发盒部调查发盒及工资发放情形，现每万工资约为米价八升左右，我奉每年共糊火柴盒约一万六千八百万，共计值米一千三百石左右。对于平民生计，关系甚巨。

（奉贤县文献委员会编：《奉贤县志稿》，卷十，实业史料，据民国三十七年稿本复制胶卷。）

〔民国二十六年前后，江苏金山县〕　本县重要各商业，具载前鉴，兹不复述。述其未记者：

一、印刷业：朱泾有两宜斋一家，备各号铅字，能印各种书报，资本四千余元，工人二十人。张堰有沈康记一家，置备石印机、印刷礼帖簿籍等项，生意亦优。

二、冥洋业：各冥洋作均在泖港镇，前五六年生意盛时，营业额达四十余万元，西走长江，入川陕，南走闽粤，达南洋群岛；近年较为减色，缘长江各埠，多有自制者。

三、石灰业：本邑原有两家，一为张堰之姜久昌，一为泖港之华兴，本年新设金山灰厂一家，在朱泾东市周塘口北岸。

（丁迪光等编：《金山县鉴》，第六章，实业，第三节，商业，民国二十六年铅印本。）

〔清光绪初年至宣统年间，江苏嘉定县〕　凡以劳力糊口者，俗谓之手艺，大别之为木、石、砖、漆、泥水、成衣等类。其每日工价，初以制钱计，后则以银币计，自光绪初迄清末，由数十文增至数百文。其增价也，由首事者召集各同业在所奉神前（如木工奉公输子，成衣奉轩辕氏之类），设祭作乐，继以饮醼，即行决议刊单布告，雇用者照时值给资，无蹉〈磋〉商折减之余地。自〔于〕交通便利，各工人受雇于上海者日多，本地几供不应求，故工价逐渐增涨。此外，如厨司、茶担、佣役等亦皆以百物昂贵，改钱码为洋码。又如乐工、脚担等类，雇价亦日增，且沿袭把持恶习，官厅虽示禁，而未尝稍杀。

（陈传德等修，黄世祚、王焘曾等纂：《嘉定县续志》，卷五，风土志，风俗，民国十九年铅印本。）

〔清光绪初年至民国年间，江苏青浦县〕　百工各传会其祖师而祀之，类如匠人奉鲁班，缝人奉轩辕，庖人奉易牙。凡增加工资及处断曲直，咸于祖师诞日，其同业走集，具酒食为社议之。光绪初，水木每工止钱百余文，今则百物腾涌〈踊〉，工食之昂，视昔不啻倍蓰矣。

（于定增修，金咏榴增纂：《青浦县续志》，卷二，疆域下，风俗，民国六年修，民国二十三年增修刻本。）

〔民国元年至二十五年，江苏金山县〕　自民元以来，生活程度日趋增长，各种工价随物价而逐渐上升。兹表列重要各种工价于后，每阅十载，记其数焉，借窥社会动态之一斑。

民元以来工价比较表（以平时雇用供给饭食者为标准）

工　别	元年份 每工价	十年份 每工价	廿年份 每工价	廿五年份 每工价
木　工	二　　角	二角五分	三角五分	四角
泥　工	二　　角	二角五分	三角五分	四角
竹　工	一角五分	二　　角	二角五分	三角
石　工	三　　角	三角五分	四角五分	五角
漆　工	一角五分	二　　角	三角五分	四角
缝　工	一　　角	一角五分	二角五分	三角
什　工	一　　角	一　　角	一角五分	二角

附注：元年份，洋价一千文；十年份，洋价二千五百文；二十年份，洋价二千八百文；廿五年份，洋价三千文。

（丁迪光等编：《金山县鉴》第六章，实业，第二节，工业，民国二十六年铅印本。）

〔民国二十六年前后，江苏川沙县〕　近惟水、木两业，日见其旺，徒手出门，不数年间，拥资巨万，面团团作富家翁者，亦复不少。

（方鸿铠等修，黄炎培等纂：《川沙县志》，卷十四，方俗志，川沙风俗漫谈，民国二十六年铅印本。）

〔清朝初年至民国二十二年，河北张家口〕　制碱工业：此种工业系碱商兼营。自清初迄民国十五年，二百余年间概系十家，从无增减。在民国五年至十五年，十年之间，颇获厚利。其原料为碱坯，出产于察哈尔省白、蓝两旗，每年以牛车运入本口之数，多则三万车之谱，至少不下一万车。其出品为碱砖，运销京、津，转售于各处。近七年间，洋碱充斥，丝业衰减。本口碱砖销路滞塞，此业因而陆续倒闭，现在只余碱店四家矣。

（路联达等修，任守恭等纂：《万全县志》，附张家口概况，工商，工业，民国二十二年铅印本。）

〔清乾隆十二年以前，直隶宣化府赤城县〕　本地习工事贾者少，两种皆自山西来，虽借以应用，而因之耗食者亦众（三路《志》）。

（清　孟思谊修，张曾炳纂，黄绍七补订：《赤城县志》，卷一，地理志，风俗，清乾隆十二年修，清乾隆二十四年补订刻本。）

〔清同治十二年，直隶宣化府西宁县〕　西石，出北山，有红筋、绿筋、羊肝、紫英诸名，海蜇色及兔面花最广，无纯赤者。其天然方平者，为砑石、箔金及濯锦用之，岁贩往江南。

（清　韩志超、寅康等修，杨笃纂：《西宁新志》，卷九，风土志，附物产，清同治十二年修，清光绪元年刻本。）

注：西宁县今为阳原县。

〔清宣统二年至民国四年，河北任县〕　轧花机器，制自永福庄及辛市村，每年约出一千四百余辆，半销本境，半销邻邑。弹花机器，制自永福庄及辛市村，每年约出二百余辆，半销本境，半销邻邑。

（清　谢禺麟修，陈智纂，壬亿年增修，刘书旗增纂：《任县志》，卷一，地理，物产，清宣统二年修，民国四年增修铅印本。）

〔民国十二年前后，河北藁城县〕　吾邑之民多以农为业，故工业不甚发达。本县所制，除粉笔、粗布外，如铁器则来自获鹿，洋货则来自津、保，笔墨则来自衡水。余若布匹杂货，无不为入口之大宗。以全县之大，而无一制造厂之设，可悯焉。近年以来，惟表灵所创办利田工厂成效卓著，制造精美，所出各种铁器颇适于用。

（林翰儒编：《藁城乡土地理》，上册，工业，民国十二年石印本。）

〔民国二十四年前后，河北阳原县〕　本县工业尚无使用机器者，皆系旧式手工业，然均应有尽有，不须外人。关于建筑油画各工，有时延用蔚县工匠，究属少数。至一切手工业所用原料，除成衣、油漆、铁工三项，皆系自外输入，余则悉为土产。……各种工人，多系自作自售，仅瓦木油漆等工有时外作。

（刘志鸿等修，李泰莱纂：《阳原县志》，卷八，产业，工业，民国二十四年铅印本。）

〔清道光初年至咸丰七年，奉天岫岩厅〕　岫岩石，石具五色，坚似玉而光不逮。邑北瓦沟诸山多有之。道光初年偶有玉工采制图章诸文具，稍供清玩。后遂盛行于都市，好古之家以其品非燕石而价不待连城也，每雅意购求，往来士夫亦必充囊盈箧，争出新式分赠知交，以为琼瑶之报。玉工数十辈列肆而居，日夜琢磨，尚恐不给。寥落山城更多此一种生涯云。

（清　台隆阿修，李翰颖纂：《岫岩志略》，卷五，物产，清咸丰七年修，民国二十三年铅印本。）

〔清宣统年间至民国十年，奉天锦县〕　石棉生山岩石隙中，揉之状类绒，故又名石绒，入火不焚，为中国矿产之一。泰西诸国向有石棉纸、布、绳，为汽机用品。惜中国无人知制造之方，弃置而无所用。清季宣统间，有临榆朱商人侨居于锦，独出心裁，研究创造历数年之久，变法数十次而后成。用以为布为纸为绳，悉合汽机之用。迭经工商部及赛会褒奖,始则行销内地,继则销及日本。……中国之有石棉货品自锦县始,其工艺为通国从前所未有,洵实业中特色也。

（王文藻修,陆善格纂:《锦县志略》,卷十九,物产下,货类,民国十年铅印本。）

〔民国六年,奉天〕 就全省工场概数计之,据民国六年农商部调查,全省共工场九百八十一家。其数不甚足据。又文化社调查:沈阳市五百七十四家,辽阳县二十五家,本溪县三十八家,安东县五十八家,昌图县五十六家。又实业月刊载:营口县四百七十三家,复县四家,清原县一家,西丰两家,新民三家,盖平八家,义县一家,洮南四家,海城二十一家,法库三十四家,总计十五县共有工场一千三百零二家。其余各县,总数当不止此。

（翟文选等修,王树楠等纂:《奉天通志》,卷一百十四,实业二,工业,民国二十三年铅印本。）

〔明嘉靖二十六年前后,南京常州府江阴县〕 工作无奇巧,有土工、木工、金工、石工、攻皮之工、设色之工。其行贾于外,惟土产布谷杂物,近在淮扬,远及荆襄,其本力少而贸易百里内者,谓之贩中市,牟利之术甚鲜。

（明 赵锦修,张衮纂:《江阴县志》,卷之四,习尚,明嘉靖二十六年刻本。）

〔清嘉庆十七年前后,江苏苏州府震泽县同里〕 船厂,在辽浜,居民多于此设厂造船。

（清 阎登云修,周之桢纂:《同里志》,卷八,赋役志,物产,清嘉庆十七年刻本,民国六年铅字重印本。）

〔清道光至光绪年间,江苏苏州府吴县光福镇〕 西有焦山、金山,山下有村曰石马头。山田硗瘠,恒不得食,惟利采石。苏、松、常、镇诸郡,凡石工之需,皆赖于此。

（清 徐溥编,王镛等补辑:《光福志》,卷一,风俗,清道光二十四年编,光绪二十三年补辑,民国十八年铅印本。）

〔光绪六年前后,江苏江宁府〕 黑绒首推建绒。建绒者,建业之绒也。昔称大宋,其机在孝陵卫,故又曰卫绒,制暖帽沿边者非此不克。另有翦绒者,为专门之业织成而修整之。近日,为西洋绒所排挤,质虽不佳,其价廉甚建绒,于是日索矣。

（清 蒋启勋,赵佑宸修,汪士铎等纂:《续纂江宁府志》,卷十五,补拾,清光绪七年刻本。）

〔清光绪三十二年，江苏苏州府吴县〕 冰厂。康熙《长洲县志》：冰窖在葑门外，严冬收藏，盛夏需以护鱼鲜，并以涤暑，所谓纳于凌阴者也。按：今有公兴金冰厂，在胥门外虎啸塘岸，光绪三十二年设立。藏冰草厂计七所，在本处二所，在里双桥二所，在钱万里一所。

（曹允源纂：《吴县志》，卷五十一，舆地考，物产二，工作之属，民国二十二年铅印本。）

〔清光绪三十三年至民国十五年，江苏泗阳县〕 泗阳无工厂，故无工业可言，中产之家，什物稍求精美，必购自他埠。木工、铁工，但以制农具；砖瓦陶业，仅足供建筑。清光绪三十三年，邑令李宣龚于县署东偏建习艺所，驱轻微罪犯及贫家子弟使习织疏布、毛巾、蒲包诸物，大著成效。乃李去任，而事亦旋废，良可惜也。蒲包固民间旧业，今犹能运销板浦。织纴之事较前数年稍有进步，县城、南新集、仓家集、洋河住户多习此者，其出品为条布、格布、米桶布，粗劣特甚，即以供贫民衣著，亦无补于万一也。

（李佩恩修，张相文等纂：《泗阳县志》，卷十九，实业志，工业，民国十五年铅印本。）

〔清光绪年间，江苏徐州府睢宁县〕 工匠非世业，造作多拙朴无足观，然颇坚恒，历久不败，取值亦甚廉，故必兼勤穑事，否则，衣食不自给。

（清 侯绍瀛修，丁显等纂：《光绪睢宁县志稿》，卷三，疆域志，风俗，清光绪十三年刻本。）

〔清宣统年间，江苏江宁府上元、江宁县〕 木之至贱者，莫如栎，烧以为炭，可以佐炊，南乡朱门人业此者伙矣。承以椭圆之筐，植立如束，亦驴驮肩挑而鬻诸市。居人岁除元旦祀神，必炽之于盆，谓之元宝火。平日则用以烹山鲜、煮沸汤。又有狮子头、猴子头炭，烧树根为之，是皆与柴薪同功者也。

（陈作霖编：《上元江宁乡土合志》，卷六，物产，木炭，清宣统二年刻本。）

〔民国二十二年前后，江苏六合县〕 六邑非无工人，有如铁工、锡工、石工、瓦工、陶工、木工、竹工、纸工、杂工、车工、舟工、衣工、帽工、鞋工、雕工、刻工、印工，又烛坊烛工、粉坊粉工、糟坊糟工、硙坊硙工、棉花弹工、梢袋织工、圆凿箍工、烟丝刨工。又纺纱、绩麻、织席、编蒲、于〈手〉茅、索绹等类，或系男工，或系妇工者，不一其名。几于悉数难终，然要皆细小工人。其所制造，多安简陋，与今世大工业家不可同日语。近来，风气亦稍开通，如缝纫机工及织毛巾、洋袜工厂，渐有设立，第其范围狭小，求如绸缎机坊、铜铁作坊、棉业纱厂、织呢织布工厂、机器榨油工厂以及玻璃公司、面粉公司、烟草公司等，每一厂、一公司容男妇工作数百人,盖未之见。

(郑耀烈修,汪昇远纂:《六合县续志稿》,卷十四、实业志,工业,民国九年石印本。)

〔清道光年间至民国十二年,浙江镇海县〕 锡铂,俗作锡箔,以薄锡隔纸锤之。浙人善治铂。自道、咸以来,邑中业此者颇盛,遂为大宗出品。以锡铂涂黄色曰黄铂,均销售各省。

(洪锡范、盛鸿焘修,王荣商、杨敏曾纂:《镇海县志》,卷四十二,物产,民国十二年修,民国二十年铅印本。)

〔清光绪二十二年至民国十一年,浙江海宁〕 木梳,以黄杨木制者为上,次用枣木,光滑齿匀,大小成套。城中多善制者,运销远及苏、杭。

(清 李圭修,许传沛纂,刘蔚仁续修,朱锡恩续纂:《海宁州志稿》,卷十一,食货志,物产,清光绪二十二年修,民国十一年续修铅印本。)

〔民国十三年前后,浙江定海县〕 螺钿纽,蚌壳产乍浦,运至定海,以小机制成。前有私立厂数家,后皆闭歇,今惟水产模范厂制之。

(陈训正、马瀛纂修:《定海县志》,物产志,杂产,民国十三年铅印本。)

〔民国十五年前后,浙江杭州市〕 金、锡非杭产,而金箔、锡箔之作,悉出于杭。贫户妇女借研箔纸以度生者,城内外十家而九。

(齐耀珊修,吴庆坻等纂:《杭州府志》,卷八十一,物产四,民国十五年铅印本。)

〔民国十九年前后,浙江寿昌县〕 石灰,一名柴灰,西华、常乐、四灵、石屏等区均有灰灶,每年出数颇多。

(陈焕等修,李钰纂:《寿昌县志》,卷三,食货志,特产,民国十九年铅印本。)

〔民国二十四年前后,浙江萧山县〕 灯笼,西兴相近各村妇女皆以此营生,有广壳香、圆单丝、双丝,方圆大小便行,诸品通销全省。

(彭延庆修,杨钟义等纂:《萧山县志稿》卷一,疆域门,物产,民国二十四年铅印本。)

〔民国三十一年前后,浙江分水县〕 本邑昔时山多柴薪,五、六、七管炭窑甚伙,每年出数二十万担以上,价值十余万元。有栗炭、青炭、条尖之分,运至海宁销售。因其炭质坚韧,火性耐久,且不发生爆裂,颇为行家欢迎。近年,以桐油外销路畅,故乡人皆伐去柴薪,改植桐子,现惟六管尚有少数乌炭出品,略供乡近消用。

(钟诗杰修,臧承宣纂:《续修分水县志》,卷二,建设志制造场所,民国三十一年铅印本。)

〔明朝至清光绪初年，安徽庐州府庐江县〕　庐民佃田者多，业工者少，故工亦弗能为良。前明役于官者，木匠、瓦匠等轮班七十名，住做三十名。近以其征摊入里户，凡金、木、土、石之工，多取之他郡。

（清　钟铩等修，卢珏等纂：《庐江县志》卷二，舆地，风俗，清光绪十一年木活字本。）

〔清光绪中叶，安徽凤阳府寿州〕　工匠：邑非通都，技巧不聚于肆，凡所营造，朴素无华，犹存古意。

（清　曾道唯等纂修：《寿州志》，卷三，舆地志，风俗，清光绪十六年木活字本。）

〔民国二十年前后，安徽无为县〕　手工作物，以彩绘纱灯为著。灯作六角形，高尺半许，以木为架，蒙以纱，中燃腊〈蜡〉烛，纱上精工彩画历代通俗故事，人物生动，附近各县多喜购之。悬于厅间以为饰，其价甚昂。

（佚名纂：《无为县小志》，第四，物产，一九六〇年据民国二十年稿本石印本。）

〔清乾隆二十五年前后，江西袁州府宜春县〕　漆，宜春稍多，贾人以达四方，曰袁漆，几与广漆、建漆等。

（清　陈廷枚修，熊日华等纂：《袁州府志》，卷七，物产，清乾隆二十五年刻本。）

〔清乾隆三十年前后，江西建昌府南丰县〕　丰之产，称扇为最良，邑人弗贵也，懋迁有无而已。

（清　卢崧等修，陆嘉颖等纂：《南丰县志》，卷十二，土产，清乾隆三十年刻本。）

〔清同治十年前后，江西临江府峡江县〕　木炭，烧木余也，礼月令草木黄落，乃伐木为炭，峡东贫民多烧之，借以取利。

（清　暴大儒等修，廖其观纂：《峡江县志》，卷一，地理志，物产，清同治十年刻本。）

〔清乾隆年间至民国二十二年，福建闽侯县〕　沈绍安漆器，创自乾隆间。绍安，字仲康，始得秘传，研究漆术，巧配颜色，制造各种脱胎器具，工作精致。光绪末，以沈绍安为老牌，分为两号，镐记、恂记。镐记商号初设在省城杨桥头小花巷，现恂记在宫巷，镐记在杨桥巷。此外，仿造者多家，皆开设总督后街一带，价廉工省然殊不及矣。

（欧阳英修，陈衍纂：《闽侯县志》，卷二十八，实业，工，民国二十二年刻本。）

〔民国三十六年前后，福建云霄县〕　水车店九家，木屐店二十余家，出品年值约五百万元以上，外销于漳属各县。

（徐炳文修，郑丰稔纂：《云霄县志》，卷七，社会，工，木艺业概况，民国三十六年铅印本。）

〔民国三十六年前后，福建云霄县〕 灰窑计有二十余家，以蚝、蚶等壳为原料，年产约二千万担以上。

（徐炳文修，郑丰稔纂：《云霄县志》，卷七，社会，工，烧煅业概况，民国三十六年铅印本。）

〔民国二十六年前后，河南巩县〕 石灰：邑中，山泉入洛之水凡四，皆撑石奔流，号曰石河。所经村落，居民业烧灰者颇众，如石子河、黄冶、柏庙、芒田、坞罗等处，所在皆有。而石灰厂、石灰务，则又因业名村望，而知其取意。自陇海火车通后，销场日广，亦吾邑谋生之一助也。

（杨保东、王国璋修，刘莲青、张仲友纂：《巩县志》，卷七，民政，实业，民国二十六年刻本。）

〔民国二十六年前后，河南巩县〕 木炭，与登封接界处瓦功川一带，昔年有业此者，采取山木杂烧为炭。迩来居民稠密，山无余材，此业几杳。

（杨保东、王国璋修，刘莲青、张仲友纂：《巩县志》，卷七，民政，实业，民国二十六年刻本。）

〔民国二十七、八年，湖南醴陵县〕 缝纫业：缝纫为累带季节性之工作，往昔人家需剪裁冬夏衣裳时，辄雇缝工至家工作，此俗至今乡村沿用未改，仅城市中有设店者。大抵县城缝纫店营业，以军队驻县时为最盛。民国二十七、八年间，各店职工多至五百余人，而社会经济之繁荣与消沉亦与缝纫业有极大关系。抗战以来，布价日涨，民众购买力日弱，修改旧衣者多，缝制新衣者少。至三十三年初，县城仅有职工二百余人，缝衣店百余家，缝纫机百余架。乡间缝工数目无统计，估计当在三四千人以上。

（刘谦等纂：《醴陵县志》，卷六，食货志下，工商，民国三十七年铅印本。）

〔民国三十年前后，湖南宁乡县〕 划船、塘船厂十余家，全县乌舡出此，工约百余，昼夜不息，他处无人仿造。

（周震麟修，刘宗向纂：《宁乡县志》，故事编，财用录，工业，民国三十年木活字本。）

〔清道光、咸丰、同治年间，广东韶州府仁化县〕 仁化物产，山物为多。向有小广西之称，不特以其谷米饶裕也。然地常苦旱，雨少则歉，雨多则丰。谷米而外，杉、纸次之。道、丰以来，嘉惠湟江，客民开造炭厂，烧炭者百十为群，遍居山谷，名为工氓，实为盗薮，乡间被害，劫掠时闻。同治四年，知县刘兆霖曾出示禁止，乃不半载，而其势复张。此仁邑之大害也。特附志，以为留心民瘝者敬告之。

（清　陈鸿等修，刘凤辉等纂：《仁化县志》，卷五，风土，清同治十二年修，光绪九年增补刻本。）

〔民国十二年前后，广东佛山镇〕　金花行：亦为本乡特产，以铜箔发女工凿花，收回制成，价值不一，行销内地各埠及西北江，家数三四十，女工居家制作者数百人。堂名广怡会馆，在福德铺金水街。

（冼宝干等纂：《佛山忠义乡志》，卷六，实业，民国十五年刻本。）

〔民国二十四年前后，广西罗城县〕　县属各区，冶工所制之物品，无甚精美，均系粗质之装饰品及粗铜铁用具。陶工仅有砖瓦，及凤山区之缸坛煤罐等。至于木工、砌工、石工，亦系粗质，并无精美。缝工先年概系用手工针缝，近年来已多改用车工。造纸亦只贝江及黄金两处，惟所出纸料俱系粗纸，且出产无多，不敷供给。织布，各乡妇女于农隙之时均各自织布备用，然多属旧式矮机，未能习用高机，故出品慢而且少。榨油，各区均有。榨糖，则凤山区有少数糖榨，出产无多。酿酒，小熬多，大熬少，只能供本地之用。又如龙岸则有织席，三防亦有织席及打棕绳等，近数年来，凤山区则有织草扇、制纸扇及编草帽等之各种粗手工业。

（江碧秋修，潘宝箓纂：《罗城县志》，经济，产业，工业，手工业，民国二十四年铅印本。）

〔民国二十六年前后，广西崇善县〕　邑人，工业鲜有研究，如手工业，只知制砖瓦、编竹器、制粗椅桌、建陋室、铸犁头、凿石块、榨油、榨糖、烧灰炭，以及纺织、刺绣等。化学工业除酿酒、制豆腐外，无何种新式化学工业。

（林剑平、吴龙辉修，张景星等纂：《崇善县志》，第四编，经济，产业，一九六二年广西档案馆据民国二十六年稿本铅印本。）

〔民国二十六年前后，广西榴江县〕　县属，以手工业营生者，不下一千七八百人，如冶工六十八人，陶工四十六人，木工一百五十八人，水工一百八十人，石工七十人，缝工一百一十人，织工五百二十人，榨油工一百五十人，榨糖工二百六十人，酿酒工一百三十人。通常以年工、月工为原则。若计日，则仅手工一行，如水、木、石、缝工之类。水工四角，木工六角，缝工三角，石工六角，均有膳费，无膳费者加二角。

（萧殿元、吴国经等修，唐本心等纂：《榴江县志》，第二编，社会，工业状况，民国二十六年铅印本。）

〔清道光年间,四川雅州府名山县〕 清道光时,恩贡胡成学自抒新裁,制吸水机,运赴乐厂汲井煮盐,费损时速,厂主争先购订。而一般流氓,以为夺其生计也,怒而毁之(彼时,政府视为淫巧,无保护明文)。

(胡存琮修,赵正和纂:《名山县新志》,卷八,食货,工,民国十九年刻本。)

〔民国初年至二十六年,四川犍为县〕 裕济火柴厂,在清溪场东皇宫上面后坝,系县人集资办理,因县城外东高石坝之厂废,民国三年迁此复设。新建有交易所一院,工作厂房二大楹区,为摆钑、装盒、材料、制药、烘料各室,前后去建筑费二三千元,厂房可容二三百孺[妇]作工。

(陈谦、陈世虞修,罗绶香、印焕门等纂:《犍为县志》,卷二,建置志,工厂,民国二十六年铅印本。)

〔民国二十六年前后,四川犍为县〕 玻璃厂,在张沟乡,计十有六家,均合资创办,各项建筑概属简单。

(陈谦、陈世虞修,罗绶香、印焕门等纂:《犍为县志》,卷二,建置志,工厂,民国二十六年铅印本。)

〔民国二十六年前后,四川犍为县〕 各厂大多系合资经营,由县属张沟人民自行集资开设。其资本在五千元以上,一万元以下。其厂数,计造玻片者十家,造颜色片者一家,造各种瓶子者一家,造各种灯罩者四家,总计十六家。设备方面,因资本之限制,尚不完善。现在分为四部:一、炉房;二、工作房;三、药房;四、管理室。各项建筑纯系旧式,概系木石构成。……各厂开办未久,规模既不宏大,设备方面自属简单,故出品种类仅有数项:一、四寸至二尺之大小玻片;二、四寸至二尺之大小颜色玻片;三、大小酒瓶、大小糖缸、大小药瓶、各种化装应用之玻瓶及玻璃磁;四、各种大小灯罩。产额及价值:创办之际,因销路不多,货品不易脱手,产额尚小,近来一二年中各号咸知该处品质甚佳,多往购用,故玻璃商亦纷纷前往订购,即云、贵两省每年亦有行商到犍购运。计每年出产总额玻片亦有八千担,可值八万元,各种灯罩、酒瓶约有二万担,约值二十万元,平均每担以十元计,合共值洋二十八万元。至于成本,每百斤约需洋八元至九元。……计张沟各玻璃厂工人共约一千五百余名,至工人之工作时间,平均每人每日工作六小时至七小时……工资则以技术之优劣而定等差,其所给每月三元至十二元。

(陈谦、陈世虞修,罗绶香、印焕门等纂:《犍为县志》,卷十一,经济志,玻璃业,民国二十六年铅印本。)

〔清代至民国九年前后,贵州施秉县〕 施秉地本苗疆,汉、夷杂处,汉人皆由外省迁入,土著苗蛮开化极迟。工艺窳劣,出品惟苗织斜纹布尚可购用,惜出产无多。余如金工、木工、石工、土工、普通用品,罕有新制,仅供本地之用则可,与外县争利则难。民国四年,知事曾广瀛创设劝工厂,公家筹款买纱织布,委邑绅蒋明升经理,开始织布,出品尚佳,销路亦旺。旋以成本无多,不敷周转,于民国六年停办。近有习榨糖、榨粉、造纸诸业者,出品粗劣,行销不广。

(朱嗣元修,钱光国纂:《施秉县志》,卷一,工业,民国九年修,贵州省图书馆一九六五年油印本。)

〔民国二十九年前后,贵州息烽县〕 随地皆产之大量青枫,则当每岁秋冬之交,群相伐取,短锯列置,开窑烧制薪炭,以备人买供烘炉之用。且有多数湖南人,于获稻之后,即来县境沿乡买林借地开窑,以经营制炭之利益者。

(王佐等修,顾枞纂:《息烽县志》,卷十,食货志,林业,一九六五年贵州省图书馆据民国二十九年稿本油印本。)

〔民国二十七年前后,云南石屏县〕 工稍患拙……近有制松烟、制牙粉、制粉笔者,当提倡之。

(袁嘉谷纂修:《石屏县志》,卷六,风土志,工业,民国二十七年铅印本。)

(十一) 陶瓷、砖瓦业

〔民国二十二年前后,河北顺义县〕 陶工:全县砖窑共二十余处,盆窑三处。每一砖窑,年约出砖二十余万块,盆窑每一处年约出盆数千件,每窑需用工友七八人。

(苏士俊修,杨德馨等纂:《顺义县志》卷十,实业志,工业,民国二十二年铅印本。)

〔民国初年,江苏青浦县〕 砖瓦:嘉、道间,商洋区朱家坞村人有佣工于嘉兴大窑者,归而传其业,教人范土成墼,以制砖瓦。近今逐渐推广,增窑至三十余所。邻县祝家田、朱家浜等处多仿之。每年销数甚旺,为西乡特产之一。所出砖瓦,运销苏、浙两省。

(于定增修,金咏榴增纂:《青浦县续志》,卷二,疆域下,土产,民国六年修,民国二十三年增修刻本。)

〔民国年间，江苏奉贤、南汇县〕　建筑材料之中，除木材而外，中国普通建筑物中，用途之广，即推砖瓦。尤以大江以南瓦屋砖壁，比比皆然。浙江之嘉善即为砖瓦业之中心，业窑者达千余家，除土窑而外，耐火砖瓦业已有凌驾而上之势。砖瓦为粗劣陶瓷之一种，取用之陶土为含有杂质甚多之粘土，制坯阴干后，置窑中烧制即成。其耐火砖瓦渗入氧化铁，状呈红色。硫〈琉〉璃瓦呈绿色，透明状，产于北平，宫殿甚多有取用者。浦东砖瓦事业，首推鹤沙沈彬儒所设之大中砖瓦窑，工人二千余，每月出产旺盛，自二月至八月为盛产期，冬日受泥土封冻影响，产量较少。地址即在市镇之东南，窑址绵延里许，为南汇县内规模最大之建筑工业。吾奉砖瓦业历史之悠久，当首推青村。镇西古窑桥与南梁香花桥为吾奉仅有之古代桥梁。该桥附近，即为吾奉近古砖瓦业之中心，至今荒墩漾之南北有砖瓦窑三座，与赐子庵为邻，唯出品不能新型，尚待改进耳。与时代能竞争者，厥惟滨浦乡横沥泾南口之中国砖瓦厂，该厂于战事八载中被敌伪破坏重大，胜利后虽恢复烧制，其所制皆为耐火砖瓦，政府倘能协力其发展，亦吾奉一大利源也。泰日桥东南三里乐善窑厂，制造砖瓦已三十余年，民国二十一年，杨执中、执政昆仲，合力振兴，引用电力，烧制耐火砖瓦，出品精良，用户有口皆碑。惜因沦陷期间毁坏甚巨，现只有木〈土〉窑尚在烧制。

（奉贤县文献委员会编：《奉贤县志稿》，卷十，工业史料，据民国三十七年稿本复制胶卷。）

〔清康熙四十二年前后，直隶广平府磁州〕　磁器，出彭城镇，置窑烧造瓮、缸、盆、碗、垆、瓶诸种，有黄、绿、翠、白、黑各色，然质厚而粗，只可供肆店、庄农之用。

（清　蒋擢修，乐玉声等纂：《磁州志》，卷十，风土，土产，清康熙四十二年刻本。）

〔清同治二年前后，山西太原府榆次县〕　瓷器，出孟家井，有黑、白二色，器甚朴绌，而邻邑咸资其用。

（清　俞世铨、陶良骏修，王平格、王序宾纂：《榆次县志》，卷十五，物产，清同治二年刻本。）

〔民国二十三年前后，河北清河县〕　县东二十五里郭家庄，产陶土，即胶泥而红腻，取之不竭本，淋之细如纷，烧作盆名瓦敷，以黝者名琉璃。盆有黄、红、绿诸色，窑如屋。仅郭家庄一村，即有窑五六十处，计每月收洋五六百元，分运至威县、大名数百里外，近更由运河北贩，销路极畅旺。

（张福谦修，赵鼎铭等纂：《清河县志》，卷二，舆地志，物产，民国二十三年铅印本。）

〔民国二十六年前后，河北滦县〕　唐山窑业，昔时仅制粗笨之缸器，近则兼制精细之瓷器,价值较外来者为低廉。又如桑条筐笼,实裨农事。以上二者除供本地需用外,且运输各口岸矣。

(袁葆修,张凤翔等纂:《滦县志》,卷四,人民志,风俗习尚,民国二十六年铅印本。)

〔民国二十六年前后,河北滦县〕 缸窑:缸窑资本自千元至万元不等。组织:经理、会计各一人,工人及工徒自二三十人至百人不等。工资每人每日四角上下。生产量:每年约产三五千件或一二万件。原料全出本地,销路亦能行销各省。砖瓦窑:砖瓦窑地址无定所,资本数百元至数千元不等,春秋两烧,溽暑严寒皆停烧,以两时不能制坯也,且规模狭隘,多系临时组织。瓦盆窑:瓦盆窑地址无定,资本无多,仅用轮车一件,一人登轮,一人掳泥作器,一人烧窑。

(袁葆修,张凤翔等纂:《滦县志》,卷十四,实业志,陶业,民国二十六年铅印本。)

〔民国十六年前后,吉林辉南县〕 邑南杉松冈及西黄泥河地方均产瓷矿,土质精美,均有窑厂炼冶生土,埏埴为器,如缸、瓮、罐、盆各器,类皆陶质坚固,釉彩华润,殊胜于土资陶器,每年制器万余,销售各地,价额五万余元,此邦工业之大者也。

(白纯义修,于凤桐纂:《辉南县志》,卷三,人事,工业,民国十六年铅印本。)

〔清乾隆三十六年至光绪三十四年,陕西商州镇安县〕 南酒坛,出庙坡,乾隆三十六年系武冈州客民蒋、姜、陈三姓人创始制造,通省惟本境有之,百余年来,独擅利益。瓦碗、瓦盆、瓦罐,亦庙坡所造,运售邻封各厅县,销场畅旺。

(清 李麟图纂修:《镇安县乡土志》,卷下,物产,矿物制造,清光绪三十四年铅印本。)

〔清光绪九年前后,陕西凤翔府麟游县〕 磁器虽出八马坊澄名里,殊不佳,难倚为利也。

(清 彭洵纂修:《麟游县新志草》,卷三,田赋志,物产,,清光绪九年刻本。)

〔清光绪三十三年前后,陕西西安府兴平县〕 砖瓦陶十五(散居四乡)……皆于春间作坯,四时装烧。先年用山西炭,近因炭价昂,多用麦草,而物之坚色亦逊焉。

(张元际编:《兴平县乡土志》,卷五,物产,矿物制造,清光绪三十三年活字本。)

〔清光绪三十三年前后,陕西绥德州米脂县〕 河西地灵崐儿,有兴盛磁窑,所出缸、瓮、盆、罐、碗、盏之类极粗朴,俗名本地磁。

(清 潘松修,高照煦纂:《米脂县志》,卷九,物产志,货物属,清光绪三十三年铅印本。)

〔民国十九年前后,陕西横山县〕 磁厂在县辖东南之韩岔、吴岔、高崖、郑崖、殿集市及波罗堡之吴圿窑等处,设厂二十余所,制造、行销畅旺。

(刘济南修,曹子正纂:《横山县志》,卷三,实业志,产业,民国十九年石印本。)

〔民国三十三年前后,陕西宜川县〕 陶器业:陶器以砖瓦为主,家用什物次之。计近城有烧砖瓦窑及什物窑各一家。各乡时亦有之,尚无调查。

(余正东等纂修:《宜川县志》,卷九,工商志,工业,民国三十三年铅印本。)

〔明正德初年至嘉靖年间,宁夏〕 磁窑寨……正德初,以其非要冲之地,徒事糜费,乃撤之。今止庆府窑匠军余四十余名,并各处陶器者十余人居焉。

(明 胡汝砺纂修,管律重修:《嘉靖宁夏新志》,卷之三,所属各地,宁夏人民出版社一九八二年校勘本。)

〔宋代至民国二十六年,山东博山县〕 磁器以山头为最,窑厂有六十余处,近年①出品精细光亮,几与江西货埒。……邑窑业之起始无考,相传自宋代,即有用煤炭下层之土,制粗罐、碗、盆,以供乡人需用者。原设窑于大街南头、李家窑、北岭等处,后采用药土作磁釉,名曰黑药,于是黑盆、黑碗等器行销于章丘、新泰、莱芜等县。明末,淄川人发明昆仑所产之白石碾细作白釉,磁窑、坞圵窑厂取资焉,邑人继采用之,始有白陶器。设县后,人烟增多,大街南李家窑之窑厂继废。光绪三十一年,山东工艺传习所总办黄华委王子久来县,于下河设博山工艺传习所,研究改良陶器,半沿土法,半用新法,工人系由北岭山头雇用,所制之茶色货物及白釉碗瓶等较为美观。至民国三年,因亏赔改商办,原有工人遂分布于山头北岭,组织小作窑业,由是渐次发展。十七年后,外货充斥,邑窑业大受影响,日见萧疏。二十年,实业厅长王芳亭委杨法权来博,就玻璃公司旧址设模范窑业厂,尽废土法,改用新法,试办年余,逐渐改进,所出货品虽微逊于景德而成绩进步多矣。

(王荫桂修,张新曾纂:《续修博山县志》,卷七,实业志,工业,民国二十六年铅印本。)

注:① 民国二十年前后。

〔明朝初年至清朝中叶,山东临青州〕 临砖官窑创设最古,规模甚大,其制造优良,例为贡品。自明初至清中叶,境内之城垣、仓庾、廨署、寺观及一切伟大建筑,均取材于此。

(张自清修,张树梅、王贵笙纂:《临清县志》,建置志,实业,民国二十三年铅印本。)

〔明代至民国二十五年前后,山东莒县〕　窑业:石井集、沟头、汪湖镇、墩头、杨家杨柳树、筵宾集、薛家窑、石槽、坪上镇等处出品,大者缸、瓮,小者茶壶、火炉、盆、罐等,工料坚致,品质精良。如沟头瓮窑,云创自明代,其他窑场亦皆古旧。……砖瓦等窑亦随处有之,不及详载。近岁仿造青岛洋瓦者颇多,有窑泥、洋灰二种。砖则仍旧式云。石灰窑,近青石山脉各村皆有之。

(卢少泉等修,庄陔兰等纂:《重修莒志》卷三十八,民社志,工商业,民国二十五年铅印本。)

〔民国十一年至三十年前后,山东潍县〕　洋瓦厂以厂命名,其实为制作水泥洋瓦之作坊而已。此项瓦作,潍县现有七家。福记成立于民国十一年,出瓦最多。创办之始,水泥瓦之优点多不明了,故销路有限。嗣后逐渐推广,其经久耐用为社会所公认,销数大增。十六七年间,营业突然发达,开设之家接踵而起,全年共出洋瓦六十六万余片,总值二万六千四五百元。每年生产时期自三月至十月,天时过冷,不宜工作。销路多在本地,价格较贵时每片售银元六分,现则仅售四分。

(常之英修,刘祖干纂:《潍县志稿》,卷二十四,实业志,工业,民国三十年铅印本。)

〔民国二十二年前后,山东临清县〕　砖窑,临砖自官窑停办后,所有砖窑散见各乡,砖式小于官窑数倍,重量仅三斤余。民国二十二年,复立官窑两处,而所制之砖益苦窳不堪用矣。

(张自清修,张树梅、王贵笙纂:《临清县志》,经济志,工艺,民国二十三年铅印本。)

〔民国二十六年前后,山东博山县〕　窑业分窑厂、货栈二项。窑厂详《工业志》。货栈计四十余家,出品分陶器、粗瓷器二种,多销售于邻县,南及宿迁并胶济津浦沿线与东三省等处,"九·一八"事变后,销路顿减,窑业凋敝殊甚。

(王荫桂修,张新曾纂:《续修博山县志》,卷七,实业志,商业,民国二十六年铅印本。)

〔明正德元年前后,南京苏州府〕　窑作,出齐门陆墓,坚细异他处,工部兴作多于此烧造。

(明　王鏊等纂:《姑苏志》,卷十四,土产,造作,明正德元年刻本,清乾隆间《四库全书》本。)

〔清嘉庆二年前后，江苏常州府宜兴县〕　茗壶，产蜀山、川埠诸山窑，及花瓶、水注之属。初用紫泥素质，今用五色彩油，俱极精巧。

（清　阮升基等修，宁楷等纂：《增修宜兴县旧志》，卷一，疆域志，土产，清嘉庆二年刻本。）

〔清嘉庆二年前后，，江苏常州府宜兴县〕　业竹器者在张渚、湖汶诸镇，业窑器者在丁山、蜀山诸山，业冶铁者在张渚、篊里诸市，业石工者在永丰、均上等山。

（清　阮升基等修，宁楷等纂：《增修宜兴县志》，卷一，疆域志，风俗，清嘉庆二年刻本。）

〔清光绪七年前后，江苏常州府无锡、金匮县〕　砖瓦、砖窑，在望湖门外，贩鬻遍大江南北，各郡虽自造，坚致不如。

（清　裴大中修，秦湘业纂：《无锡金匮县志》卷三十一，物产，清光绪七年刻本。）

〔清宣统年间，江苏江宁府上元、江宁县〕　乌龙山、西善桥人，皆善陶，取江滩之泥，范而烧之，盖屋乘墉，各适其用，谓之窑户。近则钟山之麓，有土腻粘，陶为砖瓦，质尤细致，凡造洋式房屋者，咸资于此。若江沙又石类之玉微者，必乘潮退时淘之极净，辇以入城，学堂操场及通衢马车路，盖有用之不竭者也。

（陈作霖编：《上元江宁乡土合志》，卷六，物产，沙石砖瓦，清宣统二年刻本。）

〔民国十五年前后，江苏甘泉县〕　旧有工业以窑为最著，地名瓦窑铺，亘运河东西两岸，计窑二十一所，制砖坯者男女工约二百人，制瓦坯者亦如之。司火工者百人，每岁产大小砖约二百三十余万，大小瓦约二百八十余万。近帽儿墩、龙尾田等地亦有烧造砖瓦者，七里甸附近乡民于农隙制陶器，为花盆、酱瓿之属，亦销行。

（钱祥保等修，桂邦杰纂：《甘泉县续志》，卷六，实业考，工场，民国十五年刻本。）

〔民国二十四年前后，江苏南京〕　砖窑业，《中国经济志》：散布于仙人居、窑头上、六郎桥、油坊桥一带，共有大小砖窑约十三座。资本微薄，每家各约百元，雇用工人各六七人。泥土就地取给，每年烧窑三次，产值共约五万余元。

（叶楚伧修，王焕镳纂：《首都志》，卷十二，食货下，工业，民国二十四年铅印本。）

〔民国二十五年前后，江苏宜兴县〕　紫泥陶器为本邑之特产，出于蜀山，有海棠、竹叶、橙黄、香灰、朱砂、豆砂等名号，所作花盆、茶壶及文具等，皆古雅可爱，畅销遐迩。鼎山所产，则为缸、瓮等粗糙之品，外表虽不美观，为用则几家不可缺。

（殷惟和纂：《江苏六十一县志》，上卷，宜兴县，物产，民国二十五年铅印本。）

〔民国二十五年前后，江苏吴江县〕 窑户集于芦墟，多至二三百家，不啻本县之一工业区也。

（殷惟和纂：《江苏六十一县志》，上卷，吴江县，工业，民国二十五年铅印本。）

〔隋代至一九四九年，浙江龙泉县〕 龙泉瓷器，历隋、唐、五代至宋，而艺术更精，元、明时出品渐劣，此后技术失传，窑业衰落。……龙泉青瓷自元、明以后，窑业日衰，清末尤甚。民元以后，始有瓷业工场之设立，所出改良瓷器泑质光洁，艺术精良，销行中外市场，不亚于景德镇之瓷器。嗣以乏人主持，又告中辍。现在宝溪乡各处仅有仿制宋瓷出品，其仿哥窑古瓷诸品颇为精美，外人争购之。

（浙江省通志馆修，余绍宋等纂：《重修浙江通志稿》，第二十二册，物产，特产下，纸，一九四三年至一九四九年间纂修，稿本，浙江图书馆一九八三年誊录本。）

〔清乾隆十五年前后，浙江湖州府安吉州〕 缸甏，刘《志》：出北乡月山窑，业此者百余家，皆宁波人，颇获厚利。

（清 汪荣、刘兰敏修，张行孚等纂：《安吉县志》，卷八，物产，缸甏，清同治十三年刻本。）

〔清乾隆年间至民国二十四年，浙江萧山县〕 砖瓦，乾隆《志》：砖出湘湖各村。按：湘湖土质细韧，滨湖而居者如定山、汪家堰、跨湖桥、湖里、孙窑、里吴诸村皆业陶，故砖瓦为邑著名出产，陶肆多以萧山地坪为标识，岁值银七八万元。

（彭延庆修，杨钟羲等纂：《萧山县志稿》，卷一，疆域门，物产，民国二十四年铅印本。）

〔清宣统二年前后，浙江绍兴府诸暨县〕 缸甏，有黄砂、青砂二种，质粗，利于行远。绍兴酒坛，皆出诸暨。

（清 陈遹声、蒋鸿藻纂修：《诸暨县志》，卷二十，物产志，清宣统二年刻本。）

〔清代至民国十五年，浙江衢县〕 姚《志》载云：湖碗窑一所，五十都碗窑一所。云湖在南乡，碗窑久废。惟五十都有碗窑村，历来以土法造碗，均系粗胚。入民国后，有赣商万良才，发起改组衢瓷公司，聘请赣工，仿景德窑式，制家常日用饭碗等具，出品渐致精良，釉色亦好。近有贩运至苏、杭者，每年出货约值三四万元。

（郑永禧纂：《衢县志》，卷六，食货志，制造品，民国十五年修，民国二十六年铅印本。）

〔民国十一年前后,浙江萧山县〕 砖瓦出湘湖各村,此种工业甚发达。

(王铭恩辑:《萧山乡土志》,第三十六课,物产,附工商业,民国十一年铅印本。)

〔清嘉庆十一年前后,安徽宁国府泾县〕 陶器,缸罐之属虽粗,亦供他方之用。

(清 李德淦修,洪亮吉纂:《泾县志》,卷五,食货,物产,清嘉庆十一年刻本。)

〔宋代至一九四九年前后,江西〕 本省景德镇瓷器素负盛名,畅销中外。就地区言,除景德镇外,尚有万载、金溪、莲花、南丰四处。万载陶瓷之创始,远在百余年前,专造碗、盏、杯、碟、茶、盘、花瓶及罂瓷缸缶等,有工厂四十余所,规模不大,近渐衰败。金溪陶瓷业,创于清光绪初年,有工厂一所,专烧大小粗碗,运销邻近各县。莲花有瓷厂二所,近年始设立,除造大小粗碗外,并烧各种土瓷。南丰古窑,在县属四十一都白舍,宋时置官监造瓷器窑数十处,后废。清光绪二十一年,贡生刘良炽复振兴窑业,嗣后以资本不济中辍。其所制瓷器多青花,在元时颇盛。

(吴宗慈修,辛际周、周性初纂:《江西通志稿》,经济略,四,工业,一九四九年稿本,江西省博物馆一九八五年整理油印本。)

〔清康熙二十二年以前,江西广信府弋阳县〕 磁器,本县湖西马坑窑皆以陶器为业,如瓶、罐、缸、瓮、盘、碗之器甚粗丑不堪,郡邑多资之以给工匠之用。今废。

(清 谭瑄纂修:《弋阳县志》,卷三,农政志,食货,物产,清康熙二十二年刻本。)

〔清代至民国二十五年,江西〕 有清一代,为景德镇瓷业最盛时期。乾隆时,瓷器输出曾年达五十万担以上。民国以还,内乱频仍,销路阻滞,加之洋瓷倾入,国瓷日形衰落。迨二十四年,中央提倡国民经济建设运动,本省特设陶业管理局以推陶瓷之增产,颇著成效。考当时工人数达十余万,瓷窑一百一十二座,各厂及彩绘红店共五千余户,气象蓬勃,营业日趋繁盛,故二十五年输出额增至四十七万零四百四十三担。

(吴宗慈修,辛际周、周性初纂:《江西通志稿》,经济略,四,工业,一九四九年稿本,江西省博物馆一九八五年整理油印本。)

〔清乾隆中叶至民国十年,福建闽清县〕 闽清窑厂,在十五都丽山头地方。邑旧不产瓷器,清乾隆中,德化窑户来梅经营窑业,旋因工费不资,将舍业去,邑人刘士进出银千余两贷之,窑业乃成。自是,里人效之,丽山一带增设窑厂十余所,有瓷窑大小百余间。该窑只烧粗瓷,窑户资本多由十一都各商组织,其瓷器亦归各商运省售卖,全年销额有十余万金。厂中工作有掘土、碓土、装窑、拱窑、描花、泼坳之别,每日工人或得工资数百文或得百余文。民国纪元,里人黄树萱等设碗业研究所,现渐行改良,将来获利当较巨焉。

（杨宗彩修,刘训瑞纂:《闽清县志》,卷五,实业志,民国十年铅印本。）

〔清嘉庆二十五年至民国十八年,福建同安县〕 烧磁窑,在归得里坑仔口社,清嘉庆二十五年洪天香创设,制造大矼、硿硃、烘炉、磁锅各种,销售本地、漳码、台湾、金、厦、吕宋各处。器虽粗而价极廉,且盛水可耐久而不反质,是以销售畅旺。近因各国入口货抽取重税,以致难于行销。然内地陶器得以无缺,民间称便。惜乎粗而不精,不力求进步,犹为憾事耳。瓮窑,在在坊里阳翟乡后瓮窑社,窑为蔡姓所创设,每年出缸、钵、磁锅甚多,销售如上。

（林学增等修,吴锡璜等纂:《同安县志》,卷十八,实业,烧磁窑,民国十八年铅印本。）

〔民国八年前后,福建政和县〕 陶器惟铁山东平里黄墩等处有之,业者多寿宁县人,制品一仍古式,无新巧者,所产器皿尚足供本地之用。磁器,产地有柿田碗厂、西山下塘碗厂等处,业者悉属兴化及漳泉之民,至今已为世居,全年销量亦为不少,然仅产粗制食皿。

（黄体震等修,李熙等纂:《政和县志》,卷十七,实业志,工业类,民国八年铅印本。）

〔民国八年前后,福建政和县〕 砖瓦一项,工厂以邑城附近处所为多,他则户口稍繁之区亦皆有办设,职工多西里之民或自邻邑寿宁来者,出品颇为适用。

（黄体震等修,李熙等纂:《政和县志》,卷十七,实业志,工业类,民国八年铅印本。）

〔民国十八年前后,福建建瓯县〕 碗厂,在禾义里南山村及半岭厂,运销阳、崇、浦等县,年计数万元。陶器厂,散处四乡,类多江西及宁德人所设,取粘土以牛踏之,用抱装法造成日用一切器具,以供本地要需。

（詹宣猷修,蔡振坚等纂:《建瓯县志》,卷二十五,实业志,用品,民国十八年铅印本。）

〔民国十九年前后,福建永春县〕 磁厂,永德公司厂制细瓷,在凤山竹林兜,有永人合股,余皆德化属也。

（郑翘松等纂:《永春县志》,卷十一,物产志,附实业,民国十九年铅印本。）

〔民国二十年前后,福建大田县〕 磁器,诸器皆备,粗而不雅,惟出四、六都洋地者，坚白可爱，货于他省，利用甚溥。

（陈朝宗等修，王光张纂：《大田县志》，卷四，物产志，货属，民国二十年铅印本。）

〔民国二十年前后，福建大田县〕 大田窑厂在四十六都古老乡，产瓷器坚白莹洁，号称佳品。若加以良好手工，即德化之瓷器莫有过焉。据最近调查，每年运省售卖销额有数千金。现已逐渐改良，将来获利自当较巨。

（陈朝宗等修，王光张纂：《大田县志》，卷五，实业志，民国二十年铅印本。）

〔民国三十六年前后，福建云霄县〕 陶瓷窑只两家，红料砖瓦窑有十余家，年产计在千万元以上。

（徐炳文修，郑丰稔纂：《云霄县志》，卷七，社会，工，陶瓷业概况，民国三十六年铅印本。）

〔清雍正年间至民国十五年，湖南醴陵县〕 吾国以磁器著名于世界，而产磁之地，在昔为江西景德镇，近世则首推醴陵。故磁土实为吾醴之特产，县境之天然富源也。考醴陵磁土发见之始，约当清雍正间，其地为王仙附近之观口，尔后沩山（县东三十里）磁厂浸盛，而沩山碗遂专其名，然皆土法相沿，不知改进。光绪三十一年，湘绅熊希龄呈请湘抚端方拨库银一万八千两，于醴陵姜湾开办湖南磁业学堂。以县人文俊铎为监督，聘日本人为教师，分辘轳、模型、陶画各科，招生学习。有速成、永久、艺徒等班，先后毕业者达千数百人。醴磁改良之机，遂启于是。其年冬，组织湖南磁业公司，集股五万元，即以磁校生徒入厂制造，又招集景镇磁工教授镇磁琢器，并于附近添设新公司，有工人约二千名。宣统元年，开南洋劝业会于南京，以醴磁出品往赛，得一等金牌奖章，列名在景德镇之上。于是中外皆知有醴磁矣。惜公司经理不得其人，公款虚縻，动以万计。又迭遭水灾兵燹，复为六承销所把持（公司分设承销于长沙、湘潭、衡州、益阳、常德、醴陵六处，谓之六承销）。不能发展。合官商先后股银数十万耗蚀殆尽，今则仅存其名，即窑厂亦多倒闭。此非磁业之咎，在办事者无管理工场及营业知识之咎耳。其磁校现改为湖南模范窑业工场，由省政府委人办理，制品尚佳。公司则出货甚少，苟延残喘而已。醴人学于磁校者殆数百人，自公司衰落后，全数失业，以纯恃公司生活而不思自集资本创办磁厂有以致之也。近年始稍有集资设厂制改良磁者。如东堡沩山、姜湾、东门上桂花桥、北一区黄泥坳、青泥湾等处，以公司名者约十余家，出品颇能畅旺，惜资本不厚，一时骤难发展，常觉供不应求焉。沩山等处营土磁业者，盛时达四百八十余家，岁可出百余万元，人民直接间接资以为生者为数甚伙。惟所出皆粗磁，中人之家欲求一适用之器而不可得，以致镇磁、萍磁、日本磁且遍于内地。土磁销路多在长沙、湘潭、常德及湖北之樊城、新堤一带，船运车运皆便。惟自兵燹以来，各厂大半停闭，现时所存曾不及半，振兴之责固县人之任也。

（傅熊湘编：《醴陵乡土志》，第六章，实业，磁业，民国十五年铅印本。）

〔清雍正年间至民国三十七年，湖南醴陵县〕 瓷土为醴邑特产，清雍正间，有粤人播迁来醴者，始发现之于沩山，用制瓷器良佳（文斐《醴陵瓷业考》云：清初，广东兴宁人廖仲威，于邑之沩山发现瓷矿。雍正七年，向沩山寺僧智慧赁山采泥，创设瓷厂，并约其同乡技工陶、曾、马、廖、樊等二十余人共同组织，招工传习，遂为醴瓷之嚆矢。其先师樊进德，明朝人，业瓷者每开窑必祀。相沿至今，沩山有樊公庙）。自是沩山遂为瓷业中心区，渐次推广于赤竹岭、老鸦山、王仙、观口、大小林桥、瓦子山、漆家坳、严家冲、五十窑前、寨下、罗坪境、清泥湾、茶子山、塘山口等处。最盛时为光绪十八九年以逮末年。辛亥改革后，因兵事阻梗，销路稍滞。民国九年至十年，湘局稳定，营业复旺。未几又一蹶不振，至民国十七八年衰敝已极，如青泥湾于咸丰三年初建三厂，光绪初年加建四厂，光绪二十余年陆续加厂至十七处，自民国十二三年起日趋衰败。至民国二十九年，存者仅六厂，由此可以概见其余。最盛时期，全县有四百八十余厂，据民国二十九年调查，全县仅存一百三十余厂，全年出碗近十万担，至三十二年减至数十厂，战后乃大增。同治以前，做与画系一人为之，后乃分做、画、泥三帮，各厂技工少则二十，多则三十余。……醴陵初未有细瓷，至光绪三十年，凤凰熊希龄、县人文俊铎始开办公立湖南瓷业学堂于姜湾，设辘轳、模型、陶画诸科，聘日人为教员，附设湖南瓷业制造公司。旋复于长沙、湘潭、衡阳一带，设六承销处。瓷业学堂之毕业学生及艺徒，均派入瓷业公司充职员或职工，又向江西景德镇招来工人，凡一十二个又半厂，并于附近添设新公司，出品优良，凌驾镇瓷，在武汉、上海、南洋、巴拿马等处赛会，皆获一等奖章。瓷业公司于民国二年改为官商合办，迭经民三水灾及民七兵灾，遂至一蹶不振。商人集资设厂，仿造细瓷者始于宣统二年至民国十一二年增至十余家，后因兵乱，复多停闭。二十年后，营业渐盛。抗战以来，镇瓷销路断绝，东南及西北各省市场遂由醴瓷垄断，工厂、商号日有增加，集中于县城姜湾一带，扩张至渌口，而乡间就土窑改造者尤众，此为细瓷最盛时期。……民国十八年开办者二家，十九年开办者四家，二十年开办者一家，二十一年开办者一家，二十二年开办者五家，二十四年开办者八家，二十五年开办者二十二家，二十六年开办者九家,二十七年开办者十五家,二十八年开办者二十八家,二十九年开办者九家,三十年开办者十四家。造瓷原料,以瓷土为主要,产区分布于本县东、西、北三乡,延长达数十里。其中多含氧化铁,故烧成瓷器呈浅黄色或淡褐色,通常多以二种或二种以上之瓷土调和掺用。……各色颜料,抗战以前多来自外国,战时交通梗塞,舶来品价特昂,乃采用国产品或其他代用品,如绀青之代海碧、西赤之代矾红,惜国产品因原料不齐,制法简陋,色泽调用均远不如舶来品。县人以制造颜料为业者,共有四家。此外贴花系调颜料绘花于纸上(长二尺,宽一尺四寸),花色鲜艳,且粘贴手续简易,故多乐用之。原系日本货,近上海已有仿造者。至于烧窑之松柴及捆扎瓷器之葛藤、红藤,则皆县产,每年销耗不赀,其总值倍于瓷泥。……当湖南瓷业公司开办时,窑炉系日本式。及景德镇瓷帮来县营业,则改用景德式。县人本积年经验,以二者俱有缺点,取其所长,别为一式,名曰改良窑,一称阶级窑。普通为六间(亦有少至三间,至多十间者),内高一丈,纵九尺,横七尺,底分十级,后六级,宽六寸,专供烧大器用。前四级,宽一尺二寸,专供烧小器用。其他工具之重要者,为作坯、印坯、利坯、挖坯,所用之车大抵仿日本式(惟琢器车特大一倍)。掘地为坎,安轮毂于中央,推动车盘,使之急速旋转,置泥或坯于盘上,借离心、向心二力,即可随其意之所之矣。……土瓷工具简单,窑之构造与细瓷大同小异,由低及高叠级而上,普通七间,可装大小碗一千对。烧窑时间较长,为五十六小时至六十小时,作车亦与细瓷同。此外仅需备搁坯之板,舂泥之水碓,洗泥、澄泥之深湖,与晒泥之窑,盛釉之缸而已。

(陈鲲修,刘谦等纂:《醴陵县志》,卷六,食货志,工商,民国三十七年铅印本。)

〔清同治年间至民国三十七年,湖南醴陵县〕 同治《志》云:"醴俗安土重迁,子弟难于耕读。多习工艺及星卜等技,商贾外贸者少,间亦有扬帆外出者,然不久即归。"盖当时所谓工艺,皆为登门应雇之日常手工业。扬帆外贸,则仅渌口附近之谷米商而已。光绪初,红茶业兴,邑人制茶贩运汉皋者,获利倍蓰。自是来龙门一带,每届春日制茶、拣茶,列厂恒数十。迄于光绪末年,则有瓷业及夏布、编炮起而代之。尤以姜湾之细瓷为最著,至今业益以隆,沾溉其利,恃以为生者,无虑十万人。然瓷商类多设厂自制,他业亦然,故在醴陵今日,工与商多有不可强分者。

(陈鲲修,刘谦等纂:《醴陵县志》,卷六,食货志,工商,民国三十七年铅印本。)

〔民国初年至十七年,湖南长沙〕 锦绣镇洞田之磁业,其磁苗延十余里之远,泥质较醴陵尤佳。民间土人操磁业者,筑窑于产泥附近之洞田。虽所出磁器皆属粗品,然获利甚厚。民九,该镇教育界曹秩庸、饶霞征等,乃就台田高小学校侧,附设台田磁业讲习所,招收生徒,并聘请醴陵磁业名师,一面研究学理,一面实地练习,制出各种细料磁器,早为全县人士鉴赏。民十七,又集股创办台田磁业有限公司于附近之罗家瑕,规模技艺日益精进。

(曾继梧等编:《湖南各县调查笔记》,物产类,长沙,工艺品,民国二十年铅印本。)

〔民国十五年前后,湖南醴陵县〕 北门外之姜湾(距城一里),则为磁业工场荟萃之区,又为沩山土磁船运之埠,于工商业各占重要位置。

(傅熊湘编:《醴陵乡土志》,第二章,城镇,县城,民国十五年铅印本。)

〔民国二十年前后,湖南长沙〕 临湘镇铜官之陶器,土质细腻,工作精美,久已驰名,陶业达数千户,工人达万余。

(曾继梧等编:《湖南各县调查笔记》,物产类,长沙,工艺品,民国二十年铅印本。)

〔民国三十年前后,湖南宁乡县〕 二都之资福寺,五都之鹿角窑,十都之龙王潭,陶户皆数家或数十家,就地掘取沙土,混合之,埴坯晒干,捶碎捣熟,博制壶、缸、瓮、盎之属,装柴窑烧之,销售数十百里之外。鹿角窑坯质尤佳,仿钢官货样,加以绿釉。又五都杨林桥、蒋家冲、六都长桥港,罐壶有名,外销于益阳。而十都六区水洞坑、胡家冲、张家埠诸处,产磁泥,细润洁白,光绪中,里人集资聘醴陵磁工试办,工技劣,货不适用而止。

(宁乡县志局:《宁乡县志》,故事编,财用录、工业,民国三十年木活字本。)

〔唐朝时期,岭南道广州〕 广州陶家皆作土锅镬,烧熟,以土油之,其洁净则愈于铁器,尤宜煮药。一斗者才直十钱。爱护者或得数日。或迫以巨焰,涸之,则立见破裂。

(唐 刘恂撰:《岭表录异》,卷上,一九八三年广东人民出版社铅印本。)

〔清同治、光绪、宣统年间,广东肇庆府高要县〕 缸窑,惟白土、草塘有之。白土窑多为缸、瓮、缶、罍之属,遍给百粤(旧《志》),质坚色黑,状如生铁,贮油载水久而不渗。同、光间,有窑五。宣统时,有窑四。每窑年只烧缸四灶,有金鱼缸、青缸之别,金鱼缸为玩品,镂以花草、人物;青缸则为商民应用品,销流最广。至鲊埕、茶盆、门筒、圆筒、砖格之属,又为应用中小品矣。

(马呈图纂修:《宣统高要县志》,卷十一,食货篇二,民国二十七年铅印本。)

〔清光绪年间,广东肇庆府高要县〕 瓦窑,宋隆、新江、禄步均有,约二十余间,每年出瓦约五六百万。光绪初,每万价约十七元,三十年涨至约三十四元。

(马呈图纂修:《宣统高要县志》,卷十一,食货篇二,民国二十七年铅印本。)

〔清光绪年间,广东肇庆府高要县〕 砖窑以金利为最旺,宋隆、江口、新桥、禄步次之,商店约四十余间,总计每年出砖约四千余万。光绪初,每万价约二十五元;十七年后,价约三十余元至四十元;光绪晚年,则涨至七十元。

(马呈图纂修:《宣统高要县志》,卷十一,食货篇二,民国二十七年铅印本。)

〔清宣统三年前后,广东广州府南海县石湾〕 石湾所制陶器,似官之官窑,郡人有"石湾瓦甲天下"之谣。形器古朴,有百级纹者,在江西窑之上。

(清 张凤喈等修,桂坫等纂:《南海县志》,卷四,舆地略,物产,清宣统三年刻本。)

〔民国十五年前后,广东始兴县〕 磁器:跃溪约之铁寨等村所制碗、盘、杯、碟质美价廉,销流于本境及邻境甚多。

(陈赓虞等修,陈及时等纂:《始兴县志》,卷四,舆地略,民国十五年石印本。)

〔民国二十年前后,广东石城县〕 工艺之业,邑内安铺、塘蓬各有锅厂,安铺太平店各有碗厂,但出品不精,销流未广。

(钟喜焯等修,江珣等纂:《石城县志》,卷二,舆地志,实业,民国二十年铅印本。)

〔民国二十一年前后,广东开平县〕 青砖以楼冈为特品。楼冈自平冈、马山至黄冲口,沿河岸六七里,辐辏上流诸水,从前多是炭铺,盖山木所聚,燃薪为炭,借以发售,其利非浅也。积久,山木来源既罄,炭铺遂缺,毁为园林,栽种花橪,于是楼冈花橪之名特著。光绪初年,乃有始辟为砖窑者,自南北美交通洋钱输入人多创造。近年沿途砖窑已增至四十座,每年八月开窑,至四月收窑,每窑一春出砖八九窑,多则十窑,一窑出砖可达二十二三万,以今日时价计,一年出息总在百万以上、可常容纳工人至七八百名。此七八百名者,可随时兼农田之用,此亦地方上实业之可观者也。其质坚、光泽,他处所出皆不及,故台山全邑建筑都购贩于此。惟其式样较小,不及东莞青,故未能销售于新会以外,如能设法改善,利源未可限量也。

(余启谋:《开平县志》,卷六,舆地下,民国二十二年铅印本。)

〔民国三十二年前后,广东大埔县〕 瓷业:多在山间适宜之地,设窑厂制造。制作次序:掘山为洞,挖取陶土,捣而碎之,舂以水碓,使极精细,乃捏之为团,置旋轮之轴端次,转其轮,捏其土,欲盘欲碗,使如所拟之状割而置之,阴干彩划,再以一种绸泥溜敷其面,外套以粗泥,所制之盒,入窑以柴火烧之。烧时自窑窗窥望,见其中所有之物一色透亮时,渐次熄火,俟冷却出之,遂成瓷器。邑内以此为业者,约四百余厂,皆由高陂出口。但在昔所制货品皆日常所用粗器,年来式样及彩划等技术渐次改良,出品比前雅观。民国九年,潮梅镇守使刘志陆,倡设潮梅工艺厂,以一部分资本设窑厂于高陂属之探涧窠,改良制造精细瓷品。百侯杨笃生亦设厂仿造,成绩甚佳,不让江西饶州产品。惜精制之货,销流不大,资力不充,无以维持,加以潮梅工艺厂原定总厂因时局变化开办未成,更无由接济,因之复相继歇业。烟丝:皆设厂乡市,收买本产之晒干烟叶,裂之去其叶脉,碎之如粉渍,以油使成砖状,刨之成丝,粗黑者曰黄烟,细黄者曰水烟,或称条丝,运售两粤及长江各省。业此者,百侯市凡二十余厂,其次县城、维新、同仁、兰沙亦有之。其制条丝刨烟工人俱由永定湖雷乡雇请,邑人无习此业者。惜近年来纸卷烟盛行,条丝销售逐渐滞钝。在二十年前,百侯各厂出产总额约值四十万元,今约存二十万元,且所有出品多在各口岸改装闽商字号,否则不易推销。包装草纸:多在山间适宜地点设厂制造。其工作,大概于初夏,砍猫儿竹之初解箨者,劈之成寸许之细片,挖地为池,渍以石灰水,经过相当时日,复碎其片,以水碓舂之,使成糊状是为第一步。工作厂中,设纸槽,槽大约四五尺,方边,将糊状之纸料,调以木叶所制之胶水,搅拌之,使成稀薄之液,然后用竹制极细之纸帘,四间套有木边者,入此水液中摇荡二三次,随即提起,滴去余水,即有薄层之竹纤维粘附帘西,有顷,覆而置之木板间,是为第二步工作。厂侧设焙窿,为一薄砖壁之小室,室内以草燃烧,使其壁微热,司焙纸者,将木板上所置之重叠层层新制之湿纸,轻手揭之,粘附热壁之上,再以刷刷之使平,约粘附十余张时,则先粘者已干透脱落。如是往复循环,落者拾之,积成若干张,折成一卷(俗称一刀),若干卷扎成一球,以刀割其一端使平,印以招牌字号,遂挑运出售。业此者,以长富甲各乡为多,约有数十厂。尚有小张之草纸,在家庭间小制者亦有之。此外各乡或有制造者,出产极少。砖瓦:多在山间适宜地点设厂制造,其工作大概取山间黄土,清以水,用牛践蹈之,使黏韧,乃以木模,范之成砖瓦状,入窑中,外用柴木烧而热之,俟火度适合,熄其火,窑顶加注以水,使速冷却,启窑出之,便成浅蓝色之砖瓦。吾邑所产砖瓦,经数百年,永不剥蚀,较潮洲各县所产之品绝不相类。业此者,百侯甲之高磜,同仁甲之莒村、葵坑、高道庵,保安甲之沈坑、余别坑、双水潭,永兴甲之霞紫坑,岩上甲之石壁、下南桥,大宁甲之下溪,三河甲之洋桃坪,大麻甲之银溪、鸡屎堆各处,不下百家。惜此种粗重货品转运费多,仅能各就其近地销售,不能推销他处。香粉、香末:多在山间设厂营之,一采山间特种灌木(俗称香头),剥其皮,用水碓舂之成粉,曰香粉。一采山间薔草烧之为炭,用水碓舂之成末,曰香末,皆用竹篓装运潮、汕各处销售,专供制神香者之原料。近年来,制神香者,多用檀香木锉末为香料,取其芳香较烈,香粉一项,销售已极罕,香末尚有销售,但不甚大。磨坊:多在山间适宜地点设厂营之,厂设水库以转石磨,并设筛筛粉,专代人磨粟麦成粉,按斗石收费。邑中业此者,约有百数十家,规模皆极小,无甚发展之余地,但其性质,亦属水力机械工业之一种。倘能仿其法,利用水力机械,另营他业,则未尝无扩充之可能性也。油坊:多就山间适宜地点设厂营之,厂设水车、水碓、榨油夹及炉灶,专代人榨茶油、桐油等,按原料品种斗石收费,邑中因油类出产无多,营此业者只有数家。

(温廷敬等纂:《大埔县志》,卷十,民生志上,工艺,民国二十四年修,三十二年增补铅印本。)

〔民国二十四年前后,广西贵县〕 窑分三种,曰砖瓦窑、曰石灰窑、曰缸罂窑。砖瓦窑随处皆有,全县约二百余户,工人约八百余。石灰窑称是。缸罂窑木梓、上石龙、苏湾等处各有数户,工人约数十。

(欧仰羲等修,梁崇鼎等纂:《贵县志》,卷十一,实业,工业,民国二十四年铅印本。)

〔民国二十六年前后,广西宜北县〕 陶业,城厢文臣村人开土碗厂,制造土碗、汤碗、菜碟、酒杯。中和乡上花村人开土坛厂,制造土坛、水缸之类。驯乐乡红山人采取煤矿,除供燃料外,并造煤罐、煤锅之类。观察上列各村所制碗、碟、缸、坛、锅、罐等器,型式无大差别,只其不善上釉,色彩过劣,致而价值过低,获利微薄。

(李志修,覃玉成纂:《宜北县志》,第四编,经济,产业,工业,民国二十六年铅印本。)

〔民国二十九年前后,广西柳城县〕 县属工艺平常无特殊制造物品,虽大埔古零有缸瓦出产,太平有木器、竹器出产,然式样粗劣,不能畅销外埠。至于织布、榨油、扯面等,仅能自给。

(何其英修,谢嗣农纂:《柳城县志》,卷五,经政,工商,民国二十九年铅印本。)

〔清康熙年间至民国二十三年,四川华阳县〕 县无瓷业,惟烧砖、甓及瓦器,因其土之宜也。城东旧有瓦窑滩,即今头瓦窑、三瓦窑、高河坎一带也,专烧砖瓦,省治内咸赖其用。烧瓦器者,曰坛罐窑,在永兴乡复兴场,窑始建于清康熙中,谓之老窑,今毁。继建者,有咸丰窑、同治窑各一,均以年号命名。县以外供及旁近郡,质不华采而经久耐用。

(叶大锵等修,曾鉴等纂:《华阳县志》,卷三十四,物产,货,民国二十三年刻本。)

注:华阳县一九六五年并入双流县。

〔清嘉庆年间至民国十四年,四川崇宁县〕 桂花场有窑二座,一名嘉庆窑,从嘉庆间开办;一名新窑,光绪间置以黄泥为料,白石炉底捣烂傅面,烧数日遂成坚硬之品。大小器皿各有制造,有小窑数座,造香炉、香筒、痰盒、春橙、洗脸盆诸器具,惟造黄、绿二色亦佳,不及大窑耐久。环邻数县亦颇畅销。

(陈邦倬修,易象乾等纂:《崇宁县志》,卷三,食货门,物产,民国十四年刻本。)

〔民国十年前后,四川金堂县〕 治东百里八区瓦窑湾有窑二十余座,所制坛罐质极细致,腌菜最佳。

(王暨英修,曾茂林等纂:《金堂县续志》,卷五,实业志,工业,民国十年刻本。)

〔民国十三年前后,四川江津县〕 厂户以津之二守、六合、九如镇、八政乡为多,约四十余家,川中大小河各地均销之,并有运销省外者。

(聂述文、乔运亨修,刘泽嘉等纂:《江津县志》,卷十二,实业志,工业,碗厂,民国十三年刻本。)

〔民国十六年前后,四川酆都县〕 陶器厂,一在太和乡大花地,一在太平乡牟家场,盆盎花钵等件绛色光洁,贫富皆堪适用。

(黄光辉等修,郎承诜、余树堂等纂:《重修酆都县志》,卷九,食货志,物产,民国十六年铅印本。)

〔民国十八年前后,四川南充县〕

陶厂地点	厂　数	工　徒	出　品
曲水场	三	三十余名	砖　瓦
高坪坝	四	四十余名	同
南溪口	一	十余名	同
桑树坝	二	二十余名	同
双女石	二	二十余名	同
小龙门	二	同	同

(续表)

陶厂地点	厂 数	工 徒	出 品
大西门外	五	六十余名	砖瓦沙罐
曲水湾	二	二十余名	家用陶器
林冈坝	二	二十名	同
荆溪场	二	同	同
雷打石	一	十余名	同

(李良俊修,王荃善等纂:《南充县志》,卷十一,物产志,工厂,民国十八年刻本。)

〔民国十九年前后,四川名山县〕 县属工业较巨者一曰陶,二曰织。东区一颗印蒋坝,中区周坪多粘土,抟作土碗、坛、罐、钵、盂等器,质虽粗,用颇适,县人半取给焉。余则运销附近各县暨建、炉两属。

(胡存琮修,赵正和纂:《名山县新志》,卷八,食货,工,民国十九年刻本。)

〔民国二十年,四川叙永县〕 叙永陶器,以天池及落卜堡所出者为佳,其制成之各种碗器,虽属土瓷,最近式样改良,瓷釉精致,销路渐次推广,纵不及外省规模宏远之工厂,然于艺术亦可见其一斑。附表如下

陶 器 概 况 表

物 品	窑厂地点	窑厂所数	销 场	每年价额	运 输
大小碗及各种器具	天池镇	6	叙永城乡暨泸县	8 400 元	船 运
同前	落卜堡	2		1 600 元	陆 运

(宋曙等纂:《叙永县志》,卷六,交通篇、工业,民国二十四年铅印本。)

〔明代至一九四九年前,云南〕 云南陶业,全省各县皆有,出品为砖、瓦、酒瓮、酒罐、酒坛、瓦盆、瓦土锅、炊锅、花盆、饭碗、菜碗、碟子、盘子、茶壶、瓦缸及瓦寿头、宝顶等,每年销数不少。砖、瓦以昆明北乡松花坝所烧之琉璃瓦为佳。元江夷人不须砌窑,以明火烧成各种陶器,如炊锅、煮锅之类,较用窑烧者尤佳,亦属可异。其他陶器以建水、宁州所产者为著名,有粗细二种,细者如花瓶、花盆、文具等,釉水、式样、书画、彩色均有可观。永昌产围棋子,明代以来即著名。……永昌烧棋子之法已失传,昆明人仿造之,然不及也。又本省产碗花,江西景德镇亦到本省采购。腾越、永北所产瓷土,较皖、赣者尤良。近来永北瓷器骎骎与江西

争胜,迤西各属皆用之。腾越亦试办,尚无成效。

(龙云、卢汉修,周钟岳等纂:《新纂云南通志》,卷一百四十二,工业考,陶瓷业,一九四九年铅印本。)

(十二)矿 业

〔辽代至民国十七年,河北房山县〕 房山煤业发轫于辽、金以前,滥觞于元、明以后,榷税于前清中叶。考《木岩寺碑记》,创自天监二年,重葺于天庆元年(辽天祚帝年号),其碑有"取煤于穴"之文,是辽之前,煤矿已经发现矣。又考《畿辅通志·榷税篇》,乾隆二十九年,宛平有煤窑一坐,房山有煤窑九坐,是房之煤业在当日较宛平繁盛,始行纳税矣。后有窑商常某知长沟略之地质,其岩石皆系斜层,西高东下(俗曰煤槽,南托北合),其水必由东泄也。于是,察地形之便利,由车厂村西,开山通穴,以泄长沟略诸窑之水(其地俗名嘴把子),而窑业由此益盛。今日之长沟略,蒙利已及百年,善人利赖百年,信哉。现窑道已深,将在嘴把子水平线下,以窑为业者其何以继前功而使不坠乎?矿区,煤之区域在大房山,南北麓皆有之。山南之区有七:一、长沟略;二、西庄与车厂;三、葫芦棚与下寺;四、长流水;五、黄院;六、周口店;七、羊耳峪。山北之区有七:一、南北窖;二、三安子;三、英水沟;四、杏圆沟;五、车营与万佛堂;六、煤岭;七、大安山。山后有三,一、塘上;二、豹八;三、芦子水。……矿业权,由习惯言之,一曰山主,即原有地主,未投资于矿业,仅有收租权利者也。二曰工本,即山主许可投资本与劳力而取得矿权,任其开采与转移者也。三曰私查,即由工本许可而开采定有年限者也。自矿业条例颁布后,矿大者依矿业条例呈请开采,小者依暂行条例以得矿权。矿之开采,开采之法,全境殆皆幼稚,且不经济,然亦因矿区过小,槽道倾斜不齐,非用土法不可,亦有囿于习惯而不知改良者。其用人也,有界里、界外之分。界外有账房、有掌作,一司银钱,一司庶物。界里有大伙计,总司矿洞之事;有斧子手,专司以木支山;有拉头,用荆筐拉煤于外;有水工,用柳斗以掏窑内之水泄于最低之邻窑,层层递泄,皆由嘴把子流出。近日窑道深,嘴把子渐有壅滞之虞,有李琴舫者购机抽水,较人力为便,倘众皆仿效,亦补救之一途也。煤之产额,吾房无确实调查,不过就见闻所及粗言其概,长沟峪冬季最多时每日约出八百吨,平均每年产额当在十二万吨上下(采九年农商部西山地质志),每吨末煤售价一元五角，块煤每吨三元，合计得利在三十万元上下。周口店、长流水、葫芦棚、下寺、黄院、西庄、车厂、羊耳峪等处，所产当亦不下十二万吨，若南北窑、三安子、英水、杏园、南北车营等煤窑八十余坐。据农商部调查，三安子附近一带由高线运至它里，全年当得二十万吨，由长沟峪至周口店约五万吨；英水杏园一带，由高线枝头福字号运至坨里约五万吨，余皆驼运，亦不下八万吨，每吨一元二角。总计以上长沟峪十二万吨不计外，尚不下五十七万吨，每年得洋当在五六十万元上下，其得利不为不厚。此本九年调查，今日煤价增加一倍，更当别论矣。……煤之销路，销售以北京为大宗，约在百分之六十，销于天津者次之，销于保定者又次之。初京汉铁路一修，周口店枝路同时并筑，故北京所用之煤由房输入者率居多数。其后门头支路成，房之煤销路减，保晋公司井陉煤矿、临城煤矿纷纷输入，而房之煤销路又减。

（冯庆澜修，高书官等纂：《房山县志》，卷五，实业，矿业，民国十七年铅印本。）

〔明朝年间，京师顺天府〕　银冶，在城西北一百八十里颜老山。铁冶，在城西北一百五十里清水村。

（佚名纂：《顺天府志》，卷十一，宛平县，场冶，清光绪十二年缪荃孙传抄《永乐大典》本，北京大学出版社一九八三年影印本）

注：明永乐元年改北平府为顺天府。

〔明永乐以前，京师顺天府宛平县〕　煤炭，出城西七十里大峪山，有黑煤洞三十余所，土人恒采取为业。尝操锤凿穴道，篝火裸身而入，蛇行鼠伏至深入十数里始得之，乃负戴而出。或遇崩压，则随陨于穴，故其沾污憔悴无复人形，然乡民借此衣食，终不舍也。其用胜于然薪，人赖利焉。

（佚名纂：《顺天府志》，卷十一，宛平县，土产，影印传抄《永乐大典》本。）

〔民国十二年至十七年，河北房山县〕　煤，山南以长沟峪车厂、羊耳峪、黄院、长流水为大宗，周口店次之；山北以三窑三安子为大宗，英水南北、车营次之。其上者消于京、津，次者供烧灰、附近人家之用。其产额，周口店运出，民国十二年一万七八千车，合三十五万余吨；它里运出，万余车。又红煤，力极大，凡熔铁者皆用之，产大安山，道路未修，仅可驼运。又塘上、豹子、水芦、子水等，皆产煤，山深路远，驼运皆难，行消〈销〉不广。

（冯庆澜修，高书官等纂：《房山县志》，卷二，地理，物产，民国十七年铅印本。）

〔清康熙四十二年前后，直隶广平府磁州〕　煤炭，出州之西山一带，入穴取之,深数十丈,先见水,水尽见砂石,砂石尽,然后见炭。有三种,初得者为山青,次为大青,末为下架,下架之下则无炭矣。又分肥瘠,瘠者以供烧炊,肥者或炼为焦炭备冶铸之用。

（清　蒋擢修,乐玉声等纂:《磁州志》,卷十,风土,土产,清康熙四十二年刻本。）

〔清康熙五十年前后,直隶宣化府宣化县〕　煤,出镇城附近屯堡山窑,亦以供炊,然此种可以隔夜种火不熄,土人谓之宿火炭。

（清　陈坦修,林盛纂:《宣化县志》,卷十四,物产志,石属,清康熙五十年刻本。）

〔清康熙五十一年至雍正元年,直隶承德府平泉州〕　铅,平泉州境内之雅图沟、杨树沟、波罗树等处产之。康熙五十一年,许内地民人及蒙古开采,令每岁纳铅入钱局以为课。雍正元年,悉令封闭。

（清　和坤、梁国治纂修:《钦定热河志》,卷九十六,物产,金石之属,清乾隆四十六年刻本。）

〔清乾隆十年至道光十四年,直隶宣化府万全县〕　煤,洗马林口外出,南北炭山亦产,不多。

（清　左承业纂修,施彦士续修:《万全县志》,卷三,物产,石属,清乾隆十年修,道光十四年续修刻本。）

〔清光绪初年,直隶口北三厅张北县〕　银矿,本县第五区苏鲁克属聚宝庄之银沙背,在县城西一百一十里,前光绪元、二年间,有私行开采者,后不知何故停办。

（陈继淹修,许闻诗等纂:《张北县志》,卷四,物产志,矿物,民国二十四年铅印本。）

〔清光绪八年前后,直隶宣化府怀来县〕　煤土,东门外海子周二三里,出煤土有硝黄气,和煤烧,增焰耐久。白煤土,较煤土白甚,海子南北入窑挖采,可粉壁去油垢。

（清　朱乃恭修,席之瓒纂:《怀来县志》,卷之四,物产,土属,清光绪八年刻本。）

〔清光绪二十年前后,直隶广平府〕　煤产于磁州者曰炭,烧之烟多;产于邯郸者为煤。凝为块者曰炸子,碎者曰末。煤以水和土烧之,由滏河舟运贩东北各州县。

（清　吴中彦修,胡景桂纂:《重修广平府志》,卷十八,舆地略,物产,货属,清光绪二十年刻本。）

〔清光绪年间至民国二十三年前后,河北井陉县〕　金,境内北区观音山附近产金。据民国十年一月工业试验所报告,于翔云请验第五八五号化验结果,第一号矿岩每吨矿石含金四钱二分,第二号矿岩每吨矿石含金四钱三分。银,境内观音山附近,不但产金,而且产银。清光绪间,曾有人在小寨乡西开采,以经营不得法,未能得利,事遂中辍。南区胡家滩乡附近山中亦产银,但苗不甚畅旺。铜,井陉矿坑内有铜矿苗,质甚佳,前德人汉纳根在县办矿时,曾掘出若干,据云苗尚丰富,惟以未曾呈请,不敢擅采,仍复埋而藏之。铁,产于第五区南部锡富山一带,据前地质调查所报告,铁质成分尚佳,惟以现在铁价及矿量计,尚不堪设炉采炼。……铅,境内观音山后之八里沟及牛道沟一带,产方铅矿,此矿含铅质甚多,带少许银质,惟苗不甚丰富。

(王用舟修,傅汝凤纂:《井陉县志料》,第五编,物产,矿物,民国二十三年铅印本。)

〔民国元年至二年,河北万全县〕 县城北二里紫岩寺沟有金矿,民国元年,邑人安仲山曾集资,呈请试采金矿,惟以含量甚少,得不偿失,遂于民国二年停工。

(路联达等修,任守恭等纂:《万全县志》,卷二,物产志,矿物,民国二十二年铅印本。)

〔民国十至二十四年,河南武安县〕 武安矿业,煤产称最。民国纪元前,西乡一带,全恃和村坡场为供给,煤质有烟、有味,不能耐久。民国初年,八里湾煤窑出现,质量均佳,西北乡居民已感便利。民十以后,招贤大成坡煤矿突兴,资本雄厚,开采得法,生产数量超过各坡。煤质无烟、无臭,经久耐用,远近畅销,全县民众始得以低微之代价,获优良之燃料。罗义中山坡开办最晚,煤质尚佳。周庄中兴坡煤,臭味颇强,最宜汽炉燃烧,经济、白灰、无渣是其优点。胡峪、薛村、大阁各坡,出产均有可观。临泉、紫山坡凤负盛名,惜层层山石,探掘不易。大成坡煤畅销后,土窑停工殆已数年,近有人勘定矿区,立案试办,成效尚未显著。上泉村于数十年前,曾一度出煤,煤质甚劣,经冬燃烧,衣服多致霉烂。店头大兴坡已现煤质,嗣因资本不继,未竟全功。总计全县矿在建设庭〈厅〉立案领照组设公司正式开采者,共有七家。以外,如磁山之铁、长亭之银、白沙之碗釉,亦均有名,前曾经人一再勘验,卒以成本过巨,故遭弃置。兹将武安矿业详细情形列表如下:

武安县矿业调查一览表(民国二十四年)

项别\目别	鼎盛公司	大成公司	顺成公司	中兴公司
公司种类	股份有限公司	股份有限公司	股份有限公司	股份有限公司
矿区坐落	胡峪村	招贤村	八里湾村	东周庄村
矿业权者姓名	高智	訾云岫	李三和	谭相先

(续表)

项别＼目别	鼎盛公司	大成公司	顺成公司	中兴公司
资本额数	五万元	六十万元	四万元	三万元
立案年月	光绪二十一年	民国八年	民国九年	民国十二年
矿区面积	一方里半	二方里半	一方里	一方里
矿质种类	煤	煤	煤	煤
年纳矿区税若干	五百元	七百二十元	二百五十元	二百五十元
年纳矿产税若干	一千二百元	二千五百元	一百八十元	三百六十元
开采方法	土法参西法	土法参西法	土法参西法	土法参西法
矿工人数	每日平均三百人	每日平均五百五十人	每日平均八十人	每日平均八十人
界内租课办法	值百抽二十五	值百抽三十	值百抽二	值百抽二十五
出产数量	每日平均一百吨	每日平均二百五十吨	每日平均三十吨	每日平均四十吨
营业状况	销售畅旺	销售畅旺	前时畅旺现时衰落	销售平常
行销地方	河南临漳、河北磁州、成安、肥乡、大名、邯郸、永年、曲州，又由滏河运销，直达清河、宁静等县	北邯郸、永年、曲州、沙河、邢台、南和、任县、平乡、钜鹿、内邱等县	只销本处	除本地销售外又运销河北邯郸、永年、曲州、由滏河直达清河、宁静等县
转运情况	驴骡驼载，车船运输	驴驼车载	驴骡驼载	驴骡驼载，车船运输

项别＼目别	兴武公司	中山公司	裕武公司	备考
公司种类	股份有限公司	股份有限公司	股份有限公司	
矿区坐落	大阁村	罗义村	薛村	
矿业权者姓名	李慕韩	郝义和	李廉民	
资本额数	二万元	二万元	五万元	共八十一万元
立案年月	民国二十一年	民国二十一年	民国二十二年	
矿区面积	一方里	一方里	一方里	共九方里
矿质种类	煤	煤	煤	
年纳矿区税若干	二百五十元	二百五十元	二百五十元	共二千四百七十元
年纳矿产税若干	八百元	四百五十元	不详	共五千四百九十元薛村裕武公司在外
开采方法	土法参西法	土法参西法	土法参西法	
矿工人数	每日平均一百人	每日平均九十人	每日平均八十人	每日平均共用矿工一千二百八十人
界内租课办法	值百抽二十五	值百抽二十五	值百抽二十五	
出产数量	每日平均五十吨	每日平均六十吨	每日平均二十吨	每日平均共出煤五百五十吨（每吨约合一千六百八十斤）
营业状况	销售畅旺	销售畅旺	销售平常	
行销地方	除本地销售外，痛（编者按：系"又"字之误）销河北磁州、成安、河南临漳等县。	除本地销售外，又销于沙河、邢台两县。	除本地销售外，又销于磁州一带。	
转运情况	驴骡驼载	驴骡驼载	驴骡驼载	

(续表)

项　别	目　别	兴武公司	中山公司	裕武公司	备　考
其他说明		一、本表所列公司之外，尚有华安公司组设临泉（即紫山坡），于民国二十二年立案批准，经理人胡海兴，资本额数不详。 一、和村一带，煤矿蕴藏颇富，只以煤质不佳，尚无人请领矿区，从事开发，所有私窑创掘，仅能供临近村庄之需要，不能远销。 一、店头村大兴公司试采多年，犹未透煤，现①仍奋斗中。			

（杜济美等修，郝济川等著：《武安县志》，卷十，实业志，矿业，民国二十九年铅印本。）

注：① 民国二十三年前后。

〔**民国十一年前后，河北宣化县**〕　磺，城南五十里谭萝一带出产最良，东西窑沟磺沙亦甚伙。近年设官矿局专其利。

（陈继曾等修，郭维城等纂：《宣化县新志》，卷四，物产志，矿物类，民国十一年铅印本。）

〔**民国十一年前后，河北宣化县**〕　煤矿工人生活概况：一、工制。为包工制，包工人约分数级，第一级为总包工，第二级为监工，此二级为包货者；第三级为工头，第四级为老班，此二级为包工、监工者。但此种等级只有少数煤层过多、地层广阔之煤矿如此，若土法开采之煤窑，则无此种情形。二、工资。监工每日工资约大洋四五角，二头每日约铜元三十余枚，矿工每日二十余枚，推车夫十余枚，看门人三十余枚，木匠五六十枚，瓦匠四五十枚，杂工三十余枚，矿面工人十余枚不等，童工只得铜元五六枚，此项调查亦指西法开采者而言。三、工作时间。工作不分昼夜，星期日亦不休息，每日分三班，晨六时、午二时、晚十时为换班时间。矿工多因生活费不定，每日上班二次，工作时间竟达十六小时，号为双工。四、工人待遇。甲、疾病。工人疾病无人注意，各窑于创办时，间有因工人因公受伤延医调治未愈之，先给薪一半，病愈入窑仍给原薪者。惜现在此条全行废除矣。工人有病不能工作，即难于糊口，以故有病即死，死亡甚众，其状至惨。工人手足受伤亦无人代为治疗抚恤，多使之活活饿死。乙、死亡。煤窑定例，因公致命给丧葬费，数目无定，因之死者家属往往与窑主发生冲突。丙、生活。矿工率由监工管理，监工专设小屋招揽矿工居住，兼包伙食费用，均由工资内扣除。工人每日所得工资只能维持个人生活，若欲养赡家室，非工作不可。小屋内每日每人给饭三顿，油灯一盏，睡眠处所亦无设备，只大炕一铺，无数工人枕藉砖瓦而睡，工资按月发给。……丁、死亡率。关于此项殊少精确之报告，据云每月因伤死于矿中者每窑平均二三人，多时十几人或几十人不等。但病死者不计。致死之因多由于不通风闷死及中毒,受伤人数比死亡者多两倍。戊、年龄。矿工寿命不永,大都不过五十。在矿中工作者之年龄多在二十岁至三十岁,最老者四十岁,最幼十数岁。六、矿中状况。矿中状况非亲身经历匪可想像,兹就用新法开采者之内中情况略加叙述,虽不足以例其余,而土法煤窑其危险程度当必有增无减也。自矿面到矿里有井可通,一眼或数眼不等。矿区亦分数层,每层有大路数支,支路又分小路,路均沿煤脉修成。大路阔十一尺,高十尺,途中昏黑无灯火,亦无他种设备,泥泞异常。路旁有水沟,水深过膝。路中设轨,用小车运煤。小路阔只七尺,高四尺半,走时须俯伏项,及两旁用木柱上撑,身首偶触之,煤块纷纷下坠。工作处所异常狭隘,且煤层向上作斜坡,矿工赤身涂炭,屈曲如猬,借一盏灯光在内工作,此情此境诚令人发生地狱阴间之想。矿中虽有通气风筒,而无流动之空气,空气中夹杂煤气、水汽、硫磺气及种种浊气、臭气,工作其中,殊多危险。

(陈继曾等修,郭维城等纂:《宣化县新志》,卷五,实业志,矿业概况,民国十一年铅印本。)

〔民国十一年前后,河北宣化县〕 口北与山西接壤,山脉绵联,以故矿产颇富,尤以煤铁为最。煤矿开采极早,惟须用土法,年来渐有用西法开采者,但不多觏。铁矿开采为近一二年事,只有龙烟铁矿一区,他若宋家庄之铅矿、谭罗一带之磺矿均产量甚伙,惜开采事业不甚发达。

(陈继曾等修,郭维城等纂:《宣化县新志》,卷五,实业志,矿业概况,民国十一年铅印本。)

〔民国十二年至二十二年,河北万全县〕 炭,俗名臭炭,多含硫质,色黑,燃烧有臭气,第五区梁朋庄、胶泥庄及一区黄家堡一带山中多产之。此矿早经用人工开采,惟起始开采者,姓名不详。民国十二年,县城人李盈甫等合组大业公司从事开采,曾用抽水机吸水,卒以财力不济,中途停工。其他炭矿现均以未经呈准,迄未开掘,在从前均系农人于春、冬暇时用人力开采,以作燃料,并行销附近各村。其法在窑口设辘轳一架,三四人下窑掘炭,以粗绳系筐入,盛炭绞而上之。此矿蕴藏甚富,但以开采法不佳,仍利弃于地,殊可叹也。

(路联达等修,任守恭等纂:《万全县志》,卷二,物产志,矿物,民国二十二年铅印本。)

〔民国十六年前后,河北张北县〕 本县第四区属喀尔沁之金牛山有铅矿一处,在县城东南一百一十里,交通不甚便利。前于民国十六、七年间,经矿商孟子裕集股开采,矿区甚大,用土法开采,虽产量丰富,成分优良,但无机器提炼,出品甚微,以故赔累甚巨,旋即停办。

（陈继淹修,许闻诗等纂:《张北县志》,卷四,物产志,矿物,民国二十四年铅印本。）

〔民国十八年前后,河北怀安县〕 县属第二区阎家辛窑素有煤矿,色褐味臭,其质如泥,土人名之曰臭炭,块之大者,重十余斤,每洋一元可购五百余斤。惜含硫磺性,刺激性太强,室中黑色等物亦能被其薰之变白,故人多不喜用。斯地距县城约七十余里,有平绥路横贯其村内,交通甚便,惟以开采者仍沿旧法,以致产量甚少,倘遇矿仓水旺时,即苦无法掏取。民国十八年曾有邑人白纯暇集资开采,当时购买机器,聘请富有经验之工师及土工多名,费时四五月,耗款二三千元,寻将达到良好炭层,忽机器崩坏,资款亦告罄矣,工遂中辍。

（景佐纲修,张镜渊纂:《怀安县志》,卷五,物产志,矿产,煤矿,民国二十三年铅印本。）

〔民国十八年前后,河北邯郸县〕 煤矿,县西陶庄、李家庄两处,向经土人沿用旧法,挖井探采,据称煤苗颇旺,旋因水势涌涨,资金绵薄,遂至中辍。民国十八年,复经李某因李家庄旧址集股经营,时阅三月,仍以水涨停工,货弃于地,较之邻境武安、磁县煤炭山积者相形减色,殊甚可惜。

（李肇基修,李世昌纂:《邯郸县志》,卷十二,物产志,农矿,民国二十九年刻本。）

〔民国二十年以前,河北迁安县〕 煤矿,在邑之忍字口,开办半年,未及见煤,因资本微薄中辍。

（滕绍周修,王维贤纂:《迁安县志》,卷十八,物产篇,矿物,民国二十年铅印本。）

〔民国二十年前后,河北迁安县〕 金矿,在邑之金场峪,昔年产量颇富,近年出数渐少。

（滕绍周修,王维贤纂:《迁安县志》卷十八,物产篇,矿物,民国二十年铅印本。）

〔民国二十二年前后,河北高邑县〕 县西距城二十里之南焦村西冈一带,有丰富煤田,其面积约计十二方里,南至临城界,北至北焦村西南,南北相距七里之远。查该处煤脉西浅东深,成斜度形,按山根之考查,系三十斜度左右。井下煤层颇多,用土法开采最为适宜。

（王天杰、徐景章修,宋文华纂:《高邑县志》,卷二,特产,煤田,民国二十二年铅印本。）

〔民国二十四年前后,河北阳原县〕 本县矿产约有五种,曰煤、曰玛瑶(即燧石,俗名火石)、曰铜、曰铁、曰云母石,但后三种皆未开采,而前二种虽已开采,产量亦不甚丰,且皆土法。兹分述于后。煤矿,南山产煤最多,但地址多在蔚县广灵界内,我县亦有开采者,皆系小窑,资本既少,煤亦稍有臭味。县境之内,小本煤窑仅七八处。其者有五,列表如下:

矿 名	矿区	面积	产 量	资 本	采 法	销 量	销 区	运法
段尚志煤厂	磁炮窑	四亩	月计十万余斤	二百余元	人工土法	月计九万余斤	本县五区	人负畜驼
王文锦煤厂	麻黄沟	六亩	月计九万余斤	二百八十余元	人工土法	月计八万七千斤	本县五区	同上
赵山煤厂	磁炮窑	八亩	月计十余万斤	五百元	人工土法	月计十余万斤	本县三区	同上
四罘平煤厂	磁炮窑	七亩	月计十万斤左右	四百元	人工土法	月计十万斤左右	本县一、二、三区	同上
胡家沟煤厂	南 山	六亩	月计十五万斤	四百伍拾元	人工土法	月计十四万斤	同上	同上

玛瑶,本县北山多产旱玛瑶,较普通者色稍黄,开采年代至早,其先产量极丰,近年稍次。虽无私人矿主,而产权归王家窑、红寺桥、梁水、灰泉等村所有。农暇量力开采,售至县城火石作房,制造烟嘴、图章、文玩等物,销于平津等处,甚且远至法之巴黎,惜作品无多,每千所值不过一二千元耳。

(刘志鸿等修,李泰棻纂:《阳原县志》,卷八,产业,矿业,民国二十四年铅印本。)

〔清雍正十三年前后,山西泽州府〕 铁,其输市中州者,惟铁与煤,日不绝于途。

(清 朱樟等修,田毅谷纂:《泽州府志》,卷十二,物产,货属,清雍正十三年刻本。)

注:泽州府为今山西晋东南地区。

〔清道光六年前后,山西太原府太原县〕 原邑在郡属县中为最贫,而土地最为沃衍,则汾、晋二水之力也。又山中所出石炭,足济数县,其他盐、铁之利,亦复不乏,故贫民易于谋生,贸易外乡者寥寥。

(清 员佩兰修,杨国泰纂:《太原县志》,卷三,风俗,清道光六年刻本。)

〔清光绪八年前后,山西平定州〕 平定土产以炭为最……此炭即《汉[书]·地理志》所云"石可燃为薪者",取之地中。土人每视山上石脉,即知炭之有无。有穿地至三四十丈者,其坚者椎之难碎,燃之耐久,故平定皆有火炕以此。然亦不过数处,如东沟岭、上西锁、簧石、卜嘴、平潭其最著者,其他处间有之,总逊此数处。

(清 赖昌期、张彬等纂修:《平定州志》,卷五,食货志,物产,清光绪八年刻本。)

〔民国六年前后,山西乡宁县〕 煤为乡宁特产,晋、陕、豫三省皆倚赖之。煤窑,西乡为巨,东乡次之,南乡又次之。西乡先有三大窑,一在寨沟,二在师家滩,其大百倍于东南乡，又与河近，销路畅而易，今废于水十余年矣。或云外洋有机器可以出水，水出则窑如故，果尔则岁费数千金亦可为也。窑所出以整者为炭，碎者为煤，煤用火炼之则成蓝炭，其价与炭等。窑分平巷窑、井窑二种，平巷窑中又分牛窑、人窑二种。

（赵祖抃修，吴庚、赵意空纂：《乡宁县志》，卷七，风土记，物产，民国六年刻本。）

〔民国十七年前后，山西襄垣县〕 襄垣地处山陬，矿质颇厚，向以煤炭为大宗，旧日开采小煤窑不下五六十处，但纯用人力，起运维艰。近年来，欧风东渐，新知日启，若道沟、坪梁山沟、灰垴等处，购置起重机器，起运甚捷，煤炭亦复良好，销售邻境各县甚形畅旺。

（严用琛、鲁宗藩修，王维新等纂：《襄垣县志》，卷二，物产略，民国十七年铅印本。）

〔民国十八年前后，山西翼城县〕 煤炭为翼邑大宗出产，亦民生日用必需之品，近年行销浮山、曲沃、闻喜、绛县等处，颇形畅旺。故本地煤炭之价，突高数倍，惜采取用土法，不用机器，往往为水所占，以致天然美利，不能出地，可发一叹。

（马继桢、邢翙桐修，吉廷彦、马毓琛纂：《翼城县志》，卷八，物产，民国十八年铅印本。）

〔民国二十二年前后，山西沁源县〕 我沁业煤者，多在县境北边与西域临煤矿附近处。北边，如后沟、太山沟、西窑沟等村，业煤者居半。余则附近采煤之村，于农隙时行之，亦属副业性质。

（孔兆熊、郭蓝田修，阴国垣纂：《沁源县志》，卷二，工商略，民国二十二年铅印本。）

〔民国二十二年前后，山西临汾县〕 西山一带产煤颇富，然用土法开采，驴骡驼运，窑务不甚发达，现亦有用机器者。

（刘玉玑修，张其昌等纂：《临汾县志》，卷二，实业略，工业，民国二十二年铅印本。）

〔民国二十四年前后，山西浮山县〕 煤窑，城东北十里之贾家圪塔沟，八窑毗连，炭质不一，年产一万零三百七十六吨，惟以土法开采，成本颇昂。

（任耀先修，乔本情、张桂书等纂：《浮山县志》，卷十二，实业，民国二十四年铅印本。）

〔清光绪三十三年前后，内蒙古〕 碱以内蒙古活多、多诺尔、巴颜诺尔等处产为佳，内地需用甚广。岁自蒙古输入多至一千六百万斤，汉人制成砖块，以之染物或调入麦面，又供洗濯之用。

（姚明辉编：《蒙古志》，卷三，物产，矿物类，清光绪三十三年铅印本。）

〔民国二十四年前后,绥远归绥县〕 大青山一带煤田凡三处,有无烟、有烟之别,俗呼四路炭。甲、坝口子煤田。在旧城之西北约二十里,面积三十二平方里,地层大致向东北倾斜,有下侏罗露苗为半烟煤,煤层仅数寸至尺许,含灰分尤多,非佳产也。乙、毕克齐北山煤田。东自水磨沟,西至黑牛沟,俱有煤层露头,属下侏罗纪,为半烟煤。煤田长约七千公尺,兴隆沟、乌树沟内煤层厚至二尺,杏树沟煤层有二,大致向西北倾斜二十度至三十度,发挥性分多,土人曰肥煤。丙、察素齐北山煤田。一、朱尔沟。西自老窑上起,东经柳树湾东沟窑,至朱尔沟窑,长约六千余公尺,亦曰柳树湾煤田。为无烟煤。岩层错乱,煤层在朱尔沟窑上有一层,在东沟窑上有二层,俱厚一二尺。在柳树湾附近者为下层,厚达四尺,均属下侏罗纪。现时年产约九千吨。二、大西沟煤田。北山腰有三宝公司,所采之煤为一层,厚约三尺许,年产二万四千吨。三、万家沟煤田。最大为万隆窑,煤质甚佳,惟含矿较多,煤层厚约四五尺。

(郑植昌修,郑裕孚纂:《归绥县志》,产业志,矿业,煤,民国二十四年铅印本。)

注:今土默特左旗。

〔民国二十六年前后,绥远〕 绥远碱产颇为著名,为蒙古之特产,凡低湿之地、湖沼及其附近之处,无不产出。如杭锦旗碱湖有五,年产约二万担,鄂托克旗碱湖有四(东碱湖在内),东碱湖年产约三万担左右,其余各湖年产约四千三百二十万斤。

(廖兆骏编:《绥远志略》,第十一章,绥远之物产,第八节,矿产,民国二十六年铅印本。)

〔民国二十六年前后,绥远〕 绥远煤矿之开采,多用土法,以驴驮运,采取虽易,运输甚难。但绥省煤质极佳,着火即燃。若用新法开采,将来不但足供本地工业上使用及农人以煤代粪之用,且可有余量外运。兹据调查所得列表如下:

绥远近年来之煤产额表　　　　　　　　　　单位:吨

种　类	民国二十年	民国二十一年	民国二十二年	民国二十三年
无烟煤	23 300	13 960	8 627	9 827
烟　煤	64 400	54 000	44 056	30 144
褐　煤	3 500	1 250	4 056	18 000
合　计	91 200	69 150	56 739	57 971

煤在绥远为主要产物，如固阳、归绥、集宁、陶林、兴和及安北等县，均为著名之产地。

（廖兆骏编：《绥远志略》，第十一章，绥远之物产，第八节，矿产，民国二十六年铅印本。）

〔民国二十六年前后，绥远固阳县〕 境内南部有石拐子煤田，为绥省各县之冠，长百二十里，煤层厚约五尺。

（廖兆骏编：《绥远志略》，第七章，绥远之县邑，第九节，固阳县，民国二十六年铅印本。）

〔唐朝至清康熙年间，奉天铁岭县〕 唐时渤海于今铁岭置银冶，故号银州。今为我国家发祥之地，不复采取，以护元气也。

（清 贾弘文修，董国祥纂，李廷荣补修：《铁岭县志》，卷下，物产志，清康熙十六年修、二十二年补修，民国二十三年铅印本。）

〔清乾隆元年至咸丰二年，盛京〕 煤，出本溪湖诸山，生者，曰炸子，炼去浊烟者，曰燋子，可代柴炭。

（清 吕耀曾等修，魏枢等纂，雷以诚补修：《盛京通志》，卷二十七，物产志，货之属，清乾隆元年刻、咸丰二年补刻本。）

〔清咸丰初年，奉天岫岩厅〕 硝磺矿在城东北一百四十里四颗杨树，将军衙门派员招商采制，岫岩城守尉衙门遗员前往巡查，以防偷采。

（清 台隆阿修，李翰颖纂：《岫岩志略》，卷五，物产，清咸丰七年修，民国二十三年铅印本。）

〔清光绪末年，奉天辽阳州〕 城东诸山，为矿产之府。日本人尝言，辽阳东北数处出产，供全部用而有余，指煤、铁言也。……自日俄战后，日人开掘磨脐山、茨山、铧子沟数处，华商之煤票皆废，只尾明山设天利公司，由省委员经理。至附近之缸窑，煤产稍薄，有华商领票试采，而其利鲜矣。

（清 洪汝冲修，永贞纂：《辽阳乡土志》，物产，矿产，清光绪三十四年铅印本。）

〔清光绪三十二年至民国十二年，奉天兴城县〕 煤，在县城北五十里偏道子沟，于清光绪三十二年九月呈请开采，矿地七百亩，承办人刘义和，名为永盛公司。煤，在县城西北四十五里头道沟，于清光绪三十二年十月呈请开采。矿地四百一十六亩，承办人张声远，名为长盛公司。煤，在县城北五十里富儿沟，于民国二年十二月呈请开采，矿地三百亩，承办人徐景林，名为福成公司。煤，在县城西南十里郜家屯北，于民国十二年十一月呈请开采，矿地五百四十亩，承办人李殿魁。煤，在县城西四十五里朱屯田屯，于民国八年十二月呈请开采，矿地五千二百一十八亩，承办人张学良。煤，在县城北偏道沟，于民国八年春季呈请开采，矿地七十亩零九，承办人关佐廷。按：本邑矿产以煤为大宗，铁次之，金与铅又次之。煤矿发现于前清时代，价廉税轻，用途亦甚少。近似柴薪价贵，燃煤者日以增，领矿地者亦日以众，致富儿沟等处煤矿发生种种缪辖，各矿遂一律停止。

（恩麟、王恩士修，杨荫芳等纂：《兴城县志》，卷七，实业志，矿产，民国十六年铅印本。）

〔清光绪三十四年至民国六年，奉天兴城县〕 金砂，在县城西南五十里夹山屯，于清光绪三十四年十月呈请开采，矿地二百亩，承办人唐家桢，名为明德有限公司。金，在县城西北塔子沟，于民国六年十一月呈请开采，承办人冯金生。

（恩麟、王恩士修，杨荫芳等纂：《兴城县志》，卷七，实业志，矿产，民国十六年铅印本。）

〔清宣统元年前后，奉天〕 当时（按：指宣统元年）调查，各矿共四百六十七处，计全省各种煤矿一百四十八，金矿一百八十八，内线金不过数处，白金一处，银矿十二，铜矿二十六，铁矿二十一，铅矿四十八，石绵七，水晶三，锑一，磺七，玻璃二，火石一，岩石一，锡一。统稽各矿，以煤与河金为最多。而煤尤为日用所需要，似应早见发达。惟各矿区域多在群山之间，交通不便，转运维艰，故矿商仅用土法开采，出产数量甚少。至若银、铜、铅、铁，尤非集有巨资不能开办。线金矿虽不至若铜铁之难采，而亦较难于河金，是以发见者尚鲜。世称奉天矿产为宝库，而本省官商不能合巨资一发其藏，甚可惜也。

（翟文选等修，王树楠等纂：《奉天通志》，卷一百十六，实业四，矿业上，民国二十三年铅印本。）

〔民国六年至七年，奉天兴城县〕 铅，在县城北五十里甘宁沟，于民国六年十一月开采，矿地一千四百八十亩，承办人何祥云，名为济民公司。铅，在县城西北五十里松树卯荆条山，于民国七年十一月呈请开采，矿地二千七百亩，承办人王德化。

（恩麟、王恩士修，杨荫芳等纂：《兴城县志》，卷七，实业志，矿产，民国十六年铅印本。）

〔**民国八年,奉天兴城县**〕 铁,在县城西北六十里黑松林小鸡冠山,于民国八年一月呈请开采,矿地二千四百七十三亩,承办人张玉琛,名为玉华铁矿。

(恩麟、王恩士修,杨荫芳等纂:《兴城县志》,卷七,实业志,矿产,民国十六年铅印本。)

〔**民国十九年前后,奉天朝阳县**〕 岳家沟窑,在县东北九十里,亦名北票,其所产砟块、煤末、砂烙古等,日若干吨,设矿务局制造厂,人员工役甚多,附近商埠颇盛,销售亦广。

(周铁铮修,孙庆璋纂:《朝阳县志》,卷二十七,物产,金石类,民国十九年铅印本。)

〔**清咸丰四年,吉林**〕 咸丰四年闰七月初九日,将军景淳禀:窃咸丰三年,户部咨令各直省,遇有金、银矿场,即行开采纳课等因,臣履任以来,适有商民刘芳圃等,以登潭卡伦所属之木齐河一带,产有金砂,呈请采办。臣遂派员勘得木齐河在封禁山场之外,与风水地脉无碍,临江一带,露有金苗,似堪开采。臣随给商民刘芳圃等执照,仍令原派之员督同采办。旋据禀称,目下招人试采,逐日所得金砂仅敷人夫工食,无甚赢余。讯据刘芳圃等声言,现采之地,其苗不旺,是以未能多得,若采至旺处,必可交官纳课等语。臣札饬该委员等,认真试看,如往后金苗果旺,可以于公私有益,即定章程,请开采纳课,倘仍止敷衍日用,即停止封闭。

(清 长顺修,李桂林等纂:《吉林通志》,卷四十一,住制志六,矿厂,清光绪十七年刻本。)

〔**清光绪三十三年前后,吉林柳河县**〕 距县东八十五里半截河,有煤矿一处,土法挖采。县东南四十里红旗杆沟,有煤矿一处,土法挖采,销路不旺。此外并无金银铜铁等矿,制造器物皆自外运。

(清 奎斌、邹铭勋纂:《柳河县乡土志》,物产,矿物,清光绪三十二年抄本。)

〔**清光绪末年,吉林海龙府**〕 城东南一百四十里清水沟,亦名芹菜沟,查有金苗甚旺,现在呈请开办。城东南一百里杉松冈产铁,煤炸久已开采。

(清 海龙府劝学所编:《海龙府乡土志》,物产,一九六〇年油印本。)

〔**民国八年前,吉林方正县**〕 县城东南八十七里大罗勒密山内,前有矿师勘有金矿线一道,雇工人二十余名前往开采,因时届夏令,阴雨连绵,矿眼被水注满,以致停业,后遂无过问者。

(杨步墀纂修:《吉林方正县志》,职业,矿业,民国八年铅印本。)

〔民国八年至十三年，吉林通化县〕

通化县矿业成绩表

公司名称	矿质	坐落	区域	矿商	工人名数	开采时期	资金	采法	年产额	销路、余利
宝兴德	煤	民治三区五首江岭	一千零八十亩	刘文阁	十余人	民国十年八月	一万元	土法	一百三十万斤	本县，一千元
同仁公司	煤	三区杨木桥子	六百六十亩	江存清	十余人	民国十一年十一月	一万元	土法	一百一十万斤	通化、辑安，一千六百元
复泰公司	煤	二区小罗圈沟棒棰砬子北沟	二百七十五亩五分	陈炳泰	三十余人	民国八年十月	一万元	土法	一百万斤	本县，出入相抵
永泰公司	煤	三区大罗圈沟	四百二十七亩四分六厘	陈尚宝	六十余人	民国十年十月	一万元	土法	一百二十万斤	同上
福增祥公司	煤	东台河西小北沟三区千沟砖瓦窑沟	八百一十亩	萧大勋 李镇华	四十余人	民国十三年五月十日	一万元	土法	一百万斤	本县及邻县

（刘天成修，李镇华纂：《通化县志》，卷一，土地志，物产，附通化县矿业成绩表，民国三十一年铅印本。）

〔民国初年至二十四年，吉林临江县〕 临江境内，各种矿产异常丰富，惟因设治未久，居户多山左流寓之民，对于矿务，除私自淘金外，不计其他。如五道沟之铜矿、银子沟之银矿，自民国初年，经商民集股开采已有成效，惟以沿用旧法，未及发达而中止。近年来，仅有煤业日形扩充。采铅矿者只有一家。

（刘维清修，罗宝书等纂：《临江县志》，卷四，实业志，矿业，民国二十四年铅印本。）

〔民国十年前后，吉林依兰县〕 查东沟、黑背两金矿，本在依兰界内，自先后分县划区，改归桦川、勃利两县，此时依兰境内已无开办之矿厂矣。城东猪山子有金矿，清光绪末年，曾经试办，因款绌金苗亦不旺，未久即停。县城西牡丹江边，经城绅荣山等募矿师采勘，有煤线一缕，亦因股本不足，未几停办。

（杨步墀纂修：《吉林依兰县志》，乡间，市集，民国十年铅印本。）

〔民国十二年至十九年，吉林抚松县〕 松树镇煤矿，民国十二年董华亭呈请开采，计距城九十里许。……马鹿沟煤矿，距城六七里，系无烟煤，质颇硬，不易燃。

（张元俊修，车焕文等纂：《抚松县志》，卷一，物产，矿产，民国十九年铅印本。）

〔民国十九年前，吉林抚松县〕 雕窝砬子白金矿，在城东南三十里许，雕窝砬子江底金苗发现，其色白。前经孙绳武曾往开采，只因水深，无法可采，停止。汤河金矿，在城西南百里许，汤河里产金，其色黑，数十年前曾开采，现早停止。

（张元俊修，车焕文等纂：《抚松县志》卷一，物产，矿产，民国十九年铅印本。）

〔清光绪年间至民国二十二年，黑龙江观都金矿等〕 观都金矿：观音山金矿（在萝北县境内），原属漠河总厂，庚子之变，为俄人占据，光绪三十一年索还。该厂设在嘉阴河源。又有太平沟金矿，亦隶于观音山厂，距萝北县治六十五里，距观音山一百四十里。已开者只八处，中有六处尚佳，每月约得金二百两上下。都鲁河金矿（在汤原县境内），与观音山仅隔一岭，设在都鲁河上游。观音山金厂委员往往越界私索官金、征收货税，总以界限未定，以致权限不清。光绪二十四年，经黑龙江将军商之北洋大臣，会同派员勘分界址，凡水之北流入黑龙江隶黑龙江城者归观音山金厂办理，凡水之南流入松花江隶呼兰城者归都鲁河金厂办理。庚子之变，矿丁逃散，金厂停工，俄人乘机占据。三十一年始经将军程德全派员索回。时值日俄战事未平，盗贼蜂起，又甫索自强邻之手，诸事草创，乃设总局于巴彦州，置总办提调以下各员，招集矿丁采金，而官征其税，每丁每月纳身厘金二钱。矿礃深至七八尺或丈余不等，金砂薄者一二尺，厚者三四尺。矿丁多时五六百人，少时仅百余人。迨三十三年，大局既定，金厂已开办二年，苗线始终未能大旺，乃改局裁员，又酌减矿丁厘金，每月每丁只收一钱八分，以为招徕之计。民国二年七月，乃将都鲁河金矿局并入观音山，改名为观都金矿局，仍由官办，开采均用土法，矿质系金砂，其所管区域有太平沟、都鲁河、木头垛河、绕营班别夫、大度川、上粮台、桦皮川、沁河口等九处，年产金五万五千零八十四早尼克，年收矿税一万一千八百零四早尼克。嗣归太平金厂，改包商办。又萝北县梧桐河山内发现金矿，派员往勘，山道难行，不易开采。民国八年商人蒋廷梓等呈递改正梧桐河金矿办法章程，由局长张寅采转呈到部，照准备案。

（万福麟修，张伯英纂：《黑龙江志稿》，卷二十三，财赋志，矿产，民国二十二年铅印本。）

〔清朝末年至民国初年，黑龙江观山县〕 观音山原拟设佛山府，因矿丁来往，不常厥居，故缓设。今观都金矿局驻太平沟，有分局七处，现因佛山名同于广东，相沿称观山（《乡土志》）。

（郭克兴辑：《黑龙江乡土录》，第一篇，方舆志，第五章，黑河道，观山县，黑龙江人民出版社一九八七年校点铅印本。）

〔清朝末年至民国初年，黑龙江室韦县〕 原名吉拉林，有设治局，在额尔古喇河东，哈喇尔河流域。收回俄人越垦地，兼办金矿。附近根河等处皆可耕，呼伦独立后,设治又缓矣。

（郭克兴辑:《黑龙江乡土录》,第一篇,方舆志,第六章,呼伦道,室韦县,黑龙江人民出版社一九八七年校点铅印本。）

〔民国八年至二十二年,黑龙江〕　北满之自然碱,所制多固守旧法,不知改良,故产额甚微,且含杂质亦多。自一千九百十九年（即民国八年）以还,海拉尔区每年产碱约二千五百吨,齐齐哈尔区八千二百吨。据中东铁路经济调查局之统计,中国碱每年能销售一万一千余吨。

（万福麟修,张伯英纂:《黑龙江志稿》,卷十六,物产志,矿物,民国二十二年铅印本。）

〔民国十九年前,黑龙江呼兰县〕　矿物品类甚多,呼兰所产者惟煤矿,在县属团山西南麓,曾经开采,煤质不佳,后以逼近呼兰河,河水渗入,停办。

（廖飞鹏修,柯寅纂:《呼兰县志》,卷六,物产志,矿物,民国十九年铅印本。）

〔东晋时期,梁州汉中郡〕　梓潼郡,本广汉属县也。……东接巴西,南接广汉,西接阴平,北接汉中。土地出金、银、丹、漆、药、蜜也。

（晋　常璩撰:《华阳国志》,卷二,汉中志,清乾隆间《四库全书》本。）

注:汉中郡今为陕西汉中县。

〔宋代至明代,陕西郿县〕　《明一统志》:郿县出铁,宋时有铁冶务。

（沈锡荣纂修:《郿县志》,卷二,地录,物产,清宣统二年铅印本。）

注:郿县今为眉县。

〔元大德七年前后,陕西行省延安路延长县、延川县〕　在延长县南迎河,有凿开石油一井,其油可燃,兼治六畜疥癣,岁纳一百一十斤。又延川县西北八十里永平村,有一井,岁办四百斤入路之延丰库。

（元　孛兰肹等撰:《元一统志》,卷四,陕西等处行中书省,延安路,一九六六年中华书局铅印赵万里校辑本。）

〔明万历年间及以后,陕西西宁卫〕　西宁北山铁矿,曾于明万历时设厂开采,规模甚大,每月约产生铁三千斤,后因转运为艰,乃行封闭。

（许公武纂:《青海志略》,第五章,青海之经济概况,第四节,矿业,民国三十四年铅印本。）

〔明代至清光绪末年,陕西商州镇安县〕　北一区二台仔铜矿,自前明开采,迄今三百数十载,其间或停或办亦数十次。原洞线路深至三十余里,矿仔净绝。

乾、嘉以后,于原洞下百步外寻得新矿,或商办或官办,衰旺靡定,每致亏耗。光绪二十六年,知县李麟图兼办,至三十年六月止,批解青紫铜五万八千余斤,仅敷工本。继署知县姚熙以矿无把握,恐赔累,遂停办。

（清　李麟图纂修：《镇安县乡土志》,卷下,物产,矿物,清光绪三十四年铅印本。）

〔清雍正十三年前,陕西〕　石炭,龙门内上峪口皆有,荒山绝壑穿山以出,负担驴骡,络绎于道,每数十百舸艓连尾上下浮于河,由韩而郃而朝而同华,自河达渭以及长安、周至之西,载以易粟,岁以为常（卫氏祖地图）。

（清　刘于义修,沈青崖纂：《陕西通志》,卷四十三,物产,货属,清雍正十三年刻本。）

〔清乾隆十九年前后,陕西同州府白水县〕　农力稼穑,不事商贾,最贫者为人下井挖煤,终年处深科中唐突,面目漆黑难辨。

（清　梁善长纂修：《白水县志》,卷一,地理志,风俗,清乾隆十九年刻本。）

〔清乾隆十九年前后,陕西同州府白水县〕　煤炭,凿井深三四百尺取之,足供炊薪,兼资贩易,然日久渐稀,今惟冯雷庄及大雷公村新井最旺云。煤井佣工人入穴取炭,有被石压死者。

（清　梁善长纂修：《白水县志》,卷一,地理志,物产,清乾隆十九年刻本。）

〔清光绪九年前后,陕西汉中府沔县〕　特产者,天荡山阴之石炭,火性独刚,锻炼剑戟、农器,非此不可,南褒、城洋等县俱利赖焉。

（清　孙铭钟修,彭龄纂：《沔县志》,卷一,地理志,物产,清光绪九年刻本。）

注：沔县今为勉县。

〔清光绪二十六年前后至民国二十三年,陕西神木县〕　神木北境产碱,名曰番碱。其地本鄂尔多斯五审、札萨克二旗所辖,向有碱池二,大池属五审旗,小池属札萨克旗。光绪二十六年,蒙教交涉,偿款无出,鄂旗蒙长札贝子请以大小淖碱抵归公家,自是神木碱务遂专归官办矣。年出之碱达三四万锭,运销本省及晋、豫各处（采访册）。

（杨虎城、邵力子修,吴廷锡等纂：《续修陕西通志稿》,卷一百九十二,物产三,矿属,民国二十三年铅印本。）

〔清光绪三十一年前后,陕西延长县、延川县等〕　石油,古称石漆,唐称石脂水,五代及宋称猛火油或称石脑油,又称雄黄油,实一物也。陕省北部东自延长、延川、宜川,西自安塞、肤施、甘泉、鄜州、中部、宜君、同官以至三水一带,沿黄河西岸各支流及洛水流域皆属产油之区,惟延长油矿最著。未采以先,矿地附近时有油质溢出,土人取作燃灯医疮之用。光绪三十一年,经巡抚曹鸿勋奏请开采,勘定县治西门外地址筑厂凿井,即今第一官井也。继又凿第二、三、四官井。第一井总深三百四十尺,见油深度二百一十尺,日出油三千余斤,可提轻油千五百余斤,光白烟微,足与美孚相敌。第二井在第一井之西北,总深三百八十尺,见油深度三百七十尺。第三井在第一井之北微东,总深六百尺,见油深度一百六十尺。第四井在县东门外延水南岸,总深四百尺,油无出。自第一官井见油后,延长石油之名震动中外,政府几经派员考察,力图扩充,探得新发见之油苗三十五处,遂向延川、肤施、中部等县次第开凿,但其油质衰旺不同,产量大小有差别耳。

（杨虎城、邵力子修,吴廷锡等纂:《续修陕西通志稿》,卷一百九十二,物产三,矿属,民国二十三年铅印本。）

〔清光绪三十一年至民国十五年,陕西澄城县〕 澄地无他矿产,惟长闰镇煤为出产一大宗。开采不知始于何时。煤矿大部分在白水澄与白连境,故长闰镇产煤。其初在镇西沟后,仅二井,曰下埝、曰寺前井,各深三百尺左右,出炭甚艰,不敷本县之用。清光绪三十一年,国家奖励实业,知县培林谕令邑人得在该镇购地凿井。于是镇东三里许石沟上下炭井始多,除境内燃料外,运售大、朝、郃各县,大半皆系黑煤,质颇弱,只供坎资,惟有所谓尺八煤者（在井内炭高约尺八许）堪为铸铁。而采掘沿用土法。近更因争拓煤盘,不讲维持山势之方,以致时有山崩火燃伤人之患,民国十二年煤井内火燃,损失甚巨。

（王怀斌修,赵邦楹纂:《澄城县附志》,卷四,实业,物产,民国十五年铅印本。）

〔清光绪三十四年前后,陕西商州镇安县〕 生铁,山中产矿极富……陆运行销邻界,水运则下洵河,每年输出不下数十万斤。

（清 李麟图纂修:《镇安县乡土志》,卷下,商务,本境产物,清光绪三十四年铅印本。）

〔清朝末年,陕西榆林府神木县〕 煤矿极旺,所在皆有,惜无汽车,仅供炊薪而已。

（佚名纂修:《神木县乡土志》,卷三,物产,清末修,民国二十六年铅印本。）

〔民国六年前后,陕西砖坪县〕 矿物则以煤为最盛,滔河、四季河、沙沟、佐龙沟、戴花岭等处皆出,小道河为尤多。

（佚名纂:《砖坪县志》,卷二,物产,矿物,民国六年铅印本。）

注：砖坪县今为岚皋县。

〔**民国十八年前后,陕西邠县**〕 煤,县南四十里拜家河、县东北三十里百子沟均产煤,拜家河有井二处,煤质松,每日产量亦无几。百子沟有井三处,质较佳,日可出二万余斤,惟均用土法采取,且井内有水,无机器以吸之,常发生障碍。

(刘必达修,史秉贞等纂:《邠县新志稿》,卷十六,物产,矿物,民国十八年铅印本。)

注:邠县为今彬县。

〔**民国十九年前后,陕西横山县**〕 煤矿盛产无定河南岸及大小理河、黑木头川,所在盖藏丰富,惟采掘坚守旧法,遇水即废。

(刘济南修,曹子正纂:《横山县志》,卷三,实业志,产业,民国十九年石印本。)

〔**民国三十三年前后,陕西宜川县**〕 煤,分布于中山乡之甘义沟、铁龙湾等地,地方正集资开采。

(余正东等纂修:《宜川县志》,卷七,物产志,矿物,民国三十三年铅印本。)

〔**东汉至清乾隆年间,甘肃安西州玉门县**〕 石脂水,《后汉书》博物记曰:延寿县南有山石出泉,县人谓之石漆。《元和志》:在玉门县东一百八十里,泉中有苔,燃之极明。周武帝宣政中,突厥围酒泉,取此脂燃水,焚攻具,突厥以水沃救,得水愈明,酒泉赖以获济。《明一统志》:石油出肃州南山。《肃镇志》:嘉峪关西有石漆。今按:赤金东南一百五十里,在白杨河西有石油泉,土人取之以燃灯,即石脂水也。

(佚名纂修:《玉门县志》,土产,清乾隆间修,抄本。)

〔**清朝年间,甘肃狄道州**〕 临洮南八十里锁林峡有煤山二区焉。一在峡之西,一在地竺寺前。先是,开者数为番民所阻,有司至不能制。予以谏开马市,谪官狄道,欲开之,而不敢专也。会庠生张子汝言白于府县,允之,委省相陈言住董其事,乃番民阻之又如昔。予遂偕挥使季子节、门人李维芳、陈恂、宋诘亲往治之。至则先摄之以威,次惠之以尝。由是煤利以开,番民遂服。

(清 呼延华国等修,吴镇纂:《狄道州志》,卷十一,物产,明杨继盛《开煤记》,清乾隆二十八年刻本。)

注:狄道州今为临洮县。

〔**清雍正初年至十三年,甘肃肃州**〕 硫磺,出肃州硫磺山内。先年有取之者,地下掘出如砖块,以油炼汁为硫磺,可作火器。雍正初,经略鄂相国巡边,奏准开采三十余万斤,建库贮之,十三年冬封闭。

（清　黄文炜、沈青崖纂修:《重修肃州新志》,肃州,第六册,物产,土石类,清乾隆二年刻本。）

注：肃州今为酒泉县。

〔清雍正初年至乾隆二年,甘肃肃州〕　煤炭,产南山卯来泉山内。在肃州西南七十里。初,肃人只知用石炭。雍正初,总兵沈公力学,教民掘取,由是日用必须,连年相望,为利溥焉。

（清　黄文炜、沈青崖纂修:《重修肃州新志》,肃州,第六册,物产,土石类,清乾隆二年刻本。）

〔清乾隆二年前后,甘肃肃州〕　石油,一名石漆,出嘉峪西石空内,黑色,治疥癣验,又云石漆。《本草》云：堪燃灯,不可食。出酒泉南岩上,水如肉汁,熬如凝脂,其黑与膏无异,俗谓之石漆。

（清　黄文炜、沈青崖纂修:《重修肃州新志》,肃州,第六册,物产,土石类,清乾隆二年刻本。）

〔清宣统元年前后,甘肃固原州〕　固原东北乡距城七十里丁马堡,有炭山一区,产煤不旺,悉用土法,开采不敷居民坎薪,每年纳课甚微。

（清　王学伊纂修:《新修固原直隶州志》,卷十一,庶务志,矿务,清宣统元年铅印本。）

〔清代至民国二十五年,甘肃康县〕　麸金,全县产地虽多,其最旺者惟县北大堡子乡、县南岸门口乡。民国纪元前,土人于每岁冬季,同力合股,掘地为穴洞,深至见沙石,即含有金,取沙出,在清水中以金斗、金床淘汰之,沙去金留,即得麸金焉。间有成颗粒或块状,重有数钱至两余者。陕省及本省各县商人来康,在各地收买,俗称之曰赶金场。以后掘之者渐少,收买者亦寥寥焉。

（王世敏修,吕钟祥纂:《新纂康县县志》,卷十四,物产,民国二十五年石印本。）

〔民国二十四年前,甘肃夏河县〕　桥沟之南为煤系分布之地,昔年曾有人试采,今尚见其遗迹。

（张其昀纂:《夏河县志稿》,卷五,矿产,民国二十四年修,抄本。）

〔民国三十一年前后,甘肃临泽县〕　南、北山之煤炭蕴藏丰富。惟北山之无烟煤品质极佳,除本地需用外,多运往张、高、酒等县销售,惜开采无多。现开采者,仅岔里河、大小肋坝、羊肠沟、洪沟、杏树沟、茨窝泉等处,概用土法,产量甚少,又以交通关系,未能大量运销。

（章金泷修,高增贵纂:《创修临泽县志》,卷三,民族志,生活状况,民国三十一年铅印本。）

〔**清朝年间,青海**〕 金,海南、贡尔勒盖、大河、坝河、卡佛山沟至玛沁雪山,皆金厂也,产沙金,亦有块金。黄河一带,沙金随在皆是。台吉乃尔迤西,则阿尔泰山脉,金苗畅旺。木勒郡王所属,即大通金厂。铅、锡产于青海王地、图马河及科录、古台吉乃尔及海西北之乌龙沟,距丹五站许。铜,距切吉迤西三十里之蒙冈山上有铜矿,又海北之完力麻地方乙开连脑有红铜矿,现已开采,附近大通河、距丹五、六站。……煤,产于刚咱地方,番人取以燃火,尚未开采,其他未经发现之处不知凡几。

（清 康敷镕纂修:《青海志》,卷二,矿产,抄本,一九六八年台湾成文出版社影印本。）

〔**民国八年前后,青海大通县**〕 石煤,出自县治樵渔堡,居县城之东南三十里许。其煤色黑如漆,性坚如石,遇火则燃,质细灰白,全湟赖以为薪焉,每年纳课金四两。

（刘运新修,廖徯苏纂:《大通县志》,第五部,物产志,体物,民国八年铅印本。）

〔**民国八年前后,青海大通县**〕 水金,产于水地,分上、下厂。上厂曰天蓬河赛尔图,曰大梁,在县城之东北,北距山丹,西距野牛沟,皆产金之地。下厂曰金羌滩,本为镇羌滩,系茶马厅界,曰鸽子滩,曰白木畦,曰宽沟,曰天桥沟,曰毛藏硖,皆产金之地。惟该二厂昔称旺盛,近产亦五六千两,纳课金百余两矣。

（刘运新修,廖徯苏纂:《大通县志》,第五部,物产志,体物,民国八年铅印本。）

〔**民国九年前后,青海玉树**〕 娘磋滨河之区多产沙金,土著及客户欲往采者,皆须纳贿于娘磋百户。其淘拣之法,亦甚拙陋。一夫竭日之力,所得或不能一饱。扎武产铅及雄黄,苏尔莽格吉中坝一带皆产煤,格吉杂曲河滨产翠玉石,又往往为番酋封禁,不得采取,谓其凿地脉也。

（周希武编:《玉树土司调查记》,卷下,实业,矿业,民国九年编,抄本。）

〔**民国三十二年前后,青海**〕 青海煤矿以大通之樵渔堡、俄博城产量最富,现为本省主要之矿产,采煤仍用旧法,不仅产量无增,且于工人之安全大有妨碍。

（许公武纂:《青海志略》,第五章,青海之经济概况,第四节,矿业,民国三十四年铅印本。）

〔民国三十二年前后，青海琼科〕 琼科在和硕特南右翼后旗地……物产有察汗俄博之煤，现由土人开采，煤质极佳。

（许公武纂：《青海志略》，第四章，青海之自然区域及政治区域，二十，琼科，民国三十四年铅印本。）

〔民国三十二年前后，青海〕 南部之玉树、称多、娘磋界内通天河两岸，皆为产砂金之区域。昔时虽有开采，然因其淘金之法过拙，故一人竭一日之力，往往所得不足一饱。且无论土人或客商欲往开采者，必先纳费于土司头目，方得开采，因之产额不多。

（许公武纂：《青海志略》，第五章，青海之经济概况，第四节，矿业，民国三十四年铅印本。）

〔民国三十二年前后，青海〕 青海银矿产量亦富，已经采出者，有噶顺山、隆冲河、玛尼岭、希拉朵山、柴达木、郭密、贵德、可鲁西部之大小柴旦一带，以隆充河所产为最佳。现有蒙番人民从事开采，运至湟源销售，汉人以其地方荒僻，多未敢径往。

（许公武纂：《青海志略》，第五章，青海之经济概况，第四节，矿业，民国三十四年铅印本。）

〔民国三十二年前后，青海〕 青海锡矿产于图马河、台吉乃尔、汪什代及马龙山沟一带，惟俱用土法开采，产量甚微。

（许公武纂：《青海志略》，第五章，青海之经济概况，第四节，矿业，民国三十四年铅印本。）

〔民国三十二年前后，青海〕 青海铅矿盛产于西柴达木、图马河、玛尼岭、乌兰代克山、希拉朵山及科鲁克、台吉乃尔、保安一带，土人掘坑镕消〈销〉，铸成大块，售于内地者甚多，铅质极为优良。

（许公武纂：《青海志略》，第五章，青海之经济概况，第四节，矿业，民国三十四年铅印本。）

〔清乾隆三十年，新疆〕 乾隆三十年，办事大臣伍弥泰具奏：查现在铁厂，每月计出生荒铁四千八百斤，一年可得生荒铁五万七千余斤，生熟铁器均能铸造。

（清 和瑛纂：《三州辑略》，卷九，物产门，传抄清嘉庆十年刻本。）

〔清乾隆三十一年至四十七年，新疆伊犁〕 伊犁环境皆山，土地宽广，有窑矿之富,乾隆三十一年立铅厂,三十六年立金厂,三十八年立铁厂,四十一年立铜厂,四十七年立煤窑。

(钟广生撰:《新疆志稿》,卷二,实业志,矿产,清宣统二年修,民国十九年铅印本。)

〔清乾隆四十七年,新疆〕 乾隆四十七年都统明亮具奏,迪化州所属南山一带并奎屯河、呼图壁、玛纳斯、库尔喀喇乌苏等处,依山傍水,间产金砂,设立司金局,发给民人路票,入山淘洗金砂,交纳金课。

(清 和瑛纂:《三州辑略》,卷九,物产门,传抄清嘉庆十年刻本。)

〔清乾隆五十七年至嘉庆十年,新疆塔尔巴哈台〕 塔尔巴哈台煤窑一座,在城北七十里乌里雅苏图山,绿营屯员兼管。

(清 永保纂修,兴肇增补:《塔尔巴哈台事宜》,卷四,煤窑,清乾隆五十七年纂,清嘉庆十年增补,清抄本。)

注:塔尔巴哈台今为塔城县。

〔清嘉庆元年前后,新疆乌鲁木齐〕 乌鲁木齐金厂,现在〈有〉二处,每年共收课金二百余两。内迪化州属金厂七处,共金夫三百名,每名每月收金三分,月收课金九两。库尔喀喇乌苏属金厂二处,共金夫二百六十一名,每名每月收课金三分,月收课金七两八钱三分以上。

(清 永保修,达林、龙铎纂,吴丰培校订:《乌鲁木齐事宜》,金厂,民国间据清嘉庆元年刻本油印本。)

〔清嘉庆十年前后,新疆〕 迪化城附近广产版炭煤之类也,白烟者为上,黑烟者次之。又巴里坤北亦有煤窑,军民甚便。

(清 和瑛纂:《三州辑略》,卷九,物产门,传抄清嘉庆十年刻本。)

〔清嘉庆十年前后,新疆〕 伊犁山中产铜,设炉鼓铸钱,名宝伊,通行乌鲁木齐、巴里坤等处,又南路例有运送伊犁铜斤。阿克苏有上铜厂、下铜厂两处,鼓铸普八钱,各回城行使,至托克逊止。

(清 和瑛纂:《三州辑略》,卷九,物产门,传抄清嘉庆十年刻本。)

〔清道光、光绪年间,新疆拜城县〕 境内铜矿三处:一在温巴什南山,一在滴水南山,一在托和旦南山,向归乡民采取。道光年间,征粮折铜,每粮一斤共折铜一万六千一百五十斤。光绪四年开办善后,清丈地亩,添折铜一万三千八百八十五斤之谱。嗣改为官督民办,岁交铜十万。近年因出铜不旺,民有禀请停办之议,另定新章,减交二万一岁,暂准交铜八万,以示体恤,将来畅旺,应复旧额。旧有铁厂四处:一在明布拉可山,一在提杂哈依胡山,一在塔尔齐山,一在呀里敏山,向有乡民自行采取,出铁不旺,仅供本地之用,熔铸农家各项器具。城北一百里地名求古他立,出石炭、岚炭。又城北一百六十里地名宴格拉毛,出顶上石炭。城西六十里鄂依斯塘山,出水晶盐及土盐,均不销出外境。

(佚名:《拜城乡土志》,矿物,一九五五年据清光绪三十四年稿本油印本。)

〔清同治、光绪年间以后,新疆孚远〕 铁产之盛者,性〈惟〉孚远之水西沟为最,其地冈阜平坦,赤赭黄童,不生草木,溪河潺缓,便于汲引。铁质刚劲纯粹,经久不蚀。又多炭山,以供锻炼(煤矿五处:曰红山凹,曰甘沟,曰南大槽,曰北大槽,曰乍子,产煤炭五六种)。当乾、嘉之际,商人崔占元开设铁厂,大兴冶业,居民数千家,隐若巨镇,斧斤之声闻于十里,全陇冶户皆取给焉(水西沟铁厂自崔占元创办,出产畅旺,远近流通,内至甘凉,外及蒙哈,争相运取,朝廷以占元利赖及民,赏给恩骑尉世袭,时人以为荣)。同、光之乱,燔为灰烬,虽历年兴复,而墟落萧条,已非昔比。又自俄国通商以来,洋铁之输入益多,价廉于我,几及三分之二(俄商所运,多系熟铁,民乐其便,况价廉于我两倍,宜不足以抵制,惟生铁铸器实较洋产坚而耐久,故铧、犁、鼎、镬之属尚有土产者,然亦仅少数耳),于是水西沟矿利尽为所夺。

(钟广生撰:《新疆志稿》,卷之二,矿产,民国年间铅印本。)

〔清光绪十五年后,新疆库车〕 库车城北,为苏巴什铜厂,又北折东,铜山在焉。有大河潆之,沿河东、西岸,两山耸峙其上,多铜、多石油。苏巴什北行二十里为老铜厂,再北行四十里为新铜厂,由厂西行十五里进山口,循山口东行约十里,河流环之,铜山在焉。河之西岸曰恰克马克,东岸曰巴西克七克,两山相距约二十余里。西岸之矿南向,东岸之矿北向。矿脉皆自西而东,硐深十五丈至二十丈,土石考杂,质软色赤。铜坯百分中含净铜三四分至七八分不等。铜厂需用柴炭取诸百五十里外,山路崎岖,不利车行,开矿者恒以为病。自光绪十五年,即归本地商民承办,采炼铜斤,由地方官发价收买,至今沿为定例。又铜山之麓,有石油硐数处,前数年曾有土民淘取,每人一日采油二三斤,惜提炼未得其法,不适于用,获利甚微。

(清 袁大化修,王树枏等纂:《新疆图志》,卷二十九,实业二,矿,清宣统三年木活字本。)

〔清光绪三十三年前后,新疆喀什噶尔英吉沙尔厅〕 科克元卡出铁,不多……止本境供用,销行不多。

(清 黎丙元纂:《英吉沙尔厅乡土志》,物产,一九五五年据清光绪三十三年稿本油印本。)

〔清光绪三十四年前,新疆温宿府〕 查本境矿产,惟库鲁克均山产铅,苗虽旺而需费过巨,销路不畅,禀蒙仍行停办,以节糜费。

(佚名纂:《温宿府乡土志》,矿物,一九五五年据清光绪三十四年抄本油印本。)

注:温宿府今为阿克苏县。

〔清光绪三十四年,新疆焉耆府〕 考金厂均在土尔扈特部内,旷野无人,冬时冰雪封山,夏、秋方能开采,惟红桕产金略旺,前抚回私赴伊犁所属之克库乌苏挖金,现奉饬查禁拮回,另行安插。

(佚名:《焉耆府乡土志》,物产,矿物,一九五五年据清光绪三十四年稿本油印本。)

〔清光绪三十四年前后,新疆焉耆府〕 库尔泰山产铜,由乌沙克他拉进山,山之来脉自西而东,中间向北,有矿苗一处,上下宽三十丈,东西长一里许,入土三四尺不等,土石不坚,苗质尚旺。现经商务总局委员开办,将来若有成效,庶于地方更有起色。

(佚名:《焉耆府乡土志》,物产,矿物,一九五五年据清光绪三十四年稿本油印本。)

〔清光绪三十四年前后,新疆乌鲁木齐孚远县〕 县治西南七十里,地名水西沟,是处产铁,历经开办,铁质亦佳。今冶房、矿洞犹存,炉灶尘封,无人经理。

(佚名纂:《孚远县乡土志》,产物,一九五五年据清光绪三十四年稿本油印本。)

注:孚远县于一九五三年改名吉木萨尔县。

〔清光绪三十四年前后,新疆库车州〕 铜产城东北北山,质颇佳,不甚旺,历经开采,岁得万数千斤不等。

(佚名纂:《库车州乡土志》,产物,一九五五年据清光绪三十四年稿本油印本。)

〔清光绪三十四年前后,新疆温宿县〕 铜产城东北北山,由玉尔滚凡四十里至伯什托和拉克地方,旧有铜矿,质不甚佳,苗亦不旺。岚炭产城东北北山,由四十堡凡一百八十里至塔哈拉克地方,现在招人采挖,惟所出不多。烟煤产城北北山,由可力峡西行至喀喇布拉克地方,有新煤窑一处,由新煤窑至铁厂山有旧煤窑一处,煤质甚佳,惟路途太远,脚价甚昂,殊不合算,故无人采挖。

(清 潘宗岳纂修:《温宿县乡土志》,物产,矿物,一九五五年据清光绪三十四年抄本油印本。)

〔清光绪三十四年前后，新疆伊犁府〕 矿产。南山矿产：哈喇玛图有铁矿可采；一苏达坂有假铅广〈矿〉，名为铁石黝子；一克司约拖洴产沙金，不旺；一哈拉巴克洴产铅，已经采空；一卡尔奇洴产铅，甚旺，可采办；一博果图讲产铅，不旺；一（呼什达克可苏）中间产沙金，采空；一克可苏热水泉产沙金，路险输运不便，开办为难；一小呼诺海产铜矿，甚好，且附近林木开办最易；一索尔图产铜矿甚旺，可采挖。北山矿产：一玉什坎不打产铅粉；一三道泉产铅粉；一济勒嘎拉洴产沙金，矿苗极细，采难得利；一伯里奇产铅矿，甚好，且距树林较近，极可开办；铁厂洴产铁矿，甚好，又产煤，惜其煤不能化铁，难办；一空古斯产铜矿，虽好，惜炭料太远，难以开办；一雅玛图产铁矿，好，可以开办；一阿里玛图产铁矿，不旺。查以上各矿地多在蒙哈游牧界内，地方官开采不易，皆以游牧地段均归将军管辖，理合登明。

（清　许国桢纂修：《伊犁府乡土志》，矿产，一九五五年据清光绪三十四年稿本油印本。）

〔清宣统元年，新疆哈密直隶厅〕 西路三通岭产煤，距城西二百二十里，向由前窑开挖，炭质最佳，引火即燃，无大烟，焰最耐久，因地平井深，水盛难泄，取炭维艰，弃之；近又开后窑，距前窑二十里，刨去浮土，炭即立见，但质逊前窑，烟盛灰红，且不耐烧，现归回王开办，仅供本境之需，尚虑不足。

（清　刘润通纂修：《哈密直隶厅乡土志》，矿物，一九五五年据清宣统元年本油印本。）

〔清朝末年至民国初年，新疆绥来县等地〕 绥来县南百三十里，塔西沟、石厂、甘沟三处皆石炭，其苗自下而上，层级如磴，然炭质松散，烟多焰微，开采者少，惟塔西沟煤铁兼产，土人以锻铁，故亦间有采取者。昌吉县南头屯河产石煤，苗宽五六丈，透露岩壁间，煤含油质，火力甚劲，烬白无烟，有煤窑三座，获利颇厚。又头屯河迤南二十里之硫磺沟，产烟炭，中含铁质，炭灰作红色。又察汗乌苏之东西两山，两山产铁，东山产煤，矿脉自白杨沟逶迤而下，苗线显露，掘地丈许，即见煤质。煤有二种，质坚者灰作红色，可以锻铁，其质松者，或作白色，仅供炊爨。又月牙台之西，地名煤窑沟，有煤矿一座，出产不旺，往年有土人开采，今已停止。

（清　袁大化修，王树楠等纂：《新疆图志》，卷二十九，实业二，矿，清宣统三年木活字本。）

〔清朝末年至民国初年，新疆察罕通古等地〕 察罕通古，界在焉耆之东北，精河之东南,统名曰南山,属蒙古牧地,矿当半山之间,苗极畅旺,色莹白,灿灿有光,昔年土人开采,未谙提炼,亏折中止。光绪三十年,知县张燧牛领款存办,亦因制炼不精而罢。二十八年,商人罗姓、田姓复集资开采,旋亦中辍。据言,矿中银、铜、铝、锡,诸质糅杂,不能化分,莫辨其为何种矿质云。案:近日矿学家考研,五金原质分析极精,有镁、铅、锑、镍、钙、铂诸名,此种矿质,或当属锑、铅之类。近来奇台、绥来等处发见不少,因无识者,遂以为无用而废置之,惜哉!

(清　袁大化修,王树枏等纂:《新疆图志》,卷二十九,实业二,矿,清宣统三年木活字本。)

〔清朝末年至民国初年,新疆鄯善和吐鲁番等地〕　柯柯雅山,在鄯善县西北九十里,煤苗透露,面积五千方里,开窑五六座,汉、回、缠民皆有之。矿硐九处,深十四五丈不等,煤质松脆,中含硫磺。又西南七十里,斯尔海浦沟亦有煤矿,向有土民开采,出产无多,只供本地之用。又吐鲁番城南九十里曰煤窑沟,其西曰七昌河,迤东曰螳螂沟,皆产煤,地势平坦,易于采取。煤窑沟煤质最佳,开硐十余处,七昌河次之,开硐三处,螳螂沟较劣,开硐里,洋萨尔炭矿,有缠民开采,其色黟,而质坚,用以冶铁为最宜,销运颇旺。

(清　袁大化修,王树枏等纂:《新疆图志》,卷二十九,实业二,矿,清宣统三年木活字本。)

〔民国初年,新疆〕　察汗乌苏铁矿,在库尔喀喇乌苏西南百四十里,系土尔扈特牧地。岭分东西、贯小河,面积共四千三百方里,西巅铁苗颇旺,色黑而赭,掘地数尺即得。昔年铸造农器,皆取给于此,近为洋[铁]搀夺,停闭。又绥来县属塔西沟铁矿,向有土民开采。昌吉县南孟克图岭北麓为昌吉河发源处,亦产铁,乾隆时置厂,岁出铁五六万斤,今皆停闭。

(钟广生撰:《新疆志稿》,卷之二,矿产,民国年间铅印本。)

〔隋开皇十八年至元至元五年,中书省般阳路栖霞县〕　金山,亦名岠嵎山,栖霞县东北二十里,以产金得名,即《地记》莱阳县之黄银坑也。隋开皇十八年,牟州刺史辛公义于此坑冶,铸得黄银献之。山寺有隋碑,淘金者所祖。然隋、唐以来,皆守土官采以充贡,为数不多,未见其害。今则编户置官,岁定金额有增无减,三时沙汰,仅得分毫,名曰淘金,实则买金,铸纳户渐逃亡。官复侵剥,大约金户一家之赋当他户三倍之多,而户不胜其苦矣。

(元　于钦纂:《齐乘》,卷一,山川,元至元五年修,清乾隆间《四库全书》本。)

〔清乾隆五年至民国十八年,山东泰安县〕 煤焦,出九龙山西麓,乾隆五年奉旨开采。自新政行,领照采办者日多。

（葛延瑛修,孟昭章、卢衍庆纂:《重修泰安县志》,卷一,舆地志,疆域,物产,民国十八年铅印本。）

〔东晋年间,扬州吴郡〕 山本名邓尉山,属光福里,因名。与铜坑、玄墓诸山相连。铜坑者,一名铜井,晋、宋间,凿坑取沙土煎之,皆成铜。有泉,亦以铜名。

（唐　陆广微撰:《吴地记》,第一七八页,江苏古籍出版社一九八六年校注本。）

〔清同治年间,江宁府〕 江宁素不产五金,同治七年,奸商何致华,在丹徒地方,假托葬地,议开挖山穴,乡人逐之而止。八年,上海奸民魏镛等,诱串洋人,指言上元、句容有煤,复经常镇道沈公沈厌驳而止。后有江宁奸民王浩生煽议,上欺使相李公,欲在两县祠山、土山、英山等处开井。郡人大骇,吁于总督李公,并上书使相二公,心念遗黎穷困,不忍再伤其意,亟谕罢其役,此同治十三年事也。光绪五年,又有人以利贿镇江李殿撰承霖,使不言者,李公严斥之。遂禀请总督沈文肃公禁止,明年复请总督刘公立碑永禁,郡人闻之,援案以请,亦蒙准,立碑永禁。

（清　蒋启勋、赵佑宸修,汪士铎等纂:《续纂江宁府志》,卷六,实政,清光绪七年刻本。）

〔清光绪初年,江苏江宁府句容县〕 煤矿利源之区者也。然东南之山,向不产煤。光绪八年十二月十二日,奉爵阃督宪左批本府详复,查句容县青龙山,未便遽行开挖煤矿由,奉批,查前据商人魏振元等以句容青龙山旧有煤迹,不在禁内,一再禀请集股试办,当经总督批府,查明禀复,察夺去后,兹据该府以温绅等呈词……并据句容县查……江宁自钟山起,历句容与镇江诸山接壤,前因累有妄请开挖,经江宁、镇江两处绅士联合禀准,各于府学门前,勒碑永禁。不特青龙一带,先代坟墓甚多,在例禁,且据称咸丰年间,向营曾经开挖,所采之煤,不能镕铸锻炼,即以坎壏代薪,亦不合用,岂容奸商借开矿为骗局,妄图渔利,扰害地方,自应不准开挖,仰即督同句容县先行出示谕禁,仍移会镇江府,再将此次申禁名节,一体于府县学门,勒碑永禁……仰军民商贾人等知悉,尔等须知江宁自钟山起,历句容壤诸山,均在永禁之列,不准开挖煤、铁等矿,倘再有图利开挖,或私行挖取,经访闻或被告发,定即提案究办,该山主容隐不报,并究不贷,各宜凛遵毋违,特示。光绪九年二月日告示立石。

（清　张绍棠等修,萧穆等纂:《续句容县志》,卷四,实政,清光绪三十年刻本。）

〔先秦至民国三十二年前后，浙江〕 本省在汉代即以产铜著称，吴越王濞，采铜、铸钱于武康铜官山及安吉铜岘山。又，睦州（今建德县）铜官山，秦、唐二代均置官采铜。然由现状观察，本省铜矿，皆成复杂之共生矿物，分布地较有价值者为：（一）武康铜官山；（二）宁海彭家；（三）松阳石仓源三处。他如遂昌、象山、临海等县，亦有产出，大抵储量均甚微薄，殊无价值。

（浙江省通志馆修，余绍宋等纂：《重修浙江通志稿》，第二十三册，物产，矿物，一九四三年至一九四九年间纂修，稿本，浙江图书馆一九八三年誊录本。）

〔唐朝年间，江南东道苏州海盐县〕 县西十里有铜山，周回六十里。有铜坎十余，穴深者二十余丈，浅者六七丈，所谓采山铸钱之处。……山东平地有铜滓。

（唐 陆广微撰：《吴地记》，第一八二页，江苏古籍出版社一九八六年校注本。）

〔明朝初年至清同治四年，浙江温州府泰顺县〕 明初开矿，各省民多苦之，闽、浙山水气衰，矿苗尤薄，银课不敷，则均派民田，计亩科纳，而民益病。及言者谏上封禁，奸民聚而不散，遂多私商，争相仇杀，官禁不行，弊益不可胜言。矿之在闽界者，曰马尾，曰马头，曰黄社；在平阳归仁乡者，曰龟伏，曰石门下，曰净水，曰焦溪。诸矿虽封禁，处州矿徒仍复私开，官兵至，则潜藏，去则复聚。

（清 林鹗纂，林用霖续纂：《泰顺分疆录》，卷首，原始，清同治四年修，清光绪五年刻本。）

〔明万历二十七年前后，浙江处州府遂昌县〕 黄岩坑，万历二十七年奉旨开采。先用辇水，役徒数百人，增车至一百三十五辆，动糜县帑千余，益以他县及借富民粟，不在其数。迨涸烹砂，不足以偿工食炽炭之费。已而更开，矿中厉气盛作，举火辄灭，难复入矣。

（明 许国忠修，叶志淑纂：《续处州府志》，卷四，地理志，遂昌县，影印明万历三十三年刻本。）

注：遂昌县在今丽水地区。

〔明代至民国三十二年前后，浙江长兴煤矿〕 长兴煤矿之开采，肇端明代土窑，老窿遍布多处，而具规模经营者，始于长兴煤矿公司。长兴煤矿公司，于民国元年，由刘长荫君开办，以德人祐夏氏主其事。至民国六年，已用去资本十二万元。……其后，广兴公司设于民国三年夏，领矿区二方里，在狮子南开采，股本招集二次，共十万元，总理劳诚斋，工程师何省三，用土法采煤。至民国六年，已用去七万五千元，出煤二千四百余吨。后长兴煤矿收买合办，奋设四亩墩、大煤山及广兴三厂,然历年办理不善,亏耗甚巨,而出煤总数仅三十万吨,已在无可如何之中。又值民国十三年齐卢之战,长兴煤矿首当其冲,职工逃散,矿遂停止。至十七年八月,建设委员会收回接办,修理年余始可出煤。局长朱世胸惨淡经营,于短时期内将工程完全恢复,每日产额累至六百吨以上,又为井工安全计,改用双石洞法,减免煤气之危险,设立电厂,使燃料经济,工程效率增加。又恢复广兴井口,以增加产量;延长广兴铁路,以便煤料运输。不幸于民国二十年十月土匪进攻,朱局长受弹殉命,并死伤重要职员。二十年十月以后,建设委员会纳老公司之请,将此矿发还商办,由公司交宁益银团接收,工程日益扩充,日产量达五六百吨。……采矿工人日夜分三班工作,多由各处招来,以皖、赣籍者居多,总数约五千人。井工小工工资每工五角余,大工六角五分余。……各地消费量及售价如下表所列(民国二十三年度):

地　点	销费量(吨)	每吨售价(元)	每吨运费(元)
五里桥	242	9.40	0.24
无　锡	27 851	7.71	1.45
苏　州	15 107	8.03	1.40
宜　兴	2 942	8.10	1.40
嘉　善	2 335	8.35	1.40
嘉　兴	698	8.35	1.20
常　州	16 388	7.82	1.75
杭　州	23 728	8.30	1.10
李家巷	19 662	8.00	0.23
上　海	33 108	7.80	1.70
合　计	142 061		

结论:长兴煤矿为浙省最重要之矿业,不待赘言矣。蕴藏量虽未臻十分丰富,但其地位在长江以南,邻近太湖,接近东南工业区域,交通便利,市场密迩,在浙缺煤之区,其未来之积极进展,增加生产,尤属需要。观近年产额之增多,销路之宽畅,已足形成中国东南重要煤矿区之一。然本煤田因断层及构造上之关系,煤层不匀,且因岩石质松,压力太大,矿井中又有煤气危险,致工程进行上较为困难也。

(浙江省通志馆修,余绍宋等纂:《重修浙江通志稿》,第二十四册,物产,煤矿,一九四三年至一九四九年间纂修,稿本,浙江图书馆一九八三年誊录本。)

〔清雍正元年前后,浙江衢州府常山县〕　金、衢、温、处、台一带地方,出产菁麻铁砂,每有江西、福建等处民人前来,招集工人,开垦洗砂。

(清 孔毓玑纂修:《常山县志》,卷一,舆地志,清雍正元年刻本。)

〔清道光年间至民国十五年,浙江衢县〕 石室埠煤矿,小南乡二十九庄下石埠(即石室埠),距城二十五里,自九龙山落脉沿村一带煤苗丰富。清道光间开采,计有矿工千余人,每日约可出煤数百吨。后因矿工肇祸,屡经事端,村民恐蹈前明覆辙,张绅德容因请官封闭。至光绪十五六年,有杭绍商人单某等合资禀请藩司立案承开此矿,经理朱紫澜在衢坐办勘察煤线。先从下石埠对河横路村田中穿井凿洞,发现煤苗数层,每日工作数百人,得不偿失,约费数千金,卒以经理不善,亏折中止。民国二年,又有王姓商人集股,就河东下石埠山边旧井开挖,亦经得煤,缘穴内泉水大至,因即停罢。双源塘煤矿,西乡百十八庄地面有里金坞产有煤苗,民国十一年曾经立案开采,旋以经理人唐毓麟与叶正荣有所争执,至今停顿。其就近百十六庄洞头地方亦有煤苗发见,经陈量探得,正拟举办,陈故,亦无继起者。坑口源煤矿,小南乡二十七庄坑口源内呈请立案者,现有二处,一为龙门下郑(一作后郑又作下呈)天井山,一为天灯坞石排山两处,仅隔一山,不过里许。其一为叶正荣呈请开采,其一为朱琼膏呈请开采,现拟归叶正荣合并办理。棠陵坞煤矿,南乡八庄棠陵坞(一作塘里坞)至塘沿村一带皆富有煤苗,民国十二年姜忠禄呈请开采,已出大煤质地较他处为优良,惟出水差远耳。

(郑永禧纂:《衢县志》,卷六,食货志,矿区,民国十五年修,民国二十六年铅印本。)

〔民国十四年前,浙江松阳县〕 旧卷所载产银、产铅坑七处,今俱不产冶,尽废。

(吕耀钤、秦丰元修,高焕然纂:《松阳县志》,卷一,舆地志,坑冶,民国十四年木活字本。)

〔民国十四年前后,浙江松阳县〕 矿产如铁与硝横,向来销流甚广,惟银矿则久经封闭。现时,五金矿及煤矿,时有出现,无如地处山僻,交通不便,集股为难,货弃于地,深为可惜。

(吕耀钤、秦丰元修,高焕然纂:《松阳县志》,卷六,风土志,物产,民国十四年木活字本。)

〔民国十九年前后,浙江寿昌县〕 煤灰出四灵区。仁丰石马头出货亦不少。

(陈焕等修,李钰纂:《寿昌县志》,卷三,食货志,特产,民国十九年铅印本。)

〔民国三十二年前后,浙江〕 本省煤矿散布于江山、常山、衢县、龙游、兰溪、寿昌、桐庐、义乌、长兴等县。据《中国实业志》所载之统计表,摘录如下:

矿 类	县名	乡 名	村 名	矿 山 名	矿 床 状 态
无烟煤	江山	南乡	礼贤镇	状元山	煤层厚约一公尺
无烟煤	江山			横冈山	
半无烟煤	江山			大弓坞	
半无烟煤	江山		南湖	天地圳	
半无烟煤	江山	南乡	礼贤镇	迭坞	
半无烟煤	江山	南乡	礼贤镇	状元山	煤层甚薄,上为红土所淹,下为石灰岩
半无烟煤	江山	南乡		石后	煤层厚处约一公尺,全体厚薄不均
半无烟煤	江山	南乡		南坞	煤层厚处约一公尺,厚薄不规则
上等烟煤	江山			石后老车头	
煤	江山			横冈山	
煤	江山			关溪垅	煤层厚处约一公尺
半无烟煤	寿昌	西南乡		太白乡	煤层有四槽:一、厚 1.2 公尺;二、厚 0.3 公尺;三、厚 0.1 公尺;四、极薄
半无烟煤	寿昌	西南乡	后溪坞		与太白山大概相同
半无烟煤	寿昌	西南乡	后溪坞	白马洞	在后溪坞对面山冈之下
半无烟煤	寿昌	西南乡	李家村及新桥		与后溪及太白所见者同一煤系
无烟煤	寿昌	南乡		大同镇之西北十五里	煤层厚度不一,平均不足一公尺,走向为北六十五度,东倾角向北约六十度,煤质颇佳
煤	寿昌	西南乡	长林口	煤山垅口	煤系出露于石英砂岩高山之下
煤	寿昌	西乡	李墈头	赤源	煤系居石灰岩之侧,露头于稻田之旁
煤	寿昌	北乡	石码头	内章山	煤系居石灰岩之山脚下
半无烟煤	衢县	南乡	学室埠		煤层厚约一公尺
半无烟煤	衢县	西乡	下郑村	天井山	煤层厚处约一公尺余,薄处不规则
半无烟煤	衢县	南乡	塘沿	南门坂	煤层厚约一公尺左右
半无烟煤	衢县	小南乡	横路村		
烟煤	义乌	永育乡	乌灶	和尚山及洪公塘青山	煤层介于流纹岩与砂岩之间

(续表)

矿 类	县名	乡 名	村 名	矿 山 名	矿 床 状 态
煤	义乌	北乡	下田市	上金	煤苗露头于流纹岩高山之麓
半无烟煤	诸暨	大西乡	杨村	奇坞	煤层厚约六七公寸
半无烟煤	诸暨	小东乡		寥宅	煤槽极不规则,煤层厚约0.15至0.2公尺
半无烟煤	诸暨	南乡	栗树湾	瓜子	
半无烟煤	诸暨			庙前山	
烟煤	诸暨		十三都		
烟煤	长兴	西北乡	大煤山	四亩墩	煤层厚一公尺至三公尺不等,煤田范围约四十方公里,可采储量约二千万吨左右
烟煤	长兴	东南乡	和平镇	吴山	煤层厚度若与大煤山相同,储量约有一千万吨左右
烟煤	长兴	西南乡	泗安镇	倒冠山澜泥山及东峰山等处	与安徽广德煤田毗连
烟煤	长兴	东南乡	李家巷等处		煤层厚薄不一
无烟煤	常山	西乡		溪沿	
半无烟煤	常山	南乡		博士山	煤层不厚,其围岩为砂岩及页岩,煤田面积约三千余公亩
煤	常山	东北乡	浮河村	破山头	上为砂岩,下为石灰岩,煤层厚约数十,经化验煤之成分甚低
半烟煤	兰溪		甘溪	茅长塘	煤层厚处约一公尺半,薄处半之
煤	兰溪	北乡	八角井		煤处黄色夏岩之下,四周不见露头
煤	宁海	西乡		黎岙	
煤	宁海			县城附近	凝灰砾岩系,中有煤层,厚仅一公寸
煤	建德	西乡	东铜官村	叶家	煤层露头,现于石灰岩之山麓
煤	定海			盘峙山	
煤	天台	东乡		山头鲍	
煤	鄞县	东钱湖、福皋山		龙潭坑	
半无烟煤	新登	第四区	安居村、朱村	对山同心湾口乌泥锄头	
褐煤	新昌	东乡	青山头		煤层露头于凝灰岩之山麓,厚处约一公尺许,窄处数公寸

(续表)

矿 类	县名	乡 名	村 名	矿 山 名	矿 床 状 态
煤	于潜				凝灰砾岩系中有薄煤层,厚仅一公寸煤处
半烟煤	桐庐	至德乡	皇甫家		甚薄,厚处六公寸
煤	吴兴	南乡	崇塘村	五石坞	

（浙江省通志馆修,余绍宋等纂：《重修浙江通志稿》,第二十三册,物产,矿物,一九四三年至一九四九年间纂修,稿本,浙江图书馆一九八三年誊录本。）

〔民国三十二年前后,浙江〕 据《中国实业志》谓,浙省铁矿储量至少,当在八千万吨以上,实际本省主要铁矿区为建德、长兴二区。前开采时,可月出四五百吨。本省铁矿之种类,有赤铁矿、磁铁矿、褐铁矿、黄铁矿四种,其成分亦参差不齐。赤铁矿含铁成分平均为百分之五十五,磁铁矿平均含铁成分为百分之五十,褐铁矿平均含铁百分之三十,黄铁矿平均含铁百分之二十五。赤铁矿以长兴景牛山所产者最佳,建德次之,磁铁矿以云和、宁海为佳;褐铁矿及黄铁矿仅供冶炼钢铁之用。

（浙江省通志馆修,余绍宋等纂：《重修浙江通志稿》,第二十三册,物产,矿物,一九四三年至一九四九年间纂修,稿本,浙江图书馆一九八三年誊录本。）

〔元朝初年至明弘治十五年,南京徽州府〕 铁课,婺源州岁纳铁五千二百斤,脚税中绕钞四十贯。铁炉五座,在婺源州四十六都、四十七都,曰朱村、蟠坑、双桥、鱼坑、大塘。初,鄱阳民来此起炉,输饶州都大司课。元初,仍于饶州路输纳。至元十七年,徽州以置宣课提举司,取勘炉数,拘收前项铁课。十九年,罢提举司,并属本路。五炉岁课一万四千四百斤,又抱纳起脚税钱中绕钞二锭。其朱村、蟠坑、双桥三炉岁久,矿脉耗竭,无可煽炼,各人逃居原籍,自至元二十四年以后,勒令平民买纳,有司屡以为言,宪司核实申奏。延祐二年,省府明降准除,而鱼坑、大塘亦寻废。按元胡编校《星源志》：铁矿产于浇岭,其山与浮梁县界连接。凡取矿先认地脉,租赁他人之山,穿山入穴,深数丈,远或至一里,矿尽又穿他穴。凡入穴,必祈祷于神,不幸而覆压者有之。既得矿,必先烹炼,然后入炉。煽者、看者、上矿者、炼者、取钩砂者、炼生者而各有其任,昼夜番换,约四五十人。若取矿之夫、造炭之夫,又不止是。故一炉之起,厥费亦重。或炉既起,而风路不通,不可熔冶。或风路虽通,而熔冶不成,未免重起,亦或有一再而成者,凡此皆得不补费。

（明　彭泽修，汪舜民纂：《徽州府志》，卷三，食货二，明弘治十五年刻本。）

〔清乾隆年间，安徽六安州霍山县〕　矾矿，惟管驾渡、黄碧河有。乾隆八年，庐江矾厂人于邑南黄碧河见其山（在扫帚河），石可煎矾，试验良，然后遂有请认税开煎者。居民虑其滋扰，公呈恳禁，经吴席侯三令勘验，有五不可开之议。详陈封禁，今碑尚存扫帚河境内。

（清　秦达章等修，何国祐等纂：《霍山县志》，卷二，地理志，物产，清光绪三十一年木活字本。）

〔清光绪初年以后，安徽太平府芜湖县〕　煤炭业，在光绪初年，仅有湖南宝庆、蓝田之煤运芜发售，专为锻铁之用。嗣有小轮往来，需用烟煤，则皆购用舶来品也。迨后，木柴渐贵，馆店作坊，改用者多。其始，亦仅用湖南柴煤，光绪季年政府提倡实业，准人开矿，吾皖之池州、宣城、繁昌等处，遂有人相继禀请开采柴煤，来源因以日渐扩充，鼎革①以后，矿务大兴，出产丰富。湖北之萍乡、天津之开滦、山东之峄县，舟车转运，以至芜者，络绎不绝，均系上等烟煤，驾乎舶来品上，以致洋煤进口遂绝。近来本埠开设公司行号运售煤炭者，计十余家，每日共计销售各种煤炭平均约三百吨云。②

（余谊密等修，鲍实等纂：《芜湖县志》，卷三十五，实业志，商业，民国八年石印本。）

注：① 民国建立。

②民国六至七年。

〔清光绪中叶，安徽徽州府歙县〕　煤，邑东洪塘之煤矿，质净少滓，代薪最良。光绪中，邑人设致泽公司采掘，运售渐〈浙〉省，法未良，折本中辍。东关煤岭亦如是。眸岔洪村口一带所产多滓，止供炼灰之用，南西北乡亦宜有煤，当此柴木告乏、机厂繁多之时，宜急起倡遵之。

（石国柱等修，许承尧等纂：《歙县志》，卷三，食货志，物产，民国二十六年铅印本。）

〔清朝末年，安徽安庆府怀宁县〕　矿产他无所有，惟磨山之石，色青而坚，制为磨臼，销路甚广。明镜山，碎石岭之石，色白而细，制为碑磴，亦称上品。他如集贤关、岗子、双城、磨山、士桥等处，均出柴煤，乡人亦有兴工开采者，然多以煤质不厚，往往亏折，又碍于风水之说，以致旋采旋辍焉。

（朱之英等纂修：《怀宁县志》，卷六，物产，民国五年铅印本。）

〔西晋时期，扬州鄱阳郡乐安县〕 鄱阳乐安出黄金，凿土十余丈，披沙之中，所得者大如豆，小如粟米。

（晋　王隐纂：《晋地道记》，清王谟《汉唐地理书钞》辑本。）

〔北宋时期，江南东路饶州〕 饶州产金，尝禁商市鬻。

（明　范涞纂修：《南昌府志》，卷十五，名宦传，凌策，明万历十六年刻本。）

注：北宋时饶州今为江西鄱阳县。

〔宋代至清同治十一年，江西赣州府赣县〕 铅、锡，产于牛轭岭。宋时，产铅、锡有九场，赣仅有其一焉。今则禁闭，盖亦恐山僻民寡，易生奸宄，反不聊生耳。康熙甲申，商民萧宗章等呈请开采南原山铅、锡，巡抚徐栅奏请禁止。

（清　黄德溥、崔国榜修，褚景昕纂：《赣县志》，卷九，地理志，物产，清同治十一年刻本。）

〔明嘉靖三年至十五年，江西抚州府东乡县〕 煤炭，出二十八都他石冈。东乡无大川，辇致甚难，故不用，惟邻邑之民车辇船载，鬻以代薪。

（明　秦镒修，饶文璧纂：《东乡县志》，卷上，土产，明嘉靖三年刻，十五年补刻本。）

〔清同治九年前后，江西瑞州府上高县〕 山多童，不资樵，采爨煤者十之七，往往因取煤构讼。

（清　冯兰森等纂修：《重修上高县志》，卷四，风俗，清同治九年刻本。）

〔民国四年至三十年以后，江西〕 钨砂为世界上稀有之金属，亦国防上之重要原料。民国四年，江西始首先发现钨矿于大庾县西华山。该山距县城八公里，据云，初系一德籍传教士，名邬礼亨者，游览此山时，偶尔发现钨矿，遂暗中廉价收买，招人开采。嗣后地方人士得悉此乃珍贵钨矿，经几番交涉，始备价收回。惟当时钨之用途尚不甚广。迨至民五六年间，欧战正酣，需钨甚殷，乃高价收买，为制造枪炮器械之用，西华山遂极一时之盛，四方居民纷来开采。嗣后在赣县、南康、崇义、上犹、雩都等县发现者亦多，江西遂成为世界钨矿之宝库。初由私人公司自由经营，其最著如裕丰、华南、华盛等公司，专收钨砂，运往沪、港，售于外商，获利甚巨。旋由江西省政府设立钨砂局开始课税。至二十七年，省府决定省营，交由建设厅管辖，并定钨税为建设基金，招商承包，经由粤商利济公司代营运销，年缴矿税二十二万元。翌年，因商营利大，赣南人士及矿工群起反对，乃撤销代营制，收归官办。终以资金无着，停顿经年。二十一年改官督商办制，设立钨矿管理局，商人则组织合群钨矿贸易公司，专营外销工作。二十三年，省政府与实业部合作，共同管理，由英商安利洋行专营出口。二十四年，省府复设立钨矿局，统制运销，每月出产二三百吨。至二十五年三月，由资源委员会钨业管理处接管并设立赣南分处，另在产钨地点成立事务所，办理钨砂采收整理运输及查验等事，产量年有增进，矿工逾三万人。其营业盈余为本省及中央建设之用。至是钨业遂由省营而进入国营阶段。三十四年后，因无法外销，钨砂停止采收。胜利以来，钨业复形活跃，经由粤转香港出口，由资委会特种矿产处统制运销。本省之钨矿始终是用土法开采，偶有一二处试行新法，然成效不著。总观上述运销工作共历三阶段：第一时期，外人收买外销；第二时期，商人收买运销，政府课税；第三时期，政府统制运销业务以迄于今。……我国之钨矿产于江西、广东、湖南、广西、河北、云南、福建、新疆等八省，以赣、湘、粤三省量为主要，而江西居首，年产约一万公吨，占全国总产量百分之七十。……以民国七年及十八年产量最高，前者产一三一六二公吨，后者一二一四六公吨。盖民七年正为第一次世界大战之最末年，斯时各国竞购钨砂，砂价大涨，产量遂急增。至大战末，产量达到高峰。大战结束，各国致力于复员，钨砂产量锐减，故民八年即降至七千余吨。后因欧美诸国经济复兴，钨砂遂渐有起色。至十八年，产量复达高峰，由此可知我国钨砂产量与世界经济景气息息相关，以我国之钨矿全为出口故也。自三十三年，因太平洋战争爆发，仰光、香港相继陷落，钨砂难于出口，砂价不振，产量遂落。至三十四年，全部竟停采停收。胜利后，三十五年始渐恢复。……江西钨矿几全部产于赣南，在赣南十七属中，几无县无钨矿。本省各县中以大庚产量最多，占全省百分之三十七点六七；零都次之，占全省百分之二十五点一四；兴国最少，占百分之零点零四。大庚以西华山产量最多，占其总产量百分之四十九左右。……江西钨矿自发现以来，即由人民用土法开采，新式炸药则于民国三十年后始应用。资源委员会钨业管理处虽曾在西华山、归美山、大吉山等处试用新法开采，产量甚微，成效不著，后仍雇人工开采，故江西每年成万公吨之钨砂，均赖人工以铁锤采出或用水冲出。兹将其组织与采法分述如后：一、组织。甲、家庭制。家庭制系由家长为棚主，全家男女均从事工作，或入窿洞采掘，或以水冲洗，或在家锤砂。乙、合股制。商人或矿工互行集股，合伙开采，推一人为棚主管理一切，多由股份最多者为之。在未出砂以前，膳食工资用具等费均由股本中支付。丙、雇工制。棚主招雇工人若干，给予工资并工料、用具、伙食等，无论出砂与否，盈亏全由棚主负责。丁、缴棚制。小贩商人或富有者垫付一棚工人之伙食工资及开采用具等费,当地称之为缴棚,实为小型之个人投资。钨砂采售后所得价款,首先偿还垫款,再由盈余或亏折,由缴棚者与矿工议定成份分账或分摊。

(吴宗慈修,辛际周、周性初纂:《江西通志稿》,经济略,四,工业,一九四九年稿本,江西省博物馆一九八五年整理油印本。)

〔民国九年至三十年,江西〕 江西钨〈锰〉矿主要产地,为乐平众埠街之大铁山峰及小铁山峰,其储量与矿质,在国内占有重要地位,亦吾国著名锰矿矿藏之一。次要产地计有萍乡、白毛及白竹、中村暨永新、木港等处,含量则远不及乐平之铁山峰。……乐平众埠街大小铁山峰锰矿储量甚丰,驰名国内。民国九年,曾由当地人士组织富乐公司自行开采,以所产锰砂运销日本,年约万余吨。十四年,改归共和公司承办,每年产量达二万吨。十七年,本省当局特设江西锰砂公卖局于乐平,经营未久,即行结束,复改由民营公司承办。迄十九年,因匪乱停采。三十年,江西省政府建设厅设乐平锰矿采炼厂,所采锰砂除供给江西炼铁厂之用外,并自制锰粉。惟因矿砂含铁成份颇高,虽经磁力选矿手续,产品仍未能尽合制干电池之标准。

(吴宗慈修,辛际周、周性初纂:《江西通志稿》,经济略,四,工业,一九四九年稿本,江西省博物馆一九八五年整理油印本。)

〔抗日战争以前及抗战期间,江西〕 江西煤矿丰富,品质优良,早已名驰中外,产煤县份达四十余县,而以萍乡、吉安、鄱阳、乐平、丰城等县,煤藏最富,产量亦巨。萍乡之煤尤为长江以南各地之冠,粤汉、浙赣、平汉三铁路所需煤斤,均须赖其供给。据地质调查报告,萍乡煤藏有六千三百万吨之多,假定年产一百五十万吨,则可开采三十余年。现产煤区分安源、高坑两矿厂,已为资源委员会接管,成立赣西煤矿局经营矿厂工程。此外鄱乐、鄱阳两煤矿公司则系商办,规模亦大,可资称述。其他各处悉用土法开采,矿业尚不发达。抗战以前,全省煤产总额每年约三十万吨,迨战事延及本省,萍乡煤厂与鄱乐等公司相继停顿,而全省年产额亦因之锐减矣。

(吴宗慈修,辛际周、周性初纂:《江西通志稿》,经济略,四,工业,一九四九年稿本,江西省博物馆一九八五年整理油印本。)

〔宋代至明代,福建建宁府政和县〕 银,下里凤林,南里胡屯、黄田、石豹坑,西里温洋、谷洋等处,矿苗颇富。宋、明间,官民先后承办,后废。铁,产上里下山、东平里三十二都。铅,产下里四都,宋设局采取,后废。南里池峰岩亦有之。

(黄体震等修,李熙等纂:《政和县志》,卷十,物产志,金类,民国八年铅印本。)

〔宋代至明朝末年,福建建宁府〕 铜,宋时置丰国监,取自铜坑,在城东二十里,遗迹犹存。明末,奉旨开采,产铜颇盛,旋以流寇蜂起,阉官失政,矿税矿使既罢,该矿亦停。

(詹宣猷修,蔡振坚等纂:《建瓯县志》,卷二十五,实业志,矿,民国十八年铅印本。)

〔宋代至清乾隆五十二年,福建永春州〕 铁,出矿山肥河及德化矿山寺等处。宋有铁冶,废。土人尚有业作者。铅,矿出后垅佛溪等处,土人有业作者,官每禁之。

(清 郑一崧修,颜璹等纂:《永春州志》,卷七,风土志,物产,货之属,清乾隆五十二年刻本。)

〔清代至民国三十二年,福建明溪县〕 铁,离城四十里之朱坊有铁矿山一嶂,产量颇旺。清季有胡长春号,在该地设炉开采。入民国后,洋铁充斥,亏本停办。近因抗战影响,铁价高涨,又有人继续开采,但规模不大,产量不丰。

(王维槺等修,廖立元等纂:《明溪县志》,卷三,物产志,矿物,金属,民国三十二年铅印本。)

〔明朝年间,福建建宁府〕 梨坪银坑,在十五都梨坪村,明季,福安人缪一凤开采,今矿绝,其硐犹存。

(郑谋光修,陈赞勋纂:《周墩区志》,卷一,舆地志,物产,民国六年修,民国二十七年铅印本。)

注:建宁今为周宁县。

〔清同治年间至清光绪二十四年,福建邵武府〕 邵武附城十里洋塘下有煤山,周围十余里产白煤,其炭精坚,其气白色,与金山所出之煤炭并驾齐驱,外国兵船类皆用此……机器各厂几〈冶〉炼钢件多用此煤,以其火色腾实,得以耐久。同治年间,贵溪土匠凿洞开口,迄今尚用此煤。

(清 王琛、徐兆丰修,张景祁等纂:《邵武府志》,卷十,物产,货之属,清光绪二十四年刻本。)

〔清光绪年间,福建福州府侯官县〕 银、铅矿,前十余年,有丁君集股开西北郊银铅矿,折阅。

（清　胡之桢修,郑祖庚纂:《侯官县乡土志》,卷八,矿物,金属,清光绪三十二年铅印本。）

〔清代至民国二十年,福建大田县〕　铁,冶矿为之。前朝时,仙翁、太平桥及热地等处田陌,十有五炉鼓煽,货于四方。今各处铁矿搜采殆尽。

（陈朝宗等修,王光张纂:《大田县志》,卷四,物产志,矿属,民国二十年铅印本。）

〔民国二年至四年间,福建永泰县〕　钼矿:一在犁壁坑,距县城东三十里。埔边村山脉连亘,中劈成谷,谷底有溪曰犁壁,源于村之西南山麓,由北而东,流该矿区,向为荒山。清光绪二十年间,春雨骤涨,土石崩裂,土人黄子忠者,入山樵木,忽于石裂处发见该矿,触之手里,烧之不燃而成白粉,奇之,携至福州求识者,当时唯知为稀有之矿,而无能名之。民国纪年前后,有矿师王宠佑、卢芳年等,始悉为钼矿,同时有邑孝廉周邃然、明经郑仰樵等组织永宝钼矿公司,举矿商刘悦岩为总理。二年二月呈请注册开采。其最纯者,含硫质平均百分之四十、钼质百分之六十,普通稍含杂质百分之一或百分之二,青灰色,柔而能展,劈开面为薄壳,成鳞状,或菊花形,其劈开面之方向,常屈曲不平。采出之苗,由汰口运至福州,转运英国伦敦市场。其买入者,为炼钢原料及化学用品等需。副产矿物为黄铜矿、黄铁矿、水晶等,而黄铁比较为……一在蕉坑,离城东北四十里,土名四枧山,距犁壁坑矿山十二里,距早坑矿山五里,钼矿体蕴聚于石英之内。民国四年九月,张庆安获得白石,识者查其中含有微粒之钼,去[之]后,有冯家齐从事试采,定名曰开源公司。一土名马尾山、马项山、粪斗山,均在蕉坑矿东,俞宏瑞定名曰崇实公司。一土名鼓岭坑,在蕉坑、首州两乡交界处所,矿东陆蔼云,定名曰朋光公司。一土名早坑,距犁壁坑矿北十里,距四枧山矿西南六里。民国四年……由乡民响导探索,而得购买山地。一在苏坑,为邑西北乡,该处地质含伟晶花冈岩及长十数尺之石英脉石,现于溪底之侧,矿体亦存在于石英及伟晶花岗岩之间,仅见微小之钼粒。黄铁矿则成块状,亦与钼矿相混处。四年十月,永宝公司派人寻觅,忽发现本矿露头。

（董秉清等修,王绍沂等纂:《永泰县志》,卷七,实业志,民国十一年铅印本。）

〔民国初年,福建顺昌县〕　煤矿,出城南五里乌泥峡。民国初年,经邑绅卢榕林开采试验,纯系煤皮。嗣因地方多故,致未续开。

（潘光龙、高登艇修,刘敬等纂:《顺昌县志》,卷六,物产志,货类,民国二十五年铅印本。）

〔**民国九年前后,福建龙岩县**〕 矿之已开采者,仅铁与煤,俱详《物产志》。惟铁则招商纳课,运销有定处,煤则贫民挖掘,出额不多,且岩民富于宗祖观念,坟墓所在均禁开采。

(马龢鸣、陈丕显修杜翰生等纂:《龙岩县志》,卷十七,实业志,矿业,民国九年铅印本。)

〔**民国十八年前后,福建建瓯县**〕 铁矿,旧《志》有芦场铁坑、后楼铁坑、漈下铁坑。今考,安泰里、南才里、梅歧里,矿最富铁,而尤著名者,出紫溪里杭头村附近。此矿颇大,绵亘数十里,已开凿数百年。取铁之法,用人工将该山土掘下,就近小溪做一陂,以木器淘泥,泥浮去,铁砂沉留,入炉熔之如铸鼎,然分生、熟二种,生者由炉倾出,名生铁,铸物适用;熟者加一番冶炼,名熟铁,利器适用。近年洋铁输入,而洋铁质脆,不如该铁之坚致,故除本地用外,并运销外县,特以炉课过重,业此者日形衰落云。

(詹宣猷修,蔡振坚等纂:《建瓯县志》,卷二十五,实业志,矿,民国十八年铅印本。)

〔**民国三十四年前后,福建龙岩县**〕 土人用土法挖掘,各乡皆有,惟产量不多,每洞每日出产仅足供给本境燃料,而每洞容纳工人最多不过二三十人而已。

(郑丰稔纂:《龙岩县志》,卷十七,实业志,工业,民国三十四年铅印本。)

〔**清光绪年间,台湾**〕 台湾石油业曾为我国最古石油事业之一。光绪三年(一八七七年),福建总督曾设官业,从事台湾油田之开发,在现今出磺坑之后龙溪畔凿掘油井达三百九十四尺,当时可日产粗油十五担。但不久该石油业即因故中止。

(郑伯彬编:《台湾新志》,第八章,矿产资源,三,矿业,民国三十六年铅印本。)

〔**清光绪二十二年至民国三十四年前后,台湾**〕 煤为台湾主要矿产之一,且其分布之广,尤为台湾其他矿产之冠,但因煤层较薄之故,日本对台湾煤业政策大致采取开放态度。一八九六年,日本占领台湾时,即许可"一般臣民自由采掘"。此项政策迄今未变,故现今台湾煤矿达二百四十六家之多。但此等煤矿大部资本微小,使用坑工平均不过二十人左右,且有多数在农暇时始行挖掘者。

(郑伯彬编:《台湾新志》,第八章,矿产资源,三,矿业,民国三十六年铅印本。)

〔**清乾隆年间至民国二十三年,河南偃师县**〕 综而核之,自清乾隆至今,约百五十年中,开矿者二十余次,皆工房有卷可考者也。虽其间有以风水兴讼者,有以抗税被封者,有因水灌歇业者,有因煤尽散伙者,事各不同,纷赜胶扰,不暇详载,而吾先民对于开矿之胜迹,固可见其梗概矣。

(乔荣筠纂:《偃师县风土志略》,第二编,物产,民国二十三年石印本。)

〔清道光十五年至光绪十四年,河南卫辉府辉县〕 山所产以炭煤、石灰为最。

(清 周际华修,戴铭等纂:《辉县志》,卷四,地理志,物产,清道光十五年刻本、光绪十四年补刻本。)

〔清代至民国二十六年,河南巩县〕 县中产煤地颇多,约分为两大部,曰南山,曰东山。南山如涉村、曹河、圣水、应山川等处,东山如黑龙潭、楼子沟、老君庙等处,开采昉自何时,茫无可考。近世业此者众,但用土法,无力购置机器。……产煤村落略如前述,至借此营商者分言之,约有数种:一、矿山煤客设场于矿区之旁与窑主同力合作,及出煤得享优先权,廉价收买,习以为常;二、本县煤厂复分为二,一设置适中村镇,买自矿山,转售四方居民,一设置沿河或火车站,以供舟车之运远售外埠;三、外埠煤厂,系零星销售,与其他商店相同。昔年仅汴、洛两地,自火车交通后,京汉陇海旁午四达,东抵山东,南至湖北,北达直隶。第就开封一埠论,清季煤业近百廛,而非巩人者仅三数家,今则南关煤厂林立,城内煤廛较曩倍蓰,他埠之增广率类是,事业虽小,巩民之沾其润者不其多欤。

(杨保东、王国璋修,刘莲青、张仲友纂:《巩县志》,卷七,民政,实业,民国二十六年刻本。)

〔民国二十年前后,河南修武县〕 煤,出自沿山一带,其质甚良,均为无烟气白煤产额甚富……原初开采用人力,至英商福公司侵占煤矿后,多改用机器。

(萧国桢、李礼耕修,焦封桐、孙尚仁纂:《修武县志》,卷九,实业,民国二十年铅印本。)

〔民国二十四年前后,河南灵宝县〕 项城山中煤质甚厚,下层煤好,为水所淹,人力不能取。今土人用土法,但采上层之煤,煤质不佳,若能用抽水机将水抽去,则下层煤出,实灵邑之一大利也。

(孙椿荣修,张象明纂:《灵宝县志》,卷四,土产,民国二十四年铅印本。)

〔民国二十八年前后,河南新安县〕 本县煤矿多用土法开采,大都以人工作股分,经理人仅为统率之一人耳。一切用俱,由售煤项内抽支,其股分多寡,以所担任事之繁简,与劳工之高低而规定之,除日用公费外,余红按股份分劈。

(李庚白修,李希白纂:《新安县志》,卷七,实业,矿业,民国二十八年石印本。)

〔民国二十四年前后，湖北麻城县〕　二、三两区山麓小河，杂有铁沙，农家为木槽置水涘淘取之售于商。麻间各炉房炼成铁块可制器用，销售颇广。惟沙有时而尽，每发山洪一次，复冲积河身，可见河之铁沙自山洗下，则山有铁矿可知，惜无有能开采者。

（郑重修，余晋芳等纂：《麻城县志续编》，卷三，食货志，物产，民国二十四年铅印本。）

〔北魏至清光绪年间，湖南慈利县〕　二十二都有雄黄矿，名始郦注《水经》，发见千年余矣，其利害散见本书，今犹在采掘中。惟取黄沿土法，而其途又只限于染纸、葬坟，故一岁销场亦只有此数，然入缗钱亦总在百万以上。清光绪中，三都汪氏仓楼下，黄浮出，则赫然大块佳品，或曰赝鼎，他人所窜庋也，今亦疑，莫能骤明。要之，县矿之确以利名者，实惟雄黄为高额，次则煤炭矿，遍县境多有，其分曰阳煤、阴煤。阴煤可代薪，惟多烟，与白煤异。白煤者，衡山产也，今湖南北通舶，市埠爨皆烧衡煤，县燃料代价，煤视薪减十三四费省矣。然亦惟市集中用之，其他供常不能应求焉。阳煤专烧石灰，石灰为粪田惟一肥料，田一亩产谷五石，入石灰一石，亩可增收谷量一石或一石五斗。故所在有窑，溇水佳窑在十九都者，曰木龙潭；在二十一都者，曰小套；在六都者，曰长潭；河在二都者，曰于家；河边曰樟树弯。春水浅涨，外舶连樯，蔽江如凫鹥，皆载石灰船也，往时樟树弯连窑三四十，计货缗钱总在十万、二十万以外。近煤源涸，于家、河边代兴，然视前则大锐减矣。凡无煤者窑，用薪代之，号曰柴灰，除涂墙壁外，其粪田力大约柴灰三石抵煤灰　石，此其别也。

（吴恭亨纂：《慈利县志》，卷六，实业第三，民国十二年铅印本。）

〔宋代至民国二十一年，湖南汝城县〕　汝城矿业，自经宋、明矿厂之弊，骚扰不堪，谈虎变色，数百年来，未有过而问津者。禁坑碑文载诸旧《志》，班班可考。清道、咸而后，中国讲求矿政，官采、民采，许人立案试探。吾县亦尝有集股试办者，但俱未收效。至民国初年，省府矿务设有专局，矿业著有条例，矿业之推广不遗余力，吾县仿行试探者遂多，而以钨矿为尤甚。……钨矿之发现起于民国五年，由邻县窑涧仙钨矿获利之厚，遂有见猎心喜起而试探者，以南乡之马迹岭、西乡之将军寨首出萌芽。至六年、七年间，划定矿区，呈请立案试探者，风拂云涌，至一百六十余起之多。一地而数名，一名而数案，此攘彼夺，争端尤烈。然实行试探者不及五分之一，开采而获利者尤寡，以南丰、汝昌、源远、久丰各公司为最，成城、益南次之，此外亏本者不少。其矿区以西南二乡为最多。

（陈必闻、宛方舟修，卢纯道等纂：《汝城县志》，卷十八，政典志，实业，民国二十一年刻本。）

〔明代至清光绪年间，湖南宁乡县〕 灰石亦矿之一种，烧灰粪田，农家必需，故灰窑罕有禁者。一都有任家箐窑（道光年间，旋停，清末复开）；二都有高坝窑（始于明代，今尚存）、子潭（道光始开）、叶子坪（历开多年，今止一窑）、大坟山（窑五六座）、大石窑（开自明时，窑二十余座）、麂子洞、急木桥（共窑十余座，灰销二七都、湘乡）；三都有水口水、嶂山、黄泥桥、白龙潭、鲇鱼山（均开采多年，销路有定）、栗山牌（光绪年开，获利颇厚，其旁螺颂窝、白羊坡、芦麻塘、峦头仑、杆兰窝等处，同光间先后开采，宣统时停）、石坝（岁出炭万余石）；四都有中南塘（窑二座，开十余年）、林皮岭（灰佳，以石太深停办）、陈家箐（灰佳，尚未大办）、碟子塘（窑最老，灰细腻洁白）、大荡子（康熙年间，灰最佳，惟年久愈取愈深，施工不易），此外，茶嘴子、宁家屋场山脚下，黄蒲塘等处及仁里团三处之窑灰不甚佳，时采时停；五都有红桃山（道光年间，数易其荡）、泉塘湾（光绪年开）石灰塘戬坝子，均老窑；六都有麦田（五座明时开办，至今未息）、潘家冲（一座）、时家冲（数座）；七都有倒座山、兔子坡、石沟里（均采百余年）、土家冲（光绪间禁）；八、九两都无灰窑，所用石灰购自安化万家坪、南瓜坪，与十都之横塘坤；十都之灰石自侯家大山西向北行，随处皆有，灰窑以长骑仑、大坪里西处为著，又窑十余座。综之，灰荡除十都外，石皆有限，又窿深水大不能久开。

（宁乡县志局：《宁乡县志》，故事编，财用录，矿业，民国三十年木活字本。）

〔明朝末年至民国三十七年，湖南醴陵县〕 本县煤矿，除石门口改归政府开采外，私人以掘煤为业者甚多。如东乡之枫梓冲煤，开采最早。因乡民惑于风水而停顿。今已有数家领照开采。峤岭煤始于咸丰时，大屏山煤始自明末，屡被阻停止。近年始再采掘，均系柴煤，销东乡一带。至于西南乡，由长毛港至瓜塘湖一线，经乡人采掘，状若蜂窠。自地面以下四百尺，殆成废矿。勒由塘至北冲之开采，相传始自明季之江西人，至康熙年间，本地人始继起采掘，惟所掘均不甚深，迄今废井遍处皆是。现在立案开采者，有华光、协丰、民生、民利、裕国等公司。每日共出白煤约数万担，运销湘江沿岸及津市、常德、岳阳、武汉等处，本县亦销售不少。战时营业一落千丈，战后渐恢复原状。

（陈鲲修，刘谦等纂：《醴陵县志》，卷六，食货志，矿产，民国三十七年铅印本。）

〔清雍正十三年至民国九年，湖南定县〕　铁矿，大宗常产。本境铁矿，以县西北诸山为最。国朝雍正十三年，题准人民自行开采。乾隆八年，题准附近居民农隙刨挖，以供农器之用，如有余铁，准往邻境售卖，免其科税。自开采后，铁厂颇多，然皆在茅冈司界内。土司世袭，例取税铁，计茅冈共有四十八厂，分大炉小炉开铸，如官塔、竹马溪、青岩山等地向俱产铁，远处客商出赀本收采，甚有利益。近年来各厂久停，山木亦罄，不足以资鼓铸，间有一二试办者均折阅赀本，遂行封闭，而本境需用铁器，尚别购他处，以济其乏。

（王树人、侯昌铭编：《永定县乡土志》，下篇，物产第十二，民国九年铅印本。）

〔清乾隆五年至同治十二年，湖南永顺府桑植县〕　宁远里有铁厂垱，自乾隆五年开采，旋以苗疆故，俱封禁。近今迭奉委查，并无私铸。

（清　周来贺修，陈锦等纂：《桑植县志》，卷二，风土志，土产，清同治十二年刻本。）

〔清乾隆年间至光绪六年前后，湖南长沙府湘阴县〕　自海禁开，粤商居榷为利，邑产无多，值益昂。而新市江中独产金，奸民凿山穴地求之。道光之季，淘金户常万余人，金产微，获利无几，数年亦罢。父老言，乾、嘉盛时，濒湖开垦无虚土，山木蔚然成林，地无遗利。其后，水潦岁作，田卒汗莱，所在童山硗确，物产日啬，将非人之事推移然哉。军兵〈兴〉以来，嚣然务于战功，而地利益微矣。

（清　郭嵩焘等纂：《湘阴县图志》，卷二十五，物产志，清光绪六年刻本。）

〔清嘉庆年间，湖南长沙府宁乡县〕　靳水南岸之山，有罗仙峰、高露山、癞子山、大界岭、栲木岭诸胜。……癞子山，两峰石砌，苔鲜斑驳。清嘉庆年间，乡民强开煤矿，被邑绅丁公路等控准禁采。

（曾继梧等编：《湖南各县调查笔记》，地理类，宁乡，地势，民国二十年铅印本。）

〔清道光十二年前后，湖南宝庆府新化县〕　林《志》云：油溪、瓦滩、满竹、辇溪、富山、三江口、周家溪、石矶头、金家溪各处往往采煤之地，铁矿呈露，民间取之，以铸农器，为利无多。然开厂之处，奸民混杂，恐有疏虞，故历为封禁。

（清　关培钧等修，刘洪泽等纂：《新化县志》，卷九，食货志，铁矿，清同治十一年刻本。）

〔清咸丰年间至民国二十一年，湖南汝城县〕　铁矿，以南乡太平墟鸭屎垅为著名，民国初年开采，矿产颇旺，但以销路不广，渐亦停止。铅矿见于南乡之仙殿垅，清咸、同间，曾有人试探，亦因亏本中止。文明、司山、田铺、黄家塘、大岭上、粗垅、雄牛雌牛形等处亦有人呈请立案试探，以未向山主佃批，案即撤销。此外锡矿、银矿，矿苗虽有，目下尚无人问津。

（陈必闻、宛方舟修，卢纯道等纂：《汝城县志》，卷十八，政典志，实业，民国二十一年刻本。）

〔清光绪初年，湖南永州府零陵县〕 邑近日柴薪渐少，而价旦（且）倍增，良以愚民图利，目前入山樵采，往往拔其根柢，故萌蘖无从生也。宜变通烧煤，产煤之山所在皆有，或有以开矿伤地脉、碍坟宅为言者，不知邻近衡郴各郡邑多有煤矿，何以不闻掘伤邪。将来济柴薪之穷者，舍此无他策也。

（清 徐保龄等修，刘沛等纂：《零陵县志》，卷五，风俗，生计，清光绪二年刻本。）

〔清光绪中叶，湖南永顺府永顺县〕 外白砂保大胖山有铁矿，光绪中，商民曾集股开采，因矿师不良，铁不适用，停办。

（胡履新等修，张孔修纂：《永顺县志》，卷十一，食货志，货类，民国十九年铅印本。）

〔清光绪十九年，湖南长沙府宁乡县〕 铁矿产十都，据炉师云：矿分二种，十二区之竹鸡坡、长仑坡、矿山仑、铁家塘等处所产为湘矿，赤铁质多；七区之赤井、潭冲、矿子山，八区之福延仑、牛轭坳等处，所产为滑矿，锰质多，湘滑合炼，燥润得宜，二者不可偏废。又十都八区钟体仑发见锑矿，光绪十九年商人立案开办，以深入不旺停。

（宁乡县志局：《宁乡县志》；故事编，财用录，矿业，民国三十年木活字本。）

〔清光绪末年，湖南宝庆府邵阳县〕 邑旧以产煤、铁著，金、银、铜、锡寂寂鲜闻。近自中外通商，广求地利，矿质乃日渐呈露。然邑人久安耕凿，别无希冀，盖亦不识不知，忘帝力何，有未思竭泽而渔也。今亦但能举其大概，总括言之于此。煤分铁煤、柴煤，柴煤出西南乡梅州上下各区，性粘糯，无烟，力小，仅供围炉烹煮饮食用，城内外商店居民用之；铁煤烟重，力厚，东乡产之特多。毡帽岭一带亦闻有无烟者，质似铁煤，性更持久。旧日铁煤销售湖北汉口，分达河南、皖、鄂，号称佳品，中以刘满四、樟树湾、白马田为最。刘满四当白岭砦处，地以人名。樟树湾虽滨邵水，实未产煤，特邻近青螺园、白芷塘、黄木塘、粗山岭等处有炭，皆由此入河，名因以显。白马田距城近，环左右四周，昔皆出炭，今诸处炭质已空。初为平地取炭窑，次为隔水窑，马口窑者，明知老窑之水在此，用溉田水车车之。亦有用竹筒者，车净诸水，挖取最下一层，今亦已智力俱穷，多折本不赀，非特本地乡商受亏，集股用机器如公司，亦以水溢耗本歇业焉。铁分生铁、熟铁，四乡并有，生铁取石中铁矿，用大炉甑炉以炭锻之。既镕，取纯净铁汁融为方板、圆板，内有柴銑、煤銑之名，柴銑系以松树炭锻化，煤銑系以烧煤枯炭锻化，二者以为铸锅、铸鼎、铸钟磬及耕田犁头及名器之盖之用。铸锅但宜柴炭，鼎及钟、磬、犁头则用枯煤炭。熟铁自己成方板、圆板，用椎加火炼之，或为它铁，或为条铁，二者以供刀矛及凡什物所需。县内产铁开冶之区，旧推东乡金仙铺、东茅冲、断头坪、三胜庙、九龙岭、南乡郦家坪、粟家坪、西乡滩头、六都砦，北乡右溪湾各处，今则已多改易，已多停业，或竟久停，未再兴工，未再鼓铸。钢、锡为用，略等于铁，邵阳旧无钢厂、锡厂，钢矿、锡矿因并未详。道光《宝庆府志》卷第八十六户书四，亦云"青赤二金，古今罕产"，此故从阙。五金以黄金为上，白金次之。《宋史》朱寿昌传载，仁宗时，或言邵州可置冶采金；唐《通典》载，邵阳郡岁贡银二十四两；宋《九域志》载，邵阳土贡银十两，是金银之产，在唐宋已有明文。金分金矿、金沙，金矿蕴于石，与铁矿略同，邵阳产金之山颇推东乡黄帝岭，即耶姜山，然近时集赀采取，颇闻以亏折罢工；金沙藏于水，西乡隆回都辰溪水滨，颇见居民用器淘取，与川省大江滨土人淘金不异，然亦所获至微，业此者亦甚寥寥。银矿以向非设有银场，山难实核，其坳可知者，隆回四周湖（乡称株木坳），地曰银坑，颇系产银，路侧竖有石碑，前后官吏已叠出示封禁。由西平都入三溪，当三四坳旁，其处有银录街（或曰银路），土人谓昔有银。今锑矿（锑亦作碢）之产，大概多在龙山一带，曰岳平峰、曰宝塔坪、曰枫树塘（俗作枫树氹）、曰青山界、曰李家冲、曰猫公洞（俗讹茅冈洞）、曰淘金桥雪茅岭、皆各兴工采少者，内以宝塔坪处所获为优。县境各乡近颇争用辨识，以尚非确有定产，不具列。

（清　陈吴萃等修，姚炳奎纂：《邵阳县乡土志》，卷四，地理，物产，清光绪三十三年刻本。）

〔清光绪至民国年间，湖南慈利县〕　硫黄产著者，在七都曰卓家山，十九都曰偏孔溶、曰白石、曰风火山，十五都曰横岩山、曰七阳山、曰骑马岭、曰车耳溪、曰水田平。凡卓家山、偏孔溶、白石、风火山均采有成绩，十年以还，沮于讼斗，蚀于寇盗，往往牵连，俱蹐至并，工亦不能举，兵祸影响百业，县云不幸宁惟一矿。又有硝产所在而是，然零星甚，无大宗输出。清光绪中，上九都蝉娟岗产硝，闻岗边沅陵人言，非巨额基本金，硝不出，王正雅为诸生好事，挟金往缒绳深入，绳尽且百丈，底蕴莫测也，硝卒无所得到，此县矿物之略也。

（吴恭亨纂：《慈利县志》，卷六，实业第三，民国十二年铅印本。）

〔清朝末年至民国初年，湖南慈利县〕　七都狮子岩、十七都寥家山均有铅矿，十七都姜畔河、北栗山坡有锑矿，二十五都东岳观有铜矿，二十都茅花界有银矿，其阴有铁矿。狮子岩铅矿，明万历中阉人尝来开采，语在山水篇。改革以还[①]，姚生范解福建司法司归，出赀经营化验，皆黑铅，旋用苗绌，耗千金而止。寥家山之铅则甫著手勘验，苗衰旺，尚无证见。东岳观之铜，发见在清光绪初世，其后茅花界产银风说亦浸盛，里武举其集股往求，终亦无所得，耗金累累，与生范同。方生范采矿七都，雇匠持凿，日凿石层，乃不逾尺，迹苗苗匿，传者掩口，矿无学问，效成捕风，我之不竞，此亦其一。其十七都锑矿，民国三、四年，先后经澧人孙某、鹤峰人李某续续试采，矿苗亦富有，旋以盗起，工遂中辍。又十九都统字峪有铁矿，其输出熟铁每枚作挺形方长，挺重十余两乃至十四、十五两不等，篾外束之为饼，一饼凡四五十枚，舟载外出，故江垭、象耳桥、县城各埠皆卖统字峪铁。又有铁冶，冶名者曰康家平，曰龙潭河，九溪亦有冶，然无矿，矿富者近称龙潭河，地炉木炭，不假机器，矿汁流地，初曰剀版，再熔入模，即锅成矣。锅之大小随模各异。《史记·货殖传》卓氏用铁冶富，致之临邛，即山鼓铸，倾滇、蜀之民。又程郑亦冶铁，富埒卓氏。又南阳孔氏、曹邴氏以铁冶起，富至巨万。按传铁冶凡四，见似若许其能殖富。今吾康家平、龙潭河、九溪各营业非亦以铁冶乎，乃常若提襟见肘，暗不能声，是又何也？

（吴恭亨纂：《慈利县志》，卷六，实业第三，民国十二年铅印本。）

注：① 辛亥革命以后。

〔清代至民国二十年，湖南平江县〕　矿产则有黄金洞金矿，当前清开采经费足时，每月能产金四百余两，可养活工人二千余人。

（曾继梧等编：《湖南各县调查笔记》，物产类，平江，民国二十年铅印本。）

〔民国初年至二十年，湖南邵阳县〕　矿产有龙山之锑，当欧战极烈时开掘，获利甚大，今则销路大减矣。

（曾继梧等编：《湖南各县调查笔记》，物产类，邵阳，民国二十年铅印本。）

〔民国初年至民国三十年前后，湖南宁乡县〕　宁乡矿产，惟煤、铁两种，铁矿以黄材附近稍多，竹鸡坡、清静仑、两家仑、昔冷潭诸处，其痕显然可考。民国以来，开采无定式，由若干土人，以包工制挖取，所产铁砂概销附近之高炉炼厂，炼成胜板再销黄材市各锅铁厂，以供制造锅鼎及农具之用。其著成绩者，惟煤矿，县西四十余里煤炭坝，矿源颇富，历年由商人领照开采，名天一公司（后改守一），在田开明荡二丈以下皆煤。每年八九月，车水开工，春末停采，运销出境，获利颇旺。近[①]有商人组顺惠公司，开附近之螺头窝，亦见矿苗，其次如五亩冲、谷塘坡、陡壁仑、龙形山、寨子仑一带，素称产煤，多以窿塌水积停办。县南之双狮岭，系全县义山，经官封禁。民国初年刘茂盛、肖梅卿等合开煤旺，获利；八年，湘督张敬尧委朱祖荫及矿师陈中石开办，名新康公司。定官商合办，建公房、置机器、车干窿水，出炭最多，商矿代表傅绍岩以张强夺商矿，控部，部不直张。嗣谭延闿督湘，派蒋隆权、荣任等相继开采，绍岩与彭斌继之，时阻于水，致形折阅。再南蝶子塘等处，十七年周炳麟设济生公司，开办，煤佳而富；二十五年，炳麟割让矿股，与张竹桥、刘晴初承受合办，复与湖南大学订约，采青溪煤矿，承租矿地为木鱼仑、尺塘、大横冲、细塘冲、鹿圫、人形圫、凌塘、伍家冲、砂子塘等处。现[②]济生公司日可出煤六七十吨，青溪日可出煤百余吨，常发煤车、煤船往来长沙湘潭各业，络绎不绝。又癞子山、豹子岭、陈家湾、西冲塘一带，丁子玉、成岐生等请设美利公司，开办汤泉乡之烟田冲一带柴煤，清道光时开采，后封禁。大伪镇陈田坡姜姓祖山之麓，煤质甚佳，姜姓拟集资开采，暂无成效云。

（宁乡县志局：《宁乡县志》，卷二，实业，民国三十年木活字本。）

注：① 民国三十年前后。
　　② 民国三十年前后。

〔**民国四年至二十年，湖南临湘县**〕 矿产已发现者，忠区丁畈山、桃区断山，均产银、铅。两山矿苗面积约一千零四十亩，丁畈山尚在开采，断山，民四、五年开采后，因折本停止。

（曾继梧等编：《湖南各县调查笔记》，物产类，临湘，民国二十年铅印本。）

〔**民国五年至二十年，湖南靖县**〕 东乡磨石实产铁，民五、六年间，经邵阳刘姓集资开采，铁最旺，运往广西常汉一带，颇获利。

（曾继梧等编：《湖南各县调查笔记》，物产类，靖县，民国二十年铅印本。）

〔**民国八年至二十年，湖南靖县**〕 北乡之贯堡渡东岸，皆山产块煤。民八、九年间，经湘乡朱姓开采，出煤至六十万斤，终以销路停滞罢工，而煤尚有存者，此则交通梗塞之故也。

（曾继梧等编：《湖南各县调查笔记》，物产类，靖县，民国二十年铅印本。）

〔**民国八年至二十一年，湖南汝城县**〕 煤矿初发现于西乡，一曰荷塘，一曰榔木屋背煤炭坳。荷塘开采因迷信风水中止，煤炭坳开采因压毙工人中止。此外如文明、里脚带等地方,以煤产不旺,矿质不佳,半途而废者不少。惟良田大岭上煤产虽未甚旺,现亦鸠工试探,尚未停止。民国八年,东一区黄家村屋背煤矿发现矿质甚佳,每日能出二三吨之多,借供县市各机关及铺户之用。春夏之间,农人购以烧炼石灰,但用土法开采,近年所出之煤反不如从前之旺。

(陈必闻、宛方舟修,卢纯道等纂:《汝城县志》,卷十八,政典志,实业,民国二十一年刻本。)

〔民国九年前后,湖南永定县〕 煤,本境西乡特产,水陆运行,本境岁约万余石。

(王树人、侯昌铭编:《永定县乡土志》,下篇,物产第十二,民国九年铅印本。)

〔民国十五年前后,湖南醴陵县〕 县境富源,蕴于地下者,磁土而外,尤以煤为大宗,惜乡民惑于风水,禁人开采,每以致讼,遂使货弃于地,诚可惜也。按矿业条例,惟距古圣贤坟墓四十丈以内,应设法绕避,此外均得由采矿人出赀迁徙,以矿产取国有主义,其权操诸政府,无须得地面业主之允许也。煤矿之已经开采者,如南乡豆田附近之石块煤、柴煤,汪家垅之石块煤、灰块煤,东乡金鱼石附近及泮川冲等处之烟煤,大屏山之柴煤,仙石、荷叶塘等处之柴煤、油煤,俱产苗甚旺,惜多绌于赀本,不能改用新法购买机器,以致旋采旋罢。其他若仙石、官寮之金矿,枫梓、冲官庄等处之银矿,浦口市及泮川冲之锑矿,清水江、上竿岭、铁炉厂等处之铁矿,俱曾试验,惜未开采。又乡民遇歉岁,往往掘山土淘洗得金,以是知县境又为产金之地。其石质之利用者,如烟竹湖之红石,高家店之磨石,章仙岭之青石,皆可资建筑及镌刻之需;而烧石为灰以利农田及建筑之用者,如东乡之倒网滩、王仙、洋川冲、邓家寨、冷水坑、茅坪市,北乡之楂子坳,西乡之大石寺湖金滩等处,皆最有名,且产额亦富。

(傅熊湘编:《醴陵乡土志》,第六章,实业,矿产,民国十五年铅印本。)

〔民国十五年前后,湖南祁阳县〕 近今煤矿最盛,自乐山至观音滩,上至滴水岩,数十百里,矿局林立,类皆有获无损,分利厚薄耳。厚者至三十余万银,次或十余万、数千银不一。

(李馥纂修:《祁阳县志》,卷十,货物志,民国十五年修,二十年刻本。)

〔民国二十年前,湖南晃县〕 四区之贡溪有铁矿,土人以土法开采,久已停办矣。

(曾继梧等编:《湖南各县调查笔记》,物产类,晃县,民国二十年铅印本。)

三、手 工 业

〔民国二十年前后，湖南耒阳县〕 煤矿产地，以敖山泗江为最多，云峰次之，城厢又次之，义兴、兴业、马水无有也。现每月总产额达三十三万五千余石，总价额达四十五万八千余元，概属人工，最易挖取之矿尚有许多未经开采。

（曾继梧等编：《湖南各县调查笔记》，物产类，耒阳，民国二十年铅印本。）

〔民国二十年前后，湖南酃县〕 酃之煤矿到处皆是，惟秀良未发见耳。然以水浅滩高，输运不便，无大量之开采，马岭煤颇旺，售以近城，供炊薪之用。永宁之大山里，煤最良，煤层一厚，售本境及桂阳，其质如石，亦异种也。安善之陈家楼，煤素擅场，前产多量，船运下衡，近稍衰歇矣。

（曾继梧等编：《湖南各县调查笔记》，物产类，酃县，民国二十年铅印本。）

〔民国二十年前后，湖南新化县〕 多矿藏，锑、煤、铁、石灰、锡、金砂俱有，锑量最多者为锡矿山特区（现采矿公司凡九十八，炼厂二十四），次时雍区，次大同区，次知方区。

（曾继梧等编：《湖南各县调查笔记》，物产类，新化，民国二十年铅印本。）

〔民国二十年前后，湖南东安县〕 矿砂以锑矿为最丰，昔年砂价高时，出口难以数计。近因各公司停顿，每年所出亦不过数万金耳。

（曾继梧等编：《湖南各县调查笔记》，物产类，东安，民国二十年铅印本。）

〔民国二十年前后，湖南邵阳县〕 煤矿以东乡刘马司大利山出产之铁煤为最著。

（曾继梧等编：《湖南各县调查笔记》，物产类，邵阳，民国二十年铅印本。）

〔民国二十年前后，湖南汉寿县〕 金矿，如金牛山、晒谷岩、天罗案、五宝山、云台山等处均产此，历年土人用土法，掘洞采沙发买，其质甚佳。

（曾继梧等编：《湖南各县调查笔记》，物产类，汉寿，民国二十年铅印本。）

〔民国二十年前后，湖南浏阳县〕 矿产以煤、铁、石灰为大宗，南乡遍地产煤，悉用土法开采，故每年仅能产八万余石，运售邻县，亦不过二万余石。……铁矿产于蕉溪岭，历经开采，尚少成绩。至石灰产量，年约七万石，运销邻县达二万石。

（曾继梧等编：《湖南各县调查笔记》，物产类，浏阳，民国二十年铅印本。）

〔民国二十年前后，湖南湘潭县〕 湘潭矿产物，以石灰为最多。东一区之马家河，东二区之雷打石、麦子石，南二区之崩沉湾、荷塘湾，西三区之石潭，西四区之南塘，西一区之柏木冲，均产石灰有名。此外有烟煤，产于东三区之谭家山；有锰铁，产于北一区之傅仙峰一带；有石膏，产于东一区之湘水东岸，惜皆缺乏资本，采用土法，获利甚微。兹将全县矿产统计于下：计石灰矿一百零一处，每月共产石灰十一万九千一百八十二石；煤矿十四处，每月共产煤九万八千百二十石；锰矿二处，每月产锰四万一千二百石；石膏矿三处，每月共产石膏二千三百石（内有一处尚无出产）。以上各矿矿工人数，总计为六千一百六十一人云。

（曾继梧等编：《湖南各县调查笔记》，物产类，湘潭，民国二十年铅印本。）

〔民国二十年前后，湖南永顺县〕 煤、铁矿各一处，外搭卧铁矿一处，采炼均系土法，故采获无多。

（曾继梧等编：《湖南各县调查笔记》，物产类，永顺，民国二十年铅印本。）

〔民国二十年前后，湖南溆浦县〕 锑矿，二、三、四、六各一区皆出，以二、四区为多，旧有公司二十余家，近因锑价低落，多已停办，现未停工者区仅三四家而已。

（曾继梧等编：《湖南各县调查笔记》，物产类，溆浦，民国二十年铅印本。）

〔民国二十年前后，湖南辰溪县〕 清、中两区，产铜、锑等矿。煤矿各区皆有，惟城、雍、中、保各区较佳，惜无资本购置机器，人力开采，获利者寡。

（曾继梧等编：《湖南各县调查笔记》，物产类，辰溪，民国二十年铅印本。）

〔民国二十年前后，湖南临武县〕 香花岭，位于本邑北区之镇南团，地势嵯峨，绵亘三十余里，其间居民甚少，平均计算，每方里不过四五人。因之众草争妍，荒芜满目。该岭富有锡、砒、钨三种矿产。目前有从事开采者，有官矿一所，商办公司十二所，每年可得产量价额三十余万元。但现在开采纯系土法，出产不畅，各公司大半亏累。

（曾继梧等编：《湖南各县调查笔记》，地理类，临武，名山，民国二十年铅印本。）

〔民国二十年前后，湖南新化县〕 荒地极少，地骨则富矿藏，炭铁所在皆有，锡矿亦不少，而锑几为全省产额之冠。若能设法将各种矿产，收为地方政府所有，改用西法探采，完成新湘汽车路，以利运输，则新化之富庶，或可为全省之冠。

（曾继梧等编：《湖南各县调查笔记》，地理类，新化，地势，民国二十年铅印本。）

〔民国二十年前后，湖南溆浦县〕 煤矿，一、二、三、四、六区皆有，而三区之林家园、四区之塔桥坡独为油厚烟重，近年来有枯块出运常德。

（曾继梧等编：《湖南各县调查笔记》，物产类，溆浦，民国二十年铅印本。）

〔民国二十年前后，湖南嘉禾县〕　煤炭商，集股用土法开峒，得煤即于矿场锄卖，居民挑运亦销于桂阳新田。

（王彬修，雷飞鹏纂：《嘉禾县图志》，卷十七，食货篇第九中，民国二十年铅印本。）

〔明万历年间至清光绪年间，广东广州府番禺县〕　粤秀山有赤石粉之可代朱用，盖□古所谓石墨，但产额甚少，无人过问。白云山之本山石，石砺冈之矿石，虽常有人偷采，而万历以来奉严禁，均不成当矿业。今可称为矿业者，一曰金龙庄石矿，商人陆蔡孙承办，矿区二十四亩三分，矿质砂石。一曰龟冈石矿，商人伍绣文承办，矿区六十六亩七分，矿质红麻石。一曰荔枝山石矿，商人陈光磊承办，矿区二百亩，矿质白麻石。（据《广州记》《广东新语》、阮《通志》、李《志》、采访册）。三冈砂以产自南冈、三元冈、鸦冈三乡河底得名，可范铜、铁。自明以来，俱由三乡批商承采，售于佛山，用以铸镬。光绪晚年，或以之化炼玻璃，成绩不佳，久已停办。车陂坑上游亦有沙可作玻璃，货弃于地，人多惜之。

（丁仁长、吴道镕等纂：《番禺县续志》，卷十二，实业志，民国二十年刻本。）

〔清康熙三十三年以后，广东广州府番禺县〕　下番禺诸村，皆在海岛之中，故本邑矿产多出于上番禺。然开采者亦甚少，亦有曾经开采、旋即停止者，大半风水之说为之梗耳（据《广东新语》采访册）。古称本邑有银矿、铅砂，旧《志》以为，不在县境。今在县境者，有尖峰山金矿，矿区二百一十八亩，由商人梁锦江承办，开穴十余即便中止。至于半边冈铁块，雨余拾取，仅供赏玩，益不足道矣。（元丰《九域志》、李《志》、《南村草堂笔记》、采访册。）慕德里司属各煤山向由承商认饷开采。嘉庆年间，因商人李兆云越控滋讼，久已封禁。近有吴崇光者承办免冈煤矿五百四十亩，今亦停办。

（丁仁长、吴道镕等纂：《番禺县续志》，卷十二，实业志，民国二十年刻本。）

注：叙事至清宣统三年。

〔清道光、同治年间，广东广州府龙门县〕　龙门县禁开银矿，石狮岭在县之东十里，东六堡诸村祖山也。山南为银福塘，昔年有取矿者，以不成银，辄弃之。道光二十六年，黄亚三煽惑近村人复挖取之，知县毓雯以有碍田庐，封禁，永远不许偷挖。又迤逦而西，为分水凹，麒麟冈脉焉，以石矿利，谭某屡行偷凿，毁伤脊脉。同治八年，知县张希京出示平禁，令勒诸石。

（清　戴肇辰等修，史澄等纂：《广州府志》，卷七十四，经政略五，清光绪五年刻本。）

〔清道光年间至光绪年间，广东肇庆府恩平县〕　煤炭，邑内塘口横陂曾有发现。道、咸、同、光间,经开采数次,皆以利微中止。

(余丕承修,桂坫纂:《恩平县志》,卷五,舆地,物产,金石,民国二十三年铅印本。)

〔清咸丰、同治年间,广东广州府花县〕 花县禁挖煤。同治二年十一月十八日,奉上谕,骆秉章奏花县开挖煤窑,请旨饬禁一摺,据称:广东花县象山脚等处产煤,自乾隆四年以后,迭经封禁。咸丰十一年间,劣衿卢桂芳串通土棍王文田等,勾引南海奸商区彬秀等,朦禀开采,经职员江立常等禀请封禁。广州府批令举人谭蛟查勘,区彬秀等贿嘱谭蛟含糊禀覆。自开采后,附近坟墓惨遭毁弃,叠有平山墟运合油店等处被劫各案,并有平山村开棺劫尸之惨,请饬永远封禁等语。著速将该处盗匪严缉务获,该处煤窑永远封禁,以杜乱萌。并将折内所指之劣衿、奸商、土豪等按名提讯,严行惩办,该地方官如有贿纵情事,一并确查严参等因,钦此,饬禁土名象山脚、仙阁乡、担米坳大窟、企人石、西岭、园田山、下岭。

(清 戴肇辰等修,史澄等纂:《广州府志》,卷七十四,经政略五,清光绪五年刻本。)

〔清咸丰年间至民国十三年,广东花县〕 象山、元田两乡之煤矿,咸、同间,元田卢桂芳曾介绍南海富商区彬秀、易连山等集资开采,寻被骆秉章奏请封禁,且通缉各商,而县属之煤遂无敢开采。至光绪末年,虽下诏弛禁,第产煤之地无多,如石角岭、山下岭、长山王姓岭当经陆续开采,惟煤苗非旺,均损失甚巨,以致停办。现查西岭、长埗、裕丰庄等处煤质颇佳,然不甚多,故虽开采亦难获大利,惟九湖村东北之岭冈现为炎坐公司开采,煤质虽不甚佳,而煤苗颇旺,该公司故能获重利。查其初开时,与德兴公司因争矿区界线涉讼,损失资本颇巨,而德兴公司虽得官厅划明界线,准予开采,奈所得矿区煤苗极小,未几因本缺停办,现炎坐公司得亦可以偿失矣。

(孔昭度等修,利璋纂:《重修花县志》,卷六,实业志,矿业,民国十三年铅印本。)

〔清同治年间,广东韶州府〕 金:英德洤涯有金池,又金山迳子贡岭下砍各溪涧中,皆产金砂,土人陶之,仅足日给。银:山有银矿者,辄有白气上升,或山石热时,有银污白,而味辛,其草或红如乱丝,或白如草根,或衔黑白,或有脉谓之龙口。矿以有大点银星而柔者为上,点小而坚者次之。曲江有银山,乐昌墟头江有银矿。英德之钟峒、尧山、竹溪、师子向设银场。长冈山、红磲山等处皆出银,矿恒以私采致斗,历经封禁。铜:属内之山不产铜矿,宋时,绕州张潜通云,使得变铁为铜之法,使其子诣阙献之,韶之岭水用其法能成铜,今则场废不行矣。锡:韶州当岭南陁塞杂产五金,英德尧山产锡,坚白尤胜(粤东见闻),明正德间,湖广人在五台、番岭、尧山各处偷采锡,官司察害捕禁。嘉靖间复行开采,民讼于当道,知县刘慎坐罢,自后严禁(旧《志》)。铁:曲江、乳源、翁源、英德向有铁炉,今惟曲江灵溪炉尚存,凡产铁之山,见黄水渗流则知有铁,掘之得大铁草一枝,其状若牛,则铁牛也,循其脉路深入掘之,斯得多铁矣。铅:矿产诸山,铅有黑、白二种,属内产惟黑铅。

(清 额哲克等修,单兴诗等纂:《韶州府志》,卷十一,舆地略,清光绪二年刻本。)

〔清光绪年间,广东罗定州〕 清光绪间,此地山边亦发见金矿,土人以其矿苗极旺,争讼酿祸,后经开采,亦得不偿失。

(周学仕修,马呈图纂,陈树勋续修:《罗定志》,卷三,食货志,物产,民国二十四年铅印本。)

〔清光绪、宣统年间,广东罗定州西宁县〕 邑太平都大瓮埔及大榕村银坑两处,均有银矿,光、宣之季,商人试探开采。

(何天瑞等修,桂坫等纂:《旧西宁县志》,卷十四,食货三,物产上,金类,民国二十六年铅印本。)

〔清宣统年间,广东罗定州西宁县〕 镇南都云盖大山,西界信宜,东面山麓,榕木大坑发现矿苗,近年始开采;又下赖水口山,铁矿颇多,已开采百余年;又十四都峡上云罩埔亦有铁矿,土人常采以铸镬。

(何天瑞等修,桂坫等纂:《旧西宁县志》,卷十四,食货三,物产上,食类,民国二十六年铅印本。)

注:民国三年改名郁南县。

〔清宣统年间,广东肇庆府高要县〕 铅、锑:漾源地近德庆,土名苦竹尾,有铅、锑矿,矿苗极旺,前经谭姓开采。又双保项亦发见矿苗,黎、梁两姓相继开采,卒以赀竭中辍。

(马呈图纂修:《宣统高要县志》,卷十一,食货篇二,民国二十七年铅印本。)

〔清宣统二年,广东廉州府钦对〕 宣统二年(一九一〇),廉钦道郭人漳,与大寺人冯绍珠,集资开采宿和金矿,只用土法,雇工百余人开挖,每日出金,成绩颇佳。惟支费太大,兼之办理未协机宜,得不偿失,因此年余停办。此矿山,距往大寺路不远,当其开采有一两月时,编者为往大寺开办农务分所时经过,曹绕道入矿厂及窿口考察一次。

(陈德周纂:《钦县志》,卷八,民生志,矿业,民国三十六年铅印本。)

〔清宣统三年，广东广州府增城县〕 铁矿发见一处，在梅都牛牯嶂山麓背阴山，前代历有人承饷开采，定例大铁炉一坐，每年饷银五十三两，给批赴司投纳。乾隆年间，经禀豁免（据县旧《志》）。后复定每铁一万斤，纳税银六两，不限额（据府《志》），今废。

（王思章修，赖际熙等纂：《增城县志》，卷九，实业，民国十年刻本。）

〔民国初年，广东儋县〕 南正金矿，在大星东十余里，南正村外一里，前龙济光驻军开矿，获利颇多。龙军去后，民国十年间，邓本殷据琼时，经派矿师徐继勉到此开矿，但规模颇小，未经一月，国民革命军渡琼，该业因此停止。

（彭元藻等修，王国宪等纂：《儋县志》，卷三，地舆志，矿类，民国二十五年铅印本。）

〔民国初年，广东乐昌县〕 方铅，含铅及银之矿石，产生甚多，结晶成骰子形，灰色，性脆，击之易碎，金属光泽甚强，故又称辉铅。矿可供制铅之用，并提炼银质。英、法、德国所用之银，大都由此矿提取。东乡杨柳塘曾开此矿，今停。

（刘运锋纂修：《乐昌县志》，卷五，地理五，民国二十年铅印本。）

〔民国四至七年，广东钦县〕 民四、五两年间，台会铁路总办陈宜禧，悉稔子坪煤矿苗旺，探到深层之煤质可用，已派人运机到台山，供给台会火车燃料，成绩颇佳。民六、七二年，广东江防司令申葆藩，设法用合胜公司名义承顶，亦办年余，后因时局影响停顿。

（陈德周纂：《钦县志》，卷八，民生志，矿业，民国三十六年铅印本。）

〔民国九年前后，广东赤溪县〕 铁产深湾、黄竹排、泽道湾等处，漫延十余里，掘地尺余，即见矿苗，前送往广东实业司化验，铁质足而良，近有人拟集股开采。

（王大鲁修，赖际煦等纂：《赤溪县志》，卷二，舆地下，物产，民国十五年刻本。）

注：一九五三年并入台山县。

〔民国十五年前后，广东始兴县〕 钨锰：产亨都、宝峰、老黄塘、新寨、良源角、田南、城亨、鸭舌角、姬公巷及谭坑、云玄塘各地，产量颇多。

（陈赓虞等修，陈及时等纂：《始兴县志》，卷四，舆地略，民国十五年石印本。）

〔民国二十年前后，广东乐昌县〕 县属田少山多，素鲜生产，欲兴地利而辟财源，舍周官廿人所掌，其奚由哉？从前，故步自封，利多弃地，间有采掘，只第三、第八两区之煤，与各乡粪田及建筑料之石灰，余无睹焉。民国以来，穷则变，变则通。如第二、第四、第六、第七区之钨、铋、锑、铁等矿，品质之佳，尽堪利用。

况邑曾有留法而毕业于矿学专科者,师人之长,补我之短,自今以始,提而挈之,扩而充之,匪等闲事也。

(刘运锋纂修:《乐昌县志》,卷九,实业,民国二十年铅印本。)

〔民国二十年前后,广东乐昌县〕　凡材物生于地中,须采掘而得之者,皆曰矿。盖矿必有苗,或显露地上,或接近地面,以矿学之知识,察其状况,化其成份,可知矿产之丰瘠,以定有无开采之价值。乐邑四山环聚,矿苗之多,自不待言。近来,迭有公司设立,矿质之富,将不弃于地乎?跂予望之。

(刘运锋纂修:《乐昌县志》,卷五,地理五,民国二十年铅印本。)

〔民国二十一年前后,广东开平县〕　黄金,恩邑白云山,其坑水流经本邑五区劝善堡,江成小溪,每天晴,溪中砂砾金光闪闪。农人向溪岸用铁铲锹沙淘洗之,每日得金值银数角,多者值数元。又或谓百立山涧中有金砂,尝有樵者迎日光取之,得金不少云。民国初年,有议招股开采梁金山金矿者,请矿师试探,遂寝。其实,梁金山以修道之梁金得名,黎秋坡将梁金作良金,遂误为产金地耳。

(余启谋修:《开平县志》,卷六,舆地下,民国二十二年铅印本。)

〔民国二十五年前后,广东儋县〕　西田村,瓦屋村一带,均有锡矿。据万发、义合等公司调查,西田锡矿约四千余公亩,瓦屋锡矿有一百九十余亩。至于乌枪岭一带,亦有锡矿,前经侨兴公司开采,但成绩不甚优,现下万发公司开采,成效颇著。

(彭元藻等修,王国宪等纂:《儋县志》,卷三,舆地志,矿类,民国二十五年铅印本。)

〔民国三十二年前后,广东大埔县〕　采矿一项,亦属山岭间所有之利益。吾邑昔有黄沙、东山之铜矿,打禾坪等处之铅矿,早因采无成色,已经封禁,自后迄无开采。即石矿一项,亦近各乡就近采取建筑材料而已,他无出产。可称矿业者,今只有兰沙甲双溪之石灰窑一处,产额亦无多。不过供大于产,白寨、兰沙、百候、同仁数甲之建筑材料及高陂附近瓷业中之釉泥和合料而已。其产品只以小竹筐装之,便挑运出售。以意度之,吾邑山岭重叠,地之所蕴,如铅、如铁、如煤,其矿苗曾显著者,亦以不少。其富藏当大有可观,惜乎未经探采,而且民习犹于〈有〉风水之见,欲发此窑藏以益民生,尚须有待耳。

(温廷敬等纂:《大埔县志》,卷十,民生志上,采矿,民国二十四年修,三十二年增补铅印本。)

〔清雍正八年至民国五年前后，广西同正县〕　县属，凡是土山，俗名为渌。县城西北诸土山，多有出产铅砂。距城西二十余里之渌泓、渌谷、渌旺、渌石等处，在清雍正八年、十年、十三年，先后奉旨开采。其定例报税，渌谷正白上砂一万斤炼铅四千斤，渌泓正白中砂一万斤炼铅三千，渌旺、渌石下砂三万斤炼铅一千斤，照例抽税。每以炼铅一百斤抽正课，铅二十斤抽撤散，铅叁斤课税。铅无定额，原系尽收尽报，向来汇解司鼓铸。乾隆三十三年，奉行新例，将正课铅改照撤散定价，运至南宁府变卖解司。（旧《志》查其所采出之砂，于雍乾间均在城南二十里之砂房墟地设炉厂鼓铸，现该处四近尚有当时砂屎累累，可证砂房墟之得名实本于此。又民国四、五年间，县西北距城三十里之渌井及距城二十里之吞邑白二处有矿苗发现，迭经振业公司、大道公司奉令开采月余，将铅砂运往南宁方面，嗣因滞销停办。）

（杨北岭等纂修：《同正县志》，卷六，物产，矿物，民国；十一年铅印本。）

注：同正县今为扶绥县。

〔清嘉庆二十四年至民国二十四年，广西贵县〕　北山之银矿，蕴藏特厚，为全国巨擘，开采最早，名亦最著。银矿，矿质之佳首推三岔山，次为龙头、六班诸山，其色或如乌梅、或如蛋黄、或如檀木、或如银朱，而以色如乌梅者为最。三岔山产乌梅银矿，土炉炼冶银约占百分之一十二，金约占千分之三，以西法化验，其百分比为五三点一至六五点四不等。……土法采矿用锹、锄、锤、凿诸器就矿脉开掘，纵横深浅随矿而殊，或深十余丈，或数十丈不等，窿深而黑，撑以横木如梯，然入窿必燃油灯，以便升降，遇水用竹筒吸抽使涸，若矿壁坚厚，则炸以火药。附近三岔、平土诸山居民多习采矿，裹粮而出，梯山越壑，凿取矿块，验其沉重者囊归而冶之，资以为生者倍于耕农。熔冶之法，几家喻户晓，竹篱茅舍间土炉累累然，俗曰炉房，《中外地理大全》谓贵县多五金矿，熔矿炉数百座，皆用土法。但今已稀少。唐宋贵州已贡金银，开采究始何时，不复可考。清嘉庆二十四年，贵县知县蒋庆锡雇工开采龙头、六班诸山银矿，耗金数千，所获甚微。道光年间，知县黄济复招商开采三岔矿山，未几折阅停办，而矿工云集，无法遣散，遂踞山以私采为业。清光绪五年，木格人黄晚开采平天山银矿，曰东甲窿，又曰黄晚窿。八年，清远人侯辰泰开采者曰辰泰窿，一在新伯公，一在平天山麓，而企甲十余窿亦同时开采，以叶亚齐、陈四诸窿为最著。十年，张阿秀开采水井甲窿，又曰水火窿，于时私采者尤多，如墟背夹凡十余窿，以魏九窿为最著，山顶长甲凡五十余窿，以李三西窿为最著。硬径一带凡四十余窿，以温伯泰、罗水保、邓贵诸窿为最著。

各窿相距咫尺，密若蜂房，开采以来，莫盛于此。矿产蕴藏丰足，足见一斑。后皆因故中辍。尔时矿业之法未立，大利所在，群相侵夺，其罹讼累者比比也。封禁：清嘉庆二十五年，知县蒋庆锡奉督抚檄封禁，立卡分兵防守。道光年间，准招商试行开采后，私采复盛。十九年，洪秀全、冯云山潜入平天山，暗结矿工，密图革命，迨金田起义，矿工悉附之。太平军穴隧轰城，实得其力。矿工既去，而矿区遂废。同治初年，又间有私采者。其后地方官吏鉴于往事，重申禁令，犯者置之法，禁碑犹存。

（欧仰羲等修，梁崇鼎等纂：《贵县志》，卷十一，实业，矿业，民国二十四年铅印本。）

〔清道光年间至民国二十四年，广西贵县〕 平天、三岔、龙头诸山银矿磅礴郁积，其蕴藏不易估计。已采掘者，相传清道光年间，有湖广人开仰天窿，曰湖广窿，获银百余万两。北山里人覃奉璋，开平天山窿，曰爹杰窿，获银四十余万两。光绪二十二年至二十五年间，城厢黄和珍收买银饼估计五十余万两（光绪二十三年，每墟日约收银饼四千余两），龙山陆万胜、王聚昌、杨锡记、邓义记及各村收买银饼估计约四十余万两。华兴公司自冶销售估计约四十余万两，此可估计者总数约三百余万两。龙山市上，每遇墟期，贩卖银饼几成银市。附近居民趋习炼冶，蒸为风气，银铸宝锭，金凝为粒，贩销滇、黔、湘、粤诸省或制首饰销于县境，金银比价为一与三十至三十二不等，于是县属金融颇称优越。

（欧仰羲等修，梁崇鼎等纂：《贵县志》，卷十一，实业，矿业，民国二十四年铅印本。）

〔清光绪十年至民国年间，广西钟山县〕 萌渚山麓富有矿质，铜、铁、钨、锑、砒、水晶等矿蕴藏颇丰，而西湾之煤，望高、栗头、水岩坝之锡尤为著名。富川旧《志》载，煤厂闭歇无常。清光绪十年，粤东委员购煤为制机器用。旧厂所存将罄，有商人承批上宋村大岭开办煤厂，每月缴税银二十两，经张制军令将煤税捐为富江书院膏火。又载，明隆庆二年始开白沙洞、饷鼓岭、仙姑塘锡矿，万历十七年税监信牌据报大窝塘、十八涧等处锡矿并开出。山主庐一见等姓名参差，随郑子云到境开采，由县详委边蓬司巡检兼同督理，给各山主招夫开采，议定矿饷，每年额限一百一十一两，外加火耗、羡余、箱杠、水脚、倾销、加添、兑换银二十九两五钱有奇云云。溯自明清递嬗，煤、锡矿厂开歇无常，清末两广制军张鸣岐委张总办继龙购置机器，在西湾大岭凿井开煤，有升降机及轻便铁轨，设置甚备，并就近建筑局所。官矿局设立从此始。民国三年，杨总办宝瑛添筑围墙、炮楼、兵房，而矿局规模益大，其时兼办煤、锡。因运输不便，煤矿滞销，停止办煤。嗣后专办锡矿，由矿局派员向地方矿民收买锡砂，提炼运销，惟政府对于锡矿办法或包炼或承税抽出口捐或征矿税，亦时有变更也。查富、贺、钟三县矿区，钟山占重要部分，约占十分之七，现每月产锡砂约有四万余斤，惟矿民开采锡砂，向以土法，用人力开采，往往用力多而成功少。十七年，政府曾购砂机器在水岩坝地方设一模范矿场，因办未得宜，仍属亏折。

（潘宝疆、卢世标修，卢钞标纂：《钟山县志》，卷十，实业，矿，民国二十二年铅印本。）

〔**清道光二十年至民国二十五年，贵州遵义**〕 道光二十年，遵义县民杨某开挖忠庄里矿，宝林、双山顶、大坡等处铁矿，设高炉熔冶，不久停息，至今高炉犹存。道光二十一年，遵义县民卢某挖掘西乡沙溪里枫香坝泥矿，就场开炉熔化，矿苗甚旺，质亦良，因地方人迷信术家之说，以为挖山有碍风水，出而阻止，禀官封禁。……咸丰十一年，遵义县民杨映梁开挖永安里麻池铁矿，磻硐一口，苗颇丰旺，锻炼一切农器以及锅炉钟磬之属皆佳，间铸铁板，贩售省垣，颇云利市，惜陆运艰难，资本歉涩，遂尔停闭。……光绪八年，遵义县民范德宣、倪灿廷等开挖石牛嘴、江光坝、山羊坪三处泥沙铁矿，在后溪河设炉熔化，稍有成效，未久即歇。光绪十年，倪灿廷复开六竹坝泥矿，亦未久即停。……又永九甲地名岩门大田坝产铁颇旺，陈斗山开厂熔冶数年，家因以裕，惟资本甚微，销场亦窄，故虽红山黑山俱盛，碍难发展。又大五甲板水沟开设铁厂一座，戴正柄家自光绪十余年间铸冶至今，矿苗甚旺，惟限于资本，只以熔铸锅、釜，行销近境。又地名响水堡铁冶一座，乡民何焕章、秦和兴共开，专铸锅器农具，销售附近场市，苗旺利丰，惜无为大鼓铸者。又大六甲地名碾村沟杨柳湾自光绪十余年来，熊国川设铁厂一座，董董供铸农器，备近村之用。其矿不旺不竭，小冶则利，大冶则折本。国川又于丁村窑上坪另开一冶，与碾村沟相埒，至今冶铸未歇。……又遵义南四区水箐场其处山皆产铁，苗且旺，居人设炉鼓铸已多历年所，仅已开厂年约出铁数万斤，所铸锅斧耕具遍近乡，却无巨资者为之耳。光绪二十年，川民申章钟开掘遵义县属之永安里地名黑岩湾铁矿熔化农器，厂颇兴旺，至二十六年苗顿枯竭，迁移他所，此遂废。……宣统元年，遵义县民王文钦开掘大溪里安村铁矿，设炉熔铸，颇称获利，今尚未歇。

（周恭寿等修，赵恺等纂：《续遵义府志》，卷二十九，矿产，民国二十五年刻本。）

〔**清光绪十八年前后，广西镇安府**〕 粤西处处有矿，五金而外，以硫磺为大宗，镇安产矿向系土人煎采，嗣以军需所关，不便私采，且恐阑出交夷，遂议定官采,严私挖之禁(旧《志》)。……谨案天保奏议两属现在均未煎采磺硝,惟奉议站墟由左江道招商给示设局采办,其硝磺由东兰、凤山、恩隆等处开采运售。

(清 羊复礼等纂修:《镇安府志》,卷十六,经政志,矿厂,清光绪十八年刻本。)

〔清代至民国二十九年,广西平南县〕 铁,产于南河之联新、同乐等乡,尤以联新为多,年产约一百八十余万市斤。自清季开采至今,日中附近,乡民百十成群,荷锄往探,得即售诸大安镬厂,计大安二镬厂共有工人百余,每年出镬约三万余个,运销省内各县。

(郑湘涛纂修:《平南县鉴》,物产,矿物产,民国二十九年铅印本。)

〔民国初年至二十三年,广西上林县〕 蓝干金银矿,二十年前曾经开采,旋以经费不继,停办。……东抚厂墟,即因和乐煤厂得名,煤层极厚,煤质亦佳,惜其采取纯系土法,以故获利甚微。

(杨盟、李毓杰修,黄诚沅纂:《上林县志》,卷七,食货部,物产,民国二十三年铅印本。)

〔民国二十一年至二十七年,广西〕 本省矿产种类既多,蕴藏亦富,举凡金、银、铜、铁、锡、锰、铅、锌、铋、钨、钼、锑、煤砒、水银、石油、石棉、石膏、水晶、大理石、云母、硝磺、磁土诸矿莫不俱备,而以锡矿为最著,钨、锰次之。各矿开采方法,除锡、钨外,大概用土法。各矿曾经开采者,金属矿有金、银、铜、铁、锡、锰、锌、铋、钼、铅、汞各种,非金属矿有煤砒、石棉、滑石、磁土、重晶石各种,其中以金、锡、锰、钨、锑数种开采最盛,产量亦有增加,并以锡、钨二矿增加率最高,计二十七年较二十一年锡产量之增加达十四倍强,钨产量二十六年较二十一年亦达一四八倍有奇。二十六、二十七两年实为本省矿业最发达时期。

(蒙起鹏等编:《广西通志稿》,地理编,物产,矿物,一九四九年广西通志馆油印本。)

〔民国二十二年前后,广西钟山县〕 望高、栗头一带,近受锡矿影响,佃耕农民多数趋于采砂,虽有可耕之地,亦因人力有限,肥料不足,生产日减。更有膏腴之田半为淘砂红水壅入,变为荒废。

(潘宝疆、卢世标修,卢钞标纂:《钟山县志》,卷十,实业,农,民国二十二年铅印本。)

〔民国二十五年前后,广西信都县〕 县属灵丰乡金鹅山产碎金,亦有大于米粒者,里人于附近山埇中淘取之,足供日食。但苦无矿师,不知矿苗多寡。最近,邑人方集议,延聘矿师探采。

(罗春芳修,王昆山纂:《信都县志》,第四编,经济,矿产,民国二十五年铅印本。)

〔民国二十六年前,广西崇善县〕 沿井村之铅矿,在前经已开采,惟不得其法,被土压下伤亡多人,遂致停办。

(林剑平、吴龙辉修,张景星等纂:《崇善县志》,第四编,经济,产业,一九六二年广西档案馆据民国二十六年稿本铅印本。)

〔民国二十六年前后,广西宜北县〕 金属:铁矿,驯乐、道安两乡山脉绵亘数十里,多产铁矿,已经开采者,有再兴厂、复利厂、复合厂、广利厂等集股开办,均著有成效。银矿,相传道安乡北山村有银矿在地,清乾隆间经行开采,凿山采矿,运到架洞熔铸,已著成效,嗣因山崩坏人,乃行停止,厂基犹存。非金属:硝磺,县属各山岩随处有硝,只政府悬为禁例,商人不敢开采耳。煤矿,驯乐乡红山地方煤矿甚多,土人采为燃料及造锅罐之类。墨石,城厢中和、上花、峨山、英豪各村土岩中所在多有,农家挖取以作壅田肥料,成分颇佳。石灰,随处皆有之,掘土作窑,堆青石于其中,用火烧之,即成生石灰,其用途颇广。

(李志修,覃玉成纂:《宜北县志》,第四编,经济,产业,矿产,民国二十六年铅印本。)

〔民国二十九年前后,广西平南县〕 金,各地均有出产,现同和、同安、水晏、马练、妙客、罗运等乡,虽有商人请领开采,惟用土法,无甚成绩,终难发展。而附近各乡民众,每于农隙之时,邀集三五人或一二十人,合力同淘,所得金沙之大者有十余两,即开采未获大者,每日平分工食亦可得二三元桂钞,年约产三四百两。

(郑湘涛纂修:《平南县鉴》,物产,矿物产,金,民国二十九年铅印本。)

〔民国三十年至三十五年,广西三江县〕 金属:铁矿,县属泗里乡之石门金刚山及大浪、老堡两乡间之山皆有。金矿,大浪、老堡两乡间山有之。钨矿,县平流乡平流村附近有之,亦曾开采,旋停办。沙金,平江自同乐乡以下沿河皆有沙金,民三十年间始知淘取,居民赖以为业者颇不乏人,每日有获钱余或数厘者,一月平均计日可获一二分,可供事畜之资。由良口沿此河而进三四里之河畔沙泥所含金量较丰,淘者日伙。民三十一年良口村被火灾,粒米皆空,遭难者皆赖淘金为活也。非金属:石棉矿,县属田赛河一带有之,又大湾乡芝奈村芝了屯南三里余地方及泗里乡石门山皆有此矿,未经开采。石灰石,县属龙胜乡之扶平、白江两村产量最富,惟制出灰质不及长安所产者,致销路不广,只供本地应用而已。

煤矿,平流乡八协村间有之。

（覃卓吾、龙澄波纂修,魏仁重续修,姜玉笙续纂:《三江县志》,卷四,经济,产业,实业,民国三十五年铅印本。）

〔清代前期,四川叙州府雷波厅〕　铅,产龙头山、梅子冈、大宝鼎各地,至道光时乃废。

（清　秦云龙等修,万科进等纂:《雷波厅志》,卷三十三,物产志,金之属,清光绪十九年刻本。）

〔清同治中叶前,四川叙州府雷波厅〕　铁,罗三溪、广余乡、中山坪、牛吃水皆有厂,同治中废。

（清　秦云龙等修,万科进等纂:《雷波厅志》,卷三十三,物产志,金之属,清光绪十九年刻本。）

〔清光绪初年至民国十七年前后,四川大竹县〕　罗家沟产青铁,矿厚约尺余,自清光绪初至今,开采不竭。

（郑国翰等修,陈步武等纂:《大竹县志》,卷十二,物产志,矿之属,民国十七年铅印本。）

〔清光绪十一年前后,四川夔州府大宁县〕　煤炭,一名乌金。产东、西两溪者,附场最近,专为煮盐之用,岁值巨万。……其西南乡亦多产煤处,陆运舟载,供城乡坎灶之用。

（清　高维岳修,魏远猷等纂:《大宁县志》,卷一,地理,物产,清光绪十一年刻本。）

〔清光绪十九年前,四川叙州府雷波厅〕　铜,分水岭、狮子村、东林乡俱有旧厂,向纳课税,今停。

（清　秦云龙等修,万科进等纂:《雷波厅志》,卷三十三,物产志,金之属,清光绪十九年刻本。）

〔清光绪十九年前后,四川叙州府雷波厅〕　金沙江一带产沙金,里人间有淘采者,炼之皆赤。

（清　秦云龙等修,万科进等纂:《雷波厅志》,卷三十三,物产志,金之属,清光绪十九年刻本。）

〔清光绪三十三年前后,四川重庆府江津县〕　四序镇石龙峡,于清光绪三十三年,虽有杨保初等立案开采,岁可出铁十数万斤,旋亦闭歇。致今日需要之铸铁、锻铁、钢铁,均仰给外县,可慨也。

(聂述文、乔运亨修,刘泽嘉等纂:《江津县志》,卷十二,实业志,矿业,民国十三年刻本。)

〔清代至民国三十三年,四川长寿县〕 邑东、西、南山皆产煤矿,而西山尤旺。清代初无矿税,至宣统二年,省劝业道委矿务员于各县收煤铁税,规定煤厂掘煤地面积一亩每年征银三角,产煤一公吨征银三分五厘。民元以来,矿税逐渐增加,每产煤一公吨征银二角,年约一千元左右。

(陈毅夫等修,刘君锡、张名振纂:《长寿县志》,卷三,食货,田赋,附各杂税,民国三十三年铅印本。)

〔民国十三年前后,四川江津县〕 津属二守、三才、四序、五福、六合、七星、九如等镇之山俱产炭,沥青炭少,泥炭稍多,褐炭最多。开采者掘石穿洞,伐木衬土,取斜面形深入山腹,上下纵横,依炭脉之所在而采之。大厂约三十家,资本银各万余元或数千元,昼夜需矿工每厂百余人。小厂百余家,资本银各数百元,每厂昼夜需工数十或十数人不等。其地面、地腹皆营业之家自由租佃,出炭以后随地运卖。今则政府颁布矿业条例,凡产炭诸山须测量绘图,注册存案,开厂者当照矿区之大小纳税,而炭价于是乎昂矣。

(聂述文、乔运亨修,刘泽嘉等纂:《江津县志》,卷十二,实业志,矿业,民国十三年刻本。)

〔民国十六年前后,四川酆都县〕 太和乡倒流水旧产块煤,重有至数十斤者,岁出约值银二三千元。又横岭冈产煤,岁出亦值银数千元,俱售忠县、连封等处。七曜山产煤亦富。

(黄光辉等修,郎承诜、余树堂等纂:《重修酆都县志》,卷九,食货志,物产,民国十六年铅印本。)

〔民国十九年前,四川名山县〕 北区官田沟、万古场,东区甘溪沟发现煤矿,曾经土人开采,一因隧道肤浅,杂质未汰,一因工绌费巨,价昂于薪,所以虽能燃烧,销售不畅,屡作屡辍,今仍宝藏于地。

(胡存琮修,赵正和纂:《名山县新志》,卷八,食货,工,民国十九年刻本。)

〔民国二十六年前后,四川犍为县〕 四川产炭之区,以川南为第一,而吾犍尤为川南之冠,盖犍炭之矿苗既旺,且厚为五层炭,此外惟乐、屏两县有之。产量既丰,故炭业为犍人多数之生活所倚赖。……全境每岁约产炭百余万挑,值银约四十余万元,除大宗供给盐场外,余尽销行上下游,上销成都,下销至重庆,横销至内江。成都销兵工厂、造币厂及用户,叙、泸、重庆、内江售糖、酒各户。近因省垣兵、币两厂停顿,彭县、泸州各地新开炭厂,销路因之大为梗滞,颇呈衰败之象。

(陈谦、陈世虞修,罗绶香、印焕门等纂:《犍为县志》,卷十一,经济志,炭业,民国二十六年铅印本。)

〔**民国二十七年前后,四川安县**〕 黄金,其色赤,向为出产大宗,近因生活昂贵,采者渐少。

(夏时行等修,刘公旭等纂:《安县志》,卷二十六,食货门,矿类,民国二十七年石印本。)

〔**民国二十七年前后,四川安县**〕 县北麻柳湾、樱桃树一带产煤,开挖多年,较之他邑为特色。

(夏时行等修,刘公旭等纂:《安县志》,卷五十六,社会风俗,特别土产,民国二十七年石印本。)

〔**民国三十一年前后,四川西昌县**〕 茨达河之洼泊沟,有铜矿穴,土人用旧法开采,日出铜二十余斤。

(杨肇基等纂修:《西昌县志》,卷二,产业志,物产,民国三十一年铅印本。)

〔**民国三十三年前后,四川汶川县**〕 煤,产猪脑坝、上索桥两处。猪脑坝有炭厂多处,成品均运往灌县推销。卜索桥产量亦丰,因交通阻碍,中止开掘。

(祝世德等纂修:《汶川县志》,卷四,物产,矿物类,民国三十三年铅印本。)

〔**民国三十三年前后,四川长寿县**〕 西山本产铁矿,向有铁厂数处,久经停办,现有人组织公司克期采炼,将来获利正复可观云。

(陈毅夫等修,刘君锡、张名振纂:《长寿县志》,卷三,食货,田赋,附各杂税,民国三十三年铅印本。)

〔**民国三十三年前后,四川长寿县**〕 瓦罐窑,在大江北岸,逼近白沙湾,出煤颇旺,常有小船在此运煤。

(陈毅夫等修,刘君锡、张名振纂:《长寿县志》,卷二,建置上,城市,附区镇乡,民国三十三年铅印本。)

〔**民国三十七年前后,四川筠连县**〕 无烟煤,各乡均产,以中城巡司产量为最丰,大乐、丰乐、双河等乡次之,余又次之。制造时于产煤区域扎箱掘穴抽水,载诸炭舟而曳出之。以交通不便,未能大量输出,县人以之为主要燃料。

（祝世德纂修：《续修筠连县志》,卷一,舆地志,物产,附物产,民国三十七年铅印本。）

〔明朝至民国初年,贵州桐梓县〕 邑本山国,产矿极富,夜郎雄磺,溱州丹砂,载籍流传,难稽所在。夜里铜鼓脑产铜,相传明时矿使四出开挖铜坑。清光绪中,白令之珪集股合办,终未获利,其后鉴于前事,故官民多主张封禁之。前人于芦里老木窝发现铝矿,夜里燕石坎发现锑矿,均以人财兼缺,未经开采。若硝取山硐槁壤而水澄,硫磺取煤炭废矿（俗呼铜色）而熬汁,虽土人时为之,然亦开禁令也。邑最富者惟铁与煤,铁生岩石中,产砂石岩曰青矿,性纯质韧,矿品最佳。产白岩曰红矿,性杂质脆,必参和青矿并冶,始适于用,故青矿、红矿均称岩矿；生浅土中曰联矿、曰罐矿、曰鸡窝矿,通称土矿,性杂质硬,成分亦低,品斯下矣。大凡所产地方,恒与煤相表里,考煤又分油煤、铁煤……煤铁富饶,甲于全县,使得专门家先事勘测,大资本家参新法购机械开采,冶炼同时,疏其河流,以速舟运,将见物华天宝,奚翅利市三倍也耶！矧县中煤铁随在有之,转瞬间马路告成,运输便利。若又有人、有土、有财,大启数千年蕴蓄之宝藏,转移数十万贫乏之苍黎,宽其禁令,轻其租课,利民利国,握要以图,是所望于长民者。

（李世祚修,犹海龙等纂：《桐梓县志》,卷二十四,实业志,矿产,民国十八年铅印本。）

〔清顺治年间至民国八年,贵州思县〕 西区客楼产铁矿,清顺治间,曾经开采,不甚发达。迄光绪、宣统时开者渐众,因技术不良,获利者鲜,颇多歇业者。现惟陈允钦、邓兴泰、曾荣昌等独力开办,纯用旧法,每年获利无多。计前后所开地面约七十方里。曾荣昌又于民国五年合资开办溪嘴岩鸡冠岭锑矿,面积约二十方里,嗣以质劣停歇。

（杨焜修,涂芳藩纂：《思县志稿》,卷七,经业志,矿业,民国八年修,一九六六年贵州省图书馆油印本。）

注：思县今为岑巩县。

〔清乾隆二十三年前后,贵州大定府毕节县〕 福集厂,系水城厅属,地方出产白铅,上宪于通省佐杂官内派委一员管理厂务,毕邑设局在厂收铅。每年奉拨运京一百五十万斤,自厂起运,由赤水渔塘河转运至重庆府兑交委员接收熔化,运赴京局供铸。

（清 董朱英修,路元升纂：《毕节县志》,卷四,赋役,铅运,清乾隆二十三年刻本。）

〔清乾隆五十九年至光绪十九年,贵州遵义府〕 乾隆五十九年,遵义南乡平水里两河口产朱砂,银杏都民张某请官试办,因建官房一、炉房二,设守兵三百,募砂丁六七百,共千余人,占地纵横四五里,颇有成效。后因厂发人众,执事者不善约束,附近二三十里居民,时受炉户、砂丁扰害,激动众怒,几酿大变。嘉庆元年,知府稽承孟出示封闭,并详宪永禁开采。……咸丰六年,仁怀知县江炳琳、邑绅袁焕堂探得城北三十里地名骡子岩产银矿,集资开采,已获矿砂万余斤,未及一年,白号入境,遂废弃。……同治三年,湖南统兵官谢宝臣奉檄,由湘入遵击黄白号匪,经西乡江岩地方,闻银矿出现,集资开采挖磺,硐苗果丰富,矿亦光彩耀人,惟聘工提炼化而不流,凝滞不分,历试多工皆然,以为银之荒也,遂行停闭。现今洞口尚存,其矿犹有贮存者。光绪八年,遵义绅耆偕湘人军门谢景春、吴瑞庭、川人孟同轩等集资禀请贵州巡抚开采仁怀县二郎里桑木场银矿,巡抚林肇之批准,令其试办,开挖磺洞一口,深数丈即获矿砂,每斤可提分净银三钱二分,足敷工本。至光绪十年,瑞庭病故,司厂务非人,账项不清,内哄而罢。宣统三年,赤水县民喻泽林复禀请开采,适改革,中止。……光绪八年,川民文贵山勘得遵义南乡马家桥产有银矿,约集乡人合伙开采。九年,挖掘磺硐一口,所获之矿异常晶莹,但非铜非银,化工不能分析,遂自行停采。光绪十一年,仁怀县廪生邓连三私开二郎里红锦,将置厂矣,以未经立案,又因矿师不精,不能分析,遂致亏本,未及一年自行倒闭。光绪十二年,仁怀厅商民张双泰开挖仁怀县属之安八甲地名王祠青矿,设高炉熔冶,光绪十九年因硐老山空自行停闭。

(周恭寿等修,赵恺等纂:《续遵义府志》,卷二十九,矿产,民国二十五年刻本。)

〔清道光二十一、二年,贵州遵义府绥阳县〕 二十一年九月,绥阳县奸民熊仕宗等,纠集游民,于绥阳县正安州接壤之野茶坝、聚宝山、天缘山、新山等处,私探银铅,将置厂,知府黄乐之以多病民间庐墓,且奸宄易藏,滋扰可虞,民食正歉,腾贵堪虞,严示禁止;十二月,巡抚贺长龄访闻,复严札饬令封闭二十二年二月,乐之亲往勘封私磺,并申永禁(并档册)。

(清 平翰等修,郑珍等纂:《遵义府志》,卷十九,坑冶,清道光二十一年刻本。)

〔清咸丰四年前后,贵州兴义府〕 郡有水银矿,册亨有雄黄矿,贫民多作矿丁。

(清 张瑛修,邹汉勋等纂:《兴义府志》,卷四十,风土志,风俗,清宣统元年据咸丰四年刻本铅印本。)

〔清咸丰初年至民国初年,贵州施秉县〕 南区胜秉汪家山铅矿,于咸丰初年经乡民集资开采,矿质甚富,获利亦丰,旋因苗变停止。光绪初,开而复废,因资本无多也。民国二年,法政毕业生杨守仁倡办矿业公司,厚集股本,开采二年,得矿虽多,倾销无法,获利有限,事遂废弛。

(朱嗣元修,钱光国纂:《施秉县志》,卷一,矿业,民国九年修,贵州省图书馆一九六五年油印本。)

〔清同治年间至民国二十九年,贵州三合县〕 清光绪三年,古州兵备道易佩绅,曾派员来三脚屯、北乡、高屯开采硫磺,其经过不详,今遗址尚存。惟铁厂,人民用土法开者极伙,其旧厂址有如下列各厂名。铁厂:甲晒老铁厂,在南乡甲晒河边,清同治光绪间邑人胡镒光、李光英、胡显廷先后开办,光绪中停。甲晒新铁厂,宣统时独山王玉书开办,未几停。梁家沟铁厂,光绪间包利云开办,早停。普屯李家铁厂,光绪间独山李晴岚、佩琚兄弟办,今停。打孟塘铁厂,光绪初年包利云、蒙雨亭开办,已停。打鞭河铁厂,光绪初,岑星五、王礼堂开办,后为蒙雨亭、梁育齐续办,惟梁厂存。牛硐铁厂,光绪初年王宝丞开办,今尚存。巴银铁厂,民国初年开办,已停。干沟铁厂,民国初年张子和开办,已停。羊冬上铁厂,民国初年包怒卿、陶让卿开办,已停。羊冬下铁厂,民国初年赵霓臣、张连赖开办,已停。的刁河铁厂,民国初年王锡趁开办,已停。

(许用权修,胡嵩纂:《三合县志略》,卷二十四,庶政略,厂务,民国二十九年铅印本。)

〔清光绪二年前后,贵州大定府水城厅〕 银,由白铅中分出。未遭变以前,厅属各铅厂多以此发迹,富至数十万。

(清 陈昌言纂:《水城厅采访册》,卷四,食货门,物产,清光绪二年纂,一九六五年贵州省图书馆油印本。)

〔民国三年至十一年,贵州安南县〕 南区之打帮山产铁,矿地面积约五六里,民国三年由原昌公司开采,初时冶铁不熔,后移炉獞〈犵〉猪屯,颇称发达,系用土法。又民国五年,邑人陈肃安等于打帮山之阳开采铁矿,仍在獞猪屯设炉,产矿面积约五里,仍用土法,亦著成效。民国七年,以资金缺乏,乃停歇。又西区之沙家坪亦产铁,面积约五里。民国七年,由大昌公司用土法开采,近甚发达。

(李兰生修,李大泽纂:《安南县志稿》,卷六,经业志,矿业,民国十一年修,一九六六年贵州省图书馆油印本。)

注:安南县今为晴隆县。

〔民国五年至二十四年,贵州三合县〕 自欧战起,世界各国争用水银(即汞),在民国五、六至二十三、四年间,三合开采水银者如雨后春笋,摘其大者如下：乌虾沟水银厂、羊冬水银厂、背伕厂（在莫家寨对面山）、破槽厂（在谭家寨后山，建厅调查每月约出八十斤）、四红厂（在王家寨后山，建厅调查每月约出四十斤）、摆罢坡水银厂（在赴普坉小路）、牛崀硐水银厂。

（许用权修，胡嵩纂：《三合县志略》，卷二十四，庶政略，厂务，民国二十九年铅印本。）

〔**民国八年，贵州兴仁县**〕　将军岩，在治城东北一百里，按：将军岩在回龙厂，岩居回龙冈上，内含汞质，历来采水银者悉于此冈之畔凿取。今源兴公司于兹开源兴、兴隆、隆盛三鏊，民国八年二月已出红砂，采取颇旺。

（王敬彝纂：《兴仁县采访录》，卷二，山脉，境内各山，一九六五年贵州省图书馆据民国九年稿本油印本。）

〔**民国十年至二十九年，贵州三合县**〕　自民国十年，有粤商某来合办矿，发现锑苗，遂开采而运粤销行。初邑人瞥见，不审何物，亦不悉用途，故无人过问，至是多争办之。锑之用途，视水银尤广，然以地方限于人力、物力、财力，不能大量采治。其所经营之小企业家所集资本不过数十元或数百元，最多者超不出五千元，惨淡经营，略沾微利。自国府颁布矿业法后，立案手续极形繁难。小资本之企业家不能延聘工程师绘图设计，无法立案，且依万国公例，矿产权属于国有，从前小资经营者因立案手续未备关系，多被封禁。二十五年，有安顺商人周秉衡积资开采本县第四区高同锑矿，名曰兴黔公司；湘人张铭西与黄汉江、梁楚林等积资开采第二区地名定呆锑矿，名曰民生公司，经济部核准，颁给执照，并由本省建设厅登记给领。

（许用权修，胡嵩纂：《三合县志略》，卷二十四，庶政略，厂务，民国二十九年铅印本。）

〔**民国十一年前，贵州安南县**〕　西四区之铜厂沟产红铜，邑人刘锡之、陈佩龙合资开采，面积约四五里，纯用土法，已著成效，后以资金缺乏而停闭。

（李兰生修，李大泽纂：《安南县志稿》，卷六，经业志，矿业，民国十一年修，一九六六年贵州省图书馆油印本。）

〔**民国十八年前后，贵州桐梓县**〕　邑产铁矿极富……六、七两区，常有商人开采鼓铸，运川销售。如用新法机械开办……用不竭矣。

（李世祚修，犹海龙等纂：《桐梓县志》，卷九，食货志，物产，民国十八年铅印本。）

〔**二十世纪三十年代前后，贵州安顺**〕　轿子山煤矿，在城东北三十余里，山势绵延，横亘百余里。半属平坝、普定，半属安顺。此山开矿，历年久远，煤洞甚多。附近各县居民所需燃料,大多仰给于此,日产十余万斤。

(贵州省安顺市志编纂委员会据民国二十年代末稿本整理:《续修安顺府志·安顺志》,第九卷,工矿志,矿业,非金属矿,安顺市志编委会一九八三年铅印本。)

〔民国二十五年前后,贵州册亨县〕 矿产有汞、朱砂、雄磺、硝、石膏、铁、锑、铅、铜等类,惟开采者甚少。北门坡有汞厂,即前源兴垫公司旧址,工友约数十人,资本不过千元左右,系用老法制炼,出品分汞、朱砂、雄磺三种,只以矿苗不丰,工人缺乏科学常识,且无机械开掘,故出品所获仅能维持工人生活而已。

(罗骏超纂修:《册亨县乡土志略》,第四章,物产,第二节,矿物,民国二十五年修,一九六六年贵州省图书馆油印本。)

〔民国二十五年前后,贵州遵义〕 硫黄,其矿甚富,各属皆有,如遵义之三岔河、混子场,仁怀之平坝、营大坝等处,年可产数十万斤,行销川、湘各省,

(周恭寿等修,赵恺等纂:《续遵义府志》,卷十二,物产,货类,民国二十五年刻本。)

〔民国二十九年前后,贵州开阳县〕 水银,则矿区纵可百里,横二三十里,开发不下千年,早负盛名,声闻世界。计世界产汞之国极少,中华居其一。中华产汞之区亦不多,贵州为尤著。贵州之所以以产汞著称者,白马洞与万山厂二三产地为之也。万山厂不在开阳,开阳汞矿产场之有名色者数十处,汞苗之发现,不知其始于何年。

(欧先哲修,钟景贤纂:《开阳县志》第四章,经济,矿产,民国二十九年铅印本。)

〔民国三十二年前后,贵州榕江县〕 县之西境八蒙地方出锑矿,但因用土法开采。其他山中发现铜、铁矿之处甚多,惜无专家鉴定,尚未开采。

(李绍良编:《榕江县乡土教材》,第二章,榕江地理,第四节,物产,民国三十二年编,一九六五年贵州省图书馆油印本。)

〔东晋时期,宁州朱提郡堂狼县〕 堂螂县,因山名也。出银、铅、白铜、杂药,有堂螂附子。

(晋 常璩撰:《华阳国志》,卷四,南中志,清乾隆间《四库全书》本。)

注:朱提郡今为云南昭通县。

〔元、明以前至民国年间,云南〕 铁矿产地几遍全滇,著名者不下二百二十六处,详物产考。铁厂开办较古,远在元明以前。元时,产铁之区有中庆、大理、金齿、临安、曲靖、澄江,铁课一十三万四千七百一斤。其在清代见于旧《志》,号

称有额课之铁厂凡十有四……大致厂地散漫,往往开办不久,多就停废,最大原因仍在交通阻滞或薪炭缺乏。其能继续至数百年者,只有鹤庆之北衙厂、嵋峨之老鲁关坡脚厂等数处。其他若镇雄之蔡营、林口、小米地、大河滩,顺宁之潞水矿山、杨家坡山、松子坡,景东之新田及镇南之鹅赶厂等,每年产额均在千吨以上。且矿量甚属丰富,而今皆停歇者,实因近厂森林砍伐殆尽,其后虽移矿就炭,终则无炭可就,仍不能不出于停办之一途。就最近本省之调查,其历年停办者已有一百三十六处,可惜孰甚。今各县尚有开办者,大都属于开采未久,其附近森林尚足供其制炼者耳。……铁之产额,各县时作时停,殊无一定确数。据数十年前之估计,大致每年约万吨上下。又蒙化县双龙洞之褐铁矿厂系永兴盛积资一万七千元开办,年产毛铁亦只四万四千斤而已。

(龙云、卢汉修,周钟岳等纂:《新纂云南通志》,卷一百四十五,矿业考一,银矿及铅矿,一九四九年铅印本。)

〔元代至民国二十八年,云南〕 滇产铜矿区,元时为大理、澄江,铜课二千三百八十斤。明、清两代,发现矿苗者八十三属,开办者三百余厂,岁供京、滇铸钱及八路采办之需。当乾隆三十八、九两年,每岁产铜约一千二百数十万斤,额课九百余万,而商贩不兴焉,可谓空前之极盛时代矣。其时铜厂之悠久而广大者,以汤丹、碌碌、大水、茂麓为最,而宁台、金钗、义都次之。新厂之著称者,当推狮子山大功,而发古山九渡、万宝、万象诸厂次之。至于青龙山日见讯、凤凰坡、大风岭,虽称名厂,惜处僻远,采运为艰。大屯、白凹、人老、箭竹、金沙、小岩,则地界黔、蜀,当时常有盗采铸钱情事,以故名厂累累,消长不一。……乾嘉间出铜旺盛之区,凡京运额铜七百六十四万五千六百五十余斤,凡省铸采买额铜一百七十万七百一十余斤,共计额铜九百三十四万六千三百七十余斤,滇铜几遍全国。后厂情盛极而衰,原因本非一端,然最大困难其故有五属,于采办方面者:一、官给铜价难再议加。二、各路取给数难议减。三、大厂逋累积重莫苏。四、小厂收买涣散莫记。其属于运输方面者:牛马舟车不足,水运、陆运交困,增价雇募,疲于奔命而事不集。加以铜厂自身产量日少,详见乾隆四十年八月云南布政使王太岳铜政利病议状,供不逮求,虽准减数运京,或罢各路采买,或停本省铸运新局,然厂情之不旺仍如故。至于洞老山空、薪炭缺乏、产区僻远、输运不便,亦其一因。浸至咸、同年间,兵燹连年迭起,军差络绎,丁逃业荡,厂户骚然,停办者十之六七,一蹶不振。后光绪九年至十三年中,虽设局招商,委矿务大员专办,究以官本不足、商股难凑、旧欠未清、新欠又积,虽借官力,仍鲜宏效。清末,厂情益坏,销路复塞。民国初年即就官商之东川矿务改为官商合办之东川矿业公司,因依旧法,迄未改进,矿业日凋。其他数厂散在各县,虽犹继续,亦未增盛。截至近年,其经注册而开办者合计不过八处……八厂皆旧厂之继续者,并非新厂,据十年前之统计,不过年产四百吨上下,较之前清乾嘉时一千二三百万斤,约只二十分之一而已。

(龙云、卢汉修,周钟岳等纂:《新纂云南通志》,卷一百四十六,矿业考二,铜矿,一九四九年铅印本。)

〔元代至民国二十八年,云南〕 滇产金区不下三十余处,已详物产考。见于旧《志》之较早者,如元时产金之所为威楚、丽江、大理、金齿、临安、曲靖、元江,大致皆濒江区域。其产状可分三类,即一丽水麸金,二澜沧江多出金沙,三长傍诸山出块金,但未闻有确定之金矿区也。金之有课,则始自元、明、清,因之代有增减。元时金课至一百八十余锭,明以银八千余两折买金一千两,曰例金,其后增耗金而减价银,后又加贡一千两,未行,复加贡三千两。清初课金七十余两,遂减至二十八两余。……及至咸同年间,墨江之坤勇,蒙自之老摩多,中甸之天生桥等金厂尚极一时之盛。其后兵燹频仍,产量日稀。清末虽仍有沿金沙江、澜沧江继续开办者,以所产多砂金,又多用淘洗土法,浮面披沙有时而尽。业采金者聚散无常,偶于农隙为之。……又据十年前之调查,金之年产额合计不上二千两。

(龙云、卢汉修,周钟岳等纂:《新纂云南通志》,卷一百四十五,矿业考一,金矿,一九四九年铅印本。)

〔元代至一九四九年,云南〕 本省产银,得名最古,朱提银八两为流早,见《汉书》。银课之额亦始元代,当时产银之所即威楚、大理、金齿、临安、元江,课银七百三十三锭。至明,每年征差发银八千九百九两五分,定为常例。其时著名银产地为威楚、大理、金齿、临安、元江等处,尚无专厂之名。及至清乾嘉最盛时,始有额课之银厂十九处,随附子厂七处。……咸、同而后,各厂十九停业,现仅会泽之矿山厂尚继续开办。

(龙云、卢汉修,周钟岳等纂:《新纂云南通志》,卷一百四十五,矿业考一,银矿及铅矿,一九四九年铅印本。)

〔清康熙年间至民国九年前后,云南建水县〕 矿之属为银者,有大山(在侯家箐,又名西山,清康熙时旺)、判山老厂(即焕文山,清嘉、道间极旺,凡旧时开办处所,遗镍渣甚多,今人取以炼铅。所属青龙洞、石峡塘两厂,光绪间复经兴办,深掘得矿，炼银八赔，惜为水阻，浸废），又有磨羊山（清康熙间旺，山下并产硝磺，距里许又产黑铅，咸、同军兴，办供军用，今废）、席之塘（成色甚佳）、黄瓜田（旧厂址十余处，附近村寨墙下时有人拣得碎矿，试炼分质）皆出银之区也。

（丁国梁修，梁家荣纂：《续修建水县志稿》，卷二，物产，民国九年铅印本。）

〔清朝初年至一九四九年，云南〕　云南煤矿甚多，经营煤业亦较他矿业为易。最初开办始自何时虽无记载，然清初即知用煤冶炼白铅。及届乾嘉年间，银、铜、铁、铅各矿业均盛极一时，其初熔矿尚系用木炭，及森林告缺，邻近煤厂各区渐试用煤以代，然当时亦不过宜良、嵩明、沾益、宣威、平彝、昭通、镇雄、彝良、大关、永善、绥江等县之一部分而已。宣统三年，滇越铁道开通，沿路煤厂以次开发，嵩明、宜良两属之大煤山产出较丰，但以运至可保村车站供给滇越铁路公司为其重要之销路。昆明之西山，昆阳之二街，呈贡之水塘，阿迷之布沼、小龙潭，弥勒之庄户、凹腰街，陆良之雾露顶，祥云之云南驿等处均有煤厂次第开办，除云南驿之煤田近销迤西大理一带以外，余均供给省城附近及蒙、个一带，且虞不足。工厂、民居亦渐知用煤为燃料，宜乎滇省矿业以煤业为比较发达者也。云南煤矿区本多，但除有数家公司积资较巨、规模较大者外，余均小矿业组织。据数年前之调查，则历年停办之煤厂竟有一百一十九处之多。最近调查，其经注册之大小煤矿区有实况可考者共计四十三处，内停工者十区。……煤矿区中虽有停工者数处，然尚有三十余处之多，统括之则以可保村煤田、祥云煤田、弥勒煤田三处为最著名。兹据经济年鉴转载如下，一、可保村煤田。所在地：宜良县可保村北七里，有三益公司；又北之大宰路有大成公司；又北至虚阳塘有云南煤矿公司。交通：宜良为滇越路车站。矿床状况：煤一层（土名乌金齿），厚二至四公尺。矿质种类：烟煤，能炼焦。设备：土窑，窿内用豆油灯。每吨成本：二五元。每吨售价二一元。每年产量：全区年产二万六千吨。二、祥云煤田。所在地：宾川县。矿床状况：煤二层，厚各一公尺。矿质种类：半烟煤及烟煤。每吨成本：三五元，每吨售价五元。每年产量：年产三千吨。三、弥勒县煤田。所在地：煤田由弥勒县东北入师宗、陆良二县，又县西北煤田亦由此延展。交通：产煤地多距滇越铁道一二日程，惟山岭高峻。运销地点：省城。每年产量：十五年运销省城约千余吨。本省煤矿区之产别可分为无烟煤、烟煤、褐炭三大类。无烟煤产出较少，只有思茅一处。烟煤比较最多，有黑炭，一名高级烟煤及低级烟煤，大致如昆阳、宜良、嵩明、弥勒、澄江、阿迷、建水、泸西等煤区多属之。其次则为褐炭，即今市面上之土煤，以宜良、曲靖、嵩明、昆明、阿迷、蒙自、陆良、大理、祥云、永昌、腾冲及其他等煤区为多，炭化较低，炭价亦贱。

（龙云、卢汉修，周钟岳等纂：《新纂云南通志》，卷一百四十五，矿业考一，煤矿，一九四九年铅印本。）

〔清乾隆年间至光绪末年，云南云南府宜良县〕　铜矿：在城东二十余里桅杆山，名曰大铜厂，产铜最旺。清乾隆间开采二十余年，洞老山空，久经封闭。惟城西南十里黄保村后山有铜矿发现。光绪三十年，土人循苗开磋试采，矿质亦佳，惟开炉锻炼，铜质清浊不分，旋即闭歇，殆亦炼矿之学有未精欤。

（王槐荣等修，许实纂：《宜良县志》，卷四，食货志，物产，民国十年铅印本。）

〔清乾隆七年至民国十三年，云南昭通县〕　昭通境内，向无五金之矿，其银则产自乐马厂，属于鲁甸；产自金沙厂，属于永善，皆乾隆七年开采。又产自铜厂坡，属于镇雄，嘉庆五年开采。

（符廷铨修，杨履乾纂：《昭通志稿》，卷二，食货志，矿厂，民国十三年铅印本。）

〔清乾隆五十六年前后，云南临安府蒙自县〕　蒙有宝山，个旧称最，其地形势环抱如带，发源极长，聚天地之英华，结而为银、为铜、为锡，四方之人多开采于斯，统名之为个旧厂。今溯其始，不知始自何日。约其终，亦不能计其终于何年。……许龙树一带，旧系荒山，并无村落，初因方连硐兴旺，四方来探者不下数万人，楚居其七，江右居其三，山陕次之，别省又次之。……个旧在县西六十里，无洞口，有银锡炉房二十座，凡耗子厂等处矿土皆于此煎炼。

（清　李焜纂修：《蒙自县志》，卷三，厂务，清乾隆五十六年刻本。）

〔清乾隆五十六年前后，云南临安府蒙自县〕　乾隆二十年间，新出煤产，一在白石岩，一在迷拉甸。

（清　李焜纂修：《蒙自县志》，卷五，物产，清乾隆五十六年刻本。）

〔清嘉庆年间至民国十一年，云南元江县〕　铜产东北乡青龙厂一带，周围约百余里，旧有白龙厂、黄龙厂、龙新厂、狮子厂各名称，所产矿质不一，清嘉、道间极形畅旺。因咸丰以来，汉、回开衅，厂户歇散，遂行荒废。迨肃清居，虽屡经大吏提倡续办，无如用不得人，利归中饱，又值国帑支绌，未能持久，遂致旋兴旋废，人民又资力薄弱，不敢尝试，间有浅尝者无不失败，故至今以硐老山空为口头禅焉。

（黄元直修，刘达武等纂：《元江志稿》，卷七，食货志，物产，民国十一年铅印本。）

〔清道光年间至民国二十三年，云南宣威县〕　金属之矿，铜铁均富，至其采办历史，州《志》未经记载，年湮代远，不可得而详，然《滇系》载乌龙、兴国二铜厂在宣威。余奉编乡土志时，州侯黄乾济为查新旧铜厂，凡得一十七处，开以见示。又据父老传闻，西北区之大窝子，西南区之小江边，北区之兴隆厂，东南区之茨营等处，与道、咸间炉火连续，夜如白昼，有行二三十里不须秉烛者，其言虽夸，而其一时之盛，抑亦可想也。

（陈其栋修，缪果章纂：《宣威县志稿》，卷七，政治志，建设，矿业建设，民国二十三年铅印本。）

〔清代至民国年间，云南石屏县〕 屏民之性富于冒险，多喜办厂，如雍正开辟车里后锡泥、班洪之银厂，即为屏人所开办，石屏之银，他郎之金，亦屏人足迹所至之地。而个旧锡厂之采办，犹在后耳。

（袁嘉谷纂修：《石屏县志》，卷六，风土志，商业，民国二十七年铅印本。）

〔清代至民国初年，云南建水县〕 矿之属为铁者有户关山旧厂（在东山龙潭山后，矿随地可取，质甚坚劲，锻炼数次始适用，光绪间复行开办，嗣以运销费重，获利甚微，停止），以及撒红阜山（称为老厂，相传汉、唐时曾经开办，质坚难锻）、大路边（寨名，在曲江，矿甚旺，炼钢最佳，道、咸间开办，兵燹停）、黑山麓（吴姓开采，以铁铸锅），皆出铁之区也。

（丁国梁修，梁家荣纂：《续修建水县志稿》，卷二，物产，民国九年铅印本。）

〔清代至民国九年前后，云南建水县〕 矿之属为煤者有马坊后山之煤厂，在城西十里，輂运甚便，开办至今历百余年，城内外居民多购以为炊。城北则有哱啰村，距城十里；叶官村，距城三十里。城东则有玉王庄，距城六十里。又有东山小新寨后之苦茨坝，皆出煤之区也。

（丁国梁修，梁家荣纂：《续修建水县志稿》，卷二，物产，民国九年铅印本。）

〔清光绪年间至民国初年，云南建水县〕 矿之属为铜者，有歪头山之铜厂（由焕文山发脉，距五十余里，光绪间云南五金局发款开采，运解京铜，官价甚廉，因以中辍），以及花木脑（居民造纸又名纸厂，在焕文山之麓，铜矿极多，惟锻不如法，迄无成效。又有银矿、铅矿，光绪间出师越南，五金局曾出资本开采，以其铅铸枪炮弹丸，以利薄中止）、萝葡甸面山（据土人称沿山一带皆有铜矿苗发现）、老象山（即曲江北冈，出铜矿，炼以铸鼎有金斑，价值数倍）、他摩隔山、六龙山、梁王山、白家庄、马鞍山、竜密山、杀牛山，皆出铜之区也。

（丁国梁修，梁家荣纂：《续修建水县志稿》，卷二，物产，民国九年铅印本。）

〔清代后期至民国年间，云南〕 历年之铅矿，不过视为银矿之一种副产物。当昔银厂大旺时，专以取银为主，其残废荒滓中虽含铅量至丰，率多投弃不顾。及至银厂已衰，残堆尚在。业采炼者，始相率自此废堆中，提炼出铅，以故近数十年，滇省产铅虽年约三四百吨，然十分之七皆得自旧厂之琉滓，其由矿石炼铅者，实际不过十之二三而已。

（龙云、卢汉修，周钟岳等纂：《新纂云南通志》，卷一百四十五，矿业考一，银矿及铅矿，一九四九年铅印本。）

〔清光绪三十四年至一九四九年，云南〕 本省产锑不下十余处，最著名者，为文山之茅山、阿迷之果花等处。最初开办锑矿，约在清末。光绪三十四年，其始组织宝华锑矿公司，官商合办，于蒙自县属之芷村设立制炼厂。初以售价不高，未见获利。民国后，因欧战，需锑孔急，价格飞腾，公司亏空一旦恢复，且获厚利，于是光华补乃天利、荣记等公司相继而起，年产锑量且达千吨上下。欧战一终，销路阻滞，锑价大跌，各公司均不能维持，相继停业，至今尚未闻恢复也。……现在本省仅使用少量之锑锡合金，此外别无销路矣。

（龙云、卢汉修，周钟岳等纂：《新纂云南通志》，卷一百四十五，矿业考一，锑矿，一九四九年铅印本。）

〔民国元年前后，云南元江县〕 煤产深沟河，距城东南二十里，矿质佳美，不待深求，且道路平坦，可用牛车运城销售，惟居民不胜〈甚〉惯习，每以臭气蒸腾为嫌。民国元年，曾经县绅集资试办，旋因人工昂贵，销路不畅而止。

（黄元直修，刘达武等纂：《元江志稿》，卷七，食货志，物产，民国十一年铅印本。）

〔民国十年前，云南宜良县〕 铁矿：在城西十五里铁矿山产铁最旺，开采多年，今废。

（王槐荣等修，许实纂：《宜良县志》，卷四，食货志，物产，民国十年铅印本。）

〔民国十三年前后，云南昆明市〕 西华堡所产煤矿，矿脉甚旺，煤质亦优。近年从事开采者，已逐渐增加至六七家，产量尚丰，市内炊食用之砖煤，多数取给于此。

（张维翰修，董振藻纂：《昆明市志》，天产，矿物，民国十三年铅印本。）

〔民国二十七年前后，云南昭通县〕 昭于矿业不甚讲求，惟炭开采尚属发达，其余各矿经乡先辈之调查，载于前《志》者，计北二、三区诸山有银矿，东北诸山有铜矿，东南北区有铁矿、白铅、黑镰各矿，以及龙洞之硝磺均蕴藏甚富。惜地方人士均图近利，狃于见兔放鹰之习，恐劳费多而成功难，不事开采，货弃于地，甚为憾焉。……煤炭有二种，一名乌金，东南北区如晾风台、偏石板、沙子坡等处出产甚丰，开采亦众，全城燃料悉以是赖。惟近年出产多含硫磺质，令人发嚏，有碍卫生焉。一名柴炭，西溪、噜三、善塘、后海子、南区干河等随地皆产，该地农民每届冬季择地开采，次年春深便行停止，盖恐雨水一至遂难采办也。二者发火之性，柴煤较煤炭为低，且燃烧时火烟弥漫，未若煤炭之无烟。至其火力经久，则尤较煤炭远甚矣。

（卢金锡修，杨履乾、包鸣泉纂：《昭通县志稿》，卷五，物产，矿产，民国二十七年铅印本。）

〔一九四九年前，云南〕 本省产锡有个旧、宣威、泸西等县，而以个旧独著盛名。统计，县境纵横不过数百方里之地，而重要锡厂共有六十处之多，子厂且有加无已焉，可谓盛已。综合各厂地之位置，约可分为四区。第一区老厂：黄茅山、花札口、湾子厂、麦雨冲、期白山、水城门洞、耗子厂、铜洞厂、坪子、长冲、蜂子洞、晒鱼坝、银洞、大冲、天生堂、松子坪、白石、岩冲、菜园、新山、上竹林山、下竹林山、哑巴塘、仙人洞、滥泥湾、菇头地、老银厂、上濛子、下濛子、后山、大沟等厂，以黄茅、花札、耗子、竹林、晒鱼坝、湾子、坪子数处为产锡最旺之区。第二区新厂：马拉格、野鸡洞、荷叶坝、瓦房冲、破山槽、黄泥洞等厂，以马拉格、松树脚、瓦房冲、鼓山等处为产锡最旺之区。第三区：鼓山厂、松树坡、鼓山、半坡等厂。第四区：西厂、牛屎坡、禄丰寨、陡岩等厂。……凡办厂（亦名办尖子）所用之人除上前人及镶头而外，其余工人概谓之砂丁，但亦有合采矿工人、炼矿工人而统称之为砂丁者。砂丁，土著者少，概来自外县，如曲靖、陆良、宣威、东川、石屏、河西、通海、玉溪、建水、弥勒、路南等属为多，远则有来自昭通、新平、楚雄各县者，有时就近由个市栈房召募之，但大多数多由上前人或镶头亲往外县招之。其初贷款安家，到厂后再由工资回扣。……其每月之工银除火食由尖上供办外，自三元以至六元不等（近时已增多），若于每月背出正砿以外多背私砿，则每月约合十余元之谱，但食息生活殊为困苦，则事实也。

（龙云、卢汉修，周钟岳等纂：《新纂云南通志》，卷一百四十六，矿业考二，锡矿，一九四九年铅印本。）

（十三）金属冶炼业

〔民国十年前后，江苏宝山县〕 金工之类为冶工，以熔铁制成器物，如邑境闸北及四川路多仿造洋式铁箱、火炉之工，吴淞多制造海船锚链之工，罗店多仿造日本轧花铁机之工，均自制自售，并不设厂。

（张允高等修，钱淦等纂：《宝山县续志》，卷六，实业志，工业，民国十年铅印本。）

〔清光绪十九年前后，直隶正定府无极县〕 南侯坊村杨姓铁工世传，制造铁水车、技勇大刀最为得法。他邑铁工，皆自谓远逊云。

（清 曹凤来修，李凤阁纂：《无极县续志》，卷一，地理志，风俗，清光绪十九年刻本。）

〔民国二十二年前后，河北南皮县〕 全境无专业之大工厂，除泊头一镇，除少数冶铁工业外，其余城乡各镇，虽有土木及其他杂项工匠，不过仅供本地居民之需求，无大宗出品制造。

（王德乾等修，刘树鑫纂：《南皮县志》，卷三，风土志，民生状况，民国二十二年铅印本。）

〔清光绪八年前后，山西平定州〕 铁，产州北诸山中，居民冶铁为生，凡日用器具远货他方，甚利便之。

（清 赖昌期、张彬等纂修：《平定州志》，卷五，食货志，物产，清光绪八年刻本。）

〔民国六年前后，山西临县〕 县境招贤镇制造铁器、瓷器历有年所，惟用土法不能发达。实查得冶铁厂有十八处，粗瓷厂十二处，出货多寡不等，每炉铁器约售钱三二十千文，每窑瓷器约售钱三四十千文。

（胡宗虞修，吴命新纂：《临县志》，卷七，物产谱，土产之出境者，民国六年铅印本。）

〔民国十八年前后，山西新绛县〕 铁货，亦大宗之出产也，有锅杓、笼圈等物，其大部分尽运销于陕西。现今南关中另有规模狭小之铁工场数家，如洋炉机轮及一切新式之铁器亦多能自制。

（徐昭俭修，杨兆泰等纂：《新绛县志》卷三，物产略，民国十八年铅印本。）

〔民国二十二年前后，山西沁源县〕 本县炼铁处俗名铸炉，一名铁炉，分生、熟二种。生铁工业，制造锅、镢、犁、铧等器居多，熟铁只炼铁条，运销平、祁两邑。

铸炉工人襄垣人居多(全县铁炉有四处,一在上舍村,一在杭村,一在聪子峪,一在才子坪。)

(孔兆熊、郭蓝田修,阴国垣纂:《沁源县志》,卷二,工商略,民国二十二年铅印本。)

〔**清光绪三十三年前后,内蒙古**〕 铸造品有铜、铁之物,多伦诺尔之名产也。蒙古全土大抵仰给于此,而最著名且最多者,莫如佛像,其工致精好为世所称道,即库伦喇嘛庙之佛像亦此地所制。像体修伟异常,质皆青铜,镀之以金,灼烁夺目,高者三十三尺,重至百二十五吨。

(姚明辉编:《蒙古志》,卷三,物产,制造类,清光绪三十三年铅印本。)

〔**民国二十年前后,奉天义县**〕 锡器、剪子二艺货输异国,名播京师,北京馈赠戚友,恒以义县剪子胡同制造剪子为佳。

(赵兴德修,王鹤龄纂:《义县志》,中卷之九,民事志,礼俗,四民概要,民国二十年铅印本。)

〔**民国七年至十六年,吉林辉南县**〕 杉松冈地方产铁矿,储量颇富而质良。自民国七年开采以还,即于采矿公司附设冶铁营业,所需工人颇伙,每年约制锅万口,火炉五百具,农具万件,以供地方之需,值廉质坚,而无运输之劳,称美利焉。

(白纯义修,于凤桐纂:《辉南县志》,卷三,人事,工业,民国十六年铅印本。)

〔**民国二十四年前后,吉林通化县**〕 本县铁工除城后复兴厚工厂能制日常机器及配装较人机器外,余均为铁炉及铁器店。在昔城厢共有二十余家,贩售熟铁器具者,谓之铁器店;铸造锅、镢、钟、铧等物者,谓之铧炉;制造农商日用小铁器者,名曰铁匠炉;修理小器物及锯锅者,名曰轱辘〈辘〉匠。今据商会调查,在会立案者共九家,营业发达,则首推永兴隆、东兴泰二家,永盛东次之,余则仅足自给,无利可言矣。

(刘天成修,李镇华纂:《通化县志》,卷三,实业志,公司及各企业,民国二十四年铅印本。)

〔**清宣统至民国年间,吉林桦川县**〕 宣统年间,先有工业八家,为山东三姓人,在悦来镇,制造豆油及靴鞋,并金银首饰、铜锡等。其作坊、衣服、饮食等工业均系后设。比年来,经营缔造,百废俱兴,宋斤鲁削,不敷分布,有建设而无为之者矣,未有抱器而穷于所往者也。现在工作户数人数迭经调查,约占全境人数十分之一,其每日所得工资:木工大洋八角、泥匠七角、裁缝一元,铁铜锡银匠大半以制造物品之件数定工资之多寡（十四年调查），今春木工价增一倍，其缺乏可知，宜设法以招徕之。

（郑士纯等修，朱衣点等纂：《桦川县志》，卷二，实业，工业，民国十七年铅印本。）

〔民国十八年前后，黑龙江珠河县〕 珠河附近东路，风尚易于开通，制造一切物品均用新式，如铅石刷印局、机器针织袜机、切面机、碾米火油机各种新式营业，颇形便利。……铁属如锄、镰、斧、锯、镢、锸及种种切刀、炉具，铜属如铜壶、铜锅、铜盆，锡属供器、酒壶、火锅，铅制酒器诸品，概从新式，销售境内。生熟皮工作，以牛马革水浸十余日，刮去皮毛，熏皂炙成深黄色，制作靰鞡及鞍鞴、鞦勒等物，用途甚广。西式靴鞋，原料仰给外埠。

（孙荃芳修，宋景文纂：《珠河县志》，卷十一，实业志，工业，民国十八年铅印本。）

注：珠河县今为尚志县。

〔明代至民国二十四年，陕西醴泉县〕 邑南乡史德镇金火匠，向最著名。明、清两代，西北县邑各庙社之铁旗杆、大钟、香炉、醮炉，皆其所造。式样精奇，花纹纤细，今存者尚多。又南乡之补锅匠亦属特色，每于春冬农隙之际，遨游甘省，届收麦或年终始返。

（张道芷、胡铭荃修，曹骥观纂：《续修醴泉县志稿》，卷十，风俗志，职业，民国二十四年铅印本。）

注：醴泉县今为礼泉县。

〔民国十五年前后，陕西澄城县〕 铁来自晋、豫，铁工多豫省人，现治城西关有炉院一处，铸造铁车轮及铧锅、灯盘之类。

（王怀斌修，赵邦楹纂：《澄城县附志》，卷四，实业，物产，民国十五年铅印本。）

〔清光绪三十四年前后，新疆疏勒府〕 本境工匠极少，制造无多，且无奇能巧技，城乡银、铁、铜器铺面只七八家，成衣店倍之，其余工木、工皮、工织者亦不过仅供本境之雇用而已。

（清 蒋光陞纂：《疏勒府乡土志》，实业，一九五五年据清光绪三十四年稿本油印本。）

〔清宣统元年前后，新疆焉耆府〕 境内未设制造局、习艺所，缠回工作极其粗，鲜知创造改良。现有裁缝五十余人，银匠十余人，铜匠十余人，铁匠四十余人，皮匠三十余人，毛皮匠二十余人，木匠五十余人，泥水匠五十余人。

（清 闻瑞兰纂：《焉耆府乡土志》，实业，清宣统元年稿本，一九五五年油印本。）

〔清光绪三十三年前后，山东济南府章丘县〕　铁工在城乡者十之一二，在外府以及各省者甚多，每年春出冬归，习以为常，无乡镇无之。

（清　杨学渊修，李洪钰等纂：《章丘县乡土志》，卷下，实业，清光绪三十三年石印本。）

〔民国十六年前后，山东济宁县〕　县境南关向为百工萃聚之所，如铜业、铁业、竹业等，均各成市，其他则蒲包、蒲席、大席、折篓，小民亦从事于此。

（潘守廉修，袁绍昂纂：《济宁县志》，卷二，法制略，工业，民国十六年铅印本。）

〔民国十八年前后，山东泰安县〕　针，出范家庄，以广条为之。自洋针入，此业殆绝，手工固难与机器争也。

（葛延瑛修，孟昭章、卢衍庆纂：《重修泰安县志》，卷一，舆地志，疆域，物产，民国十八年铅印本。）

〔民国三十年前后，山东潍县〕　铜首饰业……制造此项工品之店铺全在城内，销行之广，远至东三省、河南、陕西、山西、云南等处。极盛时业此者在万人以上。近以社会生计日蹙，销路日减。

（常之英修，刘祖干纂：《潍县志稿》，卷二十四，实业志，工业，民国三十年铅印本。）

〔民国三十年前后，山东潍县〕　铁器业，此业系以废铁锻制各种铁器，多在沙滩南北铁市街及北关一带，共一百一十余家，均称某某炉房。每逢二、七大集日，各在门前陈列，以供购买。资本皆无多，原料皆来自青岛。

（常之英修，刘祖干纂：《潍县志稿》，卷二十四，实业志，工业，民国三十年铅印本。）

〔唐天宝年间至南唐年间，润州句容县〕　铜铁，出铜山，一曰出赤山。铜山有铜冶，今废。古铜器，唐天宝至南唐后主时，于升州句容县置官场鼓铸，器物上多有盐官花押。今学宫祭乐器品，尚有古铸。

（清　曹袭先纂修：《句容县志》，卷一，舆地志，附物产，清乾隆十五年刻本，清光绪二十六年重刻本。）

〔元至顺三年，江浙行省镇江路〕　铁器，作温器、烧器等物，以锡镀之，其色如银而耐久可用，他郡称之。

（元　俞希鲁纂：《至顺镇江志》，卷四，土产，器用，元至顺三年纂，清道光二十二年刻本，民国十二年重刻本。）

〔元代至民国十年前后，江苏吴县木渎镇〕　银作出木渎，元朱碧山蟹杯甚奇，其法不传。锡作亦出木渎，旧传朱象鼻所制最佳。铜作木渎王家桥所制称最,今则精其业者伙矣。木作,明永乐间有香山木工蒯祥能主大营缮造北京宫殿,天顺时,官至工部侍郎。成化初年八十余,仍执技供奉,上海以蒯鲁班称之。今各处工肆,相传师其遗法。石作出金、焦诸山。竹器筐篮之属,出西津桥及渎西饭箩村。杞柳出执桥及横塘,其条柔为栲栳,细者为箱箧。藤具出香山。耍货(小儿玩物也)出塘湾。

(张郁文辑:《木渎小志》,卷五,物产,工作物,民国十年铅印本,民国十七年铅字重印本。)

〔明正德元年前后,南京苏州府〕 铁作,自欧冶子铸剑吴中,铁工不绝,今出灵岩山下数家,能炼铁成钢,制刀者资之。

(明 王鏊等纂:《姑苏志》,卷十四,土产,造作,明正德元年刻本,清乾隆间《四库全书》本。)

〔清光绪四年至三十二年,江苏苏州府吴县〕 今冶坊多在胥门外:一馀昌,光绪四年设立,在枣市;一新振源,光绪三十二年设立,在异亭头。均以土法制造铁锅。

(曹允源等纂:《吴县志》,卷五十一,舆地考,物产二,工作之属,民国二十二年铅印本。)

〔清朝末年至民国三年,江苏阜宁县〕 东沟铜工刘彦康,尝以铜仿制外国瓷炉,而置注油管于炉之腹部,管口加盖,以防危险。清宣统二年,南洋劝业会奖以金章。民国三年,巴拿马赛会亦给优奖,由是刘氏煤油炉驰名中外。

(焦忠祖等修,庞友兰等纂:《阜宁县新志》,卷十三,工业志,冶业,民国二十三年铅印本。)

〔民国二十三年前后,江苏阜宁县〕 沟墩北镇冶匠刘鹤高,善铸耕具,远近农家多购之。

(焦忠祖等修,庞友兰等纂:《阜宁县新志》,卷十三,工业志,冶业,民国二十三年铅印本。)

〔宋代至清嘉庆十六年,浙江台州府太平县〕 宋时,每县有铁场泽库,即鼓铸所,其地有前炉、后炉。明季,有陈维新者,尤工铸钟鼎,西城关庙存明天启三年铁炉,重三五百斤,光莹可鉴,款刻分明,及龟鹤等物,皆出其手,传业至今。

(清 庆霖修,戚学标等纂:《太平县志》,卷二,地舆志,物产,清嘉庆十六年刻本,清光绪二十二年重刻本。)

〔元至正二年前后，江浙行省庆元路〕　生铁出闽、广，船贩常至，冶而器用。

（元　王元恭修，王厚孙、徐亮纂：《四明续志》，卷五，土产，器用，元至正二年修，清咸丰四年刻本。）

〔清嘉庆年间至民国十五年，浙江衢县〕　姚《志》：黄坛口冶厂一所，龚家埠冶厂一所。黄坛虽为处铁出埠之地，冶厂已无。龚家埠尚称发达，其法传自粤师，鼓铸耕犁、食锅为大宗，通销外埠。

（郑永禧纂：《衢县志》，卷六，食货志，制造品，民国十五年修，民国二十六年铅印本。）

注：姚《志》指清嘉庆《西安县志》，1912年西安县改名衢县。

〔清咸丰年间至民国十一年，浙江海宁〕　针，俗名引线，城中城隍庙前一带，咸、同间多针店，炼铁丝截成针样，磨极尖极光滑，尾钻小孔，以穿线。最小者名羊毛针，用以绣花。余粗细长短不一，各随缝纫所宜购之，其大者长寸许，用切鞋底，皆手工所成，制精价廉。后为洋针所夺，质脆价几十倍，人反乐购之，土制遂绝。

（清　李圭修，许传沛纂，刘蔚仁续修，朱锡恩续纂：《海宁州志稿》，卷十一，食货志，物产，清光绪二十二年修，民国十一年续修铅印本。）

〔民国二十二年至二十四年，浙江龙泉县〕　剑之产量，据民国二十二年出版之《中国实业志》统计，每年可产二千余把，每把自一元起至百余元不等，年产总值约八千元左右。又据二十四年《浙江青年》统计，每年出品在万口以上，常销售于沪、杭、温州及浙省各县，其价值单刀每把一千五百元，双刀每把二千以上。

（浙江省通志馆修，余绍宋等纂：《重修浙江通志稿》，第二十二册，物产，特产下，龙泉宝剑，一九四三年至一九四九年间纂修，稿本，浙江图书馆一九八三年誊录本。）

〔清嘉庆十二年前后，安徽太平府芜湖县〕　居市廛冶钢业者数十家，每日须工作，不啻数百人。

（清　梁启让修，陈春华纂：《芜湖县志》，卷一，地里志，风俗，清嘉庆十二年刻本，民国二年重印本。）

〔清咸丰年间至民国八年，安徽芜湖县〕　钢为旧日驰名物产，咸丰后尚存炼坊十四家，均极富厚，自洋钢入口，渐就消减。剪亦驰名物品，今鲁港及本埠，剪工达数百人，过芜者莫不购归，以为赠品，盖以尖利耐久，非他处可及也。铁花虽无汤天池之神工，而衣钵流传，精巧者亦自不乏，甚至可以乱真，远方仍争购之。冶坊一家，鼓铸釜、甑、农具及钟鼎器皿，足备一邑之用，并行销附近各处。铁厂三家,修理机器,配制机件,并能仿造简单机器。五金号二家,运售各种机制金类器具。此外铜锡工作甚多,而设肆于市者五家,盖以行销江北内河为大宗云。

(余谊密等修,鲍实纂:《芜湖县志》,卷三十五,实业志,商业,民国八年石印本。)

〔清光绪初年以后,安徽太平府芜湖县〕 芜工人素朴拙,无他技巧,而攻木、攻革、刮摩、抟埴之工皆备,然不能为良,惟铁工为异于他县。居市廛治钢业者数十家,每日须工作,不啻数百人。初锻熟铁为炉,徐以生镤下之,名曰喂铁,喂饱则镤不入也。于是渣滓尽去,锤而条之,乃成钢。其工之上者,视火候无差,弍手而试其声,曰若者良,若者楷,其良者扑之皆寸断,乃分别为记,檾束而授之客,走天下不訾也。工以此食于主人倍其曹,而恒秘其术。今按:通商以后,洋商以机炉炼出之钢输入,此业遂辍。又有锤铁为画者,治之使薄,且缕析之,以意屈伸为山水、为竹石、为败荷、为衰柳、为蜩螗、郭索点缀位置,一如丹青家,而无襞积皴皱之迹。康熙间,有汤天池者创为此,名噪公卿间,今咸祖其法,虽制作远逊汤,而四方多购之,以为斋壁雅玩。语曰虽小道,必有可观者焉,不其然欤?今按通商以来,各种工业进步甚速。迩来织布机坊多至七百余家,各种土布花样翻新,邻近市镇多购用之。此外,如藤木各器以及毛巾、机鞋等,尤为本埠工业出产大宗,他县均不能及也。

(余谊密等修,鲍实等纂:《芜湖县志》,卷八,地理志,风俗,民国八年石印本。)

〔清光绪年间,安徽太平府芜湖县〕 银砵为芜湖驰名物产,旧《志》称用石桥港水炼成。光绪初,尚有朱坊一家,后遂绝迹。夫朱为矿物,何以用石桥港水最佳,此中化合,惜无人能道其详者。铜绿亦旧化学物品,原料用紫铜、糯米、粗糠造成,嘉、道时业此者十八家,作工恒达百余人,销场以染纸为大宗,次则染沙鱼皮、各器皿及青盐,作染食品行销外埠,远及关东。自洋绿入口,加以原料昂贵,此业遂一落千丈,今存者仅三家,并合一坊,惟画工及珍贵物品尚用之,余皆利洋绿之价廉也。

(余谊密等修,鲍实等纂:《芜湖县志》,卷三十五,实业志,商业,民国八年石印本。)

〔清光绪季年,安徽六安州霍山县〕 铁矿所在多有,但识其苗者尚少,境内所出皆淘沙镕炼而成。其溶冶之法:先以高炉煽沙化汁,倾出成瓦与生铁用以铸造钟、磬、锅、罐、农具等器,生者再入地炉炒炼,即成熟铁。钢则购自芜湖及外洋,土人无能制者,泰西炼钢法极简易,以生熟铁相间合以炭养,倍加火力炼之即成(新译西书具有其法,能仿行之,利必倍蓰)。惟铁质颇佳,州下多喜购用,因河道浅塞,簰运维艰,成本既重,故出境者无几。

(清　秦达章等修,何国祐等纂:《霍山县志》,卷二,地理志,物产,民国三十一年木活字本。)

〔民国初年,安徽潜山县〕　矿产以铁为大宗,山洪涨后,泥沙满河,土人淘取铁沙,就山建炉冶之,业此者甚众。其法置沙洪炉,倾汁为瓦,制成铁块,铸造锅罐,并各种用具,运输出境,岁计巨万焉。

(吴兰生等修,刘廷凤等纂:《潜山县志》,卷四,物产,民国九年铅印本。)

〔民国十年前后,安徽宿松县〕　吾松需用铁器多运自湖北之武穴,然附城商店,亦有招集工匠,设置锅炉,冶铁熔铸各种铁器,如钟磬、炉鼎、锅罐及应用各种农器等,均先买生铁付炉冶铸范模成器,销场亦甚广。……城乡各镇,有开设专铺以营业者,亦有担炉沿村以营业者。其制作物以农器为多,此外如建筑房屋、修造车船各项应需,及日用常需之铁制品等类,皆就铁工取给之。近来多有取洋铁制成各种用器售卖,开设洋铁店铺以营业者。

(俞庆澜、刘昂修,张灿奎等纂:《宿松县志》,卷十七,实业志,工业,民国十年活字本。)

〔民国十年前后,安徽宿松县〕　制针工,专制成衣匠及妇女刺绣需用之针,从前所出亦广,近因洋针销售日多,制针营业日见衰落,业此者遂寥寥焉。

(俞庆澜、刘昂修,张灿奎等纂:《宿松县志》,卷十七,实业志,工业,民国十年活字本。)

〔清康熙二十四年前后,江西建昌府南丰县〕　北门外邓氏,世以铸铜为业,然南不及吴越之工,北不及燕地施氏之制,四方亦不贵也。

(清　郑釴修,刘凝纂:《南丰县志》,卷一,风土物产,清康熙二十四年刻本。)

〔清乾隆四十六年前后,福建福宁府宁德县〕　本县十四都原有铁冶四座,居民洗沙煮铁,借为生活。迩来严禁封闭,小民无以聊生,或至外出为盗,迫于饥寒故也。

(清　卢建其修,张君宾等纂:《宁德县志》,卷之四,赋役志,课程,铁课,清乾隆四十六年刻本。)

〔清道光年间至光绪末年,福建延平府沙县〕　沙邑背山面水,炉利可兴。道、咸间,有永春颜姓者,采铁矿于沙县,设炉于县之西南,在西二十一都者,名复冶炉,在南八都者名宝兴炉,此炉早经停废,惟复冶炉至光绪末始歇业。

(梁伯荫修,罗克涵等纂:《沙县志》,卷八,实业志,铁炉,民国十七年铅印本。)

〔清光绪中叶至民国十年,福建闽清县〕　闽清锅厂,在邑治虎囟地方。清光绪中,绅商集资创建大锅炉一座,赁民屋为工厂,日夜鼓铸,所出大小铁锅甚多,闽清各商号多雇小船由此贩运分售。现该厂锅炉系闽侯商民承办。

(杨宗彩修,刘训瑺纂:《闽清县志》,卷五,实业志,民国十年铅印本。)

〔清代至民国二十八年,福建上杭县〕　本县旧有铁炉七座,每座火夫、炭工、运矿、担沙、制铁不下数百人,计工人数千,产铁甚盛。故冶器皆用本铁,如家常之刀、镰,农民之犁、锄,工匠之斧、锯,建筑之钉、钩,纯用土制,坚利而耐久。自本铁贵而洋铁盛行,有从外埠运来者,脆而易断,不及本铁之坚利也。人家煮饭之器名曰锅头,由本地生铁铸成。北路古田现有锅炉二座,一在凹头巫坑,铸成之锅供本县应用并销售于连城、龙岩等处。惟小锅沙镬之属多贩自永定坎市及由潮州运来。锻铁工人多产自北区梅溪乡,就中谷坑蓝姓几于全乡皆业铁工矣。

(张汉等修,丘复等纂:《上杭县志》,卷十,实业志,工业,民国二十八年铅印本。)

〔民国十年前后,福建闽清县〕　闽清铁厂在十四都。该都之大墘墩、佳塘、淋洋、金沙等乡,山势嵯峨,中多铁矿,乡人将矿土淘洗几次,始成纯净铁砂然后售之。炉主用炭三百余斤,下砂三百余斤,热火煽之,则成生盘一百斤,再炒过则成熟铁八九十斤,每百斤可值四千余文。……现刘坤盛设铁炉二座,每炉每年纳课银七十两;又锅炉一座,每年纳课银五十两;又黄隆兴设铁炉一座,每年纳课银七十两,此项铁利为十四都收入一大宗。

(杨宗彩修,刘训瑺纂:《闽清县志》,卷五,实业志,民国十年铅印本。)

〔民国十七年前后,福建沙县〕　历西乡有课炉铸锅,合邑皆用之。十五都黄沙桥亦有锅厂开铸,年出三百余口。

(梁伯荫修,罗克涵等纂:《沙县志》,卷八,实业志,锅厂,民国十七年铅印本。)

〔民国十九年前后,福建永春县〕　鼎厂,新岭头厂所铸大小鼎,销售本地及泉州等处。

(郑翘松等纂:《永春县志》,卷十一,物产志,附实业,民国十九年铅印本。)

〔民国三十六年前后,福建云霄县〕　课炉有元成、元昌两家,专铸鼎、犁等器。每年冬季开铸,以八日八夜为一炉,技工多广东客籍,工资为各工冠,工首每日可得万余元，次亦在八九千元之间。全年出品约万件以上，但限销本县，不许外冲。

（徐炳文修，郑丰稔纂：《云霄县志》，卷七，社会，工，铸造业概况，民国三十六年铅印本。）

〔清道光初年，河南汝宁府信阳州〕　道光初，有粤人居西双河，见沙中蕴铁甚富，始教人淘拣之法，创设铁锅各厂，年得利十数万金。

（方廷汉、谢随安修，陈善同纂：《重修信阳县志》，卷七，建设三，矿业，民国二十五年铅印本。）

〔民国十二年前后，河南修武县〕　铁，出自凤凰岭一带，邑人士曾组织广豫公司于李封〈村〉，豫公司于上马村，筑炉炼铁，质最佳，所制犁面，人争购之。后又扩大范围，设宏豫股份有限公司于新乡，购机器，聘工师，于十二年动工，旋因款项困绌停办。

（萧国桢、李礼耕修，焦封桐、孙尚仁纂：《修武县志》，卷九，实业，民国二十年铅印本。）

〔民国二十五年前后，河南信阳县〕　南山浉河各支源皆产铁沙，土人淘沙取铁，镕作块段输出，或铸成锅炉、犁尖等器，行销南阳及山东、奉天，岁可得五六万元。

（方廷汉、谢随安修，陈善同纂：《重修信阳县志》，卷三，食货三，物产，民国二十五年铅印本。）

〔民国二十六年前后，河南巩县〕　铁矿产于县东南老庙山、孤堆坡等处，每当秋冬之暇，土人开采，鼓铸犁舌、犁面，以供农夫之需，范围极小。

（杨保东、王国璋修，刘莲青、张仲友纂：《巩县志》，卷七，民政，实业，民国二十六年刻本。）

〔民国二十八年前后，河南新安县〕　全县无大工业，有如铁、木各工，仅可制造粗笨农器，依人门户，备修补，取工资而已。间有居肆制器者，亦均粗糙不堪，其稍精美者率运至洛阳等县。

（李庚白修，李希白纂：《新安县志》，卷七，实业，工业，民国二十八年石印本。）

〔清同治四年前后，湖北郧阳府竹山县〕　昔时器用朴素，工匠惟土木居多。自邑有市集，行旅往来，陶冶金石之工踵至，制器亦渐精良。

（清　周士桢等修，黄子遂等纂：《竹山县志》，卷七，风俗清同治四年刻本。）

〔清道光年间至民国三十年，湖南宁乡县〕 黄材铁锅业，自靖港至汉、沪各口岸，均设庄售销，盖十都竹鸡坡、大仑坡、牛轭坳、矿子山诸处产铁，九都六区廖家滩、王家冲产锅模，土质细而粘，商人设炉冶锅分高炉、锅炉两种。高炉炼卅成生板铁，始于道咸间。光绪中，安化、益阳铁商来山大增工厂，椪木、长冲、乌龟山、横塘冲、汪子坑、直江、塘洞冲等处，皆高炉二三座，每座资本四五千元，炉工三十人，杂工十人，炭工三十余人，运夫无定。有看炉师，系宝庆人，炉火发或破烂滞塞，炉师以湿棉絮包身，由火门入烈焰中审度整治而出，身俸颇高，术不传人，数家合聘，以防不测。高炉之利，一日夜率出生板铁十四五石，多至二十石，岁出三千石以上。石售银七元五六角，合得二万余元，十家则二十余万元。每炉一日夜工价、卅价、柴价五六十元，出铁十四石，收还资本有余，地方财源以活。锅厂设于黄材附近元嘉山炭河里，凡十六家，炉二十七座，一座需本银二千余元，炉工十五人，杂工四人，炭工三十余人，运夫无定。日出锅七石，石售银十二元八角，岁约出锅四万石以上，售洋可五十余万元。黄材锅业一时称盛，家世传之。近因外货输入，商本渐多折阅，而生板锅价均涨。锅模土则仍销行外埠，远及台北。

（周震麟修，刘宗向纂：《宁乡县志》，故事编，财用录，工业，民国三十年木活字本。）

〔清同治九年前后，湖南永州府江华县〕 邑人不习手艺，一切匠事皆两粤江右及祁阳等处人为之，每岁麇至，分布城乡，计工受值，岁终负橐而去。惟铜铁诸器械，土人或能之，然亦甚少，不足备用，无游艺于外者。

（清　刘华邦修，唐为煌等纂：《江华县志》，卷十，风土，清同治九年刻本。）

〔清同治十二年前后，湖南永顺府桑植县〕 土著之民不娴匠作，所需木、石、铜、铁等工，多自桃源、蒲圻、辰州来者。

（清　周来贺修，陈锦等纂：《桑植县志》，卷二，风土志，风俗，清同治十二年刻本。）

〔清同治年间，湖南沅州府芷江县〕 铁，芷江后山、土子镇、江上三各里，多鼓铸以货者。其品有三，初炼去矿，用以铸器物者，为生铁；再三销拍，又以作多某者，为镤铁，亦谓之熟铁；以生柔相杂和，用以作刀斧锋者，为刚铁。今商贾贩于外境者，多生铁也。

（清　张官五等修，吴嗣仲等纂修：《沅州府志》，卷之二十，物产，清乾隆五十五年刻，同治十二年增刻本。）

〔清光绪三十三年前后，湖南宝庆府邵阳县〕 铁矿、生铁板，无出境者。出境之铁：它铁多由县城资水运往汉口；钢条多由永丰测水运往省城；铁锅薄厚两种，多由新宁旧扶彝水运往广西；铁钉或由水运，或由陆挑，分售邻府邻省尤众。县众在各埠岸，业铁货为生涯者最伙。（锑矿开采未久，或在省局售销，或在汉口、上海售销，兹姑从略。）

（清　陈吴萃等修，姚炳奎纂：《邵阳县乡土志》，卷四，地理志，商务，清光绪三十三年刻本。）

〔清光绪年间至民国三十七年，湖南醴陵县〕　铁店出品，多数为居家日常用品，及工匠所用工具，如锯、斧之属。惟过去铁路局雇用铁工颇多，自拆废铁路后，铁工营业范围因而减小，加以社会购买力减低，营业不及过去之一半。然近年洋钉绝迹，故制造铁钉，遂成营业一大宗。县城现有铁店四十家，职工八十余人，各乡镇亦七八十人。所用原料，除废铁外，并有攸县生铁。……锅为居家所不可少之物，惟笨重不易运输，故全县有冶坊二十余家，皆分散于四乡各市镇，县城仅二家，最老一家为至纯，于光绪三十余年间开始营业。冶业以民国二十二年至二十三两年生意最盛。二十八年以后，殆因成本增高，而社会购买力低弱，故营业渐衰。例如从前每店冶锅十余日，每日出货二三十担；至三十二年，则仅冶三四日而已。职工多为湘潭人及萍乡人，轮流至各店冶锅，全县不过十余人，所用之铁来自攸县。……洋铁可制日常用品，如灯瓶之属。县城现有八家，多系自光绪年间开始营业。职工约十人，皆系湘潭帮。其所用原料，为废弃之洋油瓶。抗战期中，成本既高，购者又少，营业已远逊昔日矣。

（陈鲲修，刘谦等纂：《醴陵县志》，卷六，食货志，工商，民国三十七年铅印本。）

〔清咸丰年间以后，广东广州府佛山镇〕　铁线行：亦佛山特产，法以生铁、废铁炼成熟铁，再加工抽拔成线，小者如丝，大者如箸，有大缆、二缆、上绣、中绣、花丝等名。以别精粗，式式俱备，销行内地各处及西北江。前有十余家，多在城门头、圣堂乡等处，道咸时为最盛，工人多至千余，后以洋铁线输入，仅存数家。

（冼宝干等纂：《佛山忠义乡志》，卷六，实业，民国十五年刻本。）

〔清咸丰年间以后，广东广州府佛山镇〕　铁钉行：以熟铁枝制成，大小不一。道咸时为最盛，工人多至数千，每日午后，附近乡民多挑钉到佛，挑炭铁回乡，即俗称替钉者，不绝于道。后以洋铁输入，除装船用榄核钉一种外，余多用洋钉，故制造日少，各店多在丰宁铺。

（冼宝干等纂：《佛山忠义乡志》，卷六，实业，民国十五年刻本。）

〔清咸丰、同治年间以后，广东广州府佛山镇〕　土针行：亦本乡特产，用熟铁制成，价值不一，行销本省各属。咸同以前最盛，家数约二三十，多在鹤园社、花衫街、莺岗等处。后以洋针输入，销路渐减，今仅存数家。堂名□□会馆，在丰宁铺通胜街兰桂坊，光绪十二年建。

（冼宝干等纂：《佛山忠义乡志》，卷六，实业，民国十五年刻本。）

〔清光绪年间，广东肇庆府高要县〕　锡，来自广西贺县，邑人以之雕刻成器。最著者，曰钟鼎、水碗，凡大宴会，非此不足以昭隆重，故肇刻水碗名盛一时。又神祠之莲藕灯、八宝香案、圆方炉鼎，亦以此间所制为极精。余如薰香盒、琴形牙粉盒、烟草盒、茶盒、槟盒、茶盘、座花瓶、暖酒壶及香奁小品、雕刻山水、花卉、草篆、人物，靡不精巧悦目，婚嫁购用，销流极广。年来洋货盛行，此种工艺大受影响矣。

（马呈图纂修：《宣统高要县志》，卷十一，食货篇二，民国二十七年铅印本。）

〔清光绪年间，广东广州府佛山镇〕　佛山善鼓铸，其为镬者，曰糖围、深七、深六、牛一、牛二；小者，曰牛三、牛四、牛五。以五为一连，曰五口；以三为一连，曰三口；无耳者，曰牛魁、曰清古时。凡铸有耳者，不得铸无耳者，兼铸之，必讼。铸成时以黄泥、豕血塗之，以轻杖敲之，如木者良，以质坚，故其声如木也。鬻于江楚间，人能辨之以其薄而光滑，消湅既精，工法亦熟也。佛山多冶业，治者必候其工而求之，极其专奉，而弗得则不敢自专，专亦弗当，故佛山之冶遍天下。石湾多陶陶者，亦必候其工而求之，其专奉之，一如冶，故石湾之陶遍二广及海外之国。

（清　戴肇辰等修，史澄等纂：《广州府志》，卷十六，舆地略八，清光绪五年刻本。）

〔清光绪年间至民国初年，广东佛山〕　铁镬行，向为本乡特有工业，官准专利，制作精良，他处不及。同治间，外人曾在香港招工开铸，卒以成绩不良而中辍。庚戌续《县志·物产门》亦极称吾乡铸铁工业之美大焉。至其制法，则采买生铁、废铁镕铸而成，有鼎锅、牛锅、三口、五口、双烧、单烧等名目，时而兼铸钟、鼎、军器。然自光绪十四年总督张之洞免饷散行后，为私铸者挽夺，出器顿减，前岁值三十余万两，后至不及三之一。盖该行向有铸办：一贡锅，二乡试锅，三燕塘子弹，四八旗大炮，仍年纳军需千另八两，私铸者无此。光绪季年，论者谓宜照旧承商纳饷，非无故也。近有做铸织布机、织袜机者，亦足敌外货。各店多在栅下铺土炉，前有三十家，今仅存十余家。锅店，前有十余家，今仅数家。西家堂，名陶全会馆，在栅下铺司直坊，额题太尉庙，道光十七年丁酉建，光绪十三年丁亥重修。皮金、铜锣、铁钻、铁杂货、锡箔各行工人,均奉祀太尉云。

(冼宝干等纂:《佛山忠义乡志》,卷六,实业,民国十五年刻本。)

〔**清代至民国十五年前后,广东佛山**〕 铜行:铜来自云南,有青、赤、白三种,制一字铜入黑白铅,制成长条,故曰一字。从前,云南铜来粤,先至佛山,后改海运,则先至省垣。前有二十余家,嗣因洋铜输入,今仅存十余家。堂名□□会馆,在古洞。打铜行为本乡特有工艺,业此者多肇属人,用一字铜以锤击之,厚薄不一,厚者作铜锣、铜盆、铜壶、铜锁,薄者作钮扣,最薄者作金花,大小数十家,盛时工人二千余,今仅七八百。

(冼宝干等纂:《佛山忠义乡志》,卷六,实业,民国十五年刻本。)

〔**清代至民国二十四年,广东罗定县**〕 铁,诸冶惟罗定大塘基炉铁最良,悉是锴铁,光润而柔,可拔之为线,铸锅亦坚好,价贵于诸炉一等。诸炉之铁冶既成,皆输佛山埠。《广东新语》按:粤锅有二,曰佛山、曰连滩,连滩锅薄而俭柴,人尤多用,然非出于连滩,实由罗定输出。

(周学仕修,马呈图纂,陈树勋续修:《罗定志》,卷三,食货志,物产,民国二十四年铅印本。)

〔**民国十二年,广东佛山**〕 铜器行:有乐器、用器之别。乐器,如铜锣、铜鼓、铙钹之属。用器,如盆、铲等。入黑白铅则为熟铜,入锡则为生铜。各器均由工人制成,寄卖于铜铁店,销行内地各埠及西北江。

(冼宝干等纂:《佛山忠义乡志》,卷六,实业,民国十五年刻本。)

〔**民国十二年前后,广东佛山**〕 黑白铅行:从前由承商专卖,省设正厂,佛山设分厂。白铅初来自云贵,同治以后,来自外洋。盖火柴、颜料等物多用白铅箱运来,至香港购回。此等铅箱,熔铸成条,然后发售。黑铅亦然,近则多由一字铜店兼营之。

(冼宝干等纂:《佛山忠义乡志》,卷六,实业,民国十五年刻本。)

〔**民国十二年前后,广东佛山**〕 铁砖行:用生铁炼成熟铁,作为砖形,售诸铸铁器者,亦乡之特产品,谚称:"蠕冈银,佛山铁。"言其多也。前有十余家,今则洋铁输入,遂无业此者矣。

(冼宝干等纂:《佛山忠义乡志》,卷六,实业,民国十五年刻本。)

〔**民国十二年前后,广东佛山**〕 铜线行:用熟铜箔抽拔成线,以小为贵,原属本乡特有工业，外处所无。行销本地陈村、新会及西北江，近为洋货所排斥，仅存数家。

（冼宝干等纂：《佛山忠义乡志》，卷六，实业，民国十五年刻本。）

〔民国十二年前后，广东佛山〕 铜箔行：本乡制品特佳，箔有厚薄，俱用一字铜制，洋铜质脆不适用也。制成率售之金花店，最薄者称绉铜，运销外洋，业此者多肇属人，店馆数十，工人八九百人。

（冼宝干等纂：《佛山忠义乡志》，卷六，实业，民国十五年刻本。）

〔民国十五年前后，广东始兴县〕 铁：产秤架七星墩、新寨、宝峰、都亨及守望约之铁炉坑等处，而都亨墟且有冶成煅铁发卖者。

（陈庚虞等修，陈及时等纂：《始兴县志》，卷四，舆地略，民国十五年石印本。）

〔民国二十二年前后，广东开平县〕 白铁器，采办洋白铁、花铁制成各种器皿，销行本境甚多。……铁炉，向时长沙、金山皆有之，采办新、兴、阳、春等县生铁，制成农器坎具。然歇业已久，惟有铁工耳。

（余启谋修，张启煌等纂：《开平县志》，卷六，舆地略，物产，民国二十二年铅印本。）

〔民国二十七年前后，广东阳山县〕 白莲乡产铁，邑人采以铸锅，岁计出锅甚多。

（黄瓒等修，朱汝珍纂：《阳山县志》，卷五，经政，矿冶，民国二十七年铅印本。）

〔民国二十四年前后，广西贵县〕 冶工率制农具，如犁、耙、镰、锹、锄、铲之属，城市村墟皆有，全县约数百人。

（欧仰羲等修，梁崇鼎等纂：《贵县志》，卷十一，实业，工业，民国二十四年铅印本。）

〔民国二十四年前后，广西思恩县〕 冶工，后区下疃乡之下依村人，制造家用刀锹耙、普通镰刀及细齿镰刀等农具（用以割禾），最精美。昔商人运往河池、东兰各地发售者颇多，今则此项输出日见减少。

（梁杓修，吴瑜纂：《思恩县志》，第四编，经济，产业，工业，民国二十四年铅印本。）

注：思恩县今为环江县。

〔民国二十五年前后，广西阳朔县〕 县属各墟市皆有铁铺，寻常制造者有菜刀、柴刀、链刀、刈禾刀、锄头、犁耙等类，皆沿用旧法，无新发明者。

（张岳灵等修，黎启勋等纂：《阳朔县志》，第四编，经济，产业，工业，手工业，民国二十五年修，民国三十二年石印本。）

〔**民国二十六年前后,广西宜北县**〕 冶业,再兴厂、复合、复利、广利等厂熔铸铁块,并造钢锅运往外县发卖,进益不少(即鼎锅、尺八锅之类)。中和乡峨山村人,百祥村会洞人,善制镰刀、柴刀、菜刀、斧头、锯口等,甚为精美。驯乐乡翠山村,邦洞下地及下干人,各户均能造成镰子、锄头、剃刀、柴刀、镰刀等铁器,运销内地及运往下江发卖,颇获利益。

(李志修,覃玉成纂:《宜北县志》,第四编,经济,产业,工业,民国二十六年铅印本。)

〔**东晋以前,益州蜀郡临邛县**〕 临邛县,郡西南二百里。……有古石山,有石矿,大如蒜子,火烧合之,成流支铁,甚刚,因置铁官,有铁祖庙祠。

(晋 常璩撰:《华阳国志》,卷三,蜀志,清乾隆间《四库全书》本。)

注:蜀郡今为四川成都。

〔**清宣统二年至民国八年,四川乐山县**〕 平江乡长记两锅厂,厂主毛龙铨,开办于宣统二年,每年产盐锅约五百余口,其锅名称五种:大锅、千斤、加刀、顶平、马锣子,销场则在犍、乐两厂及仁寿、井研等地。至民国八年,增办饭锅一厂,每年产锅计二万余口,名称不一,其运销上及成都,下至叙府,旁及青、眉各县,两厂约计工人八十余人。

(唐受潘修,黄镕等纂:《乐山县志》,卷七,经制志,物产,附工厂,民国二十三年铅印本。)

〔**民国十八年前后,四川南充县**〕

冶　厂

厂　名	地　点	工　徒	出品
袁家	平城门	十余名	农工及家用各器
三兴	龙王井	同	同
张家	太平场	同	同
罗家	龙门场	同	同
杨家	五龙场	同	同
冯家	李家场	同	同

机　械　厂

厂　名	地点	工　徒	出品
嘉陵翻沙厂	模范街	二十余名	各种小机械

(李良俊修,王荃善等纂:《南充县志》,卷十一,物产志,工厂,民国十八年刻本。)

〔民国二十一年前后，四川万源县〕 万源工业，惟冶铁锅、罐、碗、纸各厂，具有小规模之工业性质，余则仍系村农之手工艺耳。机械，惟县城及南北两路市镇，偶有缝纫机、打袜机、制面机，实业局有石印机，此外别无所见。

（刘子敬修，贺维翰等纂：《万源县志》，卷三，食货门，实业，工业，民国二十一年铅印本。）

〔民国二十四年前后，四川云阳县〕 境多五金矿，开采者惟铁，冶亦小炉，煎济农器及常用尔，汤口河街售之，岁销无几。

（朱世镛修，刘贞安等纂：《云阳县志》，卷十三，礼俗中，商，民国二十四年铅印本。）

〔清乾隆二十三年前后，贵州大定府毕节县〕 铅出万福、福集诸厂，岁运京师，以充鼓铸。

（清　董朱英修，路元升纂：《毕节县志》，卷四，赋役，物产，清乾隆二十三年刻本。）

〔清咸丰年间至二十世纪三十年代，贵州安顺〕 金银首饰业，俗称洒花银匠。同光以前，地方风气闭塞，妇女首饰多用银质，间有掺和铜质者，谓之成色首饰。光绪中，鸦片盛行，商业大兴，风气为之一变，妇女首饰渐由银、玉改用金饰。营此业者，日渐加多，生意日见发展。……民国以后，风气一变，妇女首饰几乎无金不荣，头、耳、手臂，至少须有一处有金饰点缀。金饰业迎合时尚，纷纷开设，银饰业则逐渐淘汰。据最近调查，城内有金饰铺三家（天福、天成、天宝），金工九人；城乡合计有银饰铺十家，银工五十人。

（贵州省安顺市志编纂委员会据民国二十年代末稿本整理：《续修安顺府志·安顺志》，第九卷，工矿志，工业，五金工业，安顺市志编委会一九八三年铅印本。）

〔民国八年前后，贵州关岭县〕 六马弄、袍简庄、大丫口等处多铸铁锅、火盆、犁头等器。此外各乡之熟铁杂器除农具必需外，兼可供居民之用。而铁锅、火盆且能行销邻属，总计铁工获利每年约数千元。

（陈钟华等采辑：《关岭县志访册》，卷三，食货志，工业，民国八年采辑，一九六六年贵州省图书馆油印本。）

〔明代至民国年间，云南〕 中国产铜之区，以云南为首屈，尤以东川府为最。前清之际，大多供给京铜，以为全国铸币之用，其工务别详长编。又各寺观祠庙之铸像及崇圣寺等各巨大之钟鼎，昆明鸣凤山铜瓦寺之建筑最为著名。至省会各古董铺所售之佛像、钟鼎、古玩及各种铜器铸造之工，多属昆明及东川人。铜之本色为红铜，工人制为两铜、班铜、古铜、黄白铜等。白铜面盆向以滇制为上，甲于全国。……个旧、腾越铜工所制器皿亦有巧思,其他各县多由省会及东川传习而来。

（龙云、卢汉修,周钟岳等纂:《新纂云南通志》,卷一百四十二,五金业,铜工,一九四九年铅印本。）

〔清乾隆初年至十四年,云南昭通府〕 查滇省之铜,产自东川者惟盛,而运必由昭,以达于川省之泸州。……考东川之铜,产于汤丹、大碌各厂。乾隆初年,部议停买洋铜,将其课本付滇应办。初,东川府每年承正耗铜四百四十万斤,走威宁。继加至六百三十三万一千四百四十斤,遂议分运章程,一由厂运寻甸至威宁转镇雄南广而下,一由东川运鲁甸交昭通由大关一带陆运往交泸州,此昭通铜运之始也。至十三年,改由金江自小江口水运对坪子交永善县转运。十四年,又议由厂陆运至黄草坪上船直运到新开滩顺水以抵泸州,将小江口水运停止。后又议对半分运,一由昭交大关同知收称转运至炉,一由昭交永善县收称转运至泸汇齐装船,俟省宪委员由川押运进京。

（符廷铨修,杨履乾纂:《昭通志稿》,卷二,食货志,铜运,民国十三年铅印本。）

〔清道光十五年前后,云南楚雄府〕 铁,《镇南州志》:出鹅赶厂,去城西五十里,土人用以铸锅及农器。《定远县志》:苴芄村出,可冶铸盐锅,本县官行销黑、琅二井。

（清 阮元等修,王崧、李诚纂:《云南通志稿》,卷六十九,食货志,物产三,楚雄府,清道光十五年刻本。）

〔民国二十七年前后,云南昭通县〕 铁剪刀,用马掌铁打成,锋利经久,虽至细微之丝缕纤维,均能断之,为妇女界剪裁刺绣必需之品,每年运销邻近省县为数甚巨。

（卢金锡修,杨履乾、包鸣泉纂:《昭通县志稿》,卷五,物产,各种特产,民国二十七年铅印本。）

〔一九四九年前,云南〕 云南铁矿各县多有,故铁工亦各县有之。……据采访,铁锅、剪刀以禄丰制者为上,安宁八街所铸之锅亦为人所称许,保山、腾冲制者可运销缅甸,夷山、霑益制者可销至黔、桂两省。剪刀、马充则罗次、陆良者较有特产。江川、玉溪、河西铁匠能仿造洋枪,近年出品甚多,其工技不亚于兵工厂所造者。泸西、牟定所造之铁器亦佳。又腾越所属户撒、腊撒两长官司地所制之长刀铁质最为精炼,与木邦刀无二。其他各县之铁工于普通用器及农具多能自造,鹤庆则能造针及铜铁丝。

（龙云、卢汉修,周钟岳等纂:《新纂云南通志》,卷一百四十二,工业考,五金业,铁工,一九四九年铅印本。）

〔民国六年前后,西藏〕 西藏人民之职业,因种族而殊异。自尼泊尔、不丹地方移居于西藏者,稍其有移民性质,察知西藏人民多嗜好珍奇无用之品物,故大半在拉萨各处专为铜、银、锡、玉石之细工者,金、银、铜、锡、珠玉、缝箔及妇女各种首饰等,一切制作物,无不极尽精致者。于人物、花卉、山水之雕镂、判刻亦惟妙惟肖,与内地同一,故甚得西藏土人之欢迎,而广为畅销。

（邵钦权纂:《卫藏揽要》,卷三,风俗,民国六年抄本。）

四、近代企业

（一）外资、中外合资企业

〔清道光二十九年至同治四年，上海〕 上海租界之银行，以丽如银行为开山老祖，创始于道光二十九年。至同治四年，租界银行共有十家，即：一、阿加剌银行，在九江路一号；二、利中银行，在四川路十四号；三、利商银行，在黄浦滩二号；四、汇泉银行，在福州路十七号；五、麦加利银行，在江西路十号；六、汇隆银行，在江西路二十七号；七、有利银行，在九江路二号；八、法兰西银行，在南京路六号；九、汇丰银行，在黄浦滩十二号；十、丽如银行，在黄浦滩十一号。汇丰银行初名香港上海银行有限公司，翌年改名香港上海汇丰银行，初设在黄浦滩南京路转角，即今汇中饭店原址。

（胡祥翰编：《上海小志》，卷十，杂记，民国十九年铅印本。）

〔清咸丰三年至民国年间，上海〕 麦加利银行系有限公司，为英人创办，西历一千八百五十三年英皇发布敕令准立，故告称皇家特许银行。总行在伦敦，不称麦加利，惟上海分行则以第一任总理之名名之，年最久，为外国银行领袖。其业务专利英人之在澳洲、印度、中国等处之经商，以存款、放款、汇兑为主，为纯粹之商业银行，兼发行钞票。

（吴馨等修，姚文楠等纂：《上海县志》，卷六，商务下，银行，民国二十五年铅印本。）

〔清同治五年至民国年间，上海〕 汇丰银行（原名香港上海银行），西历一千八百八十一年[①]，英商怡和、仁记等洋行招募华商在香港开办，嗣华股陆续让与洋商，总行在香港，上海为分行之一。该行除完全为对华贸易机关外，如我国赔款年金之输送、铁路借款之收付及其他各业之投资、钞票之流通，均占莫大利益。辛亥光复，吸收存款尤巨。近年，关税之外，继以盐税，资力雄厚，竟有操纵我国金融之势力。

（吴馨等修，姚文楠等纂：《上海县志》，卷六，商务下，银行，民国二十五年铅印本。）

① 此处记载有误，汇丰银行一八六四年创办于香港，一八六五年设分行于上海。

〔清光绪十五年至民国七年，上海〕 德华银行，西历一八八九年德人开办。总行设柏林，上海为分行之一，在我国境内发行钞票，势力不亚于汇丰，为五国银行团之一。民国六年八月，我国对德宣战，该行由我国没收，停止营业，实行清理，上海行址售与交通银行营业。七年，欧战终了，德华旋亦复业。

（吴馨等修，姚文楠等纂：《上海县志》，卷六，商务下，银行，民国二十五年铅印本。）

〔清光绪十六年至民国二十五年，上海〕 横滨正金银行，为股份有限公司，系日人中村道太所发起，西历一八九〇年成立。总行在横滨，上海为分行之一。该行宗旨本在乎对外汇兑、贴现。自中日战争后，注全神于我国。日俄战争后，益扩充其实力于东三省，在该处发行钞票，势力更强。上海因屡次抵制，至今钞票收回未发也。

（吴馨等修，姚文楠等纂：《上海县志》，卷六，商务下，银行，民国二十五年铅印本。）

〔清光绪二十七年以后，上海〕 花旗银行，系股份有限公司，西历一九〇一年为美人所办。总行设纽约，上海为分行之一，营业颇发达。盖美国输入中国之资，以洋油、洋布为大宗，双方之汇兑、贴现、期票等事，皆为该行一家经理，至发行之钞票，均得流通我国内地，其势力亦不弱也。

（吴馨等修，姚文楠等纂：《上海县志》，卷六，商务下，银行，民国二十五年铅印本。）

〔光绪二十八年以后，上海〕 和兰银行①（总行在劳透特姆，西历一八二四年开办），一九〇二年成立，上海为分行之一，为南洋和兰殖民地金融机关。年来，上海与南洋各地交易频繁，分行业务日形发达。

（吴馨等修，姚文楠等纂：《上海县志》，卷六，商务下，银行，民国二十五年铅印本。）

① 即荷兰银行。

〔清光绪二十八年，上海〕 华比银行，一九〇二年开办，总行设勃鲁塞尔，上海为分行之一。其初，资本为法郎一百万，旋增至法郎五千万，先收三千万，其势力日厚。

（吴馨等修，姚文楠等纂：《上海县志》，卷六，商务下，银行，民国二十五年铅印本。）

〔民国初年至十四年，上海〕 中法工商银行，为中法实业银行所改组。辛亥革命后，政府亟筹善后，向六国银行团提出借款，屡议未成。其时，东方汇理银行主张中法两国联合设一银行，以输入外资。财政总长熊希龄韪其言，遂有中法实业银行之组织。其资本，法认三分之二，中认三分之一，得在我国发行钞票。总行设巴黎,上海为分行之一。民国十年六月,总行忽下令停止营业,惹起恐慌,外国银行界漠然不顾,而北京、上海之我国银行咸主代兑钞票,一时共兑出洋二百零九万余元。十四年七月,重行组织,改称今名,始将我国银行代兑之钞票收回,其存款、汇款则以五厘美金债票换给,我国人民损失甚巨。

(吴馨等修,姚文柟等纂:《上海县志》,卷六,商务下,银行,民国二十五年铅印本。)

〔民国二十五年前后,上海〕 外国银行,自上海互市以来至于今,共有二十余家。交易以汇丰为最大,势力亦最强实。以上海商务英商居十之七八,而汇丰为总收付也。日本金融机关,初仅正金、台湾两家[①],旋又增为六七家。德华因欧战没收,中法因亏累倒闭,近均复业。是以我国进出口之收付机关,均为外国银行所操纵。

(吴馨等修,姚文柟等纂:《上海县志》,卷六,商务下,金融机关,民国二十五年铅印本。)

① 当时台湾为日本所强占,故日本在上海开设的银行中,有一家名为台湾银行。

〔清同治初年以后,上海〕 沪上之有铅印书籍,始于同治初年,西人创设之墨海书局,其地点在山东路,与仁济医馆毗连。用铁制印书车床,长一丈数尺,广三尺,旁制有齿重轮二,以二人司理印事,用一牛旋转机轴,其书版或为活字,或为泥胎浇成之铅版,墨汁胶棍大致与今相同。当时人士引为大奇,曾记某名士杂咏云:"车翻墨海转轮圆,百种奇编宇内传,忙煞老牛浑未解,不耕禾陇耕书田。"后墨海废,而美教士江君别设美华书馆,初在南门外,造字制版,悉以科学。其后西人之续设者有别发,而转运机轴之法,亦去牛而以引擎马达代之矣。

(胡祥翰编:《上海小志》,卷四,文化,民国十九年铅印本。)

〔清同治十一年以后,上海〕 吾国向无报纸,有之,自上海之《申报》始。该报创始于同治十一年三月二十三日,是为出报之第一号。馆主为西人美查,地点在三马路红礼拜堂对门。当其初,日印数百份,每份仅一纸,售价八文,除洋行及有……关系之华商订购长年外,剩余之报逐日雇人挨户分送,受者亦不欢迎,甚有厉色峻拒者。故馆事简单,兼印书籍,所称申报馆聚珍版者是也。初逢星期日停止,嗣以风气渐开,购阅之人日众,增至十文,星期亦不停。彼时报中所载,除地方琐事及公庭案牍,官场之辕门,抄京报中之邸抄及奏折外,兼刊古诗文词,且首篇必为论说,长至千余字,皆重视之。

（胡祥翰编:《上海小志》,卷四,文化,民国十九年铅印本。）

〔清同治十一年,上海〕 上海开设申报馆,公历[一八七二年]四月卅日,[清同治十一年]农历三月廿三日,为第一次发刊。每二天出报一份,每份一张八版,售钱八文。

（雷君曜撰,杜诗庭节钞:《松江志料》,杂记类,抄本。）

〔清光绪初年以后,上海〕 中国之有石印书籍,始于沪上之点石斋,为办《申报》之美人美查所创设,印造各书均用上等连史、蝇头端楷,精雅绝伦。惟嫌字迹过于细小,殊耗精神,后又发明双连大石,影印名人书画、墨迹、堂幅、屏联等,专设申昌书画室发行,生涯亦盛。继起者为拜石山房、积山书局、鸿宝斋等。而校刊印刷,以粤商徐氏所创之同文为最精美,今日得同文板者尚可求善价也。点石斋在三马路红礼拜堂对门,即当日申报馆,右今工部局址。同文局址即今虹桥东之元芳路师善里也。

（胡祥翰编:《上海小志》,卷四,文化,民国十九年铅印本。）

〔清光绪七至九年,上海〕 公共租界自来水公司,在二十五保三图江西路吴淞江南岸,光绪七年八月英商创办,总董为邓克生,工程师为赫脱,九年七月工竣,水池设二十三保十二图杨树浦,水塔则设在公司内。

（吴馨等修,姚文枏等纂:《上海县续志》,卷二,建置上,水电,民国七年刻本。）

〔清光绪十五年,上海〕 公共租界电灯厂,初在乍浦路,嗣迁斐伦路,光绪十五年创设,由工部局自办。

（吴馨等修,姚文枏等纂:《上海县续志》,卷二,建置上,水电,民国七年刻本。）

〔清光绪年间,上海〕 法电灯厂,初在洋泾浜带钩桥。光绪中,法公董局创立,三十三年改公司,迁罗〈卢〉家湾,有发电机五,并有改变电流机。

（吴馨等修,姚文枏等纂:《上海县续志》,卷二,建置上,水电,民国七年刻本。）

〔清光绪二十六年以后,上海〕 法商自来水公司租设在南市机厂街浦畔（即肖家厂基地）。光绪十二年,法总领事恺自迩于界内埋设水管与英租界衔接,取水应用。二十二年,得巡道刘麒祥之准许,始租地设厂。二十三年,巡道蔡钧准借埋水管于外马路,二十六年成立。宣统元年,巡道蔡乃煌复准从机厂街至斜桥一带加埋水管,订立中法文合同四纸,分存道署、法领事署、总工程局、法公董局备案。水池六、吸水机二、推水机二(基八十亩),水塔二,一在新闸路,一在吕班路。

(吴馨等修,姚文枬等纂:《上海县续志》,卷二,建置上,水电,民国七年刻本。)

〔清光绪三十四年,上海〕 公共租界电车公司,光绪三十四年英商创办,股本三十二万金镑。

(吴馨等修,姚文枬等纂:《上海县续志》,卷二,建置上,水电,民国七年刻本。)

〔清光绪三十四年,上海〕 法商电车公司,在罗〈卢〉家湾。光绪三十四年与电灯公司合办,轨线周行法租界,直达徐家汇。其西门外至斜桥一段,曾经总工程局总董李钟珏等力阻,由官厅姑准假设云。

(吴馨等修,姚文枬等纂:《上海县续志》,卷二,建置上,水电,民国七年刻本。)

〔清光绪年间至民国二十年,天津〕 天津之国外贸易,几皆操于洋行之手,盖有居间人之性质也。兹依其经营之事业而胪表其行名,地址如左:

一、出入口洋行:兴隆洋行。(一)沿革:1. 创立,于1898年创立,1923年注册,地址在英租界海大道,并有代理之公司三处。2. 资本,额定三十万两,已收十五万两,准备金十二万一千两。3. 发展经过,光绪年间本为德人所创立,历年有所进展。自欧战发生后,欲将此行售与华人,令高少洲经手办理。后数经中国之富商出银五万两以得之,由此高被任为经理,出游外国,以悉世界商场情况。归后力整内部,十数年来所盈利润,远过资本数倍矣。(二)职员:职员共八十四人。经理为高少洲,副经理为蒋采苏。下分山货、皮货、进口、革缏、蛋黄白、地毯、猪鬃、火险、英文、押款、机房、南栈及押款、西栈及办理打包各部。(三)营业情形:出口货为棉货、皮革、皮毛货、山货、毛货、猪鬃、蛋黄白等。其运往地为欧、美、澳三洲,而以德、英、法为主。入口货为面粉、肥皂、杂货、化妆品,其来源为英、德、法三国。(四)运输:该行无轮船,亦不代理任何轮船公司,每逢运货,则托太古、怡和、美最时、大版、美昌、大来等船行代运。运费,去欧者每吨约八、九、十先令不等,去美国者每吨约美金十元上下不等,盖以货色为别。计算,本位以四十立方呎为一吨,普通货物按此计算,其他笨重货物始按重量计算。(五)打包:该行自己不能打包,因为打包公司例有限制(须向工部局注册),因此该行打包皆在天津打包公司。美亚,法租界二号路。美利,特一区。华亨,英租界菜市。百治,英租界大沽路。蚨荣,法租界十四号路。永义,日租界明石街。武斋,法租界中街。美记,义租界大马路。美克,英租界信义里。中恒,法租界三号路。捷利、来宾、永发，英租界菜市对过。东丰，英租界六号路。雅利，特三区。义昌，日租界旭街。怡和，英租界中街。克司，英租界大沽路。有喊，法租界海大道。凯穆，义租界。克利，特一区威尔逊路。美士，法租界十一号路。克达，英租界八号路。三井，日租界旭街。铁森，英租界董事道。美最时，特三区大马路。世昌，特三区三马路。永明、永兴，法租界大沽路。大泽，日租界旭街。鲁林、英莱、瑞中、泰昌，英租界大沽路。谭度、齐养，英中后街。红扇、普纶，法租界十一号路。

二、皮毛出入口洋行：大成、裕德、英中后街、宝达，法租界五号路。裕民、周立，英租界十一号路。古麟、古宝财。

三、染料、肥料洋行：恒信，英租界。爱礼司，英租界大沽路先农公司大楼。美植。

四、生熟皮革洋行名及皮毛洋行：博士廷、北聂尔、东方皮毛。柏士，英租界海大道。古亚，英租界。业井广、德记，法租界十二号路。瓦利，法租界。顺兴，英租界。东兴，法租界四号路。

五、地毯洋行：同昌、井泽，英租界中街。敦记，法租界十四号路。利美，英租界二号路。

六、衣料洋行：福隆，英租界中街。立古，英租界中街。克图利，特一区一号路。布艳，特一区。

七、毛织品洋行：海京，英租界。

八、钟表、仪器、铜器、雕刻洋行：马利文，法租界中街。泰孚，法租界二十一号路。高得利、利喊，英租界中街。

九、货栈、榨房、仓库洋行：隆茂，英租界大沽路。恺济，英租界四号路河沿角。兴泰兴，英租界中街。三盛，英租界海大道。

十、石油洋行：美孚洋行，法租界六号路。义德洋行，英租界盛茂道。

十一、出口洋行：成义，英租界三十九号路。和记，特四区河沿。仁记，法租界六号路。阚记，英租界大沽路。德和，英租界宝士徒路。

十二、轮船、电料、保险、机器等洋行：安利，英租界大沽路。慎昌，法租界。美丰，法租界中街。礼和，英租界大沽路隆茂洋行内。太古，英租界中街。德镉，日租界。高林，英租界董事道。利源，法租界。公茂，法租界。

十三、建筑材料洋行：中通，英租界中街。福祥，法租界巴黎道。松昌，日租界旭街。新民，英租界。禅臣，英租界海大道。汉士，英租界大沽路。

十四、皮毛棉花兼办洋行：平和，英租界菜市对过。绵华，法租界。

十五、轮船洋行：顺隆，日租界旭街。

十六、家具洋行：森木司，英租界咮哆士道。

十七、装饰品洋行：武田兄弟，法租界中街。

十八、杂货洋行：义利，特一区威尔逊道。

十九、酒商食品洋行：大陆，东亚咖啡。

二十、印书装订洋行：联昌，法租界六号路。

（宋蕴璞辑：《天津志略》，第十编，商务，第十章，洋行，民国二十年铅印本。）

〔**清光绪二十八年至民国二十年，天津**〕 一、济安自来水公司。沿革：设立年月，1902年动工，1903年正式成立，于香港驻英总督公署立案。创办人，德人巴贝（瑞记洋行）。资本，原订为五百万两，现已收到者为三百万两。位置，西头千福寺西。组织：公司性质，（一）有限公司。（二）现分三万股，华洋各半。（三）每股票面一百两，现在行市105两。系统：（一）董事会，华董事六人，洋董事四人。下分收支、工程、水表及洋账房四部。……水之价值，水铺每千加仑六角，用户七角。供给水之范围：天津全市及意、法、日各租界。……二、英租界自来水场。先为仁记洋行商办，1920年由工部局自来水部接办，水厂设于巴克斯路兴达克拉道，面积约二十亩。每日出水一百五十万加仑。先用海河为水源，后因水质不准，乃自开工掘井取水，日可得水二十万加仑。水厂内部设备完全，计有储水池三座，沉淀池一座，沙滤池九座，备用沙滤池一座，水塔一座，唧机五座，推水机一座，电力推水机一座。1929年，开凿新自流井，建筑新抽水机而达克拉道亦换用新旋轮式压气机，其发展颇足惊人。供给水之范围为特别一区及英租界，共约八百余家。

（宋蕴璞辑：《天津志略》，第十二编，公用及公有事业，第一章，自来水，民国二十年铅印本。）

〔**民国九年至二十年，天津**〕 一、电车电灯公司发电处。总发电厂设于河北金家窑。组织：该公司有董事会，董事六人，华洋各半，华董系由中国官方选派，有代执督理之全权。以下有洋经理（总办）一人，更分有秘书处、营业处、发电处、电车处，分理各项事务。……营业状况：电费现在每码电按二角五分收费，各官署有作半价者，有作一角八分者。至于路灯，二十烛光者，现在每月一律按一元四角五分收费，所有修理更换经常等费均在内。该公司营业日渐发达，近来每年获利达百万以上。……

二、英国租界发电处。沿革：设立年月，1920年10月。创办情形：1921年机器设备大致就绪，正式开始工作。其初电流之供给，尚取自购买，更分售与用户。迄1921年电流总量始概由本厂自行摩发，今之精良发电机件等，大都为历年逐渐所购置扩充来者。资本：该处设备成本，连同七千五百启罗瓦特发电厂，暨所有之分输电流设备，合计为1 162 052两（历年添置者在内），其他存储之资本尚未计，创办时此款系由借债筹来。监督机关：英租界工部局。……供电之范围，英租界及特一区。

三、法国租界电灯房。沿革：设立年月日，原在法国桥旁六年，移此现已十八年。创办人：M. Bourgery。公司性质：有限。组织：职员共五人，工人一百余人。机器：发电机，电表，汽机透平机共三架，汽锅共二个。经济状况：每月获利，该公司每月可获利三万余元。电价：原动力每码一角，燃灯每码二角八分。

四、日本租界电灯房。沿革：设立于民国十六年十一月，由日侨组织租界局设立，现已受该局监督。资本：现为百万元。组织：技师长一人，技师二人。机器：交流发电机二套，每套有二千马力。电表，共四千○五十表。汽机，透平机有二千马力。汽锅，三架。抽水机，二套，每套三十马力。经济状况：每年收入六十四万元，支出三十万元，电力每码由二仙至五仙，电灯每码由二十四仙至十仙（每码价钱之高低系按用电之多寡而定）。

（宋蕴璞辑：《天津志略》，第十二编，公用及公有事业，第三章，电力及电灯，民国二十年铅印本。）

〔民国二十年，天津〕　金融机关，除银行、银号外，尚有外国银行若干处，营存放款、保管汇兑等事务。更有得中国政府允许发行钞票者，如麦加利、美丰、花旗等是也。但此种银行为外人吸收中国资本之机关，以中国人之存款，复贷款于中国，从中渔利，良为可惧。而其中之万国储蓄银行及中法储蓄银行，手段尤为恶辣，能榨取中国人血汗于不觉间。……兹将本津之外国银行列下，以备参考：美丰银行，法租界。华法，法银界。华义，法租界。朝鲜，法租界。华比，英租界。麦加利，英租界。花旗，英租界。正隆，日租界。中法工商，英法交界。德华，英租界。横滨正金，英租界。中法储蓄会，法租界。东方汇理，法租界。汇丰，英租界。天津银行，日租界。万国储蓄会，法租界。

（宋蕴璞辑：《天津志略》，第八编，金融，第三章，金融机关，民国二十年铅印本。）

〔民国十九年至二十六年前后,绥远包头县〕 包头有甘草厂一家,名永茂源甘草公司,地址在广和公司内。民国十九年十月成立,独资经营,股东系芬兰人维利俄斯,资本三千元。职员有总理(维利俄斯兼充)一人,代办(俄人)一人,炉工十二人,辗工三人,女工一人。原料为甘草,现所用者皆细枝,每百斤值洋四元。泥沙杂混,须用水洗涤。每百斤甘草膏,须用甘草三百五十斤,价约十四元。甘草膏之销路,以天津为最多,每百斤膏价三十五元(由包头运天津,每百斤运费八元,税一元二角),每日可出膏三百斤。制成膏砖,每砖重五十千克,纸为包皮,装木箱中,每箱十砖。

(廖兆骏编:《绥远志略》,第十五章,绥远之工业,第三节,现代工业,民国二十六年铅印本。)

〔清光绪三十四年,奉天安东县〕 鸭绿江采木公司,清光绪三十四年四月十五日,外务部会办大臣那桐与日本全权大臣林权助,订定中日合办木植公司章程大纲十条,在北京签字互换,名中日合办鸭绿江采木公司,资本定为三百万元,由中日两国各出半数。八月十六日,奉度支司使张锡銮与日本领事冈部三郎协定中日合办鸭绿江采木公司办事章程二十一条。是岁九月一日开办,公司总局设于安东县七道沟,设分局于通化八道江帽儿山长白十三道沟,设分所于沙河镇、六道沟、马市台等处。公司置督办一,由东边道尹兼理,监督公司营业事务。设理事长二,中日各一员,经理公司一切事务。其余秘书课长、参事、副参事、办事员、技师、雇员、局长、所长、检查助手等,由中日两国人均派,共二百余员。公司采木区域,划定鸭绿江右岸自帽儿山起,至二十四道沟止,距鸭绿江面干流六十华里内为界,其余界外暨浑江之森林,仍归中国旧业木把采伐。所需款项,应向公司借贷,其所采木料除江浙铁路公司所需枕木及沿江人民自用木料直向木把采买外,其余全归公司收买,公司应按市价发卖,不得任意垄断。公司营业以二十五年为限,限满时如中国政府视公司经营事业尚为妥协,公司可禀请中国政府酌予展长年限。公司所有进款,除一切费用外,纯益百分之五报效中国国家,所余净利归中日两国股东均摊。

(关定保等修,于云峰纂:《安东县志》,卷六,人事,商业,公司,民国二十年铅印本。)

〔民国初年至十七年,奉天辽阳县〕 电灯公司,地址在城外东洋街,开办距今十五年,系中日合资。股本金票十二万圆,各出半数,中国六万元,县自治会四万,工商会二万,现又倍作二十万圆。公司设总办一人,由本县绅商中推举。日本人一名，常驻经理。监视四人，名誉职。职员六人，雇员三十三名，临时雇员五名。电柱一千六百三十本，电灯线共长二十八万五千六百六十七米。灯数，中国人八千三百二十六盏，日人八千四百五十六盏，欧美人八十二盏，共一万六千八百六十四盏。本年前半期总收入十三万二千零七十元八角八分，支出九万八千一百四十元零四角八分，净得利益三万三千九百三十元零四角，除公积金等项外，股东摊分金一万二千元正，皆以金票计算。

（裴焕星等修，白永贞等纂：《辽阳县志》，卷十七，行政，邮电，民国十七年铅印本。）

〔民国五年至十七年，奉天辽阳县〕 鞍山铁矿无限公司矿区地，此矿始于中日新约换文案内中国政府允许开采鞍山站一带铁矿。民国五年，满铁株式会社拟办鞍山对面山、大孤山、关门山、樱桃园、王家堡子六处，名曰鞍山铁矿无限公司。复经磋商，由中日合办，各举代表，以维主权。中方代表举于冲汉，日代表系镰田弥助，一切股本均系日人担任。订立合同，呈农商部核准，发给探照，二年期满，计探字第二十五号至三十号执照六纸，矿图六纸，中日合同各一份，交财政厅分别存发。所用矿区一万一千四百二十三亩，除民有收养八百亩外，余系中国官山，按合同第七条，民产按公平议价，官地给相当租价。又照条例第六十条，矿业废止或使用完竣时，仍应将土地交还官厅。

（裴焕星等修，白永贞等纂：《辽阳县志》，卷三十，物产，矿产，民国十七年铅印本。）

〔民国十三年，奉天新民县〕 日本商业：煤局一，杂货铺二，枪炮铺一，当铺七，药房三，医院一，理发铺一，粮栈一，电影园一。按以上各节，统据民国十三年六月采访之概况述录。

（王宝善修，张博惠纂：《新民县志》，卷九，交涉，日本国，民国十五年石印本。）

〔民国十四年，奉天兴京县〕 精米所，即碾米所。邑自日韩合并后，韩侨日众，因而本地之种植稻田亦益多。县街除绅民合资之碾米工厂外，尚有韩侨自设者四家，商民自营者一家，皆获利甚厚。

（沈国冕、苏显扬修，苏民、于孤桐纂：《兴京县志》，卷六，实业，工厂，民国十四年铅印本。）

注：今新宾县。

〔民国二十年，奉天安东县〕 日人在安东经营之杂工厂：满州饮料株式会社，设在五番通，资本三十万元，用电力制造大宗清洁饮料水。满洲矿山药株式会社，设在六道沟，资本一百万圆，用电力制造矿山药、烟火、导火线等。富士瓦斯纺绩株式会社安东分厂,设在南七条,通用电力,制造柞蚕纺丝。南满洲电气株式会社,设在六道沟,制造电气,供给埠内电灯之用。南满洲瓦斯株式会社,设在驿前,通用蒸汽及电力,制造瓦斯。野村号石灰工厂,设在四番通,制造石灰,年产九百二十余吨。大下酒造场,设在大和桥通,专造清酒,年产一万二千石。

(关定保等修,于云峰纂:《安东县志》,卷六,人事,工业,民国二十年铅印本。)

〔民国二十年,奉天安东县〕 鸭绿江制材无限公司,设于安东县六道沟,由鸭绿江采木公司与大仓喜八郎出资合办。以销售制材为宗旨,资本定为日金五十万圆,鸭绿江采木公司与大仓喜八郎各任其半。置经理一,事务员及雇员若干名,监查员二名,内分营业处及会计处二部。

(关定保等修,于云峰纂:《安东县志》,卷六,人事,商业,公司,民国二十年铅印本。)

〔民国二十年前后,奉天安东县〕 协成银行总行,设于安东县市场通七丁目,大正九年五月二十一日开办,分行设于本埠财神庙街。……营业性质,一般银行业务。资本总额,日金一百万元,株式二万株,每株五十圆。专务董事中川宪义,大正十一年七月任职,至今连任。满洲银行,本行设于大连,分行设于安东者二,一在市场通,一在兴隆街株式会社。资本总额,日金三千万元六十万株。行长村井启太郎,东京人,大正十三年九月任职。朝鲜银行支店,设于安东县市场通七丁目。安东实业银行,设于安东新市场。正隆银行,设于安东新市场。

(关定保等修,于云峰纂:《安东县志》,卷六,人事,商业,银行,民国二十年铅印本。)

〔清光绪末年至民国二十四年,吉林临江县〕 本县森林为惟一大宗之出产,清季任民采伐,毫无限制。光绪末叶,友邦日本提倡中日两国合组公司,归为国家营业,定名为鸭绿江采木公司,设总公司于安东县,长白、临江、通化、八道江、十三道沟五处各设分局,职员各半,名目相同,订定沿鸭绿江右岸六十华里以内,自头道沟起,至二十四道沟止,为专采区域。临江分局于宣统元年设于中富街,其营业办法有二,一为贷金办法(木把已做成木植若干,而绌于资本,向公司指木贷款若干,公司验明照数贷款,木把招保立券,运至安东验收,是为贷金);一为直营办法(以最有信用之木把指定山厂,苦无资本,与公司讲明木料尺寸,定明价值,包做若干件数,立券取保,公司先发资本几成,然后按截验木发款,至期交足,是为直营办法)。自满洲国成立至大同二年期满,经满日两国政府协议继续办理。……该公司之发达,为我满洲国最著名之国家营业,沿江数县金融之流通贯注,以该公司为最扼要之命脉。

(刘维清修,罗宝书等纂:《临江县志》,卷四,实业志,采木公司,民国二十四年铅印本。)

〔清朝末年至民国三十年,吉林长春县〕 头道沟铁路用地,日本电气株式会社支店,创自民国纪年前三年。初由大连运至发电机一部,组织满铁长春电灯营业所。阅时两年,筹办就绪,地址于南满、中东、吉长三路之分歧点,兼以工商企业日渐繁荣,电灯电力之需要随之激增,自十六年五月电动机马力大加扩张,供给电灯三万八千盏,供给电力二千二百马力。十七年,新建筑事务所落成,规模视前益宏。

(张书翰修,赵述云、金毓黻纂:《长春县志》,卷三,食货志,实业,民国三十年铅印本。)

〔民国十三年至三十年,吉林长春县〕 瓦斯为供给燃火暖房、烹饪及一切工业上之需要品也。民国十三年,南满洲瓦斯株式会社长春支店在头道沟铁路用地内,埋设主要铁管。十四年夏间,经瓦斯专家接通各住屋内之管,并装置计量各器。同年十一月全部竣工,开始营业。所用石炭胥由抚顺供给,一日均计制造数约达三万七八千立方呎。十六年三月末,计有瓦斯用户一千八百二十余家。十五年,卖出千四百三十二万七千五百立方呎之多。现在制造力日达十五万立方呎。

(张书翰修,赵述云、金毓黻纂:《长春县志》,卷三,食货志,实业,民国三十年铅印本。)

〔清光绪十七年前后,黑龙江〕 中俄分江而后,大黑河屯为通商口岸,俄商则以金砂为大宗,中商则以菜牛为大宗,住〈往〉来交易,获利均巨。初不知金砂出何矿也。近十年来,泰西诸国率用金磅,金价因之日昂,探视金苗者,无地不搜。俄人习于矿务,在黑龙江左岸开采有年,因勾结华民越江盗采,如漠河以东阿尔罕河、奇乾河等处,纵横二三百里辄有坑穴,亦不知起自何时矣。旧例齐齐哈尔、墨尔根、黑龙江三城,各派协领至额尔古讷河一带巡江,以防俄人越界。分江之后,等诸具文,并协领等官亦不亲往,于是,俄人益无忌惮。至光绪十年,俄人在漠河山内,招集中俄四千余人,大事工作,造屋七百余间,立窑五百余所,风声四播,远迩悉闻。将军文绪公乃奏参黑龙江副都统以下官,各予处分,一面由总理各国事务衙门,照会俄国驻京公使,转饬海兰泡城固毕尔那托尔,将漠河俄人勒限收回,以符界约;一面筹派兵勇,分道前往漠河,将漠河华民概行驱逐,以申禁令。展转数月,事始粗定。

(清　徐宗亮纂:《黑龙江述略》,卷四,贡赋,清光绪中刻本。)

〔**清朝末年,黑龙江**〕　札赉诺尔即呼伦湖,火车站旁产煤,沿湖开九洞,俄公司交银每洞十七两六钱,每千斤缴税八分。

(林传甲纂:《黑龙江乡土志》,格致,第五十四课,札赉诺尔煤矿,民国二年铅印本。)

〔**民国初年至十八年,黑龙江呼伦县**〕　呼伦一区富有天然林木,面积广阔,多依山脉为繁滋。兴安岭一带幽谷深岩,蒙茏郁翳蔽天日,林木丰茂可想而知。惟以交通阻塞,采伐、运输深感困难,自然之利遗弃可惜。虽有札免、海敏两公司采伐,现因时局关系,暂时停办。札免公司旧为俄商谢夫谦克承办,民国十一年取销合同,改归中日俄三方合办。采木区域,中东路西线兴安、宜立克都、乌奴尔、免渡河四车站之北方,木材系黄花松、桦杨、柞、杉各种。海敏公司原为蒙署与俄商卧伦错夫订立合同,包由该商采伐。复治后,前黑龙江省长公署将合同取销,于十六年改为省府与该俄商合办,定名海敏公司。采伐区域,海拉尔河源及支流一带地方,木材系松、桦、杉、椵各种。各林场采伐每岁输于齐齐哈尔、哈尔滨、满洲里及距车站稍远地方销售(民国十八年调查)。

(万福麟修,张伯英纂:《黑龙江志稿》,卷二十二,财赋志,森林,民国二十二年铅印本。)

〔**清光绪二十三年至二十八年,新疆**〕　咸丰初年,商人刘光和等寻获扎工新硐,跟苗追凿,五年而小效,又四年而大赢,造运金砖,获利无算,当时有金驮子之称。同治甲子,塔城回乱,哈萨克乘机摽掠,矿夫四散,年久积水,漂没厂基,遂废。光绪二十三年,俄商墨斯克温涎其厚利,请租借喀图山地,设厂开采,巡抚饶应祺拒之不可,乃议中俄合办,各输资本一半,购置机器,咸用西法。然矿师操术不精,新开矿硐二十余所,深至二三百丈,竟无所得,仅运碾旧日弃矿,以取微利。五年之间,亏折二十四万余金,始议停办,厂屋机器售还中国。

(钟广生撰:《新疆志稿》,卷之二,矿产,民国年间铅印本。)

〔**清代后期至民国年间,山东桓台县**〕　城东南铁山、四宝山、隽家山等处铁矿蕴蓄甚富,主要者为磁铁矿,酸化后有为赤铁矿、褐铁矿者,德人占据胶澳时,虽经开采。民国三年,德人退出,日本又继续经营。至鲁大公司接收胶济路沿线矿区，该矿遂即停工。

（佚名纂修：《恒台县志》，卷二，法制，实业篇，物产，民国二十三年铅印本。）

〔清光绪二十四年至民国三十年前后，山东潍县〕 潍县用土法采煤由来已久，皆在城南马司一带。清光绪二十四年，中国允准德国在山东省盖造铁路，并于所开铁路附近之处，相距三十里内，允准德商开挖煤厂等项，亦可德商、华商合股开采。德人始在县城南之坊子开采煤矿。欧战起后，胶济铁路为日人所管。华府会议将胶济铁路交还中国，胶济铁路沿线矿业开采权又属于中日合组之鲁大公司。坊子东、西、南、北、中五矿均由日人向鲁大公司订约承租。由日人自行开采者为西炭矿之一区，其余东、南、中及西炭矿之又一区均由华人转租开采。北炭矿则已停止开掘。坊子西南一里余又有废矿一处，原为德人开采，因欧战起后停工。日人接收以后，本拟重行开采，惟以矿内注水甚多，抽水需款太巨，故尚在停顿中。据闻矿穴内所有机件尚值银圆五十余万圆。兹分述各矿详情如下：东矿在坊子南二里，面积官亩二千二百八十亩，东鲁公司于民国十四年向日人租定开采。此矿前由日人经办，自民国六年起八年之间，亏款银圆五十余万圆，故不得不停办。停办后尚积欠工资四万余圆，无力发放，乃将全矿设备无条件转借于包工头，由包工头组织东鲁公司接办，将所采之十分之一折价作为租金，以偿还四万圆之积欠，待债务清结后再归日人矿主抽租。闻是项债款现尚欠万余圆。东鲁公司有矿工名额二千人，实际工作者每日不过五百人，因矿工多系富地农民，暇则来，农忙则去，故平均每日工作者仅及上数。此矿有井三眼，一停二采，每日夜约可出煤八车，共一百二十吨。所出皆白煤，煤质甚佳，惟因资本缺乏，赖借款维持，随时以所出之煤抵还借款，每车市价七十圆者仅售五十圆左右，因之损失颇大。西矿在坊子西五里，地名沟北崖，面积三百三十余亩，初在民国五年，开采者为日人吉木，时仅有井一眼，在矿区西首。至十三年，因煤藏已尽，即行停废，获利七十余万圆。嗣后矿区东首划分两部，其一租与日人山村善西郎，其二转租华人陈维山，山村采掘之区自备机件，出有烟煤、无烟煤二种，煤质均不佳。有烟者每吨值六十圆，无烟者仅值四十圆。其记名之工人凡一千六百余人，实际工作者每日二百五十人，工资每日每人六角，一日夜可出煤六车，须向原承租人吉木纳租，每百车抽十车。自民国十六年开采，因煤质太低，七年间赔累达四十余万圆，现正开始凿深井穴，希望获得较好之煤质。陈维山组织之公司为兴华公司，经营二年未得煤藏，损失二万圆，转让与其包工人利和公司。经营二年，赔累一万圆，又转让与其包工人中孚公司。自民国十七年接办，停顿二年，至十九年始行凿井，井成得煤凡二处，均出有烟煤，煤质甚佳。现有工人名额三千人，实际工作者日夜二班约七百人。每日夜可出煤十五车，计二百二十五公吨。煤价每车百圆，工资每工六角，全部机器价值三万余圆，年纳租金一千二百圆。所出之煤，日人吉木每百车抽十四车，兴华抽十车，利和扣九车，中孚公司每百车仅得六七十车。包工费每车连木材、汽油、人工，共三十九圆，全由包工者担任，惟缴鲁大矿税则由中孚负责。南矿在坊子南十六里，系昌乐县地界，面积原为三百六十亩，民国二十年扩充矿地，现为二千一百亩。地名荆山洼，原为日人高宅庆夫开采，因煤质不佳，自民国七年开工至十七年，十年之间亏损三十万圆，于是转租与其包工者华人李庚绍接办。至十九年，矿穴开尽，即行停歇，仅获利万余圆。后由陈城九、杜福厚、刘玉堂三人向高宅分租，以百车抽十车为租金，开新井三处，出煤不良，不能畅销。至二十一年，均告歇业，亏折多者三万余圆，少者亦万余圆。现高宅又自行钻穴探煤，此矿所出之煤均为有烟煤，平均每日每井可出百吨，每吨价值二圆二角，每车为三十五圆。矿工名额，每井五百，实际工作者每井百人左右。矿工多系农民，每日工资四角，所出之煤色黄如土，仅能行销矿区附近一带。中央矿区坊子西南五里，地名沟南崖，面积三百三十亩。民国十二年，最初开采者为日人金子秀太，因煤质不佳，六年之间赔累二十万圆，遂告停歇。二十一年，转租与华人田俊川之鲁华公司，开采一年之久，始将井水抽干，又凿深三十余米突，但煤质依然不佳，现已赔累十万余圆。此矿在日人开采时，每日可出无烟煤十车，每车值五十圆，较南矿为高。原有工人名额二千名，实际工作者每日夜三百余名。北矿在坊子西北十五里，地名北大局，面积二千七百余亩。民国十三年，有华人王凤谷开采，经营三年，出煤不佳，赔累七万圆。十六年，停歇，至今尚未有继续经营者。废矿在坊子西南一里，土名老大井，占地六百余亩，四面有墙，此矿原由德人经办，其机件设备为坊子各矿之冠。当开采时，矿工七千余名，每日出煤百车，分无烟及有烟二种。日人接管时，停止开掘，今改为鲁大公司验煤所。坊子之煤矿虽有五处，实际仅东、西二区之煤可以销行，销路大都以胶济铁路沿线为主。东矿之煤虽销至福州及烟台，西矿之煤虽亦运销烟台、龙口、青岛等处，但为数有限。又坊子之煤价，以有烟者为高，无烟者为低，其原因为有烟煤适用于轮船薰烟及农民燃料，需量较大，故价高；无烟煤则只能用于冬季火炉及烤馔等，用途不大，需量较微，故价低。各矿之井皆系直井，只东矿有斜井一眼，现已停止开采。各井井底运输分轻便铁道及人力二种，地面运输则皆有轻便铁道与胶济铁路相接。

（常之英修，刘祖干纂：《潍县志稿》，卷二十四，实业志，矿业，民国三十年铅印本。）

〔民国初年至十七年，山东青岛〕 以本埠而论，洋纱、洋布两项，合计恒值千余万两，而本省所产数百万担之棉花，往往舍其一部，以供外人之用。昔年，皖绅周氏父子有鉴于此，纠合同志，组织华新纱厂，布置粗就，而丁日德之役大受顿挫。其后复行集资建厂，于民国九年五月开工，而日商之内外棉纱厂已于七年来青设立分厂，后起者翻为捷足矣。其后日商接踵而起，而华商继起无人，以致本埠惟一之重大工业日占其六，我仅得其一。纺轴全数二十六万七千余锭，华商约得八之一。全年出纱二十五六万捆，华厂仅得十分之一，日商占十分之九。且日商之大康、钟渊两厂均设布机，年出布七十六万余匹，华新虽有推广厂基，增设布厂之议，因政局不宁，无由进取。

（赵琪修，袁荣叟纂：《胶澳志》，卷五，食货志，工业，民国十七年铅印本。）

〔民国六年至十七年，山东青岛〕 山东本为产麦食麦之区，然近年洋面进口，竟成大宗贸易。日人于民国六年创设青岛制粉公司（济南并有分厂），所制鹿头牌面粉，久已盛行于本埠及胶济沿线。其后，洋面进口日多，华商恒兴、双蚨接踵而起。以近年内地食料之缺乏而论，本不敷销，顾因交通之障碍，原料、燃料不以时至，未免作辍不时，终让日商独步。

（赵琪修，袁荣叟纂：《胶澳志》，卷五，食货志，工业，民国十七年铅印本。）

〔民国十七年前后，山东青岛〕 烟叶本为山东大宗出产，而吸烟之量继长增高，流毒更有甚于鸦片。青岛进口纸烟估价每年七八百万两，十之八九属南洋、英美两公司所造，而英美烟公司又设分厂于本埠，较之南洋公司由上海运销者，尤为便利。南洋、英美以及日商之米星、南信、山东烟草均设有分店于潍县、青州、坊子等处，收买烟叶装运出口。英美恒占其三之二，余亦各有承揽，以致小商难于插足。本埠虽有出口数百万两之烟叶，而无第二家之烟厂与之抗衡。近年，仅有华商鹤丰烟草公司创立于台西镇，备有卷烟机三架，切烟机二架，磨刀机一架，烤烟机一架，制匣机一架，十二马力电机一架，每日制烟十大箱，货粗价廉，仅供平民吸用，与日人所制之劣等纸烟互为周旋而已。

（赵琪修，袁荣叟纂：《胶澳志》，卷五，食货志，工业，民国十七年铅印本。）

〔清同治十三年至民国年间，江苏南京〕 英商之太古洋行（《中国航政史》：英人所设，创始于同治十三年，长江以内，直达宜昌为止。《中国经济志》：太古公司系英国商办，有吴淞、芜湖、武穴、安庆、鄱阳、武昌、温州、黄州各大号船，长沙、沙市、吉安、湘潭各次号船，共计十三艘，大者载重二一一九吨，小者载重七九〇吨）。

（叶楚伧修，王焕镳纂：《首都志》，卷九，交通，航运，民国二十四年铅印本。）

〔清光绪三年至民国年间，江苏南京〕 怡和洋行，即印度中国航业公司。（《中国航政史》：创始于光绪三年。《中国经济志》：怡和公司系英国商办，置有公和、德和、联和、隆和、吉和各大号船，宝和、同和、湘和、昌和各次号船，共计十艘。大者载重二八二五吨，小者载重一六〇一吨。）

（叶楚伧修，王焕镳纂：《首都志》，卷九，交通，航运，民国二十四年铅印本。）

〔清光绪二十九年以后，江苏南京〕 日人之日清公司，即大阪商船会社（《中国航业》：为日本之唯一航业公司，其经营我国之始。在光绪二十九年，其先收买英商麦边洋行汽船及其航路，专从事扬子江航业，后逐渐扩充）。（《中国经济志》：日清公司系日本商办，有凤阳、瑞阳、襄阳、南阳、宜阳各大号船，大福、大利、大贞、大昌各次号船，共计九艘。大者载重二八〇三吨，小者载重一〇七二吨。）

（叶楚伧修，王焕镳纂：《首都志》，卷九，交通，航运，民国二十四年铅印本。）

〔清光绪年间，江苏南京〕 皆设码头于下关，其曾在长江航运，而今已绝迹者。据光绪季年沪道册报，有美最时洋行（《中国航政史》：为德商所创设。始于光绪二十六年，有轮船九艘，吨数为九千四百五十二吨（光绪末年沪关道报告表），航行于吾国长江各口暨北洋一带。特船数无多，非若他公司之能有定期航行也。立兴洋行，法商，轮船三艘，共五一一八吨。禅臣洋行，德商，轮船二艘，共二四八三吨。瑞记洋行，德商，轮船三艘。邮船会社，日商，轮船七艘，五艘计一〇〇二吨，二艘计一一五八吨。

（叶楚伧修，王焕镳纂：《首都志》，卷九，交通，航运，民国二十四年铅印本。）

〔清光绪三十二年，福建福州府闽县〕 洋商公司。洋油四所：兴隆、德兴、天祥（系英商）、美孚（系美商）。大小轮船（多英商或日本商），锯木（德商），制冰（英商），荷兰水（英商），玻璃（日本商），商务印书馆（华洋合办）。

（清 朱景星、李骏斌修，郑祖庚等纂：《闽县乡土志》，商务杂述二，公司，清光绪三十二年铅印本。）

注：闽县今为闽侯县。

〔民国三十四年前后，台湾〕 煤为台湾主要矿产之一……其中规模较大，以机械采掘者，仅有日人所设之基隆炭矿株式会社、嘉阳矿业株式会社、台湾矿业株式会社、后宫合名会社及山本信义等数家。其中以基隆炭矿会社为最大，该公司拥有台北最佳煤田，其产量恒占全台煤产三分之一。

（郑伯彬编：《台湾新志》，第八章，矿产资源，三，矿业，民国三十六年铅印本。）

〔清朝末年至民国初年，湖北汉口〕 汉口之茶砖制造所，其数凡六，皆协同俄国官民所设立者，其旺盛足以雄视全汉口，皆在俄国之居留地。砖茶者有红、绿之二种，用红茶之粉末以造者为红砖茶，用绿茶之粗叶并用茎者为绿砖茶，多供俄人之需用者。盖住北部寒带之俄国人深好砖茶，亦犹中国人之于鸦片，同视为与衣食皆为必要之品。俄国之经造该制造场者亦为此也。而此等六制砖茶之砖茶工场，其输出内地诸港之外，或以俄国义勇舰队输出浦盐或经海路而输出于欧罗巴之俄罗斯，或经天津、恰克图、西北利亚而送于俄都，或由于汉口溯汉水而至樊城，由陆路而经陕西，由蒙古、西北利亚以送至俄国。砖茶工场之使役与工人大约二千余人，昼夜不休其业。

（徐焕斗辑，王夔清补辑：《汉口小志》，商业志，民国四年铅印本。）

〔民国二十年前，湖南鄞县〕 金川塘则产银砂，德商前集资采取，抽水之机至二万元，卒以绌于资本停办。

（曾继梧等编：《湖南各县调查笔记》，物产类，鄞县，民国二十年铅印本。）

〔民国年间，四川巴县〕 外商轮船公司。英商太古则有万通、万县、万流、康定、嘉定、金堂、秀山、绥定等八艘。怡和则有福和、嘉和、新昌和三艘。日商日清则有宜阳、云阳、嘉陵、涪陵、长阳等五艘。法商聚福则有福源、福同两艘。又美商美孚之美炉、美峡、美平，英商亚细亚之蜀光、滇光、渝光，皆专运输本公司煤油，不载客货。

（罗国钧等修，向楚等纂：《巴县志》，卷十四，交通，轮船，民国二十八年刻，三十二年重印本。）

〔清光绪年间至民国十三年，云南昆明〕 宝多洋行，系法商合资公司，经营毛货匹头，开设于一区八段威远街，民国十年七月成立，经理狄蓬外，有助理人四，资本总额二千万佛郎。普利洋行，系法商合资公司，由顺成号代理，经营洋纱，开设于一区九段财神巷，民国三年成立，经理郭文昭，资本总额一千万佛郎。安兴洋行，系法商合资公司，经营各国洋货，在一区十二段登仕街，成立已二十余年,经理唐建勋,资本总额二千五百万佛郎。府上洋行,系日商,属单独营业,专售日本杂货,在商埠一区二段三市街,民国二年五月成立,经理府上金三郎,资本总额三万元。英仕的洋行,系法商股份公司,经营洋杂货及皮料山货等,在商埠一区三段崇仁街,民国十年五月成立,经理马云龙,系广东人,资本总额一万元,总行设于海防。歌胪士洋行,为希腊人开设,属单独营业,发售机械、铁杂、食物、酒品、匹头、杂货等,在商埠一区六段金碧街,清光绪三十二年成立,经理为马瑞卿,系云南人,资本总额五十万元,分行设海防、河内、蒙自、阿迷各处。玛地亚多士洋行,为希腊人开设,属单独营业,经售各色杂货,在商埠一区六段金碧街,民国十二年六月成立,经理玛地亚多士,资本五万元。沙法里洋行,系法商有限公司,专售毛货匹头,在商埠一区十一段广聚街,民国十一年九月成立,经理沙法里,资本总额五万元。保田洋行,系日商,属单独营业,经售各色杂货,在商埠一区十一段广聚街,清宣统元年十二月成立,经理沟延总平,资本总额五万元。徐璧雅洋行,系法商,属单独营业,经售华洋什货,在商埠一区十一段广聚街,民国八年八月成立,经理徐璧雅,资本总额七万元。若利玛洋行,系希腊人开设,属单独营业,经售各种洋货,在商埠一区十一段广聚街,清宣统三年成立,经理李化南,资本总额十五万元。帮沙为利公司续沙厘爷洋行,系法商有限公司,经营铁杂疋头,在商埠一区十一段广聚街,成立约十八年,外国总理葛色尔,资本总额一千万佛郎。信诚洋行,系单独营业,专办山货,在商埠一区十三段新城铺,民国十二年二月成立,经理杨凤斌,资本总额二千元。云南法国大药房,系法商,属个人营业,专售各种西药,在商埠一区十三段新城铺,民国九年三月成立,经理巴海利,资本总额三万元。福利洋行,系法商,属单独营业,经营各种什货,在商埠二区六段咸和上街,民国十二年一月成立,经理姜筱泉,资本额二百万佛郎。

（张维翰修,董振藻纂：《昆明市志》,商业,洋行,民国十三年铅印本。）

（二）官办、官督商办、官商合办企业

〔清道光十九年以后,江苏上海县〕　九亩地,相传系露香园旧址,园址废后,故有古石二三,池水亩许。后经邑人徐谓仁又浚池为巨浸,植菡萏其中,池上筑有秋水亭、万竹山房,绿筠当户,碧水环流,为沪中游地之绝胜者。道光十九年,

海疆有事,即在彼设立火药局。壬寅春间,药局爆炸,复成焦土,即作营兵校演之场。自振市公司即其地创建市场,今则康衢四达,商肆如林,昔日之云烟溪壑,当不胜过墟之感矣。

(胡祥翰编:《上海小志》,卷五,旧迹,民国十九年铅印本。)

〔清道光二十二年至同治年间,上海〕 火药局,在九亩地青莲庵左,为提右营存储火药之所。原借设积谷仓之火药局,于道光二十二年毁,同治年始改建于此。宣统元、二年间,邑人以居户市廛日密,恐肇巨祸,屡请移建,未果行。

(吴馨等修,姚文楠等纂:《上海县续志》,卷二,建置上,各局,民国七年刻本。)

〔清咸丰十一年,江苏金山县〕 军装局,在守备署后,咸丰十一年毁于兵。火药局,在北门内,咸丰十一年毁于兵。

(清 龚宝琦等修,黄厚本等纂:《重修金山县志》卷七,建置志上,公署,清光绪四年刻本。)

〔清同治初年至宣统三年,上海〕 江南机器制造局:同治初元,巡抚李鸿章于本邑虹口收买洋人机厂一座,令设局制造枪炮,责成巡道丁日昌、同知冯焌光会同经理,初名机器局。五年,日昌洊升巡抚,奏请扩充。六年夏,始移建城南高昌庙地段,遂定今名。分建各厂,曰:机器厂、汽炉厂、木工厂、铸铜铁厂、熟铁厂、洋枪楼、库房、煤栈。其管理各公所,曰:公务厅、文案处、报销处、支应处、议价处。又建中西工匠住居之室,继建轮船厂,筑船坞(是年四月,总督曾国藩奏请拨留洋税二成,以一成为专造轮船之用)。七年,设翻译馆。八年,增汽锤厂,另建枪厂,移城内广方言馆于局。十三年,立操炮学堂,又在龙华镇购地设黑药厂。光绪元年,改汽炉厂为锅炉厂,又设枪子厂、轧铜厂于龙华镇。二年,建火药局于松江城内。四年,改汽锤厂为炮厂。五年,复于炮厂对面购地设炮弹厂。七年,改操炮学堂为炮队营,又设水雷厂。十六年,设炼钢厂。十八、十九两年,添设栗色、无烟火药两厂。二十四年,设工艺学堂。三十年三月,湖广总督张之洞会同南洋大臣魏光焘奏请改建新厂于江西萍乡县湘东镇,以就煤铁,并札委湖北候补道魏允恭、江苏候补道方硕辅办理沪局,兼筹萍乡新厂。是年,停止旧局黑药、栗药两厂,又改老枪子厂为铜壳厂,挑选炮队营勇八十名举办巡警,又设考工处,并皮带房于机器厂,并西木栈于库房。三十一年,署总督周馥奏请将船坞改照商办,四月,划分轮船、锅炉、机器三厂,归商坞经营,又改水雷厂为铜引厂。宣统二年,于龙华添设枪子北厂及璜强水厂、乏强水厂、璜以脱厂。迄于三年九月,并无更改。计总局地三百七十余亩,分局地二百六十余亩,两局人员约共二百人有奇,工匠约共三千余名。(前《志》[①]载,制造总局基地七十余亩,龙华厂基地八十亩。以今证昔,推广多矣。)

(吴馨等修,姚文楠等纂:《上海县续志》,卷十三,兵防,民国七年刻本。)

① 应宝时等修,俞樾等纂:同治《上海县志》。

〔清同治初年,上海〕 制造局在城南局昌庙,同治初元,李文忠公创立,计地七十余亩,以二十余亩为局房及制造之所,以四十余亩设船坞及洋匠住房,隶于南北洋大臣。内有机器、炼钢、枪炮等厂,龙华又有分厂。工匠数千人,为我国家之产业,制造军械,昕夕不休。机器俱用西式,工作亦颇精良。各省军火,仰给于此,为全国军需之命脉。其间又有学堂、巡警及炮队营等,规模宏大,条理秩然云。

(李维清编纂:《上海乡土志》,第一百三十五课,制造局,清光绪三十三年铅印本。)

〔清同治年间,上海〕 江南制造局,前《志》称制造局,在高昌庙镇,同治四年五月购虹口机厂为机器局,六年夏移建今处,逐渐恢廓枪炮各厂及广方言馆、翻译馆等,外添设水雷、炼钢、锅炉等厂。龙华分局在龙华寺后,同治九年设,专制枪子、火药,有黑药、枪子、轧钢、黄〈璜〉镪水等厂。

(吴馨等修,姚文楠等纂:《上海县续志》,卷二,建置上,各局,民国七年刻本。)

〔清同治五年至九年,江苏上海县〕 按察使应宝时记(江南制造总局):苏州既复之三年,今协揆合肥李公为道抚,丰顺丁公分巡上海,创设机器局。宝时偕今候补道冯君焌光、湖北候补道沈君保靖,先后奉檄总其事。无何,丁公擢巡抚,会总督湘乡曾公至沪,以旧局狭隘,合辞奏请扩充。奉谕旨,适宝时承乏,巡道为筹划经费,始定议迁于城南高昌乡,购地七十余亩,创屋若干椽。监造者为候补知县孙君玉堂、华君蘅芳,经始于同治五年八月,成于六年冬。八年秋,续建翻译馆于西北隅,以广方言馆附焉。九年春,于西北添设厂屋四座,而局制始大备。局滨黄浦,三面缭以高垣,前则列木为闲署,其门曰:"江南机器制造总局",中为公务厅,厅西迤北为公局,局亦有厅,厅后有楼四楹,官吏筹议局事于此,局东为文案房、为画图房,又东为总库房,又东迤北为生铁厂,又东为木工厂,正北一带皆厂房,攻治大炮之地在其东,大机器厂在其西,气锤厂及造轮船、机器、锅炉厂皆在焉,实为制造总汇。厂门外沿直道以达黄浦,为码头,东南隅洋房两座,为西匠所居,东北隅百楹错杂,则中匠所栖止也。直道之东为船坞,又东为船厂,坞西则为木栈,又称西厂,为储积材料之所。局西迤北为翻译馆,为广方言馆,又西北为洋枪楼,东为熟铁厂,楼西迤北为汽机厂,内设汽机锅炉各二,又北为卷枪厂,于是广袤凡四百余亩。初,火箭厂借地为之,六年冬,令知县丁君惠安别建于陈家港,计地五亩,是为机器局火箭分厂。九年,又于龙华购地八十余亩建厂房,自制洋枪、细药及铜冒〈帽〉炮引,二地又在机器总局之外,先后糜白金二十余万。宝时先奉简命陈臬,江苏沈君亦之官,会办局务者冯君兴,先后巡道杜君文澜、涂君宗瀛、知府郑君藻如也。诸君不忘宝时一篑之劳,以局工行竣,移书属记其事。……同治九年冬十二月。

(清 应宝时等修,俞樾等纂:《上海县志》,卷二,建置,制造局,清同治十年刻本。)

〔清同治十一年及以后,上海〕 我国汽船公司,其最大而资格最老者首推招商局。该局创于清同治十一年,初属官办,以便运粮。彼时仅有轮船"伊敦""永清""福星""利运"四号,浦东船埠一处,继由官商合办而扩充之。督办等职,由官兼充,美其名曰官督商办。及中法一役,乃以兵费问题牵及该局事业,结果竟以银二百五十万两抵押于旗昌洋行,幸为时未久即行赎回。光绪五年,"和众"一船曾放至太平洋之檀香山,六年,又放至美国之旧金山;另"海琛"一船曾载送北洋水师员弁前往英国,并造"美富"一船,开往南洋之新加坡、吕宋等埠,以拓海外之航线,惜未几即止。此外,有外商之怡和、太古、日清、鸿安诸公司,开办亦甚早,而宁绍公司之成立则在前清末叶矣。(窃考招商局虽由当时南北洋通商大臣奏设,而其发议者实在皖人朱云甫。当时为漕运起见,经营航业,其意盖欲收回外溢之权利也。朱没,李文忠挽以联中有"创中国数千年未有之局",即此一语,朱氏之功,已可概见。续起者有唐景星、徐雨之,唐借徐之财力,徐借唐之才力,互相辅助,遂使该局日渐发达……不可谓非该局之功臣也。)

(胡祥翰编:《上海小志》,卷三,交通,民国十九年铅印本。)

〔清同治十一年至光绪二十四年,上海〕 同治十一年,浙闽总督左宗棠奏设船厂,造船四艘,不适于用,奏请改为商船,奉旨交南北洋大臣议覆。邑人朱其昂,时以浙江候补知府,总办浙江海运,其弟其诏以候补知县,总董江苏海运,同在天津,见江海航利悉被洋商占夺,因以挽回权利之说进。北洋大臣李鸿章韪之,奏设轮船招商局,委其昂为总办,其诏副之。官设局,商集本,议招商股一千股,每股先收银五百两。顾风气未开,应者寥寥。其昂罄其家产,复举债以益之,力仍不支,乃请鸿章奏借官款,徐集商本,次第归还。时洋商怡和、太古、旗昌、禅臣等行知招商局实力未充，竟减运价，陷令亏折。其昂又请鸿章咨准户部酌援南漕归局分运，借以维持，然营业仍不发达。十二年六月，其昂复请鸿章加委盛宣怀、唐廷枢、徐润为总办，联络商号，发展事业。据同治十三年账略：商股资本四十七万六千两，公款存项十二万三千两。上海有总局，浦东有洋栈；天津有总局，有洋栈；汉口、九江各有趸船，有分局；牛庄、烟台、福州、厦门、广州、香港、汕头、宁波、镇江及外洋之长崎、横滨、神户、星加坡、槟榔屿、安南等处皆有分局。轮船六艘，曰伊新〈敦〉、曰永清、曰福星、曰利运、曰和众、曰海镜。光绪二年，旗昌洋行歇业出售，其昂亟请南洋大臣沈葆桢借官款银二百八十万两，将该行之船只、埠头全数收买。未几，禅臣洋行亦歇业，太古、怡和知招商局基础已坚，于是变其破坏之谋而为联络之计，公议运货、搭客，三公司（招商、太古、怡和）价目齐一，彼此不得低落，违者罚。宣统元年，局归部辖，遵照商律，组织董事会为监督机关，然董事会所议决者，部派委员从中梗阻，不得实行。据该局辛亥年第三十八届帐略：局置轮船二十九艘（丰顺、江宽、江永、海晏、江天、江孚、江通、致远、图南、普济、江裕、广大、广利、广济、新俗、固陵、新丰、新济、快利、公平、安平、泰顺、飞鲸、遇顺、江新、新昌、新康、新铭、同华）。上海总局之外，有栈五处，曰北栈，曰中栈，曰南栈，曰杨家渡栈，曰华栈，天津、塘沽、通州、营口、烟台、宜昌、长沙、沙市、汉口、九江、芜湖、南京、镇江、宁波、温州、福州、汕头、澳门、香港、广州、梧州各有局产。上海十六铺及吴淞、杭州、北载（戴）河各有地产。计先后招集股本银二百万两。光绪二十四年，加填股票二百万两，分派各股东存折，名曰公债股票，连前共计股本四百万两，合成四万股。至是，实存码头、栈房租产、房屋、地基、轮船、趸船等项，估计值银九百四十九万五千一百六十七两七钱四分九厘，除股本四百万两，积余银二十九万二千一百五十三两七钱四分九厘之外，皆负债所经营者也。

（吴馨等修，姚文楠等纂：《上海县志》，卷十二，交通，航，民国二十五年铅印本。）

〔清同治年间，上海〕 内地航行之权，不轻与他国者，乃世界公例也，而中国则异是。通商以后，洋商设立轮船公司于本埠，往来吾国各埠，怡和、太古，其最著者，非特利源外溢，抑且损失主权也。同治间，曾、李二公创设招商总局，在黄浦江滨金利源码头，购外洋汽船，以为抵制之策。有爱国之心者，皆愿乘之，稍可挽回利权。惟行驶只在本国，巨舰不能自造，此其缺点也。

（李维清编纂：《上海乡土志》，第一百三十三课，招商局，清光绪三十三年铅印本。）

〔清同治年间，江苏上海〕 中国制造轮船，议始于咸丰十一年，总督曾文正公疏请也。同治元、二年间设局安庆试造，四年五月，苏松太道丁公日昌于上海开设铁厂，制造益广。后福建亦设船政大臣，领造轮船事宜，十余年来，沪局制造者曰操江、曰测海、曰威靖、曰海安、曰驭远、曰铁甲。闽厂制造者曰万年、曰湄云、曰福星、曰伏波、曰镇海、曰扬武、曰飞云、曰靖远、曰振威、曰济安、曰永保、曰海镜、曰琛海、曰元凯、曰艺新、曰登瀛、曰泰安、曰威远、曰超武、曰康济。其辅海资所得者曰靖海，购自外洋者曰海东云、曰长胜、曰福胜、曰建胜、曰铁皮、曰白云、曰横云、曰问津、曰定海、曰宝顺、曰凌风、曰飞虎及蚊子船八号（尤骧、虎威、飞霆、策电、镇东、镇西、镇南、镇北）。其常川至江宁者则测海、威靖、驭远、铁皮、白云、横云、问津、登瀛洲、靖远数船也。

（清 蒋启勋、赵佑宸修，汪士铎等纂：《续纂江宁府志》，卷六，实政，清光绪七年刻本。）

〔清同治十一年，江苏上海〕 同治年①，上海设立招商局，以中国官绅领其事，局中所辖轮船曰利运、曰汉广、曰镇东、曰保大、曰海定、曰永清、曰兴盛、曰丰顺、曰和众、曰日新、曰江天、曰永宁、曰海晏、曰海珊、曰海琛、曰富有、曰怀远，其行驶长江由江宁经过者曰江宽、曰江永、曰江孚、曰江表、曰江靖。

（清 蒋启勋、赵佑宸修，汪士铎等：《续纂江宁府志》卷六，实政，清光绪七年刻本。）

①：此处未著年份，按为同治十一年，即公元1872年。

〔清同治末年，上海〕 元代初行海运，明初因之，而济以海运。永乐十三年，会通河成，遂罢海运而行河运。国初，因明之旧。道光五年，因漕河淤塞，乃议海运章程，雇用商船，酌给水脚银两，由上海兑运，以海防同知主其事，设局于小南门外。乃自招商局开办后，而海运遂归轮船装运。惟近来南方产米甚少，是宜于北省多种稻田，而以南漕改折，庶南米可以少松，而北省不至仰给于数千里外矣。

（李维清编纂：《上海乡土志》，第一百二十一课，海运，清光绪三十三年铅印本。）

〔民国八年，江苏宝山县江湾镇〕 游民工厂创于八年，厂址在江湾车站附近，经费由孙传芳津贴并发行游民债券，专收警察局、巡捕房暨各团体送来之游荡少年教养之。迄十一年，来者日众，乃增益其规模，加设上海模范工厂，中具铁工、翻砂、橡皮、地毯、印刷、牙刷、罐听、玩具、车镜、洋铁、印花、线袜等十二部，与普通工厂同。旋经理不善，亏累至五十余万金。迄革命军夜沪，势成停顿。游民百余人，工人、艺徒五百余人，均陷于失业之境。遂呈请上海政治分会拨资维持，教育委员会李石曾提议保留，为创办劳动大学之基础，众意赞同。五月九日，中央政治会议议决，将江湾之规范工厂、游民工厂改设为国立劳动大学，并派定蔡元培、李石曾、张静江等十一人为筹备委员，同月，推张性白为劳工学院工厂主任。

（吴葭等修，王钟琦等纂：《宝山县再续志》，卷六，实业志，工商业，民国二十年铅印本。）

〔**民国九年，江苏宝山县江湾镇**〕 模范工厂，于民国九年由徐乾麟等将慈善券奖余利在镇南圈购民田数十亩，建筑厂屋数十幢。现分翻砂、地毯、眼镜、玩具等十余部，出品颇佳。

（钱淦等纂：《江湾里志》，附刊，实业志，工业，民国十三年铅印本。）

〔**清同治五年至光绪二年，天津**〕 北洋机器局，俗称东局，在东郊贾家沽道旁。同治五年，总理各国事务衙门奏准在天津设局，仿制外洋机器。六年，通商大臣崇厚委员举办。九年，北洋大臣直隶总督李鸿章奉旨斟酌，节次开拓，至光绪二年，规模大备，有《兴造记》。《天津机器局记》：天津机器局经始于同治丁卯季夏迄光绪丙子仲秋，凡十稔，庀工庋器、积材储械之所，规模于是大备。初度地城东十八里曰贾家沽道者，得田二十二顷有奇，厘为局基，环西南北皆民畴，东界小河而止，厥后踰河而东，拓地四顷，其三隅拓地七顷，划为墙址。内埔外濠，崇雉屹若，延袤千有五百余丈，其间巨栋层栌，广场列厂，迤逦相属，参错相望。东则帆樯沓来，水栅启闭，西则轮车转运，铁辙纵横。城堞炮台之制，井渠屋舍之观，与天津郡城遥遥相峙，隐然海疆一重领焉。文华殿大学士一等肃毅伯李鸿章昔在江南首开局于上海，同时通商大臣崇厚亦创之于天津。会崇厚奉使海外，李鸿章以直隶总督驻节天津，复遴员领局，节次规建，扩其旧而增其新，中国之有机器局自此始。崇厚凡为机器厂者一，火药厂者八，铜帽厂者二，又分局于城南海光寺，为铁厂者一，厂一而事八，比屋而栖，各从其类。其他治事之廨，休匠之舍，西洋工师之居，凡三百楹，为公所者二，为库者五，时则今工部侍郎德椿实赞成之。庚午冬，今九江道沈保靖来主局事，益碾药为四厂，撤海光寺分局，而别有铸铁厂一，锤铁厂一，锯木厂一，机器厂又别为新厂，而移其旧为洋枪厂。迨船政大臣吴赞诚至局，复折铜帽厂为枪子厂，而别为药饼厂一，镪水厂一，又择蒲口地为三药库。直隶候补道刘汝翼继主局事，始为墙濠，俾有藩卫，又于铜帽厂之南为卷铜厂,河之东隅别为电气水雷局,此机器局兴造之始末也。

（清 沈家本等修,徐宗亮等纂:《重修天津府志》,卷二十四,舆地六,公廨,清光绪二十五年刻本。）

〔清同治十二年,天津〕 招商局在紫竹林英界内,同治十二年二月建。先是,南北洋大臣以通商各国轮船出入江海,华民生计日耗,乃集官商股本购备轮船,遍行江海口岸,各设分局,而自南洋逮于北洋,以江浙两省海运漕粮为大宗,于是并英商太古、怡和称三公司云。

（清 沈家本等修,徐宗亮等纂:《重修天津府志》,卷二十四,舆地六,公廨,清光绪二十五年刻本。）

〔清同治、光绪年间,天津〕 军机总局在南门内东城根。同治九年,总督兼北洋大臣李初统淮军至津,立有行营军械所,旋以北洋经办海防,广置船炮,所有水陆马步各营需用军器,悉归储存支发,因改名曰北洋军械总局。续于光绪二年建西沽药库于西沽家台。光绪十二年,建大沽药库于大沽,各名曰军械分局,统归总局兼辖。

（清 沈家本等修,徐宗亮等纂:《重修天津府志》,卷二十四,舆地六,公廨,清光绪二十五年刻本。）

〔清光绪五年,天津〕 大沽船坞,光绪五年,北洋大臣李以天津海防重地,时有兵轮驻守,议建船坞,以为岁修之地,饬税务司洋员德璀琳于大沽口内海神庙前,购买民地,仿照西法办理其事。

（清 沈家本等修,徐宗亮等纂:《重修天津府志》,卷二十四,舆地六,公廨,清光绪二十五年刻本。）

〔清光绪六年,天津〕 官电报局,光绪六年,总督兼北洋大臣李奏准设立。陆路电线由天津循运河至扬州,越长江以达镇江,讫上海止。计长三千余里,与外国通线相接,传递各报,当于十一月内设立总局于东门内问津行馆,别设商局于紫竹林法租界,官商两局分司各处电报。

（清 沈家本等修,徐宗亮等纂:《重修天津府志》,卷二十四,舆地六,公廨,清光绪二十五年刻本。）

〔清光绪二年至民国二十六年,河北滦县〕 唐山煤矿初名开平矿务局,面积约十余方里,创始于清光绪三年,名为官督商办,实由官总其成,且曾发官款办理,其所招商股无异附庸。当时创办人唐廷枢奉北洋大臣、直隶总督李鸿章命令,于光绪二年九月驰赴开平,查看煤铁矿,复禀有云,已将带回煤块铁石分寄京城同文馆及英国有名之化学师巴施赖、礼戴尔等镕化。现据各处分投函复,均评论其在山坡路旁所检之紫色石及从山顶挖取之黄色石有净铁六成四、五成八、五成五、五成一、四成五不等。其从山根石堆所取之红石,只有三成八、三成二、二成三而已。煤之身骨略松,灰末颇重,惟烧焦炭却有六成八、六成四之多。查英国黑铁石成色系二成九至四成七,黄石成色二成五至四成七,红石成色四成四至六成四。日斯巴尔亚铁石装往英国熔化者四成七至五成九。英国焦炭成色五成至五成八。今开平煤铁身骨虽不能与英国最高之煤铁相比,但其成色既属相仿,采办庶有把握。况磷酸乃铁所忌,硫磺乃煤所忌,今验开平所产,其铁既无磷酸,其煤又无硫磺,却是相宜之事。……谨将开办大略情形分条备陈,并请即派丁、黎两道督办,俾得事权划一,呼应较灵。是年八月初九日,奉北洋大臣、直隶总督李鸿章批,查开采煤铁事宜,钦奉光绪元年四月廷谕,着照所请,先在磁州、台湾试办,派员妥为经理等。因是直省开采,本系奉旨准行之事,徒以磁州煤铁屡次派员往查,运道艰远。又机器局员与英商庵特特生订购镕铁机器不全,未能成交,因而中止。兹台湾采煤已照洋法兴办,直境亟应仿照试行。该道前次往查开平煤铁,既将煤块铁石分寄英国化学师等,评论成色可与该国中等矿业相仿,核之中国市价工料均尚合算利便,自宜赶紧设法筹办,以开利源而应军国要需。惟事体重大,又属创始,处处与地方交涉,应派前任天津道、遇缺题奏丁臬司、津海关黎道会同督办,以一事权。该道精熟洋务,于开采机宜、商情市价详稽博考,胸有成竹,当能妥善经营,力襄厥成。所订钻地机器、洋匠,应令速来钻探明确,再筹办机器开井。至煤师一节,盛道宣怀已商属赫税务司由英国雇来,现因武穴煤产不旺,另作他图,可由该道商同盛道宣怀饬令北来查勘,其如何试办开采章程及官督商办如何集资立法,务归妥善之处,并由丁臬司、黎道与该道妥善筹议,陆续禀呈核夺云。是开平煤矿实由本国公家筹拨巨款,提倡创办,始为接济海军,继为接济铁路。虽有商股,实同官产。及庚子之变,联军压境,其时江苏候补道张翼继任开平矿务局督办,又值清德宗广开言路,竟专折奏请华洋合办,略称庚子五月,拳匪肇纷,各国联军到津,开平矿务局所设之塘沽、天津各码头厂栈,均被联军占据。开平矿务局轮船之在津者,亦为联军截留,是开平矿务局全体已失其半矣。当其变起仓猝,危险已极,挽救之机势已无从措手,正焦灼万分,禀承无自,查有前税务司德璀琳适在天津,该税司驻华有年,办事颇公允可靠,因思仍借资洋员经理,或能保全万一,即由臣札委该税司暂行代理开平矿务局事务。惟思该局系属商务，自与官产不同。查欧洲定例，虽有战事，商产皆不得充公，如与外洋商务联络一气办理，或能资以保全。并查路矿总局前发章程内载有准招洋股合办之条，再四踌躇，而出此加添洋股合办之议，实亦万不得已之举也。臣当即会商该税司德璀琳及英国富商富林等，妥为商订，拟将开平矿局加入各国商股，连同原有旧股合成资本一百万镑，计中国旧股及加续新股共占五十万镑，其余五十万镑，由各国洋商分认，改为中外合办有限公司，随即立定合同，电达英京挂号，一面即饬令该局司事赶为结算以前账目，一面派洋矿师前赴唐山等处整顿一切事宜，将各国所插旗帜撤去，改树中外合办旗号。正在扰攘之间，遽收转圜之效，实由我国家深仁厚泽，无远弗周，德化所及，有以感格，故能使该局已成倾覆，终获完全，实非愚浅之见、初料所及云。……由此遂成中外合办之局，资本一百万镑，总局设天津海大道，内分科股办事。所在地在唐山，内分井上、井下二部。井下置查工处总管，井上置矿司经理，辖煤师、工程师、矿地处管理、教育处管理、医院大夫俱乐部。煤师辖查工处总管、监工处总管、里工查工处总管、外工查工处总管、库房总管、磅房总管；工程师辖铁工厂厂长、木工厂厂长；教育处管理辖开滦中学校、开滦完全小学校。而电报房工头、翻沙厂工头、铆工厂工头、大锅房工头、缴车房工头则分隶于查工处总管及监工处总管。设备有井二面，每一井口有轮机一架，高七八丈，架下有高台电轮，缴煤罐至台上，由人力推往台尽处倾覆地面，用汽车运出。其侧有电汽台、磨电运动各机器。台旁有汽锅房，用蒸汽运动磨电机。稍远有吸气机，吸收空气于井下，以换其中之炭气，且用以调和冷暖。每井有大烟筒一个，高数十丈，各种汽锅煤烟由此中送出。其余则办公各房，矿区保安队署亦在焉。工人数目约四千余人。工作时间，井上每日每人十小时，井下每昼夜分三班，每班八小时。工资，每日每人平均六角。产量，全年产煤约百万余吨。销售，每月销售六万余吨。次述开平附属煤矿：林西煤矿，于清光绪十四年开办，附属唐山，亦中外合办者，资本由唐山矿局分出。组织、设备与唐山无异。但林西有洗煤楼，为他处所无耳。工人数目约三千余人。工作时间及工资与唐山同，产量较唐山略少，销售亦较唐山微逊。又有西山矿务局，即土人所谓小窑也，距唐山甚远，组织、设备、销售悉归一处，今废。赵各庄煤矿，向归滦州矿务局，自开平矿务局中外合办后，前直隶总督周馥之子周学熙等，又合词详请直隶总督杨士骧准予开办滦州煤矿。略云滦州煤矿曾于光绪三十二年间奉前北洋大臣、直隶总督袁世凯扎饬天津银号筹办，并将招股章程、矿界图说咨农工商部立案。旋复请发开矿执照，并声明此矿系为北洋官家用煤便益而设，与他矿事体不同,其矿界特为展宽,嗣后他矿不得援以为例等语。经府照准咨覆,其年四月,复扎委直隶运司周学熙为该矿总理,候补道孙多森为协理,并筹拨官款银五十万两,谕以宽筹商股,大加扩充。周学熙、孙多森等又筹集商股银一百五十万两,于天津设立总理处,名曰北洋滦州官矿有限公司,照部颁矿表款式,咨农工商部注册,并请颁发开矿执照,以凭遵守。并云应缴照费为数过巨,既系官矿,并请准予减免,以示维持。又查民国元年,顺直临时省议会咨直隶总督文内称筹集商股一百五十万两,实有直隶绅界拨入盐斤加价五十万两,提拨直隶学款三十万两。及清宣统元年,滦矿公司总办周学熙以襄助收回开平矿产之资格,将开平煤矿与滦州煤矿合为一局,开平煤矿作为资本一百万镑,滦州煤矿作为资本一百万镑,混合其名曰开滦煤矿。赵各庄煤矿以外,若马家沟(现在停办)、陈家岭,均附带在内。陈家岭缘煤质不佳,且产量歉薄,旋即停办,而于民国七年又在林西煤矿迤北唐家庄子成立煤窑一处,遂成今日之局焉。资本:一百万镑。组织:赵各庄、马家沟、唐家庄子,悉归属于天津海大道开滦矿务总局管辖,而分统于唐山煤矿各局,均分井上、井下二部,井下置查工处总管,井上置矿司经理,下辖煤师、工程师、矿地处管理、教育处管理、医院大夫俱乐部等。……大致与唐山煤矿同。设备:赵各庄、马家沟、唐家庄子均有井两面,井上之设备均与唐山同,但赵各庄、马家沟局内均堆积矸子如山,而唐家庄子设立年代既浅,又附近有空地足容,与他处不同。工人数目:赵各庄五千人,马家沟四千人,唐家庄子三千五百人。工作时间及工资与唐山同。产量:赵各庄全年产一百五十万吨,马家沟产一百万吨,唐家庄子产八十万吨。销售:每月十余万吨。面积:赵各庄约占地十余方里,马家沟亦同,唐家庄则仅十方里而已。

(袁荣修、张凤翔等纂:《滦县志》,卷十四,实业志,矿务,唐山煤矿,民国二十六年铅印本。)

〔**清光绪三年至民国二十六年,河北滦县**〕 唐山一带煤苗富有之区,时有土人即其所在地报案采煤,而资本无多,所得亦甚少。清光绪三年,北洋大臣直隶总督李鸿章鉴于军国要需,用煤孔亟,遂命直隶候补道员粤东唐廷枢招股开采,规模日大,迄今五十七年,扩充至五矿局之多,地方人民实利赖之。特外人投资过半,每年现银流入西国者约计一千余万元之巨。

(袁荣修、张凤翔等纂:《滦县志》,卷十四,实业志,矿务,民国二十六年铅印本。)

〔**清光绪四年以后,直隶永平府滦州**〕 创办开平煤矿总略:煤矿在治西开平镇西南十八里唐山南麓。光绪四年，招商局员候补道唐廷枢（字景星，广东人）禀直隶总督李鸿章奏准创办。八月开工，钻地穿井，置器建房，并自唐山至丰润属之胥各庄造铁路二十里，又由胥各庄至宁河属之芦台镇开运煤河七十余里。阅三年，各工告成，共招聚股本一百二十万两，于八年见煤。又造运煤一、二、三甲各号船百十余艘，带船小轮船八艘，以资转运。十二年，经津海关道周馥会同廷枢详请奏准开办津沽铁路，遂将矿煤归火车转运。十三年，矿股派分官利以招集，时之先后分厘有差。是年冬，复在唐山东五十里林西地方另开一矿，以备唐山之不继。十四年，加集股本二十五万余两，以办林西矿工，并因运送北洋水师军煤以及南省官商各煤，添造轮船四艘，曰北平，曰富平，曰承平，曰永平。十七年，禀准运销粤省官用煤斤（十六、十七两年并先后禀准接办承平银矿，试办热河建平金矿）。前以矿务日繁，禀奉直督奏调广西候补知府吴炽昌（字南皋，广东人），又札委浙江试用道徐润（字雨之，广东人），江苏补用道张翼（字燕谋，直隶人）先后来局会办。十八年秋，廷枢卒，全局事务归张翼督办，又经禀请熟谙洋务之候补道陈善言（字霭庭，广东人）在局襄办。现在每日出煤一千余吨，每吨计一千六百八十斤。勘验山脉煤层形势：自凤山至古冶，由西而东，连绵约五十里。离山脚里许有山根一道，与高山同向去。察其形势，今之山根即古之山脚也。由山根至山脚，多旧煤井，土人呼为旧桶。近时开穵者亦有数十处。登凤山顶横眺，则东西之山相连如新月。入煤井察看，煤层均系环拱而生，如古冶在开平之东北，其煤层向西南而生；马家沟在开平正北，其煤层向正南而生；唐山在开平之西南，其煤层向东北而生，三面均自高而低，据开煤土人云，无一桶能采煤至底者，则其底煤更多可知。盖煤乃古之山林洪荒之世，山崩地裂，树木倒塌，土覆其上，木坠其下，地气发生，久而成煤，其重下坠，则低处之煤胜于高处，其势然也。土人采煤情形：土人所开煤桶均系日字形，宽四五尺，长六七尺，深十丈至十六丈不等，及见矸子即斜开而入煤槽。矸子者，即煤面之火坭也。无论煤之高低厚薄，见煤即锄，由面至底，每进三四尺用木椿撑持，以防土陷。锄至有水之处，又须戽水，不知锄愈深，水愈涌，非止路远，而且泥泞，遂至锄煤、戽水均有不堪之苦，势必弃之；或有采至中途，忽遇煤槽侧闪，无从跟寻，因而弃之；或有撑持不坚，致土倾陷；或因路不通风，燃灯不著；或因工人不慎于火，以致失虞，种种艰难，无非不得其法。且采之愈艰，成本愈贵，其煤块每百斤山价银一钱五六分，煤屑每百斤银一钱左右，无怪土人之开煤者折本多而获利少，缘每名工人每日至多采煤四五百斤而已。西法采煤情形：西人采煤之法，先察地势，而寻煤之低处，然后用钻探其虚实。低穴既得,即开井二处,径十余尺,深数十丈或一二百丈,至煤槽之底为止。即先开一路,高阔约七八尺,使两井相连通气后,即由此路分开横路,横路之中再分岔路,路路相通,俾生气养人,兼可燃灯。无论横路、岔路,均放小铁轨,以利行走。其撑持均用坚木,其油灯均用玻璃密罩。井底另开小井,路旁通窨水沟,使各路之水聚于井底。其抽水机器由大井而入小井,有水即提,路既干,灯既明,加以四边通气,工人易于行动。至取煤之法,先将煤底及两旁挖深尺许,后用铁锤一击,则煤即成块自落矣。随将煤装入桶,推出峒口,用牛、驴拉至井底,仍用机器提上,每日每人可采煤二吨半,每井每日出煤六七百吨至千余吨不等。论采煤兼熔铁……(以上四条俱摘录《开平矿务局章程案据汇编》)。

(清　杨文鼎修,王大本等纂:《滦州志》,卷十三,赋役志,矿务,清光绪二十四年刻本。)

〔清光绪年间至民国二十六年,河北滦县〕　启新洋灰有限公司:启新洋灰有限公司地址在唐山,创始于英人分赤,初未意其如此发达也。清光绪十八、九年间,分赤知唐山所产洋灰原料丰富,恒至土坑灰窑,采取化验,既有所得。至光绪二十四年,复经矿务大臣张燕谋与德人德璀琳(德系中国税务司)提倡,华洋合资购备机器,建筑工厂,开始制造,此第一期之启新洋灰公司也。至光绪二十八年,经周学熙接办,完全收为华商所有,于光绪二十四年及宣统元年前后在农工商部立案,称为有限公司,第资本薄弱,产量不多,而销路乃极畅旺,时有供不应求之憾。宣统三年,复经股东特别会议议决改组,此第二期之启新洋灰有限公司也。启新洋灰公司之改组也,承受原有启新洋灰有限公司之原名,而续招股本废弃旧有器具,而购置新式机械复建筑新厂,名曰甲厂,在原有老厂之东以制造洋灰及洋灰矸子上之砖瓦,并带釉缸、砖、瓦、管器皿等件,缘此时洋灰销路每岁不过二十万桶,正拟在山东峄县一带设立分厂,因时局不靖,未获实行,而营业乃日增月盛,购灰者络绎于途。遂就甲厂北端复建筑乙厂,多造洋灰,又恐股本支绌,于民国九年复开特别股东会议,议决续招新股,并前为一千二百万元,加添机械,增多产额,于是又有丙、丁二厂之设立,且建启新机器厂,专制各式机械,出售地方,此民国十一年事也。至民国十五年,又添废热锅炉(以烧洋灰之废余火去烧锅炉,此为我国他处工厂未有之创设)及最新式发电机。观此则启新洋灰有限公司,亦经几许之经营、多次之改革,始完成吾国华北惟一之大工厂焉。资本一千二百万元,总事务所(即总公司)设于天津法租界之海大道,工厂设于唐山北部,批发所为辽宁、上海、北平、汉口。……洋灰制造厂辖甲、乙、丙、丁四厂。机械制造厂辖机工、制图、翻砂、木样、锻工、铆工等六部。职员:总理一人,总经理一人,管理二人,此外员司尚多。工人数目约四千余人。工资每人每日平均四角以上。生产量:甲厂昼夜产灰六百七十桶,乙厂约一千一百桶,丙厂约一千三百五十桶,丁厂约一千六百桶,每月产灰约十四万桶,每年约产一百六十万桶(每桶重一百八十克罗,每包重九十克罗,每克罗等于二点二零六磅)。原料:所有原料均采自本地,惟石膏一项购自外国。面积:占地约十二顷五十亩。销售状况:启新洋灰公司之洋灰,惟马牌品质极佳,且力量最大,用于各种建筑,坚固耐久,较舶来洋灰尤美。价目每桶六元,每包二元八(按每二包之重量恰为一桶,其价所以低廉者,因二个包皮价较一桶皮值低四角故也)。

(袁荣修,张凤翔等纂:《滦县志》,卷十四,实业志,灰窑,民国二十六年铅印本。)

〔清光绪二十四年以前至民国二十三年前后,河北井陉县〕　井陉煤矿:一、沿革。井陉煤田丰富,从前皆由本地人以私人名义经营土窑采煤,供给本邑及邑东各县应用。清光绪二十四年正月,邑人张凤起以县属横西村马姓地十八亩为矿区,呈请开采,由县署转禀直隶总督王批准。嗣张凤起与北洋海军所聘之德人汉纳根订立合办契约,禀由德领事及井陉县会呈北洋大臣,转咨路矿总局立案,被驳。张、汉二氏复径呈路矿总局,值拳匪事起,遂中止。然张凤起、汉纳根犹猛进不已,迨光绪二十八年,张、汉二氏井陉矿务公司,居然蒙路矿总局批准。未几,国人悟丧失利权之非计,北洋大臣袁世凯乃特设井陉矿务总局,一面收买张凤起所置矿地,而取消其矿权,一面与汉纳根改订官商合办合同。至光绪三十四年七月,杨士骧督直,合同始成立,凡十七条。汉纳根以井陉矿务公司所有财产物业及原矿矿工各地段,抵作矿局股本平银二十五万两;井陉矿务总局以井陉县境内拟办之煤产抵作股本平银二十五万两,共合平银五十万两,更定名为井陉矿务局。且订有分年偿还井陉矿务公司资本办法,至三十年底全数偿清,合同作废。民国七年,中德宣战,该矿遂被我国农商部会同直隶省公署接收,归部省合办。至欧战结束,我国以协约国资格,与德人签订中德协约。十一年十月一日,签订改办井矿合同,即以是日为改办纪念日,订明井陉矿为直隶省有之矿产,其井陉矿务公司原有股本及财产物业之一半,让归直隶省所有,井陉矿务公司只留其原有股本银十二万五千两,即全部股银五十万两之四分之一。嗣后营业所得之利益,照此分配。此项合同实行后,所有井陉矿务局经办各事,井陉矿务公司一概不得过问，且井陉矿务公司四分之一股本，以二十年为限，二十年后，中国无条件收回，即由十一年十月一日起，计至二十年后，该矿之全部物产归中国河北省所有，井陉矿务公司不得再享任何权利也。二、资本。井陉矿股本原为五十万元，民国十一年中德订立改办合同，提高股本，遂将全部股本作为四百五十万元，井陉矿务总局计股本四分之三，为三百三十七万五千元，井陉矿务公司计股本四分之一，为一百一十二万五千元。三、组织。井陉矿务局，其总局在天津，分科办事，设局长一人总理局务，由河北省主席委任之。局长以下设华洋副局长各一人。在井陉者为矿厂，设矿长一人总理厂务，下有洋工程师一名及华洋技士多名，督察工程事宜。其余各员，纯系雇用性质。……四、矿区。井矿原领矿区三十方里，民国八年又在西北拓展，增加二千二百七十四亩一分七厘，共计三十四方里一百一十四亩一分七厘。五、煤藏。井矿自民国十一年中德订改办合同，提高股本为四百五十万元，而煤藏一项竟列作三百九十三万三千一百六十三元七角一分。煤产丰富，据此可以想见。详细考测其煤量之储藏，总计为一万一千九百七十六万一千三百余吨，除去实采及损失煤量九百四十一万零七百六十五吨外，计储藏煤量尚足一万一千余万吨，故按每日出煤二千吨计，井陉矿尚有百余年之寿命也。

（王用舟修，傅汝凤纂：《井陉县志料》，第五编，物产，矿物，民国二十三年铅印本。）

〔民国初年至二十六年，河北滦县〕 启新瓷厂：启新瓷厂地址在唐山，原为启新洋灰公司之支部，其厂址即洋灰公司原始开厂之旧址，名曰老厂者是也。民国初年，洋灰公司扩充新厂，购置新式机器，将老厂一切旧具废置不用。民国十年，洋灰公司经理李希明以老厂旧具空闲可惜，因地制宜，聘任中外技师，改创瓷厂，制造各种瓷器、电瓷及小缸砖等物，乃经营三载，终以原料不佳，成品不良，苦无销路，洋灰公司即有停办瓷厂之议。当时德人昆德充任启新洋灰公司工厂总工程师，以此项营业在华北尚能发展，提议继续进行，议决瓷厂与洋灰公司脱离关系，由昆德一人包办，于民国十四年七月一日成立。租借厂址器具契约限期十年，所有一切产业估洋十六万元，按月一分纳租，命名曰启新瓷厂，所有职员均由昆德聘任。资本除十六万元与洋灰公司纳租外，昆德又备大洋十万元，统计共二十六万元。瓷厂之组织甚简单，大致分为五部，即工作、收发、营业、查工及会计等部是也。此外于上海、北平、天津设分销所三处，均由瓷厂派员经理。工人数目约四百六十人，工作时间每日十小时，工资每人每日平均五角以上。生产量每月约三万元，每年约四十万元。原料来源：中国原料百分之九十五六，有时或自英、德二国购买陶土，其量甚微。关于化学原料，完全购自德国。销售状况：销售中国北部一带。瓷器种类：电瓷、卫生器皿及普通瓷器。

（袁莱修，张凤翔等纂：《滦县志》，卷十四，实业志，陶业，民国二十六年铅印本。）

〔民国七年至九年，察哈尔宣化县〕　宣化县铁矿，一在城北三里许烟筒山，名龙烟铁矿。民国七年，由陆宗舆、宋宝仁创办，官商合资，矿产丰富，成分优良。炼铁厂设门头沟，九年开工，因理不善，资本又缺乏，至十年停工。

（宋哲元等修，梁建章等纂：《察哈尔省通志》，卷十，物产编，矿产，民国二十四年铅印本。）

〔民国七年至十一年，河北宣化县〕　龙烟铁矿在北门外八里许，矿脉线六十余里，直通龙关县。民国七年七月间，由陆宗舆、朱宝仁所创办，官商合资，资本总额五百万元，矿区面积十七方里零一百八十亩，主要矿质为铁，开采用西法。开办时办事人员十人，矿师二人。矿区工程由土人创办，故矿工人数及工资未易调查。炼矿炉设在京北门头沟，民国九年开工修筑，规模宏大，尚未竣工，故矿区现暂停采，十一年春又有开采消息。

（陈继曾等修，郭维城等纂：《宣化县新志》，卷五，实业志，矿业概况，民国十一年铅印本。）

〔民国十三年，河北大名县〕　今者，万国工业互相师法，日新月异，精益求精，而吾邑官商绅民始知工业为重要，于前清末叶，在宏济桥北，官绅合股集巨款以创立工厂。无如经理不得其人，一二年间，数万资本尽随逝水。嗣后十余年，工业沈寂，无复有侈谈之者。民国十三年，孙镇守使岳、丁县长春膏，莅任大名，创立惠民工厂、平民工厂，而工艺始发现，此工业志之所由作也。工厂：裕名工厂，织造合股线等布。孙司令创立惠民工厂，及去任，将资本收回，归商会接办，改为裕民工厂，今已停办。平民工厂，织草帽等物，以无款停办。

（程廷恒修，洪家禄等纂：《大名县志》，卷十，农工商志，工厂志序、工厂，民国二十三年铅印本。）

〔民国十九年，河北景县〕　县立第一工厂：织线毯、白布两种，于民国十九年经第四区工业毕业［生］刘自唐以县款开办，出品颇精良，延至二十一年八月，竟以积货太多，经费不敷周转，停止营业。按：县立织布工厂之设立，原为提倡县境实业而起，为实业主管者，可于工厂未开办以先，为之细心筹画。第一，必须预计每日所收之利,足敷开支而有余;第二,于其产出之货,须要设法为之代销,勿使积滞,至代销之法,当此地方风气未开,人多轻视国货,可急组织一售品所,以广招来,然后更约同各机关首先购用,以资提倡,庶几风声传播,销路渐广,使出货不虑积滞,而经费自能周转,又安有停闭之说耶!相继再调查地方工艺凡有出品精良者,俱使运送货样来所,代为筹销,从此家庭工业亦均能借此渐渐振兴矣。

(耿兆栋等修,张汝漪等纂:《景县志》,卷二,工业状况,公共工厂设立经过,民国二十一年铅印本。)

〔**民国二十二年,河北清苑县**〕 第一工厂,设县南门内文昌宫,全年经费约三千余元,工人二十五名,计有提花机五架,铁轮机六架,本机十一架,出品柳条布、线毯、毛巾,行销本境及外县。

(金良骥等修,姚寿昌等纂:《清苑县志》,卷三,风土,实业,民国二十三年铅印本。)

〔**民国二十三年,河北三河县**〕 县内无工会,只县城有工厂一处,出品以布为大宗,余如袜子、毛巾间亦织之,惟资本无多,难期发展。二十三年,附设平民工厂,收容戒烟之人入厂学工,出品较前增多,工业亦渐发达矣。

(唐玉书等修,吴宝铭等纂:《三河县新志》,卷十五,因革志,实业篇,工业,民国二十四年铅印本。)

〔**民国二十三年前后,河北井陉县**〕 石英,邑民呼为"马牙石",县北小寨乡一带产之,有白色、紫色二种,皆可用以制玻璃。井陉、正丰两矿,皆设有制玻璃工厂,即取材于此。

(王用舟修,傅汝凤纂:《井陉县志料》,第五编,物产,矿物,民国二十三年铅印本。)

〔**清光绪三十三年至民国二十三年,内蒙布特哈**〕 九峰山煤矿,在西布特哈东北甘河上游九峰山地方,产有烟煤,某矿区面积划定两方。于清季光绪三十三[年]发现煤苗之时,由官家设立甘河煤矿局,委派东布特哈总管金纯德总理其事。开采用土法挖作,每年矿丁四五十名或五六十名不等。秋冬工作,春夏停止,全年工作期限约二百日,产额约五六百万斤。因甘河水流甚急,船运不便,由九峰山起,至伯尔汽北嫩江北岸止,建筑马拉轻便铁路一道,以资运输。再由伯尔汽码头从嫩江水道用风船运销江省。自民国六年,因轻便铁路甘河浮桥被冰排冲毁,无款修复,暂行停办矣。

(孟定恭编:《布特哈志略》,经政,一九三四年铅印本。)

〔民国二十三年，内蒙归绥县〕 工业以毛织为最。民国二十三年，省设毛织厂，拨洋十一万，海京工厂附股四万元，又借款十余万，股本将三十万又，为毛织业之最著者。

（郑植昌修，郑裕孚纂：《归绥县志》，产业志，工商业，民国二十四年铅印本。）

〔清代后期至民国年间，奉天朝阳县〕 金厂沟梁一带，产金最旺，初村人挖之，未见兴盛，且往往滋事。自前清道员徐润在此开采，资本甚大，获利不资，商贾云集，骤成巨镇。自徐去谢来，所得不偿所失，遂停止。

（周铁铮修，孙庆璋纂：《朝阳县志》，卷二十七，物产，金石类，民国十九年铅印本。）

〔清光绪三十三年至民国六年，奉天沈阳县〕 奉天电灯厂，设立抚近关北，清光绪三十三年创办，经费由前度支司拨银十七万两，银元局拨一万三千余元，造币厂补助银二万两，自借银三万两，统计资本二十二万八千两有奇。初附造币厂内，宣统二年专设今厂，置发电机两部，一系德制，一系美制，所需材料均系购自纽约。计自元年九月，城内衢巷一律安设电灯，由商会每月捐缴警厅电费洋七百五十元。民国四年，东南西各关街巷亦由商民捐资安设。总计城关各处及官署、学校已设电灯约一万五千二百五十余盏，每盏平均收入约一元。

（赵恭寅修，曾有翼等纂：《沈阳县志》卷八，交通，电灯，民国六年铅印本。）

〔清朝末年至民国十七年，奉天辽阳县〕 城东北诸山为矿产之府，外人尝言，辽阳东北数处出产，供全国用而有余，指煤铁而言也。现除牛心台之煤坑、赛马集之铁矿划归本溪外，若卢家屯、尾明山、茨山、大窑、铧子沟等处皆饶煤矿，其脉由磨脐山经过尖山子茨山南至尾明山，延长六七里以达二十里。山脉东西两面掘采皆可得煤。……自日俄战后，日人开掘磨脐山、茨山、铧子沟数处，华商之煤票皆废，仅尾明山设天利公司，由省委员经理。山北三家子煤矿归汤阁臣报领开采。半拉山子灰矿，清初工部官窑，季年被奸民勾通东洋人购采，嗣经商人遵章报采，名强华洋灰公司。民国间，弓长岭铁矿中日合办，国有矿权，日商出资，红利按四六成计分。自兹以后，历年人民报领自开者日多。

（裴焕星等修，白永贞等纂：《辽阳县志》，卷三十，物产，矿产，民国十七年铅印本。）

〔民国十一年至十四年，奉天兴京县〕 民国十一年冬，县长沈观澄鉴于地方实业之不兴，适值教养工厂奉令撤消，遂以该厂旧址暨其底款八千元，改设碾米工厂，复详订简章，仿公司条例，按区招股，共集资本二万元，开设工厂，专司碾推粳米。现在设置已竣,开始营业,特任邑绅张思九为总经理。

（沈国冕、苏显扬修,苏民、于孤桐纂：《兴京县志》,卷六,实业,工厂,民国十四年铅印本。）

注：兴京县今为新宾县。

〔民国十五年至二十二年,奉天北镇县〕 电灯厂,于民国十五年成立,厂址在本城大佛寺东,租赁民房。内有主任一员,营业科职员四人,会计科职员二人,电料科职员二人,工程科工匠三人。现下扩充路灯二百九十六盏,商民用灯一千六百盏,每年约收入大洋一万元有奇。

（王文璞修,吕中清等纂：《北镇县志》,卷四,政治,交通,民国二十二年石印本。）

〔清光绪、宣统年间,吉林宁安县〕 五虎林砂金矿。此矿在县治东北约一百三十里,距中东铁路之黄花甸站约七十里。清光绪三十四年,曾有俄人占据私采,经劝业道派员调查,本矿暨凉水泉子(属穆棱县)、万鹿沟(属东宁)、黄尼河子(属密山)四处金矿,苗线均甚畅旺。遂委候选通判张祖策为东路矿务调查员,由吉林饷捐局一五经费项下借拨银三千两,令持赴穆棱河设局办理,嗣改派魁福接办,复借拨银二千两。其时,局中用串票收金,工人一名每半月收金二分,嗣以收支不敷,于宣统元年四月将局撤销,归并劝业道办理。当由劝业道委罗斗才为五虎林及凉水泉子矿务调查员,设局经徵官金。宣统元年,曾收入五虎林金四十两另九钱四分,万鹿沟金十二两八钱二分六厘,凉水泉子金三十余两。旋因出产渐薄,不敷局费,于民国二年停工。嗣经济实业团接办兴隆沟金矿时,将五虎林、凉水泉子两矿一同接办,终以资力不充,未获成效,遂行停办。查本矿所产金砂成色尚佳,矿地附近有富多密河,河之东为产金区域,河之西为产煤区域。此外,产金地点尚有北沟、苇子沟、烟筒、碰子、仙人泡、四人沟、白菜沟、沙兰站、南湖头、金坑、老爷岭、东浅、毛柳树河子、土豆子沟等处,前均经居民私采,无一领照者。

（王世选修,梅文昭纂：《宁安县志》,卷四,物产,矿产,民国十三年铅印本。）

〔清宣统三年至民国三十年,吉林长春县〕 长春商埠电灯厂,创办于前清宣统三年,由颜道世清任内拨发开办费,支出吉平银十七万六千五百三十一两零三分二厘,委高守仁为总办,高文垣为坐办,购置机器及锅炉各二部,发电量共二百五十启罗。民国七年十一月,坐办高文垣以原有两部百二十五启罗瓦特发电机不敷应用,乃向美国奇异厂订购三百启罗瓦特发电机及英国拨柏葛锅炉公司制造二百五十马力锅炉各一具,共价美金八万一千三百六十九元六角六分。八年十一月,高坐办与奉天抡一建筑厂订立合同,在旧厂建板楼一所,工料总价大洋二千一百四十九元八角八分。又于九年三月建筑伊通河岸新厂,工料总价大洋五万五千三百六十五元六角。十一年四月,经厂长王立三将西部旧电机拆卸移装于新厂,十二年一月八日始发电。是年二月三日,又经厂长袁庆濂始将新电机开始移装于新厂,三月六日发电。复禀呈孙道尹督策变更组织,整顿营业,由是厂务一新,日臻起色。十三年二月,厂长高国柱添购二百五十马力锅炉一具,计价美金三万余元。十五年六月,厂长金毓黻以电力供不应求,复向美国订购五百启罗瓦特发电机并新式锅炉各一部,业于十七年八月装竣发光。……现全市计有电灯两万盏,每盏平均光度在二十五度以上,每月收哈大洋两万元有奇。……本厂全部资产核值现大洋五十八万余元。

(张书翰修,赵述云、金毓黻纂:《长春县志》,卷三,食货志,实业,民国三十年铅印本。)

〔民国十三年至二十三年,吉林梨树县〕 本邑电灯厂设于四平街市,名为四平街市官商合办电灯股份有限公司。自民国十三年成立,前知事尹寿松鉴于邑境商户渐趋于南满附属地内营业,市面、税收均受影响,乃由四平街驿铁道东开辟四平街新市场,以为挽救漏卮之计,惨淡经营。二年之间,市廛繁盛,居然与驿内商场相对峙。惟市内初无电灯,入夜昏暗,未免相形见绌,于是谋诸地方士绅,发起创设电灯。原定资本奉小洋十二万元,官商各半。官股请于地方发商公款提拨六万元,商股则分担招募,拟具章程,呈经省署核准立案。十三年春,购买机器,建筑房舍,十二月初竣工。因钱法变更,统计支出奉小洋十八万余元,电灯乃得观成。除官商股本共收八万元外,不敷之款半由洋行赊欠,半由公款息借。由十三年十二月十五日放光,开始营业。十五年,引电入城,接修杆线三十里,计需奉小洋八万七千余元,续收股款二万八千余元,其余不敷之数仍由贷款挹注。四平街市共六百余户,用灯三千余盏。县城内二百余户,用灯一千余盏。全年营业收入约现洋四万余元,支出二万八千余元,收支比较,尚有盈余。

(包文峻修,李溶等纂,邓炳武续修,范大全等续纂:《梨树县志》,丙编,政治,卷五,交通,民国二十三年铅印本。)

〔民国二十三年，吉林临江县〕 满洲电业股份有限公司安东支店临江出张所：大同二年十二月，安东电业股份有限公司派员来临接洽电灯事业。康德元年五月，呈准实业部在临创立电灯营业所，复派冠赓棠、永尾初市等来临着手设施。经费十二万七千一百五十余元，由安东公司支拨。地址在临江门外南围子右侧建房二十二间，十一月底落成，由瑞士购来一百五十基罗瓦特重油发电机一部。十二月一日，满洲电气大合同公司成立，故改临江营业所为安东支店临江出张所，派冠赓棠为主任，十二月二十日正式发光。城内官署、学校、商民总计已设电灯四千九百余盏，衢巷路灯五百四十五盏，每盏表灯租灯每月平均约一元。

（刘维清修，罗宝书等纂：《临江县志》，卷五，交通志，电灯，民国二十四年铅印本。）

〔清咸丰十年至民国二十二年，黑龙江漠河金矿〕 漠河产金之区，名元宝山，鄂伦春以此地名为日勒特，原属瑷珲，在西北千余里额尔古讷河之东，背岭面山，金脉极富，为江省开矿最早之区。清咸丰十年，有沿边俄人雅克萨数名私自探采，未得佳苗。至光绪八年春，有鄂伦春人，在日勒特地方，掘穴得金块数粒，通知俄商谢立对吉挪。该商遂邀通晓矿学俄人列别吉那私自开采。至光绪十年，招工四千余名，造屋七百余间，立窑五百余所，工商列居，俨同重镇。风声四播，遐迩悉闻，将军文绪奏参副都统以下各官，各予处分，一面由总理衙门照会俄使转饬海兰泡城固尔那托尔，将漠河俄人勒限收回，以符界约。光绪十三年，将军恭镗莅任，奏请开办。会商北洋大臣李鸿章，奏调道员李金镛莅漠调查，招集商股，官为监督，矿区隶于江省，而厂内用人行政及一切章程款项则由北洋大臣主之。所属金厂并有观音山、奇乾河、乌玛河等处，统曰漠河金厂者，从总局所在名之也。庚子之变，又为俄据。至光绪三十二年，始行索还，仍由北洋派道员刘煐接管经理一年，靡款二三十万之巨。宣统三年八月，北洋移交江省接办，巡抚周树模调委库玛河金厂总理倪俊臣接收。民国二年，黑河设金矿督查局，江省沿边矿务皆隶焉。是年倪俊臣去，柴华辰继之。三年春，将奇、漠两厂划分，奇乾河厂由李仙洲接办，漠厂仍以柴华辰办理。属于漠河矿区有漠河老沟一处，小北沟一处。又四年新发现洛古河一处，曾仿照漠河广信公司成案商办洛古河金矿，始组织济昌公司。以上矿区三处，计面积共二千八百二十亩，计矿工六千七百一十八人，年产金七万一千三百九十一个早尼克（见黑河道政务志略），年收矿税一万五千零三十五早尼克（见统计报告），民国八年归并广信公司办理。漠厂以外，附近金矿计有五处，曰金龙沟、华兴沟、巴戈卡沟、小河沟、盘古沟是也。

（万福麟修，张伯英纂：《黑龙江志稿》，卷二十三，财赋志，矿产，民国二十二年铅印本。）

〔清光绪年间，黑龙江漠河〕 漠河产金，名元宝山，北洋李文忠公派李金镛创办，光绪十五年得金三万两，二十一年得金五万两。

（林传甲纂：《黑龙江乡土志》，格致，第四十一课，漠河金厂，民国二年铅印本。）

〔清光绪十二年至三十二年，黑龙江漠河〕 清光绪十二年，将军恭镗奏请开办漠河金矿，得旨允行。庚子之变，矿为俄人所占，至光绪三十二年始行索还。

（郭克兴辑：《黑龙江乡土录》，第一篇，方舆志，第五章，黑河道，漠河县，黑龙江人民出版社一九八七年校点铅印本。）

〔清光绪十二年至民国九年，黑龙江漠河金矿〕 漠河金矿，矿在瑷珲西北千余里额尔古讷河口之东，背岭面山，金脉极富。前清光绪十二年，将军恭镗奏请开办漠河金矿，得旨允行。其办法系招集商股，官为监督，矿隶江省，而金厂内用人行政及一切章程、款项则由北洋大臣主其事。所辖之金厂，曰漠河、曰观音山、曰奇干河、曰乌玛河，统曰漠河金厂者，从总局所在名之也。开办之后，岁获利以巨万计。庚子之变，矿为俄人所占。至光绪三十二年，始行索还，仍由北洋派员接管。时承大乱之后，旧制荡然，主管者经理未善，一年之间糜款三十余万。三十三年，奉吉江改建行省，方有事于筹边殖民诸要政。次年，总督徐世昌、巡抚周树模于江省增设民官案内奏请于漠河设立厅治，以便就近办理金厂。惟地处极边，交通不便，计取道瑷珲以达省垣，计程二千余里。道莘难行，惟附搭俄轮由黑龙江顺流而下较为便利。漠厂以外附近之金厂，凡五处，曰金龙沟、曰小河沟、曰华兴沟、曰巴戈卡沟、曰盘古沟，均已开办。

（孙蓉图修，徐希廉纂：《瑷珲县志》，卷十二，艺文志，黑龙江各事汇录，民国九年铅印本。）

注：漠河今为爱辉县。

〔清光绪十二年至民国二十二年，黑龙江〕 江省境内素以金矿著名，漠河一矿号称金穴。此外著名之矿区甚多，纪其梗概如下：漠河金矿，在瑷珲西北千余里，额尔古讷河口之东，背岭面山，金脉极富。清光绪十二年，将军恭镗奏请开办漠河金矿，得旨允行。其办法系招集商股，官为监督，矿隶江省，而金厂内用人行政一切章程款项则由北洋大臣主其事。所辖之金厂曰漠河、曰观音山、曰奇乾河、曰乌玛河,统曰漠河金厂者,从总厂所在名之也。漠厂以外,附近之金矿凡五处,曰金龙沟、曰小河沟、曰华兴沟、曰巴戈卡沟、曰盘古沟,均已开办。曰呼玛尔河金矿,在瑷珲上游,龙江右岸支流之最巨者。清光绪三十四年与漠河同时奏设厅治。金厂距呼玛尔河口约百五十里,近年所产金额实驾华、俄各厂之上。计已发现之金沟五处:一、高丽垫子;二、南娘娘沟;三、瓦西利沟;四、兴隆沟;五、交利布亚沟,五处产金额年得二万余两。其附近呼玛尔河者有高升沟、得胜沟、全胜沟三处,亦均开办。曰观音山金矿。此矿向统于漠河总金厂,庚子之变为俄占据,光绪三十二年索还。厂在嘉荫河源,曰观音山金矿者,以资粮屯积处名之也。曰太平沟金矿,此矿隶于观音山厂,距萝北县治六十五里,距观音山一百四十里,现已开者凡八处,中有六处尚佳,每月约得金二百两上下。曰都鲁河金矿,矿在汤原县境内,与观音山仅隔一岭,厂在都鲁河上游。矿猎深七八尺或丈余不等,金沙薄者一二尺,厚者三四尺,设管厂委员主其事。曰奇乾河金矿,矿脉长四十余里,宽约三里,归漠河金厂管理。此厂昔日产金甚旺,每人每日所得之金有至十数两者。曰吉拉林金矿,此矿开办最早,庚子之变为俄占领,收回后由商人承办。光绪三十四年,厂始归官厂。地名小沟子,距设治局约八里。嗣因库伦独立之影响,该矿为蒙旗占据,以致停办(《东三省志略》)。江省已办之金矿约有五处,曰库玛尔河金矿、曰观都金矿、曰漠河金矿、曰奇乾河金矿、曰余庆沟金矿。库玛尔、余庆沟两矿属于呼玛县,每年产金数量约俄权四十五万二千九百八十三早尼克(俄权一早尼克折合江平一钱一分八厘),合银二百零八万一千六百零七元。观都金矿属于萝北县,每年产金数量约俄权五万五千零八十四早尼克,合银二十五万八千八百九十五元。漠河金矿属于漠河设治局,每年产金数量约俄权七万零四百三十七早尼克,合银三十二万四千零十元。惟奇乾河一处尚未设治,其地面暂由黑河道直接管辖,每年产金数量约俄权十四万五千六百三十七早尼克,合银八十六万九千几百三十元(黑龙江统计报告书)。……黑龙江产金闻天下,沿江数千里几无处不有金苗,其已著成效者,在黑河道管辖五处,每年产额为江省收入巨款,行政、养兵胥以是赖,惟开采淘取土法诸多,未能十分发达也。

(万福麟修,张伯英纂:《黑龙江志稿》,卷十六,物产志,矿物,民国二十二年铅印本。)

〔**清光绪十三年至民国九年,黑龙江瑷珲县**〕 金矿,一在漠河,距瑷上游一千八百里。光绪十三年经北洋奏派李金镛开办,颇获利。

(孙蓉图修,徐希廉纂:《瑷珲县志》,卷十一,物产志,矿物,民国九年铅印本。)

〔清光绪十七年至民国八年，黑龙江奇乾河金矿〕　奇乾河金矿（属奇乾县），初由俄人发现，光绪十七年，由北洋办理，属于漠河总厂。宣统三年，改归江省自办。民国三年，将奇、漠两厂划分，各设局长一员。奇厂派李仙洲管理。昔时产金甚旺，脉长四十余里，宽约三里，每人日得之金有至十数两者。开采系用土法，矿质砂金，矿地八区计面积一千零二十六亩，矿工二千五百名，产金数量为十四万五千六百三十七个旱尼克（见矿产调查报告），年收矿税一万三千八百七十二旱尼克（见矿税调查报告），民国八年归广信公司办理。

（万福麟修，张伯英纂：《黑龙江志稿》，卷二十三，财赋志，矿产，民国二十二年铅印本。）

〔清光绪二十五年至民国二十二年，黑龙江札兰诺尔煤矿〕　札兰诺尔煤矿（矿区在呼伦县），清光绪二十五年东清铁路公司商租开采。至光绪三十二年，哈尔滨铁路交涉局宋小濂与该公司交涉，议订合同，每煤千斤收税银一钱二分，设有中国煤税局一处。光绪三十四年，全年共出煤二万万斤，收税银二万余两。该处煤洞计有十四号，当时已有利权外溢之叹，嗣后并税权亦失之矣。

（万福麟修，张伯英纂：《黑龙江志稿》，卷二十三，财赋志，矿产，民国二十二年铅印本。）

〔清光绪二十六年至民国四年，黑龙江呼兰〕　煤矿，一在呼兰府图山西南麓，曾经开采，以逼近呼兰河，河水渗入停办，煤质不佳。一在巴彦州少陵河北西包宝山佃民王姓地内，质佳线旺。初由乡民自采，后归官办，旋以款绌中止。一在东兴镇西十四里满天星山，光绪二十六年试办一次。

（黄维翰纂修：《呼兰府志》，卷十一，物产略，矿物，民国四年铅印本。）

〔清光绪三十三年前后，黑龙江呼兰府〕　硫磺铁矿，在巴彦州连珠山佃民张廷柱地内，协领纯德集股开办，并拨银二百两为开办费，已而中止。光绪三十三年，提学使张建勋化验矿质，铁居百分之五十六分，硫磺三十二分，余为土质。

（黄维翰纂修：《呼兰府志》，卷十一，物产略，矿物，民国四年铅印本。）

〔清光绪二十八年至民国九年，黑龙江吉拉林金矿〕　吉拉林金矿（原属呼伦贝尔，嗣归室韦县），清光绪二十八年，由北洋大臣主办，西与俄界，东南距省约千余里。庚子变后，俄人越界私采者五六年。光绪三十二年，程中丞德全始将金厂收回招商，龚泰山措资承办，嗣因款绌停止。三十四年，派员赴吉拉林设治，兼办垦矿事宜，改为官办。厂在设治局西，地名小西沟，距局八里。矿丁多时约有百余人,每名官金应收一个早尼克。民国纪元,蒙旗独立,又为俄占。民国九年,呼伦取销自治,从前俄蒙协订事件均失其效力。督军孙占尧派员交涉,是年收回,归广信公司承办。

(万福麟修,张伯英纂:《黑龙江志稿》,卷二十三,财赋志,矿产,民国二十二年铅印本。)

〔清光绪年间至民国十四年,黑龙江〕 黑省矿产甚多,而金矿尤著,为全国最,煤铁等矿多未开采。金矿已采者六处:一、观都金矿局,在罗北县,宣统三年归省办。二、余庆金矿公司,在呼玛县,宣统二年官商合办。三、库玛尔河金矿局,在呼玛县,光绪三十四年俄人私采,由本省收回。四、漠河金厂,在漠河县,光绪年官办。五、奇乾河金矿公司,在奇乾县,宣统三年开采。六、吉拉林金厂,在室韦县,光绪三十四年始由江省官办,民国为俄人所占。铁矿一,铁现山,在吉拉林南,未开采。煤矿六处:一、扎赉诺尔煤矿,租归东清铁路公司开采。二、察罕敖拉煤矿,在察罕敖拉卡伦东,光绪三十四年发现,未开采。三、平山煤矿,在罗北县西。四、景兴山煤矿,在景星县,均光绪三十四年开办。五、甘河煤矿,在嫩江县西南,用省款开采,民国元年筑轻便铁路运销。六、鹤立岗煤矿,在鹤岗县,近年开采。

(金梁纂:《黑龙江通志纲要》,实业志,矿业,民国十四年铅印本。)

〔清光绪三十二年至民国二十二年,黑龙江甘河煤矿〕 甘河煤矿(矿区在布西设治局):甘河煤矿在九峰山甘河之南岸,计面积一千零八十亩,所产白煤质纯力厚,烟轻而洁,乃煤之种类中第一贵品也。该处煤苗发现实在光绪三十二年,将军程德全派员办理,拨给官款江钱二十万吊为开采资本,每年矿丁或五六十人不等,共出煤三千三百五十万斤,因转运梗阻,辄行中止。旋经东三省总督徐世昌派员调查滞销之故,虽因销场之不广,而实由于运道之不灵。自九峰山赴齐齐哈尔,陆多山冈,笨车载运,脚价不赀;水则甘河以达嫩江,步步逆水,上行帆船尤须时日。若由煤窑至墨尔根修一轻便铁路,并购浅水轮船,自收成效。至宣统元年,巡抚周树模会同东三省总督锡良奏请修路购轮,所称甘河地方山环水抱,林木郁葱,该处煤矿最优,山脉尤为深厚,迭经中外矿师前往踏勘,佥称该矿可与唐山相埒。前署将军程德全在任时,即将奏明设法修路经营,今拟先用江省前购马拉轻便铁轨,就甘河至博尔气江口一段计程一百二十里先行敷设。其由博至省一段则添购浅水轮船各情,因借拨广信公司银二十万两,该厂总办金纯德始由九峰山至博尔气嫩江口建筑铁路,于民国元年三月工竣,共需银十一万余两。又宣统二年购浅水轮二艘,需银六万余两,下余银一万六千余两作为资本金,以便开办。

(万福麟修,张伯英纂:《黑龙江志稿》,卷二十三,财赋志,矿产,民国二十二年铅印本。)

〔清光绪三十三年至民国十八年,黑龙江景星山煤矿〕 景星山煤矿,县境北十五里有景星山,东与平山相接。光绪三十三年,协领纯德勘验太平山时,因获□□□发现此矿。平山之煤深而难取,景星山开挖五丈即见煤线长约数十里,直达平山,宽二丈五尺,较开平、唐山之矿已逾三倍。煤为石质,实为上品(煤分木、土、石三质,以石质为上),当时未经开采。呼兰县煤矿,县境图山西南麓为产煤之区,开采之时以逼近呼兰河,遇水渗入,即难采办,且煤质亦不甚佳,因此停办。巴彦县煤矿,县境少陵河北西包山地方有佃民王姓地内探得煤矿质佳线旺,经乡民用土法开采,后归官办,又以款绌中止。东兴煤矿,木兰县属兴东镇西北十四里,地名满天星山,有煤矿一处,光绪二十六年曾经试办一次(见《呼兰府志》)。东兴治城东北石门子山蓄煤极厚,约二百方里,煤层在六尺以上,经呼海路局测勘(民国十八年调查)。

(万福麟修,张伯英纂:《黑龙江志稿》,卷二十三,财赋志,矿产,民国二十二年铅印本。)

〔清光绪三十四年至民国十一年,黑龙江察汉敖拉煤矿〕 察汉敖拉煤矿(矿区在胪滨县),清光绪三十四年发现此矿,在察汉敖拉卡伦之东。宣统三年,胪滨府请款提倡开办,定名为察汉敖拉煤矿有限公司。民国纪元,蒙旗独立,乘机占据。民国九年,自治取销,至十一年十一月经呼伦贝尔督办程廷恒由义大利人手买回,归广信公司办理。

(万福麟修,张伯英纂:《黑龙江志稿》,卷二十三,财赋志,矿产,民国二十二年铅印本。)

〔清光绪三十四年至民国二十二年,黑龙江库玛尔河金矿〕 库玛尔河金矿(矿区属呼玛县),清光绪三十四年由官开采,系用土法,矿质砂金。该矿局设在库玛尔河附近,先是曾有俄人越境私挖。迨光绪三十三年始订定金厂税捐章程,略变部章,以驱俄招民为宗旨。凡熟悉山径把头,均准招工开采,由瑷珲副都统发给护照,不取照费地租,采出之金酌取其税,而大段矿产仍按部章,不在此例。

章程既定,即由江省派员前往经理。只因漠河金厂委员越界私收官金,每丁月给三个早尼克,坚拒江省委员不许进沟,并有勾通俄人在厂贸易情事,经总督徐世昌电告北洋大臣将委员撤回,以清界限。江省委员进沟之后,遵章月收官金每丁一个早尼克。自此以后,矿丁日聚,出金日多,该厂始见起色。所属矿区有兴隆沟、德胜沟、北西力瓦习、力西乌拉、万兴沟、博西里、金龙沟、吉龙沟、枝沟、高升沟、都渥喜、倭克达喜、宜纳奥得益、兴江沟、金胜沟等处,计面积三十五万五千一百五十八亩,各厂工人计有五千二百五十人,年产金四十五万二千九百八十三早尼克,年收矿税三万七千七百七十九早尼克。

(万福麟修,张伯英纂:《黑龙江志稿》,卷二十三,财赋志,矿产,民国二十二年铅印本。)

〔清宣统三年前后,黑龙江太平山煤矿〕 太平山煤矿,矿区属龙江县。先是,布特哈总管纯德等集资开办,俄人擅行侵采。宣统三年,巡抚周树模交涉阻止,奏设隆平煤矿有限公司,该矿面积凡一万一千二百五十亩。

(万福麟修,张伯英纂:《黑龙江志稿》,卷二十三,财赋志,矿产,民国二十二年铅印本。)

〔清宣统三年至民国二十二年,黑龙江余庆沟金矿〕 余庆沟金矿(矿区属呼玛县),清宣统三年,始由官商合办,开采系用土法,矿质金砂,矿局设在余庆沟。附近属于此局之矿区曰余庆本沟、余庆上沟、古龙干河正、枝两沟,计四区面积三十四万四千六百二十亩。各厂工人计本、上两沟七百余人,正、枝两沟二千三百余人,全年收金六百二十三早尼克。

(万福麟修,张伯英纂:《黑龙江志稿》,卷二十三,财赋志,矿产,民国二十二年铅印本。)

〔清朝末年,黑龙江〕 观音山在黑龙江南岸,札伊河之旁,昔北洋既开漠河金矿,又推广开办观音山金矿。庚子为俄踞,今收回。

(林传甲纂:《黑龙江乡土志》,格致,第四十二课,观音山金矿,民国二年铅印本。)

〔民国六年以后,黑龙江〕 清咸丰七年,俄人已有轮船公司之组织,试航黑龙江中。八年,《瑷珲条约》第二条载:黑龙江、松花江、乌苏里江等只许中俄两国航行。时,我国航业未兴,虽约有明文,实际并无华船只影。迨咸丰十年,《北京条约》成,俄又试航于乌苏里江。民国三年,将军朱庆澜购轮试船,由松花江入黑龙江,为俄人所阻,谓沿岸一切灯塔、标竿完全由俄设置,中国无享受航行之权利。六年,我国承认修筑黑龙江、乌苏里江沿岸标杆、灯塔等建筑费之半,乃许我国航行黑龙江庙街,且达俄属伯力。七年,俄国政变,其有船只者,惧为共产所共,乃谋出售。于是,我国官商争先购买,后由黑龙江省认官股若干,又招商股若干,筹备大规模之航业公司,定股本国币二百万元,购俄轮船二十九艘、拖船二十只,东北航权始完全收回。大好江山仍归故主。吾人闲步两码头,见轮船往来高挂国徽,可以慨然而兴矣。

（宋云桐等修,朱衣点等纂:《宾县县志》,卷一,交通略,航路,民国十八年铅印本。）

〔民国初年,黑龙江他拉罕金矿〕 他拉罕金矿（矿区属呼玛县）,民国成立以后,发现此矿与吉祥沟共两处,当时由广信公司采办。

（万福麟修,张伯英纂:《黑龙江志稿》,卷二十三,财赋志,矿产,民国二十二年铅印本。）

〔民国初年至二十二年,黑龙江鹤冈煤矿〕 鹤冈煤矿（矿区在汤原县）,先是矿商沈松年等招股创办,已历数载,矿质优良,与抚顺相衡。惟限于资本,获利尚微。至民国八年,军长鲍贵卿以甘河煤矿停办,燃料益缺,拟将鹤冈改归官商合办,以图发展。嗣由政务厅函请团长李少白,就近与沈松年等众商股接洽,均表同情。其官商共需资本若干,应添领矿区面积若干,创办人应予何种利益,均令由实业厅长与众矿商接洽,并拟具办法,经鲍军长召集新旧各股东会议,议决资本总额六百万元,先招四分之一。旧商股原有股本及铺垫产业等项共作大洋三十万元,吉、江两省官股各五十万元,添招新商股二十万元,并公推前浙江巡抚曾子固为总理,军署顾问赵文清前往经理,于九年一月在佳木斯街设立事务所,旋赴哈埠与曾子固、沈松年及各股东集议在哈尔滨组设鹤冈煤矿总公司。

（万福麟修,张伯英纂:《黑龙江志稿》,卷二十三,财赋志,矿产,民国二十二年铅印本。）

〔民国十四年,黑龙江〕 今黑省官业收入以金厂、煤厂为大宗,而官银号广信公司之获利亦厚。电灯、电话、工艺、造纸、火磨等项各有收入。学田招垦兼业蚕桑亦领官本,兹并列之:一、铁路公司,齐昂铁道、甘河铁道,均官股开办。一、金厂,库玛尔河金厂、都鲁河金厂、吉拉林金厂,均官办。一、煤厂,金怀马煤厂、甘河煤矿、隆平煤矿、察汉敖拉煤矿,均拨官款开办。一、电话局,在省城,领取官本开办。一、电灯厂,在省城,官办。一、旗民工艺厂,在省城,官款开办。一、造纸公司,在省城,官商合资。一、火磨公司,在省城,拨官款试办。一、学田招垦局,在甘井子,领取官本,招佃开垦,附设山蚕厂。

(金梁纂:《黑龙江通志纲要》,财政志,岁入,官业,民国十四年铅印本。)

〔清光绪二十一年后,陕西鄠县〕 涝峪释战沟,一名十折沟,煤矿蕴藏甚富。清光绪二十一年,知县万乃庆曾奉当道命设厂开采,日数百人工作,买骡六十头,运输两省以供公家之用。旋以倡办者去官后,继非人,运脚重而获利少,事遂中止。

(强云程、赵葆真修,吴继祖纂:《重修鄠县志》,卷一,物产,民国二十二年铅印本。)

注:鄠县今为户县。

〔民国二十七年至三十三年,陕西宜川县〕 宜川民生纺织厂,原系中央赈济委员会、非常时期难民救济委员会、第六救济区、宜川第一纺织工厂。资本由该会出二千元,地方政府二千元,商股一千元,共五千元,于民国二十七年创设于城内北街,由赈委会委员何绍南主办。后以物价波动,赔累不堪,二十九年改为地方政府经营(该府资本二千元抽出)。县长兼主任,商会主席薛光星则兼副主任,时有职员五人,工人二十余名。其厂址,二十八年因敌机轰炸,移至城北十里许之范家窑窠;三十一年移至今址党家湾后沟,本厂以本邑民商之力支持业务,扩充资金为二十万元。现有纺纱机十二部,每日出纱十五斤。织布机六部,每日出长十丈、宽二尺四寸之洋布六匹。织袜、织毛巾机各三架,日出袜及毛巾各六打。总计出品有粗细洋布、洋袜、毛巾、及冷布、孝布、毛线裹腿等。但以所纺之纱,不足供本厂机织用,故虽产品良,销路广,而时有停工之虑。

(余正东等纂修:《宜川县志》,卷九,工商志,工业,民国三十三年铅印本。)

〔民国三十年至三十二年,陕西洛川县〕 棉毛纺织厂,是为本区兴办工业之先河。厂在城北后子头村,自民国三十年七月由本区专署创办后,次年即交本县接办,扩大经营,复由所创办造纸厂于西沟,三十二年亦交本县合作社接办。纺织厂以纺纱织布、纺毛织毛为经营业务,已有资金五十一万元,规模渐具。二十匹马力三二式纺纱机一部,石板式织布机四台,织毛机一台,及其他配备机件;大机房一所,办公室十间,窑洞三孔,及浆染器材等。所需原料,棉花取给三原、泾阳一带,羊毛则就地及本县以北采购,颜料等近亦采自宜川一带。高等技工则聘自外方。产品供服用。……厂中三三式纺纱机昼夜开工时,日可产细纱六十斤。初办时,机滞工生,产量仅及半。……十磅白细布,民国三十年厂产共二百八十四。条子布,民国三十年厂产共二十一匹。……大小毛巾,民国三十年厂产共二百打。洋袜,厂产外,民营者亦有一二家。……毛哔叽,民国三十年厂产共十六匹。毛毯,民国三十年厂产共四十床,质坚硬耐用,花色不恶。毛绒垫子,民国三十年厂产共六十个。有民营者,无统计。

（余正东修,黎锦熙纂:《洛川县志》,卷九,工商志,工业,民国三十三年铅印本。）

〔民国三十一年至三十二年,陕西洛川县〕 民有煤厂,矿厂在枣刺沟。民国三十一年,专署雇同官技工估测。三十二年六月,县政府筹资三十万元开采。包掘煤井二十丈,系用土法,尚未大量出煤,故设备简单。

（余正东修,黎锦熙纂:《洛川县志》,卷九,工商志,工业,民国三十三年铅印本。）

〔民国三十二年前后,陕西黄陵县〕 太原失守前,西北制造厂总办张书田,由晋迁运机器之一部,于中部设立分厂,厂长为李占五,经营钢铁与酒精之制造事业,逐年扩充。三十二年度,有工人一千七百余,发动机为一百匹马力。并与本区专署合办黄陵机械科职业学校。

（余正东修,吴致勋等纂:《黄陵县志》卷七,工商志,工业,民国三十三年铅印本。）

〔民国三十二年,陕西洛川县〕 煤,分布于大同乡老庄河、榆林河、蔺家沟,民有乡黄连河,信义乡双庙村,自治乡枣刺沟。枣刺沟蕴藏煤量甚巨,民国三十二年六月,县集民股资本二十万元,成立煤厂,从事开采。

（余正东修,黎锦熙纂:《洛川县志》,卷七,物产志,矿物,民国三十三年铅印本。）

〔民国三十二年,陕西洛川县〕 民有瓷厂,厂设枣刺沟梨树台,距城五里。民国三十二年三月,县长周景龙创办,资金十四万元。(挖土窑九孔,筑瓷器窑及小炉设备制造器材。)瓷土采于当地,量极丰富,品质亦佳。技工由同官、白水等处招雇。

（余正东修,黎锦熙纂:《洛川县志》,卷九,工商志,工业,民国三十三年铅印本。）

〔民国三十二年,陕西洛川县〕 民有铁工厂,厂设西沟。民国三十二年二月县长周景龙创办,资金四万余元。土窑二孔,大熔铁炉一具,各种砂模及硬模数付,以铸造犁、铧及炉底为业务。大部技工由朝邑、临潼招雇。原料来源困难,由各乡征集废铁五万余斤,赖以维持。产品以铧为主。(民国三十二年共产大铧二百余件,五刺铧四百余件,钉台三百余件,大小炉底一千余件。)

（余正东修,黎锦熙纂:《洛川县志》,卷九,工商志,工业,民国三十三年铅印本。）

〔清光绪二十年,新疆精河厅〕 南山之南(南山距城百四十里)四十里,有铅矿一所,地归旧吐尔扈特蒙部营辖,坐落厅治之南,矿质色白而有光,有谓其为铝者,虽历多人开采,均不能确指为何项矿产。承平时,有土人开采,未报官核准,相传掘四五尺即得矿质,因未得其分提之法,折本甚多,遂闭之。光绪二十年,张委员遂生禀请开办,领有官款,设置房屋、炉灶,雇用矿师、工匠。是年秋间开挖,其苗甚畅,但质不佳,铸造器物不能行销,以致开采年余,贴银数千金,遂亦停闭。二十八年,精河营假勇罗复成就其旧峒以土法开采,未及一年,亦因赔贴中止,至今封闭,未有敢复开者。

（清　曹凌汉纂修:《精河厅乡土志》,物产,矿产,一九五五年据清光绪三十四年抄本油印本。）

〔清光绪末年,新疆〕　库尔喀喇乌苏厅城东南,奎屯河左岸,戈壁中一峰突起,名曰独山子。周约百里,土石如赭,有石油泉二,一在南麓,一在西麓,其色深紫,浮于水面,夏盛冬涸。又厅治西南七十里之旗杆沟、九十里之将军沟、正南九十里之四棵树,又绥来西南百五十里之博罗通古、红沟、卡子湾三处,昌吉城南七十里之头屯河等处,皆产石油。光绪三十三年,商务总局派员采各处油质携赴俄国工厂考验,惟独山红油质最良美,生产亦旺。博罗通古之油系从硫炭矿中喷溢而出,其色或白或黑,白者质清,黑者质稠,若用机器提炼,亦堪适用。头屯河之油色黑如漆,系从煤矿中流出,凝结成块,油质不佳,未经开采。

（钟广生撰:《新疆志稿》,卷之二,矿产,民国年间铅印本。）

〔清光绪、宣统年间,新疆〕　光绪三十三年,新疆大吏惩前事之失谋,以全力专办一二矿,改用机器新法,以为之倡。遍察南北疆诸矿,惟有石油之富,利擅五洲,欲借此以抵制俄、美外来之利。乃委员采取西湖一带石油、石蜡、矿质赍赴俄国工厂考验,大佳,始建厂购机试办,惟其收效当在数年后,不可以旦夕期也。新疆南北石油矿产大小十余处,惟库尔喀喇乌苏厅独山子地方所产,油质较绥来之博罗通古、昌吉之头屯河、塔城之青石峡、南山大小拐、库车之老铜厂、北山等处为佳。石蜡产于厅属之将军沟山内,质类松脂、通明透澈,著火即燃,尤为上品。光绪三十三年赍送俄属里海之古巴地方考验,经俄厂工匠分别熬炼,据称所产石油,每百斤可提净油六十余斤,足与美洲之产相抗衡。石蜡可制洋烛,寻常制烛之法,多用牛羊油搀和而成,此则不须搀和,且较牛羊油所制光明耐久,实为天然原料。如果矿产丰富,足擅五洲之大利。宣统元年,购运俄国机器设厂开办,并购挖油机一座,运置独山子开掘油井,深至七八丈。井内声如波涛,油气蒸腾,直涌而出,以火燃之,焰高数尺。现在开办伊始,先采独山一处,俟有成效,当添采绥来等处，以资推广。

（钟广生撰：《新疆志稿》，卷之二，矿产，民国年间铅印本。）

〔清光绪二十三年至民国三十三年前后，新疆迪化〕 机器局，前清光绪二十三、四年，袁大化向上海购办机器，设机器局于迪化南梁，借水力为其发动力。旋因地势不宜，移设迪化东北十余里之水磨沟。此局在清代曾鼓铸银圆，后则改造子弹，修配枪枝，发动马力为一百匹。现已年久，机件失其效用，出品甚微。

（李寰撰：《新疆研究》，第三编，经济，第五章，工业，民国三十三年铅印本。）

注：迪化今为乌鲁木齐。

〔清代后期至民国五年，新疆伊犁〕 伊犁制革公司，旧系官商合办（现统归商办），资本五十万，雇用德人，所制皮革殊不亚外来，销售天山南北。

（林竞编：《新疆纪略》，五，实业，工艺，民国七年铅印本。）

〔民国九年，新疆迪化〕 电灯厂，民国九年设厂于迪化，专供省府及附近各机关安设电灯之用，马力甚微，发电有限。

（李寰撰：《新疆研究》，第三编，经济，第五章，工业，民国三十三年铅印本。）

〔民国十四年至十七年，新疆〕 纺织公司，前省长杨增新氏发起，组织阜民纺织公司，于十四年在天津订购三千锭纱机一部，织布机三十部，并附锅炉引擎等物。十五年，择迪化鉴湖附近建筑工厂。十七年工竣，正式开幕，每月可出十丈长棉布约二千匹，销路尚畅，为新省萌芽之纺织工厂。

（李寰撰：《新疆研究》，第三编，经济，第五章，工业，民国三十三年铅印本。）

〔民国三十六年前后，新疆〕 新省煤铁之希望较少，石油之可能较大。全省产油地以乌苏之独山子最著，其地地质为第三纪红色岩层，成一不对称之背，斜翼部有断层发生，油源特别富集，清时即已开采。近日由苏籍工程师掘井，最深井达一千公尺以上，每日产量六十七吨，且有逐渐低降之趋势。

（丁骕撰：《新疆概述》，五，地质矿产，民国三十六年铅印本。）

〔清光绪年间至民国二十六年，山东博山县〕 邑玻璃业之创始无可考，清光绪间为家庭手工业，出品有屏片匾幅等，曾由青岛输出七千余担。光绪三十年，鲁督胡廷幹等在柳杭设玻璃公司，聘德国技师制造玻璃，邑人学习，出品尚属不劣。宣统末年，公司停办后，工人本其所学，在西冶街一带设厂制造，此邑产板玻璃之始也。欧战期内，外货几绝，邑玻璃业及时发展，业此者至二三十家，计炉共一百八十余只,每年输出额达一万三千余吨。欧战告终,外货充斥,邑玻璃顿受打击。及东北沦陷,秦皇岛货夺我销路,邑玻璃业遂一蹶不振,现制平板玻璃者仅数家,出品色低,不能外销,而市面之售秦皇岛货及舶来品者渐多矣。

（王荫桂修,张新曾纂:《续修博山县志》,卷七,实业志,工业,民国二十六年铅印本。）

〔民国二十年,河北东明县〕 平民第一工厂,民国二十年建设局以公款创办。因旧城隍庙房舍加以修葺,生徒两班,共二十四人。有织布铁机一架、木机十架,技师一、会计一,厂长由建设局长兼充,全年经费一千四百元,系随粮带征者,每月平均制平布三千尺、毛巾一百五十打。顾以无纺纱机,需用棉纱皆购自外埠,生徒技术欠精,所制各品不能与外货争胜,销售虽畅,利润殊鲜。事属初创,旨在提倡,固难骤期其有偌大发展也。

（任传藻等修,穆祥仲等纂:《东明县新志》,卷之十四,民生志,生计,生产,民国二十二年铅印本。）

〔民国二十一年,山东曲阜县〕 本县人民资财短绌,故私人方面无一工厂之设。民国二十一年,省政府建设厅令设平民工厂一处,厂址在城内三省街内,置有铁机四架,木机一架,袜机二台,招集工徒十余人,织造各种实用物品。

（孙永汉修,李经野、孙昭曾纂:《续修曲阜县志》,卷五,政教志,实业,民国二十三年铅印本。）

〔清同治四年,江苏江宁府〕 金陵军械所,同治四年闰五月,以守丞以下官掌之。初名内军械所,专储外洋军火供各军之用,别有外军械所,以储内地军器。自各军移撤,其分储军械多聚于此。海防事兴,购制外洋军器益富且精矣,乃并内外二所为一。凡江宁绿营及湘、淮水陆征防各军,皆取给焉。别其良窳利钝,时其收发,月以册籍上于制府。

（清　蒋启勋、赵佑宸修,汪士铎等纂:《续纂江宁府志》,卷六,实政,清光绪七年刻本。）

〔清同治四年,江苏江宁府〕 机器制造局,同治四年立,屋宇皆仿外洋之式,营造以道员一人掌之。购机器于外洋,募洋匠为师,督诸匠制造炮位门、火车轮盘架子、药箱具、开花炸弹、洋枪、抬枪、铜帽等项,解济淮军及本省留防勇营之用（枪炮之产,自融冶至于成,每一次即有一项机器治之）。同治四年于乌龙山暂设炮台机器局,光绪四年归并。

（清　蒋启勋、赵佑宸修,汪士铎等纂:《续纂江宁府志》,卷六,实政,清光绪七年刻本。）

〔同治四年至十二年,江苏江宁府〕 机器制造总局,在南门外扫帚巷东首,收买民基建造,同治四年兴工,五年七月告竣。计新造机器正屋一所、厅房九十三间、过亭五架、协屋六大间、披厢十间、门楼二所。其年十二月,又就报恩寺坡下菜地续造委员住房一所,计十二间,为制造分局。九年十月,复添造铁炉房大间、气炉房一所,并砌炉十二座。十一年十月,又添造翻砂厂屋六间、翻砂模炕屋一间,改造洋楼一所,上下二十四间,添造房屋十间、走廊十号。十二年九月,又添造洋屋楼房十二间、平房六间、上下走廊四十间、又围墙一周。

(清 蒋启勋、赵佑宸修,汪士铎等纂:《续纂江宁府志》,卷七,建置,清光绪七年刻本。)

〔清光绪三十一年,江苏徐州府铜山县〕 劝工厂,在北关外北夹河,清光绪三十一年,徐州道袁大化设立,以本地棉花用机器仿制绸、呢、布、毛巾等,又以麦秸制草帽缏,以牛油制洋皂,颇有成绩。……嗣以亏耗遂辍。

(余家谟等修,王嘉诜等纂:《铜山县志》,卷十一,建置考,局所,民国十五年刻本。)

〔民国十三年至二十四年前后,江苏南京〕 电气工业有电灯厂。……《中国经济志》:南京电气业共有二家,一为首都电厂,一为浦口电厂,均系官营性质。首都电厂原名南京电灯厂,自建设委员会十七年接办后,始改今名,规模从此大加扩充,顿成全国模范电厂,另于下关设有分厂,初有资本不过一百七十余万元,现已增至三百五十万元。都城内外及下关商埠均为其营业范围。浦口电厂,民国十三年成立,由津浦铁路局设立,专供路用,营业仅及于浦口一隅。

(叶楚伧修,王焕镳纂:《首都志》,卷十二,食货下,工业,民国二十四年铅印本。)

〔民国十六年以前至二十二年,江苏南京〕 印刷工业。……《中国经济志》:南京为全国首都,中央一切政教文化之宣传,均恃印刷为广播利器。十六年以前,全市仅四家。十六年以后,逐年添设,增至二十八家,内以三民印务局为最大。该局由中央党部办理。次为京华、大陆,设备齐全,印刷亦精。全业资本共计四十四万三千五百五十元。……置有柴油引擎五座,马力共四十二匹;马达七座,马力共一百零四匹;铅印机六十三具。……二十二年营业凡九十万余元。

(叶楚伧修,王焕镳纂:《首都志》,卷十二,食货下,工业,民国二十四年铅印本。)

〔民国十八年至二十二年,江苏南京〕 公用工业有自来水厂。《中国经济志》:南京自定都后,为急行救济饮料之缺乏,及消防事业之改进,市政当局乃于十八年春间着手筹划自来水。旋于十八年六月奉国府令核准发行特种建设公债三百万元,暂以二百万元作为建设首都自来水之用。十八年八月市府成立自来水筹备处,筹备一切进行之工程计划。复于翌年三月成立自来水工程处,负责督促工程之进行。及至二十二年四月,开始供水。厂址设汉西门外葡包洲,取长江之水为水源,每日给水能率为四万立方公尺。

(叶楚伧修,王焕镳纂:《首都志》,卷十二,食货下,工业,民国二十四年铅印本。)

〔民国十七年至三十七年,浙江杭州市〕 杭市之有自来水业,动议创自当时市长邵元冲任内,嗣因邵氏不久去职,公用局继亦裁并,此议遂停。到民国十七年一月,民政厅长朱家骅又发起兴办,拟具章则,呈经省政委员会第一〇三次会议通过,当即组织杭州市自来水筹备委员会,积极进行。经过二年余之时间,始一切就绪,于二十年六月,全市供水。惟当时因事属创始,营业不甚发达,收支微有不敷。最近装户日有增加,水厂且于市区装设自来水零售处四十五处,营业已有蒸蒸日上之势。

(干人俊编:《民国杭州市新志稿》,卷十九,工业三,自来水业,民国三十七年修,杭州市地方志编纂办公室一九八七年铅印本。)

〔一九四九年前后,江西〕 江西民生糖厂,设赣县赤珠岭,隶属建设厅,有木炭机二具,离心机三部。原料纯为糖清(即钵糖)。其出品有洁白、上白、中白、绵黄四种,每日可产糖十五六桶,全年产白糖约三千八百市担,黄糖一千八百市担,品质较土糖色白、质佳、味纯,堪久留,价格约贵,按战前价值全年达一百数十万元。

(吴宗慈修,辛际周、周性初纂:《江西通志稿》,经济略,四,工业,一九四九年稿本,江西省博物馆一九八五年整理油印本。)

〔清同治初年至光绪三十二年,福建福州府闽县〕 同治初,左文襄督师入闽,剧寇既平,重念闽滨海要区,不亟讲洋务,无以善后。乃相地于马江之中岐创设船厂,立学堂,延洋人为师,奏在籍江西巡抚沈文肃公葆桢任其事,专折奏报,取曰总理船政大臣,督抚不得节制焉。然百为草创,头绪纷繁,经始之难与守成之不易,皆有可纪,今详其有关于兹事之大者。历任大臣:实任者六人,沈葆桢、丁日昌、吴赞诚、黎兆棠、张梦元、何如璋;署任者二人,张佩纶、裴荫森;兼任者十人,卞宝第、希元、谭钟麟、边宝泉、裕禄、增祺、许应骙、善联、景星、崇善;会办者二人,沈翊清、魏瀚。在工纪要:现兼斯职者,镇闽将军兼署闽浙总督宗室崇善;所用洋员,现有洋总监工在工者一人(柏奥堂)、洋监工在工者二人(竹蒲匏、达贝德)、洋书记在工者一人(德尔美)、洋技师在工者四人(薛法、黎金、埃泰、贝威海)、兼化学拉铁技师者一人(达贝德)。局厂名目：为所者八，曰办公、曰广储、曰东考工、曰西考工、曰版筑、曰化学、曰储材、曰报销；为厂十有六，曰锅炉，而气表厂、锯厂隶之，曰轮机、曰合拢、曰皮、曰模、曰船、曰舢舨、曰拉铁、曰铸铁、曰铸铜、曰砖瓦、曰帆缆、曰铁胁，而镀铅厂隶之(又截铁厂，现并归轮机厂；鱼雷厂，旧设，今撤)；为处六，曰总稽查、曰文案、曰支应、曰船槽、曰船坞、曰官医；为学堂四，曰制造学堂(俗称前学堂，洋教习为迈达，学生二十七名)、曰驾驶学堂(俗名后学堂，分管驾、管轮两班，学生共四十五名)、曰绘事院(俗呼画院，洋教习为沙巴铁，绘图学生四十四名)、曰艺圃(艺徒一百三十八名)；为营一，曰健丁营。

（清　朱景星、李骏斌修，郑祖庚等纂：《闽县乡土志》，船政，清光绪三十二年铅印本。）

〔民国十年至十二年，福建平潭县〕　缘起：民国十年四月，奉实业厅令，提串票费盈余筹办工艺传习所，因此间无可提拨，故绅商合资设之。名称：通裕绵织业股份有限公司。宗旨：兴工济贫，出货裕商。股本：总额五千元，共分二百五十股，每股二十元，县署认五十股，余归绅商分认。组织：董事长一人，董事二人，监察八人，正副会计各一人，皆名誉职，庶务二人，技师二人，男女学徒无定额。产额：每月平均织成大布、小布及各种爱国布共在千疋以上，各种双纱巾二百条。销场：销售本处。

（黄履思等纂修：《平潭县志》，卷十七，实业志，布局，民国十二年铅印本。）

〔清康熙年间至光绪三年，台湾〕　康熙间，杭州郁文河著《采硫日记》，为台地采硫前炼之始。厥后，开禁靡常。迨光绪三年，又复驰禁，派员履勘台北淡水所属之北投、油坑、金包里等处，雇匠兴熬，并收买民间私磺，统归官厂，除官用外，亦准商人贩运。

（清　唐景崧修，蒋师辙、薛绍元纂：《台湾通志》，物产志，杂产类，清光绪二十一年修，稿本，一九八三年台湾成文出版社影印本。）

〔清代后期，台湾基隆煤矿〕　基隆山向有煤窑，禁闭已久，迨福州开设船政厂，民间私采者多，不可复禁。继以英国新修条约，以基隆煤务列入条款，始派员查勘，深澳坑、深澳堵、八斗等处无碍民居、田园、庐墓，乃复驰禁。近则煤坑日辟，采取皆用机器，其间商办、官商合办迭有变更。

（清　唐景崧修，蒋师辙、薛绍元纂：《台湾通志》，物产志，杂产类，清光绪二十一年修，稿本，一九八三年台湾成文出版社影印本。）

〔民国十八年至二十四年，河南武安县〕 县立民生工厂，初名平民工厂，创于民国十八年，二十二年四月，奉实业部令改为今名。开办之初，只有旧石印机一部，约值洋一百五十元，作固定基金，又拨入罚款洋五百余元，作流动基金。公举刘明汉任厂长，厂中教养工、徒工十余名，三年卒业，即行另招，为贫苦子弟谋一出路，经费每月支洋二百二十余元，嗣减为一百七十余元。每年所得纯益，陆续添置新式织布机十部、提花机两部、合线机一部。编为织染、印刷两科，举凡斜纹、哔叽、十字布等纱织品及账簿、表册、书报、讲义等印刷品，无不出货精美，为社会人士所乐用。二十二年冬，河南刘主席视察到武，参观之后，甚为嘉许。二十四年春，刘厂长辞职，交代后任，全部财产已达五千余元云。

（杜济美等修，郝济川等纂：《武安县志》，卷十，实业志，工业，民国二十九年铅印本。）

〔民国二十四年，河南灵宝县〕 工业向无基础，本年始由公家创立民生工厂，织布匹、毛巾等物，然规模太小，出货无多。……本年又由各银行来灵，于县城北关，创设棉花打包厂两处。

（孙椿荣修，张象明纂：《灵宝县志》，卷二，人民，民国二十四年铅印本。）

〔清光绪十六年至二十三年，湖北大冶县〕 王三石煤局，在县北二十五里，向无房室。光绪十六年，洋弁踏勘，山煤甚佳，设局开矿，拘房屋数十楹。上台派员绅监理，历数年而煤不济用。现经停采，其机器、房屋仍委员绅看守。

（清　陈鳌纂：《大冶县志后编》，公局，清光绪二十三年刻本。）

〔清同治八年，广东广州府〕 军装机器局，在新城聚贤坊，同治八年，总督瑞麟创设。光绪十二年，总督张之洞归并南海县属增步之军火局，以其地改广雅书局（据采访册《张之洞奏设书局折》）。谨按：吾粤以西法制造军械，始于城南之军装机器局及增步之军火局（增步局，同治十三年批验所大使潘露奉文创设）。自张文襄督粤，以新城机器局归并增步，逾年，又于番禺石井购地三十七亩余，设枪弹厂。于是以增步合并之局为制造东局，石井继设立枪弹厂为制造西局。及岑春煊莅粤，以旧械窳败，拟择地购机仿造新式快枪，向德国侣佛名厂订购机件，复在清远之大有村购地设厂。旋以距省太远，转运不便，因在石井局旁购地扩充，是为今之制造兵工厂，而以旧西局改为黑药弹子厂（一名西厂）及炮械分厂（一名北厂）。此其沿革之大略也。

（丁仁长、吴道镕等纂：《番禺县续志》，卷四，建置，民国二十年刻本。）

〔清同治十三年，广东广州府〕 机器局，在文明门外聚贤坊，旧为常平仓地，并购民铺十余间,于同治十三年督抚会同奏请创建,试办机器,仿外洋制造枪炮、轮船各武备焉。(档册两广总督瑞麟、广东巡抚张兆栋附驿片奏略曰:"近年讲求武备,以练习火器为先,而枪炮火药等项来自外洋者,尤为精致。轮船一项,驾驶迅速,亦缉捕所必需。粤东自军务平定以来,筹办善后,水陆巡防及查缉各属土匪,需用军火各件多赴香港等处采买。同治五年暨六、七两年,经臣瑞麟先后购买大小轮船七号,在于内河外海各处巡缉,地方赖以安靖。复又筹款购买大小洋炮,存储省局,以便操演。惟军火采诸外洋,所费甚巨,且轮船汽机时有损坏,必须赴香港修补,办理亦多周折,莫若置买机器,自行修造,以期省便。先经募匠仿照外洋新式制造抬枪,分给各营练习,极为便捷合用,随后查有在籍候选员外郎温子绍等,精于机器,即于省城设立军装机器局一所,委派该等在局经理,于同治十二年兴工。自开局以来,购置车床、刨床各项器具,将应用枪炮火药均仿外洋造法,陆续试办,各号轮船遇有损坏,亦即由局修葺。现又拟造内河轮船,为近者一带缉捕之用。臣等与各司道不时前往查看,洵属工作精良,著有成效。当试办之初,购买机器及制造机房、铁石、木料、铜器、杂费共支银一万四千九百八十五两有奇,局绅薪水及各项匠役工资饭食杂用每月约支银一千二百余两。其修造各项,随时核实开支,俱由善后局等给,将来制造日精,添器加工,尚须酌增经费,所有动支帑项,例应报销,据善后总局司道等详请奏明立案前来,臣等谨合词陈明云云同上。")

(清 戴肇辰等修,史澄等纂:《广州府志》,卷六十五,建置略五,清光绪五年刻本。)

〔清光绪二年至三十一年,广东广州府番禺县〕 黄埔船坞,光绪二年向英人购回,订限二十五年始准修造船只。光绪二十六年,限满,以未筹得款,暂行租商承办。光绪三十一年,收回归官办理。

(梁鼎芬等修,丁仁长等纂:《番禺县续志》,卷四,建置,船坞,民国二十年刻本。)

〔清光绪十六年,广东广州府番禺县〕 开平官煤局,在永清门外珠光东,约光绪十六年建成,为购运开平煤斤起岸屯储之所。

(梁鼎芬等修,丁仁长等纂:《番禺县续志》,卷四,建置,局厂,民国二十年刻本。)

〔清光绪三十三年,广东广州府番禺县〕 士敏土厂,在河南草芳园,光绪三十三年建成,由两广总督聘延德国工程司用机器制土,建筑堡垒等,较华产灰土为坚固,计购地、购机器并建厂共费银六百余万两有奇,报部有案。

(梁鼎芬等修,丁仁长等纂:《番禺县续志》,卷四,建置,局厂,民国二十年刻本。)

〔清光绪三十三年,广东广州府番禺县〕 官纸局,在永清门外堤岸,光绪三十三年建成,印刷各官署所用纸张发售之所。

（梁鼎芬等修,丁仁长等纂:《番禺县续志》,卷四,建置,局厂,民国二十年刻本。）

〔清宣统元年至民国二十年,广东番禺县〕 电力公司,在靖海门外堤岸,机厂在五仙门外堤岸。宣统元年六月,向英商旗昌行购回,官商合办,纯系华人股份,每股银十元,共股本银一百五十万元,电机一千三百匹马力。后完全改归商办,增加股本共三百万元,机力递年增加,现有机力一万六千启罗华德。

（梁鼎芬等修,丁仁长等纂:《番禺县续志》,卷十二,实业,工商业,民国二十年刻本。）

〔清代以前至民国二十四年,广西罗城县〕 县属磺矿,在清代以前,均由人民自由挖采,转卖与炼磺炉户。炉户再将磺矿炼成纯磺发售。至清光绪中叶,始有官办设立官磺局收买纯磺,转运出外销售。迨至民国初年,改官办为商办,设立公司收买纯磺。至民国二十三,公司停办,仍由人民自由挖采。至煤矿历来俱由附近矿岭之人民自由挖采,卖给本地为燃料。近来虽有商人到来采买,均系肩挑,运输不多。云母石、石棉二种,民国五六年,虽有外商到来开采,因矿质欠佳,售价低廉,亦因失利停办。

（江碧秋修,潘宝篆纂:《罗城县志》,经济,产业,矿业,民国二十四年铅印本。）

〔清光绪初年至民国二十三年,广西贺县〕 西湾煤矿局始于清光绪初,商人开采,运销粤东官局。宣统间,改官办,任张继龙总理,以篷搭为局,就地收煤,兼收锡砂、锡块。乃建工程局购德国机器,开井车水采煤,亏折停办,耗机器价值数万金。乃专收锡,商人领照淘洗鼓铸,由局给费用、器具。锡归局运,禁私售。宣统末年,贺县城破,停办。民国初,杨道成、李春晖、何治方相继任事,踵而行之,间以人工采煤,筑方城于香炉岭上,于山半峙,洋楼山下,建兵房十余间,山腹工程局、汽机房、屯煤场皆工人住所。山腰筑路萦绕如带,蜿蜒数里,直达西湾河岸,驾铁轨运煤至西湾下游大樟树旁煤场屯积。……民国九年,时局纷扰,复停办,至今煤矿未开复。

（韦冠英修,梁培煐、龙先钰纂:《贺县志》,卷四,经济部,官营事业,民国二十三年铅印本。）

〔清代后期至民国二十四年,广西迁江县〕 矿产:金属铁矿在陶邓乡属,当清季时邑人曾集资开采铸锅。非金属煤矿,北泗乡合山岭,面积数百亩,历年均有外商集股开采,二十三年有合山公司来迁续采。矿业:在前有同德、同福两公司开采,旋以失利停办。二十三年,合山公司复办,现经理人陈经三为股长,用汽车运输到迁江河岸,用民船运往大湾,驳汽船运往粤东。现又测量轻便铁路,改道由煤山直达大湾,此举惟尚未完全实现。

(黎祥品、韦可德修,刘宗尧纂:《迁江县志》,第四编,经济,矿产及矿业,民国二十四年铅印本。)

〔民国初年至二十三年,广西贺县〕 富贺钟锡矿局,昔由煤矿局兼办,经时局纷扰,停顿数年。至民国十四年,王应榆奉委清乡总办,嗣委为富贺钟矿务整理处处长,准由商人领照开办。锡归局运,力崇节俭,不费资本,卓著成效。旋调粤去后,锡矿局改委员制。今改广西建设厅驻富贺钟办事处,锡极旺。

(韦冠英修,梁培煐、龙先钰纂:《贺县志》,卷四,经济部,官营事业,民国二十三年铅印本。)

〔民国二十二年至三十年,广西宾阳县〕

广西企业公司陶瓷厂调查表

名　称	成立年月及沿革	组织内容概要	年支经费金额及其来源	公产公款数目及保管情形	备　考
广西企业公司陶瓷厂	本厂最初系由商民组织董南公司,设厂于渌思村,因资本缺乏,未及出品,遂告停顿。二十二年八月,由广西省政府出资接办,更名为宾阳瓷器厂。旋因厂址不敷应用,于二十四年十二月由广西省政府前后增拨资金十二万元,在芦圩建筑新厂,并充实各项设备,更名为广西陶瓷厂。至民国二十六年五月正式成立,至三十年九月由省府拨归广西企业公司接办,乃更名为广西企业公司陶瓷厂。	本厂设经理、副经理各一人,下分设总务、技术、会计三课。	本厂资本金额4 715 635元零9分,年支经费1 307 988元,一部分由企业公司拨发,一部分系营业收入。	厂内现有厂屋十五大座,发动机二部,作业机三十部,均由厂直接保管。	1. 本厂公产系就其大者填列,其他未及一一尽列。2. 本厂并无固定公款。

(胡学林修,朱昌奎纂:《宾阳县志》,第四编,经济,丁,产业,民国三十七年稿本,一九六一年铅字重印本。)

〔清光绪三十年至民国年间，四川华阳县〕 白药厂，在高板桥侧，清光绪三十年川督锡良开办，购置外国机器，雇用外国技师，专造各种弹药，成品尚精，军实攸赖，民国仍之。

（叶大锵等修，曾鉴等纂：《华阳县志》，卷三，建置，工业，民国二十三年刻本。）

〔清光绪三十年至民国二十三年，四川华阳县〕 清末，劝业道周善培，于光绪三十年，始租借东城外白塔寺侧，近慈惠堂地基一段，建筑厂房，名曰惠昌，专造红头火柴，岁可销售千箱左右，纯为官办。约载二十年为期，期满官厂房屋全由慈惠堂收回。截至民国十三年，租约届满，经前将军周道刚、前政务厅长徐孝刚与督理杨森婉申前约，并请将官厂所余器具、物料完全拨交，借以补助善举事。幸得谐慈惠堂既接收后，重加整理，易名培根火柴厂，并呈部注册。适红头火柴已奉部文禁用，乃复改造黑头，出品甚良，略可抵制外货，而价值则较低三分之一，以是销行日广，岁获余利多乃近万，少亦数千，除略以红息奖藉在事员司外，余悉补助慈善费用。同时复有星火公司一家。又民国十七年，周道宏等亦于东门外莲花池侧建造厂房，营火柴业，成品稍逊，销路滞塞，惜两家皆不能振，独培根尚增进无已。

（叶大锵等修，曾鉴等纂：《华阳县志》，卷三，建置，工业，民国二十三年刻本。）

〔民国八年至二十八年，四川巴县〕 炼钢厂，倡议自民国八年熊克武督川时。其后熊氏去职，事竟无成（所购美国机械有运到者存铜圆局）。及二十三年，善后督办刘湘驻节重庆，乃卒成之，厂址在龙隐镇，已由国民政府军政部接管。

（罗国钧等修，向楚等纂：《巴县志》，卷十二，工业，采矿冶金工业，民国二十八年刻，三十二年重印本。）

〔民国十五年，四川遂宁县〕 明星电灯公司，在龙神祠，民国十五年成立，由官绅合办。

（甘焘等修，王懋昭等纂：《遂宁县志》，卷七，实业，工业，民国十八年刻本。）

〔清嘉庆年间至民国三十一年，云南巧家县〕 东川各厂开辟已久，逊清嘉、道间为最盛时期，各厂皆设委员，由部领款，采办铜斤解京鼓铸制钱，清末并设矿务大臣领其事。民国光复，京厂之制废，前都督兼省长蔡松坡将军发起官商集股设立公司之议，公司于是成立，时为民国二年三月。次年遵矿业条例，请领矿区，至今已有二十余年之历史。……在民国八年以前，铜之产量每年七八十万斤以至一百一十余万斤，大抵视销情之畅滞为增减，每年产额由川商运销成都、重庆者约占十分之七八,盖川滇连壤,运费较轻,供求两方皆有相需之势也。民九以后,金融紊乱,生活程度增高,加以地方不靖,产销皆受阻碍,年复一年,出货堆积如山,各厂商资本积压,几至无法活动。幸民国二十五年以来,上海金属市价日渐上涨,东川公司已将各厂存货加紧运省陆续出售。……抗日军兴后,军事委员会所属之资源委员会来滇,计划开办资源,与云南省政府合组滇北矿务股分有限公司,股本定为国币二百万元,资、省双方各认其半,原日东川公司矿业权由滇省府收回,移转滇北所有。东川经营之矿山、房产、器材等项,概行估价移交滇北接收,作为滇省府应筹交股本之一部分,业于民国二十八年三月内换文备案。

(陆崇仁等修,汤祚等纂:《巧家县志稿》,卷七,工业,物产,民国三十一年铅印本。)

〔清宣统二年至民国十三年,云南昆明〕 商办耀龙电灯公司,系股份有限组织。发电厂在昆阳县属之石龙坝,距省八十五里。办事处在省城升平坡,清宣统二年一月设立。股本总额二十五万六千九百九十元,官股七万六千五百八十元,商股一十八万零四百一十元。商股股东二百五十一户,总理华封祝,协理毕近斗。分为营业、工程两部,设有三相交流发电机二部,每部容量 300 KVA(三百开唯爱),全市安设常灯、表灯共一万五千余百照,电表一千零三十个,每月供给各工厂之电量计 400 KW(四百基罗瓦特),每月共收入灯费一万五千余百元,马力费八百余十元。

(张维翰修,董振藻纂:《昆明市志》,公用事业,电灯,民国十三年铅印本。)

〔民国五年至十三年,云南昆明〕 云南自来水股份有限公司,由市政公所直辖,设于五华山西面升平坡街,民国五年二月兴工,九年五月成立,股本总额一十四万六千一百三十元,官股一十万零三千五百六十元,商股四万二千五百七十元。商股股东七十五人,前任总理丁绍文,后任总理华封祝,现任协理丁绩。分营业、工程两部,设有取水机二部于翠湖之九龙池,借用电力取水。每取水时,只开用一部轮流取水。滤水池设置于五华山西面,每日能蓄水九百立方法尺。现所安出之水盘、水表、龙头,约计每日使用水量六百立方法尺,由各街安设之总铁管用铅管接入分水表、龙头两项。至使用方法,水盘系安于各街市,包与挑水者管理,由挑水者挑送各愿意用自来水之住户。现计安出水表三十九户,安出龙头一百零六户,安出水盘四十四具,而水表、龙头尚陆续增加。每月龙头共收入水费二百二十四元,水表共收入一百九十八元二角,水盘共收入二百九十元。

(张维翰修,董振藻纂:《昆明市志》,公用事业,自来水,民国十三年铅印本。)

（三）民间资本企业

1. 工业

〔清光绪二十三年，上海〕 二十三年丁酉，青浦人夏粹芳在上海创设商务印书馆，资[本]十五万元。

（雷君曜撰，杜诗庭节钞：《松江志料》，杂记类，抄本。）

〔清光绪至民国年间，上海〕 商务印书馆：是馆发行所设于上海英租界，其在闸北宝山路者为编译印刷所。光绪二十三年，由夏粹芳、鲍咸恩、鲍咸昌、高凤池诸人创办。初仅合资数千元，税屋于上海英租界。越二年，设编译所，海盐张元济主其事，营业自此推广。迄三十三年，县境结一图内宝山路自建厂宇落成，印刷、编译二部遂迁于此，逐年扩充，占地五十余亩。印刷所分铸字、雕刻、电气、制版、印刷、装订、制器、绘图、摄影各部，以总事务部领之（各部之中又析类繁多，一类之生徒皆专习一类之技能，此外如陈列、装箱、书栈，以及消防、疗病，每部各有主任，条理井然）。编译所分国文、理化、算术、词典、法政、地图、西文、东文、图画、小说、出版、庶务各部，以总编辑部领之（又附设各种杂志及英文函授、师范讲习等社，多至十余社，借以促进文明，且辅印刷品之发达）。现出版图书在二千三百种以上，职员、技师、工匠多至三千余人，当推广之际，购地、建房、置器，需资浩大，不能不取给于外股。迨民国以后，续募商股，将外股设法收回，资本已增至二百万元。此不惟邑境最大之商厂，抑亦吾国空前之商业也。

（钱淦等纂：《江湾里志》，卷五，实业志，商业，民国十三年铅印本。）

〔民国十一年前后，上海〕 商务印书馆：该馆自十一年增加资本，现今收足五百万元，香港印刷局、上海第五印刷所、虹口分店均先后增设，内部各种机器现有一千二百余架，自造者不少。职员约一千人，男、女工友约三千五百人，女工约占男工百分之三十，各省分支馆局职员工友约一千余人。

（吴葭等修，王钟琦等纂：《宝山县再续志》，卷六，实业志，工商业，民国二十年铅印本。）

〔清光绪三十年后，上海〕 光绪三十年，邑人朱开甲，字志尧，于南市机厂街创设求新机器厂，制造新式机器。数年以来，成绩灿然，所制如十五丈长汽船、自来水厂用每日出水四百万加仑引擎傍〈泵〉浦、一百五十匹马力卧式锅炉、七吨重滚路机、一百八十尺长趸船、四十尺自鸣浮筒、六十五尺长铁路桥、汽船用五百匹马力双火膛汽锅、火油引擎、抽水机、汽船用汽力起锚机、铁路汽车火油引擎、连珠斗挖泥船、火油引擎、碾米机均有,各供各处之利用,定购者日多。

（吴馨等修,姚文枬等纂：《上海县续志》,卷八,物产,民国七年刻本。）

〔清光绪三十三年前后,上海〕 上海工厂甚多,而以高昌庙之制造局为最大。他若虹口之船坞、董家渡之造船所,则为西人之产业。更有缫丝厂、纺织厂,往往托洋商之名,实为华人之产。又如舂米、药水、造冰、造纸、肥皂、玻璃、干面、自来火等厂,名目繁多,不一而足。此种工厂,或用男工,或雇女工,资本既巨,收利自厚,工业可称进步矣。

（李维清编纂：《上海乡土志》,第一百三十六课,工厂,清光绪三十三年铅印本。）

〔清光绪末年至民国年间,江苏宝山县〕 境内工厂,邑人所创办者大都为棉织类,盖一因妇女素谙纺织,改习极易；一因土布价落,设厂雇工兼足维持地方生活也。淞口以南接近沪埠,水陆交通尤适宜于工厂。故十年之间,江湾南境客商之投资建厂者,视为集中之地,而大势所趋,复日移而北。自棉织以外,凡金、木、玻璃、卷烟以及化学制造之属略备。兹汇类列如下,并以工场及习艺所附焉。

各项工厂表

类 别	厂 名	备 注
棉织类	裕 生	光绪三十年,邑坤王钟琦、黄炳辰、王钟瓒等集股并呈准拨存公款创办,今设机一百三十乘。
	大 成	光绪三十二年,甬人华达生经办,设机一百五十乘。
	三友实业社	民国元年,沈九茂创办,设机一百八十乘。
	裕 民	民国二年,邑绅黄炳辰创办,设机六十乘。
	信 通	民国二年,甬人姚福康经办,设机六十乘。
	春 涵	民国二年,沪坤黄庆澜创办,设机一百五十乘。
	公 兴	民国四年,集股开办,设机一百六十乘。
	康 庆	民国四年,梁蔼吉创办,设机一百六十乘。
	康 爱	郭素珍创办。
	华 纯	唐文华创办,设机五十乘。
	先 声	卓汪业创办,设机八十乘。
	隆 茂	民国四年,由上海泰隆分出,设机一百乘。
	惠 民	民国六年,邑人季光周、徐纪钟创办,设机六十乘。

(续表)

类别	厂名	备注
金木工类	森和 共和 赓和 美华利 振余 恒丰 新协记	 以上三家均称风琴厂。 孙梅堂创办,男工一百名。 甬人唐洋瑞创办,牌号称振余物产厂,兼制信封、信笺。 系制照片、洋画之镜边。 同前。
玻璃类	中华 宏大 宝山玻璃公司	曹凤标创办。 陈千里创办。 民国五年,日商设。
卷烟类	人和 中国贫民工厂	宣统元年,王宝训创办,常年需男女工三百五十余名。 仇理卿、陆济川等集股创办。
化学类	德成 怡茂 华通 福茂 富华 爱华 华冒 科学仪器馆 震旦制药厂 天然制墨厂 油脂工业厂 防疫药水厂	沈庆桂创办,原料用动植物油、曹达盐。 董瑞成创办,原料同前。 华英药水厂改设,原料同前。 孔春林创办,原料同前。 原料同前。 原料用牛羊油、曹达香料。 原料用磷质硫黄、盐酸钾,常年需男女工一百五十人。 粉笔原料用石膏,光粉,洋浆糊用小粉、硫酸,兼制教育用品。 原料用西药、树胶。 杜之江创办,原料用硪硫、烟炱、颜料、硫酸。 杜之江经理,原料同前。 辟瘟水,俗名臭药水,原料用杀虫西药。

(张允高等修,钱淦等纂:《宝山县续志》,卷六,实业志,工业,民国十年铅印本。)

〔清光绪末年至民国初年,江苏崇明县〕 崇之工作物,以棉布为最盛,每岁航运至淮北、山东、盛京者,约三百万匹,利亦溥矣。然自洋布盛输,而销数遂减,则以布质细密匀白不如洋布也。光绪三十年间,有人组织公司,距久隆镇三四里创设纱厂,其规模伟大可观。制纱极多,由是土布之向用手摇纱者,自始改用机纱。今邑中有识之士,复虑洋布之输入不绝,利权犹外溢也,乃于城市区试办布厂,年成各色花布万余匹。近更仿办有成,后必收效无穷。

(昝元恺编:《崇明乡土志略》,第十八页,民国十三年石印本。)

〔清宣统元年至民国四年，江苏川沙县〕 夏获鱼鲜，须用冰制，向因购自上海，殊形不便。自清宣统元年，周兰村等集股在八团北一甲白龙港南，租地建造冰厂一座。年来销路日广，在横沙各渔船多向购用，获利颇丰。民国四年，复有人集资设厂，以谋扩张营业。十一年九月，邑人顾家会等又在八团南三甲海滩，股设冰厂，呈准县知事严森出示保护。

（方鸿铠等修，黄炎培等纂：《川沙县志》，卷五，实业志，渔业，民国二十六年铅印本。）

〔民国初年，江苏宝山县江湾里〕 化学工艺，如西江小学之天然朱墨，曾经试制发行；北四川路之人造石，可琢为浴盆、桌凳，光洁异常，其艺或云传自日本。至各项工厂，以接近沪埠视他区为独多，凡金、木、玻璃、卷烟，以及化学制造之属略备，然皆由客商组织，土人鲜有投资者。

（钱淦等纂：《江湾里志》，卷五，实业志，工业，民国十三年铅印本。）

〔民国三至十七年前后，江苏宝山县〕 邑境工业状况，一如《续志》[①]所载，近年来无甚进展，只各项工作略有增减，兹汇表如下：

各项工厂表

类别	名称	成立年月[民国]	地址	倡办人或经理姓名	资产数	机件数	工人数	出品	年产量	商标	备考
棉织类	震亚	三年	闸北伦教路	杭树敏	300 000元	10	21	布	100 000元		近更增添机件，推广营业
	义和	三年	闸北中华新路	张九中	80 000元	20	224	线袜、毛帕	30 000元		
	惠民	六年九月	城内县前街	徐纪钟	10 000元	200架	300	毛巾	70 000打	山字牌	
	鸿大	七年七月	闸北民德路	喻鸿泉	6 000元	4	20	线绳	13 000枝	雁阳	
	三星	七年八月	城内杨家弄	郁季贫	10 000元	104架	140	毛巾	45 000	电光牌	
	聚昌	十三年六月	闸北永兴路	崔公安	200 000元	60	120	布	20 000匹	聚宝盆	
	永安	十五年九月	闸北虬江路	范老二	1 500元	10	20	蜡光线	3 200斤		
	安禄	十六年二月	西门外大街	余益甫	3 000元	100架	150	毛巾	30 000打	眼睛牌	
丝织类	文记	八年	闸北横浜路	经悌生	40 000元	0	40	华丝葛			近更添织丝袜
	振兴	十七年	江湾南体育会路	金德庆		20	65	绸缎		只狮	
	国华	十七年四月	江湾南字街	沈仲仁陈济堂	20 000元	54	120	绨、绉、绸、葛			
	华纯	二年	闸北中华新路	徐志诚	70 000元	50	180	纱线、丝袜	40 000	本牌	
金木工类	美华利	二年	闸北横浜路	孙梅堂	100 000元	20	37	钟表	20 000元	本牌	
	东位	二年二月	江湾阙五图公兴桥	袁忠雷	10 000元		50	轧棉花棍	10 000枝	钱罐牌	
	涌昌	四年五月	闸北狄思威路	邢张氏	1 000元		5	生铁机件	4 000担		
	薛鸿	六年	闸北满洲路	薛鸿奎	1 500元	1	14	织袜机	600架	金鼎	
	永安	九年九月	彭浦二图	郭标	100 000元		160	西式木器	60 000元	本牌	
	森林	十年八月	闸北虬江路	吴春钧张焕	20 000元	8	450	藤柳器	210 000件	树林	
	泉鑫昌	十一年	闸北新民路	江云楚	1 500元	5	15	机器	60架		
	森业	十二年	闸北顺徵路	徐森业	300元	2	6	帆布床	3 000架		
	上海	十三年五月	闸北虬江路	齐辅生	9 000元		60	风琴	2 000架	双凤	

(续表)

类别	名称	成立年月[民国]	地址	倡办人或经理姓名	资产数	机件数	工人数	出品	年产量	商标	备考
	金昌	十五年	闸北新疆路	邬金元	3 500元	8	21	打水印刷机器	35架	天秤	
	五昌	十六年一月	闸北狄思威路	杜福根	900元		5	生铁机件	300担		
	中国	十三年三月	江湾阙五图东八字桥	陶柱林	20 000两	13	41	木器			
	义昌兴	十七年	闸北新民路	奚连荣	12 000元	2	6	机器	20 000元		
玻璃类	谦虚	十年四月	彭浦中山路	陈芝龄	20 000元	2	50	玻璃灯泡	24 000打	铁锚	
	广泰明	十七年三月	虬江路	钟香林	1 000元		3	灯泡	70 000只	三四	
卷烟类	永泰	十一年六月	闸北虬江路	郑家衍	30 000元		150	雪茄烟	4 000 000枝	红妹	
	人和	十五年一月	闸北虬江路	张友梅	30 000元		80	雪茄烟	3 000 000枝	老人头	
搪瓷类	铸丰	十年	闸北恒业路	童季通	1 000 000元	50	53	搪瓷	200 000元		
化学类	求和	清宣统元年	闸北民生路	叶廷钟	150 000元	30	65	化妆品	70 000元		
	香亚	元年	闸北香山路	陈翊周	100 000元	30	75	化妆品	50 000元		
	民生	二年	闸北宝山路	赵养纯	50 000元	5	67	纸	20 000元		
	永和	五年	闸北中华兴路	徐炼甫	50 000元		34	染	20 000元		
	信华	五年	闸北伦敦路	朱瑞生	150 000元	30	8	肥皂	80 000元		
	振华	七年	彭浦谭子镇	邵晋卿	200 000元	6	50	油漆	200 000元	本牌	
	南阳	十二年三月	彭浦中兴路	张梅轩	20 000元	3	20	肥皂洋烛	皂30 000箱 烛10 000箱	本牌	
	胡开文	十三年三月	彭浦南山路	胡开文	3 000两		38	墨	6 000斤	本牌	
	亚细亚	十三年三月	彭浦中兴路	毛鲁卿	100 000元		12	臭药水	800 000加仑	双刀	
	新昌	十三年五月	彭浦中兴路	吴润身	10 000元	2	10	肥皂	40 000箱	鹿头	
食品类	广裕源	元年一月	闸北虬江路	陈元球	10 000元		16	猪油	6 000担		
	中华协记	三年	闸北华兴路	屠开征	4 000元		11	饼干	50 000磅	华字	
	润泰祥	十年二月	闸北吴淞路	张篆初	12 000元		25	猪油	1 200担	金钱唛	
	广同昌	十一年四月	闸北邢家桥路	朱炳森	1 000元		10	猪油	300担		
	兰香	十二年十一月	闸北北四川路	高印愚	1 000元			糖果			
	兴利	十四年二月	闸北北四川路	徐杏泉	5 000元			面包			
	裕兴隆	十五年	闸北士庆路	邓吉卿	4 000元		6		480担		
	合昌	十七年六月	江湾体育会路	崔文甫	30 000元		11	火腿猪油	腿300 000 油200 000磅	雄鸡	
丝经类	楚信	元年	闸北宝山路	程瑞庭	200 000元	30	47		100 000		
	鼎源	元年	闸北宝山路	吴在明	150 000元	100	526		80 000元		
	大伦	二年五月	闸北会文路	吴淞岩	20 000元	200	500		300担	青龙	出品双宫丝
	勤丰	三年	闸北宝山路	曹次勤	100 000元	20	29		5 000元		
	天成	三年	同前	汪介卿	50 000元	10	27		20 000	本牌	
	盈丰	十四年	彭浦金九图	陈福生	12 000两	240	500		300担	本牌	
	正大	十四年	彭浦金七图	姚镜波	20 000两	288	400		450担	三鹿头	
	丰泰	十四年	彭浦金二十三图	孙荣昌	40 000两	416	1 200		800担	金双豹	
	胜定	十五年	彭浦金七图	蒋润余	200 000元	208	400		430	汽油船	
	鸿伦	十五年六月	江湾阙五图公兴桥	宋镇洋	15 000元	2	600		300担		
	大伦	十六年	彭浦金七图	吴孝东	10 000两	150	320		355	本牌	
	永昌	十七年	彭浦金二十三图	钱筱琴	14 000两	200	400		300担	本牌	
	鑫源隆	十七年	彭浦金十一图	谢之灿	6 000两	288	560		450	本牌	

(续表)

类别	名称	成立年月[民国]	地址	倡办人或经理姓名	资产数	机件数	工人数	出品	年产量	商标	备考
丝头烂茧	东亚	七年	闸北蒙古路	李元璋	3 000两						
	聚与	十三年	彭浦金九图	徐兴记	4 000两		15		400		
	大纶	十三年	同前	吴松岩	4 000两		15		400		
	志成	十六年	同前	甘志宏	5 000两		16		500		
	隆泰	十六年	彭浦金七图	甘蕴高	4 000两		15		400		
制生牛皮类	喊士	十一年	江湾南屈家桥	何觐林	30 000元	16	40		140 000磅	警犬牌	出品底皮、虎纹皮
	精益	十二年	江湾阚五图八字桥	周文林	100 000元	6	90		400 000磅	鹿牌	皮出品红皮、白皮
	闸北	十五年三月②	闸北虬江路	美人耐而司	30 000元	7	6		4 000张		
	振华	十五年七月	黄玉堂		4 500元	2	15		5 000磅	雄鸡牌	出品底皮
	亚洲	十六年	江湾南屈家桥	霍实子	4 000元	2	10		10 000磅		出品红绿底皮
	大南	十六年	江湾谈家宅	钱昌淦	120 000元	14	25		200 000磅	三角牛头嚤	出品底皮鞋面皮
鬃毛类	恒顺泰	四年	闸北宝山路	仑星耀	300 000元		40		100 000元		
面粉类	中华	十一年	彭浦谭子镇	周敬之	80 000两	1	87		500 000包	丰记	出品面粉
花衣类	合兴义	清光绪三十三年	真如荷栏桥南	杨荣逵	50 000元	15	40		5 000担	本牌	
	松尾	十七年五月	闸北邢家宅路	日人松尾	1 500元	6	25				

① 张允高等修,钱淦等纂:《宝山县续志》。
② 原文为十三年三年,误。

(吴葭等修,王钟琦等纂:《宝山县再续志》,卷六,实业志,工商业,民国二十年铅印本。)

〔民国十年以后,江苏宝山县吴淞〕 华丰纱厂:国内纱厂大多为外人所经营,欧战获利颇巨。时沪上巨商聂云台、钱新之等谋挽回权利,集资二百万元,组织华丰纱厂于吴淞蕴藻浜畔,占地一百余亩。于十年六月开始成立,推王正廷为经理,内部有细纱车一百部、二万五千六百锭,及其他各式机件一百余部,出品有三十二支、四十支等纱,每年可出一万余件。初以"炮台"为商标,后改为"云鹏""蓝凤",日夜工人有一千以上,规模宏大,信誉卓著,一时畅销各地,颇有振兴国货之象。讵自十二年九月以后,营业日趋亏损,以致停工,后竟抵押于日本东亚公司。十三年十月,日华纺织会社派原亮七郎等来沪整理开工,大好事业不转瞬已拱手让人矣。近经日人加添新车,较见发达。

(吴葭等修,王钟琦等纂:《宝山县再续志》,卷六,实业志,工商业,民国二十年铅印本。)

〔民国十年,江苏宝山县月浦里〕 本处僻海滨,交通不甚便利,除普通工艺外,并无工厂创设,普通女工多恃纺织以营生者。近自洋纱盛行,土布价值又复衰落,获利渐薄,业此者仍墨守成法,不知改良。民国十年,里人张鉴衡在北弄本宅创办裕民棉织厂,设机三十余乘,专织毛巾,运销上海。

(陈应康等纂:《月浦里志》,卷五,实业志民国二十三年铅印本。)

〔民国十四年,上海〕 永安纺织公司第二纱厂:该厂原名"大中华纱厂",十四年冬,出售于永安纺织公司,为第二纱厂,地址在吴淞镇西段蕴藻浜畔,占地二百余亩,经理为华侨郭顺,资产数六百万元,大小机件六百余部,男女工友四千余人,商标"金城""金钱"两种,年产棉纱两万余包,亦国内有数大纱厂也。

(吴葭等修,王钟琦等纂:《宝山县再续志》,卷六,实业志,工商业,民国二十年铅印本。)

〔民国十七年,江苏宝山县〕 宝兴纱厂:该厂为余葆三等倡办,经理陈耕莘,设于刘行顾村,十七年十一月成立。占地四十余亩,资本三十万两,锭一万三千,男女工约六七百人,出品有十四支、十六支两种,年产约七千余包,以"红宝星"为商标,原料除就地收买上白棉花外,复采购美棉及陕西、汉口等棉施用。该厂之开设于刘行也,经董顾鸿儒实促其成。盖刘行素贫窘,得是调剂,民生可稍裕,故顾君尽力奔走其间。

(赵恩巨修,王钟琦等纂:《宝山县新志备稿》,卷五,实业志,工商业,民国二十年铅印本。)

〔民国二十六年前后,江苏奉贤县〕 洋窑,在泰日桥东北五里,里人杨思峰于此设有砖瓦窑,抗战前,曾以电力烧制洋瓦,故名。

(奉贤县文献委员会编:《奉贤县志稿》,奉贤县志料拾掇,疆域,据民国三十七年稿本复制胶卷。)

〔民国二十六年以后,江苏嘉定县曤东地区〕 施相公庙,南新木桥与罗店之间,施相公庙桥北堍,蒲华塘人练祁塘口,北距范家桥四里,居户五六,村店二三,最近设有地货行。蒲华塘口之西,有旧式油坊一所,系陆姓经营,营业发达。"八·一三"役后,该坊之西首,有李姓增设一新式榨油轧米厂。

(吕舜祥、武蝦纯编:《嘉定曤东志》,一,区域,市集,民国三十七年油印本。)

〔民国二十六年以后,江苏嘉定县曤东地区〕 俞家桥,钱家桥北三里,桥架华亭泾,东堍属曹王乡(南为往二十九图北柰圩,北为往二十八图),西堍属徐行乡伐三十二图。沿华亭泾西岸,自南至北,列肆东向,成直线形街道,旧有商店六七家,中有一旧式榨油厂,业已停工。"八·一三"役后,南首由俞天寿氏开设新式轧米榨油厂。

(吕舜祥、武毦纯编:《嘉定疁东志》,一,区域,市集,民国三十七年油印本。)

〔民国二十七年,江苏奉贤县〕 顾同发榨油厂:由华申纱厂北行,经新桥国民学校至新桥,有店铺二三,沿军路港再北行,即抵坎烟缕缕、机声轧轧之顾同发榨油厂。厂主任周君承导参观并称:本厂于二十年前由里人顾海滨发起先设榨油厂,现内设主任一人,以下会计、事务等职与华申纱厂雷同。业务方面,分榨油、辗米、轧花三部,现辗米暂停,榨油、轧花二部分均在开工,原动力有引擎二架,马力为十四及十四匹。该厂备有堆栈,房屋历年添建甚多,河边舟舣三五,正在起卸货物。每年植物油、豆饼、食米、花衣、农业制成品,由该厂外运甚多,为吾奉东北重要工厂之一。自此东行,在界河以南,尚有殷荣良创设之振新花厂,其范围较顾同发略小。附近小型袜厂甚多。综观新桥乡区,实为吾奉工业之示范区也。

(奉贤县文献委员会编:《奉贤县志稿》,卷九,实业建设之沿革,据民国三十七年稿本复制胶卷。)

〔民国三十四年后,江苏奉贤县〕 吾奉新兴工业发动甚迟,尤以纱厂甚感缺乏。民国三十四年,新桥乡人顾海滨始发起设立纱厂,购宋鼎丰油车原址,并扩建厂屋,成立华申纱厂。内设主任一人,由唐金钟担任之,下分置会计、事务、工务、栈房等数科,规模宏远,推为吾奉纱厂业务之首。民国三十四年时,该厂初告成立,只有纱锭三百八十四枚,经逐年添置,已有二千五百四十枚,采用就地所产浦东棉,纺制十六支海龙牌棉纱,大都充制造毛巾之用。内部职工现共有二百人,每日可制棉纱六件。该厂装备电灯,故兼有夜工。因工人待遇尚厚,且供给膳宿,故劳资双方颇为协调,业务日益进展,最近并添建职员宿舍。综观该厂,条理井然,前途殊有进展之希望。厂中机械设备,颇属新型而齐全:关于原动力方面,该厂备有马达二、引擎三,每部均有马力三十匹,全部机械由九十匹马力推动,最近该厂新置引擎一架,备有百匹马力;关于由原棉制成棉纱所经之纺织机械,备有清棉机一、梳棉机九、并条机二、头道粗纱[机]一、二道粗纱机细纱机七、摇纱机十一、打包机一。各机均有专门技工担任工作,故有条不紊。所制棉纱在上海、川沙市场均已有担〈相〉当之地位。吾奉于胜利后,因地方经济枯竭,致民间失业众多,除已有纱厂、花厂、米厂、榨油厂等政府应助其发展外,其他轻工业,功能吸收失业大众者，倘能先后设立，则其功迹岂可与普通事业同日而语。该厂设南邑入境之御，实为观瞻所系，事务能有显著进展，亦吾奉新兴之象也。

（奉贤县文献委员会编：《奉贤县志稿》，卷九，实业建设之沿革，据民国三十七年稿本复制胶卷。）

〔民国三十四年以后，江苏奉贤县齐贤桥镇〕　齐贤桥之工厂。奉贤工厂之多而业务发达者为：一、四团镇之新桥；二、青村镇；三、忠义乡之齐贤镇；四、庄行镇，而尤推齐贤镇于三十四年八月胜利后新兴者居多。兹略述之：民国初年，钱义隆轧花厂，继青村程恒昌花厂、分水墩陈云逵花厂之后，而居新兴工业之第三者。时吾奉栽种，均属棉花，甚少稻粱，故轧花厂于民国十年前后颇为繁荣。继之而起者，为陈葵卿所设之陈葵记轧花厂、方同和轧花厂。三十四年八月胜利后，钱义隆已改称为信裕，方同和原址被敌于二十七年一月焚毁，于南街另建房屋，开设方同和油车，业主仍为方永林。此为抗战前诸工厂仍在继续厂务者。抗战名将马柏生，于胜利后辞任县长，息影故里，即以发展实业为其晚年之事业，勉其子雪璋努力振昌花厂业务，并赞助地方人士从事实业。其荦荦大者，为顾兆丰设立之一新花厂及河东天丰花厂，以及卫穗荣所设之穗丰花厂。综观齐贤镇，虽遭敌人二度焚掠，而胜利后因地方人士热忱建设事业，故已气象一新，无疮痍之感矣。

（奉贤县文献委员会编：《奉贤县志稿》，卷九，实业建设之沿革，据民国三十七年稿本复制胶卷。）

〔清光绪二十八年至民国四年，上海〕　上海内地自来水公司，创始于清光绪二十八年（详《续志》），光复后仍由李钟珏经理。因前借款筹还原办人刘学询成本银一百二十五万，而公司原有地基、建筑、机器等资产仅值四十余万，上海市议会以前巡道蔡乃煌所断，成本过浮，请愿财政部将贷款拨济地方，被驳，以致公司负欠官款至百万之巨。四年冬，嘉兴商民姚福同等集股百万两，以七十万向财政部购得营业权。福同任总经理，复设副经理二人、董事七人、查账七人，复延邑士绅为名誉董事，向农商部注册。

（吴馨等修，姚文楠等纂：《上海县志》，卷十一，工程，水电，民国二十五年铅印本。）

〔清宣统元年，上海〕　上海内地自来水公司由粤商经办，积亏甚巨，势将售与洋商，地方绅商以主权攸关为言，经总工程局总董禀请苏松太道蔡[①]主持，收归地方自办。适两江总督端[②]闻悉情形，亦札饬蔡道筹议收回。本月间，蔡道莅局,邀集议董及各绅商会议,群以成本太重,必须大加减折。蔡道谓,数少不敷偿欠,时日迫促,迟恐生变。遂酌断规银一百二十五万两,由道保借大清银行、交通银行、义善源号银八十万两,复拨借商部生息款银二十万两益之,以存借各款以符定数。收回后,由官经理三个月,后再归地方自办。一面照会绅商筹集股份,以冀分期归还,均详两院,奏咨立案。

(杨逸、瞿庆普编纂:《上海市自治志》,大事记甲编,上海城厢内外总工程局大事记,民国四年铅印本。)

① 即蔡乃煌。
② 即端方。

〔清宣统二年至民国十三年,上海〕 闸北水电公司(未归商办时称水电厂),在舢舨厂新桥北潭子湾,清宣统二年成立。光复后,经省议会议决,用省款接办,为省营业。地方绅商屡请改商办,至十三年九月实行。江苏省长韩国钧以一百三十余万元之厂价,六十万[元]之营业权,售予商办筹备处,定名闸北水电公司。

(吴馨等修,姚文楠等纂:《上海县志》,卷十一,工程,水电,民国二十五年铅印本。)

〔民国十至十七年,上海〕 闸北水电公司。闸北水电厂……自省会规定用省款接办后,历年地方发展,供应范围日广,省厅财力较绌,未能适应需要。十年秋,闸北商民沈镛、徐春荣等议归商办,请于省公署,然省公署与议会主张两歧,相持不决者三年,始由施肇曾等组织商办闸北水电股份有限公司,集资三百万元,以厂价一百二十六万余元,营业权代价六十万元,承购省厂。十三年九月接办,举陆伯鸿、朱钧弼主其事。十六年冬、十七年夏,水、电两新厂先后告成。新水厂位于殷行乡剪淞桥北,占地一百五十余亩,水源取自浦江,全厂建筑纯为东方式,日夜出水量二千四百万加仑。新电厂亦在剪淞桥滨江而建,占地三十七亩余,发电量二万基罗瓦德。两厂厂基、设备、建筑等费约五百余万元,其水电之供给区域,以闸北、江湾、彭浦、殷行、引翔等市乡为主,而邻近之真如、大场、吴淞等乡之电流,亦皆由其转馈。设计之新颖,中西专家许为远东所仅见。

(吴葭等修,王钟琦等纂:《宝山县再续志》,卷六,实业志,工商业,民国二十年铅印本。)

〔清光绪三十二年至宣统元年,上海〕 上海内地电灯有限公司,在紫霞路,光绪三十二年总工程局总董李钟珏等提倡集股创设。先是,马路工程善后局禀准巡道设厂于十六铺桥南,电力甚微,只及于外马路及大码头大街一带,至是始易官办为商办，计集股本银十万两，价购小武当庙旧址（基地二亩五分七厘）建造厂屋，购置汽机、锅炉，竖设竿线，营业逐渐推广。宣统元年，添购电机，租设分厂于自来水厂内。

（吴馨等修，姚文枬等纂：《上海县续志》，卷二，建置上，水电，民国七年刻本。）

〔清光绪三十二年至民国七年，上海〕 华商电汽公司，在沪杭甬南车站之南，望道桥之北，二十四保方十二图。初，南市电灯创自马路工程局，设厂于十六铺南，灯数只一千十余盏。光绪三十二年改为商办，名曰内地电灯公司，定股本银十万两，实收六万数千两，价购小武当（即紫霞殿）旧址，设厂置机，并在斜桥分设小部分电机，租用自来水公司余地（在望道桥）分立支厂。董其事者为张焕斗，宣统三年改由陆伯鸿经理，焕斗辅之。灯数渐增至七千余。民国七年，开办南市电车，以电灯公司有直流电机多座，足敷电车之用，因缮具办法，请市政厅转呈民政总长核准，设车厂于南车站路，购地二十四亩九分有奇。电车用电本由电灯公司供给，至是灯公司患电力不足，车公司乃另购锅炉、电机各二座。于是有余电转售于灯公司，按度取值。嗣因两公司同一性质，宜行合并。议既定，遂于七年始改用今名，定股本总额为一百万元。

（吴馨等修，姚文枬等纂：《上海县志》，卷十一，工程，水电，民国二十五年铅印本。）

〔清宣统三年，上海〕 华商电车公司，在沪杭甬车站路，宣统三年内地电灯公司发起组织。先是总工程局成立，后即有美商古纳及东方万国公司要求兴筑，均以自行规划却之，至是始集股开办。

（吴馨等修，姚文枬等纂：《上海县续志》，卷二，建置上，水电，民国七年刻本。）

〔民国初年，上海〕 南市应办华商电车，前经城议事会议决有案。内地电灯公司总理陆熙顺，以内地电灯公司现储有直流电机多座，极合行驶电车之用，拟设华商电车公司，集股卅办，呈送办法八条，请予核准。当查试行电车，原系市乡公共管业之事，应予准行，并奉民政总长据呈照会，以外人觊觎南市，欲办电车，蓄念已久。忆当总工程局成立时，有美商古纳之函请，及东方万国公司之要求，均经议事会决议拒复。此次华商自行筹办，正以杜绝外人之觊觎。故经本总长特许兴办。惟外间议论颇不一致，应由市长于开临时议会时，将此事列入议案，请各议员公决追认，以息浮言。

（杨逸、瞿庆普编纂：《上海市自治志》，大事记丙编，上海市政厅大事记，民国四年铅印本。）

〔民国初年，上海〕 民国元年，电灯公司经理陆熙顺以南市应办电车以广交通，并以电灯公司有直流电机适合电车之用。先时，美商古纳及东方万国公司先后向当道请求承办南市电车，均经议事会议决拒绝。此次华商自行承办，呈请民政总长交由市长请议事会通过，并订立合同，专利三十年。是年二月，公司成立，集股本银二十万元，购得沪嘉铁路余地二十四亩九分一厘（每亩地价五百五十两），建设车厂，置自动车十二辆、拖车四辆、货车二辆。先在外马路行驶，自十六铺至董家渡，设双轨；董家渡至车站，设单轨。二年八月十一日，开始行车。三年，与法租界电车公司订立合同，在民国路自小东门至老西门各置路轨，互相行驶。十六铺浜基同时由公司填筑行车。五年，中华路小东门至小南门通车，而沪杭车站亦通车，至高昌庙直达小东门。六年，小南门至老西门通车。七年，老西门至高昌庙通车，于是西门可直达高昌庙。全路车轨均改为双轨矣。至是，路线分长路，路牌红（高昌庙至小东门）；车站路，路牌绿（高昌庙至西门）；民国路，路牌黄；中华路，路牌白，共四路。站口分长路、车站路、民国路、中华路各四站，以轨道计，合里数共十七里四二。于是马达车、拖车亦逐渐推广，惟电流仍由电灯公司供给，按表取值。嗣两公司合并为一，改为华商电气公司，定股本银元一百万元。九年，始行招足。十二年，增加股本一百万元（前后共二百万元），电车增至四十二辆（按电车乘客逐渐增多，三年，四百八十万五十八人；四年，七百八十七万八百九十人）。

（吴馨等修，姚文楠等纂：《上海县志》，卷十二，交通，轨，民国二十五年铅印本。）

〔民国七至十一年，江苏宝山县江湾里〕 电灯厂，在镇东杨家桥西首，民国七年春，甬人蔡春芳集股开办，定名为电灯有限公司。民国十一年，改设于殷五图奎照桥南。

（钱淦等纂：《江湾里志》，卷五，实业志，商业，民国十三年铅印本。）

〔民国七至十四年，江苏宝山县〕 电灯公司：邑境之有电灯始自闸北，今则各市乡多有组织公司开始营业者。兹汇表于后：

电灯公司表

公司名称	江湾电汽公司	宝明电灯公司	罗店电灯公司	真如电汽公司	大耀电灯公司
成立年月[民国]	七年一月	八年五月	十二年三月	十三年八月	十三年十月
倡办人	徐乾鳞等	沈耕莘等	孙志厚等	赵正平等	王式金等
资本数	30 000元	40 000元	30 000元	30 000元	20 000元

(续表)

公司名称	江湾电汽公司	宝明电灯公司	罗店电灯公司	真如电汽公司	大耀电灯公司
营业区域	江湾	吴淞、宝山	罗店	真如	大场
电气方式		高压交流三相三线式	高压交流单相二线式		直流二线式
常备总数 极端电力		五十五启罗华脱 二百二十伏尔脱	四十五启罗华脱 二百伏尔脱	三十七启罗华脱 二百二十伏尔脱	三十启罗华脱 二百二十伏尔脱
按月收费数		每度二角五分 每盏一元二角	每度二角五分 每盏一元四角	每盏一元二角	
备注	十四年十月归并闸北水电公司				

高桥一乡于十四年一月开灯,浦东电汽公司呈准经办,厂设上海境。

（吴葭等修,王钟琦等纂:《宝山县再续志》,卷六,实业志,工商业,民国二十年铅印本。）

〔民国八至十一年,上海〕 浦东电汽公司,八年一月,嘉定童世亨及邑人刘志涛、潘卓人、沈文彬、张蟾芬等发起设立,以浦东邑境为营业区域,呈准交通部立案,并向农商部注册。五月,开创立会,建发电[厂]于张家浜口南岸。九年十二月,通电放光。十一年,添购张家浜北岸地十亩,建事务所,并增建蒸汽透平发电厂,以备扩充输电,资本由五万元增至三十万[元],容量自一百二十基罗伏脱增至八百四十[基罗伏脱],线路纵贯洋泾、塘桥、杨思三市乡,南至周家浦,北逾洋泾港,绵亘三十余里。

（吴馨等修,姚文楠等纂:《上海县志》,卷十一,工程,水电,民国二十五年铅印本。）

〔民国十至十二年,江苏川沙县〕 川沙居黄浦之东,密迩沪滨。内河小轮,长途汽车,次第兴办,交通便利,商业较前起色,而电气事业,亦为振兴市面之一。民国十年九月,邑人陆问梅、艾煦春、徐介繁、宋文斋、何蔚林、王秉彝、马润生等,就大川小轮公司之原组织,扩充股本,在城北同本堂东租地建屋,着手筹备,额定股本二万元,订定章则,呈准备案,一面聘用技师,装置机件。至十一年七月,正式成立,组织董事会。总理公司事务者为陆问梅,协理徐介繁。十二年二月,呈奉交通部颁发电气营业执照。供电区域,除城厢内外以外,迤北至暮紫桥为止。

（方鸿铠等修,黄炎培等纂:《川沙县志》,卷五,实业志,电气事业,民国二十六年铅印本。）

〔民国十至十三年,江苏嘉定县真如镇〕 属于公司性质者,有真如电汽公司暨捷轮商号二家,为本乡商业中之皎皎〈佼佼〉者,列表附焉。

名　　称	成立年月	地　址	倡办人	概　　况
真如电汽公司	民国十三年八月	杨家桥	赵正平等	资本三万元,有五十匹马力电机一座,常备电力为三十七启罗华脱,极端电力为二百二十伏尔脱,初营包灯每盏每月一元二角,后装电表每度二角五分。
捷轮商号	民国十年	本镇北市	甘元桢等	县署注册有黄包车三十三辆,行驶车站路一带。十三年兵燹全部损失,旋即陆续购添,将复原状矣。

（王德乾撰：《桃溪志》,卷三,实业志,商业,民国二十年抄本。）

〔**民国十三至二十四年,江苏川沙县**〕　川北电灯公司：民国十三年冬,高昌乡龚镇商民张义孚、俞少轩等,在曹镇北市,借用民房,开始办理。嗣以电力细微,不能及远,乃改大发电机,以唐联芳为经理。电线达龚、曹、顾三镇,商旅称便。十四年春,由邑人张志鹤、陈维屏等,呈县备案。民国二十四年,川北、大川两公司,先后与上海浦东电汽公司协议,归并浦东公司营业,改良设备,接线放电。

（方鸿铠等修,黄炎培等纂：《川沙县志》,卷五,实业志,电气事业,民国二十六年铅印本。）

〔**清光绪二十八年前后,上海**〕　上海内地自来水公司,在大码头。上海市区域居户之饮料,向取汲于黄浦之潮流,水质浑浊,本不宜于卫生,自英租界有自来水之设,邑人曾屡议仿办。光绪二十二年,沿浦马路成,法商假道埋管,遂以合办为请,邑人曹骧因禀请巡道刘麒祥,照会粤商杨文骏、唐荣俊开办,历五年之久。至二十八年五月,工竣,放水设备尚多欠缺。洎二十九年三月,因洋商押款交涉,势将据公司以作抵,邑人李曾珂等迭请官厅维持,由巡道袁树勋照会邑人李钟珏经理,推广销水,并以地方公款提存偿欠,嗣文俊复举粤商刘学询为总董,钟珏旋即告退。至宣统元年,学询以公司积亏甚巨,议将售与洋商,巡道蔡乃煌复照会钟珏任其事,酌断成本规银一百二十五万两,息借官商各款,并集股本以偿之。水厂在望达桥南（今称望道桥）,基地六十余亩,设吸水机四座,推水机三座,水池十二方,其水塔附设在公司内。

（吴馨等修、姚文枬等纂：《上海县续志》,卷二,建置上,水电,民国七年刻本。）

〔**清光绪三十二年至民国二十年，天津**〕　启新洋灰公司成立于一九〇六年，经农商部立案注册。工厂设在唐山，其地接近北宁路线，水陆交通均极便利，且距煤矿亦近。该公司购置各种土石山地，极其广阔。所产原料，取用不竭。厂中所用机器，均极新式，在中国固为首屈一指，即与全球最著名之洋灰厂相较，亦毫无逊色。故其所制洋灰，成色品质极为优美，历赴国内外各博览会与赛，均得最优等奖牌。全国各埠工程师建筑一切重要工程，莫不喜用该公司之灰，交口称许，谓足与各国所制程度最高者媲美。其品质之良可知矣。现设总理处于天津法租界海大道，设分销处于国内外各大埠计四十余处。每年销售总额约达六十万桶之谱。

（宋蕴璞辑：《天津志略》，第九编，工业，第九章，建筑材料工业，民国二十年铅印本。）

〔**清朝末年至民国二十年，天津**〕　天津乃九河下梢，为工业繁盛之区，不难从想像得之。然从史的方面观察，天津工业发展最要之关键，当在清季末叶。盖庚子以后，欧西各国挟其物质文明以俱来，乃令我有趋重改革之倾向。工业之由手工业蜕变而为机器工业，由家庭工业而进为工厂工业，实萌蘖于此。民元以后，工业乃见进展。观夫丹华火柴公司之成立于民国二年，北洋火柴公司成立于民国三年，久大精盐公司成立于民国四年，恒源纱厂成立于民国五年，华新纱厂成立于民国九年，永利碱场及宝成、裕大两纱厂皆成立于民国十一年，可资佐证。天津之工业，可分为纺织、化学、机器、饮食品、服用、日用品、器具、印刷等八类。其中纺织业居第一位，依天津社会局之统计，占全市工业资本总合之百分之七十点二。次为饮食品，占十六点三二。再次为化学工业，占十二点三七。其余五项工业，或则为作坊性质之手工业，或则资本薄弱，规模极小，无足称者。至本市规模较大之工业，厥为纺纱、面粉、火柴、制碱、制盐、地毯、提花等七业。其兴盛于本市之原因，颇为庞杂，请简言之。则为：一、适应市场之需要，如纺纱、面粉、提花、火柴是也。二、原料取给之灵便，如制盐、制碱、地毯是也。以天津之纺纱、面粉两业之规模论，远不及上海；火柴一项尚可与上海取相当之地位。至若制碱、制盐、地毯三业，匪特规模可观，亦且为天津之特殊工业，在我国工业界，实占相当之位置，对我国之工业，亦有相当之贡献，谓为天津工业之瑰宝，谁曰不宜。三、为政府之特殊奖励，如制碱是也。然现在各大工业中，惟花地毯、国布、针织等沿用旧式手工方法者皆得繁荣一时，其他新式之大工业发达较逊，且率岌岌可危。其原因不外：一、外货之竞争与压迫。如英商卜内门公司之压迫碱业，美人洋行之操纵地毯，瑞典托辣斯之垄断火柴等是。二、内政之未入正轨。如交通之阻塞,捐税之奇重,均妨害生产事业之发展。三、缺乏精进技术及适当管理。本国各种工艺因缺乏科学知识之故,大多数不能精益求精,以至不能与外货竞争,甚且质地不能划一,而且为推广销路之累。

(宋蕴璞辑:《天津志略》,第九编,工业,第一章,述略,民国二十年铅印本。)

〔清朝末年至民国二十年,天津〕 本市之有胰皂工业,始自清季末叶。民国以后逐渐兴盛。至于今日,本市已有胰皂工厂约十处。兹将各工厂设备情形列下:一、天津造胰公司。厂设河北邵家园子,所置机器有蒸汽发动机一座,附卧式锅炉一个,压胰机、出条机各一架,及砸胰碎胰机各一架,出品为香皂、肥皂二种。二、光润。厂设特三区,所置机器为印刷机五架,出品为香皂、肥皂两种。三、中昌。厂设北开新街,所设机器为造胰铁机四架,卧式锅炉一只,铁盒机二架,印刷机四架,出品为香皂。四、隆兴。厂设北营门东,所置机器为造胰铁机四架,出品为香皂、肥皂。五、兴业。厂设西关大街,所置机器为发动机一座,人力造胰机一架,压字及出条机五架,出品为肥皂。六、老天利。厂设特三区,所置工具有熬油铁锅两口,出品为泡花碱,其用途可作制造肥皂用之原料。七、合记。厂设二区四所大楼东,所置工具为熬油铁锅两口,出品为肥皂。八、聚宝。厂设三区三所,所置机器为马达一座,镟片、轧片、出口、分块机各一架,碎锅机一架及熬油铁锅一口,出品为香皂。九、生记。厂设特二区,所置工具仅熬油铁锅二口,出品为香皂、肥皂。十、恒达。北营门西,其机器系赁用,计造胰机一套,又熬油铁锅一口,出品为香皂、肥皂两种。十一、中亚。厂设大王庙后,所置有造胰机一套。十二、鼎新社。厂设大王庙后,出品为香皂、雪花膏、生发油三种。

(宋蕴璞辑:《天津志略》,第九编,工业,第三章,化学工业,民国二十年铅印本。)

〔民国四年至十三年,天津〕 首先设厂制盐者为本津之久大精盐公司。久大公司于民国四年设厂于塘沽,是为第一厂。八月出品上市,九月设总店于天津。民七以营业开展,设第二、第三两厂。民九设第四厂及化验室。十年设五、六两厂。民十三于法租界建大楼一所,而移总店于此。资本定为二百五十万元,为股分有限公司之组织。占地凡四百六十六点八二六亩。盐滩自置者五处,外租者二处,年产盐二十九万余担。

(宋蕴璞辑:《天津志略》,第九编,工业,第四章,饮食品工业,民国二十年铅印本。)

〔民国五年至二十年,天津〕 本市制碱工业,在化学工业中亦居主要位置,但较火柴为后起。惟目前国内制碱者仅本市之永利制碱公司一家,且其规模宏大,出品精良,尤有值得注意之点。该厂自民五冬发起,六年十月九日始奉盐务署批准免纳盐税,因盐为制碱主要原料之一也。是年十一月开第一次创立会,当议决一面筹集资本,于塘沽选定工厂地点,一面派陈调甫君赴美实地考察。九年,陈君归国,在塘沽开始建筑。因塘地临海滨,地层软弱,复因十年春阴雨连绵,工程不能进展。迨民十一年底,工厂建筑始告竣。十二年秋冬之交,各部机器亦装齐。十三年春间,开始制造。四月间,制出纯碱开始上市。但因技术方面尚欠研究,后又因种种原因,于民十三年六月后工厂因改建停工。是年八月间,虽由美购到新烤碱锅,适受战争影响,塘沽地方交通断绝,工事亦因之不得进行。民十四年春季,新烤碱锅装配完毕,再行开始制造。是年夏初,正式产出优良之纯碱,行销市面。同年八月间,受前北京政府准免纯碱厘税,该厂事业更得一层保障。当时为扩充产额计,更添置机器多种。同年十月,又受军事影响,原料所用石煤无法运来,遂又停止。此后该厂又努力添装各种机器,至十五年六月,运输恢复原状,遂三次开工。厥后进行顺利,直至现今出品,日见佳良。该厂自发端以达完成,凡历八年之久,可谓竭尽惨淡经营之能事。迄今巍立于黄河之滨,匪特为东亚第一制碱厂,且可进与欧美争衡,亦云盛矣。该厂面积凡百数十亩,所置机器有水管式锅炉三座,发电机二座,汽机一架。制造部除石灰窑外,尚有炭酸压缩机、蒸钵塔等项机器。此外尚有真空机、空气压迫机等百余架,为我国设备最完全之工厂。原料为盐及石灰石等。出品则畅销国内,运销于日本者亦有百分之四十一之多。迩者原料价涨,而出品售价仍须视英商卜内门公司为转移,此则该厂营业前途之障碍也。至永利之现状则至称顺利。民国十九年,政府特为嘉奖,予以免税三十年之特典。工厂于纯碱之外,更加制烧碱、洁碱,品质精良,供不应求,正在力图扩张。

(宋蕴璞辑:《天津志略》,第九编,工业,第三章,化学工业,民国二十年铅印本。)

〔民国十四年至二十年,天津〕 天津之面粉工业,在全国面粉业中地位不甚重,然与全国面粉业同具消长。兹据民国十四年调查,全津工厂有十余家,然因捐税繁重、外商压迫,至今日存者仅四五家耳。将述其概略如下:一、三津寿丰面粉公司。设于意租界河沿,原名三津寿星面粉公司。民十四改组,更用今名。其工务科分为三部,为净麦部、制粉部、打包间。全部机器过多,姑不备载。每一昼夜可出面粉五千包。种类有绿桃、红桃、白桃、寿丰、白袋,销场在平津津东、津浦北段、保定各处。二、三津永年面粉公司,设于河北赵家场,原名大丰面粉公司,民十八新股东收盘改组,致称今名。厂内有锅炉两座,另有引擎一个,碾面机二十二架,出品种类有鹤鹿、封侯、白袋等。三、福星面粉公司,设于西集牌楼口。民十七年被火,十八年续招新股,继续营业。厂内有锅炉两座,引擎一个,碾面机十八盘。种类有红蝠、绿蝠、蓝蝠、蝠星、白袋等。销场在平津、津浦线、保定各处。四、嘉瑞面粉公司。设于河北窑洼,现为租办性质,由津市各粮店合资组成。有成发号、公兴存、庆生源、德发号、复兴茂、义生源、瑞生德、五丰号、庆承裕、仁和义十家。全部机器由嘉瑞公司租赁,每昼夜开全车须用煤十九吨,出粉商标绿牧牛、红牧牛、蓝牧牛、又绿红宝马,原料出自直、鲁、豫各省,行销平津一带。

(宋蕴璞辑:《天津志略》,第九编,工业,第四章,饮食品工业,民国二十年铅印本。)

〔民国十七年至二十年,天津〕 天津火柴工业,以工厂分布之数量言,吾人殊不能断定天津火柴工业在我国究居若何地位,惟以资本总额及出产数量而论,则实应首屈一指。民国十七年调查所得,天津北洋、丹华、中华、荣兴四厂共约资本一百五十万元。其中以北洋最多,丹华次之。两厂规模均甚宏大。丹华一厂系与北平丹华及安东锯木厂联合组织,其规模较全国任何火柴公司皆大。我国火柴工厂,规模宏大者除津市丹华外,则唯有上海之燮昌公司尚可比拟。今将津市火柴公司设备及组织略述如下:一、丹华工厂,设于西沽村,宣统二年成立,原名华昌火柴公司,后与北平丹凤及安东锯木场合并,始易今名。厂内有锅炉一座,马达十个,轴木机、大板机等若干架。二、北洋工厂:天津火柴业最早之工厂,现有两厂,第一厂设于西头芥园,第二厂设于南开,所置机器有马达二座及其他机器多架。三、荣昌工厂,设于河北赵家场,有马达一座。四、中华公司,系中日合资,于民十七年冬季停止矣。各厂之组织,皆系大同小异,特列表如下,以明其系统。

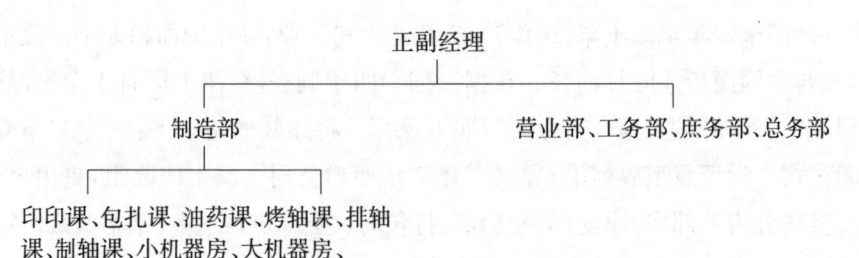

```
                        正副经理
         ┌─────────────────┴─────────────────┐
        制造部                          营业部、工务部、庶务部、总务部
印印课、包扎课、油药课、烤轴课、排轴
课、制轴课、小机器房、大机器房、
```

(宋蕴璞辑:《天津志略》,第九编,工业,第三章,化学工业,民国二十年铅印本。)

〔民国二十年前后，天津〕　天津为通都大埠，工业已至较繁荣时期，纺纱、织布、制革、面粉、颜料、精盐、制棉等工厂，皆已先后成立。爱国布销路虽略滞，然各工厂多改织帆布及明华葛等，生意日隆；地毯畅运欧美，销数既多，获利自厚，此项大小工厂已在千家以外。他如针织工业，更不能以数计。

（宋蕴璞辑：《天津志略》，第七编，物产，民国二十年铅印本。）

〔民国二十年前后，天津〕　津埠纺纱场凡六家：即裕源、恒源、宝成、北洋、华新、裕大是也。除裕大因债务关系，由日本伊藤、中古两行经理外，余均为华商。特分述于下：一、裕元。津人王郅隆所办，为股分有限公司，工厂位于特别一区小刘庄河沿。资本定五百六十万元，纺纱机七万五千锭，织布机一千台，透平发电机四台，马达一百八十五座，锅炉四座，每日用煤七十吨。年产纱约三万七千包，布约七万匹，商标为松鹤、飞虎。二、恒源。津人王敬修所办，为股份有限公司，位于河北西窑洼海河畔，资本定四百万元，纺纱机三万一千锭，立式水管锅炉五台，加煤机五架，透平发电机二台，每日用煤四十五吨。织布机二百台，马达百二十座，年产约三万包，布约十万匹，商标为（纱）蓝虎、八仙，（布）炮车。三、宝成。刘伯森所办，为股份有限公司，位于郑庄子河岸，资本定三百万元。有纺纱机共二万七千碇，锅炉三个，每昼夜用煤二十六吨。透平机二个，电台一座，水磅二个，年产纱一万零八百包，商标为三鹿、三喜、红福、万福。四、北洋。津人章瑞庭所办，为股分有限公司，位于天津小刘庄迤南挂甲寺。资本定三百万元，有纺纱机共二万八千锭，摇动部共有机器　百六十部，原动部有长方形新式锅炉一架，每日用煤三十吨，交流电机二架，产纱二万包，商标为三光、三吉、三鼎。五、华新。周叔弢所办，股份有限公司，位于小于庄，资本定三百七十万元。电机部有锅炉二个，每昼夜用煤二十八吨，电台一座。大小水磅各一，透平机三架，卜有二水磅。共有纺纱机二万七千锭，年产纱二万包。商标为三星、顺手、十金。六、裕大。李淮生所办，为股分有限公司，位于小于庄。资本定三百万元，发电机三座，马达六十个，锅炉四个，共有纺纱机三万五千锭，产纱约一万五千包，商标为八马。

（宋蕴璞辑：《天津志略》，第九编，工业，第二章，纺织工业，民国二十年铅印本。）

〔民国二十年前后，天津〕　自五口通商以后，上海等处即有外人所设之机器厂。国人自营之厂，自清季商人祝大椿始。天津机器业，则成立较后，规模甚小，厂内设备亦简单，出品多织布机、石印机、挂面机、轧糖机、提花机及农具等类，可供本津及华北各省工厂之用。兹将各工厂择要述之如下：一、吉祥顺。设于东马路，出品有宽面织平布铁轮机、石丸织大连铁轮机、窄面织布铁轮机、弹花弓全机、轧棉机、大小各式铁柜、双轮切棉机等。二、华兴厚。设于东马路，出品有切面机、轧花机、铁坐柜、弹花机等。三、信昌提花机厂。设于东一区，出品有提花机、花台等。四、老生记袜机工厂。设于荣业大街，出品有平口袜机、自动袜机、套帽机、围巾机、背心机、毛衣机等。五、鸿泰袜机行。设于荣业大街，经理为陆鸿生，出品有丝袜机、线袜机等。六、永茂铁工厂。位于普乐大街，出品有切面机、帽机等。七、德利兴铁工厂。设于三条石大街，出品有石印机、切印机、旋床子等。八、孙恩吉铁工厂。设于东马路，经理为孙恩吉，出品为各种机器等。机器多转行销各地，孙君并发明。九、郭天成。设于三头石，经理郭玉侯，出品各种织布机等。

（宋蕴璞辑：《天津志略》，第九编，工业，第六章，机器工业，民国二十年铅印本。）

〔民国二十年前后，天津〕 天津汽水业约有六家，皆华资经营，因原料品如果汁、小苏打、柠檬酸、硫酸等，多购自英国及日本，故营此业者不甚发达。兹择述规模较大者如下：一、光明汽水公司，位于特二区粮店后街，厂内置有立柱式锅炉一，夏季用煤半吨，小锅炉一，为冬季用。汽水机一，砸盖机一，马达一座，滤水机一。此外尚有冰箱，为夏季冰水用。三十咖汽水罐，大汽筒一。该厂因资本雄厚，故设备完全。商标为光明牌（一片冰心）。二、鸿兴汽水公司，位于一区三所，经理为张豪臣，厂内置有汽罐、汽筒各一，汽水机砸木塞一架，砸盖机一架，马达二座。每日用煤半吨。商标为铁猫、双龙、菊花印、三星等。此外尚有：三、荣明汽水工厂，位于特一区三十号路。四、鸿业汽水公司，位于南马路。五、天星汽水厂，位于杨家花园。六、泉兴汽水工厂，河北元纬路。

（宋蕴璞辑：《天津志略》，第九编，工业，第四章，饮食品工业，民国二十年铅印本。）

〔民国二十年前后，天津〕 天津制罐头业者有三星罐头公司及广大工厂两处。一、三星罐头公司，厂址特二区大兴里，出品为罐头、饼干、果子露、仿制洋酒。二、广大工厂，厂址宫北大街，出品为罐头、果汁、饼干。

（宋蕴璞辑：《天津志略》，第九编，工业，第四章，饮食品工业，民国二十年铅印本。）

〔明代至民国二十三年，河北滦县〕 新明瓷厂：新明瓷厂与德盛窑业厂，兄弟窑也，皆产自陶成局，自明迄清数百年来，株守旧法，毫无进步。民国肇造，百业竞进，非谋改良，难与图存，乃赴江西景德镇、河南之彰德、山东之博山、河北磁县之彭城镇以及大连等处考察瓷业，知识渐富。又于民国十五年，特聘专门人才悉心研究，仿造旧式、新式、五彩、七彩瓷器，下及缸砖、缸管、火砖、火瓦等件。至民国十七年，复添购制瓷各种机器，出品日有起色。二十年至二十三年，河北实业厅国货展览会连年给予特等奖状。二十二年，北平市各界提倡国货运动委员会给予优等奖状，同年及二十三年，铁道部全国铁路沿线出产货品展览会给予超等奖状。

（袁葆修、张凤翔等纂：《滦县志》，卷十四，实业志，陶业，民国二十六年铅印本。）

〔**明嘉靖年间至民国二十六年，河北滦县**〕 德盛窑业厂：德盛窑业老厂在唐山北东缸窑，新厂在唐山雹神庙旁，始名陶成局，创始于明世宗嘉靖年间，初立仅能造大缸、瓷盆等货。至前清末叶，始改为今名，因工业需要，乃创制耐火砖及单双釉缸管，又仿造各种细瓷。至民国十九年，因旧址不敷应用，又在唐山雹神庙旁，购置新址，建筑楼房及新式瓷窑、砖窑，并购置机器，改用电力，所有卫生器皿及耐酸矽酐各砖出产较富。民国二十一年九月，已在实业部注册。二十二年二月，又在商标局注册，资本国币二十万元，公积金在外。组织：设总理一人，老厂经理一人，唐山分厂经理一人，批发处经理一人，售品处五处经理五人，雇用职员五十八人，工人工徒一百五十七人，计件工六十人。设备：有球磨轧碎机、制砖机共三十余架。工资：职员薪金每月约一千一百六十元，工人工徒及计件工人工价每月约六千余元，杂费约一千五百余元。面积：占地约一百余亩。原料采自唐山附近及昌黎县之石门北戴河。销路：销售华北及沪、汉等处。

（袁葆修、张凤翔等纂：《滦县志》，卷十四，实业志，陶业，民国二十六年铅印本。）

〔**清宣统二年至民国年间，河北成安县**〕 义兴工厂，发起者韩荣斋、王守介先生。先生为振兴工业，换回利权起见，激励大义，合资兴办，故号曰义兴。于清宣统二年创立，开设西姚堡村，以织染布匹为业，所用棉线购自津埠。合股线居多，织成布匹名爱国布，均平面，间有花纹布。颜色分蓝、青、棕紫、谢绿等色，颇蒙各界欢迎。棕色布在省垣品评会中曾得一等奖章，该布精美可想而知。经理、工师按入股分红，工徒无工价，每届年终按获利大小酌给劳资。每年产额约在三千匹以上，资本四千元，系合股营业。至民国八年，因地方不靖，暂停工作。……信义工厂，系武存礼先生开办，设立第三区西吕彪村，号信义者，取主忠信以义为利之意也。经理二人，工师二人，工徒六七人，专以织染为业，棉线从津埠购用，所织布匹均系平面，品质精美，且能耐久，时人多乐购之。统计产量年约二千四百匹左右,资本三千元,从集股、兴办、工师、工徒之待遇,同义兴工厂。民八年,因乱歇业。……广裕工厂,系张乐天先生经营。先生性慈爱,素怀引导民众各安生业之志。民三年,见乡民无业者多,乃筹措资本洋一千六百元,从第四区前裴里村开设工厂,收纳失业游民,借资糊口,以便习艺。经理系先生,负责工师二人,工人多少无定,以织染为业。棉线购自津埠,所织布匹平面花纹致密坚美,每年出产计一千二三百匹。工师按股分息,工人按月给资。民七年,因地方乱,暂停办。

(张应鳞修,张永和纂:《成安县志》,卷六,实业,工,民国二十年铅印本。)

〔民国初年至十八年,河北邯郸县〕 面粉工厂,车站怡丰公司系股份有限公司,成于民国初年,至民[国]十六毁于兵燹,停工歇业。嗣于十八年招集新股,重经组织,始获赓续,营业资本仅十五万元,工人数十。所用机器钢滚日可制面九百袋,合三万六千斤。每月工作不过二十四五日,缘每旬须刷锅炉一次也。因基金不敷周转,停工时多,约计每一年内正式工作不过六七个月而已。

(李肇基修,李世昌纂:《邯郸县志》,卷十三,实业志,工业,民国二十九年刻本。)

〔民国七年至二十一年,河北滦县〕 华新纺织有限公司,创始于中华民国七年。先设天津工厂,次青岛、次唐山及卫辉,凡四厂,皆分别招股,各计盈亏,而设总事务所于天津,以相联络。八年,唐山工厂初设筹备处于天津,定名华新纺织有限公司,唐厂招股一百二十万元,订购纱机一万二千锭。九年,成立事务所,仍设天津,公选王筱汀为专务董事,李希明为常务董事,聘李子贞为经理,始驻唐山,计划建筑事宜。是年得农工商部许可,注册立案。十年,续订纱机一万二千锭,合成二万四千锭,加招股分一百万元,唐、卫二厂并设一管理处于天津,以为通假金融之助,两厂仍各计盈亏,不相联属,公推周缉之为管理,聘袁敬庄为技师兼工务长。是年,一万二千锭厂房工竣,机器亦陆续到厂,十一年春装成,至七月一日试机,是为唐山开厂之始。二十年,四厂公议撤销总事务所,各厂各自为一公司,公向实业部更正注册立案,唐厂遂于二十一年三月一日改称唐山华新纺织股分有限公司。

(袁莱修,张凤翔等纂:《滦县志》,卷十四,实业志,工艺,民国二十六年铅印本。)

〔民国七年至民国二十六年,河北滦县〕 华新纺织有限公司:华新纺织公司地址在唐山,创始于启新洋灰公司经理李希明民国七年筹创唐厂,独认股十万元,又由启新洋灰公司认股三十万元。民国八年初,设筹备处于津厂,招收股本一百二十万元,订购纺纱机一万二千锭,因建筑未完,故未装机。至十年冬,又购纺纱机一万二千锭,共两万四千锭,于民国十一年春始制定厂章,正式开办焉……资本二百二十万元。复设华新纺织公司,原为纺纱单性工厂,嗣因销路不畅,于民国十七年春又购织布机二百五十台,马达二百余只,装机织布,双方并进,获利颇厚。工人数目约二千二百人,工资每人每日平均四角,工作时间昼夜两班,每班八小时。产量:全年两万余包。销路:纱销售各埠极多,布销本地为多。

(袁葆修,张凤翔等纂:《滦县志》,卷十四,实业志,工艺,民国二十六年铅印本。)

〔民国十三年,河北通县〕 发电厂。民国十三年,北平电车公司在东关北运河西岸,设立发电厂。厂约九顷,建筑楼房,内部装置水力磨电机三门,并沿京通路架设专用电线以通电流,并由京通路东端接筑铁轨里许,以便运销。

(金士坚修,徐白纂:《通县志要》,卷三,建置志,局厂,民国三十年铅印本。)

〔民国十三年至三十年前后,河北通县〕 电灯,民国十三年创立通县电气股份有限公司,在城内大烧酒胡同,为私人结营。初系自行磨电,十四年改用东关发电厂之电流。二十五年,冀东政府成立,收归官办,名为通州市电灯公司。二十七年,改归冀东电气股份有限公司经营,在大烧酒胡同设立冀东电气股份有限公司通州出张所。二十九年三月,改归华北电业股份有限公司经营,名为华北电业股份有限公司通州营业所,仍在大烧酒胡同设立。现全市皆使用电灯。

(金士坚修,徐白纂:《通县志要》,卷三,建置志,局厂,民国三十年铅印本。)

〔民国十八年,河北邯郸县〕 城东门里王绅,自清季提倡织布工厂,屡兴屡蹶,迄未发展。嗣于民国十八年,复设民生工厂,办法以线易布,合令织户于伊家中为之。限定百十六尺成匹,每匹给工资洋七角,匹重七斤为率,以其制式粗疏,专供怡丰公司面袋之用也。厂内付织户洋线若干斤,责令交布如其数,统计每年产布一万二千余匹,工资八千余元。织户之机系新式人力木机及铁机,计共百二十余张,铁机三分之一,皆王绅创办工厂时所遗,机式土著木工所仿造也。惟此项布匹仅供面袋或丧葬孝布之用,销路甚狭,殊非久计,刻正研究计划改良,以期与高阳、潍县等布相颉颃云。至民家妇女旧机所制,系用旧法自制之线织成,俗名土布,亦曰家机布,土人普通穿用,并无销路。

(杨肇基修,李世昌等纂:《邯郸县志》,卷十二,实业志,工业,民国二十九年刻本。)

〔民国二十一年前后,河北徐水县〕 磨坊,制造小麦面粉,本境多用石磨碾成。近年,西区大王店立有大丰面粉厂,专用机器制造。该厂系属试办,获利如何,未能确定。

(刘延昌修,刘鸿书纂:《徐水县新志》,卷三,物产记,附实业,民国二十一年铅印本。)

〔民国二十一年至二十二年,河南武安县〕 电灯公司。民国二十一年,高桂滋军驻防武安,团部副官长赵某提倡电灯事业,招募殷实富户投资入股,组织电灯公司,当由积盛会药店代收款,共收洋四千余元。高军旋离武,地方绅士接办,重新续股,置备机器,架设杆线,遂于二十二年元霄〈宵〉节一放光明,至冬季正式开灯,计前后股款已耗费七八千元。卒以灯光不足,燃者寥寥,亏累日巨,随告停工。嗣又易人改组,缩小范围。二十三年秋间,重行复业,每十六支独光一盏,照旧定价一元二角,各机关减半,全县用户仍不足百盏,前途维持颇属不易。

(杜济美等修,郝济川等著:《武安县志》,卷十,实业志,工业,民国二十九年铅印本。)

〔民国二十二年前后,河北高邑县〕 铁工厂一处,用翻砂法每年约铸轧花机六十余架,弹花机十五架,铁水车三十余架,各种农具无定额。资本一千三百元。工人每名月薪三元至六元不等。

(王天杰、徐景章修,宋文华纂:《高邑县志》,卷二,实业,工商业,民国二十二年铅印本。)

〔民国二十三年前后,河北清苑县〕 乾义面粉公司,设于县南门外止舫头,资本八十万元,工人九十余名,每年制出面粉六十万袋,价约二百一二十万元,行销本县及外埠。电灯公司,设于县南门外新闸,资本二十万元,工人五十余名,供给城关各机关及学校、商号、民居,约计二万盏,月得价约一万元。庆兴蛋厂,设于县西门外车站,资本二万元,工人男三十八名,女一百六十名,出品蛋青干片、蛋黄粉面,每年约出货五千余箱,每箱重量一百五十斤,价洋一百二十元,年计可售六十万元,行销欧美各国。永济水磨面粉工厂,设县西门外灵雨寺大闸,资本一万元,工人十余名,日出面粉约千余斤,计二十余袋,年约出七千余袋,行销本县城关。源丰水磨面粉工厂,地址西门外,资本约八千元,工人十余名,日出面粉约六百余斤,计十数袋,年约出四千余袋,行销本县城关。布云工厂,设城内西街,资本约一万元,工人三十余名,出品球拍年约一万柄,音乐器具年约六七千件,价值一二万元,行销各省学校暨欧美各国。群玉球拍工厂,设城内西街,资本约五千元,工人二十余名,出品年约万余件,价值亦在万元左右,行销同上。第一工厂,设县南门内文昌宫,全年经费约三千余元,工人二十五名,计有提花机五架、铁轮机六架、木机十一架,出品柳条布、线毯、毛巾,行销本境及外县。育德工厂,附设县西门外育德中学校,出品织布机、水车,行销境内各村镇并外埠。

(金良骥修,姚寿昌等纂:《清苑县志》,卷三,风土,实业,民国二十三年铅印本。)

〔民国二十四年前后,河南武安县〕 裕民工厂为私人集股设立,初时股本为五千元,后因扩充营业,添置材料,二次增股已达万余元之谱,所出各种花格布、蚊帐纱颇受社会之欢迎。近来,因外货压迫,销场不利,顿形拮据。

(杜济美等修,郜济川等纂:《武安县志》,卷十,实业志,工业,民国二十九年铅印本。)

〔民国二十九年前后,河北邯郸县〕 蛋厂,车站恒裕一家系自河南新乡分设,资本三万元,工人百余名。购用鸡蛋剖制蛋白、蛋黄,又各机制水、干两种,装运天津售与洋行出口,约计每年流水不下二十万元之谱。

(李肇基修,李世昌纂:《邯郸县志》,卷十三,实业志,工业,民国二十九年刻本。)

〔民国十七年至二十六年前后,绥远包头县〕 晋源西油粮面粉公司,于民国十七年开办,在包头县。资本额十万元,系有限公司,股东胥晋人。其营业除制面外,兼收卖油粮,设制面厂于包头东门内,置有德国制清麦机、筛粉机及二十寸钢磨各一部,旧式石磨六具,柴油引擎一部,马力二十匹,价值二万四千余元。

(廖兆骏编:《绥远志略》,第十五章,绥远之工业,第三节,现代工业,民国二十六年铅印本。)

〔民国十八年至二十六年前后,绥远〕 绥远电灯股份有限公司,资本四十万元,民国十八年十一月接收塞北电灯公司继续办理。内置瑞士造透平式蒸气发动机一座,马力五百四十匹;发电机一座,安培一二六,电压二千三百伏特,发电总容量四百千瓦,发电总度数一七二八〇〇〇度。电费每度二角六分,现有电灯二万余盏。二十年度,盈余三三九四五九四元。制面部分,二十二年春成立,置有亚美式清麦、进麦、检砂等机各一部,筛粉机二部,钢磨五座,每二十四小时可出粉一千袋,价值十二万元。

(廖兆骏编:《绥远志略》,第十五章,绥远之工业,第三节,现代工业,民国二十六年铅印本。)

〔民国十九年后,绥远包头县〕 包头电灯面粉股份有限公司,于民国十九年成立,系股份有限公司,资本八万元,股东多河北、山东、河南等省人。厂设包头南门外五里岔之地方,经营电灯、制粉二业。于民国十九年五月开始发电,内置德国制卧式蒸汽发动机一架,马力一百三十匹;发电机一座,安培一九三,电压为三千伏特。发电时间,每日自下午六时起至次日上午六时止,电费每度二角八分,电灯二十五支光,每月每盏七角五分,有电灯六千余盏。自开办起至民国二十年五月止,电灯营业约一万五千元。制面粉部分于二十年五月开始,置有德国制造清麦机、筛粉机各一部,钢磨五座,计分二十四寸者二部,二十二寸者二部,二十寸一部。又美国制电动机一座,价值共六万余元。

（廖兆骏编：《绥远志略》,第十五章,绥远之工业,第三节,现代工业,民国二十六年铅印本。）

〔清宣统二年后,奉天锦县〕 利用石棉公司,在城外京奉车站路南,清宣统二年创设,民国二年报部,系合资有限性质,经工商部注册,给照开办,制造石棉纸、布、绳带各物品,为中国从来未有之工艺公司,常驻办事员六人。

（王文藻修,陆善格纂：《锦县志略》,卷十二,实业,公司,民国十年铅印本。）

〔清朝末年至民国二十年,奉天安东县〕 县境人多务农,制造素不讲求,除农产物外,凡百用品向多仰给于他境。申辰以还,开埠互市,制造各业因以勃兴,其资本厚而出品多者以榨油、缫丝为最,油房皆用汽机……现有机器油房二十四家,沿江艚载及本地车载之大豆供不给求。民国十一年,经安东总商会向日本满铁会社要求车金减价,并请准财政厅吉黑粮豆运安,免征出产税,自此大豆来源颇资接济。民国十五年,共制大豆五十余万石,油皆提炼清洁,号曰精油,装篓封固,畅销上海、汕头、山东、朝鲜、日本各地。饼皆足五十二斤,运销南洋、东洋各处。

（关定保等修,于云峰纂：《安东县志》,卷六,人事,工业,民国二十年铅印本。）

〔民国四年后,奉天营口〕 营口棉丝业始于民国四年。欧战期间,布价骤增,颇有赢利,销售东北及西伯利亚,俨然大宗出口货。丝质柔韧耐久,适于农民服用,故能畅销无滞。营埠棉织工厂,分为织布、织袜、织带、毛巾、针织线毯各种,依此为生者,几达万人。

（翟文选等修,王树楠等纂：《奉天通志》,卷一百十四,实业二,工业,民国二十三年铅印本。）

〔民国四年至二十年,奉天安东县〕 在昔安东销行各种棉布,皆由他境输入,未有设厂织造者。民国四年三月,财神庙街双兴工厂安设汽机,专织面袋用阔长大布,行销吉林、长春、哈尔滨各地。近年兼用电汽,并织粗布行销本埠,共机九十七台,每日织布一百八十余匹,工人二百余名,规模颇大。至于天后宫街远大号及茂盛工厂,均有汽机八台,专织阔长大布。春记工厂人工铁轮机十台,专织大布。八道沟街玉成工厂,铁轮机八台,专织条布。振兴工厂,铁轮机十三台,专织条布、蔡花布。九江街东盛、振兴织布厂各设铁轮机九台,织条格各布。其他若青龙街之仁生永、于家沟之华丰、镇安街之新昌、后聚宝街之玉记、天成、迎凤街之东盛福等各工厂,或织条布,或织纱巾,亦皆品质优良,行销本埠及本省各地。

(关定保等修,于云峰纂:《安东县志》,卷六,人事,工业,民国二十年铅印本。)

〔民国五年至十年,奉天锦县〕 锦县电灯厂,在城东关小薛屯马路西北。民国五年十一月创办,设总机关于城内东街,定名为锦县电气股分有限公司,办理一切电力营业事项。资本洋十万元。先在马路西北建筑厂所发电,安设本城内外及商埠界内电灯。置经理一员,工程师一员(美国人),事务处一人,工程处二人,庶务处一人,文牍员一人,司书生一人,内外工厂修造所铁木工匠无定额。以城内钟鼓楼为转电处,已设电灯约三千数百余盏。

(王文藻修,陆善格纂:《锦县志略》,卷十三,交通,电灯,民国十年铅印本。)

〔民国十一年至十九年,奉天盖平县〕 明兴电灯股份有限公司,民国十一年十月三日成立,资本奉小洋十万元。职员:经理一人,副经理一人,理事一人,会计一人,文牍一人,庶务一人,书记一人,收费一人,董事十一人,监察四人,技术员一人,监工一人,稽查一人,工匠六人,学徒六人。……电灯用户:三百户。电灯数:三千六百盏(十六支光)。发电机:一百马力。收入:年约现大洋一万九千元。支出:年约现大洋一万九千元。

(石秀峰修,王郁云纂:《盖平县志》,卷八,交通志,电灯,民国十九年铅印本。)

〔民国十九年前后,奉天盖平县〕 因各种水果优良,且为邑中之特产,遂设有罐头公司二所,一在汤池,一在城内。营业虽知讲求,而制造之进步尚需时日,其物品不能与外省输入者争胜,亦为美中不足之点也。

(石秀峰修,王郁云纂:《盖平县志》,卷十二,实业志,工业,民国十九年铅印本。)

〔民国十二年至十三年,奉天海城县〕 裕民电灯场,地址在本城北门外迤西,民国十二年十月成立,建筑开办费十五万元。场内设总经理一员、专务员二员、工程师二员、司机工人无定额,现有街灯及商民用灯共四千余盏,将来营业发达能扩充至六七千盏,每灯平均月收大洋一元,常年约收灯费小洋七八万元。

(廷瑞修,张辅相等纂:《海城县志》,卷六,政治,交通,民国十三年铅印本。)

〔民国十二年至二十年，奉天安东县〕 织绸，以灰丝织成大小茧绸，行销蒙古、俄国、朝鲜各地者实多，而山东之府绸尤早销行于美洲，惟皆用手机所织，守旧而不知改良，故销路渐滞，所织粗绸销售本地而已。民国十二年三月，本埠八道沟和聚正丝厂添设人工织机八架，专织大绸，行销埠内；汽机三台，专织平绸，销行欧美，并得驻安美国领事所赞许。近年陆续添设专织平绸电机共五十台，纹织电机十二台，所织各种茧绸，品料优美，行销中外，供不应求。天后宫街同昌顺丝厂于民国十四年置电机二十台，专织各种平绸。益丰丝厂于民国十五年置电机十台，专织平绸。政源丝号于民国十五年置电汽马达机二十五台，专织府绸，行销欧美，每台机日织绸二十三码余。其他若同增、永协、兴隆、永聚长、东兴、永海、兴长、全发盛等十余家，皆用人工织绸，规模狭小矣。

（关定保等修，于云峰纂：《安东县志》，卷六，人事，工业，民国二十年铅印本。）

〔民国十七年前后，奉天辽阳县〕 制铁原料来自本溪，近年兼购自鞍山，运输甚易，故铧炉、瓦炉及各铁炉日见增多。近复设立机器铁工厂，所出之货销路极远，车瓦、车钉、铧子等项尤为大宗。

（裴焕星等修，白永贞等纂：《辽阳县志》，卷二十七，实业，工商业，民国十七年铅印本。）

〔民国十八年，奉天沈阳〕

沈阳市工厂统计表（民国十八年度据东北年鉴）

类别	工厂数	资本总额 单位(元)	动力机关	工人数	每年出品数量
缫丝	五四	三二六二二〇〇	电力	五五四〇	纱一万四千件，每件四十捆。纱三百担，每担百斤。布二十五万一千一百匹
染色	三三	一五一五〇〇	电力	一八〇	衣四万二千件。布九十万匹
铁工	二五	一一九一五〇〇	电力	一五二〇	钢铁八百八十六万磅
车辆①	八二	八七〇〇〇	人力	四二〇	二千四百二十辆
印刷	二五	二四〇〇〇〇	电力、人力	一六〇	
制油	一七	一四四〇〇〇	电力、人力	三四〇	四百八十万斤，饼在外
窑业	五六	一二〇九〇〇〇	电力、人力	三二四二	瓷器五百万件。砖瓦三千六百五十四万二千件
皮革	六五	五一五〇〇〇	电力、人力	三七〇	熟皮三十六万斤。生皮六十三万四千张
肥皂	七	六一〇〇	人力	六〇	二十九万打

(续表)

类别	工厂数	资本总额 单位(元)	动力机关	工人数	每年出品数量
酿酒	八	一六二〇〇〇	电力、人力	一六〇	烧酒二十九万斤。果酒三万打
酱油	二六	五八七〇〇	人力	一〇九	一百八十六万斤
烟草	五	四六五〇〇	人力	五〇	二千三百二十箱
火柴	一	一八〇〇〇〇	人力	二〇〇	三万箱
精米	三九	五八二一〇〇	电力	一九〇	八十四万石
木材	一二七	二四五〇〇〇	人力	八九〇	四百五十四万方寸
汽水	二	三三〇〇〇	电力	一七〇	二万四千箱
牙粉	一	二〇〇〇〇	人力	一二	四万五千打

(翟文选等修,王树楠等纂:《奉天通志》,卷一百十四,实业二,工业;民国二十三年铅印本。)

① 此处车辆,系指人力车和大车。

〔民国二十年前后,奉天安东县〕 铁工,分生、熟二类,生铁如造铧、铸锅及煤炉或机器等,双和、利福、合盛、福兴、裕福、成德、双盛德等最为著名。熟铁大如锅炉机件,小如刀剪斧斤,如同兴、恒德、兴利、华昌、泰纯、嘏泰等,皆用电力工作。

(关定保等修,于云峰纂:《安东县志》,卷六,人事,工业,民国二十年铅印本。)

〔民国二十年前后,奉天安东县〕 安东近年产稻甚多,皆用电力碾磨,制造精米工厂多设于七道沟新市街,惟亚东精米公司等数家为华人设立,余均为日韩所经营,共十有五家,其在乡镇制米者惟汤山城亚东公司一家。

(关定保等修,于云峰纂:《安东县志》,卷六,人事,工业,民国二十年铅印本。)

〔民国二十年前后,奉天安东县〕 中华电汽工厂王秉乾自行发明制造大小各种干电池,庄河、海城、桓仁、铁岭各县机关电话均愿订购,远者行销大连、哈尔滨、长春等处,颇称发达。

(关定保等修,于云峰纂:《安东县志》,卷六,人事,工业,民国二十年铅印本。)

〔清代至民国三十年,吉林长春县〕 长春在铁轨未通以前,人民多从事农业,若其少数手工业,仍在原始时代。自辟埠互事以来,汽机电力输入内地,日人挟其经济势力,以利用天产丰富之原料,所谓大机械工场随地涌现。近年邑人感受环境之督促,始有大机械制面、取油之企业组织,以相竞逐焉。至于城埠乡镇之旧式手工业,仍保其拘挛锢闭之习,不稍变通,遂无发展之可言。

(张书翰修,赵述云、金毓黻纂:《长春县志》,卷三,食货志,实业,民国三十年铅印本。)

〔民国九年至二十四年,吉林通化县〕 长恒火柴公司,为股份有限公司,成立于民国九年九月,地址在南江沿,共建瓦房二百余间。……公司组织设总经理一名、副经理一名、理事二名、技师一名、营业员六人、工头三人、工人百余人,均系训练纯熟、久供职于公司者。在昔每日出货三十余箱,月出三千箱上下,畅销通、柳、临、抚、辑、桓各县。今则效率增高,每日出货六十箱。惟自十七年后,东北火柴倡办专卖,设专卖处收卖成货,转发于承卖商,再卖于零售商号。收买定价每箱七元五角,承卖商每箱卖价十一元六角,是公司仅有制造权,无销售权,虽不受涨落影响,但原料涨落无定,收买价有定,有时亦不免无利可图也。

(刘天成修,李镇华纂:《通化县志》,卷三,实业志,公司及各企业,民国二十四年铅印本。)

〔民国十三年至二十年前后,吉林通化县〕 本县电灯公司成立于民国十三年八月间,设于东沿江,共计瓦房十余间,为有限公司。设总理一名,庶务、会计各一名,技师一名,工作人三十余名,大小灯头总计四千余盏。公司资本由商民合力组成,所用材料均至东邻采购。数年前,奉票毛荒,金票涨价,致入不抵出,每感困难。

(刘天成修,李镇华纂:《通化县志》,卷三,实业志,公司及各企业,民国二十四年铅印本。)

〔民国十六年前后,吉林辉南县〕 铁矿,产于西鞍子河地方,鞍子山主要矿产系铁矿砂,矿地一区六方亩,储量尚无彻底探勘。产量历年六七十万斤,制炼熟铁二十万斤。矿苗极旺,赤铁块色青质重,化验矿石,含铁质百分之四十分以上,可用冶制锅炉及诸铁器,异常坚实。

(白纯义修,于凤桐纂:《辉南县志》,卷一,疆域,物产,矿产,民国十六年铅印本。)

〔民国十八年至十九年,吉林桦甸县〕 民国十八年开始经营,至十九年三月放光。名称:耀桦电灯公司。地址:设在县城东三道街中间路南。资本:基本金现大洋十万元,系股份有限公司,按十万元分为五万股,每股二元。

(胡联恩修,陈铁梅纂:《桦甸县志》,卷八,交通,电灯,民国二十一年铅印本。)

〔清朝末年至民国二十五年,黑龙江安达县〕 安达站创设之初,铁道迤东仅有小店二家,迤西亦不过有小本商号三二家而已。降至民国四年,市面已渐次发达。至十二年,则商贾云集,市房林立,生意兴隆,大有一日千里之势。迨十四年,大小商号已逾千家,并开有火磨二家,机器油房九家。道东市场计有大街九道,兴隆气象,概可想见矣。惟其时家家焰用煤油灯,尚无电灯厂之设立。旋经巨商王星五等发起创办安达电灯股份有限公司,股本金额原定哈大洋五万元。当遵股份有限公司章程呈报农商、交通两部备案。计设董事八名,监察二名,并由董事中选举一人为董事长兼经理,负责经营公司事务。于十四年开办以后,业务日有起色,原定之股款殊不敷支配,嗣于民国十六年续招股本金计哈大洋十九万元,前后共计股本金额合哈大洋二十四万元,特以创办数年之间业务非常发达,获利亦颇优厚,故二次招股尤甚容易。

（高芝秀修,潘鸿咸纂:《安达县志》,卷三,交通志,电灯,民国二十五年铅印本。）

〔民国元年至十五年,黑龙江双城县〕 双城电灯公司,资本金,现洋二十万元。地点,双城东二道街路南。司务人役,正副经理各一员,司务六名,工役二十名。现安灯数,二千盏。开办年月,民国元年。岁入现大洋一万八千元。岁出,同上。按:双城电灯公司原系商人蒋雅堂集股创设,名为丽双公司,后因赔累停办。至民国六年,又经商会集股继续开办,现已六七年之久,营业颇形发达。

（高文垣等修,张肃铭等纂:《双城县志》,卷九,实业志,商业,民国十五年铅印本。）

〔民国三年至六年,黑龙江瑗辉县〕 永济面粉有限公司,系因瑗珲县地方自前清光绪三十二年间经姚申五都护收复,诸政毕举,嗣经改为县治,但地方民食向依麦面为大宗。奈前庚子失陷,马磨无存,各户均初复业,欲置未能,所以收获麦粮必须过江售与俄人,任彼作价。如购其面粉,亦必加增。兼之宣统二年间,因防鼠疫,断绝交通,华岸一时窘迫无食,我民受制非浅。而姚申五、谢杏田公当执道府之任,恨难挽救,是以有鉴于此,致仕后即便连署瑗绅徐述之、郭荣峰、郭凤亭、郭玺亭、王五云、王知山等集议招股,设施面粉公司,以便民食免受俄人垄断,借挽利权。当于民国三年春间议成,随时禀请高屏周知事,转请张鹤岩道尹报省立案咨部注册,便购机造厂。是年十月六日开业,名称永济面粉有限公司,股东二十九名,集股羌洋十二万卢布。……自公司组织之初,即欧战开衅之时,三年以来,俄境断粮出口,面粉尤加严厉,幸瑗中有此机磨之设,农户有麦到厂,即可出售,欲购面粉,随车便于捎带,持平论价,人民称便。六年终结,虽云三载,盈余羌洋三十余万卢布之多。究以毛洋核计,原本尚多不敷,无非既于民食有济,不受俄族之患,利权挽回,可谓公益。

(孙蓉图修,徐希廉纂:《瑷珲县志》,卷二,政务志,自治,商会,民国九年铅印本。)

〔民国五年至六年,黑龙江瑷辉县〕 兴源酿酒有限公司……股东二十七名,集股羌洋四万卢布,当自民国五年八月十九日开业以来,至六年终结,计获利羌洋四万卢布之谱,虽云盈余,亦因羌洋之毛颇受影响。

(孙蓉图修,徐希廉纂:《瑷珲县志》,卷二,政务志,自治,商会,民国九年铅印本。)

注:瑷珲县今为爱辉县。

〔民国六年,吉林双城县〕

名　　称	双 合 盛 火 磨
资 本 金	现洋一百万元
地　　点	双城北门外
司务人役	执事二名、司账四名、工人一百五十名
商　　标	嘉禾、金鸡
逐日成品	一万二千五百斤
开办年月	民国六年
备　　考	按:双合盛火磨系哈尔滨总号分设于双城,每届账期统归总号结算,惟该火磨营业日见起色,倘能交易公平,价值克己,将来营业未可限量。

(高文垣等修,张鼎铭等纂:《双城县志》,卷九,实业志,商业,民国十五年铅印本。)

〔民国十年,吉林双城县〕

名　　称	双城兴华火柴公司
资 本 金	现洋十万元
地　　点	双城西门外路南
司务员役	经理一员、司事七名、工程师四名、工人一百三十余名
商　　标	聚宝、醒狮
逐日成品	四十箱,每箱二百四十包
开办年月	民国十年一月十二日
备　　考	按:本工厂系前振华火柴工厂故址,该公司因黄燐之来源缺乏,中途歇业,已经六载,于去岁绅士赵晋卿发起集股价买工厂地址并一切机器等件,故购妥之后,略事修葺,即行开办。

(高文垣等修,张鼎铭等纂:《双城县志》,卷九,实业志,商业,民国十五年铅印本。)

〔民国十年至十三年，黑龙江宁安县〕　春发合火磨油坊现兼办电灯公司，系民国十年成立，计灯头一千一百余盏。增兴隆火磨面粉公司兼办电话公司，计电匣五十余号。裕东公司火磨日一班需麦约六十担，出面粉六百布袋，合一万七千二百五十斤。新华公司日一班需麦十三石。增兴隆日一班需麦五十石，出面粉一万八千斤，如两班用麦，出面加倍。宁安斗量每斗五十八斤，每担五百八十斤，斗比省会大十数斤。

（王世选修，梅文昭等纂：《宁安县志》，卷三，职业，商业，民国十三年铅印本。）

〔民国十二年，吉林宁安县〕

名别＼目别	营业	资本	股东	经理		地址
新华两合公司	机制面粉	五万元	孙彦卿无限责任 有限责任三十七名	总经理　孙彦卿 总司理　姐有华	民国二年十二月	县城南江沿民国元年开办，原本二千五百元至，十年底除支红利外股本倍如今数
增兴公司	机制面粉	三十万元	双成子　增兴隆	相志沏　季耀东		县城后
裕东股份有限公司	机制面粉	三十二万元	新华两合公司 孙彦卿　甘士庆	总董　孙彦卿 总经理　甘士庆 副经理　张毓华	民国十二年十二月	县城东江沿
毓顺公司	机制面粉	十八万元	和源永　和源东 复合成　同兴隆	总经理　张兆祥		海林站
春发合	机制豆油	五万元	春发恒　张　忠	总经理　赵锡令		南关外路北
志诚公司	林业	十五万元	何紫哉　田象午 徐程九　王勋卿	总经理　王勋卿		南关外路东
森茂公司	林业	五万元	李佐垾　付鹤年 王勋卿　徐萝鸾 郭东翘	总经理　李佐垾		南关外路西
东北垦牧公司	种稻	三万元	郭茂忱　王勋卿 蔡阁臣　宋寿山 王庚新　崔桂华 梁彩臣　栾海峰	总经理　王庚新		西关外路北

（王世选修，梅文昭等著：《宁安县志》，卷三，职业，商业，民国十三年铅印本。）

〔民国十三年前后，黑龙江宁安县〕　牡丹江站有华商机器油厂一处，海林站有华商火磨一处。

（王世选修，梅文昭等纂：《宁安县志》，卷三，交通，铁路，民国十三年铅印本。）

〔民国十五年前后，黑龙江双城县〕　本境昔日工人所制物品，均系旧式居多，间有一、二用机器以代人工者，亦不过如铅石印刷局、切面机器及自行针织袜机器而已。近年以来,有本城绅士赵晋卿发起组织火柴公司工厂一处,以期挽回利权,振兴实业。又有商号双合盛设立火磨一处,营业甚是发达。

(高文垣等修,张萧铭等纂:《双城县志》,卷九,实业志,工业,民国十五年铅印本。)

〔民国十五年至十六年,黑龙江珠河县〕 东耀电灯公司,无限。基金:哈洋四万元。地址:街内南大街路北。司务人:二十名。灯数:一千枚。开办:民国十五年十二月五日。出入:十六年入洋二万元,出三万五千七百元。

(孙荃芳修,宋景文纂:《珠河县志》,卷十一,实业志,商业,民国十八年铅印本。)

〔民国十五年至十八年,黑龙江珠河县〕 东耀电灯公司附设稻米工厂,名称:东耀稻米工场。地址:附设公司院内。基金:四万元。服务工人:八人。制米:每日四百甫得。组织年月:十六年十月。工作期间:每年十月开工,至翌年三月止。制米工所,名称:东亚粳米所。地址:北二道街。基金:一千五百元。服务:五人。成数:七斗二升。组设年月:十五年十一月。工作期间:每年九月开工,至翌年三月止。机器碾米工厂,名称:天利长、庆德永。地址:正大街。基金:二千元、一千五百元。服务工人:三人、二人。成数:八石、五石。组设年月:十六年九月十日、十七年二月。

(孙荃芳修,宋景文纂:《珠河县志》,卷十一,实业志,商业,民国十八年铅印本。)

〔民国十六年,黑龙江宾县〕 电灯厂成立。民国十六年六月,经商人刘毓章组设……定名曰东光电灯厂。地址:本厂设宾县城内西南隅,专营城里及四关电灯事业。资本:基本金现大洋二万元。按:资本二万元分为一百股,每股二百元,系合资集成,均由发起人担负。

(赵汝梅、德寿修,朱衣点等纂:《宾县县志》,卷一,交通略,电灯,民国十八年铅印本。)

〔民国十六年后,黑龙江宾县〕 新甸裕宾机器面粉公司,民国十六年冬组织成立,十七年春报部注册,并注有火车头牌商标,集股基本金哈大洋十万元,每股百元,为股本有限公司,每日磨面七百布袋,每袋价洋三元,运销方正、依兰、通河、木兰各口岸,经理徐广运,字洒唐,年四十六,宾县商人。

(赵汝梅、德寿修,朱衣点等纂:《宾县县志》,卷一,实业略,工业,民国十八年铅印本。)

〔民国十八年,黑龙江讷河县〕 讷邑电灯之设置,自民国十八年冬季始,名曰聚源电灯厂,为商民王玉天等倡办,系营业性质。

(崔福坤修,丛绍卿纂:《讷河县志》,卷三,交通志,电灯,民国二十年铅印本。)

〔民国十年前后，陕西南郑县〕　县之工业苦窳，无可讳言……今则环顾县境，惟城西北隅益汉火柴公司尚属工厂性质，余无闻焉。

（郭凤洲、柴守愚修，刘定铎、蓝培厚纂：《续修南郑县志》，卷三，政治志，实业，工业，民国十年刻本。）

〔民国三十年至三十二年，陕西洛川县〕　重光肥皂厂。厂设城外西沟，民国三十年十月联立洛川中学校长党耕三与士绅屈季农等创办，资金一万元。土窑三孔，熬碱锅二口，水筒数副，晒碱木架数十副。原料悉采购于陕北各县。技工系河北人，本地人现亦有能制造者，产量尚可。三十一年共产百箱。三十二年至八月止，共产一百五十箱，每箱一百条。

（余正东修，黎锦熙纂：《洛川县志》，卷九，工商志，工业，民国三十三年铅印本。）

〔民国初年，新疆莎车〕　莎车新设机器公司，雇用土耳其人，能制火柴，兼印花布，亦为近来新疆之特色。

（林竞编：《新疆纪略》，五，实业，工艺，民国七年铅印本。）

〔民国二十五年至三十三年前后，新疆迪化〕　迪化电灯厂，创始于民国二十五年七月，由新光电灯公司投资主办，股本为四十万元，于二十六年七月全市放光，计电力为二百五十基罗瓦特，近闻已改装五百瓦特之发电机矣。

（李寰撰：《新疆研究》，第三编，经济，第五章，工业，民国三十三年铅印本。）

〔民国三十六年前后，新疆伊犁〕　在伊市拥有七十万元股本的实业公司，为本省唯一的机械化工厂，经营发电厂及磨面厂，面粉每小时可磨一千二百公斤。

（丁骕撰：《新疆概述》，八，手工业，民国三十六年铅印本。）

〔民国初年至二十三年，山东临清县〕　电灯公司，创设于民国初年，与福山合资营业，嗣因亏折，福山撤股，由临民集资，继续维持。所用之汽力发动机为一百二十马力，而全市电灯仅千数百盏，近则限于经济，夜半燃灯，用电各商益感不便。鲁西火柴公司，创立于民国二十一年冬，厂内男女工人计一百六十余名，每年出品约二千五百箱，总计价值在十二万元以上。仁和制油厂，成立于十七年秋，收购当地棉子，用机器制油，有电力发动机及柴油发动机各一部，每部平均为三十马力。并有装置轧碎机一部，每日可轧棉子万斤。钢制榨取机八具，每日可出油千斤，行销于津济各埠，获利颇丰，其副业兼造肥皂，品质与日光皂相伯仲，销路亦畅。协兴铁工厂，本县钢铁工业略具模型，初有工厂两家，一为裕兴，一为德盛。近年合组为一，改称协兴，规模较前扩大，所制以锅为大宗，厂内有发动机一部，计六马力及电炉电磨等，每日可造锅二百五十口，其原料为山西铁，燃料为井陉煤，成本薄而收入巨，每年产品总值约五六万元。该厂于造锅外，营五金及华成纸烟等副业。峻兴铁木工厂，此为制造机器之特别厂所。厂主郝姓，系旧式铁匠，而心灵手敏，多所发明。成立于民国十一年，规模甚小，因仿造轧花机，创制弹花机，营业渐见起色。嗣又发明多量马力之柴油发动机及水车电磨等，无不匠心独运，成效卓焉。其定价低廉，而应用与舶来品等所制各机零件亦俱见巧思，有合科学，若能提倡而助成之，其技能之增进正未可量也。华北造胰公司，为本县化学工业之一，所制之胰商标为复光、功用与日光皂等，每年出品约三千箱，推销于鲁西各县及河北南境。福顺昌制革工厂，临清牛皮产量最多，因制法不良，往往生货出口。自该厂成立，改用化学制造，出品优美，足以抵制外货。所制法蓝皮、红皮等，每日可出二张，夏日倍之，每张值洋二十余元，惟资本无多，设备较简，每年所造仅足供本县之用，推销外埠力尚未逮。近有续营此业者，产品与此略同。轧棉业，本县为产棉之区，向用木机轧花，自民国以来，改用铁机，速度加于木机十倍，统计全境所有机车不下两千余辆，为临清工业之最大部。惟机车转动纯需人工，尽一日之力可轧籽花百斤以上，除棉业试验场外，鲜有以汽机代人力者。二十三年春，有中棉轧花厂创设于此，置有汽力发动机数部，正在筹备中。榨花业，旧式棉包不便装运，多用机械榨而小之，计有铁榨、木榨两种，工资以每包计，较大之花店多营此业。印刷业，本县石印创于民国初年，自汶卫、清源两印书社先后成立，铅印之术逐渐扩大，艺术亦均可观。惟汶卫现规模较大，工人四十余，并置铸字炉一部，设备斐然，为全境冠。织布工厂，乡村梭布业渐衰落，至民国七年始有织布工厂之设，以棉纱为原料，用新式机织而成之，成本轻而工加速，织品亦坚致适用，今日工厂加多，有蒸蒸日上之势。

（张自清修，张树梅、王贵笙纂：《临清县志》，经济志，工艺，民国二十三年铅印本。）

〔民国四年至三十年前后，山东潍县〕 潍县铁工厂，规模较大者，现有十一家，以华丰为最早最大。各厂出品以脚踏织布机为最要，年凡七千四百余台，占其出品总值百分之七十三，其余水车、弹花机仅为附带之产品而已。柴油引擎只华丰一家制造，销路正待推广。铁工厂所用原料为熟铁、生铁二种，皆购自青岛。生铁每吨价格约银圆一百三十圆，熟铁亦相差无几。布机每台重一百十公斤，生铁占三之二，熟铁占三之一。水车每架重三百公斤。弹花机每架重二百五十公斤，其生熟铁所占之成分与布机同。铸铁厂，铸铁厂主要产品为冶铁制锅，兼代各铁工厂冶铸机器零件。各厂以同盟成立于民国四年为最早,德顺泰及晋鲁二家则成立于民国十四、五年间。厂中设备为冶炉、风车及发电机、动力机四种。原料惟生铁一种,悉购自青岛,年需七百余吨,各厂每年工作日数自三百日至三百四十日不等。

(常之英修,刘祖干纂:《潍县志稿》,卷二十四,实业志,工业,民国三十年铅印本。)

〔民国八年至二十六年,山东博山县〕 电灯公司,民国八年成立,租有柳杭官地四亩有奇,年租三百五十元。自八年起,以二十年为期,由邹因陈、党焕章等呈准立案,开办费共日金三十四万余元,合华银十六七万元,全借自中日实业银行。电厂机械室面积,长约七十五尺,宽约三十尺,内设小川造船所制双汽缸立式汽机一架,直接连于发电机上。锅炉气压原定一百四十磅,现开至八十五磅。营业章程订有二十七条,每月收入不过三千元,支出约三千六百余元,全年电灯约三千头,每晚所发电量则在四五千瓦之间。后以负欠中日实业公司债务关系,乃让于胶济铁路管理局承办。

(王荫桂修,张新曾纂:《续修博山县志》,卷四,交通志,民国二十六年铅印本。)

〔民国十一年,山东潍县〕 我国颜料,自古产有土靛。自舶来颜料输入后,土靛生产日减。民国十一、二年间,裕鲁颜料公司在潍县开设,厂址在南关炉坊街,资本银圆十万圆。厂内设备有石缸八只,大锅十八只,每年出产总值达四十五万余圆,有蓬莱阁、万年青、喜字三种商标行销于本省及河南、河北、江苏、山西、湖北等省。

(常之英修,刘祖干纂:《潍县志稿》,卷二十四,实业志,工业,民国三十年铅印本。)

〔民国十一年至二十一年,山东潍县〕 潍县业印刷者颇多,可称为印刷厂者仅和记及聚兴二家。聚兴成立于民国十一年,有石印机五部,铅印机三部。和记成立于民国二十一年,规模比聚兴为大,有胶版机一部、石印机五部、铅印机五部、制铅版机一部。其余以印刷店名者多为旧式刻字店略加扩大,间或有手摇机一二架,仅能印制名片等件而已。

(常之英修,刘祖干纂:《潍县志稿》,卷二十四,实业志,工业,民国三十年铅印本。)

〔民国十二年,山东胶县〕 民国十二年成立火柴工厂,在车站东北,栖霞李涵清创办。

(叶钟英等修,匡超等纂:《增修胶志》,卷九,疆域志,物产,民国二十年铅印本。)

〔民国十二年至三十年前后，山东潍县〕　民国十二年，潍县布业渐臻发达，始有轧布工厂之创立，专事布匹之整理，不事漂染。迨十八九年间，布业突飞猛进，轧布厂设立亦渐多，今共有七家，其中规模较大者为德信亨厂。各厂所用之轧布机多购自天津，每部约银圆千圆，以蒸汽及柴油引擎为原动力，每机一部一小时可轧布七十匹，每日工作以十时计，可出七百匹，约计各厂每年轧布约一百七十六万余匹。其工价在民国十五、六年间，每匹银圆八分；十九年，涨至一角。其后逐渐低落，至二十二年则仅三分。

（常之英修，刘祖干纂：《潍县志稿》，卷二十四，实业志，工业，民国三十年铅印本。）

〔民国十九年，山东潍县〕　潍县烟草公司只鹤丰一家，成立于民国十九年三月，资本总额银圆五万三千七百圆，初设于青岛，后迁于县城南二十里堡。所制烟草每日能出八九箱，全年总值约银圆十三万五千余圆，有卷烟草车两部、十五马力柴油动机一部、切烟丝车两部、压烟筋车一部。

（常之英修，刘祖干纂：《潍县志稿》，卷二十四，实业志，工业，民国三十年铅印本。）

〔民国十九年至三十年前后，山东潍县〕　潍县之所谓染织厂，实系机器漂染整理工厂而已，现有大华、元聚、信丰等七家，先后成立于民国十九年至二十四年间。大华年出布五万五千余匹，有晴雨、越国大夫、三顾茅庐等商标。元聚年出布五万匹上下，有骏马、吉羊、游园、采茶等牌号，销路遍及各省，而以本省、河南、山西、河北、江苏、绥远各省所销为最多。

（常之英修，刘祖干纂：《潍县志稿》，卷二十四，实业志，工业，民国三十年铅印本。）

〔民国二十年，山东潍县〕　火柴厂，潍县仅惠丰一家，厂址在胶济铁路车站附近，占地五亩，成立于民国二十年二月。有大机器五架，制造吉祥牌火柴，原料悉采自青岛，每年可出三千箱左右，平均每箱约值银圆四十圆，行销于本县周村、昌乐等地。

（常之英修，刘祖干纂：《潍县志稿》，卷二十四，实业志，工业，民国三十年铅印本。）

〔民国二十一年至三十年前后，山东潍县〕　潍县面粉厂有华东、宝生、裕东三家。华东在东关石家巷，成立于民国二十一年，系合资组织，有钢磨五盘，石磨一盘，净麦机一部，柴油引擎二十马力一部。每年约磨小麦三十七八万斤，悉在当地收买，约价银圆一万九千余圆，每年出粉八千余袋，每袋售价约二圆五六角，商标为宝马牌，行销于本地。宝生、裕东规模较小。

（常之英修，刘祖干纂：《潍县志稿》，卷二十四，实业志，工业，民国三十年铅印本。）

〔民国二十三年,山东临清县〕 中国棉业贸易公司轧花厂:中棉公司为本县新兴企业之一,所设轧花厂在博源门外多福寺旧址,占地十余亩,共筑房屋八十余间,于民国二十三年十月宣告成立。内置蒸汽发动机为五十马力,附轧花机五十部,全部每日可出皮棉二万斤,其内部组织计分营业、工务、机务、总务等四部。

(张自清修,张树梅、王贵笙纂:《临清县志》,建置志,实业,民国二十三年铅印本。)

〔民国二十四年,山东潍县〕

机制工厂统计表(民国二十四年调查)

业　别	家数	资产总额(圆)	职工人数	全年总产值(圆)
铁 工 厂	11	277 400	495	602 880
铸 铁 厂	3	39 950	109	91 400
面 粉 厂	1	8 500	10	23 500
颜 料 厂	1	100 000	65	450 000
火 柴 厂	1	40 000	72	120 000
染 织 厂	7	310 000	496	1 875 000
轧 布 厂	7	34 200	210	52 000
印 刷 厂	2	33 500	97	23 000
烟草公司	1	53 700		132 800
总　　计	34	897 250	1 554	3 371 580

(常之英修,刘祖干纂:《潍县志稿》,卷二十四,实业志,工业,民国三十年铅印本。)

〔清光绪二十年至民国二十四年前后,江苏南京〕 机器厂。《中国经济志》:南京机器厂有协昌等二十家,内计翻砂厂二家,锅厂三家,电机厂一家,全业资本六万四千余元。……全业机器设备共有柴油引擎八只,共马力四十七匹。电流马达十三只,共马力二十八匹,车床三十九只,钻床十八只,刨床二只,铁模一百五十只,溶铁炉四只,翻砂炉一只。每年出产柴油引擎二十四架,抽水机三百架,面粉机三十架,打火机五架,碾米机四架,锅九万口,火炉五百个,多系协昌、边隆丰、金永盛三厂产品,其余各厂类多修理性质,只可修配机件。

胜昌机器厂	光绪二十年成立
同泰永机器翻砂厂	光绪三十年成立
杨永兴机器厂	宣统年间成立
边隆丰机器厂	民国七年成立
协昌机器厂	民国十年九月成立

(续表)

张乾亨锅厂	民国十四年成立
中兴机器厂	民国十四年成立
金盛永造锅厂	民国十五年成立
边隆丰机器厂	民国十五年成立
新福记铁工厂	民国十六年成立
邦华电机厂	民国十六年成立
公昌机器厂	民国十八年成立
和平轩铜铁机器翻砂厂	民国十九年成立
永兴机器厂	民国十九年成立
泰森机器厂	民国二十年成立
同兴昌铸锅厂	民国二十年成立
同裕机器厂	民国二十年成立
信谊机器厂	民国二十一年成立
华成机器厂	未详
同泰永机器厂	未详

协昌、边隆丰、金盛永三厂每年产量：协昌，柴油引擎二十架，抽水机三百架，面粉机三十架。边隆丰，柴油引擎四架，打水机五架，碾米机四架。金盛永，锅五万口，火炉五百个。

（叶楚伧、柳诒徵主编，王焕镳编纂：《首都志》，卷十二，食货下，工业，民国二十四年铅印本。）

〔清光绪二十一年，江苏镇江府丹徒县〕 本邑实业，至宣统辛亥后，始逐渐开拓。光绪、宣统间，虽屡经提倡，顾事当创始，甫有萌芽，尚未发展。兹《志》但就光绪、宣统间所创设之工厂、公司纂列，其辛亥以下续见者，应俟后《志》，不预阑入。大纶缫丝厂，在城西小码头，经理张勤夫，光绪二十一年报经商部注册。

（张玉藻、翁有成修，高觐昌等纂：《续丹徒县志》，卷五，食货志，实业，民国十九年刻本。）

〔清光绪二十一年至民国八年，江苏丹徒县〕 大纶缫丝公司，在西门外小码头，经理张勤夫，光绪乙未商部注册。茂达树艺公司，在崇德乡横山洼，经理笪世熊，光绪甲辰商部注册。大源油厂在西门外荷花塘，经理陈子英，甲寅年商部注册。震兴鱼竹公司，在大港镇王家村，计田地滩共面积一百十亩五分，王秀芝等创立，丙辰年工商部注册。成德公司在高资镇开采铜矿，共地五百三十四亩三分,经谢仲清丙辰年工商部注册。树艺公司,在高资镇双顶山,共地一百六十七亩,柴文锦创办,丁巳年工商部注册。慈幼工艺厂,织各式棉布,在新西门旧旗营官署,经理柳肇庆,戊午年工商部注册。华兴工艺厂,织各式棉布,在西城外粮米仓,经理鹤侪,戊午年工商部注册。石矿公司,在高资镇横山开采白石,解树强创办,共矿区六十亩,己未年注册。

（李恩绶辑,李丙荣续辑:《丹徒县志摭余》,卷三、实业,民国七年刻本。）

〔清光绪二十二年,江苏苏州府吴县〕 纱厂,据采访册,苏纶厂设立与苏经同（按:系光绪二十二年）,地址亦在青阳地。

（曹允源等纂:《吴县志》,卷五十一,舆地考,物产,民国二十二年铅印本。）

〔清光绪二十二年至宣统三年,江苏苏州府吴县〕 丝厂,据采访册云:一苏经,在盘门外吴门桥南青阳地,光绪二十二年,在籍绅士陆润庠集合地方工商各款设立。一恒利,在葑门外觅渡桥,光绪二十二年设立,系华商集股而成。一延恒昌,在葑门外灯草桥,宣统三年五月设立,系外商营业,经理人意国商人康度西。均用机器制造丝经,又雇男女工成之。

（曹允源等纂:《吴县志》,卷五十一,舆地考,物产,民国二十二年铅印本。）

〔清光绪二十四年,江苏扬州府兴化县〕 光绪二十四年,邑人王长庚独赀创办同茂协厂,设于东城外文峰镇前河,专搜鸭蛋,雇工六七十名。春秋二季,以土法炕制干蛋白及湿蛋黄运销沪上荷兰、德、英、美、法等外商洋行,获利甚溥,此为制蛋厂之嚆矢。宣统二年,该厂由李厚齐合资接办,更名同茂丰,又于方兴桥西开办分厂,专炕制蛋白。民国后受欧战影响停顿。民十一,复由客商朋以文承租厂址,独资创办汉兴祥厂,雇工二百余人,亦用土法炕制黄白,年销一万以上。至十七年歇业,由邹伯于树荣合赀接租,更名华兴,雇工二百余人,年销亦万石左右。迨二十一年,邑人王佐卿集赀承租接办,营业状况与华兴等。二十三年改号振余,亦系合赀,鉴于土炕制品难在国际市场畅销,改用机器炕制干蛋白、盐蛋、水黄、蜜黄。翌年改组为中兴,规模较大,每年出品量增近两万石左右。

（李恭简等修,纽数仁等纂:《兴化县续志》,卷四,实业志,民国三十三年铅印本。）

〔清光绪二十四年,江苏扬州府高邮州〕 兴利茧庄公司,在闵家桥镇。光绪二十四年,由邑人马维高,招集扬镇茧商,租赁陈公祠地基开设,两次共立茧灶十座,行名江公益,约集股本五万圆。每岁春季收茧,炕制运沪销售,其分庄二处:

一在金沟镇,行名马公成,收茧炕制运至总庄炕制。一在三洋河,系马氏借书院仓地设立,有茧灶五座,一载即行停止。

(胡和为等修,高树敏等纂:《三续高邮州志》,卷一,实业志,营业状况,民国十一年刻本。)

〔清光绪三十一年,江苏扬州府高邮州〕 同康蛋厂,本号裕源涌,为合资有限公司。光绪三十一年,由句容商人杨姓集股本二万圆,租赁城外西大街董姓民房开设。越三年改号同康,归夏玉之独资开办,增本至六万圆,报部注册。此厂用木质机器两架,每日雇女工打蛋八万枚,分理黄、白,药制火炕,装桶入箱,运出外洋销售。

(胡为和等修,高树敏等纂:《三续高邮州志》卷一,实业志,营业状况,商业,民国十一年刻本。)

〔清光绪三十二年,江苏常州府宜兴、荆溪县〕 羡余织布公司,在城内东庙巷,光绪三十二年二月徐在滋等创办,股本万圆,职员五人,男女工约百余人。制造用木机及人力,每年出品织布约一万匹,五彩被面约一千条。

(徐保庆修,周志靖纂:《光宣宜荆续志》,卷六,社事志,实业,公司,民国十年刻本。)

〔清光绪三十二年,江苏苏州府吴县〕 汽水厂,在胥门外大洋桥南,名瑞记公司,光绪三十二年由吴曾适集合华商股款设立。

(曹允源等纂:《吴县志》,卷五十一,舆地考,物产,民国二十二年铅印本。)

〔清光绪三十二年至民国二十年,江苏泰县〕 泰来面粉有限公司创办略历:清光绪三十二年,邑人王贻哲等,集资于西门外九里沟,购地十余亩,建筑厂屋百余间,兴办机器磨面,实开泰邑新工业之光。资本:银币四十万元。设备:三百匹马力引擎机一架。组织:股东会,董事会,正、副经理,买办,工务,营业,会计等部。出品:每日出面粉一千余石,有红三羊、绿三羊商标。工人约百余人。统计每年约销二十余万石。

(单毓元等纂修:《泰县志稿》,卷二十,工业志,民国二十年修,一九六二年油印本。)

〔清光绪三十三年,江苏镇江府丹阳县〕 阜阳实业有限公司,光绪三十三年,邑人董继昌等招集股本洋三千元,购买北门外至火车站田地,开办马路,专营挑驳货物、输送行旅两事。

(胡为和等修,孙国钧等纂:《丹阳县续志》,卷二十三,实业,民国十六年刻本。)

〔清光绪三十三年至宣统元年，江苏扬州府高邮州〕 裕亨面粉厂，系合资有限公司。光绪三十三年，由安徽泾县职商朱畴，纠集股本二十五万圆，报农工商部注册，契买镇四铺高姓地基十余亩建筑工厂。宣统元年十月开机，由徽人朱荣康经理，设蒸汽机、发电机各一部，大小钢磨十三部，昼夜用煤十二吨，约成面粉一千七百袋。每袋英权五十磅，麸皮二百四十袋，每袋一百三十三磅。

（胡为和等修，高树敏等纂：《三续高邮州志》，卷一，实业志，营业状况，商业，民国十一年刻本。）

〔清光绪三十四年，江苏苏州府吴县〕 振兴电灯公司，在阊门外南濠，光绪三十四年由商人祝大椿招集华股规银三十万两设为有限公司。其业专以电汽灯供给城厢。

（曹允源等纂：《吴县志》，卷五十一，舆地考，物产，民国二十二年铅印本。）

〔清宣统二年至民国二十四年前后，江苏南京〕 电池厂，《中国经济志》：耀华电池分厂，民国二十一年设立，资本一千元，年产各种电池一万打，营业计五千元。电镀厂，《中国经济志》：电镀电刻业共有四家，计有资本四千八百元，全年营业共计二万四千余元。又有机器凿井厂，《中国经济志》：新昌机器凿井厂，成立于民国十八年，营业年达万元。煤球厂，《中国经济志》：煤球厂有利民、合昌二家。利民为机制煤球厂，年出煤球六万担。合昌为手工制球，有小机器一架，年出煤球三千余担。全年营业共计七万余元。烛皂厂，《江苏十一年政治年鉴》：泰记和茂工厂，在璇子巷。宣统二年七月成立，男工十六人，每年制造肥皂三千二百箱，洋烛二千五百箱。《中国经济志》：南京烛皂厂有大中华（民国二十年成立）和茂新（民国十九年成立）、兴茂（民国十七年成立）、华兴（民国十五年成立），四厂年可出皂七千七百五十箱，烛一千六百箱，碱八百块，产值三万九千六百元，销行南京、江宁、句容、溧水等处。

（叶楚伧修，王焕镳纂：《首都志》，卷十二，食货下，工业，民国二十四年铅印本。）

〔清朝末年至民国初年，江苏江阴县〕 江邑土产有大小等布，夙著名称。自参用机器纱后，其坚致逊于襄时。又横面太窄，往往不便裁制，且仅白色一种，其用不广，泥古不变，日就衰落。邑人吴增元、韩治等急起维持，创设布厂于东城，招女工，改机具，换织法，宽其尺寸，遂成佳制。其花样五色俱备，多至四百余种，质美价廉，江阴布之名乃大著。数年后，合邑风行，继起者四十余家。于时邑人钱维锜、章成驹等见布业日昌，虑纱利之外溢，更集资七十余万，购地三十余亩，

建设纱厂于北外,用与布业相关联,并称江邑最巨之商业。各厂名、地址暨开设年分列表于后:

厂　名	地　址	开设年份
华澄布厂	大街忠孝古里	光绪三十一年
利用纱厂	北外闸西	光绪三十四年
美发利布厂	华墅	同上
鼎陞布厂	北内县湾	同上
立澄布厂	东大街火义巷内	宣统元年
美纶布厂	南闸	同上
仁和布厂	南外石子街	宣统二年
东升布厂	东外北街	同上
华丰布厂	西外杏春街	同上
九成布厂	周庄东街	同上
华美布厂	华墅瓠岱桥	同上
和丰布厂	长寿茂墅桥	同上
协裕布厂	蔡泾刘都埭	宣统三年

(陈思修,缪荃孙纂:《江阴县续志》,卷十一,物产,实业附,民国十年刻本。)

〔**清朝末年至民国初年,江苏江阴县**〕　厂布,长五丈,阔二尺,有丝光、双股线、爱国等四百余种,行销各省。华澄厂开其先,城乡继起数十家,有专织斜纹者,行销亦广。

(陈思修,缪荃孙纂:《江阴县续志》,卷十一,物产,货之属,民国十年刻本。)

〔**清末至民国初年,江苏吴县木渎镇**〕　清季,木渎始有小轮船、邮政分局,近年创设电灯厂(在南街)。即日长途汽车,试行苏州至邓尉一路,以木渎为中心点,建立车站。自此交通便利,商务益当兴盛矣。

(张郁文辑:《木渎小志》,卷六,杂志,民国十年铅印本。)

〔**民国三年,江苏丹徒县**〕　大源油饼商股有限公司调查表:工厂面积十一亩七分八厘零五丝,又一亩九分三厘,合共十三亩七分一厘零五丝。资本金十万元,动力用机械卧式原锅炉一座。引擎一架,马力一百二十四,制造有机械对滚轧豆车五架,人力螺旋铁榨十副,其他机械石磨三副,木榨三十二副,马力归总引擎带。煤额年计一千四百吨,职员五十二人,月薪共六百余元,职工一百九十名,艺徒四十名,杂役一百七十名。全年间作工日数二百四十天,工作时间日工自上午六时至下午六时,夜工自下午六时至上午六时。原料黄豆产地:江苏邳、宿、徐州;安徽颍、亳、寿州,三河,怀远;山东临城、台庄、枣庄等处。制成品每日夜所出数目:大饼二千片,小饼五千片,豆油一百零十担。豆饼销路销闽、广、江、浙各省,豆油销路销东洋及本埠食户。苏省第一次地方物品展览会得一等奖状奖章,甲寅三月九日农商部注册,公字第十八号。

(李思绶辑,李丙荣续辑:《丹徒县志摭余》,卷三,实业,民国七年刻本。)

〔民国三年至十年,江苏南京〕 酒厂:《中国经济志》,南京酿酒作[坊]颇多,机器酒厂惟济丰(民国十年成立)、华丰裕(民国三年成立)二厂,分设光华西街、九龙桥两处,共有资本七万五千元。置柴油引擎、石磨、锅灶之属,专制汾酒、烧酒,销售京市。每年可制汾酒五千担,烧酒七百担,产值九万二千元。

(叶楚伧修,王焕镳纂:《首都志》,卷十二,食货下,工业,民国二十四年铅印本。)

〔民国初年至二十年,江苏泰县〕 泰纶染织厂,民国初年邑人王集资创办,设姜堰镇,专营棉织事业。资本:银币六万元。设备:布机二百余架。组织:总厂一,分厂二。出品:各式棉织布。工人三百余人。统计每年约销二万余匹。

(单毓元等纂修:《泰县志稿》,卷二十,工业志,民国二十年修,一九六二年油印本。)

〔民国六年至二十年,江苏泰县〕 振泰电灯公司,创办略历:民国六年,邑人于殖等集资创办立案,八年十二月开始营业,十三年改用一百六十匹马力引擎机,十九年又行刷新,并呈请工商部注册,厂在县城新北门外人东桥。资本:银四十万元。设备:二百匹马力引擎,一百启罗华德发电容量。组织:股东会、董事会、经理一人。分总务、营业、工程、会计四部。工程师一人,工人二十余人。统计灯四千余盏。姜华电灯公司,民国十二年邑人沈沅等集资创办,厂在姜堰镇。资本:银五万元。设备:三十二匹马力引擎。组织:股东会、董事会、经理一人。分总务、营业、工程、会计四部。工程师一人,工人二十余人。统计灯一千余盏。咸明电灯公司,民国十四年三月邑人沈鸣冈集资创办立案,厂在曲塘镇。资本:银十万元。设备:三十二匹马力引擎,二十启罗华德发电容量。组织:股东会、董事会、经理一人。分总务、营业、工程、会计四部。工程师一人。出品:兼营碾米。工人二十余人。海安电器股分有限公司,民国十三年十一月韩宝瑄等集资创办,厂在海安镇。资本:银六万元。设备:四十匹马力引擎,四十启罗华德发电容量。组织:股东会、董事会、经理一人。分总务、营业、工程、会计四部。工程师一人。出品：兼营碾米。

（单毓元等纂修：《泰县志稿》，卷二十，工业志，民国二十年修，一九六二年油印本。）

〔民国十年，江苏高邮〕　高邮电灯厂，系合资有限公司，民国十年，本邑商人刘建三、王鸿藻、徐养源等鸠合无锡商人徐鸿逵、李宗唐等，征集股本六万圆创设，契买北门外承志河东胡姓园地一由建造厂屋，并买河西陈姓瓦房一宅为办事室。购用直流、交流机件各一部，选任王鸿藻等九人为董事，吴锡贵等四人为监察人，呈请农商、交通两部注册立案。

（胡为和等修，高树敏等纂：《三续高邮州志》，卷八，县附录二，实业，营业状况，民国十一年刻本。）

〔民国十年至二十四年前后，江苏南京〕　食品工业有面粉厂：《中国经济志》，南京面粉制造厂原有大同（民国十年成立，资本五十万元）、扬子（民国二十年成立）、泰昌三家。前二厂设于三汊河，后一厂设通济门外……推为京市规模较大之工厂。惟泰昌已于二十二年上年歇闭，现存大同、扬子二厂……年出共面粉二百七十万袋，麸皮七十五袋，行销江苏、安徽各埠，全年营业共约五百万元。《一九三二年海关报告册》：近十年间，南京面粉厂颇形兴盛，其主要原因，盖由面粉为南京近郊人民需要之大宗，而南京地位适当，小麦易于收集，亦为一因。以前南京面粉全由上海、无锡输入，今则有三工厂矣。大同面粉厂设立于一九二一年，资本百万元，厂在三汊河上，占地六十亩，机器设备有柴油机十九架，每年出产面粉约一百五十万至二百万袋，面粉销售本地及外埠，其数略相等。外埠多销行安徽、河南、山西、江西、河北各省埠。所用制粉小麦，则来自安庆、芜湖、和州、徐州、蚌埠、扬州、高邮诸地。然一九三〇年竟有大批小麦约十八万四千九百九十担直接由美国、澳洲、俄国输入，盖因江北小麦含有百分之二十之废物，难以磨制也。第二为扬子面粉厂，厂址与大同密近，资本三十万元，一九三一年三月开工，有柴油机两架，每年出粉约七十万袋。泰昌面粉厂，亦成立于一九三一年，资本较小，日出面粉约五百袋。

（叶楚伧修，王焕镳纂：《首都志》，卷十二，食货下，工业，民国二十四年铅印本。）

〔民国二十年前后，江苏泰县〕　光裕干电池厂。资本：银四千元。设备：电条模型。出品：亚字牌干电条。工人：十六人。统计每年七八百打。

（单毓元等纂修：《泰县志稿》，卷二十，工业志，民国二十年修，一九六二年油印本。）

〔民国二十年前后，江苏泰县〕　兴业机器翻砂厂。资本：银四千元。设备：

车床一。出品：各式机件翻砂。工人：二十余人。顺昌机器翻砂厂。资本：银六千元。设备：车床一。出品：各式机件翻砂。

（单毓元等纂修：《泰县志稿》，卷二十，工业志，民国二十年修，一九六二年油印本。）

〔民国二十二年至二十三年，江苏南京〕 造纸厂。《中国经济志》：计中国及新中华两家。前者二十三年七月开工，后者二十二年九月开工。

（叶楚伧修，王焕镳纂：《首都志》，卷十二，食货下，工业，民国二十四年铅印本。）

〔民国二十四年前后，江苏南京〕 采石业。《中国经济志》：厂设燕子矶，有天然、大华两公司，均用工人开采，轧成碎石，石砂运销南京，用以建筑马路等，年计产值约五万元。

（叶楚伧修，王焕镳纂：《首都志》，卷十二，食货下，工业，民国二十四年铅印本。）

〔民国二十四年前后，江苏南京〕 砖瓦、瓦筒厂。……《中国经济志》：江宁县砖瓦厂有金城、京华两厂，一设九区沙口，一设十区西善桥。……年产青红砖瓦总值约二十余万元，概销于各大市场。

（叶楚伧修，王焕镳纂：《首都志》卷十二，食货下，工业，民国二十四年铅印本。）

〔民国二十四年前后，江苏南京〕 碾米厂。《中国经济志》：南京自建都截至现在，人口激增至七十二万余人，其食粮销耗平均每日每人以食米五合计算，则日需米三千六百石，积年则需一百二十余万石。此种巨量，除一部分由外埠运入外，多数均本市米厂精碾供给。京市碾米业亦因之发达，散布于中华门外、汉西门外、通济门外及下关等处者，共计凡三十九厂，全业资本凡八万余元。各厂设备共计有柴油引擎四十二具，马力七百零四匹，米斗七十五具，米耷十八具，每日出米最多可六千石，但实际上仅至半数以上。所出之米，皆销本市，以供民食。

（叶楚伧修，王焕镳纂：《首都志》，卷十二，食货下，工业，民国二十四年铅印本。）

〔清光绪二十一年至民国二十四年，浙江萧山县〕 通惠公机器纺纱工厂，在丝厂东，面积九十余亩，清光绪二十一年令朱荣璪劝商陈克颖、金玉兰等招股设立为股份有限公司，资本六十万元，实收四十五万元。机器购自英国，有锅炉引擎弹花机、梳棉机、粗纱车、细纱车、摇纱车、成包机诸种，锭一万枚。又有电灯机、自来水、修机车、皮棍机、锭绳机诸附属品，职员四十余人，男女工日夜班，共一千六百人。其业务采购本地棉花，纺成十支至十六支之纱，销售宁、绍、金、衢、严、上海、川、广等处，曾运赛南洋劝业会，得超等奖，并附设轧花厂。

（彭延庆修，杨钟义等纂：《萧山县志稿》，卷一，疆域门，物产，民国二十四年铅印本。）

〔清光绪二十一年至民国二十四年，浙江萧山县〕 合义和机器缫丝工厂，在邑东转坝外，面积三十余亩。清光绪二十一年令朱荣璪劝商陈克颖、金玉兰等招股设立，资本二百十万元，丝车二百八座，职员三十余人，男女工八百余人。其业务收买本邑鲜茧缫细丝，销售意大利、法兰西诸国，近亦兼收诸、嵊二邑之茧。

（彭延庆修，杨钟义等纂：《萧山县志稿》，卷一，疆域门，物产，民国二十四年铅印本。）

〔清光绪三十一年至民国十五年，浙江丽水县〕 利用织布公司，在城东隅新意山南麓，为邑绅谭献、陈逸、何佩印、阎耕莘等所组织，招集各邑商绅股金，于清光绪三十一年开办。其时资本未足，惨淡经营，未收实效。宣统初年，曾得南洋劝业会奖证。迄民国来，资本增加，营业发达，四年巴拿马赛会得农商部奖证。现基金四万元，出货发行年计二十余万元，日需男女工人三百余名，为丽邑工厂之先导。

（李钟岳、李郁芬修，孙寿芝纂：《丽水县志》，卷四，工厂，民国十五年铅印本。）

〔清光绪末年至民国二十六年，浙江鄞县〕 甬埠之有工厂，始于清光绪末年，迄今大小厂家亦仅百许，而略具规模之工厂更属寥寥。全年所用燃料，除棉籽壳为榨油厂之副产品外，柴油均取给于英、美两国，煤之消耗约万六千余吨，其来源百分之七十为开滦，余为安南。动力以蒸汽为最多，电力次之，柴油引擎又次之。资本总额，就表列各厂可以按稽者为二百七十五万二千五百元，营业总额一千零九十八万八千二百十八元。以出产数量之价值别之，第一纺纱，第二棉织与针织，第三面粉。在三百万以上者为电气、火柴、榨油，未满三十万者为皂烛、罐头、机械、碾米，其他则仅数万元矣。设于乡区之工厂有十，罐头一，卷烟一，电气一，针织、棉织七。各业工厂所负捐税，纺纱与面粉纳出厂税，纱每件八元五角八分，面粉面包八分，其他均照营业税率缴纳。

（张传保等修，陈训正等纂：《鄞县通志》，食货志，丙编，工业，民国二十六年铅印本。）

〔清宣统三年至民国二十四年，浙江省〕 本省之火柴及火柴梗片制造厂，战前共十家，即杭州之光华、宁波之正大、温州之光明、丽水之燧昌、绍兴之便民等五火柴制造厂及丽水之普昌与分厂、富阳之协隆、杭县之中华、诸暨之兴华等五家火柴梗片厂是也。火柴梗片自改用松木以来，浙省以自产木材丰富，火柴业遂以发达。各火柴厂以杭州之光华设立最早（在宣统三年），继之者为宁波之正大于民国元年创立,十五年丽水之燧昌、十八年温州之光明先后成立,绍兴之便民则成立于民国二十四年。至于火柴梗片制造厂,最早创立者为丽水之普昌及富阳之协隆两厂,均于民国十三年成立,民国十七年丽水普昌设立分厂。二十年后,杭县之中华、诸暨之新华先后创立。各厂火柴之销路以本省为多,光华出品外销者以苏、皖、赣销数为最大;正大出品则除浙省宁、温、台各埠外,外销以汉口、福州、芜湖等地为主,北方及外埠则甚少;光明出品则销于福建为大宗,约占十分之七;燧昌之出品则大半在本省旧处、温台各属,厦门、汕头之销路亦不小。民国二十四年,苏、浙、皖、湘、赣、鄂、闽七省为对抗外货,有联合营业发行所之议。四月间,有全国火柴业同业联合会之召集。五月间,该会组合火柴售价维持会成立。全省各厂每年火柴之产量,据浙省商务管理局之调查,民国二十年度计共六万七千六百八十五箱,二十一年度计六万九千八百七十四箱,二十二年度计五万三千六百四十六箱。至各厂火柴之销售数则二十年度计六万二千三百七十三箱,二十一年度六万九千一百五十二箱,二十二年度计五万二千一百九十三箱。至于火柴梗片则未有统计。各厂所出火柴之种类,大别为完全火柴与硫化磷火柴二种,安全火柴梗子颜色有红、白两种,头子颜色有黄、黑之分,硫化磷则有黄头与红头两种,各厂出品大都为安全火柴,硫化磷为数极少。

（浙江省通志馆修,余绍宋等纂:《重修浙江通志稿》,第二十二册,物产,特产下,火柴,一九四三年至一九四九年间纂修,稿本,浙江图书馆一九八三年誊录本。）

〔清宣统三年至民国三十七年,浙江杭州市〕 本市之火柴厂,仅光华一家,创办于前清宣统三年,厂址在江干海月桥,资本五十万元,系股份有限公司性质,每股五十元,共计一万股。内部组织采用委员会制,委员会之下,设总务主任一人。总务之下,分工务、营业、材料三部,设有职员二十九人,雇用男工三百四十四人,女工一千另七十人,童工五十人,共计一千四百九十三人。该厂设备,有基地五十余亩,价值十五万元;自建房屋四百余间,价十八万元。机械装置,有英国式水管锅炉二座,一百三十六匹马力汽机一座,瑞士式一百基罗瓦特直流发电机一座,德国式锯木机一架,吸水机一架,裁纸机四架,日本式研磷机一架,贴招机二十二架,配列机三十架,调药机三架,本国式刨木机、切梗机各六架,解列机三十架,炖胶机一架,总值二十万元,其他各机约值五千余元。所需原料十九仰给外国,杨木火柴梗来自俄属西伯利亚,约占原料二分之一。其他如蜡油、火柴纸、氯酸钾、硫磺、赤磷等,概来自欧美及日本。胶及松木制成之盒片,乃系国产,全年须用数值,约共一百万元。胶原用日货,现已由厂仿制。杨木近亦改用松木代替。

（千人俊编：《民国杭州市新志稿》，卷十九，工业三，火柴业，民国三十七年修，杭州市地方志编纂办公室一九八七年铅印本。）

〔清朝末年至一九四九年，浙江省〕　本省缫丝向用旧式，自清季日、意之新式缫丝机器传入后，于是缫丝技术起大改革。民国二、三年间，杭州虎林、纬成、天章各丝厂次第成立，惟因皆系初创，首先织绸，嗣于厂内逐渐增设缫丝部，以其出品供给本厂织绸之用。其后缫丝厂各地相继设立，时为十三年至二十年间，是浙江机器缫丝业之兴盛时期。后因受世界不景气影响，生丝市场半为人造丝所夺，未受日丝之打击，于是全省缫丝厂仅存十九家，资本总额四百十五万八千七百六十元，又二十二万两，每厂资本大部分均在五万元以上、十万元以下。各厂所用原料，全省各厂年需约在二万五千担左右。至蚕茧之供给，各地不同，杭州所需之茧多购自本地、嘉兴、萧山等处，杭县则购自本区及德清县境，海宁则购自本县及邻县。嘉兴本以产茧著名，各厂即在本县购买。吴兴除用本县所产外，亦有购自嘉兴者。德清即用本县产茧。全省丝厂生产能力，以吴兴、德清、嘉兴、杭州四地为最大。所产生丝有供本省织绸缎之用，有运销国内，有出口运销法、美各国。运销国内者多集中于沪、杭两地，运销国外者亦多由上海出口，总计销于本省者约五百担，销于上海者约一千三百担，运销法国者约四百担，运销美国者约二千担。民国二十五年后，销数日减，平均每担丝市价最佳者为一千四百元，次者一千元至八百元，最低者七百元左右，总计全省各厂所产生丝销售价格约在三百七十万元。

（浙江省通志馆修，余绍宋等纂：《重修浙江通志稿》，第二十一册，物产，特产上，蚕丝，一九四三年至一九四九年间纂修，稿本，浙江图书馆一九八三年誊录本。）

〔民国六年至三十七年，浙江杭州市〕　本市重要绸厂一览：

厂名	地点	设立年月	资本额（元）	工人数	织机
都锦生	艮山门外	民国十一年	100 000	92	力织机、提花机
震旦股份有限公司	刀茅巷	民国十七年	80 000	190	力织机、手织机、摇纬机、并线车、捻丝机、络丝车、翻丝上浆车、软经车
永安	五福楼	民国十八年	20 000	108	电力机

(续表)

厂　名	地　点	设立年月	资本额（元）	工人数	织　机
悦昌文记	东街路	民国六年	30 000	150	电织机、手织机、并丝车、合丝车、络丝车、捻丝车
凤凰绸厂	长庆街	民国二十年	50 000	120	电织机、手织机
烈丰	广兴巷	民国十四年	10 000	66	手织机、扦丝机、浆车、翻丝车
天丰	黄醋园	民国八年	5 000	81	卷纤机、力织机
广春	盐桥小福清巷	民国二十年	38 000	91	电织机、并丝机、摇纬机、软经机、捻丝机、翻丝机
东方	山子巷	民国十七年	15 000	61	钢皮力织机、上浆机、提花机、摔纤机、烙丝机、导接机、翻丝机、软经机
裕成	东街路石板巷	民国二十年	5 000	44	手摇纤车、电摇纤车、翻丝机
勤业	下板儿巷	同上	5 000	41	力织机、手织机
云裳	百岁坊巷	民国十九年	3 000	33	电力机、软经机、上浆机、摇纬机、络丝机
六一	东街路石板巷	民国二十一年	4 000	36	电摇车、翻丝机、电织机
华竞	白莲花寺	民国十七年	2 000	32	拉机、电机
怡章鸿	石板巷	民国十一年	5 000	36	电机、络丝机、软经机、摇纬机、踏花机、车床、刨床、蹼车
文新恒	庆春路	民国七年	6 000	81	电织机、提花机、翻丝机、踏花机
美成	皮市巷	民国二十一年	3 000	37	不详

本市丝绸之销场以国内为主，本市销售者仅百分之三十，其余均运外埠。据二十二年调查，以上海为最多，约占外销总数百分之三十三；其次为南洋，占总数百分之十四；再次为东三省，占总数百分之十。此外运销欧美者，约占百分之二或三。大抵两广及南洋、欧美等处多用生货，东三省及长江上游多用熟货，上海、京、津及长江各处则生、熟各半。

（千人俊编：《民国杭州市新志稿》，卷十七，工业一，丝织业，民国三十七年修，杭州市地方志编纂办公室一九八七年铅印本。）

〔民国九年至十三年，浙江定海县〕　舟山电灯公司，民国九年，由商人创办，公司在南郊,置有五十匹及百匹马力黑油机各一座,计可燃十六支光灯四千五百盏。今城厢商民装灯共一千四百二十盏,路灯共四百四十盏。杆木迤逦,经皋泄而至白泉,其商民装灯四十二盏,路灯三盏。沈家门电灯公司,民国十三年由商人创办,置有电机一座,商民装灯四五百盏云。

(陈训正、马瀛纂修：《定海县志》,交通志,电灯,民国十三年铅印本。)

〔民国十年,浙江嘉兴濮院镇〕 电灯厂,在桐界北苏家浜,民国十年,福建人周寿民、王店人朱海珊合资经营,名曰公明电汽公司。与自治公所订立合同,以二十年为期,期满由地方估价收回自办。镇无夜市,又无大工厂,故营业不甚发达。

(夏辛铭辑：《濮院志》,卷十四,农工商、商业,民国十六年刻本。)

〔民国十年至十七年,浙江嘉兴濮院镇〕 工业：(一) 介明电灯公司,资本二万元,民国十年开办。备有柴油机一部,马力三十匹,美国制造,又交流电机一部。镇上有电灯五百余盏(嘉兴境内百余盏),每盏十六支光,月收一元二角。每年燃用柴油四十吨,车油十二桶。有经理一人,工程师一人,职员四人,工人五人。(二) 协盛碾米厂,民国十三年冬开办,有柴油引擎一部,米车三部,每年开机约五个月,每年碾米二万余石,每石收费一角七分,有工人五人,职员二人,资本四千元。(三) 先施碾米厂,兼理㡷水,民国十七年十月开办,资本四千元。

(阎幼甫修,陆志鸿等纂：《嘉兴新志》,第一章,地理,濮院镇,民国十八年铅印本。)

〔民国十年至一九四九年,浙江省〕 自民国十年后,杭州华丰厂(原名武林造纸厂)、美利利及嘉兴民丰厂开始造纸,于是本省始有机器造纸。其出品分三种,即黄纸板、白纸板、灰纸板,几全供制糊纸盒及包装之用。……战后机器造纸有省营丽水十八都造纸厂,年可产道林纸五百吨,惜资金短绌,进行殊缓,迄今尚有一部未完成。

(浙江省通志馆修,余绍宋等纂：《重修浙江通志稿》,第二十二册,物产,特产下,纸,一九四三年至一九四九年间纂修,稿本,浙江图书馆一九八三年誊录本。)

〔民国十一年前后,浙江萧山县〕 要而论之,吾萧工业多拘旧法。近则有县立平民习艺所及商办毛巾厂提倡工艺,不无裨益,而尤以东门外之通惠工纱厂暨新设之庆云缫丝织绸厂(旧合义和丝厂改组扩充)为最著,规模宏远,资本充足,诚吾邑实业界巨擘也。

(王铭恩辑：《萧山乡土志》,第三十六课,物产,附工商业,民国十一年铅印本。)

〔民国十二年至三十七年，浙江杭州〕 本市棉织业现状：

厂 名	地址	设立年月[民国]	组 织	资本(元)	工人	机 械	原动力
三友实业社杭厂	拱宸桥	十八年一月	股份有限公司	2 000 000	1 598	清花机、细纱机、纺机、钢丝机、织布机、织机、染机、粗纱机及染布机等	蒸汽力750匹，电力马达50匹
大丰盛记染织厂	孩儿巷	十七年三月	合 资	20 000	220	电机、踏机、手拉机等	电力马达2部，马力17匹
广生棉织三厂	竹竿巷	十二年八月	同 上	10 000	150	铁机、木机、洋机、电机、摇纱机、踏车等	电力马达3部，马力13匹
惠民布厂	长庆街	十五年十月	同 上	6 000	128	铁机、木机、电机等	电力马达1部，马力3匹
九华永染织厂	孩儿巷	十七年一月	同 上	11 000	130	木机及铁机等	电力马达5匹
永新布厂	安东桥	十七年	同 上	6 000	95		电力马达15匹
华丰泰布厂	府前街	十八年十二月	股份有限公司	5 000	58	大纡车、电机、木机	电力马达2部，马力14匹
浙江省区救济院感化习艺所普益布厂	拱宸桥		公商合资	12 500	120		
浙江省区救济院贫民工厂	旧藩署		公 款	21 990	260		
大同昌记染织厂	茶叶弄		合 资	8 000	81		
振丰染织厂	孩儿巷		独 资	5 000	91	电力机、踏机等	电力马达3匹
正丰布厂	二圣庙		合 资	5 000	61		
精勤纱布厂	大营前		合 资	3 000	25		

本市棉织厂之兼有棉纺者，只三友杭厂一家。该厂所出棉妙，除供给本厂织造之用外，尚有剩余供给他厂，惟为数不多耳。杭市布厂用纱，以二十支纱需用量为最大，十六支、三十支次之，十支、四十支、五十支等纱为最少。全年需用原料总值约为二百余万元。本市二十一年度产量如下：

产量(匹)	总值(元)	出品单位价格(元)
306 500	2 652 000	每匹(以七丈五尺计)统坯价自7元至13元

销路：本市出品，因有三友在内，故外省销路较大，如上海、香港、广州、福州、厦门、汉口、天津、北京等埠，均有大宗出售，属于批发较多。

（千人俊编：《民国杭州市新志稿》，卷十七，工业一，棉织业，民国三十七年修，杭州市地方志编纂办公室一九八七年铅印本。）

〔民国十二年至三十七年，浙江杭州市〕 本市玻璃厂状况：

厂　名	设立年月	组织	资本（元）	工人	地　址
民生制造厂	民国十五年	合资	70 000	90	武林门外
仁和玻璃厂	民国十二年	独资	5 000	85	六部桥

本市民生玻璃厂每年产值为九万元，仁和为八万二千元。本市民生及仁和出品，以杭、嘉、湖及上海为行销区域。

（千人俊编：《民国杭州市新志稿》，卷十七，工业一，玻璃业，民国三十七年修，杭州市地方志编纂办公室一九八七年铅印本。）

〔民国十三年，浙江吴兴乌青镇〕 民国至十三年，里人沈濬昌发起创办乌镇电气公司，集合股本四万元，建厂属于马家汇地方，买一百三匹马力煤气引擎及七百基罗瓦脱发电机各一座，计可燃十六支电灯三千盏。十四年，兼办碾米机，十八年米机停办。十五年带办梿市电灯，十六年带办桐乡铲头电灯，均由木厂放电，十八年停办梿市电灯，二十年停办桐乡电灯，现惟铲头电灯仍放电兼办。近年商业凋敝，两镇号燃电灯约五百盏，又火表一百十只，电灯每盏二十五支光，月售燃费一元四角，火表每字二角五分，全镇路灯亦归电厂办理，计一百二十余盏。

（董世宁原修，泸学溥续修：《乌青镇志》，卷二十一，工商，民国二十五年刻本。）

〔民国十三年前后，浙江定海县〕 炭酸镁，无机化合物，为牙粉原料，可自苦卤中提取之，近年东郊土城墩有设厂制造者。

（陈训正、马瀛纂修：《定海县志》，物产志，矿物之部，民国十三年铅印本。）

〔民国十五年至十九年，浙江遂安县〕 电灯：民国十五年，由绅商创办普明电灯厂，置有二十匹马力黑油引擎一座，十二启罗丰发电机一座，可燃十六支光灯六百五十盏，今城内商民装灯三百余，路灯三十余。

（罗柏麓等修，姚桓等纂：《遂安县志》，卷五，文治，实业，民国十九年铅印本。）

〔民国十五年至三十七年，浙江杭州市〕 本市缫丝业厂家一览：

厂　名	地　址	组织	资本（元）	设立年月 [民国]
杭州缫丝厂	武林门外觅度桥	国营	固定 187 660 流动 100 000	十八年十二月

(续表)

厂　名	地　址	组织	资本(元)	设立年月 [民国]
庆成缫丝厂	东街路405号	独资	固定 50 000 流动(无定)	十五年四月
开元制丝厂	观音桥余杭塘上	独资	固定 30 000 流动(无定)	二十年

本市之缫丝厂原料,每年约需蚕茧三千三百担,是项原料多购自本地。本市年产生丝为六三〇担。

(干人俊编:《民国杭州市新志稿》,卷十七,工业一,缫丝业,民国三十七年修,杭州市地方志编纂办公室一九八七年铅印本。)

〔民国十七年至三十七年,浙江杭州市〕　本市糖厂一览:

厂　名	地　址	资本(元)	工人	设　备	备　注
和丰冰糖厂	闸口小桥	16 000	35	美国式焙炉一具、汽锅一座、铅桶二千只。	民国十七年集资8千元,开办后添加至1万6千元。
武林冰糖厂	闸口化仙桥	10 000	25	火炉、电扇各一,泥灶钢板、铁锅一具,铅桶一千六百只。	该厂初名谦信,至民国20年3月盘归武林。

本市糖厂之原料:白砂糖与土糖。和丰年需五千一百担,武林年需二千担。本市二家糖厂,年产量为七千担。本市和丰、武林冰糖,销绍兴、金、衢、严等处。

(干人俊编:《民国杭州市新志稿》,卷十七,工业一,制糖业,民国三十七年修,杭州市地方志编纂办公室一九八七年铅印本。)

〔民国二十一年,浙江〕　本省工业向多为家庭手工业与小规模之工场,利用机器之新式工厂近年始逐渐增多。建设厅自二十一年起,对于动力工厂实施检查。据是年统计,动力工厂已经检查者计七十六家,内化学工业七家,棉织业一六家,丝织业三一家,铁工业八家,饮食品业四家,榨油业二家,造纸业二家,其他工业六家。共有资本一〇四二〇四六〇元,动力总数九六八一匹马力,每年出品总值二四五一九九六七元,平均每厂资本一三七〇〇〇元。

(姜卿云编:《浙江新志》,上卷,第七章,浙江省之社会,工业,民国二十五年铅印本。)

〔民国二十六年前后,浙江鄞县〕　近时,甬属人士虽稍知投资工业,然其习性在经商,图速利,无有营工业者,即有营之,亦多在上海,不屑小试于家乡,故数十年来,在县境内经营最大者仅有一似工而商之纱厂,近且奄奄,欲告终矣。

(张传保等修,陈训正等纂:《鄞县通志》,食货志,丙编,工业,民国二十六年铅印本。)

〔民国三十七年前后,浙江杭州市〕 该业营业习惯,收买生皮须现款交易,出售熟皮采用放账手续。由生皮制出熟皮,须经一定时间,而账款则非三节不清,因之流动资本非二三倍不可,于是多借银钱业之放款,以资周转。各厂营业最大者首推萃隆,全年总值九万四千元。次为武林、华盛,各在五万元以上。其余自二万元至四万元者七家,自一万至二万元者九家,其他作坊五家,每家各数千元。

(千人俊编:《民国杭州市新志稿》,卷十九,工业三,制革业,民国三十七年修,杭州市地方志编纂办公室一九八七年铅印本。)

〔民国三十七年前后,浙江杭州市〕 本市各染织厂,经过漂白及染色之绸缎、布匹,每年估计约有九十余万匹,其中四家染织厂染织之布约十余万匹,其余各染坊漂染之布约五十余万匹,漂染坊漂染之绸缎约二十万匹左右。生产之总价值一百十万元左右,其中染织厂染织之布匹,每年售价占六十万元,其余各染炼坊染炼所得之代价,约五六十万元左右。本市除四家染织厂所出布匹染色后出卖外,其他漂染坊全系代替绸厂、布厂工作,仅从中取得代价而已,实际无所谓销路。按大丰、九华、振华、大同等出路,多销本埠及本省邻近各县,每年营业额达六十余万元。

(千人俊编:《民国杭州市新志稿》,卷十八,工业二,漂染印花业,民国三十七年修,杭州市地方志编纂办公室一九八七年铅印本。)

〔民国三十七年前后,浙江杭州市〕 本市华丰造纸厂,系股份有限公司,资本约五十万元,工人约二○二人。该厂厂址面积为八十六亩,厂房九十九间。……华丰厂之产量,每年六千余吨。黄板纸之价格,每吨平均七十余元。黄板纸之销路,为上海、香港、广东及南洋群岛。薄白板纸,为销上海、广东。灰板纸,为制香烟火盒之用,大多数销上海各大烟厂,如英美、南洋、华成等。青灰纸板,为套鞋厂制盒之用,销路以上海为多,占百分之八十;广东及其他通商口岸占百分之二十。提花纸板,为织绸厂踏花之用,销路以杭、嘉、湖、绍兴、苏州等处之绸厂为多。特光纸板,系供上海各大肥皂厂制盒之用。

(千人俊编:《民国杭州市新志稿》卷十八,工业二,造纸业,民国三十七年修,杭州市地方志编纂办公室一九八七年铅印本。)

〔民国三十七年前后,浙江杭州市〕 各厂产品以电力机、提花机为大宗,均系供绸业适用。其他柴油机、引擎、碾米机、洋袜机、钢扣各项出品,数量亦多。总计全年产值,凡九十余万元。惜其销路不广,不能出本省范围也。

(干人俊编:《民国杭州市新志稿》,卷十九,工业三,铁工业,民国三十七年修,杭州市地方志编纂办公室一九八七年铅印本。)

〔民国三十七年前后,浙江杭州市〕 本市针织业资本分配情况:

资本额	100至500元	500至1 000元	1 000至5 000元	5 000至10 000元	10 000至20 000元
家 数	1	1	12	2	1

本市针织品行销地点为本市市内及旧属金、衢、严各区。

(干人俊编:《民国杭州市新志稿》,卷十七,工业一,针织业,民国三十七年修,杭州市地方志编纂办公室一九八七年铅印本。)

〔民国三十七年前后,浙江杭州市〕 本市碾米厂现状:

厂数	资本(元) 总数	资本(元) 每厂平均数	机器总数 电气马达	机器总数 柴油引擎	机器总数 碾米机	工人总数	每年碾粮(石)	备注
163	100 000	613	103	5	140	592	1 000 000	本项数字均系估计

本市糙米来源为苏、皖及本省旧嘉湖两属及上江两处。

(干人俊编:《民国杭州市新志稿》,卷十七,工业一,碾米业,民国三十七年修,杭州市地方志编纂办公室一九八七年铅印本。)

〔民国三十七年前后,浙江杭州市〕

厂名	组织	资本(元)	商标	工人	厂址
西湖炼乳公司	合资	70 000	燕牌	12	钱塘门外莲花凉亭

本市西湖炼乳公司设有牧场,所需之鲜牛乳均取于该公司牧场。该牧场畜有奶牛二百八十五头……其中纯外国种产乳量较多,每牛每日可取二十五磅至五十磅,产乳时间亦长,每交配一次,约产乳十八个月。日本种及本国种,产乳量较少,每牛每日仅可取六磅至二十磅,产乳时间亦仅九个月,惟乳质比洋种浓厚,

奶油亦较丰富，颇适宜于炼乳之用。其所产牛乳除夏季因无冷藏库之设备，停止制造炼乳，专供市内鲜乳饮户外，其余各月均为制造炼乳时间。该公司所用之白糖，多系英商太古公司之五温白糖，其份量占百分之十六，直接向上海十六铺小东门之糖行趸批。该公司之炼乳，分大罐、小罐二种。大罐装乳一磅，小罐装乳二两。该厂生产数量年有增加，全年可产大小罐炼乳十六万余罐，连同副产品之白脱油，及可可、牛奶等，总值在十二万元以上。杭州炼乳以运往上海者为最多，然其销路则在长江一带。西湖炼乳公司在上海天津路设有总发行所，专司接洽推销等事。

（千人俊编：《民国杭州市新志稿》，卷十七，工业一，炼乳业，民国三十七年修，杭州市地方志编纂办公室一九八七年铅印本。）

〔民国三十七年前后，浙江杭州〕 本市棉纺业现状：

厂　名	地　址	资本(元)	锭　数	机台	出　品	批　发　所
三友社杭厂	杭州拱宸桥	2 000 000	20 360 枚	765	纱芯呢布、毛巾	上海南京路497号

本市纱厂每年需用之棉花估计如下：

厂　　名	需用量(担)	价值(元)
三友社杭厂	25 000	1 650 000

生产量概况：本市三友社杭厂，年出棉纱二千五百件、布十万匹、毛巾五十万打，共约价银二百万余元。本厂除纺十六支以下之粗纱外，凡二十支、二十四支、三十二支及四十二支等细纱，亦为主要出品。销路：三友社杭厂之出品，则运销本省、上海、汉口、南洋群岛各地。该社在上海、汉口、本市，皆设有发售所。

（千人俊编：《民国杭州市新志稿》，卷十七，工业一，棉纺业，民国三十七年修，杭州市地方志编纂办公室一九八七年铅印本。）

〔清朝末年至民国二十五年，安徽凤阳县〕 凤阳南临山岗，北滨淮河，水旱易于成灾，生产不甚发展。清末，津浦铁路完成，横贯全县，商业始渐繁。自民国四年至十九年，为极盛时期。自民国二十年大水之后，饥馑频臻，各项事业较前皆形退化。兹将各项实况分述如下：

工业。凤阳工业大多系小手工业，多用人力，是以工艺出品仍不畅旺，其最著者：一、火柴公司。设于临淮，用人力制造，内容工人五百余人，女童在内，每年产量一万二千箱,售价约四十余万元,畅销于本省及江苏河南边境。二、面粉公司。一宝兴,一信丰,两家皆设蚌埠,每年开机时期不足八个月,出品约值三百余万元。三、电气事业。有光华、耀淮两电灯公司,均为私人积资所创设。因年饥商困及军事影响,营业因以不振,每年营业约二十余万元。四、土制卷烟。以本县出产之薰烟,用手工制成烟卷,总计一百三十余家,分销附近各县农村间,每年约四万余元,无商标及店名。五、制革厂。仅有一所规模较大,余有小规模制革厂十余家,总计每年出品不及六万元。六、木瓦业。技术尚称精良,木业所制成品亦颇坚实美备。年来潮流所趋,技术方面颇多改进,无论大小楼房及桥梁涵洞等巨大工程,均能承办,总计木、瓦两业工人数达五千余名,每年营业收入约七八十万元。全县业经成立之职工会,共计三十三业。工人最多者为人力车、沙石、搬运、建筑、煤运、补缝麻袋、理发、摊贩、木、盐、粮行员、成衣、厨、轮船船员、水力及火柴等十六业,次为豆制、河下划船、化装、线、凿井、红车、牛宰制、洗涤、缝包、斗制、刨烟、转运职员、盐驳运、屠宰、码头、泥水、渡口等十七业,共有工友一万四千五百余人,约占全县人口百分之四弱,全部工艺出品约三百余万元。

(易季和纂修:《凤阳县志略》,经济,工业,民国二十五年铅印本。)

〔民国元年后,安徽宿松县〕　民国初元,邑人李廷钧等曾招股集资,购办织布机十数具,租城北田祠为机厂,延雇机师,请用本地工人,并招选聪颖子弟学习机织,一切均用新法,嗣因所出之布成本太重,较布商之购自汉浔等处者,其价为昂,无利可图,旋即闭歇。

(俞庆澜、刘昂修,张灿奎等纂:《宿松县志》,卷十七,实业志,工业,民国十年活字本。)

〔民国十八、十九年,安徽桐城县〕　电业:一为县城之光明电灯公司,一为棕阳之强光电灯公司,均为私人集资兴办,除电灯外,并附设有碾米机场。强光创办于民国十八年,资本总额一万二千元,发电容量二[十]五千瓦,发电年计一万六千九百六十度;光明创办于民国十九年,发电容量五十千瓦,发电年计三万七千七百二十度。

(徐国治修:《桐城县志略》,十四,经济,民国二十五年铅印本。)

〔民国二十三年,安徽宁国县〕　民国二十三年秋,河沥溪镇商人集股创办耀明电灯公司,因营业不能发达,二十四年冬停歇,招股改组。

(李丙麟等修:《宁国县志》,卷三,交通志,电灯,民国二十五年铅印本。)

〔民国二十五年前后，安徽亳县〕 本县工业，尚停顿于家庭手工业时代。机器工业，仅蛋厂两家，卷烟厂一家而已。福兴蛋厂，开设于北关外马厂街，资金约三万元，有三十匹马力引擎一座，飞黄机两座，每年制蛋二千数百万，制成蛋白七百箱，蛋黄二千箱。福义蛋厂，开设河北德聚圩，资金二万元，有十五匹马力引擎一座，飞黄机一座，出货数量，较福兴稍逊，均运销于平津一带。福成烟公司，开设德聚圩，有汽油卷烟机一座，每日出货两箱，销售邻近县份，原料取给于河南许昌。

（刘治堂纂修：《亳县志略》，经济，工业，民国二十五年铅印本。）

〔民国二十七年，江西〕 本省出产牛皮，但向以生皮外销，而输入熟皮，损失殊巨。乃于二十七年设立制革厂，采用机器制造各种皮革皮件，年产纹皮三十万尺，花旗皮及法蓝皮共二十六万八千斤，不仅足供省内需要，且常运销湘、桂各地。

（吴宗慈修，辛际周、周性初纂：《江西通志稿》，经济略，四，工业，一九四九年稿本，江西省博物馆一九八五年整理油印本。）

〔清光绪三十二年，福建福州府闽县〕 电灯公司，绅商合设，在苍霞洲银元南局。于光绪三十二年秋间，在籍编修林绅炳章请开设，聘梁祖群、陈同甸为机师，并招收艺徒，以资传仿。

（清 朱景星、李骏斌修，郑祖庚等纂：《闽县乡土志》，商务杂述二，公司，清光绪三十二年铅印本。）

〔清光绪三十二年前后，福建福州府闽县〕 清平药水消火机器公司，绅士创设，以闽多火患，延烧辄数十百家。郑孝廉祖仁、徐孝廉友梧向东洋购一新式消火器归，督匠仿制于乌麓，试验其法，倾煤油燃积薪，上喷以药水，火势立即消灭，诚消防第一良法。林太史炳章、李孝廉世新、王茂才振先赞成其事，设立清平公司，请官立案，准予专卖特权。广福种植公司，商设，在南台泛船浦，集资五万。小轮船公司，局设台江汛。招商分局上海轮舶公司，沪总局分设。下渡诚益蚕桑公司，乡设。尚干蚕桑公司，乡设。悦兴隆茶砖公司，商设，在南台泛船浦，合资二十万。印刷公司，施广文景琛设，在丽文坊剑池边。樟脑局，官绅合办，光绪三十一年由日本商收回。

（清 朱景星、李骏斌修，郑祖庚等纂：《闽县乡土志》，商务杂述二，公司，清光绪三十二年铅印本。）

〔清宣统二年至三年，福建福州府闽侯县〕 福州电气股份有限公司，宣统二年四月，邑人刘崇伟集资，经农工商部注册，定今名，设厂于水部门外新港，先行试办电灯，三年十月南台送电，十一月城内送电。

（欧阳英修，陈衍纂：《闽侯县志》，卷二十八，实业，商，民国二十二年刻本。）

〔民国九年至十八年，福建建瓯县〕 电汽股份有限公司，于民国九年，由邑人发起集资筹备，至十一年，在玉皇阁前建房屋一座，安设电机。建瓯地方辽阔，二千盏之机器马力太少，不敷应用。至十五年添购八千盏大机器一架，仅供城市之用。计自开办至今，共耗去资本数万，目下营业只能维持现状。

（詹宣猷修，蔡振坚等纂：《建瓯县志》，卷二十五，实业志，公司及各机关，民国十八年铅印本。）

〔民国十年，福建建阳县〕 建阳电光公司，设在城内西街旧武营，民国十年十一月成立，创办人陈孝新等。今废。

（万文衡等修，罗应辰等纂：《建阳县志》，卷七，实业志，民国十八年铅印本。）

〔民国十四年，福建古田县〕 邑有水利足以制造电灯。民国十四年，由发起人钟春芸、陈芸拱、兰西玉等集资组织电灯有限公司，在十二都龟山地方，设电灯厂一所，安置发电机，砌造水坝引溪水入厂，以资发电。该电马力可四十匹，支配三万光，平均十光三千盏，并利用电力，附设碾米厂。

（黄澄渊等修，余钟英等纂：《古田县志》，卷二十七，实业志，民国三十一年铅印本。）

〔民国十四年至十七年，福建建瓯县〕 大丰碾米厂，民国十四年由商人集资购办碾米机器一副，安置南库前。本厂以煤油为原动力。十五年夏大饥，停办。至十七年春恢复，每日可出米四十石，但籴大宗之谷殊形困难，故营业不能发达也。

（詹宣猷修，蔡振坚等纂：《建瓯县志》，卷二十五，实业志，公司及各机关，民国十八年铅印本。）

〔民国十四年至十七年，福建建瓯县〕 自来水公司，始于民国十四年三月间，由各界集股本四万元，导城北龙井水经朝天门入城，分支密布于各街巷，足供千余家之饮料。十七年冬间，添设一支，可多供数百家，惟竹管易朽，经水浸后，与竹膜融化，发生臭气，将来应易以磁管，既可耐久，又免腐化，诚一举而两善也。

（詹宣猷修，蔡振坚等纂：《建瓯县志》，卷二十五，实业志，公司及各机关，民国十八年铅印本。）

〔民国十五年，福建建瓯县〕 建新罐头公司，于民国十五年十月间创办，用手机制造洋铁罐,极见迅速,食品如冬笋、香菰、节笋、杨梅、枇杷等,行销颇广。

(詹宣猷修,蔡振坚等纂:《建瓯县志》,卷二十五,实业志,公司及各机关,民国十八年铅印本。)

〔民国十七年前后,福建沙县〕 沙邑向无电业,自潘君伊铭提倡,集股购置电机,装置于城之南门,为商办有限电灯公司。

(梁伯荫修,罗克涵等纂:《沙县志》,卷八,实业志,电灯,民国十七年铅印本。)

〔民国二十四年至三十四年,福建龙岩县〕 白土电力厂,民国二十四年张景崧创办。初在县城,名龙岩电气公司,嗣因漳州电厂移岩后移设。雁腾电厂,民国三十四年,春罗凤岐等集资创办,厂址在雁石河北。

(郑丰稔纂:《龙岩县志》,卷十七,实业志,工业,民国三十四年铅印本。)

〔民国二十八年至三十一年,福建崇安县〕 本县僻处内地,抗战以还,煤油缺乏,为便利燃料,减少利源外溢计,招商集资组织极森水电公司,利用距城五公里登高山瀑布水力,设厂发电。民国二十八年三月筹备,至二十九年十一月送电。现正力图扩充,除城区普遍供给电灯外,并利用余电充作原动力,发展其他业务。

(刘超然等修,郑丰稔等纂:《崇安县新志》,卷十三,政治,建设,交通,民国三十一年铅印本。)

〔民国三十三年,福建龙岩县〕 振华生铁有限公司,设在白土镇东坑,陈铁民创办,集资一百万元,利用水力鼓风,为本邑首举,民国三十三年夏间开始镕铸。

(郑丰稔纂:《龙岩县志》,卷十七,实业志,工业,民国三十四年铅印本。)

〔民国三十四年前后,福建龙岩县〕 力行电化厂,发起人为郭涌潮,主产为氯酸钾(做火柴主药),副产品为漂白粉、苛性钠、电石、金刚砂等,均系工业重要原料。

(郑丰稔纂:《龙岩县志》,卷十七,实业志,工业,民国三十四年铅印本。)

〔一九四五年至一九五一年,台湾台北县〕 民营制茶工业在光复之初,因受战争影响,多告停闭。光复后,由于一部分销路之扩展,各荒芜茶园积极整理,复兴甚速,其年产量约占全省制茶量百分之八十至九十。本省各县市民营制茶工厂,据一九五一年度调查,共有四百四十一家,而本县即有一百零六家,约占全省百分之二十四。

（林兴仁、盛清沂等纂修：《台北县志》，卷二十二，工业志，第七章，饮食品工业，第九节，制茶业，影印一九五九年至一九六〇年铅印本。）

〔清光绪二十九年至民国二十二年，河南安阳县〕 豫新纺纱股份有限公司，清光绪二十九年，邑人马吉森、晋人郑子固、皖人徐仙洲等，集资一百五十万元，创设广益纱厂于城北二里许之郭家湾滨洹河临铁道，为锭子二万九千枚，规模宏大，因办理失当，旋告歇业。宣统元年，袁绍明收买旧股，复集新资，再行开工，尚称发达。入民国后，时局纷扰，无法进行，至民国十七年停办后，经郑县人田靖波、许昌盐商牛敬亭会同邑人霍栋庭、孙文庵、刘敬宸等另集流动资本二十万元，与旧股东订定合作合同，续行开办，改名豫新纱厂，实行商办，力矫前弊。迄今雇用工人一千三百余名，日出纱三十余包，营业颇称发展云。孚惠织布工厂，民国初年邑人马绍庭所创办，厂址在北门东马道街，有铁机三十余架，木机四五十架，男女工人一百七八十名，每日出产布匹五六百丈，为邑中织布工厂之完善者。华丰织布工厂，邑人薛蕴卿所创办，厂址在县前街，规模虽不甚大，组织亦称完善。

（方策等修，裴希度等纂：《续安阳县志》，卷七，实业志，工业，民国二十二年铅印本。）

〔民国十年，河南巩县〕 民国十年，县绅刘统正创设电厂于县南刘沟，招生徒若干人，制手携电灯以供采煤坑夫之需。查县中煤矿含有沼气，遇火即燃，在昔工人常有焚身之灾，若舍灯摸索不便尤甚。前清季年，此项电灯即由外洋输入，但价值翔贵，非矿坑所任。自电厂设后，群口称便，为采矿必须之品矣。

（杨保东、王国璋修，刘莲青、张仲友纂：《巩县志》，卷七，民政，实业，民国二十六年刻本。）

〔民国十八年至二十五年，河南陕县〕 打包厂，民国十八年，江阴高长利邑人王云亭招股筹设，就南关鸡足山东首建筑厂址，面积一百零四亩，内建铁架检花房舍六十二座，按置二百四十匹马力机器两架，于十九年冬开工，日可打机包一千六百件，需用男女工人三千余名，开办以来，营业颇见畅旺。……此外尚有大中华、裕大两商号木机打包厂，设备简单，打包较少。

（欧阳珍等修，韩嘉会等纂：《陕县志》，卷十三，实业，工业，民国二十五年铅印本。）

〔民国二十五年，河南陕县〕 民国二十五年春，商民集股创设电灯公司于南关四马路，购地五亩，建筑机厂。负责筹备募款者为商会主席曲完善、涧河桥工会委员长王云亭、转运工会主席王召南等,聘任镇江马成章为经理,购英国卧式锅炉一座,平列式、复式六十匹马力蒸汽机各一部,德国禅臣洋行交流发电机一部,兴工架设,六月装置完竣,开始营业。

(欧阳珍等修,韩嘉会等纂:《陕县志》,卷十三,实业,工业,民国二十五年铅印本。)

〔清光绪二十二年至民国六年,湖北夏口县〕 燧华火柴有限公司,该公司设桥口外,民国六年,商人李紫云等集资创办。燮昌火柴公司,设日租界,清光绪丙申年宋炜臣集股创办。

(侯祖畬修,吕寅东等纂:《夏口县志》,卷十,实业志,公司,民国九年刻本。)

〔清光绪二十三年至民国初年,湖北汉口〕 燮昌火柴公司,为上海豪商叶澄衷所设立,在日本租界扩张区域之内,创始于前清光绪二十三年,资本金三十万圆,所制硫黄火柴品质良好,近时湖南、河南之火柴销路殆为该公司所独占。

(徐焕斗辑,王夔清补辑:《汉口小志》,商业志,民国四年铅印本。)

〔清光绪三十一年后,湖北夏口县〕 面粉厂:和丰厂,设罗家墩上,光绪三十一年皖商创办。裕隆厂,光绪三十三年创办,余同上。

(侯祖畬修,吕寅东等纂:《夏口县志》,卷十,实业志,工厂,民国九年刻本。)

〔清光绪三十二年至民国九年,湖北夏口县〕 扬子机器有限公司,该公司设汉口下沦河北岸,成于光绪丙午丁未间,出产以桥料及铁船为大宗。其初股本三十万元,今则不啻十倍矣。

(侯祖畬修,吕寅东等纂:《夏口县志》,卷十,实业志,公司,民国九年刻本。)

〔民国十年至十三年,湖北麻城县〕 宋埠镇恒辉电灯公司,民国十年邑人毛勔集股创办,十三年停止机件,因变乱频仍,无法保存,均散失。

(郑重修,余晋芳等纂:《麻城县志续编》,卷十,实业志,电灯,民国二十四年铅印本。)

〔民国十三年后,湖北麻城县〕 织布厂,民国十三年由前省议会议长屈佩兰邀集旅武汉同乡开会议,在县筹设一织布工厂,呈请省政府实业厅备案,并委省立甲种工业学校毕业生王洪范筹备开办。洪范回县后商承前县长邹秉乾,召集各法团会议办法,决议取公司式合赀集股,由自治项下拨补开办费一千串,以资提倡。洪范当同劝业所各绅王廉波、汪简斋、陈季愚等议订招股简章,备案试办,购置大提花机、小提花机、毛巾机、铁机、手织机、纹板机、摇纱机三十余架,各色染料及应用器具略备,即于是年九月正式成立。其组织法如下:一、定名为麻城模范大工厂。二、租赁城内绅衿巷房屋为厂址。三、厂内分机织、染色二组。四、原定招集一百股,每股出钱一百串,合计一万串整。五、王洪范任厂长兼机织、色染两技师,金敬垓任会计兼营业部主任,均系义务职。六、初开毛巾机一乘,大提花机二乘,小提花机二乘,铁机二乘,手织机三乘。七、工人伙食由厂内供给,工资以工作巧拙、出品多寡为比例。毛巾每打给钱三百文,大提花布每匹九百文,小提花布每匹七百五十文,铁机布每匹五百文,手织机布每匹五百文,制经筒、制纬子均发厂外工作,每扤纱给三百文,每人每日可作完二扤。八、毛巾每打约获红利九百六十文,大提花布每匹约获三串文,小提花布每匹约二串三百文,铁机布每匹约一串至二串不等,手织机布每匹约一串文。九、出品花样色泽极为社会欢迎,十四年年终核算,赢利约二千余串,各股东议暂不分红,充作基金,添招女工二十名,男女工共增至六十余名。十、原定股数只招得四十余股,除筹备置器等项支用二千余串外,流动金太微,于业务上诸多牵掣,议照原定计划招足股本,添设化学工艺组,并附设工人学校。

（郑重修,余晋芳等纂：《麻城县志续编》卷十,实业志,织布厂,民国二十四年铅印本。）

〔民国二十年前后,湖南长沙〕 长沙工业素不发达,工厂亦少,惟南门外有黑铅炼厂,工人数百,每月出砂数百余吨。又有麓山玻璃公司,出品尚佳。北门外有和丰火柴公司,规模虽颇宏大,然现因制造不佳,以致失败。大西门对岸银盆岭,现有湖南第一纱厂,年来成绩卓著。

（曾继梧等编：《湖南各县调查笔记》,物产类,长沙,工艺品,民国二十年铅印本。）

〔民国二十五年至三十一年,湖南醴陵县〕 民国二十五年,县人陈盛芳、刘建绪等,集股创业醴陵电气公司于东城外巫家湾,锅炉、发电机均购自德国,临江设水箱、水管。全城内外安设电灯三千余盏,分表灯、包灯两种。街巷要道设路灯以利行人,午后六时至十二时为开灯时间,日销石门口煤炭一吨以上。开办之始,基金六万元,开支每月一千二百元,收入约二千元。至三十一年,基金扩张为十二万元,每月开支一万四千元,收入一万六千元。

（陈鲲修,刘谦等纂：《醴陵县志》,卷六,食货志,工商,民国三十七年铅印本。）

〔清咸丰初年至光绪末年,广东广州府顺德县〕 粤丝自咸丰初已销流外国,其最先输出者为七里丝,又称手紙丝,复有所谓括丝（与今日之日本式括丝不同）,计每年出口约仅万包。逮咸丰中叶,有南海陈启元者,具新思想,游历欧美,考察粤丝销流状况。归国后,本其所得,于光绪初年创办机器缫丝厂,用蒸汽发动机制作(《龙山乡志》谓,乡之有机器缫丝厂,始自同治甲戌,与此略异)。其时风气未开,咸加诽谤,陈遂设厂澳门试办。制出之丝,别为两种,一曰四角丝,运销美国,一曰六角丝,运销欧洲,成效渐著。继复设厂于南海西樵,为内地倡。于是各处闻风兴起,纷向南海、顺德产茧地方,竞相设立,蚕桑区域亦逐渐扩充。至光绪末,全粤丝厂已有百一二十。

(周之贞、冯保熙修,周朝槐等纂:《顺德县志》,卷一,舆地略,物产,民国十八年刻本。)

〔清光绪二十六年前后,广东广州府新会县〕 火柴,在五年前,有荣昌公司择地于城外制造,亦颇畅销,而今已歇业。

(谭镳纂修:《新会乡土志》卷十四,物产,清光绪三十四年铅印本。)

〔清光绪三十一年后,广东广州府番禺县〕 自来水公司,光绪三十一年十月开办,办事处初设在南关迥龙社,后迁南堤侨商街,水机在西郊外增步,水塔在西关长寿大街。以汽机抽引江水入储水池滤清,提上水塔,再行贯入各路水管,供给全城公私应用。由商集合股本,总额二百七十万元,分一十五万股,每股一十八元,股东以中国人为限。

(梁鼎芬等修,丁仁长等纂:《番禺县续志》,卷十二,实业,工商业,民国二十年刻本。)

〔清宣统年间,广东广州府番禺县〕 工业之较为伟大者,官办则有省城之钱局,河南之士敏土厂,黄埔之船坞、水雷局,石井之兵工厂;商办则有省城之电灯局,河南之东雅印刷工场、均和机器厂。此外皆属小工业与小商业。大约商业必兼工业,而工业必兼商业,其有不兼者,则在省城之西关,非本邑之辖境矣。此所以本邑商业虽有国内、国外之分,而工业亦有手工、机器之别,终竟不能不合而言之也。

(丁仁长、吴道镕等纂:《番禺县续志》卷十二,实业志,民国二十年刻本。)

〔清宣统三年前后,广东广州府南海县〕 缫丝之器械:在本城如联泰、均和安等号,购办机器一副,视用工人之多少,以为机器之大小。炉锅多用猪笼式,结炉要合火路全火力。联泰号陈姓最精结炉,大约容五百工人之机器,需价四千两之谱。今则联泰歇业矣。綛位另有木店承办。丝厂之数目、每厂工人几何:从前丝厂以顺德为多,南海次之,新会亦有约近百家。近数年日更多设,其大厂有用至八九百工人者,大率以四五百居多。……丝厂之本及利益:用本视工人多少,然向来丝厂合本多在二万两之谱。从前四五百工人之厂,需建置银一万五六千两,近则需二万以上。故断无足本之丝厂,只靠银号揭用。利益则视乎出丝之优劣、卖价之高低,其卖出价值以每担一百斤算,有相悬至一百八十元者,由癸卯年至甲辰春止,亏本至一二万两之多者十居其九。工人之工资:邑中丝厂均用女工,每工每日缫丝约二两零至三两零之谱,其工资视乎缫丝之多寡及丝之粗细,约一毫以上至三毫零不等。丝厂之牌号及装法:牌号无常,装法亦各家不同,长短不一。

(清 张凤喈等修,桂坫等纂:《南海县志》,卷四,舆地略,物产,清宣统三年刻本。)

〔清宣统元年,广东广州府番禺县〕 电灯局,在永清门外堤岸,宣统元年六月建。

(梁鼎芬等修,丁仁长等纂:《番禺县续志》,卷四,建置,局厂,民国二十年刻本。)

〔民国元年至五年,广东佛山〕 梁秀号乌烟厂,在栅下朝阳里,乾隆初,镇人梁明秀创办。本乡乌烟购自南雄,不能自制,有之,自明秀始。盖亲赴南雄学成返乡,始设斯厂。其后,继起者有数家云。光华电灯公司灯厂,在缸瓦栏东明街,办事处在北胜街,民国元年由陈韬、冯恩三、萧瀛洲、梁仁甫、李周、李榆光、黄子敏、黎竹铭、孔竹云、陈瑶石等呈准开办;三年一月开始营业,股本二十五万元,分二万五千股;五年六月,以股分有限公司名义在农商部注册领照。开办之初,省城电力公司抗议,谓从省中心点起三十公里内,悉其专利范围,创办人于是引起英国绘粤海关地图,测量师威沙氏证书,测堂绘省佛图证明,实在三十里外,后复经两次测量,得省城中心点至佛山界为英尺五万六千另八十二尺,以中法一千八百尺为一华里计,实距三十一里一五,遂得直。初集股时,本身纸币低,折约合毫钜六成,公司损失甚巨,然公司中人不因此自馁,终著成效。其始只有三千火机,增至为四,旋复添购四百六十匹马力,万五千火机一,故灯光较省城为强,各户用电以表计者,每度二毫五仙,长明每株月收一元二毫,街灯八折。

(冼宝干等纂:《佛山忠义乡志》,卷六,实业,民国十五年刻本。)

〔民国五年,广东佛山〕 南洋兄弟烟草公司竹嘴厂,在栅下天后庙,创办者吴仲文、简照南、简玉阶、简英甫,民国五年冬开办,专用机器制造纸卷烟所用竹嘴。初名永华兴,成立年余,资本折阅殆尽,旋归公司专办,始改今名。公司暨董厥〈决〉事者竭力维持,卒能规复旧观,且递年发展。九年,新建斯厂,地宽十亩,工人多至二百余,并附设织造厂,其中继又增建南苑一所于厂后,池、亭、林、石咸备,以为游息之所。附近妇女以工作得所,并蒙其利,不独兴土货、挽利权已也。

(冼宝干纂:《佛山忠义乡志》卷六,实业,民国十五年刻本。)

〔民国十年,广东佛山〕 祥利织造厂,附设于栅下南洋烟草公司竹嘴厂内,民国十年,简照南妻潘杏浓创办,专织纱缎布匹,有女工二百余人。

(冼宝干等纂:《佛山忠义乡志》,卷六,实业,民国十五年刻本。)

〔民国十二年前后,广东佛山〕 巧明火柴厂,在缸瓦栏,多用机器制作,工人执业,如切纸、染药各有专职,制火柴盒多用女工,附近敦厚乡妇女多业此者。每成盒一千,工值一角,日可获一二角,亦女子家庭职业之一种也。

(冼宝干等纂:《佛山忠义乡志》,卷六,实业,民国十五年刻本。)

〔民国二十年前后,广东佛山〕 协兴电料瓷器公司,在锦澜铺晚市街厚俗里,镇人霍仲明创办,制品坚牢,足敌洋货,人乐用之,近颇畅销。

(冼宝干等纂:《佛山忠义乡志》,卷六,实业,民国十五年刻本。)

〔民国初年以后,广西龙州县〕 民国初年,始有电灯局一所,初在粤东会馆,后迁于利民街,全城设街灯。

(李文雄、陈必明纂修:《龙津县志》,第七编,交通,城市,民国三十五年稿本,一九六〇年铅字重印本。)

注:原龙州县,民国二十六年改名龙津县,一九六一年复称龙州县。

〔民国二年后,广西贵县〕 以机器制面,始于民国二年,山北里覃华昌置机,制造面丝,继盛行于石龙、蒙公,推及城厢。从事此业者,有与年俱增之势。面丝远销外县,迁江、来宾、横县、永淳及广东灵山等处皆有贩售,销额颇巨。

(欧仰羲等修,梁崇鼎等纂:《贵县志》,卷十一,实业,工业,民国二十四年铅印本。)

〔民国三年至二十六年,广西邕宁县〕 电力公司,民国三年十二月,邕城始有电灯之设。前此,热闹市场,皆由商店悬挂户灯,行人借此得以方便。惟偏僻街道,若非提有手灯,势难通过。是年,有军界中人徐儒珍、陈叔仁等,乃集股购机,呈准本省政府批予开办。其股本为二十万元,系属商办性质。但其股东,军政两界为多。购用南郭街旧左营家庙为安设机器之所。八年调查,用灯之户每夕共计一万四千余灯,统计烛光三十五万余光,电表各户用者一千五百余机。始置机器马力二具六百余匹,现置七百五十匹。二十年以后,开辟马路,街衢洞达,各商店俱开夜市,该电力厂为供应地方之需求,设备上力谋扩充,以期增加发电量,故又添购新机一座,电量三百KW,用灯之户至是更加发达,称不夜城矣。

(谢祖萃修,莫炳奎纂:《邕宁县志》,卷二十九,交通志二,电政,电力公司,民国二十六年铅印本。)

〔**民国十年至十七年,广西贵县**〕 民国十年,由商人集股,在县城三界巷,设立贵县电灯局,是为县属有电力事业之始。旋遭乱,停办。十七年,县人陈寿彝继起经营,甫议集股,又遭政变中辍。

(欧仰羲等修,梁崇鼎等纂:《贵县志》,卷六,交通,附电灯,民国二十四年铅印本。)

〔**清光绪中叶至民国十五年,四川泸县**〕 光绪中,有用土法创办玻璃厂于小市者,旋以出品不良而罢。民国九年,县人刘子修创办金星玻璃厂,规模甚大,又以工事烦重而罢。十五年,又有集股成立之光华玻璃厂,出品甚佳,能推销至邻县及省会。

(王禄昌等修,高觐光等纂,欧阳延昊续补:《泸县志》,卷三,食货志,工业,民国二十七年铅印本。)

〔**清光绪二十八年至民国二十七年,四川泸县**〕 光绪二十八年,始创溥利火柴公司于小市,俗称老厂。民国元年,其邻近又添设利济火柴公司,俗称新厂。嗣后有成立者,均不久即停闭,以近来营业不甚佳也。城厢妇孺恃此作工营生者,恒数百人。

(王禄昌等修,高觐光等纂,欧阳延昊续补:《泸县志》,卷三,食货志,工业,民国二十七年铅印本。)

〔**清光绪二十九年至民国二十五年,四川重庆**〕 清光绪二十九年,重庆始有烛川公司之设,然专管电灯事业,资本微,设备又简。又因年久,机器渐坏。民国十八年,重庆大火,烧毁机器之一部,业遂不振。及市政勃兴,工商业日繁,须用电力益急以巨。二十一年九月,市府奉二十一军部令,于是设立重庆市电力厂筹备处,函聘市中绅士十余人为筹备员,协同办理,其职务为接收旧电灯公司及创办新厂一切事宜。预计用费二百万圆,当时开会议决完全募股,关于全部工程则委托华西兴业公司承包,计划其范围除县城及新市区外,其江北及县南岸两区皆属焉。仿各大都市成例,每日供电力二十四小时,采用三相式电流,特备一千启罗华特机二部,以一部经常使用,一部预备建筑新厂于水陆兼便之大溪沟古家石堡。当新厂进行之际,特将旧厂机器整理设立临时营业部,照常通电,以因应之。至工程期间,按照华西合同规定:自二十二年四月起,满十八月完工。而公司特急进至二十三年七月即已供电于自来水厂矣。至八月,新市区完全通电,十月一日竟供全城用电,光耀烛天,夜行如昼,市民请安置电灯者日不暇给。又恐将来人口日增,现有电力供不应求,于是众议增购杭州电厂所存之一千启罗华特电机一部以为备,故现在电力容量实为三千启罗华特,同时可开两部,实有四千华特启罗之力以供市民之用。筹备处任务完成,二十四年二月乃召开全体股东大会,议决于三月一日依法正式成立电力厂股份有限公司,票选董事与监察,成立董事会,公推总经理综理公司事务。惟电力厂在二十三年以前则为官办,二十四年改为官商合办,至二十五年又开创立会定为商营事业,而分向中央建设委员会及实业部等机关立案。旋奉批准,由电力公司派代表周见三、戴整卿三人办理移交,由华西公司代表胡叔潜、胡子昂完全接收。该厂原有资本为二百万圆,内官股三十万圆,商股一百七十万圆。继经第一次股东大会议决,增商股五十万圆,以之向美商添购四千五百基罗瓦特之发电机两部,加前有之三千基罗瓦特电机,共有一万二千基罗瓦特,闻在全国大电厂中亦占重要地位云。其后江北一隅则自二十五年春初始行通电,南岸过江铁塔旋亦造成,至二十五年夏间始行通电。

（罗国钧等修,向楚等纂:《巴县志》,卷十八,市政,电力厂,民国二十八年刻,三十二年重印本。）

〔清光绪三十二年,四川重庆府江津县〕 县北福寿场,于清光绪三十二年设建馨工厂,出品分石印、罐头两种。罐头以铁叶(俗名冰铁)作园筒,有底有盖,贮入食物,密盖后,借蒸气力,排除其空气,严封置之,则内贮物品历久如新。石印,先用转写纸墨,作图或字,覆于磨净之石板(日本理学士石川成章《矿物学》云:石灰石可作印刷用之石板),置铁车架上,盖以厚纸及铅板而旋转车轮,使铅板往复经过压力,板下墨迹遂脱落石板上,然后以亚拉比亚护谟溶液保存之(此护谟不易购,可用李树脂代之),移时,用清水水洗净,涂以各色炼肉(各种颜色,合亚麻、仁油制成),即印成图书,行销成都、重庆等处,经成都劝业会、南洋劝业给予优等奖牌,民国纪元,复豁免厘税,殆取其稍能抵制外货欤!

（聂述文等修,程德音等纂:《江津县志》,卷十二,卖业志,工业,民国十三年刻本。）

〔清光绪三十二年后,四川长寿县〕 吾县工厂,除上下青烟洞、桃花溪之三洞沟,由中央经济部资源委员会建设水力发电厂外(已载入水利门),其余较大者,清末光绪丙午间,颁旨禁烟,由孙建中、舒绍芳、陈廷璋发起禁烟改种纪念公司,先后集股廿万元,于长寿城外东街设总经理处,安置磨面机一付,每日夜可磨麦卅石。磨出之面粉,匀洁无比,分销重庆、泸州、沙市等市场。复于渡舟场殷家坝种湖桑将近十万株,即在桑园改建蚕室,新法育蚕。继以经费不充,经营数年,因而辍业。

(陈毅夫等修,刘君锡、张名振纂:《长寿县志》,卷十一,工商及邮电,工业,民国三十三年铅印本。)

〔清光绪三十二年至民国二十年,四川华阳县〕 查电灯创自前清光绪三十二年,川督锡良于省城银圆局内,试设发电机,就厂内蒸汽发电,是为成都电灯之始。光绪三十四年,省设劝业道,提倡工商事业,乃有集资兴办之举,但规模甚小,筹集基金二万两试办,仅足供商业场之用。至宣统元年,有陈嘉爵等十六人集资创办启明电灯公司,遵照部颁条例,呈请立案注册,划定城厢内外为公司营业区域,经部核准,乃择定中新街修建厂房。工竣燃灯,供不应求,复购四十启罗瓦特直流电机一架,旋又添购七十五启罗瓦特交流电机及一百匹马力发动机一部。民国八、九年,益谋扩大组织,别购地址于东门外,添购二百启罗瓦特交流电机及锅炉等。民国二十年,复添购一千启罗瓦特透平发电机及附属各件,计基本为国币三十万元,仍为有限公司,近已售电灯六千五百余盏,用表制一百九十余户。续购新机运到,可发灯五万余盏,规模稍稍大矣。当启明供不给求时,何仲菁等又组织光明实业公司于科甲巷,十九年十一月开灯,规模不大,约可售灯二千余盏。南门外金沙寺榨油公司歇业,其瓦斯机亦为光明所有,可售灯三百余盏。朱汉卿等复组织兴业水电公司于东门外猛追湾,集股二十万元,民国二十年九月开灯。顾成都本非商埠,而二十年来兵祸频仍,廛市萧条,则电光虽璀灿,其又何益。此外,中和镇化龙桥侧邹兴凯、张仕道等亦组织一民有水电公司,集资二万元,民国二十年成立开灯,电力颇强,市面一新,乡镇有此,尤不易见。

(叶大锵等修,曾鉴等纂:《华阳县志》,卷三,建置,工业,民国二十三年刻本。)

〔清宣统元年前后,四州成都府成都〕 官办者,资本较丰,而管理员半无学问。商办者资本不裕,而经营者时现恐慌。故成都之机器工业,尚在幼稚时代也。民有发起,而官乏提倡。官有成立,而民少组合。官民之情不通,发达之机自滞也。今者,劝业道已设矣,窃为四川前途幸。官立者:机器制造局、造币蜀厂、白药厂、机器新厂、劝工总局、制革官厂、火柴官厂、肥皂官厂、官报印刷厂、学务公所印刷厂。商立者:电灯公司、攻木公司、造纸公司、曹达工厂。因利利织布厂,在省城内燕鲁公所街,樊孔周氏所创办者,各色花布均用新式机器造成,规模尚待推广。天成工厂,在福建营,吴爵五氏所独立者也。已出之机器,如汲水机、钻山机、测量斜面水平、钢模印字机、缠丝机、割线机、西式家用各器、造白墨机。厂内之分部,曰木模,曰翻沙,曰车,曰创,曰钻,曰插,曰螺丝,曰锉,曰打铸。包造学界、军界用品,凡铜铁仪器,各样印刷机内之铜模花版,军用品之测绘器、军带、军床、军帽、军装各器,电镀、电铃、叫人钟、水枪、水龙、窑硐起水、钻矿,运矿、扎花、纺纱、锯木、洋式门窗之暗锁、枢纽、装奁、肩舆上之饰件及徽章、奖品,均能包造,并包修理、添补旧机器上之附属品。电镀工厂,华阳邹新台氏所组合者也,集资成立,领有提学之官。本专以电镀为业,因邹君往返余洋数次,学成一种之特别电镀,并兼造一切电类品。文伦书局,铅印手机排印业也。图书局之印刷公社,本年被害,宣告破产,所有生业及石印、铅印等机,为人篡夺。

(傅崇炬编撰:《成都通览》,成都之机器工业各局厂,一九八七年巴蜀书社据清宣统年间手写石印本标点铅印本。)

〔清宣统元年至民国二十一年,四川华阳县〕 四川实业机械厂,在南门外倒桑树净土寺,清宣统元年创办,专造民间小工业所需机械,颇著成效。民国二十一年乃径收改为造枪厂,日造杀人之器矣。

(叶大锵等修,曾鉴等纂:《华阳县志》,卷三,建置,工业,民国二十三年刻本。)

〔清宣统二年至民国二十三年,四川华阳县〕 丝厂有三:一在南门外净土寺,曰德兴丝厂,宣统二年成立,分缫丝、育蚕两部,现已停办;一在南门外下河坝,曰云锦丝厂,创自民国十五年,主其事者为罗福安诸人,资本无限,煮茧缫丝,春夏开工,秋冬息业;一在南门外倒桑树,曰民生丝厂,创自民国十七年,主其事者为黄德钦诸人,概况与云锦厂同。近因东南不靖,货无销地,折阅颇巨,相继停业。

(叶大锵等修,曾鉴等纂:《华阳县志》,卷三,建置,工业,缫丝,民国二十三年刻本。)

〔清朝末年至民国十三年,四川重庆〕 邑人何鹿蒿于重庆设厂,制造各种玻璃,颇精美,销路日旺。自清末迄民国九年,成都、东川、南洋各劝业会均获奖一等金牌。巴拿马赛会获奖优等文凭。

(聂述文、乔运亨修,刘泽嘉等纂:《江津县志》,卷十二,实业志,工业,玻璃,民国十三年刻本。)

〔清代至民国二十八年,四川巴县〕 蜀以产丝著名,由来已久。其以旧法缫取者,俗称大车丝。至机械缫丝,县以界石乡蜀眉厂为首创。其厂机设置、煮茧、施工及成丝后裹束、装潢,一切略仿日本,然不数年辍业。继起者,先后十数家,以民国十一、二年为极盛。迩年以来,欧美市场尽为日本丝侵占,丝价低落,丝商折阅尽矣。盖以川产丝与日本丝较,质未为劣,而国内税捐苛虐,既征其茧,复课其丝,成本高而技术弱,其不足与日本丝业相争竞。

(罗国钧等修,向楚等纂:《巴县志》,卷十二,工业,缫丝工业,民国二十八年刻,三十二年重印本。)

〔民国年间,四川重庆〕 重庆素苦二患,曰火灾时发,曰饮水不洁。及自来水兴,而二患顿减。初西门子洋行,请以银币二百四十万枚,包办自来水,揽其全功。当事者主自办,但托其设计,而向之订购机器材料,历时数载,耗费颇越出西门子之所估计,而工不成,乃由华兴公司改包,以讫成功,前后耗费闻达五六百万云。

(罗国钧等修,向楚等纂:《巴县志》,卷十八,市政,自来水,民国二十八年刻,三十二年重印本。)

〔民国元年至十八年,四川遂宁县〕 春除丝厂,民国四年,由商人谢春和建立,在西门外,今已歇业。遂昌火柴厂,民国元年由私人组成,地点在北门外,今已歇业。孤孩工厂,由慈善家组织成立,设于东关外。乐利布厂,由私人设置,地点在西门外。

(甘煐等修,王懋昭等纂:《遂宁县志》,卷七,实业,工业,民国十八年刻本。)

〔民国初年至二十七年,四川长寿县〕 城北五里之桃源三洞,天然瀑布,民初,陈廷杰巡按四川,拟借头洞水力,安置发电厂,迭遣周德鸿、骆敬瞻等来县测量马力,已拟具章程,并租佃附近居民土块,建筑工人房舍,继以集股维艰,未能举办。民国二十四年,县人王绍吉者,原业织布厂,获有赢利,毅然创办恒星电厂。始由少数人集资,亲往上海购回发电机,于二洞建修工厂,屡经艰险,百折不挠,竟著成效。营业三年,一切设施耗款仅三万有奇,而城河街开发电灯已达一千余盏之伙,正拟设法推广。适中央经济部资源委员会在二洞凿修暗河,开设发电厂,水源被阻,无法展拓,由渝商以五万元将全部机器买去。此种破天荒之举,设无国营抵制,事业发展尚未可限量也。

(陈毅夫等修,刘君锡、张名振纂:《长寿县志》,卷十一,工商及邮电,工业,民国三十三年铅印本。)

〔民国二年后,四川乐山县〕 城区协义火柴厂,民国二年集资开办,制造火柴,三年开厂,名曰乐山协义火柴股份有限公司,随出虎牌商标货品,工作妇孺约千人。及后各厂络续成立,近来作工仅三百人左右,每年出货千箱,销行乐、峨、洪、夹、眉、彭、丹、青、仁、井等县。

（唐受潘修，黄镕等纂：《乐山县志》，卷七，经制志，物产，附工厂，民国二十三年铅印本。）

〔民国三年至二十三年前后，四川乐山县〕 华新丝厂，在城区北关外演武街，安置锅炉机器，专制出口细丝，运至上海，销行外洋。厂主陈宛溪，三台县人，自民国三年，来嘉创修丝厂（始名嘉祥），今计有铁丝车三百六十部，缫丝理绪及办事人约千名左右，每年可出丝五百担。新凤翔丝厂，民国十六年，开办人刘元昉，厂用锅炉二部，丝车二百部，工人约五百人，每年出丝二百余担，运销欧、美各国。……平江乡荣记、丰记两络丝厂，荣记始于前清光绪三十三年，丰记增于民国四年，两厂主办人则县人徐荣丰也。计两厂工人共二百四十名左右，每年制成出口熟货约重四十万两，运销于英、法、缅甸瓦城一带云。……济川丝厂，民国九年开办，厂主万国珍，地在城区南团，现计工人一百六十七人，所制纺丝销行缅甸等处。

（唐受潘修，黄镕等纂：《乐山县志》，卷七，经制志，物产，附工厂，民国二十三年铅印本。）

〔民国八年至二十三年前后，四川乐山县〕 云华磁厂，创自民国八年。是年秋，初由磁业技师张继之到怀苏乡言，萧坝有磁垏山一座，可造细磁。当取垏由火炉试验，果如所言。于是，陈树斋、张国兴集股开办，公推陈树斋任厂长，张国兴任经理，建房，筑窑，购山，置器，烧窑数次，均未成功。民国八年，另聘刘汉卿到厂指挥，虽成磁器，未著大效。至十年，再由技师邓焕然约同业钟光耀、邓怀清到厂考查，乃发明本地一种肉垏，火度较低，与较高磁垏配合，经多次试验，始有今日之规模焉。

（唐受潘修，黄镕等纂：《乐山县志》，卷七，经制志，物产，附工厂，民国二十三年铅印本。）

〔民国十年至二十三年前后，四川乐山县〕 嘉裕碱厂，民国十年始建厂舍于嘉乐门外，每年出产纯碱一万六七千桶，为造纸必需之原料，行销夹江、峨眉、洪雅诸县。近年兼办电灯公司，营业发达殊未可限量也。

（唐受潘修，黄镕等纂：《乐山县志》卷七，经制志，物产，附工厂，民国二十三年铅印本。）

〔民国十八年前后，四川遂宁县〕 机器袜：现有数厂织造。

（甘恭等修，王懋昭等纂：《遂宁县志》，卷八，物产，货类，民国十八年刻本。）

〔民国二十二年，四川乐山县〕 龙兴铁机厂。民国二十二年，城区方响洞侧，创设电机绸厂，厂名龙兴。系集股开办，有电机八台，发动力一部，扦经摇纡络丝全用机械，每年可出货二千余匹，销行成、嘉、叙、渝各地，出品绸䌷缎葛其原料概用川南厂丝也。

（唐受潘修，黄镕等纂：《乐山县志》，卷七，经制志，物产，附工厂，民国二十三年铅印本。）

〔民国二十三年前后，四川乐山县〕 嘉乐纸厂，在徐家塪，系集股开办，总经理为商会会长施步阶，现在每日所出纸张，除本城外，并行销省城各报馆，该厂现有驻省专司其事者。

（唐受潘修，黄镕等纂：《乐山县志》，卷七，经制志，物产，附工厂，民国二十三年铅印本。）

〔民国二十三年前后，四川华阳县〕 励济水力工厂，分设二处，一在石羊镇吉庆团，一在平章团。其始集股开办，每股十元，集至三千股以上即开厂勾工，先设制碱及水力发电二部，其余若炼钢铁、造机器，凡关于日用轻而易举者逐渐推行，规定章程颇为详尽，但在继起有功耳。

（叶大锵等修，曾鉴等纂：《华阳县志》，卷三，建置，工业，民国二十三年刻本。）

〔民国二十八年前后，四川巴县〕 机械工业：以电力厂、自来水厂规模为大（详市政）。又，清末创设铜园局，局址在苏家坝。民国以来，或铸铜币，或铸银币，今已辍工。其他民营此业者，无虑三四十家（按市商会《工商特刊》），大率翻沙制金属用器，或专门修治车械，以用手摇机为多，柴油引擎、电流马达亦有之，至所谓大机械重工业，民力固不逮此也。又民生公司附属之机器厂，专为修理本公司轮船而设，厂地在江北青草坝，濒于大江。

应用化学工业：攻皮之工，函鲍韗韦裘，《考工记》所载尚已，至西法制革，蜀惟成都先有之。民国初元，吾县始有惠丰制革厂，其工人皆雇自成都，其后继起者多，而求新为著，所制红白色皮尤有名。《华阳国志》：江州产堕林粉，粉水以此得名。然其制无传（近人王闿运有堕林粉诗，文士之雅词耳）。近数十年，业此稍著者，厥惟花汉冲。及舶来品日至，价重而质精，闺阁习于侈丽，久已贱视土物矣。又，海棠溪、龙门浩丹粉作房，旧业甚盛，今已衰歇，然尚有存者，药物采色之用，不能废也。碱皂业，有乐山厂等数家，出品不多，尚不足以抵制舶来品。玻璃厂多在南纪门外，盖玻璃取材于白鹅卵石，南纪门外珊瑚坝此石特多，取携便也。

旧制惟白色一种，后有何鹿蒿者，留学日本，乃能制采画各色玻璃瓶盎之属，几与舶来品相似，至今犹有名（玻璃，或云即古琉璃，吾县别有琉璃一种，削牛角为薄片，成有光体，黏合为灯，涂以彩色，饰以璎珞，烛光照耀，最为华丽，电灯兴后，此物罕见已）。火柴业，创自森昌泰，初呈请川东道署给予专利，其后外商继起，无以止也。火柴有红头、黑头之别，红头者磷硫焰重，害于卫生，以其摩戛易然，乡民至今习用之，闻官府已明令禁止，旧制红头者，皆将改制黑头已。（按宋陶穀《清异录》云：夜中有急，苦于作灯之缓，有智者，批杉条，染硫黄置之，待用一与火遇，得焰穗然，呼"引光奴"，有货者，易名"火寸"。据此则火柴之制，由来已久，惟摩戛使自发火，视古微异。）

食品工业：罐头食品有生生公司等数家，县境以产橘著，其制橘羹一种尤佳；机械磨米，有和丰、宝丰等数家；机磨面有新丰、先农、岁丰等数家；旧日磨麦、碾米皆借人工及牛马之力，去其糠麸，其事费而迟，今旧法磨房及碾米房惟乡镇有之，市区盖罕见已。又有切面手摇机，其制甚简，一机之力，足当数十百人，而条分匀适，人工手切者不逮焉。机械工业兴，而民愈失业，斯其征也。藏冰开冰，古有其典，见于《周官》载记。至以机械造冰，渝市近数年始有之，顾如渝孚、嘉陵两厂，其出量固不多，以供市民冷藏之用。或调以糖浆、果汁，或溶于酒中，为暑季清凉饮料，又或拌以谷粉及鸡子黄，曰冰其凝，市民亦喜食之。当伏暑炎蒸时，购冰者踵接于冰厂之门，大有供不给求之势。渝酒闻于天下，而尤推允丰正，他家仿制者蔑有逮焉。煮酒工人，曰掌作，每糯米一石，得酒可五六百斤。酒之美恶尤在曲药，允丰正曲方甚秘，一时知之者不过一两人，及其裹病，又以传其亲党，掌曲者，受酬优于他工师，而其事乃独逸。或曰，方仍传之浙中，然以绍兴与渝酒较，而渝酒味尤酿厚，岂水谷之异，迁地而弥为良耶。

土木建筑工业：旧业此者为木、泥、石诸工，其人率皆墨守成规，递相传习，而不知变，然亦有擅艺能极精巧者，不可没也。自大学分科，其一为土木工程，迩来卒业者日多，其创设营造厂或建筑公司注册市府者，先后二十余家，别以工程师注册者，四十余人，视昔之椎野不学，迥乎不侔矣。会新辟市区，改建屋宇，公路未毕，铁道继兴，故其业殊不落莫。至建筑所需材料，砖瓦厂四处有之。石灰有大小河之别，大河者，负色尤佳。木材贩鬻自川北及黔、鄂边境，取资无阙。渝市旧多平屋，楼居至两三重而止，今新式建筑有高至八九重者，钢骨水泥之为用广矣。钢厂已见前文，水泥设厂自制，厂址在南岸玛瑙溪，亦新兴工业之资本雄富规模壮阔者也。

缫丝工业：蜀以产丝著名，由来已久，其以旧法缫取者，俗称大车丝。至机械缫丝，县以界石乡蜀眉厂为首创。其厂机、设置、煮茧、施工及成丝后裹束、装潢，一切略仿日本，然不数年辍业。继起者先后十数家，以民国十一、二年为极盛。迩年以来，欧美市场尽为日本丝侵占，丝价低落，丝商折阅尽矣。盖以川产丝与日本丝较，质未为劣，而国内税捐苛虐、既征其茧、复课其丝，成本高而技术弱，其不足与日本丝业相争竞，宁不以此（互见"商业"）？去年，建设厅乃议改良茧种，统制营业，稍稍获赢利。然丝厂复业者甚少，只龙隐镇一处，失业男女工殆不下千人，他处准是。侈谈救济劳工者，未审何以为谋也。

染织工厂：织布以三峡厂规模为大，出品为多，次则裕华等厂，商会主办之贫民教养工厂亦以织布名。又，西里乡镇间人工织布，几千家有织机，其布多鬻于贵州，俗称土布，去年重庆关布匹进口激增，将并此农村间唯一仅存之手工业，亦为外货掠夺尽矣。丝、麻织，县亦有之，然丝织不逮成都、嘉定，麻织不逮荣昌、隆昌。巴缎虽有名，实亦成都织品耳。旧法染色，皆用植物染料青靛、卷叶、栎皂之属，皆是红花帮，昔为大商业，红花亦染料也。今颜料皆为舶来品，用植物者鲜矣。染坊为手工业，用机械者，今仅有一二家。雕刻印刷工业：吾县操剞劂之业者，多为广安、岳池人，在昔书业盛时，书坊多至数十百家。然坊刻之书，实少佳本。川东道姚觐元、黎庶昌召工督刻者，视坊刻为胜。去官之日，板悉载归，存于学宫者，惟姚刻《说文》一种而已。书坊著名者，曰宏道堂、善成堂。宏道数年前已辍业，善成虽存，业亦大衰，工人视昔裁减矣。至西法铅、石印，渝市有之不过三四十年，中西书局为最早。继起虽多，规模并隘，率皆承印报章及日历之属。有启渝公司者，独能多印古籍，传播士林，惜被火灾后，遂无有继之者。

陶瓷工业：蜀瓷以邛窑为最古，今其器存者，多为小品，骨董家极宝贵之。清之末季，泸人士创设川南瓷业公司，其工人皆招自江西景德镇。未久业败，工人过渝。渝商傅氏者，本籍江西，悯乡人失职，因有川东瓷业公司之设，后亦失败。民国五年，开江黄钦哉等别立蜀瓷公司于牛角沱。钦哉留学日本，研精陶业，其出品几与江西瓷竞美，亦能仿制日本瓷，而造佛像尤精。土瓷以龙隐乡为著，瓷器口、碗厂玻并以此得名，其质视江西瓷为粗，近亦略施红、蓝采釉，尤为乡民乐用。远道来此贩鬻者，往往不绝也。

猪鬃工业：猪鬃为出口货大家，白色者值尤昂贵，已经梳洗捆制者为熟货，未经梳洗捆制者为生货，旧惟生货出口。清光绪间，英商立德，始招致天津工人来渝为此梳洗捆制工作。其后，递相传授，川人习其业者亦多，故至今有主、客之分(有津帮、汉帮、川帮等名)。其工作又自为白毛、黑毛、生毛、熟毛、水梳、缠毛之别。工人招取学徒,例受赘金,多寡因人而异,或其时业杀减,则裁抑学徒,不听多增,虽厂主无权过问,此其异于他工业者,盖山货工人伙矣(洗猪小肠、削治牛羊皮皆是),惟洗制猪鬃者,获赀视他业为优,而其事又未至过劳,故人咸乐趋之。

(朱之洪等修,向楚等纂:《巴县志》卷十二,工业,民国二十八年刻,三十二年重印本。)

〔民国三十一年至三十三年,四川长寿县〕 民国三十一年,有江津黎久江、袁克荣等来长,商同合伙添置铅印购四开机一部、圆盘机二部、字钉数千磅。至今规模宏大,询为本邑印刷工业之先河云。

(陈毅夫等修,刘君锡、张名振纂:《长寿县志》,卷十一,工商及邮电,工业,民国三十三年铅印本。)

〔清朝末年后,贵州开阳县〕 当清末时,里人李香池等,有鉴本县红茶品质不逊江、浙,而出产又丰,可饲养山茧之橡树,亦随处皆有,乃提议举办茧茶事业,制成出品,运销于外,借补地方漏卮。一时附和者众,酿金至数千两,成立开阳茧茶公司一所,是为本县工厂之嚆矢焉。惟公司内除制茧缫丝部分以无机械人材未曾开工外,计前后制成红茶砖数万斤。形式分方圆二种,圆者最佳,方者次之。曾运销上海、汉口各地,甚得好评,价值亦优。后以李香池离县,公司组织不良,经手人从中舞弊,因而解体,殊为憾事焉。

(欧先哲修,钟景贤纂:《开阳县志》,第七章,建设,工厂,民国二十九年铅印本。)

〔清宣统年间,贵州遵义府〕 火柴,初系由川广输入。至宣统年间,始创设工厂,自行制造。原料取松木锯截成段,用甑蒸熟,先刨成片,以一划文作盒,用色纸粘衔其外以成盒形;以一切成欓子先上硫磺汁,既用黄磷玻粉光粉和牛胶溶化涂欓末,始装贮盒内粘封之乃成。其数以七千二百盒为一箱,贩夫贾竖购运四方,年可销千箱,值四五万元,此亦抵制外货之一也。

(周恭寿等修,赵恺等纂:《续遵义府志》,卷十二,物产,货类,民国二十五年刻本。)

〔民国十一年前后,贵州安南县〕 近有邑人陈叔卿,学成制革新法,设厂于城西之双清池畔,名益安制革公司,系合资开办。制成后,运销滇南及安顺等处,获利颇厚。现正招股扩充。

(李兰生修,李大泽纂:《安南县志稿》,卷六,经业志,工业,民国十一年修,一九六六年贵州省图书馆油印本。)

〔民国十七年前后，贵州桐梓县〕 县城自市政改组以后，贯城马路已渐着手，维时熊逸濒等游沪集股购买电灯机器一部，由渝运桐，租西街余炳章街房安置开设启明公司。计锅炉四尺半对径，高九尺，烧足马力时能转动发动机四十匹马力，发动机马力二十五匹则锅炉热度高状能至三十匹马力以上。发电机二十五个开罗华，每开罗华能点十六支光电灯五十盏照，二十五个开罗华计算，能照电灯一千二百五十盏。现在机关、法团、市街及城内外民户共点电灯五百余盏，先购柴以充燃料，每苦光线不匀。继工师在治西二十里之后箐检羊窝地方觅获油煤苗引，明年正月雇工开挖，不逾月得油煤矿质甚佳，运充燃料，光线匀洁，异常明朗，城开不夜，照彻行人，交通上增一美观事，在民国十七年九月开始营业。

（李世祚修，犹海龙等纂：《桐梓县志》，卷十二，交通志，电灯，民国十八年铅印本。）

〔民国十七年至十八年，贵州桐梓县〕 兴黔麻棉公司，初，经理周志民在沪同熊逸濒协商，因故总司令袁鼎卿购成麻棉机一部弃在沪滨，就便起运来桐。水陆行程煞费艰苦，以一部份安置于马鞍山废校舍中，以一部份暂设于乡宦祠内，于西街设公司。聘各股人员分配职务，经理一切，雇工师，招工人，造木架，配机械，广购麻枲，制成棉花、棉绦、棉纱，以织各种棉布，已于十七年九月成立。计动工成本一万元，一面延马厅长空凡劝募增股一万元，分头进行。迄岁，除各就绪，出品佳甚，不亚舶来。绅商之入股心雄，工徒之织声震耳，事业美满，成绩优良，可豫期矣。无如本年正月干臣龃龉，发生交涉，先之以函电，继之以职员迭商不协，全部告停。

（李世祚修，犹海龙等纂：《桐梓县志》，卷十一，实业志，工业，民国十八年铅印本。）

〔清光绪三十年，云南云南府昆明县〕 开成玻璃公司，光绪三十年正月廪生方公辅、刘万宜、监生王玮、魏永龄等呈准开办。

（倪惟钦、董广布修，陈荣昌、顾视高纂：《昆明县志》，卷二，政典志，实业，民国三十二年铅印本。）

〔清光绪三十四年至宣统三年，云南云南府昆明县〕 裕通有限火柴公司，光绪三十四年十一月商民王子厚、任正卿、周静斋、裴澄斋、刘少廷、田金庵、王聘贤、张惟精等呈准开办。……松茂有限火柴公司分厂，宣统元年九月职商郭价、汪大生、彭永协、郭应祥、雷鹏程等呈准开办。……云昌火柴公司，宣统二年正月职商刘椿、周锦文等呈请开办隆昌火柴公司。嗣因资本不敷周转，复于宣统三年八月约职绅陈价、赵文蔚、马启祥、刘韶美、解秉仁等二十九人增集股本，另立合同及章程,易名云昌火柴有限公司,呈准立案。

(倪惟钦、董广布修,陈荣昌、顾视高纂:《昆明县志》,卷二,政典志,实业,民国三十二年铅印本。)

〔清宣统二年,云南云南府昆明县〕 云丰机器面粉股份有限公司,宣统二年四月绅商陈天禄等呈准开办。

(倪惟钦、董广布修,陈荣昌、顾视高纂:《昆明县志》,卷二,政典志,实业,民国三十二年铅印本。)

〔清宣统二年,云南云南府昆明县〕 耀龙电灯公司,宣统二年正月成立。先是劝业道刘孝祚提倡官商合办,以有障寝议,乃由商会总理王鸿图、协理董润章、会董刘诚、袁嘉猷、吴清源、曹济川、左曰礼、李楷、陈天骏、吕兴周、施焕明、李瀚、熊灿文、裴长清、傅谦、雷巽坤、杨钧、王廉升、李祖培等发起集股商办,推举左曰礼为公司总经理,呈由本省政府咨部立案注册,准专利二十五年,以资提倡。股额原订二十五万元,后因工程浩大,又经商会总协理王鸿图、陈德谦、施焕明、周忻、会董何立臣、何元臣、陆承武、曹济川、王廉升等担借款四十余万元,始举其事。其公司租民房为局,在篦子坡,机房在小西门内水塘子,其水电机在石龙坝。

(倪惟钦、董广布修,陈荣昌、顾视高纂:《昆明县志》,卷二,政典志,实业,民国三十二年铅印本。)

〔清朝末年,云南云南府昆明县〕 玻璃,光绪二十九年,有于省城集资创设开成公司者,制平片、瓦片及瓶、盂之物,工料未精,光泽黑暗,未几滞于销路,遂辍业焉。

(倪惟钦、董广布修,陈荣昌、顾视高纂:《昆明县志》,卷五,物产志,地质及矿产,工艺附,民国三十二年铅印本。)

〔清朝末年至民国二十七年,云南昭通县〕 元兴工厂,厂址在北城外,系清末修建,初制造火柴。嗣经变故停办,屡兴屡仆,历有年所。今仍开办火柴工厂,盖厂址依然,而人已非前矣。资本系私人合股,约有镍洋三千元,不甚充裕。且药头减轻,未受社会欢迎,销路滞塞,无甚可观。

(卢金锡修,杨履乾、包鸣泉纂:《昭通县志稿》,卷五,工业,工厂,民国二十七年铅印本。)

〔民国八年,云南禄劝县〕 西村石绵厂,坐落下坝狗圈山,民国八年角乃赓、梅朝荣、李汝栋、龙文英等八人组织开采,省城火车站设利禄有限公司,运销香港、上海及外洋。

（全夒泽修，许实纂：《禄劝县志》，卷五，食货志，物产，民国十七年铅印本。）

〔民国十三年前后，云南昆明〕　市内工业，近年已渐发达，然犹未脱离手工业时代。现各种工厂每年皆有增加，虽多用机械制造，而规模狭小，出品无多，每不足供市内之需要，故用品仰赖外货之输入者仍十占七八。且所设工厂仅限于印刷、色染、织布、织袜、织毛巾、火柴、皮革、纸烟、烟卷、木器、铜铁器等数种，若棉纱、绸缎、纸张等皆付阙如，凡所需要悉数由外省或外国供给，且现设各工厂中之机械多者十余架，少者数架，强半助以手工。至市内工厂合计约五十余所，职工不过二三千人。

（张维翰修，董振藻纂：《昆明市志》，产业，工业，民国十三年铅印本。）

〔民国二十三年前后，云南宣威县〕

宣威县火腿罐头各厂营业概况表

名　称	大有恒	义信成	裕丰合	中常公司
业主	浦钟杰	李学禹	刘国裕	陈时、夏铨
设备及经营状况	就宣和公司原有房业及机器设置应用独立自办	设置机器于上堡本宅，独立自办	同前	同前
资本	约万余元	二万余元	约万余元	二万余元
制造方法及出产量	用机器而助以手工，每日制出三百罐	每日出四百罐，余同前	每日出百余罐，余同前	甫经安机，出产量未详
用途及销场	食品用之投赠尤佳，销场以省及川粤为多	本省叙府销场均旺，余同前	销售城内外	同上
价格	每罐六角	同前	同前	同上
工人	七八人，每日作工八小时，工资二角	二十余人，余同前	五六人，余同前	同上

（陈其栋修，缪果章纂：《宣威县志稿》，卷七，政治志，建设，工业建设，民国二十三年铅印本。）

2. 矿业

〔清光绪二十六年以后至民国二十三年前后，河北井陉县〕　正丰煤矿。

一、沿革：自清庚子乱后，德人汉纳根乘机攫得井陉矿务公司合办权，绅商虽多惋惜,苦无挽救之方。及晋省与英商福公司交涉决裂,创设保晋公司,井陉绅商等遂亦闻风兴起,筹设保井公司。乃因资本无着,终归停顿。嗣有杜希五、杜欣斋等,组织一正丰公司,只以土法开采,成效未彰,乃联合正定吴雪门,请王聘卿续招股本,改用西法,期与德人抗争,遂即收买井陉城南三里许黄家沟之小窑,从事扩充。讵呈领矿照时,德人汉纳根谬称:"井陉公司管有全县矿权,不准再有他人开采。"据此从中作梗。清农工部被其蒙蔽,竟未给照。适经理吴雪门措置失当,公司因水停工,资本垂尽,外欠复无术补苴。迨民国元年四月,经股东公推段子猷为总理,呈部力争,始领得矿照。后因欧战机会,得恢复原有股本十七万八千二百元。自是支水沟、荆蒲兰、凤山等处矿区,先后扩充,不遗余力。但彼时工程一项,无负责专家,故一切设备未有确定之计划。民国七年秋,虽在凤山施工开凿大井,然亦无规划次第。至民国八年春,乃聘德人克里喀为工程师,试行大规模之开采法,遂增修凤张专用铁路,添购各式新机械,规模日见宏大。民国十五年三月一日,开股东大会,议决股本总额为六百六十万元,呈请农商部批准注册备案。十六年二月,段子猷病故,经董事会议,公推段骏良为总经理。然以连年战事迭起,车皮困难,经营颇形棘手。二、资本:正丰股本原为十七万八千二百元,民国八年开辟凤山煤矿,增修凤张专用铁路,添购新式机械,乃增加股本为二百二十万元。至十五年三月一日,开股东会议,乃决定股本总额为六百六十万元。三、组织:董事会公举总经理一人,总理矿内事务工程。另举协理一人副之。以下有矿长秘书、总稽核、总账房、分销处分任其事。……四、矿区:现领矿区有三处,一处在凤山、白彪、张家井一带地方,计十五方里三百九十亩,两处在新同头一带地方,一为六方里一百八十七亩,一为六方里三十七亩,三处共计为二十八方里七十四亩。……正丰之产煤能力,与井陉矿比较,并不见弱。惟以年来军事频仍,平汉路车皮缺乏,每年实产煤额仅三十余万吨之谱。

(王用舟修,傅汝凤纂:《井陉县志料》,第五编,物产,矿物,民国二十三年铅印本。)

〔清光绪三十二年至民国六年,河北完县〕 县城之东韩童村,有马玉麟者,虽无矿学专门知识,而性好勘查山脉、研究地质。常漫游至寨子村南二里许含阳坡地方,得石块一方,色深绿,以重量异于寻常,因携归熔之,微有铜质。遂约劝学员石兆勋,偕往该处复觅多数重量石块,运城熔化,计每斤可得紫铜四两有奇,因议集资开采,先行试办。知县孙某惑于风水之说,疑之,此清光绪三十二年事也。次年春,经劝学总董高赞唐等力请,知县孙迫不获已,始允绘图说,画界二十七方里,共地九百另五亩转详劝业道,请求工商部发给勘矿执照,往返驳诘。直至宣统三年三月间,工商部始将勘矿执照发下,以一年为限,寻复请准展限一年。民国元年秋,县之流氓垂涎斯利,设计阻挠,经石等具诉判结,始获安然进行。民国二年七月,由工商部发给开矿执照一纸,每年应纳矿租银一百八十一两。工商部改称农商部后,石兆勋复以矿权人资格将矿石呈送农商部化验处请求化验,当经发给证明书一纸,略称:炭酸铜质甚富,矿量充足,诚可开采云云。分析表百分率:铜,38.70;铁,1.80;矽酸质,29.24。上列各节开矿之手续既甚完备,宜若可以积极进行矣。终以事属创办,人怀观望,投资者实寥寥无几,不得已,始拟华洋合办,欲借外人之力以完成斯举,于是各国来县探矿者后先相望。民国二年八月,德人杜福、英人宾司均来县查勘,且携各种矿石以去。是年十一月,挪威人司克培复来县亲至东峪、龙堂、寨子、柴各、庄道、务白、司城、东西安阳等村,逐细探勘,谓诸山铁质甚佳,柴各庄之北,铅苗尤旺。民国三年十月,日人古鄂十郎、井阪秀雄并周历各处,携去矿石亦复不少。以上各矿师探勘之结果,大都对于所得之真相秘而不宣,唯要求优先权利,始允合办,日人尤为狡猾难近。至民国四年七月,德人米洛、劳贝二人来完,由吴村、险上以至辛庄、大口、子峨山、两杨各庄、淋涧、李思庄、三白云,逐处探勘,谓不独含阳坡铜矿可采,即此道山脉之石炭、石质亦最佳,比较唐山洋灰公司之石灰质,足高三成有余。遂偕石兆勋赴京、津逸信洋行与其总经理马耶及行东毕尔福商酌,合办洋灰公司暨铜矿公司,双方已经妥协,并立有草合同。未及呈请农商部批准,值欧战事起,吾国已于德绝交,遂无形搁浅矣。自是之后,石固不甘心,而客居燕京之豪贵某某亦事思染指。民国五年七月,又改换部照一次,并在前门外三眼井成立事务所一处,局面非不堂皇,其如肉食者鄙,未能远谋何。民国六年二月,石遂由事务所领款千余元招工开采,不用机器,专恃人力,未及半载,以款绌停工,毫无成绩。至此石亦嗒然沮丧,不复作此想。此完县含阳坡铜矿开采之经过及失败之原因也。最近,据采访员报告:东南蒲之北街,旧名铁石坡,曾发现铁质,今蒲河之北岸农民掘土复得铁质石块甚多,坛山村发现水晶苗,均未经矿师探勘,永未开采云。

(彭作桢等修,刘玉田等纂:《完县新志》,卷七,食货第五,民国二十三年铅印本。)

〔清代至民国三十年前后,河北磁县〕 磁县煤产,多在鼓山东西两面,北自武安,南达漳滨,蕴藏甚富,有开采权者约可分为四派述之。一、学捐煤窑。原名柴煤小窑,具有悠久历史,为磁民用土法开采之小窑,向供人民及窑厂之燃料需用。自变法后,征收学捐,捐款既多,窑亦发达。迨至官矿成立,倚势侵夺,经本县教育当局多次折冲,呈准实、教二厅备案,计有一百八十八坡。其活动大受限制,然以教款关系,不特未能取消,且并免纳矿区、矿产各税也。二、公司煤窑。怡立、中和、福安三煤矿公司,股东虽为外省,而其营业影响于本县者颇伙。……兹将事变前三公司营业概况列表如下。怡立公司营业概况表:矿业名称,怡立煤矿股份有限公司。矿区所在地,磁县西佐村。矿区面积,十三方里四八零亩五零九零方尺。矿质种类,烟煤、焦煤。开办年月,清光绪三十四年三月。开采法,西法开采。官办或商办,商办有限公司。资本总额,三百万元。每年产额,年约二十万吨左右。每年矿区税额,每期半年交一千五百二十五元一角五分。每年矿产税额,年在六千元上下。销场处所,运销于平汉路,南至汉口,北至石家庄、北京、天津各处,马头镇销售亦甚夥。运输情形,自筑轻便铁路,由西佐矿场运至马头镇,再由平汉路装运各处;或马头镇河路装船运销沿河各地。中和公司营业概况表:矿业名称,中和煤矿有限公司。矿区所在地,磁县峰峰村。开采法,西法与土法同采。股东,完全华股。资本,四十八万元。矿区面积,七方里二百七十一亩三十六方丈十五方尺。矿产种类,烟煤。开办年月,民国二年十月。每年产煤数量,至少数有三万五千余吨。每年矿区税额,二千二百十五元三角(分两期缴纳)。每年矿产税额,三千五百四十元三角(按月缴纳)。销场处所,本境并平汉路线,北至石家庄,南至彰德附近各处。运输情形,由矿场用轻便铁路,以人力推罐运至光禄镇堆存,再转平汉路线分运南北各处。福安公司营业概况表:矿业名称,福安煤矿公司。矿区所在地,磁县台子寨村。矿区面积,一千六百六十亩。矿质种类,烟煤。开办年月,民国十五年十二月。每日产额,视销售情形以定出煤之多少。开采方法,土西法合采。销售处所,由平汉路运至汉口、郑州、彰德、顺德等处。交通状况,以轻便铁道运至六河沟,转运丰乐镇,再由平汉线运往郑州、汉口等地。三、磁县煤矿公司。旧日北洋官矿。官矿历史,变迁颇多,约言之,盖先为官办,后官商合办,又后官办,十九年收归省有,而商股仍未取消,然亦无力开采,故其生活维持,全赖抽分之唯一方法。官矿矿区,官矿矿区初为六十方里,自由湖北督军王移归直隶省长曹后,复行展矿,定为七百八十三方里,虽未请准,而拖延多年,借以渔利地方。厥后省方又详拟整顿章程,限制矿区,定在六十方里以内,不得再行影射,鱼肉乡民云。官矿组织,设正副主任各一人,由省政府委任,承省府及农矿厅之命令,处理矿内一切事务。余有会计、文牍、庶务各一人,测量员若干人。……四、已请矿照尚未开采之公司煤窑。如王以俭、王冕、李绶等所请之柳条、西佐、街儿庄等村之采矿权,迄未开采是也。

(黄希文等纂修:《磁县县志》,第八章,物产,第一节,煤,民国三十年铅印本。)

〔清代后期至民国年间,河北张北县〕 张北煤矿蕴藏于阴山支脉,横贯境内,各处所产之煤以第五区出产最多,煤质亦最优良。因其年代与土质之关系,分为有烟煤(烟煤炸、大炸两类)、无烟煤(即炉煤)、泥炭(俗称臭炭)三种。一、有烟煤(烟煤炸、大炸两类),产于第五区土木路村之上坝洼,在县城西九十余里,于前清光绪三十二年探采,煤层一丈至三尺。嗣于宣统元年六月由恒升煤矿李若山独资开采,矿区甚大,设有抽水机、锅炉等机器,纯为烟煤炸,品质优良,与河北省开滦煤质相同,其油性亦且过之,各工厂机器及火车用之最为相宜。每年可出百万余斤,每百斤售洋三角,惜用牛马车运输,故不能畅销。……后因荒年,销路顿减,前以停办,现由李秉章重行领照,尚未开采。二、有烟煤(大炸类),产于第五区海拉坎山之东梁、西梁地方,距县城西约一百里,于民国十八年八月由孙乐斋等集股组织北大煤矿公司,矿区为三十七公顷六十一公亩,煤质甚佳,可与山西大炸相比。已置锅炉、水龙等机器,尚未安设,现正在筹划进行之中,因水工太大,尚未产煤。道路虽系平坦,因用牛马力运输,未免迟缓。三、有烟煤,产于四村地,在县城西一百五十里,马姓等于前光绪二十九年开采,煤层一丈至一丈三尺,后因资力缺乏,于民国二年停办。四、无烟煤,产于第五区马莲圪垯,在县城西一百二十余里,前于清光绪二十四年开办,迭开迭止,后于民国五年由张文炳组织成平煤矿公司,矿区为五十八公顷九十五公亩,煤层三丈至二丈,煤质甚佳,与宣化鸡鸣驿煤质相同。虽用土法开采,产量尚称丰富,每年可出五百六十余万斤,交通便利,但用牛马力运输未免迟缓。五、泥炭,红黑色,质量甚轻,不经燃烧,但能宿火,产于第五区镇边台之炭窑背,在县城西南六十里,山路崎岖,交通颇感不便。由民国二十一年七月间由郭至珍集股开采,矿区为二百九十六公亩,煤质尚可燃烧,系用土法开采,产量虽称丰富,但销路不佳。六、泥炭,产于第一区大营子滩之西坡,在县城西南三十里,道路平坦,于民国二十一年八月间由孙子干集股开采,矿区为五百五十九公亩,煤质不佳,臭味甚大,以故购者甚少,用土法开采,产量亦不多。七、泥炭,产于第一区大水泉村,在县城西南三十里,路途平坦,于民国二十二年十二月间由冯玉昌集股开采,矿区为八百一十九公亩四十九方丈,煤质尚佳,现正在采办期间。八、泥炭,产于第一区白城子村之西大诺地方,在县城北四十里,道路平坦,于民国十七年间,有冯璧发见后曾经探采,系泥炭末,煤层仅一二寸,尚能燃烧,因无经营之价值,遂致搁浅,至今无人过问。九、泥炭,产于第一区狐子窝村之吉尔什坝,在县城东南三十余里,道途平荡,于民国十八年十二月由陈凤麟集股开采,矿区为七十九亩四十六方丈三十八方尺,煤质不佳,用土法开采,产量甚少,以故开办未久,旋即停工。十、泥炭,于民国十九年十二月,有郭宁甫集股开采狐子窝村之大西沟地方泥炭,矿区为八十七公亩五公分四公厘,亦因煤质不佳,旋又停办。十一、泥炭,产于第二区集沙坝村,在县城东南四十余里,道路尚属平坦,此矿业权为本省建设厅所有,向来包租商办,自民国十九年收归厅办。矿区甚大,土法开采,煤质尚佳,产量亦丰富,惟开销甚大,所入不敷所出,未免可惜。十二、泥炭,产于第二区木瓜沟、炭窑沟、白沙梁等处,在县城东五十余里,交通亦便,曾经一度开采,因赔累不堪,中途停止。自民国二十二年十二月十五日起,由建设厅包与武天贵试办六个月。煤质不佳,臭味亦大,产量不富,销路不广。

（陈继淹修,许闻诗等纂:《张北县志》,卷四,物产志,矿物,民国二十四年铅印本。）

〔民国二年至二十三年,察哈尔宣化县〕　宝兴煤矿,在下花园玉带山福盛地,面积一万九千九百四十三公亩,交通能行大车,并安设高线路,以资运输。民国二年开采,十六年二月换照,二十三年又领得扩充矿区新照,用机器开采,所产为烟煤、贲煤二种,每月产量五百三十一万五千六百八十公斤。天兴煤矿,在七区武家沟,面积一万另八百三十三公亩,交通能行大车。民国九年一月开采,二十三年五月换领新照,改用机器,所产系宿火炭,每月产量九十五万八千五百公斤。厚丰煤矿,在三区上花园红砂石山,面积四千八百一十三公亩,交通能行大车。民国十九年开采,二十三年七月换领新照,改用机器,所产系烟煤,每月产量六十七万二千公斤。华北煤矿,在七区武家沟附近太平山,面积五千四百四十八公亩,交通能行大车,民国十五年用机器开采,所产系宿火炭,每月产量五十万五千二百五十公斤。鼎新煤矿,在七区武家沟附近韩家梁,面积一万另五百八十六公亩,交通能行大车,民国十三年一月开采,虽有机器并未安设,仍用人工,所产系宿火炭,每月产量一十八万一千四百六十公斤。东升煤矿,在二区猴儿山,面积三千六百三十九公亩,交通能行大车,民国元年一月用土法开采,二十二年一月换领大照,所产为贲煤,品质较逊,每月产量六十万公斤。郭家寺煤矿,在四区郭家寺,面积二百七十六公亩,交通不能均行大车,民国元年,用土法开采,现呈换大照,所产系贲煤,品质优良,每月产量八万七千五百公斤。大东井煤矿,在下花园鸡鸣山大东井,面积三十七公亩,交通不能均行大车,民国十六年用土法开采,所产为烟煤,每月产量五万八千三百公斤。公义湾煤矿,在下花园鸡鸣山公义湾,面积六公亩,交通不能均行大车,民国十六年用土法开采,所产系烟煤,每月产量三万四千公斤。车道路煤矿,在下花园鸡鸣山车道路,面积一十八公亩余,交通不能均行大车,民国二十一年六月用土法开采，所产系烟煤，每月产量三万一千公斤。黄土沟煤矿，在下花园鸡鸣山黄土沟，面积二十五公亩，交通不能均行大车，民国十六年五月用土法开采，所产系烟煤，每月产量一万五千公斤。三亩地煤矿，在下花园鸡鸣山三亩地，面积一十八公亩余，交通不能均行大车，民国二十一年六月用土法开采，所产系烟煤，每月产量八千公斤。上三嘈煤矿，在下花园鸡鸣山上三嘈，面积一十二公亩，交通不能均行大车，民国十六年五月用土法开采，所产系烟煤，每月产量二万二千公斤。以上六窑，均属小窑，现正合并呈领大照。支锅石煤矿，在下花园鸡鸣山支锅石，面积三十九公亩余，交通不能均行大车，民国二十一年六月用土法开采，所产系烟煤，每月产量二万六千公斤。三盛地煤矿，在下花园鸡鸣山三盛地，面积一十三公亩余，交通不能均行大车，民国二十一年四月用土法开采，所产系烟煤，每月产量二万五千公斤。化兴煤矿，在下花园鸡鸣山八岔沟，面积二千一百四十八公亩。交通不能均行大车。民国二十一年五月用土法开采，二十三年八月领得大照，所产系烟煤，每月产量三万九千七百零二公斤。顺成地煤矿，在下花园鸡鸣山，面积一千六百五十四公亩余，交通不能均行大车，民国二十三年六月领得大照，尚未开采，仍沿用土法，所产系烟煤。中兴煤矿，在下花园玉带山棘针屯，面积一千八百六十六公亩，交通能行大车，民国二十年五月用土法开采，民国二十三年七月领得大照，所产系烟煤、贡煤二种，每月产量二十四万八千七百公斤。大昌煤矿，在下花园玉带山三合湾，面积二百四十三公亩余，交通能行大车，民国二十年八月用土法开采，所产系烟煤、贡煤，每月产量三十二万九千八百公斤。后白崖煤矿，在下花园鸡鸣山后白崖，面积一十八公亩，交通能行大车，民国十一年十月用土法开采，所产系烟煤、贡煤，每月产量七万七千六百六十公斤。李荫之煤矿，在下花园玉带山陈家坟，面积八千四百九十二公亩余，交通能行大车，民国二十一年领得大照，尚未开采，所产为烟煤、贡煤。

（宋哲元等修，梁庭章等纂：《察哈尔省通志》，卷十，物产编，矿产，民国二十四年铅印本。）

〔民国五年，察哈尔张北县〕　县西一百二十余里，第五区马莲圪塔，清光绪二十四年有人开办，迭开迭止。民国五年，又由张文炳组织成平煤矿公司经理之，面积五十八公顷九十五公亩，煤层厚二丈至三丈，煤质甚佳，与宣化鸡鸣驿煤层相同。虽用土法开采，产量尚丰，每年可产五百六十余万斤，矿区交通便利，但用牛马运输，未免迟缓。

（宋哲元等修，梁建章等纂：《察哈尔省通志》，卷十，物产编，矿产，民国二十四年铅印本。）

〔民国十八年,察哈尔张北县〕 民国十八年八月,由系永斋等集股组织北大煤矿公司,矿区为三十七公顷六十一公亩,煤质甚佳,可与山西大炸相比。已购置锅炉、水龙等机器,尚未安设,现正筹划进行中,但因水工太大,尚未产煤,又以道路虽系平坦,而牛马运输迟缓,故未发达。

（宋哲元等修,梁建章等纂:《察哈尔省通志》,卷十,物产篇,矿产,民国二十四年铅印本。）

〔民国二十三年前后,河北井陉县〕 煤矿,此项营业,用机器、人工向地腹挖掘煤质,或在本地销售,或沿正太、平汉、北宁各路线设厂行销。营斯业者,全县共计五处:一井陉矿,坐落冈头;一正丰矿,坐落凤山;一和记矿,坐落小寨;一裕兴矿,坐落赵庄岭;一民兴矿,坐落白土坡。惟井陉、正丰两矿尚属发达,至小寨之和记、赵庄岭之裕兴,皆因资本不足,办理失当,营业颇属萧条。而白土坡之民兴矿已经停工多日。其资本金额,统计一千余万元,出产量额年约一百余万吨,全年营业总金额约五六百万元,所需工资约四五十万元。

（王用舟修,傅汝凤纂:《井陉县志料》,第六编,实业,工商合业,民国二十三年铅印本。）

〔民国二十三年前后,河北井陉县〕 煤,境内所产者多烟煤,产量极丰富,亦有无烟者。往昔土窑甚多,自井陉矿以新法采掘后,土窑遂陡形衰落,于是参用机械开采者络绎不绝,如宝昌、民兴、永兴、协合、中华等矿,大者资本十数万,小者亦以万计,均以办法不善,以致资产荡尽。现时存在者,尚有裕兴、和记、民兴等数家,但均为经济所限,产量无几。其产量最大者,惟井陉、正丰两矿,每年约可产煤百万余吨。

（王用舟修,傅汝凤纂:《井陉县志料》,第五编,物产,矿物,民国二十三年铅印本。）

〔民国五年至十五年,山西襄垣县〕 民国五年七月,黄国梁在县西道沟坪开办煤矿一处,呈请立案,计矿地面积二百六十五亩一十八方丈六十六方尺,系用起重机器提取,所采煤炭销售本邑及沁屯二处。民国十一年十月,米正鹄在县之西南回脑村,开办煤矿一处,呈请立案,计矿地面积二百五十六亩三方丈六方尺,亦用起重机器提取,其煤炭之销售地点与道沟同。民国十四年八月十九日,鼎胜煤矿厂在县属西北曹家坪勘定矿区一段,计面积二百六十方亩五十九方丈六十七方尺,用起重机器开采之。民国十五年十二月初一日,鼎兴煤矿厂接收城南五阳岭金钢金煤矿一处,原系正兴煤厂杨守贞所开采,双方议妥,让与矿权者。民国十五年十一月二十四日，王维新呈请开采善福石门沟煤矿一处，计面积二百五十三亩九方丈九十二方尺，用起重机器取煤，呈准实业厅有案。

（严用琛、鲁宗藩修，王维新等纂：《襄垣县志》，卷二，生业略，民国十七年铅印本。）

〔清乾隆年间至民国九年，奉天复县〕 五湖嘴煤矿之开采，始于清乾隆时，操其利权者，为曾充郑亲王家仆陈嘉璟、刘俊二人。各由户部领龙票一份，每份五张，照章每票准开一洞，洞五人，外二内三，限制极严。然承办者希出货之多，往往额外开采，值官司查禁，则赂以金钱，饰词回护。其矿区则陈东刘西，双方对峙。故有东柜、西柜、东票头、西票头之称。彼时海运未开，所出煤斤仅供当地燃料。乾隆五十三年，各国通商，煤产销路甚宽，获利至溥，因有日进斗金之谚，两姓由是富甲一郡……今已子孙式微，贫无立锥地矣。嗣有孙天法、李尚志等人乘刘姓穷蹙，引丹麦人老雷、俄人伊阿逵士科，唆以微利，攫取西柜矿权，接办其事。置备汽锅、吸水机、轻便铁路，铺张极大，声势炎炎，其结果以办理不善，亏累甚多，光绪二十四年日俄战后，工人全体辍业，席卷而逃。时日人虽有拟为接办者，未果行也。继而东柜后裔陈柏昌当贫困无聊，时为山左人王兴源等所卖，亦将祖遗矿权与西柜合租与俄商海满，定期二十五年，此华裕公司所由立也。不数年间，获利巨万，而扰害地方之弊端则层见迭出。民国元年春，国会议员马泮春、省会议员王明潜痛利源外溢，主权损失，乃会同当地士绅王承谟等谋所以挽回之者。适于公冲汉司交涉，因由奉交涉署担保立案，将该矿区租回，以三年为一期，期满赓续租办，年给海满抽分金大洋九千元，遂改组为大业公司，以王承谟为经理。……近以出煤甚饶，运转较便，事业发达，有蒸蒸日上之势。

（程廷恒修，张素等纂：《复县志略》，第三十八，五湖嘴矿产沿革略，民国九年石印本。）

〔清朝年间至民国七年，奉天安东县〕 金，第一区之南北塘、六区之铺板石、七区之矿洞子，均产金，清季均经官商采办，以矿苗不旺，赔累停办。铜，第五区之铜矿岭，六区之汤池子、接梨树均产紫铜。清季及民国初年，经商人先后开设利源公司、天和公司开采铜矿。嗣以有外人股分，民国七年，省令查封，无复开采者矣。

（关定保等修，于云峰纂：《安东县志》，卷二，物产，矿物，民国二十年铅印本。）

〔民国九年至二十年，奉天义县〕 大增祥煤矿，在城北赵家屯后，原名天成兴，于民国九年开采，经理人田炳忱，窑工二百余，设有汽锅一架，所出之煤，性柔，成方块，冬季用之生铁炉最宜。信成煤矿，在关家屯，原号天源盛，经理人盛绍堂，今为常荫乡经理。遇吉星煤矿，在关家屯北，经理人刘五中。大德祥煤矿，经理人吴兴周。

（赵兴德修，王鹤龄纂：《义县志》，中卷之九，民事志，实业，矿业之属，民国二十年铅印本。）

〔清光绪二十一年至民国十六年，吉林辉南县〕　华阜铁矿公司，设在县城西南鞍子河地方，光绪二十一年创办试探，嗣后中止。民国七年，铁价踊贵，由资本家冯金升招募华股，集资十四万元，领到部照，开始采掘。矿区面积六方里。办事人员十名，矿师一名，工人二十名，纯用土法，产额约铁矿六十万斤，炼熟铁十万斤，陆路运销开原南满车站，水路运销吉林省城。矿区税年纳大洋八百一十元，至民国十一年，因股匪骚扰，停工罢采……至今未能恢复工作，良可惜也。

（白纯义修，于凤桐纂：《辉南县志》，卷三，人事，矿业，民国十六年铅印本。）

〔清光绪三十二年至民国十六年，吉林辉南县〕　复森煤矿公司，设在县城南四十里杉松冈地方，光绪三十二年成立，即领部照，资本纯系华股，职工亦无外人。矿区面积一万六千二百亩，每年产煤三四十万斤，产炸一千二三百万斤，炼焦一百三四十万斤。原矿出坑每吨成本需小洋十元，炼焦每吨成本需小洋三十元，销售地方各处及各邻县。

（白纯义修，于凤桐纂：《辉南县志》，卷三，人事，矿业，民国十六年铅印本。）

〔民国十六年前后，吉林辉南县〕　煤矿，产于杉松冈地方，矿苗极佳，煤矿质轻色黑，焰轻火力强，能溶铁炼焦，兼产炸矿，成色极高，储量尚未彻底探勘。矿区面积一万六千二百亩，产量历年产煤四十万斤，焦炸一千五百万斤，制炼焦子一百五十万斤。

（白纯义修，于凤桐纂：《辉南县志》，卷一，疆域，物产，矿产，民国十六年铅印本。）

〔清光绪年间至民国初年，黑龙江〕　札赉诺尔煤矿，在前清时租归东清铁路公司开采。光绪三十二年，哈尔滨铁路交涉局与公司议定合同。又，平山煤矿，矿在萝北县治西，距江岸十余里，光绪三十四年开办。又，景兴山煤矿，此矿苗线既富，矿质亦佳，与平山煤矿同时开办。此外尚有胪滨府所属之察罕敖拉煤矿，矿在察罕敖拉卡伦东数里，清光绪三十四年发现矿苗，嗣因呼伦蒙旗受库伦独立之影响，乘机变叛，将该矿占据，至今尚未收回（《东三省纪略》）。江省已办之甘河煤矿，系在西布特哈总管境内，计占面积一千另八十亩，每年出煤四百九十九万六千七百六十八斤。此外尚有龙江县所属之隆平煤矿，庆余县所属金怀马煤矿，一因出产不旺，一因运销不便，概行停办（黑龙江统计报告书）。煤矿，一在呼兰府图山西南麓，曾经开采，以逼近呼兰河，河水渗入停办，矿质不佳。一在巴彦州少陵河北，西包宝山佃民王姓地内，质佳线旺。初由乡民自采，后归官办，旋以款绌中止。一在东兴镇十四里满天星山，光绪二十六年试办一次（《呼兰府志》）。九峰山与铁高山俱有煤矿。

（万福麟修，张伯英纂：《黑龙江志稿》，卷十六，物产志，矿物，民国二十二年铅印本。）

〔清宣统二年，黑龙江宁安县〕 浅水沟砂金矿，此矿在县治西北约二百里。清宣统二年十月，据顾佩兰禀请探勘，并声称先集资本吉钱一万吊，试办八个月，如有成效，再行组织公司开采。即于是年十一月由省署核准，发给勘照，嗣因集资无多，试办未久即行停工。

（王世选修，梅文昭等纂：《宁安县志》，卷四，物产，矿产，民国十三年铅印本。）

〔清朝末年，黑龙江〕 墨尔根城西北一百八十里，甘河开煤井五处，得煤二百万斤，质甚烈，可炼铁，用民船顺流而下。

（林传甲纂：《黑龙江乡土志》，格致，第五十二课，甘河煤矿，民国二年铅印本。）

〔民国三年前后，黑龙江金怀马煤矿〕 金怀马煤矿（矿区属铁骊设治局），原有矿区系金牛山、怀骧山、马鞍山，故曰金怀马煤矿，面积二万二千五百亩，矿苗丰富。经哈埠公司开采数月，办未合法，又因资本缺乏，运销不便，民国三年旋即停止。嗣又有商人集资，拟续行开采。

（万福麟修，张伯英纂：《黑龙江志稿》，卷二十二，财赋志，矿产，民国二十二年铅印本。）

〔民国八年至九年，黑龙江瑷珲县〕 煤矿，一在西山松树沟，距瑷二十五里，宝兴公司于民国八年试办。一在霍尔沁，距瑷上游一百五十里，宝兴公司采办。

（孙蓉图修，徐希廉纂：《瑷珲县志》，卷十一，物产志，矿物，民国九年铅印本。）

〔民国八年至二十二年，黑龙江宽河金矿〕 宽河金矿（矿区属瑷珲县），民国八年，矿商俞锡麟在瑷珲县属地方，探准新矿一区，在河流以西，距县约一百三十里。试采以后，矿苗颇富，当即遵章呈部发照，筹集资本，招募矿丁，定名为裕大金矿公司。

（万福麟修，张伯英纂：《黑龙江志稿》，卷二十三，财赋志，矿产，民国二十二年铅印本。）

〔民国九年，黑龙江克山县煤矿〕 克山县煤矿，民国九年六月，矿商马荩卿领探克山县政字二十八号地方煤矿二区，面积五千零四十亩。又政字四十二号地方煤矿一处，面积五千一百七十五亩。曾缴探矿税自九年六月二十六日起，至十二月底止，共六个月零五天，每亩按年纳大洋五分，共合大洋二百六十三元二角五分。

（万福麟修，张伯英纂：《黑龙江志稿》，卷二十三，财赋志，矿产，民国二十二年铅印本。）

〔民国九年至二十二年，黑龙江松树沟煤矿〕 松树沟煤矿（矿区在瑷珲县），民国九年，矿商徐鹏远在瑷珲县城以西二十五里松树沟东南，探得正经煤线，至第三层煤槽，厚约九尺，煤质略逊于抚顺，其坚硬黑亮，则较满洲里为优，该商认为有开采之价值，按照矿业条例，请领矿地六方里四百六十八亩二十九方丈，领照开采。

（万福麟修，张伯英纂：《黑龙江志稿》，卷二十三，财赋志，矿产，民国二十二年铅印本。）

〔民国十一年，黑龙江宁安县〕 栾家沟煤矿，矿距县城四十里，矿区五十方里，民国十一年，经商人陈文逵报领，尚未开采。花脸沟煤矿，矿距县城三十里，矿区三十方里，民国十一年，经商人陆蓉卿报领，尚未开采。缸窑沟煤矿，矿距县城四十里，矿区四十九里，民国十一年，经商人李浩然报领，尚未开采。缸窑沟大屯煤矿，矿距县城二十里，矿区五十方里，民国十一年经商人张荣昌报领，尚未开采。

（王世选修，梅文昭等纂：《宁安县志》，卷四，物产，矿产，民国十三年铅印本。）

〔民国十八年前后，黑龙江珠河县〕 铁路南十二段，地名煤窑岗，向年俄商开采，以未领矿照，中止。近有华商增子固派矿师勘探，煤质尚佳，现已商得地主同意，拟作大规模之开采，矿区距县城十二里。

（孙荃芳修，宋景文纂：《珠河县志》，卷十一，实业志，矿业，民国十八年铅印本。）

〔元朝年间至民国二十六年，山东博山县〕 邑煤采自元代，多在春、冬两季，土人挖作燃料，时作时辍，无可稽考。清光绪二十六年，因曹州教案，与德人订约，淄博煤田划归德人经管后，因土井繁多，收买困难，且地方合力反对德人，始允放弃。博山全境在先开采方法全用人力，自德华矿务公司开办后，始有购用简单机械者。民国三年矿业条例颁布后，始有注册领照之较大煤矿公司。胶济铁路日管时,各矿多亏累,有与日人发生买炭借款关系之小矿三十余家。后经财政厅限令,非偿款废约不得续行采探,挽回利权不少。欧战期内,煤价高涨,各矿获利颇厚,惜无组织无计划,不能添置设备,采用新法,故欧战告终,煤价低落,即多废弃。又因矿区每多出租,分头进行,遂使不得尽采,间有越界、嫁祸、放水等情弊。十九年后,天灾人祸,报失尤巨,各矿多致停闭。"九·一八"事变后,外煤输入,贬价倾销,邑煤因之销路滞涩,营业不振,年来银根奇紧,各矿益感困难。

(王荫桂修,张新曾纂:《续修博山县志》,卷七,实业志,矿业,民国二十六年铅印本。)

〔清光绪二十五年至三十年,山东兖州府峄县〕 经营枣庄煤矿者,为中兴煤矿公司,创设于光绪二十五年,近来逐渐设备,益臻完善,新、旧股金计共三百余万两。四区出煤新设之发电机亦全行告竣,一日出炭可达二千吨,一年卖炭利益约四十五万两。又自枣庄津浦线支线终点南至大运河河岸之台庄,约二十八英里,为本矿私有之铁道,专供运煤之用,全年铁道利益金约二十五万两。

(清 周凤鸣编:《峄县乡土志》,矿业,清光绪三十年抄本,台湾成文出版社一九六八年重印本。)

〔民国初年至二十六年,山东博山县〕 炭为邑出产大宗,民十以前炭店由七八十家至百余家。欧战时,煤销最畅,达二百余家。近以邑煤成本大而运费昂,销路迟滞,不能与外煤争衡,营业萧疏,多半停歇,现仅百余家,输出量平均每日十五吨,车约二百余车。

(王荫桂修,张新曾纂:《续修博山县志》,卷七,实业志,商业,民国二十六年铅印本。)

〔清光绪初年至民国八年,安徽芜湖县〕 煤炭业,在光绪初年,仅有湖南宝庆蓝田之煤运芜发售,专为锻铁之用。嗣有小轮往来需用煤,则皆购用舶来品也。迨后,木柴渐贵,馆店作坊改用者多,其始亦仅用湖南柴煤。光绪季年,政府提倡实业,准人开矿,吾皖之池州、宣城、繁昌等处,遂有人相继禀请,开采柴煤来源,因以日渐扩充。鼎革以后,矿务大兴,出产丰富,湖北之萍乡、天津之开滦、山东之峄县,舟车转运,以至芜者络绎不绝,均系上等烟煤,驾乎舶来品上,以致洋煤进口遂绝。近来本埠开设公司行号运售煤炭者计十余家,每日共计销售各种煤炭平均约三百吨云。

(余谊密等修,鲍实纂:《芜湖县志》,卷三十五,实业志,商业,民国八年石印本。)

〔清朝年间至民国十年,安徽宿松县〕 吾邑介山水之间,群山重叠中,产煤之矿所在多有。近数十年来，公私开采者，颇不乏人，然确有成效，卓卓可称者，则未之多见。清光绪以前，风气未开，人多视采矿为畏途，经界之争，讼端迭起，甚有恃风水之说，百计阻挠。其动工开采者，不过就各山瓯脱地点，量为采取，然亦旋开旋停。民国初元，邑人曹焕乾始集资招股，组织鼎兴公司，在县东黄泥庄麻木山地方开办煤矿一处，矿区面积计三百四十亩有奇。四年三月领取农商部执照，虽系土法开采，而每年出煤甚多，办理亦为得法，故该矿甚为发达。又邑人段斌曾在县北松塘庄王家沟地方组织振兴公司，开办煤矿一处，矿区面积计五十二亩有奇，民国五年领取执照，亦系土法开采，出煤亦旺。同时段斌又在北门外红鹤寨地方组织吉利公司，开办煤矿一处。邑人石由庚亦在松塘庄筲箕坡地方组织鼎盛公司，开办煤矿一处。以上两矿均因试采无利，旋即停止。其余各地，凡有矿苗发现者，土人于冬季农隙时多募工采取，卒以无利之故，旋采旋停，其正式开采获有利益者仅曹焕乾之鼎兴公司、段斌之振兴公司两矿。

（俞庆澜、刘昴修，张灿奎等纂：《宿松县志》，卷十八，实业志，矿业，民国十年活字本。）

〔民国十年前后，安徽宿松县〕　吾邑煤产甚富，惜未全行开采。现所产之煤，号称大宗者，仅鼎兴、振兴两公司，其他皆系零星采掘。每年所产者，均由煤炭商人雇用民船装运出江售卖，余则由本地灰窑买，供燃烧石灰之用。至本地铜铁工所用之煤炭，尚多由城乡各商店向湖北属之武穴等处购运。

（俞庆澜、刘昴修，张灿奎等纂：《宿松县志》，卷十七，实业志，商业，民国十年活字本。）

〔民国二十五年前后，安徽宁国县〕　灰山煤矿公司，县北灰山程村，矿区面积一七二四三七〇（创办人张焕文、张焕新、沈季璜）。裕宁公司，县北许村朱家庄大山脚，矿区面积六〇三三八九。宁丰公司，县北七里凉亭、七里桥、于树山等处，矿区面积六一五九四一（以上三矿区，以灰山公司规模较大，计有工人六百余名，日可出煤九十余吨）。

（王式典修，李丙麟纂：《宁国县志》卷八，实业志，矿区，民国二十五年铅印本。）

〔清光绪二十年至民国初年，福建永泰县〕　钼矿，一在犁壁坑，距县城东三十里埔边村，山脉连亘，中劈成谷，谷底有溪曰犁壁，源于村之西南山麓，北折而东流。该矿区向为荒山，清光绪二十年间，春雨骤涨，土石崩裂，土人黄子忠者入山樵木，忽于石裂处发见该矿，触之手黑，烧之不燃而成白粉，奇之，携至福州求识者，当时虽知为稀有之矿，而无能名之。民国纪元前后，有矿师王宠佑、卢芳年等始悉为钼矿。同时有邑孝廉周蓬然、明经郑仰樵等组织永宝钼矿公司，举矿商刘悦岩为总理。二年二月呈请注册，采其最纯者含硫质平均百分之四十，钼质平均百分之六十；普通稍含杂质百分之一或百分之二。……采出之苗由汰口运至福州，转运英国伦敦市场，其买入者为炼钢原料及化学用品等需。

（董秉清等修，王绍沂纂：《永泰县志》，卷七，实业志，钼矿，民国十一年铅印本。）

〔清光绪年间至民国十六年，福建建瓯县〕 梨山煤矿有限公司，梨山产无烟煤，其露头在路旁及田间，为天然水流洗刷而发见者。光绪间，有史某集资开采，向该村周姓购田数亩，于田中凿井洞分道并进。嗣因抽水机原动力太小，井水不能抽净，中辍。民国七年，复有刘姓领办探采，在采矿设施地建造房屋，并筑轻便铁道于江干，为搬煤之用。复于通济门合水建贮煤所为溪运总机关。民国十六年，因亏折停办。上樟坑煤矿有限公司，上樟坑在城南十里，亦产无烟煤，其露头在两旁水沟间，为农民所发见。民国八年十二月，由城内各界集股领办，依矿师计划，于两旁露头中间选一适中地比露头较低处为矿口，挖入十余丈纯属黄土，再进为黑色岩石、灰色岩石并带有绿点，至二十余丈处不能施工因而中止，但从两旁挖入，产煤颇丰。按：以上两矿皆为无烟煤，足供兵舰之用，其停顿原因虽各不同，而最大障碍则在交通不便。盖煤之为物，设非源源而来，继续接济，则试用者大感困难。建瓯地处闽江上游，陆路崎岖，水道艰涩，纵使终年搬运，不稍停滞，亦不足供一大埠之燃料，所得价值又不敷运费。异日铁路畅通，可期矿产之发达也。

（詹宣猷修，蔡振坚等纂：《建瓯县志》，卷二十五，实业志，公司及各机关，民国十八年铅印本。）

〔清光绪二十九年至民国二十二年，河南安阳县〕 六河沟煤矿公司，矿区在县西北观台镇，光绪二十九年，由马吉森、谭士祯、顾瑗等集资六万两，用土法开采。三十三年，由张孝谦、吴樾、叶润含等重新改组，增资本三十四万两，推叶润含为经理，修筑轻便铁路，开辟新井，工程稍加改良。宣统三年，以资本告竭，存煤无多，无法周转，改推吴樾为经理。复以负德人债款关系，延德人漠纳根为顾问，予以管理权。后以事权不一，复于民国三年借华比银行款，偿还德债，另订代管十年合同，以比人马楣为总工程师。六年，由李晋等倡议，收回矿权，偿还债款,取消旧约,改组公司,招集股东会议,举李晋为总理,交涉三年,至民国八年始完全收归国人自办。平汉丰六支线筑成,新式工程大备,是年并于台寨地方,辟台寨分矿,资本约三百万元,矿区面积十一万七千八百二十三公亩四分八厘八毫。据地质调查所估计矿量约二千万公吨,矿质成份水份百分之十二点二,挥发〔成〕份百分之十七点四,固定炭百分之七十点四,硫磺百分之零点六二,发热量为英制三一八八零,总发电厂二千基罗瓦特。大火车房、轻便铁道修理厂、总机器厂,无不俱全。职员约一百四五十人,地面里工约一千三四百名,窑下包工无定额,寻常约三四千人。矿层属于古生代夹炭层石灰纪之有烟煤,煤层有六,第二层达十二尺之厚。煤之黏性最富,宜炼焦炭。公司附设学校、浴室、职工住宅,设备至为完善。

（方策等修,裴希度等纂:《续安阳县志》,卷七,实业志,矿业,民国二十二年铅印本。）

〔民国九年至二十五年,河南陕县〕 民国九年,铁门张钫,于第五区乾壕村,设立民生煤矿公司,采运俱用汽机,规模日渐庞敞。近来,出产丰富,煤质优良,转售于火车机厂、洛、渑等县。

（欧阳珍等修,韩嘉会等纂:《陕县志》,卷十三,实业,物产,民国二十五年铅印本。）

〔民国二十二年前后,河南安阳县〕 县西山麓煤矿颇多,往年旧式开采,运销不远,及六河沟煤矿公司成立,所出烟煤焦炭,几为全国煤矿之冠,行销之远,遍及各省,每年产量不下一百数十万吨,惟以交通时阻,营业时受影响。至经营其他煤炭者,多为煤厂代矿商出售,近年中原公司亦设立办事处,销售倍硬煤,与土窑竞争,要之煤商除矿商自售外,均不易发展。

（方策等修,裴希度等纂:《续安阳县志》,卷七,实业志,商业,民国二十二年铅印本。）

〔清咸丰年间至宣统末年,广东肇庆府开平县〕 白煤、黑煤、褐煤、泥煤,附城各山皆有发见,惟所见皆褐煤、泥煤,其下有无白煤、黑煤,不可知也。褐煤、泥煤,为燃料之劣品,或可利用,以局煤气耳。百足山绵亘邑南及台山间,清咸、同间,近山居民开窿采煤共五十余处。窿口作之字形,隧道作梯级形,得煤则用篓装载,每梯级立一人递传而上旋。掘采已穷,施工又艰,相率告罢。……张鸣岐以宣统初督粤,倡率人民采矿。台山叶惠伯组集振华公司,聘容观彤为矿师,在山南用机关开采,然窿内水深,煤路散断,仅年余亏缺甚大。鼎革事起,地方多故,公司遂告结束。

（余启谋修,张启煌等纂:《开平县志》,卷六,舆地略,物产,民国二十二年铅印本。）

〔民国二十二年至二十三年，广东儋县〕

儋县矿务公司一览表

公司名	矿名	地点	面积	业权资本	开采时期	备考
万发公司	锡	儋县西田	四千余公亩	已领四万元	民国二十三年二月	由南洋经营锡矿商人集资开采
义合公司	锡	儋县瓦屋	一百九十余亩	已领一万元	民国二十二年八月	同上
顺义公司	砂金	儋县那金	未详	未详	民国二十二年	

（彭元藻等修，王国宪等纂：《儋县志》，卷三，地舆志，矿类，民国二十五年铅印本。）

〔**清代中叶至民国年间，广西来宾县**〕 县城东三香村之南，探得煤矿，说者谓足供掘采十余年。石塘乡叶村旁近，亦有煤矿……著者惟北山之铁矿。前清中叶，北山早发见最佳之铁矿，厥时矿禁甚严，私采不能，呈报又不许，而利之所在，咸争趋之，于是土豪垄断，阴赂地方官吏，私为开采，所得铁矿冶铸釜甑用器精美异常，盖即近世矿学家所谓锰也。忌者攻讦发觉，辄罢去。清季厉行新政，县人士有议集资探采者，或母财未充，或商情未悉，加以官荒私产争议弗决，又乡俗迷信谓风水所关，扞格不纳。民国初元，洋商争购锑矿，乡人于北山中得矿若锑，携至梧州化验，谓之铜硫。既而于邓村某山穴中又得锑矿，拟赴邕报验探采，值张勋之变，西南军兴，旋以未果。民国八年，锰市价骤涨，于是锑矿之说废，谋锰矿者转急。县人梁子德、廖博斋辈与彭和顺、邓全利、萧逢源、叶顺安、李荣信诸商民竭力举办，在县属大湾墟分设矿业公司凡六七家，所探采者皆锰矿，又皆在马平县境，而本县属北山北五墟旁铁矿浮露地面者，其成分不减于锰，且与锰无异，竟无人过问。……大湾诸矿业公司以廖博斋等所营公司为最大。辛酉、壬戌间，广西政变，粤军入境，百工废业，外商裹足，其事竟寝，惜哉。

（瞿富文纂修：《来宾县志》，上篇，物产二，矿物，民国二十六年铅印本。）

〔**清光绪初年至末年，广西融县**〕 矿业之经营，非资本崇厚不能办。融县地瘠民贫，此等业务无人过问。光绪初年，东区距宝兴团十余里铁矿经商人张德隆（中渡县人）设厂开采，产量颇富，惟化炼不精，运费复重。洋铁输入后，销流遂滞，且地处荒僻，匪类出入，无法保护，因亏折而废弃。光绪末年，该商曾被绑票。

（黄志勋修，龙泰任纂：《融县志》，第三编，政治，实业，民国二十五年铅印本。）

〔**清光绪二十二年至民国二十一年，广西贵县**〕 清光绪二十二年，粤人谭日章、陈庆昌开采三岔银矿，兼及平天山，集资四十余万元，名曰华兴公司，旋改宝兴公司，未几亏折。华侨张弼士继之，增资至数十万元，聘用欧西矿师勘验矿区，修筑龙山道路，以便输运。抽水、打风、运矿诸机及炼冶锅悉购自外国，其他附属机器无不完备。顾运至矿区应用者固多，而委诸路旁者亦复不少。曩日县属江滨及石牛山口等处皆有机器弃置。至民国六年，乃被窃卖无遗。矿区规模庞大，西式楼房矗立，满山炼冶炉，至今尚存。张弼士素称巨富，海外知名，尝与广西巡抚黄槐森亲勘矿区，三岔各矿均准奏准开采，矿工凡二千余人，守兵凡数十人，三岔银矿之名于是大噪。顾开采三年，亏耗甚巨。光绪二十四年，北流李立亭构乱，余党扰及贵县，华兴公司遂告停业。……清光绪三十三年，广西巡抚张鸣岐奏派道员刘士骥赴海外招来华侨回国兴办实业。时华侨叶恩，粤人也，经商美洲，随刘返国，勘验县属矿区，旋集资三百万元，设立振华公司，开采平天山银矿，兼营广西银行、梧邕轮船、梧封铁路，并开垦县属七里桥荒地，计划颇大。设局二处，总局在县城，分局在香港，均建大厦。又于平天山麓蕉叶坑建筑西式楼房以居职员，两旁则建造平房以居兵役。沙牯垒右为矿师住宅，二度山旁为两仓库，一贮器具，一贮货物，建筑宏伟，所费不赀。由县城至矿区修筑大路凡五十余里，直达平天山腹，并设长途电话以通消息。置吊挂铁桥以越溪涧，复自购轮船一艘，专备运输物料及职员往来之用。建医院于鹧鸪山巅，设备完美，聘西医朱锡昌为主任，职员稍倦，即托病入院疗治。自来水管以及各种卫生细微事项无不讲求。至若购买机器本属急务，乃公司开办年余，仅运到汽锅、炼冶炉、抽水机、运输铁轮等寥寥数种而已。其注册领照原定矿区五十亩，后复增加五十亩，合共一百亩，面积颇广，矿师容某徒负虚名，采矿之术未精，凡开窿口十余处，一无所获，玩岁愒日，坐耗资财，无已乃寻掘旧窿以掩其短，如水火窿、大沙窿皆土人旧窿也，公司复加开采，获矿砂数吨，冶以土炉，仅得纯银数十两，乃不足抵公司一餐之费，至是而公司之资本亦愈亏耗矣。……宣统二年遂哗散焉，计损失资本已数十万元。……自振华歇业后，民国十七年，有宝兴新公司开采三岔旧窿，然绌于资本，纯用土法，殊少成效。二十一年，停办。

（欧仰羲等修，梁崇鼎等纂：《贵县志》，卷十一，实业，矿业，民国二十四年铅印本。）

〔民国六年至三十七年，广西宾阳县〕民国六、七年间，有利、民生、多宝、同德、裕民生等公司十余所开采黎塘区之尖峰、三灶、龙骨、太贵等山之锑。其时，黎塘一圩，公司林立，各矿区之矿工约计不下千人。矿价最高时每百斤至二十二元，获利颇厚，故穿岩剔穴，寻觅矿苗者，遍山谷。其后出矿日多，价格渐落至每百斤五元或六元，各公司遂告亏本，相率歇业。同时有天德、逢源两公司开采高田之钨矿，振兴、广利、华富、华英、生多宝等公司开采铋矿，又三益、建业、大生、同德、裕兴、协合、大兴、宝源等公司开采锰矿后,又有达福公司开采麓山寺之钨矿,怡和公司开采渌葛山之铋矿。以上各公司因资本短少自行停办,或因积欠矿区税,明令取消,矿业似无甚起色。惟矿产数量虽逐渐减少,而各矿区之蕴藏仍富,但矿窿既深,采掘较难耳。陈平之金砂,据采矿者谓产量颇丰,前虽有金华公司计划开采,终未实现。兹将近年各矿业公司列表如下:

矿业公司概况表

公司名称	经理姓名	矿之种类	所在地点	每月产矿数	发售地点
利兴	陈良英	钨	晋杨村	约一千斤	梧州
强利	陈琼章	钨	马岭村	同上	
远源	杨建球	钨、铋	沟田街	同上	
济国	白维义	钨、铋	元春村	约二千斤	
时福	覃时献	钨、铋	沟田街	八百斤	
兆丰	冯轶尘	钨、铋	沟田街	六百斤	
金华	未到	金	七星村		

(胡学林修,朱昌奎纂:《宾阳县志》,第四编,经济,丁,产业,民国三十七年稿本,一九六一年铅字重印本。)

〔**民国七年至三十五年,广西三江县**〕 县境矿山甚多,略见前述矣。平江之沙金,当地居民间以手工淘取,其他各矿皆未开发。当民国七、八年(一九一七——一八)间,泗里石门之铁矿,县人龙云翱等曾集股,组织裕民公司开采,旋以锻冶未精,亏本停办。民二十五、六年间,平流乡之钨矿,县人莫善均等组织众富公司,试行探采,亦因方法未善,资本无多,月余未获矿苗,即行停止,至今各矿皆未有继起采办者。

(覃卓吾、龙澄波纂修,魏仁重续修,姜玉笙续纂:《三江县志》,卷四,经济,产业,矿业,民国三十五年铅印本。)

〔**民国二十五年前后,广西阳朔县**〕 自清代至今,无有组织公司开采各种矿产者,一切铁器皆自外省输入。只有硝矿一种,产于石岩中,近年有组织公司,从事开采,呈请政府批准专利,但因资本不大,时采时停,未著成效。

(张岳灵等修,黎启勋等纂:《阳朔县志》,第四编,经济,产业,矿产及矿业,民国二十五年修,民国三十二年石印本。)

〔**民国二十九年前后,广西平乐县**〕 商营民益矿业股份有限公司:所在地,平乐县沙江乡迥肚冲平岭一带。矿质,锡。资本额,二万二千八百元。经理姓名,经理廖明复,副经理王铭三(俱平乐县人)。职工人数,三百名。产量,每工人一名每日出产一斤至二斤。炼冶方法,以提炼炉提炼。运销状况,由平八路运销于八步贸易处。设备,建筑办事处一座,工人住宿舍三座。

（蒋庚蕃、郭春田修,张智林纂:《平乐县志》,卷七,产业,矿产及矿业,民国二十九年铅印本。）

〔清代中叶至民国四年,贵州安南县〕 丁头山产铅,花贡居民吴姓与中营厂之袁姓合资开采,名双凤堡,面积约五六里,运矿至中营厂化炼,其质甚佳。至咸丰初年,因回匪之乱闭歇,地方居民不时淘沙,以资衣食。民国四年,滇人胡姓至此踏勘,拟为重开,不果。

（李兰生修,李大泽纂:《安南县志稿》,卷六,经业志,矿业,民国十一年修,一九六六年贵州省图书馆油印本。）

〔民国四年至八年,贵州安南县〕 南三区之银厂坪一带地方产锑,该处面积约十余里。民国四年李伟臣集地方人[士],创议合资开采,订基金为生洋五万元,每股五十元,共一千股。邑人旷文祺等占二百股,滇商占八百股,取名原昌锑矿股份有限公司,用新式器具采炼,次年即著成效。后以欧战,锑价大落,于民国八年停歇。

（李兰生修,李大泽纂:《安南县志稿》,卷六,经业志,矿业,民国十一年修,一九六六年贵州省图书馆油印本。）

〔民国六年至九年,贵州安南县〕 南三区之仙圳亦产锑,该地距银厂坪十余里,矿地面积在十里以上。民国六年,刘昆一邀集绅商旷星祺等合资开采,订基金为十万元,每股定为生洋一百元,共一千股,名大昌锑矿股份有限公司,用新式器具采炼,次年即著成效。后以欧战爆发,锑价大落,遂于民国九年停闭。

（李兰生修,李大泽纂:《安南县志稿》,卷六,经业志,矿业,民国十一年修,一九六六年贵州省图书馆油印本。）

〔清宣统元年,云南云南府昆明府〕 宝华锑矿有限公司,宣统元年,邑人陈荣昌、顾视高等发起开办。

（倪惟钦、董广布修,陈荣昌、顾视高纂:《昆明县志》,卷二,政典志,实业,民国三十二年铅印本。）

〔清宣统二年后,云南宜良县〕 煤矿:在城北五十余里二龙戏珠一带,界连嵩明,面积约五十方里。煤质有层理,色黝黑,烧之焰烈而烟少。……自清宣统二年滇越铁路修通后,煤矿公司林立,熟煤运销省垣及本境,生煤则多供火车之用,年约售煤一千数百万斤,亦出产之大宗也。

(王槐荣等修,许实纂:《宜良县志》,卷四,食货志,物产,民国十年铅印本。)

3. 农垦企业

〔清光绪至民国年间,江苏宝山县〕 邑境农家副产,以牛、羊、豕、鸡、鸭为多。大抵养牛以耕田戽水为目的,养羊、豕以肥料为目的,养鸡、鸭以产卵佐餐为目的,但得谓之家畜,非真从事于畜牧也。畜牧者以山场荒地为宜,以牲畜之产为营业。邑中虽乏相当地段,而风气所开,亦渐有设立场厂、专营畜牧之利者。兹汇述如下:

光绪十年,有陈森记者在殷行开设牧场,畜乳牛约二十头,专取牛乳,销售于淞口各国兵舰,每日出乳三十余磅。四五年后,以兵舰停泊不常,销数渐减,几致歇业。自铁路告成,运输便利,江湾南境多侨居外人,日必需此,销售不仅在兵舰一方,营业渐见发达矣。

民国五年,有闽人何拯华者,留学毕业返国,在彭浦金二图内创设江南养鸡场,集股三万元,圈地二十七亩,仿德国鸡场式,建筑铁网鸡场及新式鸡舍百余间,余如牛棚、役室等设备颇周。畜鸡一万余头,洋种居多,平均统计,每鸡一头,终岁产卵一百六十枚。

光绪二十九年,有粤人在江湾芦泾浦旁创设畜植公司,集股万余元,圈地三十余亩,专养鸡鸭,兼种棉花、菜蔬。民国初年,因款绌停办。

养蜂之户以杨行为最多,每年蜜蜡产额约在一百担以上。罗店之勤益果园亦兼养蜜蜂,但养蜂者只改良其蜂箱之形式,而于饲育调护、采蜜制蜡诸法多未讲求,是以不能发达也。

(张允高等修,钱淦等纂:《宝山县续志》,卷六,实业志,农业,民国十年铅印本。)

〔清宣统元年至民国十四年,嘉定县桃溪乡〕 莳花木而供园囿之点缀,或案头之欣赏者,绝少。有之,则讲求移栽修接之法,按时销售。以营业为主体,若各农场是。附表:

名　称	成立年月	地　址	面　积	创办人	主要作物	副作物	年产量
金家园		霜十二图	二十余亩	金少谷	天竺、腊梅	花木、竹	3 000元
侯家园		霜十二图	二十余亩	侯学卿	天竺、腊梅	花木、竹	3 000元
金氏农场	宣统元年	芥十四图夜八图	三十余亩	金颂声	洋种花木	棉稻蔬菜	4 000元
江苏农场	民国七年	霜十四图	三十余亩	徐友青	树木、球根植物	苗种盆景	6 000元
管生农场	民国十四年	夜十二图	四十余亩	陈应谷	花木	蔬菜	5 000元
黄氏农场	宣统二年	芥十二图	四十余亩	黄岳渊	花木	棉稻	6 000元

果实若桃、梅、李、柿之属,随处都有,尤以李为最佳,实大而甘,然以培护匪易,不可多得耳。

(王德乾撰:《桃溪志》,卷三,实业志,农业,民国二十年抄本。)

〔清宣统元年至民国十五年,江苏宝山县〕 菜圃获利视农地为丰,《续志》①称,邑城内外业此者甚多。近杨行、江湾、彭浦、真如等乡业此者亦复不少。菜花、生菜向为南洋群岛及广东等省产品,始则试种,今则产量增加,并有专业蔬果者,用汽车运售,供沪地之需要,其栽种花树出售,或租供者,亦日渐增加。兹列表于后。

① 张允高等修,钱淦等纂:《宝山县续志》。

名 称	成立年月	地 址	面 积	倡办人	主要作物	副作物	年产量
金氏农场	宣统元年	真如霜十四图	三十余亩	金颂声	洋种花木	棉稻蔬菜	400元
江苏农场	民国七年	真如霜十四图	三十余亩	徐友青	树木球根植物	苗种盆景	6 000元
管生农场	民国十四年	真如复兴桥	四十余亩	陈应谷	花木	蔬菜	5 000元
维亚农场	民国八年	大场阚二十二图		胡维亚	果树		
殷氏桃园	民国十三年	吴淞衣三十六图	八亩	殷兆麟	桃	葡萄、杏、梅	3 200斤
寿星农场	民国十五年	彭浦金十图	十五亩	德和公司	桃		700担

(吴葭等修,王钟琦等纂:《宝山县再续志》,卷六,实业志,农业,民国二十年铅印本。)

〔民国十至十五年,江苏川沙县〕 大丰畜植试验场:民国十年七月,邑人陈有容等,在高昌乡十五图斜桥地方购旧有池河低田二十余亩,试办畜植事业,呈奉知县周庆莹核准备案,给示保护。惜以土性不合,损失殊多,于十五年停办。

(方鸿铠等修,黄炎培等纂:《川沙县志》,卷五,实业志,渔业及林业,民国二十六年铅印本。)

〔民国十二年,江苏川沙县〕 顾氏植树场:民国十二年四月,顾家曾在八团南三甲港南、陈公塘东、新圩塘西,择自产田七十五亩,分植杉木、香樟、松树等,又于南二甲钦塘外,匀植银杏、松柏等树,呈请县知事严森出示保护,以重林业。

(方鸿铠等修,黄炎培等纂:《川沙县志》,卷五,实业志,渔业及林业,民国二十六年铅印本。)

〔民国十二至十七年,江苏川沙县〕 泳源畜植场:民国十二年五月,邑人黄琮、陈有恒等,认佃徐镇钦塘西脚。该处因当初筑塘挖土,现有天然之池湖,集股养鱼,兼租民地,试植棉、桑、瓜蔬等类,借兴实业。呈准县知事严森注册备案,出示保护。惜于十七年春,以经营失败,停止畜植。

（方鸿铠等修,黄炎培等纂:《川沙县志》,卷五,实业志,渔业及林业,民国二十六年铅印本。）

〔**民国十四年,江苏川沙县**〕 南洋公司:民国十四年四月,邑人顾济伯就三王庙地方租用庙产六亩有奇,专植桃树,呈准县知事严森备案,并出示保护。近以种植精良,出品推销甚广。

（方鸿铠等修,黄炎培等纂:《川沙县志》,卷五,实业志,渔业及林业,民国二十六年铅印本。）

〔**民国十四至十七年,江苏宝山县**〕 邑境畜牧事业,除《续志》①所载外,在城市各沙有专行养鸭者,年约数万,供沪上各菜馆之用。此外有养鸡场及养蜂场多处,列表于后。

名 称	成立年月[民国]	地 址	面积	倡办人	主要作物	年产量
彭浦养鸡场	十四年	彭浦金十九图	四亩	林泽民	洋种鸡	蛋万余枚
德园鸡场	十五年	江湾青年村会	十五亩	费中成、黄中允	白色单冠来克亨鸡	雏鸡5 000只
品园	十六年	彭浦金八图	四亩	沈钊明、凌志前	洋种鸡	雏鸡百余、蛋千枚
高氏农场	十七年	夜十二图	十余亩	高伯俊	洋种鸡、蜜蜂	700元
中华养蜂场	十四年	江湾北周家屯	十亩	周文彬	蜜蜂	150箱
乐群养蜂场	十五年	江湾镇西市	一亩	刘道魁	蜜蜂	300箱

（吴葭等修,王钟琦等纂:《宝山县再续志》,卷六,实业志,农业,民国二十年铅印本。）

① 张允高等修,钱淦等纂:《宝山县续志》。

〔**民国十七年,江苏嘉定县桃溪乡**〕 畜牧为农家之副产,以牛、羊、猪、鸡、鸭为多。大抵养牛以耕田戽水,养羊、猪以其矢壅田并供盘餐,养鸡、鸭以卵肉佐餐,均以自给,非专恃畜牧为生也。养鸡养蜂者,有高氏农场一家。列表于后:

名 称	成立年月	地 址	面积	倡办人	作 物	年产量
高氏农场	十七年	夜十二图	十余亩	高伯俊	洋种鸡蜜蜂	700元

（王德乾撰:《桃溪志》,卷三,实业志,农业,民国二十年抄本。）

〔民国十四年后，内蒙古临河县〕　民国十四年，东鲁黄君乐德服务于西北军总部，纵揽绥西沃野千里，民户寥落，弃若瓯脱，殊属可惜。时值冯总司令有志发展西北，爱商诸绥远李都统，允照山东移垦外，极端赞助。黄君偕诸同志即日返里，遍历乡里，缕陈移垦河套之利，奔走号呼，纠合同志，集资万余元，定名曰胶东移垦社。十五年春返绥，在都督署立案，联袂来套，周历勘查，至达旗地白尔塔、腊察汗淖等处，购地百余顷，于李贵桥地方建筑田庐，置备农器，选择秄种，若者分租，若者分佃，若者自种，耗资数千元，历时五六月，规模大定，专恃东作日兴，西成露积矣。讵料西北军退驻后套，土匪蜂起，横行乡曲，焚掳淫掠，唳鹤日惊，哀鸿遍地，移垦事业尽付泡影，计损失不下万元。其垦民欲进不能，欲退不得，又值大劫甫脱，比年天灾兵祸纷至沓来，渠堙田芜，补救无方，已往者言之寒心，未来者闻之裹足。

（吕咸等修，王文墀等纂：《临河县志》，卷下，杂记，移垦，民国二十年铅印本。）

〔清光绪二十六年，奉天锦县〕　天一垦务公司，在城内东街，清光绪二十六年成立，系股份有限性质，原领地十万余亩，坐落大凌河牧厂义字段，曾经农商部注册，公司常驻办事员十人。

（王文藻修，陆善格纂：《锦县志略》，卷十二，实业，公司，民国十年铅印本。）

〔民国十四年至十八年前后，奉天绥中县〕　蔚昌农林公司，距城二十里，名曰鸡架山，创于民国十四年，计二千八百亩，经智庆云、王果忱等报领集股，经营果林。公举智庆云为总经理，王果忱为副经理。现有长住工人十名，车一辆，牛十头，栽有苹果类八千株，桃类三千株，梨类五千株，杏类四千株，李类五百株，柞树五千株，松树万株，葡萄百株。每年支出约二千八百余元，预计七年后除历年支出外，可得纯利五千余元。十年后，得利递加。

（文镒修，范炳勋等纂：《绥中县志》，卷十四，物产，果园，民国十八年铅印本。）

〔民国二十二年前后，奉天铁岭县〕　第六区迤东毗连法库县界之蛇山沟，有铁法稻田公司，引辽河水灌溉之，惟河流紧急，不适于用，遂在三合屯修筑水闸，而水线又屡经迁移，仍不适用，耗金数十万。现正招股赓续进行，惟事体重大，无人过问，倘从此停办，则前功尽弃，惜哉。

（黄世芳、俞荣庆修，陈德懿等纂：《铁岭县志》，卷八，实业，农务，民国二十二年铅印本。）

〔清光绪三十三年后，黑龙江汤原县〕　黑龙江右岸自逊河以下至黑河口（松黑两江会流处)折西,沿松花江左岸至木兰县界,为前清兴东道所辖地,今罗北、汤原、通河诸县地。……此区域间,本为鄂伦春游猎之所,自古以来未经垦辟。……光绪三十三、四两年放出荒地二万余垧,粤商陈某于汤原境内设立兴东垦务公司,资本金约十五六万元,规模颇为宏厂,亦东省垦务中之特色也。……谷产以大麦、谷子为多,每垧收成粗粮六七石,细粮四五石,四五月下种,八月收获。

(孙蓉图修,徐希廉纂:《瑷珲县志》,卷十二,艺文志,黑龙江各事汇录,民国九年铅印本。)

〔**清朝末年,黑龙江**〕 讷谟尔河瑞丰农务公司,火犁三十五马力,一点钟耕十五垧,又有平田、切割、抛种、出谷机器,价万余元。

(林传甲纂:《黑龙江乡土志》,格致,第七十一课,农用火犁机器,民国二年铅印本。)

〔**民国初年至四年,黑龙江依兰县**〕 依兰山荒,皆清初牧厂,然孳生食息,听其自然,无所谓人事也。近年,牧畜一事颇多研究。民国初年,曾有本城绅士领有牧场一段,坐落蚂蚁浪河东,未及开办,而财力已竭。又于民国四年,经城内绅士陈际升等倡办养鸡公司。稍有成效,渐渐推广。

(杨步墀纂修:《吉林依兰县志》,职业,猎业牧畜,民国十年铅印本。)

〔**民国二年至九年,山东临朐县**〕 巨平林场。巨平山,一名牛山,在县治东南十五里。民国九年,邑人贾星源、刘芳春、贾景谊等创办巨平林场,划定巨平山为主山,附近大小黄山、马鞍山、青山、韩家山、子后青山、扁山、笔架山皆为林场区域,面积共有四百余亩,竭数年之经营,约栽植桃、杏树八万余株,久已成林焉。……森林公司,在城南门里大街路东,为邑耶教人张延祥于民国二年集资创设,购置宅基半亩余,建房舍二十余间作公司基址,承领逢山、黑山、太平岗、仓山、柳山坪、禅堂岗、聚粮岗、鞍子峪、凤凰山、范家河、坪柳河、泉坪等处荒山种植苗木。其经营可观者以凤凰坪、范家河坪、柳家坪、禅堂岗四处为最,共成活树木约四万余株。

(周钧英修,刘仞干纂:《临朐续志》,卷八,建置略,森林,民国二十四年铅印本。)

〔**清光绪二十八年,江苏江宁府**〕 清季,有南京利益树艺垦牧有限公司(《江苏省政治年鉴》:光绪二十八年开办,股份定额六万两)。

(叶楚伧修,王焕镳纂:《首都志》,卷十二,食货下,农业,民国二十四年铅印本。)

〔**清光绪三十年,江苏镇江府丹徒县**〕 茂达树艺公司,在崇德乡横山洼,经理莹世熊,光绪三十年报经商部注册。

(张玉藻、翁有成修,高觐昌等纂:《续丹徒县志》,卷五,食货志,实业,民国十九年刻本。)

〔清光绪三十四年,江苏常州府宜兴、荆溪县〕 阳羡垦牧树艺公司,光绪三十四年,李逢庆、徐翰淦等招股设立,资本五万圆,契买民山八千余亩,山田一百余亩,湖汊沙滩房屋基地十八亩,建造总厂,资遣客民栽植松、竹、茶、桑等树,兼及播种、蒔芋、畜猪、牧羊各事。总局附设宜荆商会分所,设湖汊镇。

(徐保庆修,周志靖纂:《光宣宜荆续志》,卷六,社事志,实业,公司,民国十年刻本。)

〔清宣统元年至三年,江苏镇江府丹阳县〕 惠西合资垦牧公司,宣统元年,邑人董继昌、张文蔚等领垦北门外起,至张官渡止,河岸并左近官荒一百二十六亩,招集股本洋三千元,呈请立案开办,成熟缴价,给证升粮。通益种植畜牧有限公司,宣统三年,邑人张晋升、江瑞甫等领垦东门外河坂官荒五十二亩八分二厘,招集股本洋一千元,呈请立案开办,成熟缴价,给证升粮。

(胡为和等修,孙国钧等纂:《丹阳县续志》,卷二十三,实业,民国十六年刻本。)

〔清朝末年至民国十五年前后,江苏金坛县〕 方麓树艺公司,苏州贝谨之创置,山二千一百余亩,民田四百余亩。坛溧树艺公司,创于光绪三十三年,分南北两棚。南棚在翔字图满墩山,北棚在让字图洪门山。置山二千数百亩,田二百余亩,种松数十万株。……茅麓树艺公司,宋育仁创,杨良骏办买山九千余亩,田二百五十余亩。……崇本公司,贺哲夫创,计山三千余亩,田数十亩。尊训公司,丹徒失翼等创,计山一千余亩,田百余亩。

(冯煦等纂:《重修金坛县志》,卷三,建置志,集镇,民国十五年铅印本。)

〔民国二年,江苏高邮〕 九里荒垦植公司,在三总五里北角下村,周围约二十余里,中无居民,地势平坦,土质硗薄,平日但生茅草,民间用以苫屋,相传其地为古战场。民国二年,有扬州商人集股契买荒田约二万亩,禀官立案,定名为垦殖公司。筑圩开沟,验土性之所宜,以施种植。

(胡为和等修,高树敏等纂:《三续高邮州志》,卷八,县附录二,实业,营业状况,民国十一年刻本。)

〔民国七至十九年,江苏阜宁县〕 民国七年,县知事郭文彻聘江启锟、王志强等筹办农事试验场,以城外东南隅西方庵为场址,募款购附近地三十余亩为实习地。设主任一人,兼办蚕桑试验场,场址在农场马路东,约二十余亩,植桑二千数百株,于选种栽培等事,概以新法为民倡。次年,两场分立,十年水灾,同时停辍。十二年续办,县委江海澄为蚕桑场主任,潘学进为农场主任。十七年,奉本省农矿厅令,以蚕桑场并入农场,次年奉厅令,改为棉作场,旋改县立农场。十九年,改称农业改良场,易主任为场长,于本城东西围门外各设分场,试验棉作。次冬,本省农矿厅并入建设厅,本县农业改良场奉令改为实验农民教育馆,划归教育厅管辖。初办时,以水租援归农场,以昭恤院田租一千拨归蚕桑场,作为经常费,不足均以忙漕滞纳罚金补之,至十九年,由忙漕带在农业改良捐。

(庞友兰等纂:《阜宁县新志》,卷十二,农业志,农场,民国二十三年铅印本。)

〔民国七年至二十三年前后,江苏阜宁县〕 邑之从事垦殖者,向行客土法(俗名翻碱及扛田),顾为经济所限,规模不大。自民国七年,南通张謇首创华成公司,各公司继之,几如风起云涌。十数年中,以天灾人祸,未能尽量发展,而邑人获益已多,兹列举各垦殖公司如下表:

垦殖公司一览表

公司名称	创办人	资 本	开办年月	垦殖地点	面 积	已垦亩数	备 考
华成	张謇	1 200 000	民国七年	鲍家墩	750 000	50 000	兼营盐务、草务。
阜余	章静轩	600 000	民国八年	海河镇	60 000	20 000	
阜通	章海珊	120 000		苇荡营	20 000		
大生	章维善	400 000		射河南	70 000		
合德	束日璐	700 000	民国八年九月	射河南			岁产大麦五千石,销售本县。子棉一万石,销售南通、青口。
偶耕堂	蒋嘏堂	120 000	民国八年一月	海东乡	8 500	8 000	岁产麦四千斛,豆一千斛,子棉四千石。民国十五年前,负债六万余元,近已拨还。
合顺	杨镜清	120 000	民国十三年三月	海东乡	10 600	8 000	岁产棉八百石,公司得百分之三十五,佃农得百分之六十五。
大新	顾愉青	250 000		通洋港			
众志堂	束日璐	6 000		通洋港	3 000		
恺宜堂	张佩年	50 000		射河南	10 000		
同仁堂		40 000		射河南	4 000		
庆余堂	秦尧夫、徐陶庵	30 000		海神庙	3 000		
永业	徐陶庵、张忍百			海神庙	8 000		
四友	陈友慈			苇荡营	4 000		
新通	张謇						
新南	张謇	1 000 000	民国八年二月	淮河北	200 000	20 000	
余泽	张謇			北双洋	2 000		

(续表)

公司名称	创办人	资本	开办年月	垦殖地点	面积	已垦亩数	备
新农	张謇	750 000		淮河北	80 000		
习善堂	张佩年			北涧	2 500		
通益	吴寄之	300 000	民国八年	裴家桥			
大纲	张謇	1 200 000	民国八年	盐阜界	240 000		

(焦忠祖等修,庞友兰等纂:《阜宁县新志》,卷十二,农业志,垦殖,民国二十三年铅印本。)

〔民国元年至十五年,浙江衢县〕 精勤植牧公司,在东门外七里大教场故址,民国元年项槐等发起组织,由官产处购得官地三百余亩。现已开垦者约有二百亩,种植梅、李、梨诸果木,渐已成熟,惟帝王滩之桃最佳。

(郑永禧纂:《衢县志》,卷六,食货志,林场,民国十五年修,民国二十六年铅印本。)

〔民国十八年前后,浙江嘉兴濮院镇〕 上海华绎之公司临时养蜂场,蜂系意大利种,有一百六十箱,每年割蜜二次,共收一百五十余担,运售于上海。平园养蜂场,蜂系意大利种,共五十箱,每年收蜜约四十余担。

(阎幼甫修,陆志鸿等纂:《嘉兴新志》,第一章,地理,濮院镇,民国十八年铅印本。)

〔民国七年,安徽全椒县〕 县境除山阜外,田亩居十之七八,民生其间,率以业农为本务。是清咸丰乱后,满目蒿莱,六十年间,逐渐垦辟,近始稍复旧观,而桑、麻、鲜植,林业未兴,现始筹备农会,拟注重垦荒,种殖蚕桑、畜牧各事,集股兴办。东区马圩,于民国七年,已有合肥人创设裕丰垦殖公司,整购全圩,筑堤经营农业。本邑,地僻民贫,合资非易,不经绅商极力提倡,恐利权坐失,终难为无米之炊也。

(汪克让等纂修:《全椒县志》,卷五,实业,民国九年木活字本。)

〔民国二年至十年,福建闽清县〕 民国二年,邑人林云菁等招集株式股金千余元,租赁五六等都山场,栽种松树、杂木,举刘训瑞、黄师勉为正副会长,呈请前闽清县知事窦炽昌立案,名为寿宁森林研究所。每年植树节前后补种,若干年开常会二次,临时会不拘次,并派人看管,倘有损害森林者即请官惩办,现各都渐多招股栽种者,亦兴利之一也。

(杨宗彩修,刘训瑞纂:《闽清县志》,卷五,实业志,民国十年铅印本。)

〔清朝初年至民国十一年,广东阳山县〕 官陂,在县西十里,源出茶坑大崀。

清初,乡人唐秉义倡筑石陂,上下圳田千余亩,借资灌溉。日久失修,腴田废为旱地。民国元年,梁拔贤等集股设水利公司,立案重修,遂复其利。逾十年,陂以山洪冲毁,梁玉衡、成伯厚等改陂于上鳌潭为之,工程较省云。罗嗣燊《重修上圳水利碑记略》:梁君拔贤、黄君伯岩、黄君墨香集同人醵金合股兴复上圳水利,名曰三益水利公司,以水利修,则公司、田主、佃丁三者均受其益也。法以水所到之田,由公司向田主承批,租项悉如旧。公司乃以田转批,田租必以水利而增,此自然之理,势于田主原租外,公司收其溢利焉。若是者,六年为限,有愿亩捐资二圆而助修水利,则其田可无由公司承批,皆可立享水利。其农民出力为工,将工银纳股者亦听之。盖公司纳租于田主,则原租如故,无损常年之人,而田丁纳租于公司,则为数自增,足抵股本之息。达六年后,田归田主批,而田主之利亦增。公司于抵息外,尚有赢余以维水利于不败,故曰三益云。

(黄瓒等修,朱汝珍纂:《阳山县志》,卷二,舆地,水利,民国二十七年铅印本。)

〔清朝末年至民国二十五年,广东儋县〕 那大镇,距县一百二十里,商店六百余间……侨兴实业公司分设侨植、侨立、侨生等小公司,自前清末叶开办。民国以来,陆续增加开琼植橡公司及万隆实业公司。以上各公司,不知办理不善抑系资本不足,日就减色。现有琼崖实业公司、那巾金矿公司,开办以来,颇有成绩。……该镇为琼西交通枢纽,汽车通行,公司林立,商业颇盛。

(彭元藻等修,王国宪纂:《儋县志》,卷之二,舆地志九,市镇,民国二十五年铅印本。)

〔民国二十五年前后,广东儋县〕 长春里系榕大石境,多荒山。近有利名公司、万隆公司开山种植树胶数万株,因公司与地方人不甚接洽,故无成绩之可观。清风乡属之四教村边,自侨植公司开垦种植橡胶、烟叶,橡胶不甚起色,惟种获之烟叶卷成烟仔,其味甚佳。经运往省、港发沽,获利甚巨。近因办理不善,所以不甚出息。

(彭元藻等修,王国宪纂:《儋县志》,卷之三,地舆志十八,物产,矿类,民国二十五年铅印本。)

〔民国十五年前后,广东始兴县〕 近来,民间创设森林股份有限公司,以振兴种植,如罗坝象山公司、兴仁里陈氏公司、流田水群兴公司、成城乡联兴公司、杨公岭茂兴公司,或种杉,或种松,颇著成效。

(陈赓虞、谭柄鉴修,陈及时纂:《始兴县志》,卷四,舆地略,实业,农业,民国十五年石印本。)

〔清光绪二十四年至民国二年，广西贵县〕　清光绪二十四年，湘人张通典设广丰公司，垦大茶岭荒地，试种豆麦，寻以水灾歇业。广美种植公司垦郭北一里三合水荒地，后与附近农民龃龉，农场棚厂被焚，遂罢垦。广丰、广美皆务垦艺，未重造林。宣统元年，县人覃慎修等集资组织同益种植公司，以郭东二里狮子山鸡心岭侧髻山为林场，专植松杉、茵桂，凡六十万株，未及十稔，翁蔚成林，桂油、桂皮已收微利。民国十六年后，迭遭匪患，林木焚毁去其七八，今所存者寥寥无几。民国二年，粤人张伯乾集股五万元，组织广利种植公司，垦北山里三岔山荒地，种蓝而外，并植桐桂约三十余万株，数年之间，蓝靛桂油浸有产销。嗣因地方不靖，遂尔歇业。

（欧仰羲等修，梁崇鼎等纂：《贵县志》，卷十一，实业，林业，民国二十四年铅印本。）

〔民国元年后，四川双流县〕　牧山蚕业社，成立于民国元年，在治南二十里蚕祠，由邑人贾培基、王裕祺等购地六十余亩，种桑万有余株，筑蚕室、治丝、饲蚕、培桑，改用新法，颇获成效。继后，邑人周德润等复集款于治西擦耳岩侧，购地六十余里，种桑八千余株。邑人罗庆更为合资立牧山蚕业两合公司，其中建立制丝场……茧室以及缫丝车，一切器用，精意研究，观者咸以为规模大备焉。……牧山第一茶业公社，在治南十八里，由茶业讲习所毕业生骆德纯集股创办，种植茶树二千余株，其地广约八十余亩。

（刘信修，刘咸荣纂：《双流县志》，卷二，自治，实业，民国十年铅印本。）